EVANGELISCHES GESANGBUCH

EVANGELISCHES GESANGBUCH

Ausgabe für
die Evangelisch-Lutherische
Landeskirche Sachsens

ISBN 3-374-01489-5 Surbalin schwarz
ISBN 3-374-01490-9 Surbalin blau
ISBN 3-374-01491-7 Surbalin rot
ISBN 3-374-01492-5 Leinen schwarz
ISBN 3-374-01493-3 Leinen grün
ISBN 3-374-01494-1 Leder schwarz
ISBN 3-374-01496-8 Leder rot

Typographische Gestaltung und Notenentwurf:
Brigitte und Hans Peter Willberg
Satz- und Notenherstellung:
Universitätsdruckerei H. Stürtz AG, Würzburg
Schrift: Trump-Mediäval
Druck und Bindung: Biblia-Druck, Stuttgart
Printed in Germany

Singet dem Herrn ein neues Lied!

Das heißt ein neues Lied,
nämlich das heilige Evangelium singen
und Gott dafür danken.
Dazu helfe uns Gott.

MARTIN LUTHER

ZUM GEBRAUCH DIESES BUCHES

1.
Die Lieder sind in die Hauptabschnitte Kirchenjahr, Gottesdienst, Biblische Gesänge, Glaube – Liebe – Hoffnung, und in kleinere Rubriken (z.B. Advent, Weihnachten) eingeteilt. Jede Rubrik beginnt mit einem für sie charakteristischen Leitlied. Die folgenden Lieder sind nach dem Zeitpunkt der Entstehung ihres Textes geordnet. Die Psalmlieder und die biblischen Erzähllieder sind nach der Ordnung der Bibel zusammengestellt, die liturgischen Gesänge nach der Ordnung des Gottesdienstes. Im Liederverzeichnis finden sich am Ende der Rubriken Hinweise auf solche Lieder, die in anderen Rubriken stehen, aber zugleich auch hierher gezählt werden können.

2.
Jedem Lied sind Angaben über Verfasser und Erstveröffentlichung bzw. älteste Quelle beigegeben. Eine Jahreszahl in Klammern bedeutet, daß das Lied wahrscheinlich in diesem Jahr entstanden ist. Die Angaben von mehreren Jahreszahlen und Orten weisen auf spätere Überarbeitungen hin. Nähere Erläuterungen s. Nr. 955.

3.
Ist über dem Lied eine Bibelstelle angegeben, so ist das ganze Lied dem genannten Bibeltext nachgebildet. Sind Bibelstellen unter einzelnen Strophen, ggf. mit einem *, aufgeführt, so dienen sie zur Erläuterung der Strophe oder des mit * versehenen Wortes.

4.
Mit ö gekennzeichnete Lieder stimmen in Text- und Melodiegestalt mit der von der interkonfessionellen und internationalen Arbeitsgemeinschaft Ökumenisches Liedgut erarbeiteten Fassung überein. Ein eingeklammertes (ö) weist darauf hin, daß von dieser Fassung (meist geringfügige) Abweichungen bestehen. Eine Liste dieser Lieder sowie von Liedern, deren Fassung mit dem katholischen Gesangbuch »Gotteslob« übereinstimmt, ist beigefügt (Nr. 958).

5.
Die Notenschrift drückt die musikalische Eigenart der Melodien aus den verschiedenen Stilepochen aus. Bei altkirchlichen Gesängen (z.B. Nr. 3, 156) sind Noten ohne Hals verwendet. Damit wird angedeutet, daß die Töne sich dem Sprachrhythmus anpassen und nicht auf eine bestimmte Dauer festgelegt werden.
Bei alten Melodien aus der Zeit vor 1600, die nicht regelmäßig-periodisch gebaut sind (z.B. Nr. 108, 143), wurde auf eine metrische Einteilung durch Striche verzichtet. Statt dessen wurde die »Grundschlag-Note« verwendet, die über dem Anfang der ersten Notenzeile den Pulsschlag der Melodie angibt. Dazu gehören auch die Weisen des Genfer Psalters (z.B. Nr. 279, 298). Ihre Zeilen sind durch Atempausen verbunden, deren Länge sich dem Fluß der Melodie anpaßt. Spätere Melodien, die noch nicht einem festen, periodischen Betonungsschema folgen (z.B. Nr. 218, 497), wurden durch sogenannte Mensurstriche (halbe Taktstriche) überschaubar gegliedert. Erst von der Mitte des 17. Jahrhunderts an sind Melodien im Zusammenhang mit festen Versmaßen in einem Betonungsschema gedacht, das durch das bis heute übliche Taktprinzip (z.B. Nr. 243, 359) wiedergegeben werden kann.

6.
Das Gesangbuch enthält eine Reihe von Liedern und Gesängen, die im Wechsel zu singen sind. Von dieser Möglichkeit sollte, wo immer es geht, Gebrauch gemacht werden, weil dadurch das Singen belebt wird und unterschiedliche Gruppen beteiligt werden können. Die verwendeten Abkürzungen bedeuten:

V = Vorsänger / Vorsängerin / Vorsängergruppe
A = Alle
L = Liturg / Liturgin
K = Kantor / Kantorin
G = Gemeinde
Ch = Chor
I / II = Gruppe I / Gruppe II

7.
In der Rechtschreibung wurde der Gebrauch des Apostroph auf das Notwendige beschränkt, da bei dichterischer Sprache die zu häufige Verwendung des Zeichens störend wirkt.

8.
Dem Gesangbuch ist ein Verzeichnis der urheberrechtlich geschützten Stücke und ihrer Rechtsinhaber beigegeben. Eine Vervielfältigung dieser Stücke bedarf grundsätzlich der Genehmigung durch die Rechtsinhaber. Eine Ausnahme bildet unter bestimmten Bedingungen die Anfertigung von Kopien für gottesdienstliche Zwecke. Dies regelt ein Pauschalabkommen der Evangelischen Kirche in Deutschland mit der Vertretung der Rechtsinhaber.

9.
Das Gesangbuch will auch Aufgaben eines christlichen Haus- und Gemeindebuches wahrnehmen. So finden sich in ihm Gebete, Andachtsformen, Bekenntnis- und Katechismustexte, eine Übersicht über die Epochen der Liedgeschichte, Kurzangaben zur Lebensgeschichte aller Autoren und Autorinnen sowie weitere Übersichten.
Eine Anweisung für die Taufe in Notfällen findet sich unter Nr. 791, eine Anleitung für die Beichte unter Nr. 792–802, eine Hilfe für die Begleitung Sterbender unter Nr. 941–951.

LIEDER UND GESÄNGE

KIRCHENJAHR

ADVENT

1 Macht hoch die Tür
2 Er ist die rechte Freudensonn *(Kanon)*
3 Gott, heilger Schöpfer aller Stern
4 Nun komm, der Heiden Heiland
5 Gottes Sohn ist kommen
6 Ihr lieben Christen, freut euch nun
7 O Heiland, reiß die Himmel auf
8 Es kommt ein Schiff, geladen
9 Nun jauchzet, all ihr Frommen
10 Mit Ernst, o Menschenkinder
11 Wie soll ich dich empfangen
12 Gott sei Dank durch alle Welt
13 Tochter Zion, freue dich
14 Dein König kommt in niedern Hüllen
15 Tröstet, tröstet, spricht der Herr
16 Die Nacht ist vorgedrungen
17 Wir sagen euch an den lieben Advent
18 Seht, die gute Zeit ist nah
19 O komm, o komm, du Morgenstern
20 Das Volk, das noch im Finstern wandelt
21 Seht auf und erhebt eure Häupter
22 Nun sei uns willkommen *(Kanon)*

69 *Der Morgenstern ist aufgedrungen*
147 *Wachet auf, ruft uns die Stimme*
149 *Es ist gewißlich an der Zeit*
151 *Ermuntert euch, ihr Frommen*
152 *Wir warten dein, o Gottes Sohn*
154 *Herr, mach uns stark im Mut, der dich bekennt*

WEIHNACHTEN

JAHRESWENDE

EPIPHANIAS

PASSION

OSTERN

HIMMELFAHRT

PFINGSTEN

TRINITATIS

LIEDER UND GESÄNGE

BESONDERE TAGE

JOHANNESTAG, 24. JUNI

141 Wir wollen singn ein' Lobgesang

202 *Christ, unser Herr, zum Jordan kam*
312 *Kam einst zum Ufer*

MICHAELISTAG, 29. SEPTEMBER

142 Gott, aller Schöpfung heilger Herr
143 Heut singt die liebe Christenheit

AN GEDENKTAGEN DER GLAUBENSZEUGEN

154 *Herr, mach uns stark im Mut, der dich bekennt, Str. 6*
273 *Ach Gott, vom Himmel sieh darein*
362 *Ein feste Burg ist unser Gott*

Lieder zu Sammlung und Sendung: Nr. 241–261

BUSSTAG

144 Aus tiefer Not laßt uns zu Gott
145 Wach auf, wach auf, du deutsches Land
146 Nimm von uns, Herr, du treuer Gott

192 *Kyrie eleison (Litanei)*
242 *Herr, nun selbst den Wagen halt*
244 *Wach auf, wach auf, 's ist hohe Zeit*
248 *Treuer Wächter Israel'*
283 *Herr, der du vormals hast dein Land*
299 *Aus tiefer Not schrei ich zu dir*
366 *Wenn wir in höchsten Nöten sein*

Lieder zur Beichte: Nr. 230–237

ENDE DES KIRCHENJAHRES

147 Wachet auf, ruft uns die Stimme
148 Herzlich tut mich erfreuen
149 Es ist gewißlich an der Zeit
150 Jerusalem, du hochgebaute Stadt
151 Ermuntert euch, ihr Frommen
152 Wir warten dein, o Gottes Sohn
153 Der Himmel, der ist, ist nicht der Himmel, der kommt
154 Herr, mach uns stark im Mut, der dich bekennt

5 *Gottes Sohn ist kommen*
6 *Ihr lieben Christen, freut euch nun*
20 *Das Volk, das noch im Finstern wandelt*
21 *Seht auf und erhebt eure Häupter*
298 *Wenn der Herr einst die Gefangnen*
426 *Es wird sein in den letzten Tagen*
429 *Lobt und preist die herrlichen Taten des Herrn*
450 *Morgenglanz der Ewigkeit*
518 *Mitten wir im Leben sind*

GOTTESDIENST

EINGANG UND AUSGANG

155 Herr Jesu Christ, dich zu uns wend
156 Komm, Heiliger Geist, erfüll die Herzen deiner Gläubigen
157 Laß mich dein sein und bleiben
158 O Christe, Morgensterne
159 Fröhlich wir nun all fangen an
160 Gott Vater, dir sei Dank gesagt

161 Liebster Jesu, wir sind hier, dich und dein Wort anzuhören
162 Gott Lob, der Sonntag kommt herbei
163 Unsern Ausgang segne Gott
164 Jesu, stärke deine Kinder
165 Gott ist gegenwärtig
166 Tut mir auf die schöne Pforte
167 Wir wollen fröhlich singen
168 Du hast uns, Herr, gerufen
169 Der Gottesdienst soll fröhlich sein
170 Komm, Herr, segne uns
171 Bewahre uns, Gott
172 Sende dein Licht und deine Wahrheit *(Kanon)*
173 Der Herr behüte deinen Ausgang *(Kanon)*
174 Es segne und behüte uns *(Kanon)*
175 Ausgang und Eingang *(Kanon)*
176 Öffne meine Augen

Lieder vom Heiligen Geist (Pfingsten): Nr. 124–137
Lieder vom Wort Gottes: Nr. 193–199

258 *Zieht in Frieden eure Pfade*
260 *Gleichwie mich mein Vater gesandt hat*
282 *Wie lieblich schön, Herr Zebaoth*
288 *Nun jauchzt dem Herren, alle Welt*
300 *Lobt Gott, den Herrn der Herrlichkeit*
339 *Mein Herz ist bereit, Gott (Kanon)*
347 *Ach bleib mit deiner Gnade*
348 *Gott verspricht: Ich will dich segnen*
421 *Verleih uns Frieden gnädiglich*
436 *Herr, gib uns deinen Frieden (Kanon)*
789.8 *Bleib mit deiner Gnade bei uns*

LITURGISCHE GESÄNGE

ABENDMAHL

BEICHTE

235 O Herr, nimm unsre Schuld
236 Ohren gabst du mir
237 Und suchst du meine Sünde

144 *Aus tiefer Not laßt uns zu Gott*
146 *Nimm von uns, Herr, du treuer Gott*
275 *In dich hab ich gehoffet, Herr*
299 *Aus tiefer Not schrei ich zu dir*
343 *Ich ruf zu dir, Herr Jesu Christ*
349 *Ich freu mich in dem Herren*
353 *Jesus nimmt die Sünder an*
381 *Gott, mein Gott, warum hast du mich verlassen*
382 *Ich steh vor dir mit leeren Händen, Herr*
389 *Ein reines Herz, Herr, schaff in mir*
392 *Gott rufet noch. Sollt ich nicht endlich hören*
404 *Herr Jesu, Gnadensonne*

TRAUUNG

238 Herr, vor dein Antlitz treten zwei
239 Freuet euch im Herren allewege
240 Du hast uns, Herr, in dir verbunden

134 *Komm, o komm, du Geist des Lebens*
329 *Bis hierher hat mich Gott gebracht*
352 *Alles ist an Gottes Segen*
391 *Jesu, geh voran*
395 *Vertraut den neuen Wegen*

Lob- und Danklieder: Nr. 316–340

SAMMLUNG UND SENDUNG

310 Meine Seele erhebt den Herren *(Kanon)* *(Lk 1,46–47)*

- 381 *Gott, mein Gott, warum hast du mich verlassen (Ps 22,2)*
- 335 *Ich will den Herrn loben allezeit (Kanon) (Ps 34,2)*
- 361 *Befiehl du deine Wege (Ps 37,5)*
- 172 *Sende dein Licht und deine Wahrheit (Kanon) (Ps 43,3–4)*
- 362 *Ein feste Burg ist unser Gott (Ps 46)*
- 230 *Schaffe in mir, Gott, ein reines Herze (Ps 51,12–13)*
- 339 *Mein Herz ist bereit (Kanon) (Ps 57,8)*
- 340 *Ich will dem Herrn singen mein Leben lang (Kanon) (Ps 104,33)*
- 456 *Vom Aufgang der Sonne (Kanon) (Ps 113,3)*
- 333 *Danket dem Herrn! Wir danken dem Herrn (Ps 118,1)*
- 176 *Öffne meine Augen (Ps 119,18; Ps 69,33b)*
- 173 *Der Herr behüte deinen Ausgang (Kanon) (Ps 121,8)*
- 461 *Aller Augen warten auf dich, Herre (Ps 145,15–16)*
- 338 *Alte mit den Jungen sollen loben (Kanon) (Ps 148,12–13)*
- 182 *Halleluja. Suchet zuerst Gottes Reich in dieser Welt (Str. 1–3: Mt 5–7)*
- 785.6 *Meine Seele erhebt den Herren (Lk 1,46–55)*
- 26 *Ehre sei Gott in der Höhe (Kanon) (Lk 2,14)*
- 519 *Mit Fried und Freud ich fahr dahin (Lk 2,29–32)*
- 786.10 *Herr, nun läßt du deinen Diener (Lk 2,29–32)*
- 783.6 *Gelobet sei der Herr, der Gott Israels (Lk 2,68–79)*

BIBLISCHE ERZÄHLLIEDER

311 Abraham, Abraham, verlaß dein Land *(1. Mose 12,1–9)*
312 Kam einst zum Ufer *(Mt 3,1–12; Lk 3,10–14)*
313 Jesus, der zu den Fischern lief *(Mt 4,18–22)*
314 Jesus zieht in Jerusalem ein *(Mt 21,1–11)*
315 Ich will zu meinem Vater gehn *(Lk 15,11–24)*

103 *Gelobt sei Gott im höchsten Thron (Mt 28,1–6)*
105 *Erstanden ist der heilig Christ (Mk 16,1–7)*
24 *Vom Himmel hoch, da komm ich her (Lk 2,9–16)*
127 *Jauchz, Erd, und Himmel, juble hell (Apg 2,1–13)*
141 *Wir wollen singn ein' Lobgesang (Joh 1,19–28; Mt 3,1–12)*

Weitere biblische Lieder und Gesänge:

348 *Gott verspricht: Ich will dich segnen (1. Mose 12,2)*
231 *Dies sind die heilgen zehn Gebot (2. Mose 20,1–17)*
140 *Brunn alles Heils, dich ehren wir (4. Mose 6,24–26)*
426 *Es wird sein in den letzten Tagen (Jes 2,2–5)*
20 *Das Volk, das noch im Finstern wandelt (Jes 9,1–6)*
30 *Es ist ein Ros entsprungen (Jes 11,1)*
15 *Tröstet, tröstet, spricht der Herr (Jes 40,1–10)*
321 *Nun danket alle Gott (Sirach 50,24–26)*
344 *Vater unser im Himmelreich (Mt 6,9–13)*

151 *Ermuntert euch, ihr Frommen (Mt 25,1–13)*
95 *Seht hin, er ist allein im Garten (Mt 26–27)*
196 *Herr, für dein Wort sei hoch gepreist (Lk 8,4–15)*
21 *Seht auf und erhebt eure Häupter (Lk 21,28)*
483 *Herr, bleibe bei uns (Kanon) (Lk 24,29)*
28 *Also hat Gott die Welt geliebt (Joh 3,16)*
261 *Herr, wohin sollen wir gehen (Kanon) (Joh 6,68)*
260 *Gleichwie mich mein Vater gesandt hat (Joh 20,21; Lk 4,18)*
342 *Es ist das Heil uns kommen her (Röm 3,21–28)*
351 *Ist Gott für mich, so trete (Röm 8,31–39)*
413 *Ein wahrer Glaube Gotts Zorn stillt (1. Kor 13)*
358 *Es kennt der Herr die Seinen (1. Kor 13,13)*
239 *Freuet euch im Herren allewege (Phil 4,4–7)*
359 *In dem Herren freuet euch (Phil 4,4–7)*
150 *Jerusalem, du hochgebaute Stadt (Offb 21)*
153 *Der Himmel, der ist (Offb 21)*

GLAUBE – LIEBE – HOFFNUNG

LOBEN UND DANKEN

316 Lobe den Herren, den mächtigen König *(ökumenischer Text)*
317 Lobe den Herren, den mächtigen König
318 O gläubig Herz, gebenedei
319 Die beste Zeit im Jahr ist mein
320 Nun laßt uns Gott dem Herren

321 Nun danket alle Gott
322 Nun danket all und bringet Ehr
323 Man lobt dich in der Stille
324 Ich singe dir mit Herz und Mund
325 Sollt ich meinem Gott nicht singen
326 Sei Lob und Ehr dem höchsten Gut
327 Wunderbarer König
328 Dir, dir, o Höchster, will ich singen
329 Bis hierher hat mich Gott gebracht
330 O daß ich tausend Zungen hätte
331 Großer Gott, wir loben dich
332 Lobt froh den Herrn, ihr jugendlichen Chöre
333 Danket dem Herrn! Wir danken dem Herrn
334 Danke für diesen guten Morgen
335 Ich will den Herrn loben allezeit *(Kanon)*
336 Danket, danket dem Herrn *(Kanon)*
337 Lobet und preiset, ihr Völker, den Herrn *(Kanon)*
338 Alte mit den Jungen sollen loben *(Kanon)*
339 Mein Herz ist bereit *(Kanon)*
340 Ich will dem Herrn singen mein Leben lang *(Kanon)*

139 *Gelobet sei der Herr*
179 *Allein Gott in der Höh sei Ehr*
182 *Halleluja. Suchet zuerst Gottes Reich in dieser Welt*
191 *Herr Gott, dich loben wir*
398 *In dir ist Freude*
454 *Auf und macht die Herzen weit*
499 *Erd und Himmel sollen singen*
502 *Nun preiset alle Gottes Barmherzigkeit*
514 *Gottes Geschöpfe, kommt zuhauf*

Lieder zum Lobgesang der Maria:
Nr. 308–310, 785.6
Psalmlieder: Nr. 270, 276, 279, 284–286, 288, 289, 291–294, 300–305
Kanons: Nr. 180.4, 181.7, 448, 456

RECHTFERTIGUNG UND ZUVERSICHT

ANGST UND VERTRAUEN

UMKEHR UND NACHFOLGE

388 O Durchbrecher aller Bande
389 Ein reines Herz, Herr, schaff in mir
390 Erneure mich, o ewigs Licht
391 Jesu, geh voran
392 Gott rufet noch. Sollt ich nicht endlich hören
393 Kommt, Kinder, laßt uns gehen
394 Nun aufwärts froh den Blick gewandt
395 Vertraut den neuen Wegen

312 *Kam einst zum Ufer*
315 *Ich will zu meinem Vater gehn*
789.5 *Unsere Augen sehn stets auf den Herren*

GEBORGEN IN GOTTES LIEBE

396 Jesu, meine Freude
397 Herzlich lieb hab ich dich, o Herr
398 In dir ist Freude
399 O Lebensbrünnlein tief und groß
400 Ich will dich lieben, meine Stärke
401 Liebe, die du mich zum Bilde
402 Meinen Jesus laß ich nicht
403 Schönster Herr Jesu
404 Herr Jesu, Gnadensonne
405 Halt im Gedächtnis Jesus Christ
406 Bei dir, Jesu, will ich bleiben
407 Stern, auf den ich schaue
408 Meinem Gott gehört die Welt
409 Gott liebt diese Welt
410 Christus, das Licht der Welt
411 Gott, weil er groß ist *(Kanon)*

251 *Herz und Herz vereint zusammen*
427 *Solang es Menschen gibt auf Erden*
452 *Er weckt mich alle Morgen*
473 *Mein schönste Zier und Kleinod bist*

NÄCHSTEN- UND FEINDESLIEBE

ERHALTUNG DER SCHÖPFUNG
FRIEDEN UND GERECHTIGKEIT

MORGEN

MITTAG UND DAS TÄGLICHE BROT

ABEND

483 Herr, bleibe bei uns *(Kanon)*
484 Müde bin ich, geh zur Ruh
485 Du Schöpfer aller Wesen
486 Ich liege, Herr, in deiner Hut
487 Abend ward, bald kommt die Nacht
488 Bleib bei mir, Herr! Der Abend bricht herein
489 Gehe ein in deinen Frieden
490 Der Tag ist um, die Nacht kehrt wieder
491 Bevor die Sonne sinkt
492 Ruhet von des Tages Müh *(Kanon)*
493 Eine ruhige Nacht *(Kanon)*

266 *Der Tag, mein Gott, ist nun vergangen*
786.5 *Bevor des Tages Licht vergeht*

ARBEIT

494 In Gottes Namen fang ich an
495 O Gott, du frommer Gott
496 Laß dich, Herr Jesu Christ
497 Ich weiß, mein Gott, daß all mein Tun

AUF REISEN

498 In Gottes Namen fahren wir

254 *Wir wolln uns gerne wagen*
361 *Befiehl du deine Wege*
368 *In allen meinen Taten*

NATUR UND JAHRESZEITEN

499 Erd und Himmel sollen singen
500 Lobt Gott in allen Landen
501 Wie lieblich ist der Maien
502 Nun preiset alle Gottes Barmherzigkeit
503 Geh aus, mein Herz, und suche Freud
504 Himmel, Erde, Luft und Meer

STERBEN UND EWIGES LEBEN
BESTATTUNG

530 Wer weiß, wie nahe mir mein Ende
531 Noch kann ich es nicht fassen
532 Nun sich das Herz von allem löste
533 Du kannst nicht tiefer fallen
534 Herr, lehre uns, daß wir sterben müssen
535 Gloria sei dir gesungen

85 *O Haupt voll Blut und Wunden, Str. 9.10*
107 *Wir danken dir, Herr Jesu Christ, daß du vom Tod erstanden bist*
115 *Jesus lebt, mit ihm auch ich*
122 *Auf Christi Himmelfahrt allein*
345 *Auf meinen lieben Gott*
350 *Christi Blut und Gerechtigkeit*
363 *Kommt her zu mir, spricht Gottes Sohn*
367 *Herr, wie du willst, so schick's mit mir*
382 *Ich steh vor dir mit leeren Händen, Herr*
384 *Lasset uns mit Jesus ziehen*
397 *Herzlich lieb hab ich dich, o Herr*
402 *Meinen Jesus laß ich nicht*
450 *Morgenglanz der Ewigkeit*

Lieder zum Ende des Kirchenjahres: Nr. 147–154

Kanons: 2, 22, 26, 31, 118, 132, 172–175, 176B, 178.14, 180.4, 181.7, 181.8, 185.5, 190.4, 261, 310, 335–340, 411, 434–436, 448, 456, 465, 466, 483, 492, 493

Mehrstimmige Sätze: 13, 29, 30, 54, 65, 69, 70, 103, 140, 155, 167, 178.9, 178.10, 178.12, 181.4, 181.5, 181.6, 182, 185.4, 266, 276, 295, 307, 320, 324, 333, 380, 398, 437, 447, 461, 463, 467, 477, 482, 487, 535

GEBETE, GEBETSGOTTESDIENSTE, BEKENNTNISSE, BEIGABEN

LIEDER UND GESÄNGE

KIRCHENJAHR

ADVENT

Ö **I**

Ps 24,7–10

2. Er ist gerecht, ein Helfer wert; / Sanftmütigkeit ist sein Gefährt, / sein Königskron ist Heiligkeit, / sein Zepter ist Barmherzigkeit; / all unsre Not zum End erbringt, / derhalben jauchzt, mit Freuden singt: / Gelobet sei mein Gott, / mein Heiland groß von Tat.

3. O wohl dem Land, o wohl der Stadt, / so diesen König bei sich hat. / Wohl allen Herzen insgemein, / da dieser König ziehet ein. / Er ist die rechte Freudensonn, / bringt mit sich lauter Freud und Wonn. / Gelobet sei mein Gott, / mein Tröster früh und spat.

4. Macht hoch die Tür, die Tor macht weit, / eu'r Herz zum Tempel zubereit'. / Die Zweiglein der Gottseligkeit / steckt auf mit Andacht, Lust und Freud; / so kommt der König auch zu euch, / ja, Heil und Leben mit zugleich. / Gelobet sei mein Gott, / voll Rat, voll Tat, voll Gnad.

5. Komm, o mein Heiland Jesu Christ, / meins Herzens Tür dir offen ist. / Ach zieh mit deiner Gnade ein; / dein Freundlichkeit auch uns erschein. / Dein Heilger Geist uns führ und leit / den Weg zur ewgen Seligkeit. / Dem Namen dein, o Herr, / sei ewig Preis und Ehr.

T: GEORG WEISSEL (1623) 1642
M: HALLE 1704

Ö 2

2. All unsre Not zum End er bringt, / derhalben jauchzt, mit Freuden singt: / Gelobet sei mein Gott!

3. Dein Heilger Geist uns führ und leit / den Weg zur ewgen Seligkeit. / Gelobet sei mein Gott!

T: VERSE AUS NR. 1
KANON FÜR 3 STIMMEN: PAUL ERNST RUPPEL 1955

Machet die Tore weit und die Türen in der Welt hoch, daß der König der Ehre einziehe!
Wer ist der König der Ehre?
Es ist der Herr, stark und mächtig, der Herr, mächtig im Streit.
Machet die Tore weit und die Türen in der Welt hoch, daß der König der Ehre einziehe!
Wer ist der König der Ehre?
Es ist der Herr Zebaoth; er ist der König der Ehre.

PSALM 24,7–10

3 Ö

2. Denn es ging dir zu Herzen sehr, / da wir gefangen waren schwer / und sollten gar des Todes sein; / drum nahm er auf sich Schuld und Pein.

3. Da sich die Welt zum Abend wandt, / der Bräut'gam Christus ward gesandt. / Aus seiner Mutter Kämmerlein / ging er hervor als klarer Schein.

4. Gezeigt hat er sein groß Gewalt, / daß es in aller Welt erschallt, / sich beugen müssen alle Knie / im Himmel und auf Erden hie.

5. Wir bitten dich, o heilger Christ, / der du zukünftig Richter bist, / lehr uns zuvor dein' Willen tun / und an dem Glauben nehmen zu.

6. Lob, Preis sei, Vater, deiner Kraft / und deinem Sohn, der all Ding schafft, / dem heilgen Tröster auch zugleich / so hier wie dort im Himmelreich.

T: THOMAS MÜNTZER 1523
NACH DEM HYMNUS »CONDITOR ALME SIDERUM«
10. JH., BEI JOHANN LEISENTRIT 1567
M: KEMPTEN UM 1000

Lieber Herr und Gott: Wecke uns auf, damit wir bereit sind, wenn dein Sohn kommt, ihn mit Freuden zu empfangen und dir mit reinem Herzen zu dienen.

4

2. Er ging aus der Kammer sein, / dem königlichen Saal so rein, / Gott von Art und Mensch, ein Held; / sein' Weg er zu laufen eilt.

3. Sein Lauf kam vom Vater her / und kehrt wieder zum Vater, / fuhr hinunter zu der Höll / und wieder zu Gottes Stuhl.

4. Dein Krippen glänzt hell und klar, / die Nacht gibt ein neu Licht dar. / Dunkel muß nicht kommen drein, / der Glaub bleib immer im Schein.

5. Lob sei Gott dem Vater g'tan; / Lob sei Gott seim ein'gen Sohn, / Lob sei Gott dem Heilgen Geist / immer und in Ewigkeit.

T: MARTIN LUTHER 1524 NACH DEM HYMNUS
»VENI REDEMPTOR GENTIUM«
DES AMBROSIUS VON MAILAND UM 386
M: EINSIEDELN 12. JH., MARTIN LUTHER 1524

5

2. Er kommt auch noch heute / und lehret die Leute, / wie sie sich von Sünden / zur Buß sollen wenden, / von Irrtum und Torheit / treten zu der Wahrheit.

3. Die sich sein nicht schämen / und sein' Dienst annehmen / durch ein' rechten Glauben / mit ganzem Vertrauen, / denen wird er eben / ihre Sünd vergeben.

4. Denn er tut ihn' schenken / in den Sakramenten / sich selber zur Speisen, / sein Lieb zu beweisen, / daß sie sein genießen / in ihrem Gewissen.

5. Die also fest glauben / und beständig bleiben, / dem Herren in allem / trachten zu gefallen, / die werden mit Freuden / auch von hinnen scheiden.

6. Denn bald und behende / kommt ihr letztes Ende; / da wird er vom Bösen / ihre Seel erlösen / und sie mit sich führen / zu der Engel Chören.

8. Da wird er sie scheiden: / seines Reiches Freuden / erben dann die Frommen; / doch die Bösen kommen / dahin, wo sie müssen / ihr Untugend büßen.

9. Ei nun, Herre Jesu, / richte unsre Herzen zu, / daß wir, alle Stunden / recht gläubig erfunden, / darinnen verscheiden / zur ewigen Freuden.

T: BÖHMISCHE BRÜDER 1544
M: »AVE HIERARCHIA« HOHENFURT 1410, BÖHMISCHE BRÜDER 1501/1531

6

2. Der Jüngste Tag ist nun nicht fern. / Komm, Jesu Christe, lieber Herr! / Kein Tag vergeht, wir warten dein / und wollten gern bald bei dir sein.

3. Du treuer Heiland Jesu Christ, / dieweil die Zeit erfüllet ist, / die uns verkündet Daniel,* / so komm, lieber Immanuel.

* *Dan 7,13.14.27*

4. Der Teufel brächt uns gern zu Fall / und wollt uns gern verschlingen all; / er tracht' nach Leib, Seel, Gut und Ehr. / Herr Christ, dem alten Drachen wehr.

5. Ach lieber Herr, eil zum Gericht! / Laß sehn dein herrlich Angesicht, / das Wesen der Dreifaltigkeit. / Das helf uns Gott in Ewigkeit.

T: ERASMUS ALBER 1546

M: STEHT AUF, IHR LIEBEN KINDERLEIN (NR. 442)

7 (Ö)

Jes 64,1

2. O Gott, ein' Tau vom Himmel gieß, / im Tau herab, o Heiland, fließ. / Ihr Wolken, brecht und regnet aus / den König über Jakobs Haus. *Jes 45,8*

3. O Erd, schlag aus, schlag aus, o Erd, / daß Berg und Tal grün alles werd. / O Erd, herfür dies Blümlein bring, / o Heiland, aus der Erden spring. *Jes 11,1*

4. Wo bleibst du, Trost der ganzen Welt, / darauf sie all ihr Hoffnung stellt? / O komm, ach komm vom höchsten Saal, / komm, tröst uns hier im Jammertal.

5. O klare Sonn, du schöner Stern, / dich wollten wir anschauen gern; / o Sonn, geh auf, ohn deinen Schein / in Finsternis wir alle sein.

6. Hier leiden wir die größte Not, / vor Augen steht der ewig Tod. / Ach komm, führ uns mit starker Hand / vom Elend zu dem Vaterland.

7. Da wollen wir all danken dir, / unserm Erlöser, für und für; / da wollen wir all loben dich / zu aller Zeit und ewiglich.

T: FRIEDRICH SPEE 1622;
STR. 7 BEI DAVID GREGOR CORNER 1631
M: KÖLN 1638, AUGSBURG 1666

Ö 8

2. Das Schiff geht still im Triebe, / es trägt ein teure Last; / das Segel ist die Liebe, / der Heilig Geist der Mast.

3. Der Anker haft' auf Erden, / da ist das Schiff am Land. / Das Wort will Fleisch uns werden, / der Sohn ist uns gesandt.

4. Zu Bethlehem geboren / im Stall ein Kindelein, / gibt sich für uns verloren; / gelobet muß es sein.

5. Und wer dies Kind mit Freuden / umfangen, küssen will, / muß vorher mit ihm leiden / groß Pein und Marter viel,

6. danach mit ihm auch sterben / und geistlich auferstehn, / das ewig Leben erben, / wie an ihm ist geschehn.

T: DANIEL SUDERMANN UM 1626 NACH
EINEM MARIENLIED AUS STRASSBURG 15. JH.
M: KÖLN 1608

9

Andere Melodie:
Aus meines Herzens Grunde (Nr. 443)

2. Er kommt zu uns geritten / auf einem Eselein* / und stellt sich in die Mitten / für uns zum Opfer ein. / Er bringt kein zeitlich Gut, / er will allein erwerben / durch seinen Tod und Sterben, / was ewig währen tut.

*Mt 21,1-9

3. Kein Zepter, keine Krone / sucht er auf dieser Welt; / im hohen Himmelsthrone / ist ihm sein Reich bestellt. / Er will hier seine Macht / und Majestät verhüllen, / bis er des Vaters Willen / im Leiden hat vollbracht.

4. Ihr Mächtigen auf Erden, / nehmt diesen König an, / wollt ihr beraten werden / und gehn die rechte Bahn, / die zu dem Himmel führt; / sonst, wo ihr ihn verachtet / und nur nach Hoheit trachtet, / des Höchsten Zorn euch rührt.

. Ihr Armen und Elenden / zu dieser bösen Zeit, / die hr an allen Enden / müßt haben Angst und Leid, / seid lennoch wohlgemut, / laßt eure Lieder klingen, / dem Cönig Lob zu singen, / der ist eu'r höchstes Gut.

. Er wird nun bald erscheinen / in seiner Herrlichkeit / ınd all eu'r Klag und Weinen / verwandeln ganz in Freud. / Er ist's, der helfen kann; / halt' eure Lampen ertig / und seid stets sein gewärtig, / er ist schon auf der Bahn.

T: MICHAEL SCHIRMER 1640
M: JOHANN CRÜGER 1640

(Ö) 10

Jes 40,3.4

3. Ein Herz, das Demut liebet, / bei Gott am höchsten steht; / ein Herz, das Hochmut übet, / mit Angst zugrunde geht; / ein Herz, das richtig ist / und folget Gottes Leiten, / das kann sich recht bereiten, / zu dem kommt Jesus Christ.

4. Ach mache du mich Armen / zu dieser heilgen Zeit / aus Güte und Erbarmen, / Herr Jesu, selbst bereit. / Zieh in mein Herz hinein / vom Stall und von der Krippen, / so werden Herz und Lippen / dir allzeit dankbar sein.

T: VALENTIN THILO 1642; STR. 4 LÜNEBURG 1657
M: VON GOTT WILL ICH NICHT LASSEN (NR. 365)

Ö 11

2. Dein Zion streut dir Palmen / und grüne Zweige hin,* / und ich will dir in Psalmen / ermuntern meinen Sinn. / Mein Herze soll dir grünen / in stetem Lob und Preis / und deinem Namen dienen, / so gut es kann und weiß.

*Mt 21,8

3. Was hast du unterlassen / zu meinem Trost und Freud, / als Leib und Seele saßen / in ihrem größten Leid? / Als mir das Reich genommen, / da Fried und Freude lacht, / da bist du, mein Heil, kommen / und hast mich froh gemacht.

4. Ich lag in schweren Banden, / du kommst und machst mich los; / ich stand in Spott und Schanden, / du kommst und machst mich groß / und hebst mich hoch zu Ehren / und schenkst mir großes Gut, / das sich nicht läßt verzehren, / wie irdisch Reichtum tut.

5. Nichts, nichts hat dich getrieben / zu mir vom Himmelszelt / als das geliebte Lieben, / damit du alle Welt in ihren tausend Plagen / und großen Jammerlast, / die kein Mund kann aussagen, / so fest umfangen hast.

6. Das schreib dir in dein Herze, / du hochbetrübtes Heer, / bei denen Gram und Schmerze / sich häuft je mehr und mehr; / seid unverzagt, ihr habet / die Hilfe vor der Tür; / der eure Herzen labet / und tröstet, steht allhier.

7. Ihr dürft euch nicht bemühen / noch sorgen Tag und Nacht, / wie ihr ihn wollet ziehen / mit eures Armes Macht. / Er kommt, er kommt mit Willen, / ist voller Lieb und Lust, / all Angst und Not zu stillen, / die ihm an euch bewußt.

8. Auch dürft ihr nicht erschrecken / vor eurer Sünden Schuld; / nein, Jesus will sie decken / mit seiner Lieb und Huld. / Er kommt, er kommt den Sündern / zu Trost und wahrem Heil, / schafft, daß bei Gottes Kindern / verbleib ihr Erb und Teil.

9. Was fragt ihr nach dem Schreien / der Feind und ihrer Tück? / Der Herr wird sie zerstreuen / in einem Augenblick. / Er kommt, er kommt, ein König, / dem wahrlich alle Feind / auf Erden viel zu wenig / zum Widerstande seind.

10. Er kommt zum Weltgerichte: / zum Fluch dem, der ihm flucht, / mit Gnad und süßem Lichte / dem, der ihn liebt und sucht. / Ach komm, ach komm, o Sonne, / und hol uns allzumal / zum ewgen Licht und Wonne / in deinen Freudensaal.

T: PAUL GERHARDT 1653
M: JOHANN CRÜGER 1653

12

Andere Melodie:
Nun komm, der Heiden Heiland (Nr. 4)

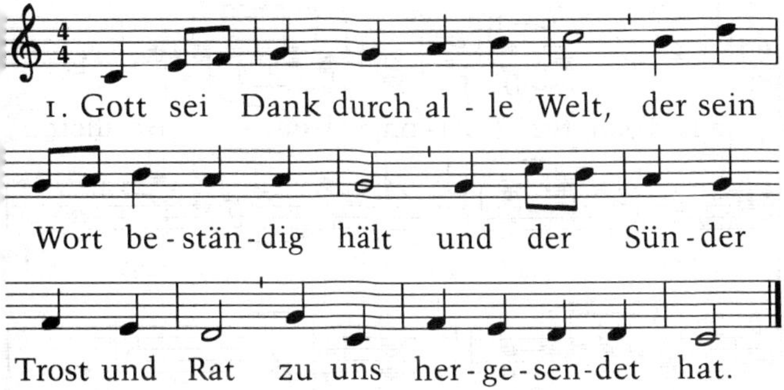

2. Was der alten Väter Schar / höchster Wunsch und Sehnen war / und was sie geprophezeit, / ist erfüllt in Herrlichkeit.

3. Zions Hilf und Abrams Lohn,* / Jakobs Heil,* der Jungfrau Sohn, / der wohl zweigestammte Held / hat sich treulich eingestellt. **1. Mose 15,1 *1. Mose 49,18*

4. Sei willkommen, o mein Heil! / Dir Hosianna, o mein Teil! / Richte du auch eine Bahn / dir in meinem Herzen an.

T: HEINRICH HELD 1658
M: FRANKFURT/MAIN 1659, HALLE 1704,
BEI JOHANN GEORG STÖTZEL 1744

13

1. Toch-ter Zi-on, freu - - e dich,
jauch - ze laut, Je - ru - - sa - lem!
Sieh, dein Kö-nig kommt zu dir,
ja er kommt, der Frie - de-fürst.

Sach 9,9

2. Hosianna, Davids Sohn, / sei gesegnet deinem Volk! / Gründe nun dein ewig Reich, / Hosianna in der Höh! / Hosianna, Davids Sohn, / sei gesegnet deinem Volk!

3. Hosianna, Davids Sohn, / sei gegrüßet, König mild! / Ewig steht dein Friedensthron, / du, des ewgen Vaters Kind. / Hosianna, Davids Sohn, / sei gegrüßet, König mild!

T: FRIEDRICH HEINRICH RANKE (UM 1820) 1826
M UND SATZ: GEORG FRIEDRICH HÄNDEL 1747

14

Mt 21,1–9

2. O mächt'ger Herrscher ohne Heere, / gewalt'ger Kämpfer ohne Speere, / o Friedefürst von großer Macht! / Es wollen dir der Erde Herren / den Weg zu deinem Throne sperren, / doch du gewinnst ihn ohne Schlacht.

3. Dein Reich ist nicht von dieser Erden, / doch aller Erde Reiche werden / dem, das du gründest, untertan. / Bewaffnet mit des Glaubens Worten / zieht deine Schar nach allen Orten / der Welt hinaus und macht dir Bahn.

4. Und wo du kommst herangezogen, / da ebnen sich des Meeres Wogen, / es schweigt der Sturm, von dir bedroht. / Du kommst, daß auf empörter Erde / der neue Bund gestiftet werde, / und schlägst in Fessel Sünd und Tod.

5. O Herr von großer Huld und Treue, / o komme du auch jetzt aufs neue / zu uns, die wir sind schwer verstört. / Not ist es, daß du selbst hienieden / kommst, zu erneuen deinen Frieden, / dagegen sich die Welt empört.

6. O laß dein Licht auf Erden siegen, / die Macht der Finsternis erliegen / und lösch der Zwietracht Glimmen aus, / daß wir, die Völker und die Thronen, / vereint als Brüder wieder wohnen / in deines großen Vaters Haus.

T: FRIEDRICH RÜCKERT 1834
M: JOHANNES ZAHN 1853

Du, Tochter Zion, freue dich sehr, und du, Tochter Jerusalem, jauchze! Siehe, dein König kommt zu dir, ein Gerechter und ein Helfer, arm und reitet auf einem Esel, auf einem Füllen der Eselin.

SACHARJA 9,9

15 Jesaja 40,1–10

2. Freundlich, freundlich rede du / und sprich dem müden Volke zu: / »Die Qual ist um, der Knecht ist frei, / all Missetat vergeben sei.«

3. Ebnet, ebnet Gott die Bahn, / bei Tal und Hügel fanget an. / Die Stimme ruft: »Tut Buße gleich, / denn nah ist euch das Himmelreich.«

4. Sehet, sehet, alle Welt / die Herrlichkeit des Herrn erhellt. / Die Zeit ist hier, es schlägt die Stund, / geredet hat es Gottes Mund.

5. Alles, alles Fleisch ist Gras, / die Blüte sein wird bleich und blaß. / Das Gras verdorrt, das Fleisch verblich, / doch Gottes Wort bleibt ewiglich.

6. Hebe deine Stimme, sprich / mit Macht, daß niemand fürchte sich. / Es kommt der Herr, eu'r Gott ist da / und herrscht gewaltig fern und nah.

T: WALDEMAR RODE 1938
M: HANS FRIEDRICH MICHEELSEN 1938

Ö 16

2. Dem alle Engel dienen, / wird nun ein Kind und Knecht. / Gott selber ist erschienen / zur Sühne für sein Recht. / Wer schuldig ist auf Erden, / verhüll nicht mehr sein Haupt. / Er soll errettet werden, / wenn er dem Kinde glaubt.

3. Die Nacht ist schon im Schwinden, / macht euch zum Stalle auf! / Ihr sollt das Heil dort finden, / das aller Zeiten Lauf / von Anfang an verkündet, / seit eure Schuld geschah. / Nun hat sich euch verbündet, / den Gott selbst ausersah.

5. Gott will im Dunkel wohnen* / und hat es doch erhellt. / Als wollte er belohnen, / so richtet er die Welt. / Der sich den Erdkreis baute, / der läßt den Sünder nicht. / Wer hier dem Sohn vertraute, / kommt dort aus dem Gericht.

1. Kön 8,12

T: JOCHEN KLEPPER 1938
M: JOHANNES PETZOLD 1939

Ö 17

1. Wir sa - gen euch an den lie - ben Ad -
Wir sa - gen euch an eine hei - li - ge

vent. Se - het, die er - ste Ker - ze brennt!
Zeit. Ma-chet dem Herrn den Weg be - reit.

Freut euch, ihr Chri-sten, freu - et euch

sehr! Schon ist na - he der Herr.

2. Wir sagen euch an den lieben Advent. / Sehet, die zweite Kerze brennt! / So nehmet euch eins um das andere an, / wie auch der Herr an uns getan.
Freut euch, ihr Christen, freuet euch sehr! / Schon ist nahe der Herr.

3. Wir sagen euch an den lieben Advent. / Sehet, die dritte Kerze brennt! / Nun tragt eurer Güte hellen Schein / weit in die dunkle Welt hinein.
Freut euch, ihr Christen, freuet euch sehr! / Schon ist nahe der Herr.

4. Wir sagen euch an den lieben Advent. / Sehet, die vierte Kerze brennt! / Gott selber wird kommen, er zögert nicht. / Auf, auf, ihr Herzen, und werdet licht!
Freut euch, ihr Christen, freuet euch sehr! / Schon ist nahe der Herr.

T: MARIA FERSCHL 1954
M: HEINRICH ROHR 1954

18

Auch im Kanon zu singen

Dazu können die folgenden Begleitstimmen gesungen werden:

T UND M: FRIEDRICH WALZ 1972
NACH EINEM WEIHNACHTSLIED AUS MÄHREN

19

*Offb 22,16.17

2. O komm, du Sohn aus Davids Stamm, / du Friedensbringer, Osterlamm. / Von Schuld und Knechtschaft mach uns frei / und von des Bösen Tyrannei.
Freut euch, freut euch, der Herr ist nah. / Freut euch und singt Halleluja.

T: OTMAR SCHULZ 1975 NACH DEM ENGLISCHEN »O COME, O COME EMMANUEL« VON JOHN MASON NEALE 1851/1861 (STR. 1–2) UND HENRY SLOANE COFFIN 1916 (STR. 3)
M: FRANKREICH 15. JH., BEI THOMAS HELMORE 1856

20

Jesaja 9,1–6

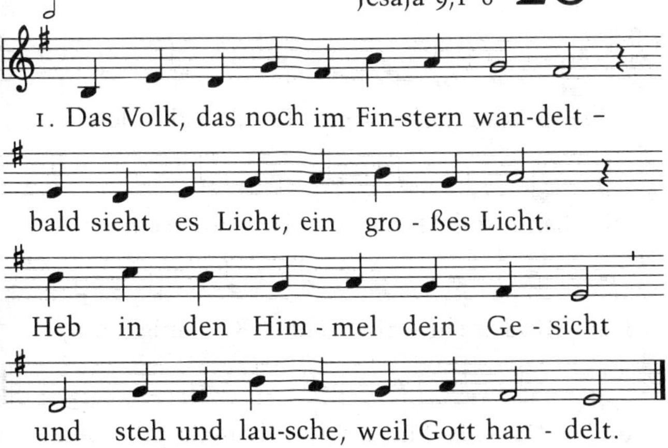

2. Die ihr noch wohnt im Tal der Tränen, / wo Tod den schwarzen Schatten wirft: / Schon hört ihr Gottes Schritt, ihr dürft / euch jetzt nicht mehr verlassen wähnen.

3. Er kommt mit Frieden. Nie mehr Klagen, / nie Krieg, Verrat und bittre Zeit! / Kein Kind, das nachts erschrokken schreit, / weil Stiefel auf das Pflaster schlagen.

4. Die Liebe geht nicht mehr verloren. / Das Unrecht stürzt in vollem Lauf. / Der Tod ist tot. Das Volk jauchzt auf / und ruft: »Uns ist ein Kind geboren!«

5. Man singt: »Ein Sohn ist uns gegeben, / Sohn Gottes, der das Zepter hält, / der gute Hirt, das Licht der Welt, / der Weg, die Wahrheit und das Leben.«

6. Noch andre Namen wird er führen: / Er heißt Gottheld und Wunderrat / und Vater aller Ewigkeit. / Der Friedefürst wird uns regieren!

8. Dann stehen Mensch und Mensch zusammen / vor eines Herren Angesicht, / und alle, alle schaun ins Licht, / und er kennt jedermann mit Namen.

T: JÜRGEN HENKYS 1981 NACH DEM NIEDERLÄNDISCHEN »HET VOLK DAT WANDELT IN HET DUISTER« VON JAN WILLEM SCHULTE NORDHOLT 1959
M: FRITS MEHRTENS 1959

21

T: LUKAS 21,28
M: VOLKER OCHS UM 1980

Ö 22

T: AACHEN 13./14. JH.
KANON FÜR 4 STIMMEN: WALTER REIN 1934
NACH EINER NIEDERLÄNDISCHEN MELODIEFASSUNG
UM 1600

WEIHNACHTEN

23 Ö

2. Des ewgen Vaters einig Kind / jetzt man in der Krippen find't; / in unser armes Fleisch und Blut / verkleidet sich das ewig Gut. / Kyrieleis.

3. Den aller Welt Kreis nie beschloß, / der liegt in Marien Schoß; / er ist ein Kindlein worden klein, / der alle Ding erhält allein. / Kyrieleis.

4. Das ewig Licht geht da herein, / gibt der Welt ein' neuen Schein; / es leucht' wohl mitten in der Nacht / und uns des Lichtes Kinder macht. / Kyrieleis.

5. Der Sohn des Vaters, Gott von Art, / ein Gast in der Welt hier ward / und führt uns aus dem Jammertal, / macht uns zu Erben in seim Saal. / Kyrieleis.

6. Er ist auf Erden kommen arm, / daß er unser sich erbarm / und in dem Himmel mache reich / und seinen lieben Engeln gleich. / Kyrieleis.

7. Das hat er alles uns getan, / sein groß Lieb zu zeigen an. / Des freu sich alle Christenheit / und dank ihm des in Ewigkeit. / Kyrieleis.

T: STR. 1 MEDINGEN UM 1380;
STR. 2–7 MARTIN LUTHER 1524
M: MEDINGEN UM 1460, WITTENBERG 1524

Lukas 2,9–16 (Ö) **24**

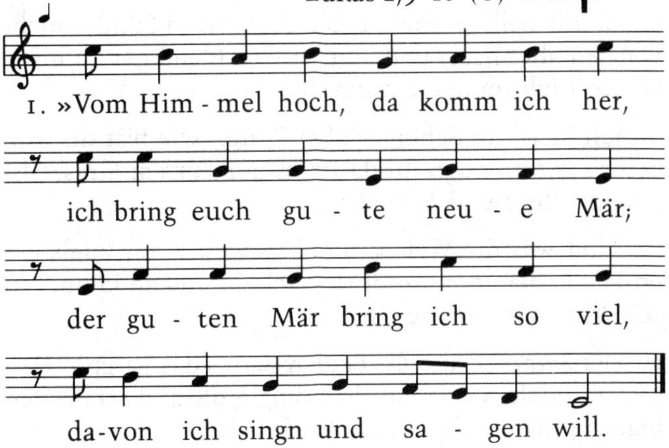

2. Euch ist ein Kindlein heut geborn / von einer Jungfrau auserkorn, / ein Kindelein so zart und fein, / das soll eu'r Freud und Wonne sein.

3. Es ist der Herr Christ, unser Gott, / der will euch führn aus aller Not, / er will eu'r Heiland selber sein, / von allen Sünden machen rein.

4. Er bringt euch alle Seligkeit, / die Gott der Vater hat bereit', / daß ihr mit uns im Himmelreich / sollt leben nun und ewiglich.

5. So merket nun das Zeichen recht: / die Krippe, Windelein so schlecht, / da findet ihr das Kind gelegt, / das alle Welt erhält und trägt.«

6. Des laßt uns alle fröhlich sein / und mit den Hirten gehn hinein, / zu sehn, was Gott uns hat beschert, / mit seinem lieben Sohn verehrt.

7. Merk auf, mein Herz, und sieh dorthin; / was liegt doch in dem Krippelein? / Wes ist das schöne Kindelein? / Es ist das liebe Jesulein.

8. Sei mir willkommen, edler Gast! / Den Sünder nicht verschmähet hast / und kommst ins Elend her zu mir: / wie soll ich immer danken dir?

9. Ach Herr, du Schöpfer aller Ding, / wie bist du worden so gering, / daß du da liegst auf dürrem Gras, / davon ein Rind und Esel aß!

10. Und wär die Welt vielmal so weit, / von Edelstein und Gold bereit', / so wär sie doch dir viel zu klein, / zu sein ein enges Wiegelein.

11. Der Sammet und die Seiden dein, / das ist grob Heu und Windelein, / darauf du König groß und reich / herprangst, als wär's dein Himmelreich.

12. Das hat also gefallen dir, / die Wahrheit anzuzeigen mir, / wie aller Welt Macht, Ehr und Gut / vor dir nichts gilt, nichts hilft noch tut.

13. Ach mein herzliebes Jesulein, / mach dir ein rein sanft Bettelein, / zu ruhen in meins Herzens Schrein, / daß ich nimmer vergesse dein.

14. Davon ich allzeit fröhlich sei, / zu springen, singen immer frei / das rechte Susaninne* schön, / mit Herzenslust den süßen Ton. * *Wiegenlied*

15. Lob, Ehr sei Gott im höchsten Thron, / der uns schenkt seinen ein'gen Sohn. / Des freuet sich der Engel Schar / und singet uns solch neues Jahr.

T: MARTIN LUTHER 1535
M: MARTIN LUTHER 1539

Andere Melodie:
Vom Himmel hoch, da komm ich her (Nr. 24)

25

2. zu Bethlehem, in Davids Stadt, / wie Micha das verkündet hat, / es ist der Herre Jesus Christ, / der euer aller Heiland ist.«

3. Des sollt ihr alle fröhlich sein, / daß Gott mit euch ist worden ein. / Er ist geborn eu'r Fleisch und Blut, / eu'r Bruder ist das ewig Gut.

4. Was kann euch tun die Sünd und Tod? / Ihr habt mit euch den wahren Gott; / laßt zürnen Teufel und die Höll, / Gotts Sohn ist worden eu'r Gesell.

5. Er will und kann euch lassen nicht, / setzt ihr auf ihn eu'r Zuversicht; / es mögen euch viel fechten an: / dem sei Trotz, der's nicht lassen kann.

6. Zuletzt müßt ihr doch haben recht, / ihr seid nun worden Gotts Geschlecht. / Des danket Gott in Ewigkeit, / geduldig, fröhlich allezeit.

T: MARTIN LUTHER 1543
M: 15. JH., GEISTLICH WITTENBERG 1535

26 Ö

T: LUKAS 2,14
KANON FÜR 4 STIMMEN: LUDWIG ERNST GEBHARDI UM 1830

Ö **27**

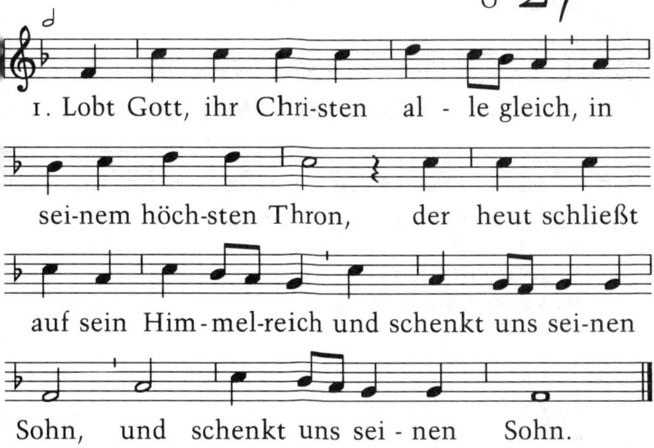

2. Er kommt aus seines Vaters Schoß / und wird ein Kindlein klein, / er liegt dort elend, nackt und bloß / in einem Krippelein, / in einem Krippelein.

3. Er äußert sich all seiner G'walt, / wird niedrig und gering / und nimmt an eines Knechts Gestalt, / der Schöpfer aller Ding, / der Schöpfer aller Ding. *Phil 2,6-8*

4. Er wechselt mit uns wunderlich: / Fleisch und Blut nimmt er an / und gibt uns in seins Vaters Reich / die klare Gottheit dran, / die klare Gottheit dran.

5. Er wird ein Knecht und ich ein Herr; / das mag ein Wechsel sein! / Wie könnt es doch sein freundlicher, / das herze Jesulein, / das herze Jesulein!

6. Heut schließt er wieder auf die Tür / zum schönen Paradeis; / der Cherub steht nicht mehr dafür. / Gott sei Lob, Ehr und Preis, / Gott sei Lob, Ehr und Preis!

1. Mose 3,24

T: NIKOLAUS HERMAN 1560
M: NIKOLAUS HERMAN 1554

28

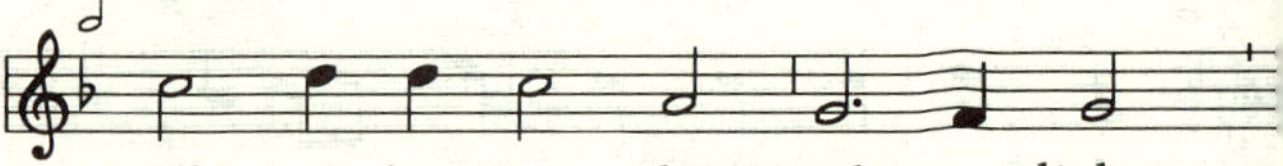

Al - so hat Gott die Welt ge - liebt,

daß er sei - nen ein-ge-bor-nen Sohn gab.

T: JOHANNES 3,16
M: VOLKER OCHS UM 1980

29

Gruppe I

1. Den die Hir - ten lo - be-ten seh - re
2. Zu dem die Kö-ni - ge ka-men ge - rit-ten,
3. Freut euch heu - te mit Ma - ri - a
4. Lobt, ihr Men-schen al - le glei-che,

Gruppe II

1. und die En - gel noch viel meh-
2. Gold, Weih-rauch, Myr - rhen brachten sie mit -
3. in der himm-li-schen Hier - ar - chi -
4. Got - tes Sohn vom Him - mel-rei -

Gruppe III

1. re, fürch - tet euch nun nim - mer-meh-re,
2. te. Sie fie-len nieder auf ih - re Knie-e:
3. a, da die En - gel sin - gen al - le
4. che; dem gebt jetzt und im - mer-meh-re

Gruppe IV

1. euch ist ge - born ein Kö - nig der Ehrn.
2. Ge-lo - bet seist du, Herr, all - hie.
3. in dem Him - mel hoch mit Schall.
4. Lob und Preis und Dank und Ehr.

Alle Gruppen / Chor

1. Heut sein die lie - ben En - ge - lein
2. »Sein' Sohn die gött - lich Ma - je - stät
3. Da - nach san - gen die En - ge - lein:
4. Die Hir - ten spra - chen: »Nun wohl-an,

1. in hel - lem Schein er - schie - nen
2. euch ge - ben hat, ein' Men - schen
3. »Gebt Gott al - lein im Him - mel
4. so laßt uns gahn und die - se

1. bei der Nach - te den Hir - ten, die ihr'
2. las - sen wer - den. Ein Jung-frau ihn ge -
3. Preis und Eh - re. Groß Frie- de wird auf
4. Ding er - fah - ren, die uns der Herr hat

1. Schä - fe - lein bei Mon - den-schein im
2. bo - ren hat in Da - vids Stadt, da
3. Er - den sein, des solln sich freun die
4. kund - ge - tan: das Vieh laßt stahn, er

1. wei - ten Feld be - wach - ten: »Gro - ße
2. ihr ihn fin - den wer - det lie - gend
3. Men-schen al - le seh - re und ein
4. wird's in - des be - wah - ren.« Da fan-den

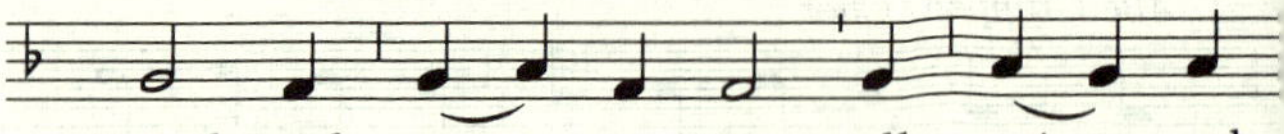

1. Freud und gu - te Mär wolln wir euch
2. in eim Krip - pe - lein nak - kend, bloß
3. Wohl - ge - fal - len han: Der Hei - land
4. sie das Kin - de - lein in Tü - che -

1. of - fen - ba - ren, die euch und al - ler
2. und e - len - de, daß er all eu - er
3. ist ge - kom - men, hat euch zu - gut das
4. lein ge - hül - let, das al - le Welt mit

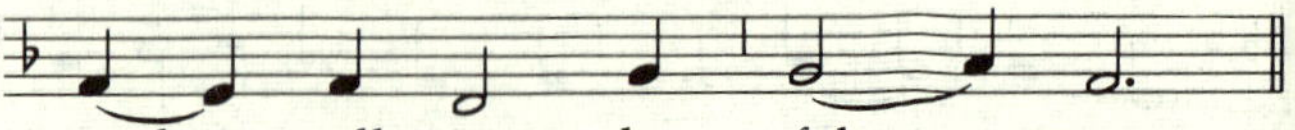

1. Welt soll wi - der - fah - ren.«
2. E - lend von euch wen - de.«
3. Fleisch an sich ge - nom - men.«
4. sei - ner Gnad er - fül - let.

T: 1. TEIL: BEI MATTHÄUS LUDECUS 1589 NACH »QUEM PASTORES LAUDAVERE« 15. JH.
2. TEIL: NIKOLAUS HERMAN 1560 NACH »NUNC ANGELORUM GLORIA« 14. JH.
3. TEIL: BEI JOHANNES KEUCHENTHAL 1573 NACH »MAGNUM NOMEN DOMINI« 9. JH.
M: HOHENFURT UM 1450, PRAG 1541, BEI VALENTIN TRILLER 1555
SATZ: MICHAEL PRAETORIUS 1607

30 (Ö) Jesaja 11,1

1. ein Blümlein bracht mit- ten im kal-ten
2. tes ew-gem Rat hat sie ein Kind ge-
3. und wah-rer Gott, hilft uns aus al-lem
4. nes Va-ters Reich, da wir dich e-wig
1. Win-ter wohl zu der hal - ben Nacht.
2. bo-ren, welches uns se - lig macht.
3. Lei-de, ret-tet von Sünd und Tod.
4. lo-ben; o Gott, uns das ver - leih!

2. Das Blümlein, das ich meine, / davon Jesaja sagt, / hat uns gebracht alleine / Marie, die reine Magd; / aus Gottes ewgem Rat / hat sie ein Kind geboren, / welches uns selig macht.

3. Das Blümelein so kleine, / das duftet uns so süß; / mit seinem hellen Scheine / vertreibt's die Finsternis. / Wahr' Mensch und wahrer Gott, / hilft uns aus allem Leide, / rettet von Sünd und Tod.

4. O Jesu, bis zum Scheiden / aus diesem Jammertal / laß dein Hilf uns geleiten / hin in den Freudensaal, / in deines Vaters Reich, / da wir dich ewig loben; / o Gott, uns das verleih!

T: STR. 1–2 TRIER 1587/88;
STR. 3–4 BEI FRIDRICH LAYRIZ 1844
M: 16. JH., KÖLN 1599
SATZ: MICHAEL PRAETORIUS 1609

31

TEXTUNTERLEGUNG: FRITZ JÖDE 1926 NACH NR. 30
KANON FÜR 4 STIMMEN: MELCHIOR VULPIUS (VOR 1615) 1620

Es wird ein Reis hervorgehen aus dem Stamm Isais und ein Zweig aus seiner Wurzel Frucht bringen. Auf ihm wird ruhen der Geist des Herrn, der Geist der Weisheit und des Verstandes, der Geist des Rates und der Stärke, der Geist der Erkenntnis und der Furcht des Herrn.

JESAJA 11,1.2

32 (Ö)

2. In seine Lieb versenken / will ich mich ganz hinab; / mein Herz will ich ihm schenken / und alles, was ich hab, / eia, eia, und alles, was ich hab.

3. O Kindelein, von Herzen / will ich dich lieben sehr / in Freuden und in Schmerzen, / je länger mehr und mehr, / eia, eia, je länger mehr und mehr.

4. Dazu dein Gnad mir gebe, / bitt ich aus Herzensgrund, / daß dir allein ich lebe, / jetzt und zu aller Stund, / eia, eia, jetzt und zu aller Stund.

T: FRIEDRICH SPEE 1637
M: PARIS 1599; GEISTLICH KÖLN 1638

33

2. Willkommen, süßer Bräutigam, / du König aller Ehren! / Willkommen, Jesu, Gottes Lamm, / ich will dein Lob vermehren; / ich will dir all mein Leben lang / von Herzen sagen Preis und Dank, / daß du, da wir verloren, / für uns bist Mensch geboren.

3. Lob, Preis und Dank, Herr Jesu Christ, / sei dir von mir gesungen, / daß du mein Bruder worden bist / und hast die Welt bezwungen; / hilf, daß ich deine Gütigkeit / stets preis in dieser Gnadenzeit / und mög hernach dort oben / in Ewigkeit dich loben.

T: JOHANN RIST 1641
M: JOHANN SCHOP 1641,
BEI WOLFGANG CARL BRIEGEL 1687 »ERMUNTRE DICH, MEIN SCHWACHER GEIST«

34

Vor der ersten und nach der letzten Strophe kann das Halleluja gesungen werden.

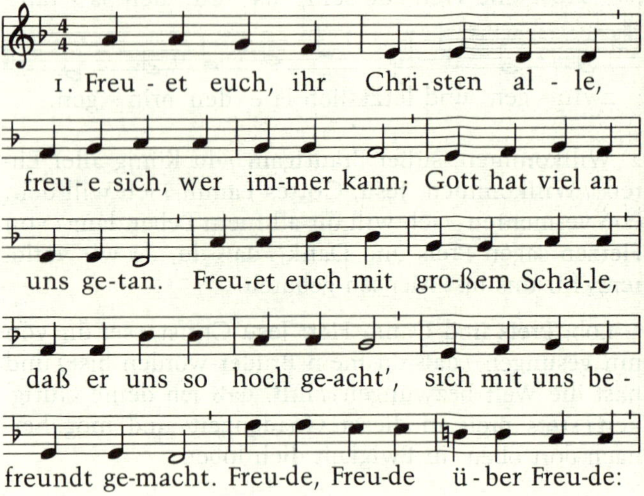

2. Siehe, siehe, meine Seele, / wie dein Heiland kommt zu dir, / brennt in Liebe für und für, / daß er in der Krippen Höhle / harte lieget dir zugut, / dich zu lösen durch sein Blut. / Freude, Freude über Freude: / Christus wehret allem Leide. / Wonne, Wonne über Wonne: / Christus ist die Gnadensonne.

3. Jesu, wie soll ich dir danken? / Ich bekenne, daß von dir / meine Seligkeit herrühr, / so laß mich von dir nicht wanken. / Nimm mich dir zu eigen hin, / so empfindet Herz und Sinn / Freude, Freude über Freude: / Christus wehret allem Leide. / Wonne, Wonne über Wonne: / Christus ist die Gnadensonne.

4. Jesu, nimm dich deiner Glieder / ferner noch in Gnaden an; / schenke, was man bitten kann, / und erquick uns alle wieder; / gib der ganzen Christenschar / Frieden und ein seligs Jahr. / Freude, Freude über Freude: / Christus wehret allem Leide. / Wonne, Wonne über Wonne: / Christus ist die Gnadensonne.

T: CHRISTIAN KEIMANN 1646
M: ANDREAS HAMMERSCHMIDT 1646

35 (Ö)

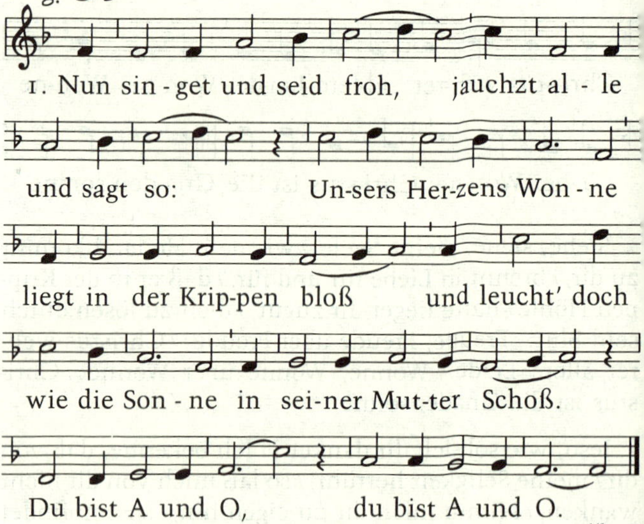

Offb 1,8

2. Sohn Gottes in der Höh, / nach dir ist mir so weh. / Tröst mir mein Gemüte, / o Kindlein zart und rein, / durch alle deine Güte, / o liebstes Jesulein. / Zieh mich hin zu dir, / zieh mich hin zu dir.

3. Groß ist des Vaters Huld, / der Sohn tilgt unsre Schuld. / Wir warn all verdorben / durch Sünd und Eitelkeit, / so hat er uns erworben / die ewig Himmelsfreud. / O welch große Gnad, / o welch große Gnad!

T: HANNOVER 1646 NACH DEM LATEINISCH-DEUTSCHEN »IN DULCI JUBILO« 14. JH. UND LEIPZIG 1545 (STR. 3)
M: 14. JH., WITTENBERG 1529

Gott, du Grund der Freude, du hast durch die Geburt Jesu einen hellen Schein in unsere dunkle Welt gegeben. Hilf, daß dieses Licht auch uns erleuchtet. Laß es widerstrahlen in allem, was wir tun.

36 (Ö)

2. Heute geht aus seiner Kammer / Gottes Held, der die Welt / reißt aus allem Jammer. / Gott wird Mensch dir, Mensch, zugute, / Gottes Kind, das verbindt / sich mit unserm Blute.

3. Sollt uns Gott nun können hassen, / der uns gibt, was er liebt / über alle Maßen? / Gott gibt, unserm Leid zu wehren, / seinen Sohn aus dem Thron / seiner Macht und Ehren.

4. Er nimmt auf sich, was auf Erden / wir getan, gibt sich dran, / unser Lamm zu werden, / unser Lamm, das für uns stirbet / und bei Gott für den Tod / Gnad und Fried erwirbet.

5. Nun er liegt in seiner Krippen, / ruft zu sich mich und dich, / spricht mit süßen Lippen: / »Lasset fahrn, o liebe Brüder, / was euch quält, was euch fehlt; / ich bring alles wieder.«

6. Ei so kommt und laßt uns laufen, / stellt euch ein, groß und klein, / eilt mit großen Haufen! / Liebt den, der vor Liebe brennet; / schaut den Stern, der euch gern / Licht und Labsal gönnet.

7. Die ihr schwebt in großem Leide, / sehet, hier ist die Tür / zu der wahren Freude; / faßt ihn wohl, er wird euch führen / an den Ort, da hinfort / euch kein Kreuz wird rühren.

8. Wer sich fühlt beschwert im Herzen, / wer empfind't seine Sünd / und Gewissensschmerzen, / sei getrost: hier wird gefunden, / der in Eil machet heil / die vergift'ten Wunden.

9. Die ihr arm seid und elende, / kommt herbei, füllet frei / eures Glaubens Hände. / Hier sind alle guten Gaben / und das Gold, da ihr sollt / euer Herz mit laben.

10. Süßes Heil, laß dich umfangen, / laß mich dir, meine Zier, / unverrückt anhangen. / Du bist meines Lebens Leben; / nun kann ich mich durch dich / wohl zufrieden geben.

11. Ich bin rein um deinetwillen: / Du gibst g'nug Ehr und Schmuck, / mich darein zu hüllen. / Ich will dich ins Herze schließen, / o mein Ruhm! Edle Blum, / laß dich recht genießen.

12. Ich will dich mit Fleiß bewahren; / ich will dir leben hier, / dir will ich hinfahren; / mit dir will ich endlich schweben / voller Freud ohne Zeit / dort im andern Leben.

T: PAUL GERHARDT 1653
M: JOHANN CRÜGER 1653

37 (Ö)

2. Da ich noch nicht geboren war, / da bist du mir geboren / und hast mich dir zu eigen gar, / eh ich dich kannt, erkoren. / Eh ich durch deine Hand gemacht, / da hast du schon bei dir bedacht, / wie du mein wolltest werden.

3. Ich lag in tiefster Todesnacht, / du warest meine Sonne, / die Sonne, die mir zugebracht / Licht, Leben, Freud und Wonne. / O Sonne, die das werte Licht / des Glaubens in mir zugericht', / wie schön sind deine Strahlen!

4. Ich sehe dich mit Freuden an / und kann mich nicht satt sehen; / und weil ich nun nichts weiter kann, / bleib ich anbetend stehen. / O daß mein Sinn ein Abgrund wär / und meine Seel ein weites Meer, / daß ich dich möchte fassen!

5. Wann oft mein Herz im Leibe weint / und keinen Trost kann finden, / rufst du mir zu: »Ich bin dein Freund, / ein Tilger deiner Sünden. / Was trauerst du, o Bruder mein? / Du sollst ja guter Dinge sein, / ich zahle deine Schulden.«

6. O daß doch so ein lieber Stern / soll in der Krippen liegen! / Für edle Kinder großer Herrn / gehören güldne Wiegen. / Ach Heu und Stroh ist viel zu schlecht, / Samt, Seide, Purpur wären recht, / dies Kindlein drauf zu legen!

7. Nehmt weg das Stroh, nehmt weg das Heu, / ich will mir Blumen holen, / daß meines Heilands Lager sei / auf lieblichen Violen; / mit Rosen, Nelken, Rosmarin / aus schönen Gärten will ich ihn / von oben her bestreuen.

8. Du fragest nicht nach Lust der Welt / noch nach des Leibes Freuden; / du hast dich bei uns eingestellt, / an unsrer Statt zu leiden, / suchst meiner Seele Herrlichkeit / durch Elend und Armseligkeit; / das will ich dir nicht wehren.

9. Eins aber, hoff ich, wirst du mir, / mein Heiland, nicht versagen: / daß ich dich möge für und für / in, bei und an mir tragen. / So laß mich doch dein Kripplein sein; / komm, komm und lege bei mir ein / dich und all deine Freuden.

T: PAUL GERHARDT 1653
M: JOHANN SEBASTIAN BACH 1736

38 Ö

2. Du bist arm und machst zugleich / uns an Leib und Seele reich. / Du wirst klein, du großer Gott, / und machst Höll und Tod zu Spott. / Aller Welt wird offenbar, / ja auch deiner Feinde Schar, / daß du, Gott, bist wunderbar.

3. Laß mir deine Güt und Treu / täglich werden immer neu. / Gott, mein Gott, verlaß mich nicht, / wenn mich Not und Tod anficht. / Laß mich deine Herrlichkeit, / deine Wundergütigkeit / schauen in der Ewigkeit.

T: JOHANN OLEARIUS 1665
M: 15. JH. »IN NATALI DOMINI«,
BÖHMISCHE BRÜDER 1544, FRANKFURT/MAIN 1589
»DA CHRISTUS GEBOREN WAR«

39

2. Sünd und Hölle mag sich grämen, / Tod und Teufel mag sich schämen; / wir, die unser Heil annehmen, / werfen allen Kummer hin.

3. Sehet, was hat Gott gegeben: / seinen Sohn zum ewgen Leben. / Dieser kann und will uns heben / aus dem Leid ins Himmels Freud.

4. Seine Seel ist uns gewogen, / Lieb und Gunst hat ihn gezogen, / uns, die Satan hat betrogen, / zu besuchen aus der Höh.

5. Jakobs Stern ist aufgegangen, / stillt das sehnliche Verlangen, / bricht den Kopf der alten Schlangen / und zerstört der Höllen Reich.

6. O du hochgesegnete Stunde, / da wir das von Herzensgrunde / glauben und mit unserm Munde / danken dir, o Jesulein.

7. Schönstes Kindlein in dem Stalle, / sei uns freundlich, bring uns alle / dahin, da mit süßem Schalle / dich der Engel Heer erhöht.

T: PAUL GERHARDT 1666

M: DEN DIE HIRTEN LOBETEN SEHRE (NR. 29, I. TEIL)

40

Andere Melodie:
O daß ich tausend Zungen hätte (Nr. 330)

2. Laß dich erleuchten, meine Seele, / versäume nicht den Gnadenschein; / der Glanz in dieser kleinen Höhle / streckt sich in alle Welt hinein; / er treibet weg der Höllen Macht, / der Sünden und des Kreuzes Nacht.

3. In diesem Lichte kannst du sehen / das Licht der klaren Seligkeit; / wenn Sonne, Mond und Stern vergehen, / vielleicht noch in gar kurzer Zeit, / wird dieses Licht mit seinem Schein / dein Himmel und dein Alles sein.

4. Laß nur indessen helle scheinen / dein Glaubens- und dein Liebeslicht; / mit Gott mußt du es treulich meinen, / sonst hilft dir diese Sonne nicht; / willst du genießen diesen Schein, / so darfst du nicht mehr dunkel sein.

5. Drum, Jesu, schöne Weihnachtssonne, / bestrahle mich mit deiner Gunst; / dein Licht sei meine Weihnachtswonne / und lehre mich die Weihnachtskunst, / wie ich im Lichte wandeln soll / und sei des Weihnachtsglanzes voll.

T: KASPAR FRIEDRICH NACHTENHÖFER 1684
M: LANGENÖLS 1742,
BEI JOHANN BALTHASAR REIMANN 1747

Andere Melodie:
Lobe den Herren, den mächtigen König (Nr. 316) (Ö)

41

2. Jauchzet, ihr Himmel, frohlocket, ihr Enden der Erden! / Gott und der Sünder, die sollen zu Freunden nun werden. / Friede und Freud / wird uns verkündiget heut; / freuet euch, Hirten und Herden!

3. Sehet dies Wunder, wie tief sich der Höchste hier beuget; / sehet die Liebe, die endlich als Liebe sich zeiget! / Gott wird ein Kind, / träget und hebet die Sünd; / alles anbetet und schweiget.

4. Gott ist im Fleische: wer kann dies Geheimnis verstehen? / Hier ist die Pforte des Lebens nun offen zu sehen. / Gehet hinein, / eins mit dem Kinde zu sein, / die ihr zum Vater wollt gehen.

5. Hast du denn, Höchster, auch meiner noch wollen gedenken? / Du willst dich selber, dein Herze der Liebe, mir schenken. / Sollt nicht mein Sinn / innigst sich freuen darin / und sich in Demut versenken?

6. König der Ehren, aus Liebe geworden zum Kinde, / dem ich auch wieder mein Herze in Liebe verbinde: / du sollst es sein, / den ich erwähle allein; / ewig entsag ich der Sünde.

7. Süßer Immanuel, werd auch in mir nun geboren, / komm doch, mein Heiland, denn ohne dich bin ich verloren! / Wohne in mir, / mach mich ganz eines mit dir, / der du mich liebend erkoren.

T: GERHARD TERSTEEGEN 1731
M: RUDOLF MAUERSBERGER 1926

42

Ps 118,24

2. Die Völker haben dein geharrt, / bis daß die Zeit erfüllet ward; / da sandte Gott von seinem Thron / das Heil der Welt, dich, seinen Sohn.

3. Wenn ich dies Wunder fassen will, / so steht mein Geist vor Ehrfurcht still; / er betet an und er ermißt, / daß Gottes Lieb unendlich ist.

4. Damit der Sünder Gnad erhält, / erniedrigst du dich, Herr der Welt, / nimmst selbst an unsrer Menschheit teil, / erscheinst im Fleisch und wirst uns Heil.

5. Herr, der du Mensch geboren wirst, / Immanuel und Friedefürst, / auf den die Väter hoffend sahn, / dich, Gott, Messias, bet ich an.

6. Du unser Heil und höchstes Gut, / vereinest dich mit Fleisch und Blut, / wirst unser Freund und Bruder hier, / und Gottes Kinder werden wir.

7. Durch eines Sünde fiel die Welt, / ein Mittler ist's, der sie erhält. / Was zagt der Mensch, wenn der ihn schützt, / der in des Vaters Schoße sitzt?

8. Jauchzt, Himmel, die ihr ihn erfuhrt, / den Tag der heiligsten Geburt; / und Erde, die ihn heute sieht, / sing ihm, dem Herrn, ein neues Lied!

9. Dies ist der Tag, den Gott gemacht, / sein werd in aller Welt gedacht; / ihn preise, was durch Jesus Christ / im Himmel und auf Erden ist.

T: CHRISTIAN FÜRCHTEGOTT GELLERT 1757
M: VOM HIMMEL HOCH, DA KOMM ICH HER (NR. 24)

43 (Ö)

2. O seht in der Krippe im nächtlichen Stall, / seht hier bei des Lichtleins hellglänzendem Strahl / in reinlichen Windeln das himmlische Kind, / viel schöner und holder, als Engel es sind.

3. Da liegt es, das Kindlein, auf Heu und auf Stroh, / Maria und Joseph betrachten es froh, / die redlichen Hirten knien betend davor, / hoch oben schwebt jubelnd der Engelein Chor.

4. O beugt wie die Hirten anbetend die Knie, / erhebet die Hände und danket wie sie; / stimmt freudig, ihr Kinder, – wer wollt sich nicht freun? – / stimmt freudig zum Jubel der Engel mit ein.

5. O betet: Du liebes, du göttliches Kind, / was leidest du alles für unsere Sünd! / Ach hier in der Krippe schon Armut und Not, / am Kreuze dort gar noch den bitteren Tod.

6. So nimm unsre Herzen zum Opfer denn hin; / wir geben sie gerne mit fröhlichem Sinn. / Ach mache sie heilig und selig wie deins / und mach sie auf ewig mit deinem nur eins.

T: CHRISTOPH VON SCHMID (1798) 1811
M: JOHANN ABRAHAM PETER SCHULZ 1794;
GEISTLICH GÜTERSLOH 1832

Ö 44

2. O du fröhliche, o du selige, / gnadenbringende Weihnachtszeit! / Christ ist erschienen, uns zu versühnen: / Freue, freue dich, o Christenheit!

3. O du fröhliche, o du selige, / gnadenbringende Weihnachtszeit! / Himmlische Heere jauchzen dir Ehre: / Freue, freue dich, o Christenheit!

T: STR. 1 JOHANNES DANIEL FALK (1816) 1819;
STR. 2–3 HEINRICH HOLZSCHUHER 1829
M: SIZILIEN VOR 1788,
BEI JOHANN GOTTFRIED HERDER 1807

45

2. Du König der Ehren, Herrscher der Heerscharen, / verschmähst nicht zu ruhn in Marien Schoß, / Gott, wahrer Gott von Ewigkeit geboren.
O lasset uns anbeten, / o lasset uns anbeten, / o lasset uns anbeten den König!

3. Kommt, singet dem Herren, singt, ihr Engelchöre! / Frohlocket, frohlocket, ihr Seligen: / »Ehre sei Gott im Himmel und auf Erden!«
O lasset uns anbeten, / o lasset uns anbeten, / o lasset uns anbeten den König!

4. Ja, dir, der du heute Mensch für uns geboren, / Herr Jesu, sei Ehre und Preis und Ruhm, / dir, fleischgewordnes Wort des ewgen Vaters!*
O lasset uns anbeten, / o lasset uns anbeten, / o lasset uns anbeten den König! *Joh 1,14*

T: FRIEDRICH HEINRICH RANKE (1823) 1826
NACH »ADESTE FIDELES« VON JOHN FRANCIS WADE
UND JEAN FRANÇOIS BORDERIES UM 1790
M: JOHN READING(?) (VOR 1681) 1782

Alsbald war da bei dem Engel die Menge der himmlischen Heerscharen, die lobten Gott und sprachen: Ehre sei Gott in der Höhe und Friede auf Erden bei den Menschen seines Wohlgefallens. LUKAS 2,13.14

46 Ö

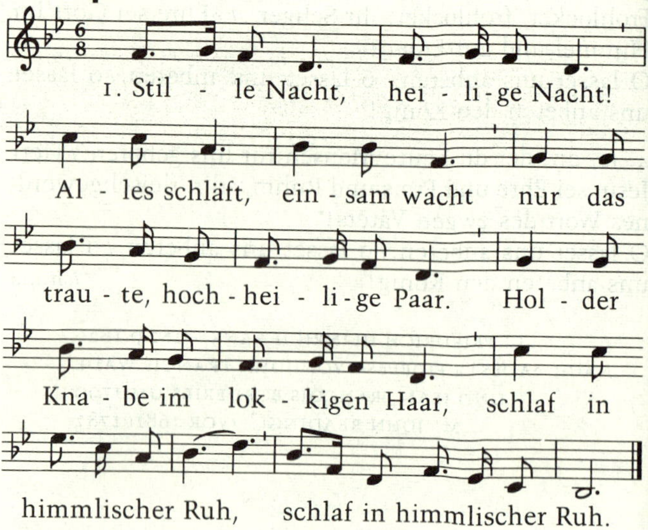

2. Stille Nacht, heilige Nacht! / Hirten erst kundgemacht, / durch der Engel Halleluja / tönt es laut von fern und nah: / Christ, der Retter, ist da, / Christ, der Retter, ist da!

3. Stille Nacht, heilige Nacht! / Gottes Sohn, o wie lacht / Lieb aus deinem göttlichen Mund, / da uns schlägt die rettende Stund, / Christ, in deiner Geburt, / Christ, in deiner Geburt.

T: JOSEPH MOHR (1818) 1838
M: FRANZ XAVER GRUBER (1818) 1838

(Ö) 47

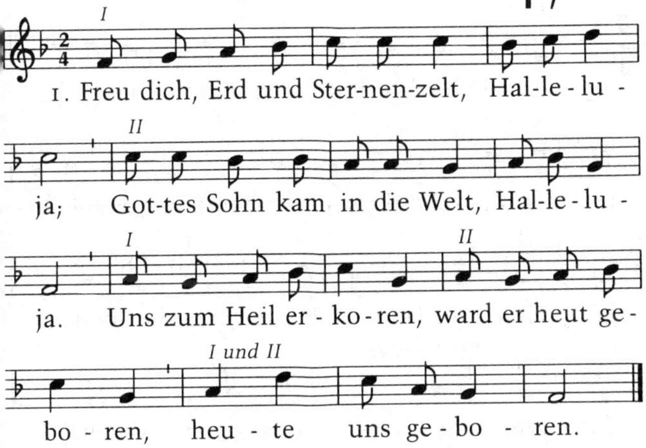

2. Seht, der schönsten Rose Flor, Halleluja, / sprießt aus Jesses Zweig empor, Halleluja.
Uns zum Heil erkoren, ward er heut geboren, / heute uns geboren.

3. Engel zu den Hirten spricht: Halleluja, / freut euch sehr und fürcht' euch nicht, Halleluja.
Uns zum Heil erkoren, ward er heut geboren, / heute uns geboren.

4. Hört's, ihr Menschen groß und klein, Halleluja, / Friede soll auf Erden sein, Halleluja.
Uns zum Heil erkoren, ward er heut geboren, / heute uns geboren.

T: STR. 1.2.5 LEITMERITZ 1844
NACH EINEM WEIHNACHTSLIED AUS BÖHMEN;
STR. 3–4 JOHANNES PRÖGER UM 1950
M: BÖHMEN 15. JH., LEITMERITZ 1844

Denn uns ist ein Kind geboren, ein Sohn ist uns gegeben, und die Herrschaft ruht auf seiner Schulter; und er heißt Wunder-Rat, Gott-Held, Ewig-Vater, Friede-Fürst; auf daß seine Herrschaft groß werde und des Friedens kein Ende auf dem Thron Davids und in seinem Königreich, daß er's stärke und stütze durch Recht und Gerechtigkeit von nun an bis in Ewigkeit.

JESAJA 9,5.6

Ö 48

2. Lasset uns sehen in Bethlehems Stall, / was uns verheißen der himmlische Schall; / was wir dort finden, lasset uns künden, / lasset uns preisen in frommen Weisen. / Halleluja!

3. Wahrlich, die Engel verkündigen heut / Bethlehems Hirtenvolk gar große Freud: / Nun soll es werden Friede auf Erden, / den Menschen allen ein Wohlgefallen. / Ehre sei Gott!

T: KARL RIEDEL 1870
NACH EINEM WEIHNACHTSLIED AUS BÖHMEN
M: OLMÜTZ 1847

49 Ö

2. Das Kindlein auserkoren, / freu dich, du Christenheit, / das in dem Stall geboren, / hat Himmel und Erd erfreut.
Freut euch von Herzen, ihr Christen all, / kommt her zum Kindlein in dem Stall; / freut euch von Herzen, ihr Christen all, / kommt her zum Kindlein in dem Stall.

3. Die Engel lieblich singen, / freu dich, du Christenheit, / tun gute Botschaft bringen, / verkündigen große Freud!
Freut euch von Herzen, ihr Christen all, / kommt her zum Kindlein in dem Stall; / freut euch von Herzen, ihr Christen all, / kommt her zum Kindlein in dem Stall.

4. Der Gnadenbrunn tut fließen, / freu dich, du Christenheit, / tut alle das Kindlein grüßen, / kommt her zu ihm mit Freud.
Freut euch von Herzen, ihr Christen all, / kommt her zum Kindlein in dem Stall; / freut euch von Herzen, ihr Christen all, / kommt her zum Kindlein in dem Stall.

T: STR. 1 OBERÖSTERREICH 19. JH.; STR. 2–4 GLATZ
M: INNSBRUCK 1881/1883

Wir fassen keinen andern Gott als den, der in jenem Menschen ist, der vom Himmel kam. Ich fange bei der Krippe an. MARTIN LUTHER

50

2. Die Welt ist heut voll Freudenhall. / Du aber liegst im armen Stall. / Dein Urteilsspruch ist längst gefällt, / das Kreuz ist dir schon aufgestellt. / Kyrieleison.

3. Die Welt liegt heut im Freudenlicht. / Dein aber harret das Gericht. / Dein Elend wendet keiner ab. / Vor deiner Krippe gähnt das Grab. / Kyrieleison.

4. Die Welt ist heut an Liedern reich. / Dich aber bettet keiner weich / und singt dich ein zu lindem Schlaf. / Wir häuften auf dich unsre Straf. / Kyrieleison.

5. Wenn wir mit dir einst auferstehn / und dich von Angesichte sehn, / dann erst ist ohne Bitterkeit / das Herz uns zum Gesange weit. / Hosianna.

T: JOCHEN KLEPPER 1938
M: VOLKER GWINNER 1970

Andere Melodie: Kommt her zu mir, spricht Gottes Sohn (Nr. 363)

51

Joh 3,16

2. Nun preiset alle Gottes Tat, / erschienen ist die heilsam Gnad / in seinem lieben Sohne, / nimmt uns in Zucht, macht uns bereit, / daß Buße und Gottseligkeit / in unsern Herzen wohne. *Tit 2,11.12*

3. Er kam herab in unsre Not, / er trug die Schmach und litt den Tod / und wollt sich uns verbünden, / daß wir, von Schuld und Tod befreit, / ein neu Geschlecht am End der Zeit, / sein wahres Leben künden.

4. Drum blicket auf: die Nacht vergeht, / der Morgenstern am Himmel steht / und leucht' durch Angst und Plage. / Seid fröhlich, glaubet unbeirrt, / daß Christus Jesus kommen wird / am großen Königstage.

T: KURT MÜLLER-OSTEN 1939/1950
M: GERHARD SCHWARZ 1939

Also hat Gott die Welt geliebt, daß er seinen eingeborenen Sohn gab, damit alle, die an ihn glauben, nicht verloren werden, sondern das ewige Leben haben.

JOHANNES 3,16

52

2. Stille war es um die Herde. / Und auf einmal war ein Leuchten / und ein Singen ob der Erde, / daß das Kind geboren sei, / daß das Kind geboren sei!

3. Eilte jeder, daß er's sähe / arm in einer Krippen liegen. / Und wir fühlten Gottes Nähe. / Und wir beteten es an, / und wir beteten es an.

4. Könige aus Morgenlanden / kamen reich und hoch geritten, / daß sie auch das Kindlein fanden. / Und sie beteten es an, / und sie beteten es an.

5. Und es sang aus Himmelshallen: / Ehr sei Gott! Auf Erden Frieden! / Allen Menschen Wohlgefallen, / Gottes Gnade allem Volk, / Gottes Gnade allem Volk!

6. Immer werden wir's erzählen, / wie das Wunder einst geschehen / und wie wir den Stern gesehen / mitten in der dunklen Nacht, / mitten in der dunklen Nacht.

T: HERMANN CLAUDIUS 1939
M: CHRISTIAN LAHUSEN 1939

53

2. Und die Engelscharen / bei den Hirten waren, / brachten frohe Kunde / von des Heilands Stunde: / »Bei den Herden nicht verweilet / und nach Bethlehem hin eilet.« / Gloria, Gloria, Gloria / in excelsis Deo!

3. Zu dem heilgen Kinde / eilten sie geschwinde, / konnten staunend sehen, / was da war geschehen: / Gott im Himmel schenkt uns allen / mit dem Kind sein Wohlgefallen. / Gloria, Gloria, Gloria / in excelsis Deo.

T: STR. 1–2 GUSTAV KUCZ 1954 NACH DEM POLNISCHEN »GDY SIĘ CHRYSTUS RODZI« VOR 1853; STR. 3 1988
M: POLEN VOR 1853

1. Gdy się Chrystus rodzi / i na świat przychodzi, / Ciemna noc w jasnościach / promienistych brodzi. / Aniołowie się radują, / Pod niebiosa wyśpiewują: / Gloria, Gloria, Gloria / in excelsis Deo!

2. Mówią do pasterzy, / którzy trzód swych strzegli, / Aby do Betlejem / czym prędzej pobiegli, / Bo się narodził Zbawiciel, / Wszego świata Odkupiciel. / Gloria, Gloria, Gloria / in excelsis Deo!

Herr Gott, lieber Vater, aus Liebe zu uns verlorenen Menschen hast du der Welt deinen Sohn gesandt, daß wir ihn im Glauben aufnehmen und durch ihn selig werden. Wir bitten dich: Gib deinen Heiligen Geist in unsere Herzen, daß wir in diesem Glauben leben und bleiben.

54 Ö

1. Hört, der En - gel hel - le Lie - der
und die Ber - ge hal - len wi - der
klin - gen das wei - te Feld ent-lang,
von des Him - mels Lob - ge- sang:
Glo - - - - - - - - - - - - ri - a
Glo - ri - a, Glo - ri - a,
Glo - ri - a, Glo - ri - a,
1. 2.
in ex-cel-sis De - o. De - - o.
in ex-cel-sis De - o. De - - o.

2. Hirten, warum wird gesungen? / Sagt mir doch eures Jubels Grund! / Welch ein Sieg ward denn errungen, / den uns die Chöre machen kund? / Gloria in excelsis Deo. / Gloria in excelsis Deo.

3. Sie verkünden uns mit Schalle, / daß der Erlöser nun erschien, / dankbar singen sie heut alle / an diesem Fest und grüßen ihn. / Gloria in excelsis Deo. / Gloria in excelsis Deo.

T: OTTO ABEL 1954 NACH DEM FRANZÖSISCHEN
»LES ANGES DANS NOS CAMPAGNES« 18. JH.
M: FRANKREICH 18. JH.
SATZ: THEOPHIL ROTHENBERG 1983

Und du, Bethlehem Efrata, die du klein bist unter den Städten in Juda, aus dir soll mir der kommen, der in Israel Herr sei, dessen Ausgang von Anfang und von Ewigkeit her gewesen ist.

MICHA 5,1

55

2. Des Herren heilige Geburt / verkündet hell der Stern, / ein ewger Friede sei beschert / den Menschen nah und fern; / denn Christus ist geboren, / und Engel halten Wacht, / dieweil die Menschen schlafen / die ganze dunkle Nacht.

3. O heilig Kind von Bethlehem, / in unsre Herzen komm, / wirf alle unsre Sünden fort / und mach uns frei und fromm! / Die Weihnachtsengel singen / die frohe Botschaft hell: / Komm auch zu uns und bleib bei uns, / o Herr Immanuel.

T: HELMUT BARBE 1954 NACH DEM ENGLISCHEN »O LITTLE TOWN OF BETHLEHEM« VON PHILLIPS BROOKS 1868
M: ENGLAND 16. JH., RALPH VAUGHAN WILLIAMS 1906

56

2. Weil Gott in tiefster Nacht erschienen, / kann unsre Nacht nicht traurig sein!
Bist du der eignen Rätsel müd? / Es kommt, der alles kennt und sieht!

3. Weil Gott in tiefster Nacht erschienen, / kann unsre Nacht nicht traurig sein!
Er sieht dein Leben unverhüllt, / zeigt dir zugleich dein neues Bild.

4. Weil Gott in tiefster Nacht erschienen, / kann unsre Nacht nicht traurig sein!
Nimm an des Christus Freundlichkeit, / trag seinen Frieden in die Zeit!

5. Weil Gott in tiefster Nacht erschienen, / kann unsre Nacht nicht traurig sein!
Schreckt dich der Menschen Widerstand, / bleib ihnen dennoch zugewandt!

Kehrvers nach der 5. Strophe siehe nächste Seite

Kehrvers nach der 5. Strophe

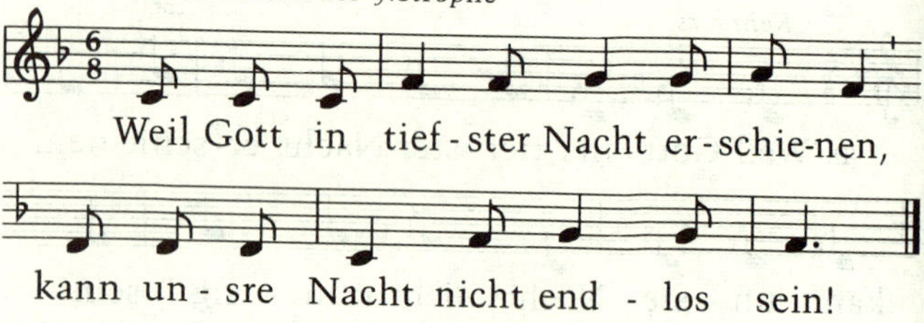

T UND M: DIETER TRAUTWEIN 1963

57 Ö

2. Uns wird erzählt von Jesus Christ, / uns wird erzählt von Jesus Christ, / daß er ganz arm geworden ist, / daß er ganz arm geworden ist. / Christ ist geboren! / Christ ist geboren! / Darüber freun wir uns.

3. Uns wird erzählt von Jesus Christ, / uns wird erzählt von Jesus Christ, / daß er uns Bruder worden ist, / daß er uns Bruder worden ist. / Christ ist geboren! / Christ ist geboren! / Darüber freun wir uns.

4. Uns wird erzählt von Jesus Christ, / uns wird erzählt von Jesus Christ, / daß er die Tür zum Vater ist, / daß er die Tür zum Vater ist. / Christ ist geboren! / Christ ist geboren! / Darüber freun wir uns.

5. Uns wird erzählt von Jesus Christ, / uns wird erzählt von Jesus Christ, / daß er die Liebe Gottes ist, / daß er die Liebe Gottes ist. / Christ ist geboren! / Christ ist geboren! / Darüber freun wir uns.

T UND M: KURT ROMMEL 1967

Und alle, vor die es kam, wunderten sich über das, was ihnen die Hirten gesagt hatten. Maria aber behielt alle diese Worte und bewegte sie in ihrem Herzen. Und die Hirten kehrten wieder um, priesen und lobten Gott für alles, was sie gehört und gesehen hatten, wie denn zu ihnen gesagt war.

LUKAS 2,18–20

JAHRESWENDE

58

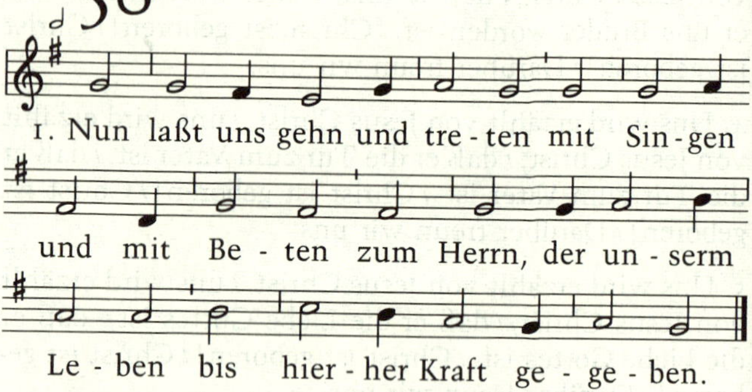

2. Wir gehn dahin und wandern / von einem Jahr zum andern, / wir leben und gedeihen / vom alten bis zum neuen

3. durch so viel Angst und Plagen, / durch Zittern und durch Zagen, / durch Krieg und große Schrecken, / die alle Welt bedecken.

4. Denn wie von treuen Müttern / in schweren Ungewittern / die Kindlein hier auf Erden / mit Fleiß bewahret werden,

5. also auch und nicht minder / läßt Gott uns, seine Kinder, / wenn Not und Trübsal blitzen, / in seinem Schoße sitzen.

6. Ach Hüter unsres Lebens, / fürwahr, es ist vergebens / mit unserm Tun und Machen, / wo nicht dein Augen wachen.

7. Gelobt sei deine Treue, / die alle Morgen neue; / Lob sei den starken Händen, / die alles Herzleid wenden.

8. Laß ferner dich erbitten, / o Vater, und bleib mitten / in unserm Kreuz und Leiden / ein Brunnen unsrer Freuden.

9. Gib mir und allen denen, / die sich von Herzen sehnen / nach dir und deiner Hulde, / ein Herz, das sich gedulde.

10. Schließ zu die Jammerpforten / und laß an allen Orten / auf so viel Blutvergießen / die Freudenströme fließen.

11. Sprich deinen milden Segen / zu allen unsern Wegen, / laß Großen und auch Kleinen / die Gnadensonne scheinen.

12. Sei der Verlaßnen Vater, / der Irrenden Berater, / der Unversorgten Gabe, / der Armen Gut und Habe.

13. Hilf gnädig allen Kranken, / gib fröhliche Gedanken / den hochbetrübten Seelen, / die sich mit Schwermut quälen.

14. Und endlich, was das meiste, / füll uns mit deinem Geiste, / der uns hier herrlich ziere / und dort zum Himmel führe.

15. Das alles wollst du geben, / o meines Lebens Leben, / mir und der Christen Schare / zum sel'gen neuen Jahre.

T: PAUL GERHARDT 1653
M: NUN LASST UNS GOTT DEM HERREN (NR. 320)

59

Andere Melodie: Ach lieber Herre Jesu Christ, der du ein Kindlein worden bist (Nr. 203)

2. Wir bitten dich, ewigen Sohn / des Vaters in dem höchsten Thron, / du wollst dein arme Christenheit / bewahren ferner allezeit.

3. Entzieh uns nicht dein heilsam Wort, / das ist der Seelen Trost und Hort; / vor falscher Lehr, Abgötterei / behüt uns, Herr, und steh uns bei.

4. Hilf, daß wir fliehn der Sünde Bahn / und fromm zu werden fangen an; / der Sünd' im alten Jahr nicht denk, / ein gnadenreiches Jahr uns schenk,

5. christlich zu leben, seliglich / zu sterben und hernach fröhlich / am Jüngsten Tage aufzustehn, / mit dir in' Himmel einzugehn,

. zu loben und zu preisen dich / mit allen Engeln ewiglich. / O Jesu, unsern Glauben mehr / zu deines Namens Ruhm und Ehr.

T: STR. 1–2 NÜRNBERG 1568;
DAS GANZE LIED BEI JOHANN STEURLEIN 1588
M: 1. TEIL JOHANN STEURLEIN 1588,
2. TEIL MELCHIOR VULPIUS 1609,
DIE GANZE MELODIE BEI WOLFGANG CARL BRIEGEL 1687

60

2. daß er uns seinen liebsten Sohn / herabgesandt vons Himmels Thron, / zu helfen uns aus aller Not, / zu tilgen Teufel, Sünd und Tod.

3. Du mein herzliebstes Jesulein / wollst unser Herz und Sinn allein / dabei erhalten stet und fest, / daß du der recht Nothelfer bist;

4. wollst uns auch dies angehend Jahr / vor Leid behü ten und Gefahr, / auch Krankheit, Tod und Kriegesnot abwenden als ein gnäd'ger Gott,

5. auf daß dein Wort in diesem Land / zunehm und wachs ohn Widerstand, / auch Friede, Treu, Gerechtig keit / befördert werd zu aller Zeit.

T: PRAG 1612
M: BARTHOLOMÄUS GESIUS 1605

61

Andere Melodie:
Tut mir auf die schöne Pforte (Nr. 166)

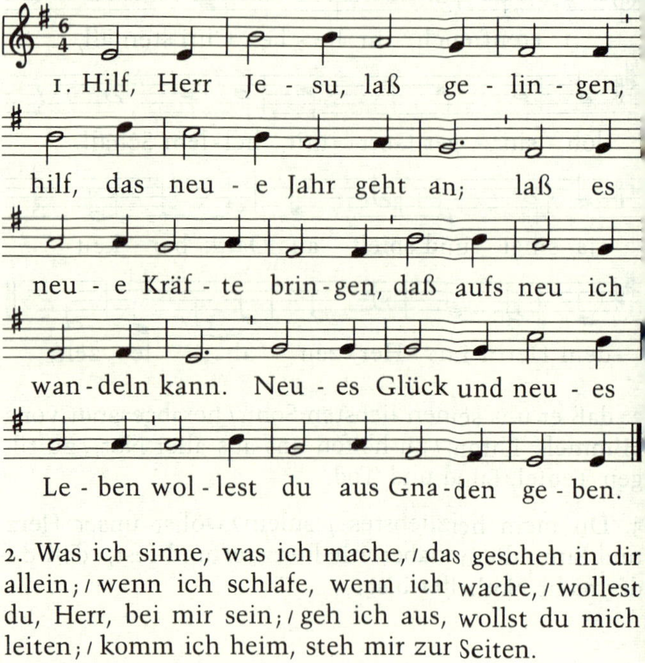

2. Was ich sinne, was ich mache, / das gescheh in dir allein; / wenn ich schlafe, wenn ich wache, / wollest du, Herr, bei mir sein; / geh ich aus, wollst du mich leiten; / komm ich heim, steh mir zur Seiten.

3. Laß dies sein ein Jahr der Gnaden, / laß mich büßen meine Sünd', / hilf, daß sie mir nimmer schaden / und ich bald Verzeihung find, / Herr, in dir; denn du, mein Leben, / kannst die Sünd' allein vergeben.

4. Herr, du wollest Gnade geben, / daß dies Jahr mir heilig sei / und ich christlich könne leben / ohne Trug und Heuchelei, / daß ich noch allhier auf Erden / fromm und selig möge werden.

5. Jesus richte mein Beginnen, / Jesus bleibe stets bei mir, / Jesus zäume mir die Sinnen, / Jesus sei nur mein Begier, / Jesus sei mir in Gedanken, / Jesus lasse nie mich wanken!

6. Jesu, laß mich fröhlich enden / dieses angefangne Jahr. / Trage stets mich auf den Händen, / stehe bei mir in Gefahr. / Freudig will ich dich umfassen, / wenn ich soll die Welt verlassen.

T: JOHANN RIST 1642
M: JOHANN SCHOP 1642

62

Andere Melodie:
Jesus, meine Zuversicht (Nr. 526)

1. Je - sus soll die Lo - sung sein, da ein
Je - su Na - me soll al - lein de - nen

neu - es Jahr er - schie - nen;
heut zum Zei - chen die - nen,
die in sei - nem

Bun - de stehn und auf sei - nen We - gen gehn.

2. Jesu Name, Jesu Wort / soll bei uns in Zion schallen, / und so oft wir an den Ort, / der nach ihm genannt ist, wallen, / mache seines Namens Ruhm / unser Herz zum Heiligtum.

3. Unsre Wege wollen wir / nur in Jesu Namen gehen. / Geht uns dieser Leitstern für, / so wird alles wohl bestehen / und durch seinen Gnadenschein / alles voller Segen sein.

4. Alle Sorgen, alles Leid / soll der Name uns versüßen; / so wird alle Bitterkeit / uns zur Freude werden müssen. / Jesu Nam sei Sonn und Schild, / welcher allen Kummer stillt.

5. Jesus, aller Bürger Heil, / und der Stadt ein Gnadenzeichen, / auch des Landes bestes Teil, / dem kein Kleinod zu vergleichen, / Jesus, unser Trost und Hort, / sei die Losung fort und fort.

T: BENJAMIN SCHMOLCK 1726
M: MEINEN JESUS LASS ICH NICHT (NR. 402)

63

2. Warum es so viel Leiden, / so kurzes Glück nur gibt? / Warum denn immer scheiden, / wo wir so sehr geliebt? / So manches Aug gebrochen / und mancher Mund nun stumm, / der erst noch hold gesprochen: / du armes Herz, warum?

3. Daß nicht vergessen werde, / was man so gern vergißt: / daß diese arme Erde / nicht unsre Heimat ist. / Es hat der Herr uns allen, / die wir auf ihn getauft, / in Zions goldnen Hallen / ein Heimatrecht erkauft.

4. Hier gehen wir und streuen / die Tränensaat ins Feld, / dort werden wir uns freuen / im sel'gen Himmelszelt; / wir sehnen uns hienieden / dorthin ins Vaterhaus / und wissen's: die geschieden, / die ruhen dort schon aus.

5. O das ist sichres Gehen / durch diese Erdenzeit: / nur immer vorwärts sehen / mit sel'ger Freudigkeit; / wird uns durch Grabeshügel / der klare Blick verbaut, / Herr, gib der Seele Flügel, / daß sie hinüberschaut.

6. Hilf du uns durch die Zeiten / und mache fest das Herz, / geh selber uns zur Seiten / und führ uns heimatwärts. / Und ist es uns hienieden / so öde, so allein, / o laß in deinem Frieden / uns hier schon selig sein.

T: ELEONORE VON REUSS (1857) 1867
M: BEFIEHL DU DEINE WEGE (NR. 361)

64 Ö

Andere Melodie:
Kommt her zu mir, spricht Gottes Sohn (Nr. 363)

2. Da alles, was der Mensch beginnt, / vor seinen Augen noch zerrinnt, / sei du selbst der Vollender. / Die Jahre, die du uns geschenkt, / wenn deine Güte uns nicht lenkt, / veralten wie Gewänder.

3. Wer ist hier, der vor dir besteht? / Der Mensch, sein Tag, sein Werk vergeht: / nur du allein wirst bleiben. / Nur Gottes Jahr währt für und für, / drum kehre jeden Tag zu dir, / weil wir im Winde treiben. *Ps 102,25–28*

4. Der Mensch ahnt nichts von seiner Frist. / Du aber bleibest, der du bist, / in Jahren ohne Ende. / Wir fahren hin durch deinen Zorn, / und doch strömt deiner Gnade Born / in unsre leeren Hände. *Ps 90,9*

5. Und diese Gaben, Herr, allein / laß Wert und Maß der Tage sein, / die wir in Schuld verbringen. / Nach ihnen sei die Zeit gezählt; / was wir versäumt, was wir verfehlt, / darf nicht mehr vor dich dringen.

6. Der du allein der Ewge heißt / und Anfang, Ziel und Mitte weißt / im Fluge unsrer Zeiten: / bleib du uns gnädig zugewandt / und führe uns an deiner Hand, / damit wir sicher schreiten.

T: JOCHEN KLEPPER 1938
M: SIEGFRIED REDA 1960

65

2. Noch will das alte unsre Herzen quälen, / noch drückt uns böser Tage schwere Last. / Ach Herr, gib unsern aufgeschreckten Seelen / das Heil, für das du uns geschaffen hast.

3. Und reichst du uns den schweren Kelch, den bittern / des Leids, gefüllt bis an den höchsten Rand, / so nehmen wir ihn dankbar ohne Zittern / aus deiner guten und geliebten Hand.

4. Doch willst du uns noch einmal Freude schenken / an dieser Welt und ihrer Sonne Glanz, / dann wolln wir des Vergangenen gedenken, / und dann gehört dir unser Leben ganz.

5. Laß warm und hell die Kerzen heute flammen, / die du in unsre Dunkelheit gebracht, / führ, wenn es sein kann, wieder uns zusammen. / Wir wissen es, dein Licht scheint in der Nacht.

6. Wenn sich die Stille nun tief um uns breitet, / so laß uns hören jenen vollen Klang / der Welt, die unsichtbar sich um uns weitet, / all deiner Kinder hohen Lobgesang.

T: DIETRICH BONHOEFFER (1944) 1945/1951
M UND SATZ: OTTO ABEL 1959

EPIPHANIAS

66

2. Jesus ist kommen, nun springen die Bande, / Stricke des Todes, die reißen entzwei. / Unser Durchbrecher ist nunmehr vorhanden; / er, der Sohn Gottes, der machet recht frei, / bringet zu Ehren aus Sünde und Schande; / Jesus ist kommen, nun springen die Bande.

3. Jesus ist kommen, der starke Erlöser, / bricht dem gewappneten Starken ins Haus, / sprenget des Feindes befestigte Schlösser, / führt die Gefangenen siegend heraus. / Fühlst du den Stärkeren, Satan, du Böser? / Jesus ist kommen, der starke Erlöser. *Lk 11,21.22*

4. Jesus ist kommen, der Fürste des Lebens, / sein Tod verschlinget den ewigen Tod. / Gibt uns, ach höret's doch ja nicht vergebens, / ewiges Leben, der freundliche Gott. / Glaubt ihm, so macht er ein Ende des Bebens. / Jesus ist kommen, der Fürste des Lebens.

5. Jesus ist kommen, der König der Ehren; / Himmel und Erde, rühmt seine Gewalt! / Dieser Beherrscher kann Herzen bekehren; / öffnet ihm Tore und Türen fein bald! / Denkt doch, er will euch die Krone gewähren. / Jesus ist kommen, der König der Ehren.

6. Jesus ist kommen, ein Opfer für Sünden, / Sünden der ganzen Welt träget dies Lamm. / Sündern die ewge Erlösung zu finden, / stirbt es aus Liebe am blutigen Stamm. / Abgrund der Liebe, wer kann dich ergründen? / Jesus ist kommen, ein Opfer für Sünden. *Joh 1,29*

7. Jesus ist kommen, die Quelle der Gnaden: / komme, wen dürstet, und trinke, wer will! / Holet für euren so giftigen Schaden / Gnade aus dieser unendlichen Füll! / Hier kann das Herze sich laben und baden. / Jesus ist kommen, die Quelle der Gnaden.

8. Jesus ist kommen, die Ursach zum Leben. / Hochgelobt sei der erbarmende Gott, / der uns den Ursprung des Segens gegeben; / dieser verschlinget Fluch, Jammer und Tod. / Selig, die ihm sich beständig ergeben! / Jesus ist kommen, die Ursach zum Leben.

9. Jesus ist kommen, sagt's aller Welt Enden. / Eilet, ach eilet zum Gnadenpanier! / Schwöret die Treue mit Herzen und Händen. / Sprechet: wir leben und sterben mit dir. / Amen, o Jesu, du wollst uns vollenden. / Jesus ist kommen, sagt's aller Welt Enden.

T: JOHANN LUDWIG KONRAD ALLENDORF 1736
M: KÖTHEN UM 1733

67

2. für uns ein Mensch geboren / im letzten Teil der Zeit, / daß wir nicht wärn verloren / vor Gott in Ewigkeit, / den Tod für uns zerbrochen, / den Himmel aufgeschlossen, / das Leben wiederbracht:

3. laß uns in deiner Liebe / und Kenntnis nehmen zu, / daß wir am Glauben bleiben, / dir dienen im Geist so, / daß wir hier mögen schmecken / dein Süßigkeit im Herzen / und dürsten stets nach dir.

4. Du Schöpfer aller Dinge, / du väterliche Kraft, / regierst von End zu Ende / kräftig aus eigner Macht. / Das Herz uns zu dir wende / und kehr ab unsre Sinne, / daß sie nicht irrn von dir.

5. Ertöt uns durch dein Güte, / erweck uns durch dein Gnad. / Den alten Menschen kränke*, / daß der neu' leben mag / und hier auf dieser Erden / den Sinn und alls Begehren / und G'danken hab zu dir.

**schwäche*

Röm 6,1–4

T: ELISABETH CRUCIGER 1524
M: 15. JH.; GEISTLICH ERFURT 1524

68

2. Du hast gesehen unsre Not, / da wir in Sünden waren tot, / und bist vom Himmel gestiegen / aus Genaden.

3. Hast in Marien Jungfrauschaft / durch deines Heilgen Geistes Kraft / angenommen unsre Menschheit / aus Genaden.

4. Du lehrest uns die neu Geburt* / und zeigest an die enge Pfort* / und den schmalen Steig zum Leben / aus Genaden.

**Joh 3,3; *Mt 7,13.14*

6. Du stiegest auf zum höchsten Thron / zu Gottes Rechten als sein Sohn, / uns ewiglich zu vertreten / aus Genaden.

7. O Christe, versammle dein Heer, / regiere es mit treuer Lehr / deinem Namen zu Lob und Ehr / aus Genaden.

8. Hilf durch dein Mühe und Arbeit, / daß es erlang die Seligkeit, / Lob zu singen in Ewigkeit / deiner Gnaden.

T: MICHAEL WEISSE 1531 NACH
»JESU, SALVATOR OPTIME« DES JAN HUS VOR 1415
M: 13. JH., JISTEBNITZ UM 1420,
BÖHMISCHE BRÜDER 1501/1531

69

Offb 22,16

2. »Wacht auf«, singt uns der Wächter Stimme / vor Freuden auf der hohen Zinne: / »Wacht auf zu dieser Freudenzeit! / Der Bräut'gam kommt, nun machet euch bereit!« *Jes 52,8; Mt 25,1–13*

3. Christus im Himmel wohl bedachte, / wie er uns reich und selig machte / und wieder brächt ins Paradies, / darum er Gottes Himmel gar verließ.

4. O heilger Morgenstern, wir preisen / dich heute hoch mit frohen Weisen; / du leuchtest vielen nah und fern, / so leucht auch uns, Herr Christ, du Morgenstern!

T: STR. 1 15. JH.; STR. 2–4 BEI DANIEL RUMPIUS 1587, BEARBEITET VON OTTO RIETHMÜLLER 1932
M: 15. JH.; GEISTLICH BEI DANIEL RUMPIUS 1587
SATZ: MICHAEL PRAETORIUS 1609

1. Der Mor-gen - stern ist auf - - ge -
1. Der Mor-gen - stern ist auf - - ge -
1. Der Mor - gen-stern ist auf - - ge -
drun-gen, er leucht' da-her zu die-ser
drun-gen, er leucht' da-her zu die-ser
drun-gen, er leucht' da-her zu die-ser
Stun - de hoch ü-ber Berg und tie - fe
Stun - de hoch ü-ber Berg und tie -
Stun - de hoch ü-ber Berg und tie -

Offb 22,16

2. »Wacht auf«, singt uns der Wächter Stimme / vor Freuden auf der hohen Zinne: / »Wacht auf zu dieser Freudenzeit! / Der Bräut'gam kommt, nun machet euch bereit!« *Jes 52,8; Mt 25,1–13*

3. Christus im Himmel wohl bedachte, / wie er uns reich und selig machte / und wieder brächt ins Paradies, / darum er Gottes Himmel gar verließ.

4. O heilger Morgenstern, wir preisen / dich heute hoch mit frohen Weisen; / du leuchtest vielen nah und fern, / so leucht auch uns, Herr Christ, du Morgenstern!

70 (Ö)

Jes 11,1; Offb 22,16

2. Ei meine Perl, du werte Kron, / wahr' Gottes und Marien Sohn, / ein hochgeborner König! / Mein Herz heißt dich ein Himmelsblum; / dein süßes Evangelium / ist lauter Milch und Honig. / Ei mein Blümlein, / Hosianna! Himmlisch Manna, das wir essen, / deiner kann ich nicht vergessen.

3. Gieß sehr tief in das Herz hinein, / du leuchtend Kleinod, edler Stein, / mir deiner Liebe Flamme, / daß ich, o Herr, ein Gliedmaß bleib / an deinem auserwählten Leib, / ein Zweig an deinem Stamme. / Nach dir wallt mir / mein Gemüte, ewge Güte, bis es findet / dich, des Liebe mich entzündet.

4. Von Gott kommt mir ein Freudenschein, / wenn du mich mit den Augen dein / gar freundlich tust anblikken. / Herr Jesu, du mein trautes Gut, / dein Wort, dein Geist, dein Leib und Blut / mich innerlich erquicken. / Nimm mich freundlich / in dein Arme und erbarme dich in Gnaden; / auf dein Wort komm ich geladen.

5. Herr Gott Vater, mein starker Held, / du hast mich ewig vor der Welt / in deinem Sohn geliebet. / Dein Sohn hat mich ihm selbst vertraut, / er ist mein Schatz, ich seine Braut, / drum mich auch nichts betrübet. / Eia, eia, / himmlisch Leben wird er geben mir dort oben; / ewig soll mein Herz ihn loben.

6. Zwingt die Saiten in Cythara / und laßt die süße Musika / ganz freudenreich erschallen, / daß ich möge mit Jesulein, / dem wunderschönen Bräut'gam mein, / in steter Liebe wallen. / Singet, springet, / jubilieret, triumphieret, dankt dem Herren; / groß ist der König der Ehren.

7. Wie bin ich doch so herzlich froh, / daß mein Schatz ist das A und O, / der Anfang und das Ende. / Er wird mich doch zu seinem Preis / aufnehmen in das Paradeis; / des klopf ich in die Hände. / Amen, Amen, / komm du schöne Freudenkrone, bleib nicht lange; / deiner wart ich mit Verlangen.

6. Zwingt die Sai - ten in Cy - tha - ra
daß ich mö - ge mit Je - su-lein,
und laßt die sü - ße Mu - si - ka
dem wun-der - schö - nen Bräut'-gam mein,
ganz freu-den - reich er - schal - len,
in ste - ter Lie - be wal - len.
Sin - get, sprin - get, ju - bi - lie - ret,

T UND M: PHILIPP NICOLAI 1599
SATZ: JOHANN SEBASTIAN BACH 1731

Allmächtiger Gott und Vater, du hast deinen Sohn zum Licht der Welt gemacht. Wir bitten dich: Erfülle die ganze Erde mit dem Glanz, der von dir ausgeht, damit alle Menschen deine Herrlichkeit erfahren und anbeten.

71

2. Von deinem Reich auch zeugen / die Leut aus Morgenland; / die Knie sie vor dir beugen, / weil du ihn' bist bekannt. / Der neu Stern auf dich weiset, / dazu das göttlich Wort. / Drum man zu Recht dich preiset, / daß du bist unser Hort. *Mt 2,1–12*

3. Du bist ein großer König, / wie uns die Schrift vermeld't, / doch achtest du gar wenig / vergänglich Gut und Geld, / prangst nicht auf stolzem Rosse, / trägst keine güldne Kron, / sitzt nicht im steinern Schlosse; / hier hast du Spott und Hohn.

4. Doch bist du schön gezieret, / dein Glanz erstreckt sich weit, / dein Güt allzeit regieret / und dein Gerechtigkeit. / Du wollst die Frommen schützen / durch dein Macht und Gewalt, / daß sie im Frieden sitzen, / die Bösen stürzen bald.

5. Du wollst dich mein erbarmen, / in dein Reich nimm mich auf, / dein Güte schenk mir Armen / und segne meinen Lauf. / Mein' Feinden wollst du wehren, / dem Teufel, Sünd und Tod, / daß sie mich nicht versehren; / rett mich aus aller Not.

6. Du wollst in mir entzünden / dein Wort, den schönen Stern, / daß falsche Lehr und Sünden / sein meinem Herzen fern. / Hilf, daß ich dich erkenne / und mit der Christenheit / dich meinen König nenne / jetzt und in Ewigkeit.

T: MARTIN BEHM 1606
M: ICH FREU MICH IN DEM HERREN (NR. 349)

Mache dich auf, werde licht; denn dein Licht kommt, und die Herrlichkeit des Herrn geht auf über dir! Denn siehe, Finsternis bedeckt das Erdreich und Dunkel die Völker; aber über dir geht auf der Herr und seine Herrlichkeit erscheint über dir.

JESAJA 60,1.2

72 (Ö)

2. Erfülle mit dem Gnadenschein, / die in Irrtum verführet sein, / auch die, so heimlich ficht noch an / in ihrem Sinn ein falscher Wahn;

3. und was sich sonst verlaufen hat / von dir, das suche du mit Gnad / und ihr verwundt Gewissen heil, / laß sie am Himmel haben teil.

4. Den Tauben öffne das Gehör, / die Stummen richtig reden lehr, / die nicht bekennen wollen frei, / was ihres Herzens Glaube sei.

5. Erleuchte, die da sind verblendt, / bring her, die sich von uns getrennt, / versammle, die zerstreuet gehn, / mach feste, die im Zweifel stehn.

6. So werden sie mit uns zugleich / auf Erden und im Himmelreich / hier zeitlich und dort ewiglich / für solche Gnade preisen dich.

T: JOHANN HEERMANN 1630
M: NÜRNBERG 1676/1854

73

2. Geh weg aus deinem Vaterhaus / zu suchen solchen Herrn / und richte deine Sinne aus / auf diesen Morgenstern, / auf diesen Morgenstern.

3. Gib acht auf diesen hellen Schein, / der aufgegangen ist; / er führet dich zum Kindelein, / das heißet Jesus Christ, / das heißet Jesus Christ. *Mt 2,9*

4. Drum mache dich behende auf, / befreit von aller Last, / und laß nicht ab von deinem Lauf, / bis du dies Kindlein hast, / bis du dies Kindlein hast.

5. Halt dich im Glauben an das Wort, / das fest ist und gewiß; / das führet dich zum Lichte fort / aus aller Finsternis, / aus aller Finsternis.

6. Ach sinke du vor seinem Glanz / in tiefste Demut ein / und laß dein Herz erleuchten ganz / von solchem Freudenschein, / von solchem Freudenschein.

7. Gib dich ihm selbst zum Opfer dar / mit Geiste, Leib und Seel / und singe mit der Engel Schar: / »Hier ist Immanuel, / hier ist Immanuel.«

9. Hier fallen alle Sorgen hin, / zur Lust wird alle Pein; / es wird erfreuet Herz und Sinn / in diesem Jesulein, / in diesem Jesulein.

10. Der zeigt dir einen andern Weg, / als du vorher erkannt, / den stillen Ruh- und Friedenssteg / zum ewgen Vaterland, / zum ewgen Vaterland.

T: MICHAEL MÜLLER 1700/1704
M: LOBT GOTT, IHR CHRISTEN ALLE GLEICH (NR. 27)

Andere Melodie: Lobt Gott, den Herrn der Herrlichkeit (Nr. 300)

74

2. Du Lebensquell, wir danken dir, / auf dich, Lebend'ger, hoffen wir; / denn du durchdrangst des Todes Nacht, / hast Sieg und Leben uns gebracht.

3. Du ewge Wahrheit, Gottes Bild, / der du den Vater uns enthüllt, / du kamst herab ins Erdental / mit deiner Gotterkenntnis Strahl.

4. Bleib bei uns, Herr, verlaß uns nicht, / führ uns durch Finsternis zum Licht, / bleib auch am Abend dieser Welt / als Hilf und Hort uns zugesellt.

T: JOHANN GOTTFRIED HERDER (VOR 1800),
NACH 1817 BEARBEITET

M: STEHT AUF, IHR LIEBEN KINDERLEIN (NR. 442)

PASSION

75

1. Eh - re sei dir, Chri - ste, der du
lit-test Not, an dem Stamm des Kreu - zes
für uns bit - tern Tod, herr-schest mit dem
Va - ter in der E - wig-keit: hilf uns
ar - men Sün - dern zu der Se - lig-keit.
Ky - ri - e e - le - i - son, Chri - ste e -
le - i - son, Ky - ri - e e - le - i - son.

T: STR. 1 SALZBURG UM 1350 NACH
»LAUS TIBI CHRISTE« 14. JH., NORDHAUSEN 1560;
STR. 2–3 HERMANN BONNUS 1542
M: SALZBURG UM 1350, KÖNIGSBERG 1527,
BEI LUCAS LOSSIUS 1553 »O WIR ARMEN SÜNDER«

76

*Phil 2,7; *Mt 8,16.17

2. So laßt uns nun ihm dankbar sein, / daß er für uns litt solche Pein, / nach seinem Willen leben. / Auch laßt uns sein der Sünde feind, / weil uns Gotts Wort so helle scheint, / Tag, Nacht danach tun streben, / die Lieb erzeigen jedermann, / die Christus hat an uns getan / mit seinem Leiden, Sterben. / O Menschenkind, betracht das recht, / wie Gottes Zorn die Sünde schlägt, / tu dich davor bewahren!

T: SEBALD HEYDEN UM 1530
M: MATTHÄUS GREITER 1525
»ES SIND DOCH SELIG ALLE, DIE« (ZU PSALM 119)

Allmächtiger Gott, du läßt uns das Leiden und Sterben deines Sohnes zu unserm Heil verkündigen. Wir bitten dich: Gib uns ein offenes Herz, daß wir seine Liebe und seinen Gehorsam erkennen und ihm nachfolgen.

77

2. In der ersten Stund am Tag, / da er sollte leiden, / bracht man ihn mit harter Klag / Pilatus dem Heiden, / der ihn unschuldig befand, / ohn Ursach des Todes, / ihn derhalben von sich sandt / zum König Herodes.

3. Um Drei hat der Gottessohn / Geißeln fühlen müssen; / sein Haupt ward mit einer Kron / von Dornen zerrissen; / gekleidet zu Hohn und Spott / ward er sehr geschlagen, / und das Kreuz zu seinem Tod / mußt er selber tragen.

4. Um Sechs ward er nackt und bloß / an das Kreuz geschlagen, / an dem er sein Blut vergoß, / betet mit Wehklagen; / die Zuschauer spott'ten sein, / auch die bei ihm hingen, / bis die Sonne ihren Schein / entzog solchen Dingen.

5. Jesus schrie zur neunten Stund, / großer Qual verfallen, / ihm ward dargereicht zum Mund / Essigtrank mit Gallen; / da gab er auf seinen Geist, / und die Erd erzittert, / des Tempels Vorhang zerreißt, / und manch Fels zersplittert.

6. Da man hatt' zur Vesperzeit / die Schächer zerbrochen, / ward Jesus in seine Seit / mit dem Speer gestochen; / daraus Blut und Wasser rann, / die Schrift zu erfüllen, / wie Johannes zeiget an, / nur um unsertwillen.

Joh 19,31–37

7. Da der Tag sein Ende nahm, / der Abend war kommen, / ward Jesus vom Kreuzesstamm / durch Joseph genommen, / herrlich, nach der Väter Art, / in ein Grab geleget, / allda mit Hütern verwahrt, / wie Matthäus zeiget. *Mt 27,57–66*

8. O hilf, Christe, Gottes Sohn, / durch dein bitter Leiden, / daß wir dir stets untertan / Sünd und Unrecht meiden, / deinen Tod und sein Ursach / fruchtbar nun bedenken, / dafür, wiewohl arm und schwach, / dir Dankopfer schenken.

T: MICHAEL WEISSE 1531 NACH
»PATRIS SAPIENTIA« 13. JH.
M: LEIPZIG UM 1500, BÖHMISCHE BRÜDER 1501/1531

78

Andere Melodie:
Christus, der uns selig macht (Nr. 77)

2. Jesus, wahrer Gottessohn / auf Erden erschienen, / fing bald in der Jugend an, / als ein Knecht zu dienen; / äußert sich der göttlich G'walt / und verbarg ihr Wesen, / lebt in menschlicher Gestalt; / daher wir genesen.

Phil 2,7

3. Jesus richtet aus sein Amt / an den Menschenkindern, / eh er ward zum Tod verdammt / für uns arme Sünder, / lehrt und rüst' die Jünger sein, / wusch ihn' ihre Füße, / setzt das heilig Nachtmahl ein, / macht ihn' das Kreuz süße.

4. Jesus ging nach Gottes Will / in' Garten zu beten; / dreimal er da niederfiel / in sein' großen Nöten, / rief sein' lieben Vater an / mit betrübtem Herzen, / von ihm blutiger Schweiß rann / von Ängsten und Schmerzen.

5. Jesus da gefangen ward, / gebunden geführet / und im Rat beschweret hart / und zu Hohn gezieret; / verdeckt, verspott' und verspeit, / jämmerlich geschlagen, / auch verdammt aus Haß und Neid / durch erdicht' Anklagen.

6. Jesus ward früh dargestellt / Pilatus dem Heiden; / ob der wohl sein Unschuld meld't, / dennoch mußt er leiden, / ward gegeißelt und verkleid't, / mit Dornen gekrönet, / in seim großen Herzeleid / aufs schmählichst gehöhnet.

7. Jesus, verurteilt zum Tod, / mußt sein Kreuz selbst tragen / in großer Ohnmacht und Not, / ward daran geschlagen; / hing mehr denn drei ganze Stund' / in groß Pein und Schmerzen; / bittre Galle schmeckt sein Mund. / O Mensch, nimm's zu Herzen!

8. Jesus rief am Kreuze laut: / »Ach, ich bin verlassen! / Hab dir doch, mein Gott, vertraut, / wollst mich nicht verstoßen. / Gnad dem, der mir Hohn beweist / jetzt in meim Elende. / Ich befehl nun meinen Geist / dir in deine Hände.«

9. Jesus ist das Weizenkorn, / das im Tod erstorben / und uns, die wir warn verlorn, / das Leben erworben; / bringt viel Frücht zu Gottes Preis, / derer wir genießen, / gibt sein' Leib zu einer Speis, / sein Blut zum Trank süße. *Joh 12,24*

10. Jesu, weil du bist erhöht / zu ewigen Ehren: / unsern alten Adam töt, / den Geist tu ernähren; / zieh uns allesamt zu dir, / daß empor wir schweben; / begnad unsers Geists Begier / mit deim neuen Leben.

T: PETRUS HERBERT 1566 NACH DEM TSCHECHISCHEN »VMUČENJ NASSEHO PÁNA GEZUKRYSTA« 1501
M: PRAG 1522, BÖHMISCHE BRÜDER 1501/1531

79 (Ö)

2. und bitten dich, wahr' Mensch und Gott, / durch dein heilig fünf Wunden rot: / erlös uns von dem ewgen Tod / und tröst uns in der letzten Not.

3. Behüt uns auch vor Sünd und Schand / und reich uns dein allmächtig Hand, / daß wir im Kreuz geduldig sein, / uns trösten deiner schweren Pein

4. und schöpfen draus die Zuversicht, / daß du uns wirst verlassen nicht, / sondern ganz treulich bei uns stehn, / daß wir durchs Kreuz ins Leben gehn.

T: CHRISTOPH FISCHER (VOR 1568)
1589 NIEDERDEUTSCH, 1597 HOCHDEUTSCH
M: NIKOLAUS HERMAN 1551

80

2. O große Not! / Gotts Sohn liegt tot. / Am Kreuz ist er gestorben; / hat dadurch das Himmelreich / uns aus Lieb erworben.

3. O Menschenkind, / nur deine Sünd / hat dieses angerichtet, / da du durch die Missetat / warest ganz vernichtet.

4. O selig ist / zu aller Frist, / der dieses recht bedenket, / wie der Herr der Herrlichkeit / wird ins Grab versenket.

5. O Jesu, du / mein Hilf und Ruh, / ich bitte dich mit Tränen: / hilf, daß ich mich bis ins Grab / nach dir möge sehnen.

T: STR. 1 FRIEDRICH SPEE 1628;
STR. 2–5 JOHANN RIST 1641
M: MAINZ / WÜRZBURG 1628

81 (Ö)

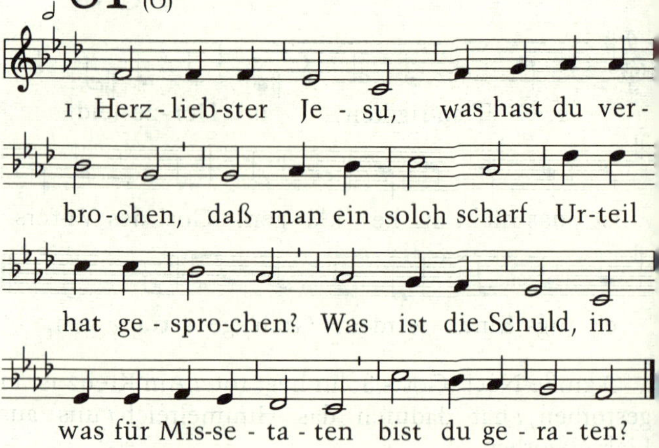

2. Du wirst gegeißelt und mit Dorn gekrönet, / ins Angesicht geschlagen und verhöhnet, / du wirst mit Essig und mit Gall getränket, / ans Kreuz gehenket.

3. Was ist doch wohl die Ursach solcher Plagen? / Ach, meine Sünden haben dich geschlagen; / ich, mein Herr Jesu, habe dies verschuldet, / was du erduldet.

4. Wie wunderbarlich ist doch diese Strafe! / Der gute Hirte leidet für die Schafe, / die Schuld bezahlt der Herre, der Gerechte, / für seine Knechte.

5. Der Fromme stirbt, der recht und richtig wandelt, / der Böse lebt, der wider Gott gehandelt; / der Mensch verdient den Tod und ist entgangen, / Gott wird gefangen.

6. O große Lieb, o Lieb ohn alle Maße, / die dich gebracht auf diese Marterstraße! / Ich lebte mit der Welt in Lust und Freuden, / und du mußt leiden.

7. Ach großer König, groß zu allen Zeiten, / wie kann ich g'nugsam solche Treu ausbreiten? / Keins Menschen Herz vermag es auszudenken, / was dir zu schenken.

8. Ich kann's mit meinen Sinnen nicht erreichen, / womit doch dein Erbarmung zu vergleichen; / wie kann ich dir denn deine Liebestaten / im Werk erstatten?

9. Ich werde dir zu Ehren alles wagen, / kein Kreuz nicht achten, keine Schmach und Plagen, / nichts von Verfolgung, nichts von Todesschmerzen / nehmen zu Herzen.

10. Weil's aber nicht besteht in eignen Kräften, / fest die Begierden an das Kreuz zu heften, / so gib mir deinen Geist, der mich regiere, / zum Guten führe.

11. Wann, o Herr Jesu, dort vor deinem Throne / wird stehn auf meinem Haupt die Ehrenkrone, / da will ich dir, wenn alles wird wohl klingen, / Lob und Dank singen.

T: JOHANN HEERMANN 1630
M: JOHANN CRÜGER 1640
NACH GUILLAUME FRANC 1543 (ZU PSALM 23)

82

2. O Wunder ohne Maßen, / wenn man's betrachtet recht: / es hat sich martern lassen / der Herr für seinen Knecht; / es hat sich selbst der wahre Gott / für mich verlornen Menschen / gegeben in den Tod.

3. Was kann mir denn nun schaden / der Sünden große Zahl? / Ich bin bei Gott in Gnaden, / die Schuld ist allzumal / bezahlt durch Christi teures Blut, / daß ich nicht mehr darf fürchten / der Hölle Qual und Glut.

4. Drum sag ich dir von Herzen / jetzt und mein Leben lang / für deine Pein und Schmerzen, / o Jesu, Lob und Dank, / für deine Not und Angstgeschrei, / für dein unschuldig Sterben, / für deine Lieb und Treu.

5. Herr, laß dein heilig Leiden / mich reizen für und für, / mit allem Ernst zu meiden / die sündliche Begier, / daß mir nie komme aus dem Sinn, / wie viel es dich gekostet, / daß ich erlöset bin.

6. Mein Kreuz und meine Plagen, / sollt's auch sein Schmach und Spott, / hilf mir geduldig tragen; / gib, o mein Herr und Gott, / daß ich verleugne diese Welt / und folge dem Exempel, / das du mir vorgestellt.

7. Laß mich an andern üben, / was du an mir getan; / und meinen Nächsten lieben, / gern dienen jedermann / ohn Eigennutz und Heuchelschein / und, wie du mir erwiesen, / aus reiner Lieb allein.

8. Laß endlich deine Wunden / mich trösten kräftiglich / in meiner letzten Stunden / und des versichern mich: / weil ich auf dein Verdienst nur trau, / du werdest mich annehmen, / daß ich dich ewig schau.

T: JUSTUS GESENIUS 1646
M: LEIPZIG 1545

Wir sollen lernen, auf das Wort und Gottes Willen zu sehen, alsdann werden wir mit geduldigem Herzen alles erleiden, wie schwer es auch immer sein mag.

MARTIN LUTHER

83

1. Ein Lämm-lein geht und trägt die Schuld
es geht und bü - ßet in Ge - duld
der Welt und ih - rer Kin - der;
die Sün - den al - ler Sün - der;
es geht da - hin, wird matt und krank,
er - gibt sich auf die Wür - ge - bank,
ent - sa - get al - len Freu - den; es nim - met an
Schmach, Hohn und Spott, Angst, Wun - den,
Strie - men, Kreuz und Tod und
spricht: »Ich will's gern lei - den.«

Jes 53,4–7

2. Das Lämmlein ist der große Freund / und Heiland meiner Seelen; / den, den hat Gott zum Sündenfeind / und Sühner wollen wählen: / »Geh hin, mein Kind, und nimm dich an / der Kinder, die ich ausgetan / zur Straf und Zornesruten; / die Straf ist schwer, der Zorn ist groß, / du kannst und sollst sie machen los / durch Sterben und durch Bluten.«

3. »Ja, Vater, ja von Herzensgrund, / leg auf, ich will dir's tragen; / mein Wollen hängt an deinem Mund, / mein Wirken ist dein Sagen.« / O Wunderlieb, o Liebesmacht, / du kannst – was nie kein Mensch gedacht – / Gott seinen Sohn abzwingen. / O Liebe, Liebe, du bist stark, / du streckest den in Grab und Sarg, / vor dem die Felsen springen*.

Mt 27,52

4. Mein Lebetage will ich dich / aus meinem Sinn nicht lassen, / dich will ich stets, gleich wie du mich, / mit Liebesarmen fassen. / Du sollst sein meines Herzens Licht, / und wenn mein Herz in Stücke bricht, / sollst du mein Herze bleiben; / ich will mich dir, mein höchster Ruhm, / hiermit zu deinem Eigentum / beständiglich verschreiben.

5. Ich will von deiner Lieblichkeit / bei Nacht und Tage singen, / mich selbst auch dir nach Möglichkeit / zum Freudenopfer bringen. / Mein Bach des Lebens soll sich dir / und deinem Namen für und für / in Dankbarkeit ergießen; / und was du mir zugut getan, / das will ich stets, so tief ich kann, / in mein Gedächtnis schließen.

6. Das soll und will ich mir zunutz / zu allen Zeiten machen; / im Streite soll es sein mein Schutz, / in Traurigkeit mein Lachen, / in Fröhlichkeit mein Saitenspiel; / und wenn mir nichts mehr schmecken will, / soll mich dies Manna speisen; / im Durst soll's sein mein Wasserquell, / in Einsamkeit mein Sprachgesell / zu Haus und auch auf Reisen.

7. Wenn endlich ich soll treten ein / in deines Reiches Freuden, / so soll dein Blut mein Purpur sein, / ich will mich darein kleiden; / es soll sein meines Hauptes Kron, / in welcher ich will vor den Thron / des höchsten Vaters gehen / und dir, dem er mich anvertraut, / als eine wohlgeschmückte Braut / an deiner Seite stehen.

T: PAUL GERHARDT 1647
M: WOLFGANG DACHSTEIN 1525
»AN WASSERFLÜSSEN BABYLON« (ZU PSALM 137)

84 (Ö)

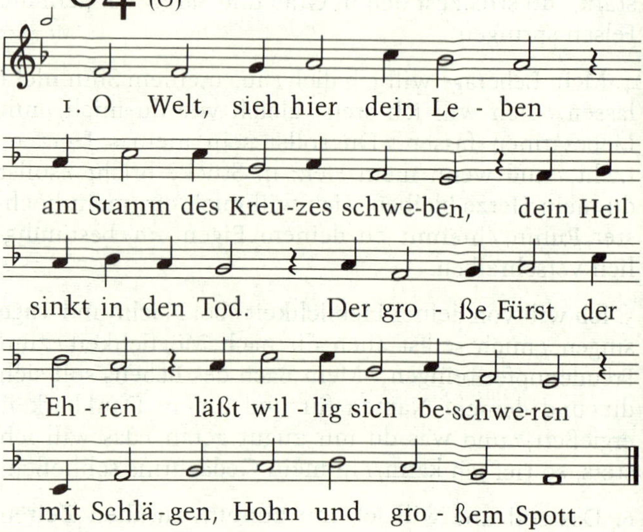

2. Wer hat dich so geschlagen, / mein Heil, und dich mit Plagen / so übel zugericht'? / Du bist ja nicht ein Sünder / wie wir und unsre Kinder, / von Übeltaten weißt du nicht.

3. Ich, ich und meine Sünden, / die sich wie Körnlein finden / des Sandes an dem Meer, / die haben dir erreget / das Elend, das dich schläget, / und deiner schweren Martern Heer.

4. Ich bin's, ich sollte büßen / an Händen und an Füßen / gebunden in der Höll; / die Geißeln und die Bande / und was du ausgestanden, / das hat verdienet meine Seel.

5. Du nimmst auf deinen Rücken / die Lasten, die mich drücken / viel schwerer als ein Stein; / du wirst ein Fluch*, dagegen / verehrst du mir den Segen; / dein Schmerzen muß mein Labsal sein. *Gal 3,13

6. Du setzest dich zum Bürgen, / ja lässest dich gar würgen / für mich und meine Schuld; / mir lässest du dich krönen / mit Dornen, die dich höhnen, / und leidest alles mit Geduld.

7. Ich bin, mein Heil, verbunden / all Augenblick und Stunden / dir überhoch und sehr; / was Leib und Seel vermögen, / das soll ich billig legen / allzeit an deinen Dienst und Ehr.

8. Nun, ich kann nicht viel geben / in diesem armen Leben, / eins aber will ich tun: / es soll dein Tod und Leiden, / bis Leib und Seele scheiden, / mir stets in meinem Herzen ruhn.

9. Ich will's vor Augen setzen, / mich stets daran ergötzen, / ich sei auch, wo ich sei; / es soll mir sein ein Spiegel / der Unschuld und ein Siegel / der Lieb und unverfälschten Treu.

10. Ich will daraus studieren, / wie ich mein Herz soll zieren / mit stillem, sanftem Mut, / und wie ich die soll lieben, / die mich doch sehr betrüben / mit Werken, so die Bosheit tut.

11. Wenn böse Zungen stechen, / mir Ehr und Namen brechen, / so will ich zähmen mich; / das Unrecht will ich dulden, / dem Nächsten seine Schulden / verzeihen gern und williglich.

12. Ich will ans Kreuz mich schlagen / mit dir und dem absagen, / was meinem Fleisch gelüst'; / was deine Augen hassen, / das will ich fliehn und lassen, / so viel mir immer möglich ist.

13. Dein Seufzen und dein Stöhnen / und die viel tausend Tränen, / die dir geflossen zu, / die sollen mich am Ende / in deinen Schoß und Hände / begleiten zu der ewgen Ruh.

T: PAUL GERHARDT 1647
M: O WELT, ICH MUSS DICH LASSEN (NR. 521)

85 (Ö)

o Haupt, sonst schön ge - zie - ret
mit höch - ster Ehr und Zier,
jetzt a - ber hoch schimp-fie - ret:
ge - grü - ßet seist du mir!
Spätere Form (Ö)
1. O Haupt voll Blut und Wun - den,
o Haupt, zum Spott ge - bun - den
voll Schmerz und vol - ler Hohn,
mit ei - ner Dor-nen-kron,
o
Haupt, sonst schön ge - zie - ret mit höch-ster
Ehr und Zier, jetzt a - ber hoch schimp-
fie - ret: ge - grü - ßet seist du mir!

2. Du edles Angesichte, / davor sonst schrickt und scheut / das große Weltgewichte: / wie bist du so bespeit, / wie bist du so erbleichet! / Wer hat dein Augenlicht, / dem sonst kein Licht nicht gleichet, / so schändlich zugericht'?

3. Die Farbe deiner Wangen, / der roten Lippen Pracht / ist hin und ganz vergangen; / des blassen Todes Macht / hat alles hingenommen, / hat alles hingerafft, / und daher bist du kommen / von deines Leibes Kraft.

4. Nun, was du, Herr, erduldet, / ist alles meine Last; / ich hab es selbst verschuldet, / was du getragen hast. / Schau her, hier steh ich Armer, / der Zorn verdienet hat. / Gib mir, o mein Erbarmer, / den Anblick deiner Gnad.

5. Erkenne mich, mein Hüter, / mein Hirte, nimm mich an. / Von dir, Quell aller Güter, / ist mir viel Guts getan; / dein Mund hat mich gelabet / mit Milch und süßer Kost, / dein Geist hat mich begabet / mit mancher Himmelslust.

6. Ich will hier bei dir stehen, / verachte mich doch nicht; / von dir will ich nicht gehen, / wenn dir dein Herze bricht; / wenn dein Haupt wird erblassen / im letzten Todesstoß, / alsdann will ich dich fassen / in meinen Arm und Schoß.

7. Es dient zu meinen Freuden / und tut mir herzlich wohl, / wenn ich in deinem Leiden, / mein Heil, mich finden soll. / Ach möcht ich, o mein Leben, / an deinem Kreuze hier / mein Leben von mir geben, / wie wohl geschähe mir!

8. Ich danke dir von Herzen, / o Jesu, liebster Freund, / für deines Todes Schmerzen, / da du's so gut gemeint. / Ach gib, daß ich mich halte / zu dir und deiner Treu / und, wenn ich nun erkalte, / in dir mein Ende sei.

9. Wenn ich einmal soll scheiden, / so scheide nicht von mir, / wenn ich den Tod soll leiden, / so tritt du dann herfür; / wenn mir am allerbängsten / wird um das Herze sein, / so reiß mich aus den Ängsten / kraft deiner Angst und Pein.

10. Erscheine mir zum Schilde, / zum Trost in meinem Tod, / und laß mich sehn dein Bilde / in deiner Kreuzesnot. / Da will ich nach dir blicken, / da will ich glaubensvoll / dich fest an mein Herz drücken. / Wer so stirbt, der stirbt wohl.

T: PAUL GERHARDT 1656 NACH »SALVE CAPUT CRUENTATUM« DES ARNULF VON LÖWEN VOR 1250
M: HANS LEO HASSLER 1601; GEISTLICH BRIEG NACH 1601, GÖRLITZ 1613 »HERZLICH TUT MICH VERLANGEN«

Fürwahr, er trug unsre Krankheit und lud auf sich unsre Schmerzen. Wir aber hielten ihn für den, der geplagt und von Gott geschlagen und gemartert wäre. Aber er ist um unsrer Missetat willen verwundet und um unsrer Sünde willen zerschlagen. Die Strafe liegt auf ihm, auf daß wir Frieden hätten, und durch seine Wunden sind wir geheilt.

JESAJA 53,4.5

86

2. Du, ach du hast ausgestanden / Lästerreden, Spott und Hohn, / Speichel, Schläge, Strick und Banden, / du gerechter Gottessohn, / nur mich Armen zu erretten / von des Teufels Sündenketten. / Tausend-, tausendmal sei dir, / liebster Jesu, Dank dafür.

3. Du hast lassen Wunden schlagen, / dich erbärmlich richten zu, / um zu heilen meine Plagen, / um zu setzen mich in Ruh; / ach du hast zu meinem Segen / lassen dich mit Fluch belegen*. / Tausend-, tausendmal sei dir, / liebster Jesu, Dank dafür.

*Gal 3,13

4. Man hat dich sehr hart verhöhnet, / dich mit großem Schimpf belegt, / gar mit Dornen dich gekrönet: / was hat dich dazu bewegt? / Daß du möchtest mich ergötzen, / mir die Ehrenkron aufsetzen. / Tausend-, tausendmal sei dir, / liebster Jesu, Dank dafür.

5. Du hast wollen sein geschlagen, / zu befreien mich von Pein, / fälschlich lassen dich anklagen, / daß ich könnte sicher sein; / daß ich möge Trost erlangen, / hast du ohne Trost gehangen. / Tausend-, tausendmal sei dir, / liebster Jesu, Dank dafür.

6. Du hast dich in Not gestecket, / hast gelitten mit Geduld, / gar den herben Tod geschmecket, / um zu büßen meine Schuld; / daß ich würde losgezählet, / hast du wollen sein gequälet. / Tausend-, tausendmal sei dir, / liebster Jesu, Dank dafür.

7. Deine Demut hat gebüßet / meinen Stolz und Übermut, / dein Tod meinen Tod versüßet; / es kommt alles mir zugut. / Dein Verspotten, dein Verspeien / muß zu Ehren mir gedeihen. / Tausend-, tausendmal sei dir, / liebster Jesu, Dank dafür.

8. Nun, ich danke dir von Herzen, / Herr, für alle deine Not: / für die Wunden, für die Schmerzen, / für den herben, bittern Tod; / für dein Zittern, für dein Zagen, / für dein tausendfaches Plagen, / für dein Angst und tiefe Pein / will ich ewig dankbar sein.

T: ERNST CHRISTOPH HOMBURG 1659
M: WOLFGANG WESSNITZER 1661

87

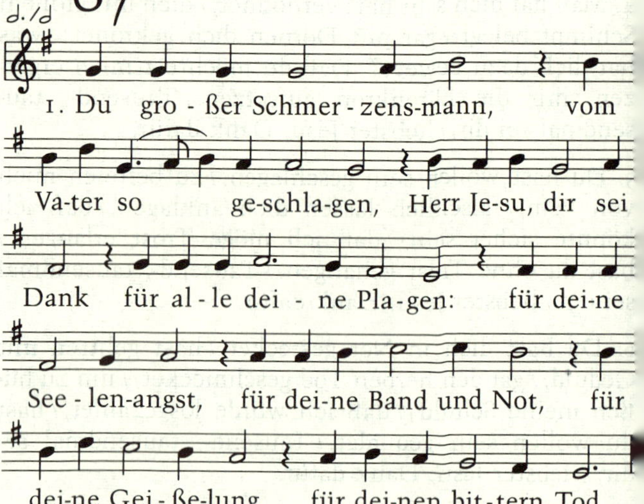

2. Ach das hat unsre Sünd / und Missetat verschuldet, / was du an unsrer Statt, / was du für uns erduldet. / Ach unsre Sünde bringt / dich an das Kreuz hinan; / o unbeflecktes Lamm, / was hast du sonst getan?

3. Dein Kampf ist unser Sieg, / dein Tod ist unser Leben; / in deinen Banden ist / die Freiheit uns gegeben. / Dein Kreuz ist unser Trost, / die Wunden unser Heil, / dein Blut das Lösegeld, / der armen Sünder Teil.

4. O hilf, daß wir auch uns / zum Kampf und Leiden wagen / und unter unsrer Last / des Kreuzes nicht verzagen; / hilf tragen mit Geduld / durch deine Dornenkron, / wenn's kommen soll mit uns / zum Blute, Schmach und Hohn.

5. Dein Angst komm uns zugut, / wenn wir in Ängsten liegen; / durch deinen Todeskampf / laß uns im Tode siegen; / durch deine Bande, Herr, / bind uns, wie dir's gefällt; / hilf, daß wir kreuzigen / durch dein Kreuz Fleisch und Welt.

6. Laß deine Wunden sein / die Heilung unsrer Sünden, / laß uns auf deinen Tod / den Trost im Tode gründen. / O Jesu, laß an uns / durch dein Kreuz, Angst und Pein / dein Leiden, Kreuz und Angst / ja nicht verloren sein.

T: ADAM THEBESIUS (1652) 1663
M: MARTIN JAN (1652) 1663

Andere Melodie:
Christus, der uns selig macht (Nr. 77)

88

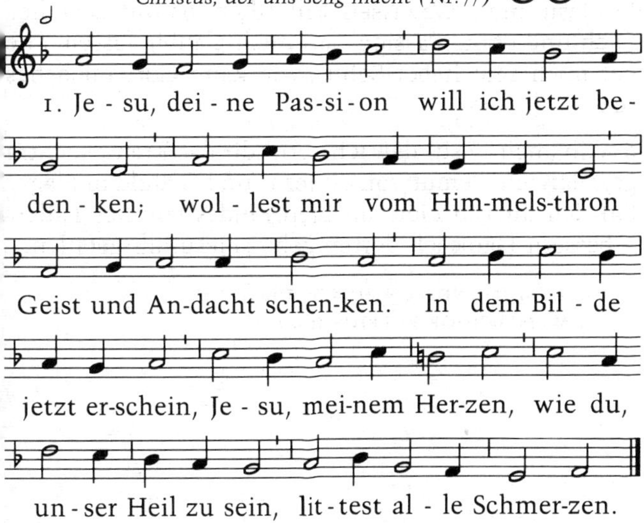

2. Meine Seele sehen mach / deine Angst und Bande, deine Schläge, deine Schmach, / deine Kreuzesschande, / deine Geißel, Dornenkron, / Speer- und Nägelwunden, / deinen Tod, o Gottessohn, / der mich dir verbunden.

3. Aber laß mich nicht allein / deine Marter sehen, / laß mich auch die Ursach fein / und die Frucht verstehen. Ach die Ursach war auch ich, / ich und meine Sünde: diese hat gemartert dich, / daß ich Gnade finde.

4. Jesu, lehr bedenken mich / dies mit Buß und Reue; hilf, daß ich mit Sünde dich / martre nicht aufs neue. Sollt ich dazu haben Lust / und nicht wollen meiden, was du selber büßen mußt / mit so großem Leiden?

5. Wenn mir meine Sünde will / machen heiß die Hölle, / Jesu, mein Gewissen still, / dich ins Mittel stelle. Dich und deine Passion / laß mich gläubig fassen; / liebet mich sein lieber Sohn, / wie kann Gott mich hassen?

6. Gib auch, Jesu, daß ich gern / dir das Kreuz nachtrage, / daß ich Demut von dir lern / und Geduld in Plage, / daß ich dir geb Lieb um Lieb. / Indes laß dies Lallen / – bessern Dank ich dorten geb –, / Jesu, dir gefallen.

T: SIGMUND VON BIRKEN 1663
M: MELCHIOR VULPIUS 1609

89

2. Die Wunden alle, die du hast, / hab ich dir helfen schlagen, / auch meine große Sündenlast / dir aufgelegt zu tragen. / Ach liebster Heiland, schone mein, / laß diese Schuld vergessen sein, / laß Gnad vor Recht ergehen.

3. Du hast verlassen deinen Thron, / bist in das Elend gangen, / ertrugest Schläge, Spott und Hohn, / mußtest am Kreuze hangen, / auf daß du für uns schafftest Rat / und unsre schwere Missetat / bei Gott versöhnen möchtest.

4. Drum will ich jetzt in Dankbarkeit / von Herzen dir lobsingen, / und wenn du zu der Seligkeit / mich wirst hinkünftig bringen, / so will ich daselbst noch viel mehr / zusamt dem ganzen Himmelsheer / dich ewig dafür loben.

T: PLÖN 1675 NACH TOBIAS CLAUSNITZER 1662
M: HERR JESU CHRIST, DU HÖCHSTES GUT (NR. 219)

Wir müssen uns immer wieder sehr lange und sehr ruhig in das Leben, Sprechen, Handeln, Leiden und Sterben Jesu versenken, um zu erkennen, was Gott verheißt und was er erfüllt. Gewiß ist, daß im Leiden unsere Freude, im Sterben unser Leben verborgen ist; gewiß ist, daß wir in dem allen in einer Gemeinschaft stehen, die uns trägt.

DIETRICH BONHOEFFER

90

1. Ich grü - ße dich am Kreu - zes-stamm,
Hier hängst du zwar in lau - ter Not
du hoch - ge - lob - tes Got - tes-lamm,
und bist ge - hor - sam bis zum Tod,
mit an-dachts-vol - lem Her - zen.
ver - gehst in tau -send Schmer - zen;
doch sieht mein Glau - be wohl an dir,
daß Got - tes Ma - je - stät und Zier
in die - sem Lei - be woh - ne
und daß du hier so wür - dig seist,
daß man dich Herr und Kö - nig heißt,
als auf dem Eh - ren - thro - ne.

T: VALENTIN ERNST LÖSCHER 1722
M: O MENSCH, BEWEIN DEIN SÜNDE GROSS (NR. 76)

91

2. Vereint mit Gott, ein Mensch gleich uns auf Erden / und bis zum Tod am Kreuz gehorsam werden, / an unsrer Statt gemartert und zerschlagen, / die Sünde tragen:

Phil 2,8

3. welch wundervoll hochheiliges Geschäfte! / Sinn ich ihm nach, so zagen meine Kräfte, / mein Herz erbebt; ich seh und ich empfinde / den Fluch der Sünde.

4. Gott ist gerecht, ein Rächer alles Bösen; / Gott ist die Lieb und läßt die Welt erlösen. / Dies kann mein Geist mit Schrecken und Entzücken / am Kreuz erblicken.

5. Seh ich dein Kreuz den Klugen dieser Erden / ein Ärgernis und eine Torheit werden: / so sei's doch mir, trotz allen frechen Spottes, / die Weisheit Gottes.

1. Kor 1,23.24

6. Es schlägt den Stolz und mein Verdienst darnieder, / es stürzt mich tief, und es erhebt mich wieder, / lehrt mich mein Glück, macht mich aus Gottes Feinde / zu Gottes Freunde.

7. Da du dich selbst für mich dahingegeben, / wie könnt ich noch nach meinem Willen leben? / Und nicht viel- mehr, weil ich dir angehöre, / zu deiner Ehre.

8. Ich will nicht Haß mit gleichem Haß vergelten, / wenn man mich schilt, nicht rächend wiederschelten, / du Heiliger, du Herr und Haupt der Glieder, / schaltst auch nicht wieder.

9. Unendlich Glück! Du littest uns zugute. / Ich bin versöhnt in deinem teuren Blute. / Du hast mein Heil, da du für mich gestorben, / am Kreuz erworben.

10. Wenn endlich, Herr, mich meine Sünden kränken, / so laß dein Kreuz mir wieder Ruhe schenken. / Dein Kreuz, dies sei, wenn ich den Tod einst leide, / mir Fried und Freude.

T: CHRISTIAN FÜRCHTEGOTT GELLERT 1757
M: HERZLIEBSTER JESU, WAS HAST DU VERBROCHEN (NR. 81)

92

2. Kein Maß hat deine Gnad gekannt, / hat in Geduld mit starker Hand / durch Leid am Kreuz gelöst das Band, / das Adams Sünde um uns wand.

3. Vor dem die Sterne neigen sich, / du kamst ins Fleisch demütiglich, / darin zu leiden williglich; / in Todesschmerz dein Leib erblich.

4. Die Hand gebunden ausgestreckt, / zu lösen, was in Banden steckt, / hast du mit Gnad den Zorn bedeckt, / den Menschenschuld in Gott erweckt.

5. Du hangst am Kreuze sterbend hier, / und doch erbebt die Erd vor dir, / der Geist der Kraft geht aus von dir, / die stolze Welt erblaßt vor dir.

6. Jetzt um dein Siegerangesicht / des ewgen Vaters Glanz sich flicht, / jetzt mit des Geistes Kraft und Licht, / o König du, verlaß uns nicht.

T: THEODOR KLIEFOTH 1875 NACH DEM HYMNUS »REX CHRISTE, FACTOR OMNIUM« 9. JH.
M: 9. JH., KÖNIGSBERG 1527, BEI JOHANN HERMANN SCHEIN 1627

93

Andere Melodie:
O Durchbrecher aller Bande (Nr. 388)

2. Nun in heilgem Stilleschweigen / stehen wir auf Golgatha. / Tief und tiefer wir uns neigen / vor dem Wunder, das geschah, / als der Freie ward zum Knechte / und der Größte ganz gering, / als für Sünder der Gerechte / in des Todes Rachen ging.

3. Doch ob tausend Todesnächte / liegen über Golgatha, / ob der Hölle Lügenmächte / triumphieren fern und nah, / dennoch dringt als Überwinder / Christus durch des Sterbens Tor; / und die sonst des Todes Kinder, / führt zum Leben er empor.

4. Schweigen müssen nun die Feinde / vor dem Sieg von Golgatha. / Die begnadigte Gemeinde / sagt zu Christi Wegen: Ja! / Ja, wir danken deinen Schmerzen; / ja, wir preisen deine Treu; / ja, wir dienen dir von Herzen; / ja, du machst einst alles neu.

T: FRIEDRICH VON BODELSCHWINGH 1938
M: RICHARD LÖRCHER (1946) 1949

Ist Gott für uns, wer kann wider uns sein? Der auch seinen eigenen Sohn nicht verschont hat, sondern hat ihn für uns alle dahingegeben – wie sollte er uns mit ihm nicht alles schenken? Wer will die Auserwählten Gottes beschuldigen? Gott ist hier, der gerecht macht. Wer will verdammen? Christus Jesus ist hier, der gestorben ist, ja vielmehr, der auch auferweckt ist, der zur Rechten Gottes ist und uns vertritt.

RÖMER 8,31–34

94

Andere Melodie:
O Welt, ich muß dich lassen (Nr. 521)

2. Er wollte, daß die Erde / zum Stern des Kreuzes werde, / und der am Kreuz verblich, / der sollte wiederbringen, / die sonst verlorengingen, / dafür gab er zum Opfer sich.

3. Er schonte den Verräter, / ließ sich als Missetäter / verdammen vor Gericht, / schwieg still zu allem Hohne, / nahm an die Dornenkrone, / die Schläge in sein Angesicht.

4. So hat es Gott gefallen, / so gibt er sich uns allen. / Das Ja erscheint im Nein, / der Sieg im Unterliegen, / der Segen im Versiegen, / die Liebe will verborgen sein.

5. Wir sind nicht mehr die Knechte / der alten Todesmächte / und ihrer Tyrannei. / Der Sohn, der es erduldet, / hat uns am Kreuz entschuldet. / Auch wir sind Söhne und sind frei.

T: KURT IHLENFELD 1967
M: MANFRED SCHLENKER 1977

Er, der in göttlicher Gestalt war, hielt es nicht für einen Raub, Gott gleich zu sein, sondern entäußerte sich selbst und nahm Knechtsgestalt an, ward den Menschen gleich und der Erscheinung nach als Mensch erkannt.
Er erniedrigte sich selbst und ward gehorsam bis zum Tode, ja bis zum Tode am Kreuz.
Darum hat ihn auch Gott erhöht und hat ihm den Namen gegeben, der über alle Namen ist, daß in dem Namen Jesu sich beugen sollen aller derer Knie, die im Himmel und auf Erden und unter der Erde sind, und alle Zungen bekennen sollen, daß Jesus Christus der Herr ist, zur Ehre Gottes, des Vaters.

PHILIPPER 2,6–11

95

Jesus in Gethsemane (Matthäus 26,36–46)

Die Gefangennahme (Matthäus 26,47–56)

2. Seht hin, sie haben ihn gefunden. / Sie greifen ihn. Er wehrt sich nicht. / Dann führen sie ihn fest gebunden / dorthin, wo man sein Urteil spricht.
Du ließest dich in Bande schlagen, / daß du uns gleich und hilflos bist. / Wenn wir in unsrer Schuld verzagen, / dann mach uns frei, Herr Jesus Christ!

Vor dem Hohen Rat (Matthäus 26,57–68)

3. Seht hin, wie sie ihn hart verklagen, / man schlägt und spuckt ihm ins Gesicht / und will von ihm nur Schlechtes sagen. / Und keiner ist, der für ihn spricht!
Wenn wir an andern schuldig werden / und keiner unser Freund mehr ist, / wenn alles uns verklagt auf Erden, / dann sprich für uns, Herr Jesus Christ!

Vor Pilatus (Matthäus 27,15–30)

4. Seht, wie sie ihn mit Dornen krönen, / wie jeder ihn verspotten will, / wie sie ihn schlagen und verhöhnen. / Und er, er schweigt zu allem still.
Du leidest Hohn und Spott und Schmerzen – / und keiner, der voll Mitleid ist: / wir haben harte, arme Herzen. / Erbarme dich, Herr Jesus Christ!

Das Lied kann auch im Wechsel zwischen zwei Gruppen gesungen werden.

T: FRIEDRICH WALZ 1971
M: 1. TEIL: GÖTZ WIESE 1986
2. TEIL: O DASS DOCH BALD DEIN FEUER BRENNTE (NR. 255)

96

2. Nur unsretwegen hattest du zu leiden, / gingst an das Kreuz und trugst die Dornenkrone. / Für unsre Sünden mußtest du bezahlen / mit deinem Leben.

3. Lieber Herr Jesus, wandle uns von Grund auf, / daß allen denen wir auch gern vergeben, / die uns beleidigt, die uns Unrecht taten, / selbst sich verfehlten.

4. Für diese alle wollen wir dich bitten, / nach deinem Vorbild laut zum Vater flehen, / daß wir mit allen Heilgen zu dir kommen / in deinen Frieden.

5. Wenn sich die Tage unsres Lebens neigen, / nimm unsren Geist, Herr, auf in deine Hände, / daß wir zuletzt von hier getröstet scheiden, / Lob auf den Lippen:

6. Dank sei dem Vater, unsrem Gott im Himmel, / er ist der Retter der verlornen Menschheit, / hat uns erworben Frieden ohne Ende, / ewige Freude.

T: DIETER TRAUTWEIN/VILMOS GYÖNGYÖSI 1974
NACH DEM UNGARISCHEN
»PARADICSOMNAK TE SZÉP ÉLÖ FÁJA«
VON IMRE PÉCSELI KIRÁLY VOR 1641
M: KLAUSENBURG 1744

1. Paradicsomnak te szép élő fája, / O, drága Jézus, Istennek Báránya, / Te vagy lelkünknek igaz Megváltója, / Szabaditója.

2. Értünk egyedül szörnyű kínt szenvedtél, / Megfeszíttetvén töviset viseltél, / Mi bűneinkért véreddel fizettél, / Megölettettél.

3. Jézusunk, kérünk, szenteld meg lelkünket, / Hogy megbocsássuk mi is a bűnöket / Mindeneknek, kik ellenünk vétettek, / És elestenek!

4. Adjad, hogy mi is értük könyörögjünk, / Téged követvén szívből esedezzünk. / Hogy sok szentekkel tehozzád mehessünk, / Üdvözülhessünk!

97

2. Wollen wir Gott bitten, / daß auf unsrer Fahrt / Friede unsre Herzen / und die Welt bewahrt.
Kyrie eleison, / sieh, wohin wir gehn. / Ruf uns aus den Toten, / laß uns auferstehn.

3. Denn die Erde klagt uns / an bei Tag und Nacht. / Doch der Himmel sagt uns: / Alles ist vollbracht!
Kyrie eleison, / sieh, wohin wir gehn. / Ruf uns aus den Toten, / laß uns auferstehn.

4. Wollen wir Gott loben, / leben aus dem Licht. / Streng ist seine Güte, / gnädig sein Gericht.
Kyrie eleison, / sieh, wohin wir gehn. / Ruf uns aus den Toten, / laß uns auferstehn.

5. Denn die Erde jagt uns / auf den Abgrund zu. / Doch der Himmel fragt uns: / Warum zweifelst du? Kyrie eleison, / sieh, wohin wir gehn. / Ruf uns aus den Toten, / laß uns auferstehn.

6. Hart auf deiner Schulter / lag das Kreuz, o Herr, / ward zum Baum des Lebens, / ist von Früchten schwer. Kyrie eleison, / sieh, wohin wir gehn. / Ruf uns aus den Toten, / laß uns auferstehn.

T: JÜRGEN HENKYS (1975) 1977 NACH DEM NIEDERLÄNDISCHEN »MET DE BOOM DES LEVENS« VON WILLEM BARNARD 1963
M: IGNACE DE SUTTER 1964

Herr, wohin sollen wir gehen? Du hast Worte des ewigen Lebens; und wir haben geglaubt und erkannt: Du bist der Heilige Gottes.

JOHANNES 6,68.69

98

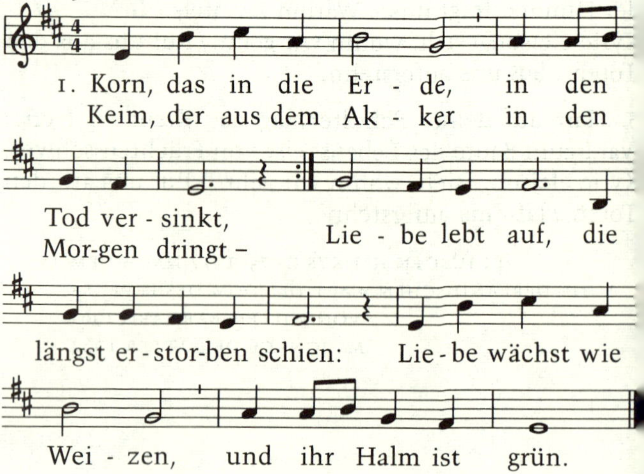

Joh 12,24

2. Über Gottes Liebe brach die Welt den Stab, / wälzte ihren Felsen vor der Liebe Grab. / Jesus ist tot. Wie sollte er noch fliehn? / Liebe wächst wie Weizen, und ihr Halm ist grün.

3. Im Gestein verloren Gottes Samenkorn, / unser Herz gefangen in Gestrüpp und Dorn – / hin ging die Nacht, der dritte Tag erschien: / Liebe wächst wie Weizen, und ihr Halm ist grün.

T: JÜRGEN HENKYS (1976) 1978 NACH DEM ENGLISCHEN »NOW THE GREEN BLADE RISES« VON JOHN MACLEOD CAMPBELL CRUM 1928
M: »NOËL NOUVELET« FRANKREICH 15. JH.

OSTERN

(Ö) 99

Christ ist er - stan - den von der
Mar - ter al - le; des solln wir
al - le froh sein, Christ will un - ser
Trost sein. Ky - ri - e - leis.
Wär er nicht er - stan - den, so wär die
Welt ver - gan - gen; seit daß er er -
stan - den ist, so lobn wir den Va - ter
Je - su Christ'. Ky - ri - e - leis.

T: BAYERN/ÖSTERREICH 12. BIS 15. JH.
M: SALZBURG 1160/1433,
TEGERNSEE 15. JH., WITTENBERG 1529

Man singt mit Freuden vom Sieg in den
Hütten der Gerechten:
Die Rechte des Herrn behält den Sieg!
Ich werde nicht sterben, sondern leben
und des Herrn Werke verkündigen.
Dies ist der Tag, den der Herr macht;
laßt uns freuen und fröhlich an ihm sein.

PSALM 118,15.17.24

Ö 100

2. Es ist erstanden Jesus Christ, / der an dem Kreuz gestorben ist, / dem sei Lob, Ehr zu aller Frist.
Halleluja, Halleluja, Halleluja, Halleluja, / gelobt sei Christus, Marien Sohn.

3. Er hat zerstört der Höllen Pfort, / die Seinen all herausgeführt / und uns erlöst vom ewgen Tod.
Halleluja, Halleluja, Halleluja, Halleluja, / gelobt sei Christus, Marien Sohn.

4. Es singt der ganze Erdenkreis / dem Gottessohne Lob und Preis, / der uns erkauft das Paradeis.
Halleluja, Halleluja, Halleluja, Halleluja, / gelobt sei Christus, Marien Sohn.

T: STR. 1 MEDINGEN UM 1380;
STR. 2–5 BEI CYRIAKUS SPANGENBERG 1568
NACH »RESURREXIT DOMINUS« 14. JH.
M: HOHENFURT 1410, BÖHMISCHE BRÜDER 1544,
WITTENBERG 1573

101

1. Christ lag in To - des - ban - den, für un -
2. Den Tod nie-mand zwin-gen konnt bei al -
3. Je - sus Chri-stus, Got - tes Sohn, an un -

1. sre Sünd ge - ge - ben, der ist wie - der er -
2. len Men - schen-kin-dern; das macht al - les un -
3. ser Statt ist kom-men und hat die Sünd ab -

1. stan - den und hat uns bracht das Le - ben.
2. sre Sünd, kein Un-schuld war zu fin - den.
3. ge - tan, da - mit dem Tod ge - nom-men

1. Des wir sol - len fröh-lich sein, Gott lo -
2. Da - von kam der Tod so bald und nahm
3. all sein Recht und sein Ge-walt; da bleibt

1. ben und dank-bar sein und sin - gen
2. ü - ber uns Ge-walt, hielt uns in
3. nichts denn Tods Ge-stalt, den Sta -chel

1. Hal - le - lu - ja. Hal - le - lu - ja.
2. seim Reich ge - fan-gen. Hal - le - lu - ja.
3. hat er ver - lo -ren. Hal - le - lu - ja.

4. Es war ein wun-der - lich Krieg, da Tod
5. Hier ist das recht O - ster - lamm, da - von
6. So fei - ern wir das hoh Fest mit Her -
7. Wir es - sen und le - ben wohl, zum sü -

4. und Le - ben 'run-gen; das Le - ben be - hielt
5. wir sol - len le - ben, das ist an des Kreu -
6. zens-freud und Won-ne, das uns der Herr schei -
7. ßen Brot ge - la - den; der al - te Sau'r - teig

4. den Sieg, es hat den Tod ver-schlun-gen.
5. zes Stamm in hei - ßer Lieb ge - ge - ben.
6. nen läßt. Er ist sel - ber die Son - ne,
7. nicht soll sein bei dem Wort der Gna - den.*

4. Die Schrift hat ver-kün - det das, wie ein
5. Des Blut zeich-net un - sre Tür,* das hält
6. der durch sei - ner Gna-den Glanz er-leucht'
7. Chri - stus will die Kost uns sein und spei -

4. Tod den an - dern fraß, ein Spott aus
5. der Glaub dem Tod für, der Wür - ger
6. un - sre Her - zen ganz; der Sün - den
7. sen die Seel al - lein; der Glaub will

*1. Kor 5,6–8 *2. Mose 12,7

4. dem Tod ist wor-den.* Hal - le - lu - ja.
5. kann uns nicht rüh - ren. Hal - le - lu - ja.
6. Nacht ist ver - gan - gen. Hal - le - lu - ja.
7. keins an - dern le - ben. Hal - le - lu - ja.

* *1. Kor 15,55*

T: MARTIN LUTHER 1524
TEILWEISE NACH DER SEQUENZ »VICTIMAE PASCHALI LAUDES« DES WIPO VON BURGUND VOR 1048
UND NACH NR. 99
M: MARTIN LUTHER 1524 NACH NR. 99

102

1. Je - sus Chri-stus, un - ser Hei - land, der den

Tod ü - ber-wand, ist auf - er - stan - den, die Sünd

hat er ge-fan - gen. Ky - ri - e e - le - i - son.

2. Der ohn Sünden war geboren, / trug für uns Gottes Zorn, / hat uns versöhnet, / daß Gott uns sein Huld gönnet. / Kyrie eleison.

3. Tod, Sünd, Leben und auch Gnad, / alls in Händen er hat; / er kann erretten / alle, die zu ihm treten. / Kyrie eleison.

T: MARTIN LUTHER 1524
M: MARTIN LUTHER 1529, LEIPZIG 1545

103 Ö Matthäus 28,1–6

2. Des Morgens früh am dritten Tag, / da noch der Stein am Grabe lag, / erstand er frei ohn alle Klag. / Halleluja, Halleluja, Halleluja.

3. Der Engel sprach: »Nun fürcht' euch nicht; / denn ich weiß wohl, was euch gebricht. / Ihr sucht Jesus, den find't ihr nicht.« / Halleluja, Halleluja, Halleluja.

4. »Er ist erstanden von dem Tod, / hat überwunden alle Not; / kommt, seht, wo er gelegen hat.« / Halleluja, Halleluja, Halleluja.

5. Nun bitten wir dich, Jesu Christ, / weil du vom Tod erstanden bist, / verleihe, was uns selig ist. / Halleluja, Halleluja, Halleluja.

6. O mache unser Herz bereit, / damit von Sünden wir befreit / dir mögen singen allezeit: / Halleluja, Halleluja, Halleluja.

T: MICHAEL WEISSE 1531

M UND SATZ: MELCHIOR VULPIUS 1609

104

2. Christus hat alle Schrift erfüllt / und dadurch Todes Trotz gestillt, / und sein Wort auf dem Berg / hat zerstört des Teufels Werk. / Sünd und Schuld bleiben ohne Kraft, / wenn die Seel am Wort Gottes haft', / Christ, dem Herrn, sich ergibt / und von Herzen glaubt und liebt.
Lob sei dir für und für, Jesus Christ, / daß du bist sünd'ger Welt Heil und Held, / der das Feld im Kampf mit Tod und Höll behält.

3. Gib, daß wir, alle Gottes Kind', / deiner Wahrheit gehorsam sind, / daß wir stets bei dir stehn / und nicht mehr zurücke gehn. / Leite du, König, uns, und Held, / daß wir wandeln, wie dir's gefällt, / singen auch Lob und Ehr / mit dem ganzen Himmelsheer.
Lob sei dir für und für, Jesus Christ, / daß du bist sünd'ger Welt Heil und Held, / der das Feld im Kampf mit Tod und Höll behält.

T: MICHAEL WEISSE 1531,
BEARBEITET VON OTTO RIETHMÜLLER 1932
M: 7. JH., BÖHMISCHE BRÜDER 1531

Markus 16,1–7 Ö 105

2. Und wär er nicht erstanden, / Halleluja, Halleluja, / so wär die Welt vergangen. / Halleluja, Halleluja.

3. Und seit daß er erstanden ist, / Halleluja, Halleluja, / so loben wir den Herren Christ. / Halleluja, Halleluja.

Evangelist:

4. Drei Frauen gehn des Morgens früh; / Halleluja, Halleluja, / den Herrn zu salben kommen sie. / Halleluja, Halleluja.

5. Sie suchen den Herrn Jesus Christ, / Halleluja, Halleluja, / der an dem Kreuz gestorben ist. / Halleluja, Halleluja.

Frauen:

6. Wer wälzt uns fort den schweren Stein, / Halleluja, Halleluja, / daß wir gelangn ins Grab hinein? / Halleluja, Halleluja.

7. Der Stein ist fort! Das Grab ist leer! / Halleluja, Halleluja. / Wer hilft uns? Wo ist unser Herr? / Halleluja, Halleluja.

Engel:

8. Erschrecket nicht! Was weinet ihr? / Halleluja, Halleluja. / Der, den ihr sucht, der ist nicht hier. / Halleluja, Halleluja.

Frauen:

9. Du lieber Engel, sag uns an, / Halleluja, Halleluja, / wo habt ihr ihn denn hingetan? / Halleluja, Halleluja.

Engel:

10. Er ist erstanden aus dem Grab, / Halleluja, Halleluja, / heut an dem heilgen Ostertag. / Halleluja, Halleluja.

Frauen:

11. Zeig uns den Herren Jesus Christ, / Halleluja, Halleluja, / der von dem Tod erstanden ist! / Halleluja, Halleluja.

Engel:

12. So tret't herzu und seht die Statt, / Halleluja, Halleluja, / wo euer Herr gelegen hat. / Halleluja, Halleluja.

Frauen:
13. Wir sehen's wohl, das Grab ist leer. / Halleluja, Halleluja. / Wo aber ist denn unser Herr? / Halleluja, Halleluja.

Engel:
14. Ihr sollt nach Galiläa gehn; / Halleluja, Halleluja, / dort werdet ihr den Heiland sehn. / Halleluja, Halleluja.

Frauen:
15. Du lieber Engel, Dank sei dir. / Halleluja, Halleluja. / Getröstet gehen wir von hier. / Halleluja, Halleluja.

Evangelist:
16. Nun singet alle voller Freud: / Halleluja, Halleluja. / Der Herr ist auferstanden heut. / Halleluja, Halleluja.

Alle:
17. Des solln wir alle fröhlich sein, / Halleluja, Halleluja, / und Christ soll unser Tröster sein. / Halleluja, Halleluja.

T: BÖHMISCHE BRÜDER 1544
NACH EINER DEUTSCHEN FASSUNG ENGELBERG 1372
VON »SURREXIT CHRISTUS HODIE« 13./14. JH.
M: 14. JH., HOHENFURT 1410,
BÖHMISCHE BRÜDER 1501/1531

106 Ö

2. Die alte Schlange, Sünd und Tod, / die Höll, all Jammer, Angst und Not / hat überwunden Jesus Christ, / der heut vom Tod erstanden ist. / Halleluja.

3. Sein' Raub der Tod mußt geben her, / das Leben siegt und ward ihm Herr, / zerstöret ist nun all sein Macht. / Christ hat das Leben wiederbracht. / Halleluja.

4. Die Sonn, die Erd, all Kreatur, / alls, was betrübet war zuvor, / das freut sich heut an diesem Tag, / da der Welt Fürst darniederlag. / Halleluja.

5. Drum wollen wir auch fröhlich sein, / das Halleluja singen fein / und loben dich, Herr Jesu Christ; / zu Trost du uns erstanden bist. / Halleluja.

T UND M: NIKOLAUS HERMAN 1560

107

2. Wir bitten dich durch deine Gnad: / nimm von uns unsre Missetat / und hilf uns durch die Güte dein, / daß wir dein treuen Diener sein. / Halleluja.

3. Gott Vater in dem höchsten Thron / samt seinem eingebornen Sohn, / dem Heilgen Geist in gleicher Weis / in Ewigkeit sei Lob und Preis! / Halleluja.

T: STR. 1 NIKOLAUS HERMAN 1560;
STR. 2 THOMAS HARTMANN 1604;
STR. 3 WIE NR. 109 STR. 6
M: ERSCHIENEN IST DER HERRLICH TAG (NR. 106)

108

2. Er ist der Erst, der stark und fest / all unsre Feind hat bezwungen / und durch den Tod als wahrer Gott / zum neuen Leben gedrungen,* / auch seiner Schar verheißen klar / durch sein rein Wort, zur Himmelspfort / desgleichen Sieg zu erlangen.

*1. Kor 15,20–25

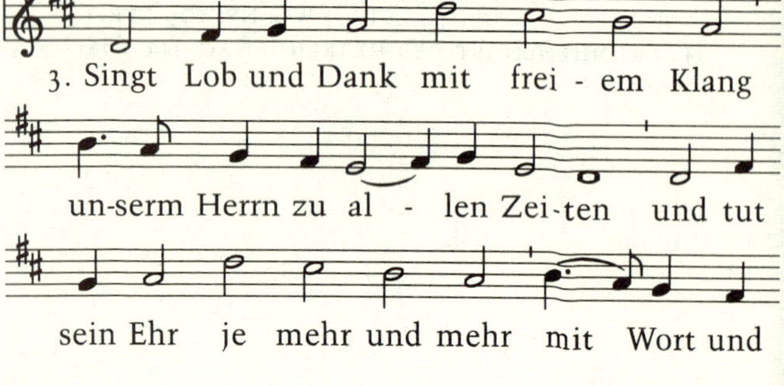

T: GEORG VETTER 1566
M: BÖHMISCHE BRÜDER 1566
NACH GUILLAUME FRANC 1543 (ZU PSALM 138)

109

3. O süßer Herre Jesu Christ, / der du der Sünder Heiland bist, / Halleluja, Halleluja, / führ uns durch dein Barmherzigkeit / mit Freuden in dein Herrlichkeit. / Halleluja, Halleluja.

4. Nun kann uns kein Feind schaden mehr, / ob er gleich murrt, ist's ohn Gefahr. / Halleluja, Halleluja. / Er liegt im Staub, der arge Feind, / wir aber Gottes Kinder seind. / Halleluja, Halleluja.

5. Dafür wir danken all zugleich / und sehnen uns ins Himmelreich. / Halleluja, Halleluja. / Zum sel'gen End Gott helf uns alln, / so singen wir mit großem Schalln: / Halleluja, Halleluja.

6. Gott Vater in dem höchsten Thron / samt seinem eingebornen Sohn, / Halleluja, Halleluja, / dem Heilgen Geist in gleicher Weis / in Ewigkeit sei Lob und Preis! / Halleluja, Halleluja.

T: KASPAR STOLZHAGEN 1591
M: BEI BARTHOLOMÄUS GESIUS 1601

Andere Melodie:
Erstanden ist der heilig Christ (Nr. 105) Ö **110**

2. Das himmlisch Heer im Himmel singt, / Halleluja, Halleluja, / die Christenheit auf Erden klingt. / Halleluja, Halleluja.

3. Jetzt grünet, was nur grünen kann, / Halleluja, Halleluja, / die Bäum zu blühen fangen an. / Halleluja, Halleluja.

4. Es singen jetzt die Vögel all, / Halleluja, Halleluja, / jetzt singt und klingt die Nachtigall. / Halleluja, Halleluja.

5. Der Sonnenschein jetzt kommt herein, / Halleluja, Halleluja, / und gibt der Welt ein' neuen Schein. / Halleluja, Halleluja.

6. Die ganze Welt, Herr Jesu Christ, / Halleluja, Halleluja, / in deiner Urständ fröhlich ist. / Halleluja, Halleluja.

T: FRIEDRICH SPEE 1623
M: KÖLN 1623

III

2. Wenn ich des Nachts oft lieg in Not / verschlossen, gleich als wär ich tot, / läßt du mir früh die Gnadensonn / aufgehn: nach Trauern Freud und Wonn. / Halleluja.

3. Nicht mehr als nur drei Tage lang / mein Heiland bleibt ins Todes Zwang; / am dritten Tag durchs Grab er dringt, / mit Ehr sein Siegesfähnlein schwingt. / Halleluja.

4. Jetzt ist der Tag, da mich die Welt / mit Schmach am Kreuz gefangen hält; / drauf folgt der Sabbat in dem Grab, / darin ich Ruh und Frieden hab. / Halleluja.

5. In kurzem wach ich fröhlich auf, / mein Ostertag ist schon im Lauf; / ich wach auf durch des Herren Stimm, / veracht den Tod mit seinem Grimm. / Halleluja.

6. Am Kreuz läßt Christus öffentlich / vor allem Volke töten sich; / da er durchs Todes Kerker bricht, / läßt er's die Menschen sehen nicht. / Halleluja.

7. Sein Reich ist nicht von dieser Welt, / kein groß Gepräng ihm hier gefällt; / was schlicht und niedrig geht herein, / soll ihm das Allerliebste sein. / Halleluja.

8. Hier ist noch nicht ganz kundgemacht, / was er aus seinem Grab gebracht, / der große Schatz, die reiche Beut, / drauf sich ein Christ so herzlich freut. / Halleluja.

9. Der Jüngste Tag wird's zeigen an, / was er für Taten hat getan, / wie er der Schlangen Kopf zerknickt,* / die Höll zerstört, den Tod erdrückt. / Halleluja. *1. Mose 3,15*

10. Da werd ich Christi Herrlichkeit / anschauen ewig voller Freud, / ich werde sehn, wie alle Feind / zur Höllenpein gestürzet seind. / Halleluja.

11. O Wunder groß, o starker Held! / Wo ist ein Feind, den er nicht fällt? / Kein Angststein liegt so schwer auf mir, / er wälzt ihn von des Herzens Tür. / Halleluja.

12. Wie tief Kreuz, Trübsal oder Pein: / mein Heiland greift allmächtig drein, / führt mich heraus mit seiner Hand. / Wer mich will halten, wird zuschand'. / Halleluja.

13. Lebt Christus, was bin ich betrübt? / Ich weiß, daß er mich herzlich liebt; / wenn mir gleich alle Welt stürb ab, / g'nug, daß ich Christus bei mir hab. / Halleluja.

14. Mein Herz darf nicht entsetzen sich, / Gott und die Engel lieben mich; / die Freude, die mir ist bereit', / vertreibet Furcht und Traurigkeit. / Halleluja.

15. Für diesen Trost, o großer Held, / Herr Jesu, dankt dir alle Welt. / Dort wollen wir mit größerm Fleiß / erheben deinen Ruhm und Preis. / Halleluja.

T: JOHANN HEERMANN 1630
M: ERSCHIENEN IST DER HERRLICH TAG (NR. 106)

112

2. Er war ins Grab gesenket, / der Feind trieb groß Geschrei; / eh er's vermeint und denket, / ist Christus wieder frei / und ruft Viktoria, / schwingt fröhlich hier und da / sein Fähnlein als ein Held, / der Feld und Mut behält.

3. Das ist mir anzuschauen / ein rechtes Freudenspiel; / nun soll mir nicht mehr grauen / vor allem, was mir will / entnehmen meinen Mut / zusamt dem edlen Gut, / so mir durch Jesus Christ / aus Lieb erworben ist.

4. Die Höll und ihre Rotten / die krümmen mir kein Haar; / der Sünden kann ich spotten, / bleib allzeit ohn Gefahr. / Der Tod mit seiner Macht / wird nichts bei mir geacht': / er bleibt ein totes Bild, / und wär er noch so wild.

5. Die Welt ist mir ein Lachen / mit ihrem großen Zorn, / sie zürnt und kann nichts machen, / all Arbeit ist verlorn. / Die Trübsal trübt mir nicht / mein Herz und Angesicht, / das Unglück ist mein Glück, / die Nacht mein Sonnenblick.

6. Ich hang und bleib auch hangen / an Christus als ein Glied; / wo mein Haupt durch ist gangen, / da nimmt er mich auch mit. / Er reißet durch den Tod, / durch Welt, durch Sünd, durch Not, / er reißet durch die Höll, / ich bin stets sein Gesell.

7. Er dringt zum Saal der Ehren, / ich folg ihm immer nach / und darf mich gar nicht kehren / an einzig Ungemach. / Es tobe, was da kann, / mein Haupt nimmt sich mein an, / mein Heiland ist mein Schild, / der alles Toben stillt.

8. Er bringt mich an die Pforten, / die in den Himmel führt, / daran mit güldnen Worten / der Reim gelesen wird: / »Wer dort wird mit verhöhnt, / wird hier auch mit gekrönt; / wer dort mit sterben geht, / wird hier auch mit erhöht.«

T: PAUL GERHARDT 1647
M: JOHANN CRÜGER 1647

113

Andere Melodie: Nun freut euch, lieben Christen g'mein (Nr. 341)

1. Kor 15,55.57

2. Wie sträubte sich die alte Schlang, / da Christus mit ihr kämpfte! / Mit List und Macht sie auf ihn drang, / und dennoch er sie dämpfte. / Ob sie ihn in die Ferse sticht, / so sieget sie doch darum nicht, / der Kopf ist ihr zertreten. *1. Mose 3,15*

3. Lebendig Christus kommt herfür, / die Feind nimmt er gefangen, / zerbricht der Hölle Schloß und Tür, / trägt weg den Raub mit Prangen. / Nichts ist, das in dem Siegeslauf / den starken Held kann halten auf, / alls liegt da überwunden.

4. Des Herren Rechte, die behält / den Sieg und ist erhöhet; / des Herren Rechte mächtig fällt, / was ihr entgegenstehet. / Tod, Teufel, Höll und alle Feind / durch Christi Sieg bezwungen seind, / ihr Zorn ist kraftlos worden. *Ps 118,16*

5. Es war getötet Jesus Christ, / und sieh, er lebet wieder. / Weil nun das Haupt erstanden ist, / stehn wir auch auf, die Glieder. / So jemand Christi Worten glaubt, / im Tod und Grabe der nicht bleibt; / er lebt, ob er gleich stirbet. *Joh 11,25*

6. Wer täglich hier durch wahre Reu / mit Christus auferstehet, / ist dort vom andern Tode frei, / derselb ihn nicht angehet. / Genommen ist dem Tod die Macht, / Unschuld und Leben wiederbracht / und unvergänglich Wesen. *2.Tim 1,10*

7. Das ist die reiche Osterbeut, / der wir teilhaftig werden: / Fried, Freude, Heil, Gerechtigkeit / im Himmel und auf Erden. / Hier sind wir still und warten fort, / bis unser Leib wird ähnlich dort / Christi verklärtem Leibe.

8. O Tod, wo ist dein Stachel nun? / Wo ist dein Sieg, o Hölle? / Was kann uns jetzt der Teufel tun / wie grausam er sich stelle? / Gott sei gedankt, der uns den Sieg / so herrlich hat in diesem Krieg / durch Jesus Christ gegeben!

T: LÜNEBURG 1657 NACH GEORG WEISSEL (VOR 1635) 1644
M: ES IST DAS HEIL UNS KOMMEN HER (NR. 342)

114

2. Steh aus dem Grab der Sünden auf / und such ein neues Leben, / vollführe deinen Glaubenslauf / und laß dein Herz sich heben / gen Himmel, da dein Jesus ist, / und such, was droben, als ein Christ, / der geistlich auferstanden.

3. Vergiß nun, was dahinten ist, / und tracht nach dem, was droben, / damit dein Herz zu jeder Frist / zu Jesus sei erhoben. / Tritt unter dich die böse Welt / und strebe nach des Himmels Zelt, / wo Jesus ist zu finden.

4. Quält dich ein schwerer Sorgenstein, / dein Jesus wird ihn heben; / es kann ein Christ bei Kreuzespein / in Freud und Wonne leben. / Wirf dein Anliegen auf den Herrn* / und sorge nicht, er ist nicht fern, / weil er ist auferstanden.

*Ps 55,23

5. Geh mit Maria Magdalen / und Salome zum Grabe, / die früh dahin aus Liebe gehn / mit ihrer Salbungsgabe, / so wirst du sehn, daß Jesus Christ / vom Tod heut auferstanden ist / und nicht im Grab zu finden.

6. Es hat der Löw aus Judas Stamm / heut siegreich überwunden, / und das erwürgte Gotteslamm / hat uns zum Heil erfunden / das Leben und Gerechtigkeit, / weil er nach überwundnem Streit / den Feind zur Schau getragen. *Kol 2,15*

7. Drum auf, mein Herz, fang an den Streit, / weil Jesus überwunden; / er wird auch überwinden weit / in dir, weil er gebunden / der Feinde Macht, daß du aufstehst / und in ein neues Leben gehst / und Gott im Glauben dienest.

8. Scheu weder Teufel, Welt noch Tod / noch gar der Hölle Rachen. / Dein Jesus lebt, es hat kein Not, / er ist noch bei den Schwachen / und den Geringen in der Welt / als ein gekrönter Siegesheld; / drum wirst du überwinden.

9. Ach mein Herr Jesu, der du bist / vom Tode auferstanden, / rett uns aus Satans Macht und List / und aus des Todes Banden, / daß wir zusammen insgemein / zum neuen Leben gehen ein, / das du uns hast erworben.

10. Sei hochgelobt in dieser Zeit / von allen Gotteskindern / und ewig in der Herrlichkeit / von allen Überwindern, / die überwunden durch dein Blut; / Herr Jesu, gib uns Kraft und Mut, / daß wir auch überwinden.

T: LORENZ LORENZEN 1700
M: SEI LOB UND EHR DEM HÖCHSTEN GUT (NR. 326)

115 (Ö)

Spätere Form

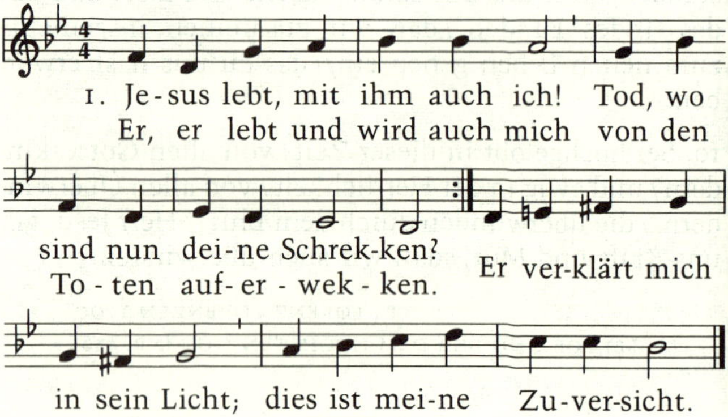

2. Jesus lebt! Ihm ist das Reich / über alle Welt gegeben; / mit ihm werd auch ich zugleich / ewig herrschen, ewig leben. / Gott erfüllt, was er verspricht; / dies ist meine Zuversicht.

3. Jesus lebt! Wer nun verzagt, / lästert ihn und Gottes Ehre. / Gnade hat er zugesagt, / daß der Sünder sich bekehre. / Gott verstößt in Christus nicht; / dies ist meine Zuversicht.

4. Jesus lebt! Sein Heil ist mein, / sein sei auch mein ganzes Leben; / reines Herzens will ich sein, / bösen Lüsten widerstreben. / Er verläßt den Schwachen nicht; / dies ist meine Zuversicht.

5. Jesus lebt! Ich bin gewiß, / nichts soll mich von Jesus scheiden, / keine Macht der Finsternis, / keine Herrlichkeit, kein Leiden. / Seine Treue wanket nicht; / dies ist meine Zuversicht. *Röm 8,38.39*

6. Jesus lebt! Nun ist der Tod / mir der Eingang in das Leben. / Welchen Trost in Todesnot / wird er meiner Seele geben, / wenn sie gläubig zu ihm spricht: / »Herr, Herr, meine Zuversicht!«

T: CHRISTIAN FÜRCHTEGOTT GELLERT 1757
M: JESUS, MEINE ZUVERSICHT (NR. 526)

116

2. Er war begraben drei Tage lang. / Ihm sei auf ewig Lob, Preis und Dank; / denn die Gewalt des Tods ist zerstört; / selig ist, wer zu Jesus gehört.
Laßt uns lobsingen vor unserem Gott, / der uns erlöst hat vom ewigen Tod. / Sünd ist vergeben, Halleluja! / Jesus bringt Leben, Halleluja!

3. Der Engel sagte: »Fürchtet euch nicht! / Ihr suchet Jesus, hier ist er nicht. / Sehet, das Grab ist leer, wo er lag: / er ist erstanden, wie er gesagt.«
Laßt uns lobsingen vor unserem Gott, / der uns erlöst hat vom ewigen Tod. / Sünd ist vergeben, Halleluja! / Jesus bringt Leben, Halleluja!

4. »Geht und verkündigt, daß Jesus lebt, / darüber freu sich alles, was lebt. / Was Gott geboten, ist nun vollbracht, / Christ hat das Leben wiedergebracht.«
Laßt uns lobsingen vor unserem Gott, / der uns erlöst hat vom ewigen Tod. / Sünd ist vergeben, Halleluja! / Jesus bringt Leben, Halleluja!

5. Er ist erstanden, hat uns befreit; / dafür sei Dank und Lob allezeit. / Uns kann nicht schaden Sünd oder Tod, / Christus versöhnt uns mit unserm Gott.
Laßt uns lobsingen vor unserem Gott, / der uns erlöst hat vom ewigen Tod. / Sünd ist vergeben, Halleluja! / Jesus bringt Leben, Halleluja!

T: ULRICH S. LEUPOLD 1969
NACH DEM SUAHELI-LIED
»MFURAHINI, HALELUYA«
VON BERNARD KYAMANYWA 1966
M: AUS TANSANIA

Mfurahini, Haleluya, / Mkombozi amefufuka. / Amefufuka, Haleluya, Msifuni sasa yu hai.
Tumwimbie sote kwa furaha. / Yesu ametoka kaburini. / Kashinda kifo, Haleluya, / Haleluya, Yesu yu hai.

117

2. Was euch auch niederwirft, / Schuld, Krankheit, Flut und Beben – / er, den ihr lieben dürft, / trug euer Kreuz ins Leben. / Läg er noch immer, wo die Frauen ihn nicht fanden, / so kämpften wir umsonst. / Doch nun ist er erstanden, / erstanden, erstanden, erstanden.

3. Muß ich von hier nach dort – / er hat den Weg erlitten. / Der Fluß reißt mich nicht fort, / seit Jesus ihn durchschritten. / Wär er geblieben, wo des Todes Wellen branden, / so hofften wir umsonst. / Doch nun ist er erstanden, / erstanden, erstanden, erstanden.

T: JÜRGEN HENKYS 1983 FREI NACH DEM ENGLISCHEN »THIS JOYFUL EASTERTIDE« VON GEORGE RATCLIFFE WOODWARD 1902 UND DESSEN NIEDERLÄNDISCHER VORLAGE »HOE GROOT DE VRUGTEN ZIJN« VON JOACHIM FRANTS OUDAAN 1685
M: BEI DIRK RAPHAELSZOON CAMPHUYSEN 1624

118

T: OSTERRUF DER ORTHODOXEN KIRCHE
KANON FÜR 2 STIMMEN: KARL MARX 1947

HIMMELFAHRT

119 ö

2. Er sitzt zu Gottes rechter Hand, / Halleluja, / herrscht über Himml und alle Land. / Halleluja.

3. Nun ist erfüllt, was g'schrieben ist, / Halleluja, / in Psalmen von dem Herren Christ. / Halleluja.

Ps 47,6; 68,19; 110,1

4. Drum jauchzen wir mit großem Schalln, / Halleluja, / dem Herren Christ zum Wohlgefalln. / Halleluja.

5. Der Heiligen Dreieinigkeit, / Halleluja, / sei Lob und Preis in Ewigkeit. / Halleluja.

T: BEI BARTHOLOMÄUS GESIUS 1601 NACH »COELOS ASCENDIT HODIE« 16. JH.
M: MELCHIOR FRANCK 1627

(Ö) 120

T: CRAILSHEIM 1480, LEIPZIG 1545
M: CHRIST IST ERSTANDEN (NR. 99)

121

2. Nun freu sich alle Christenheit / und sing und spring ohn alles Leid. / Halleluja, Halleluja. / Gott Lob und Dank im höchsten Thron, / weil unser Bruder Gottes Sohn. / Halleluja, Halleluja.

3. Gen Himmel aufgefahren hoch, / ist er doch allzeit bei uns noch; / Halleluja, Halleluja; / sein Macht und Reich unendlich ist, / wahr' Gott und Mensch zu aller Frist. / Halleluja, Halleluja.

4. Durch ihn der Himmel unser ist. / Hilf uns, o Bruder Jesu Christ, / Halleluja, Halleluja, / daß wir nur trauen fest auf dich / und durch dich leben ewiglich. / Halleluja, Halleluja.

T: BEI MICHAEL PRAETORIUS 1607
M: HEUT TRIUMPHIERET GOTTES SOHN (NR. 109)

122

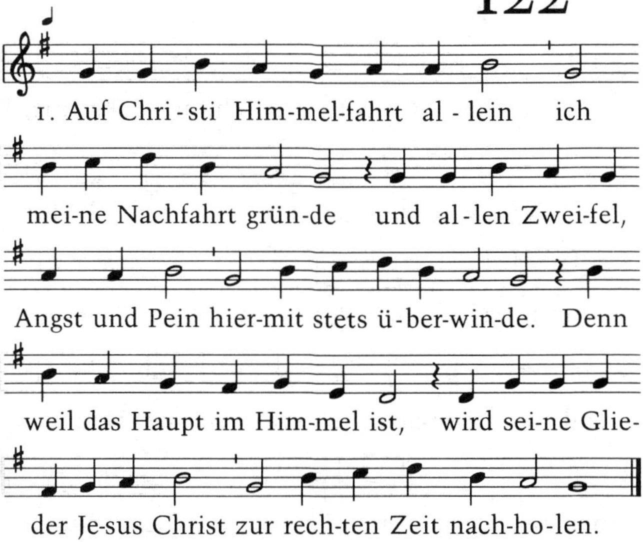

Joh 12,32

2. Weil er gezogen himmelan / und große Gab empfangen, / mein Herz auch nur im Himmel kann, / sonst nirgends, Ruh erlangen; / denn wo mein Schatz gekommen hin, / da ist auch stets mein Herz und Sinn, / nach ihm mich sehr verlanget.

3. Ach Herr, laß diese Gnade mich / von deiner Auffahrt spüren, / daß mit dem wahren Glauben ich / mag meine Nachfahrt zieren / und dann einmal, wenn's dir gefällt, / mit Freuden scheiden aus der Welt. / Herr, höre doch mein Flehen!

T: ERNST SONNEMANN 1661
NACH JOSUA WEGELIN 1636
M: ES IST GEWISSLICH AN DER ZEIT (NR. 149)

123

Eph 1,20–22; Phil 2,9–11

2. Fürstentümer und Gewalten, / Mächte, die die Thronwacht halten, / geben ihm die Herrlichkeit; / alle Herrschaft dort im Himmel, / hier im irdischen Getümmel / ist zu seinem Dienst bereit. *Offb 5,8–14*

3. Gott ist Herr, der Herr ist Einer, / und demselben gleichet keiner, / nur der Sohn, der ist ihm gleich; / dessen Stuhl ist unumstößlich, / dessen Leben unauflöslich, / dessen Reich ein ewig Reich.

4. Gleicher Macht und gleicher Ehren / sitzt er unter lichten Chören / über allen Cherubim; / in der Welt und Himmel Enden / hat er alles in den Händen, / denn der Vater gab es ihm.

5. Nur in ihm, o Wundergaben, / können wir Erlösung haben, / die Erlösung durch sein Blut. / Hört's: das Leben ist erschienen, / und ein ewiges Versühnen / kommt in Jesus uns zugut.

6. Jesus Christus ist der Eine, / der gegründet die Gemeine, / die ihn ehrt als teures Haupt. / Er hat sie mit Blut erkaufet, / mit dem Geiste sie getaufet, / und sie lebet, weil sie glaubt.

7. Gebt, ihr Sünder, ihm die Herzen, / klagt, ihr Kranken, ihm die Schmerzen, / sagt, ihr Armen, ihm die Not. / Wunden müssen Wunden heilen, / Heilsöl weiß er auszuteilen, / Reichtum schenkt er nach dem Tod.

8. Zwar auch Kreuz drückt Christi Glieder / hier auf kurze Zeiten nieder, / und das Leiden geht zuvor. / Nur Geduld, es folgen Freuden; / nichts kann sie von Jesus scheiden, / und ihr Haupt zieht sie empor.

9. Ihnen steht der Himmel offen, / welcher über alles Hoffen, / über alles Wünschen ist. / Die geheiligte Gemeine / weiß, daß eine Zeit erscheine, / da sie ihren König grüßt.

10. Jauchz ihm, Menge heilger Knechte, / rühmt, vollendete Gerechte / und du Schar, die Palmen trägt, / und ihr Zeugen mit der Krone / und du Chor vor seinem Throne, / der die Gottesharfen schlägt. *Offb 7,9–17; 15,2*

11. Ich auch auf der tiefsten Stufen, / ich will glauben, reden, rufen, / ob ich schon noch Pilgrim bin: / Jesus Christus herrscht als König, / alles sei ihm untertänig; / ehret, liebet, lobet ihn!

T: PHILIPP FRIEDRICH HILLER (1755) 1757
M: ALLES IST AN GOTTES SEGEN (NR. 352)

PFINGSTEN

124

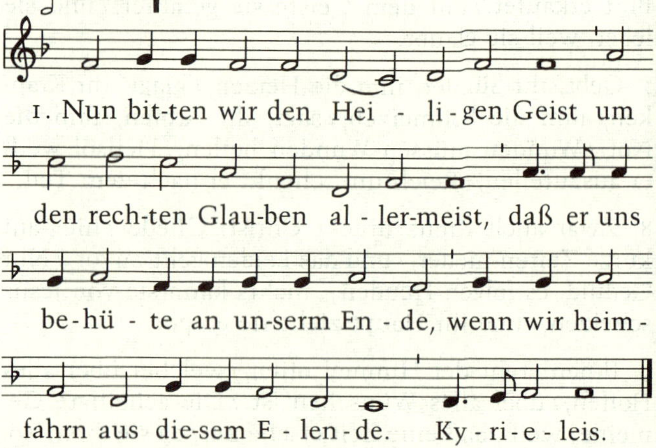

2. Du wertes Licht, gib uns deinen Schein, / lehr uns Jesus Christ kennen allein, / daß wir an ihm bleiben, dem treuen Heiland, / der uns bracht hat zum rechten Vaterland. / Kyrieleis.

3. Du süße Lieb, schenk uns deine Gunst, / laß uns empfinden der Lieb Inbrunst, / daß wir uns von Herzen einander lieben / und im Frieden auf einem Sinn bleiben. / Kyrieleis.

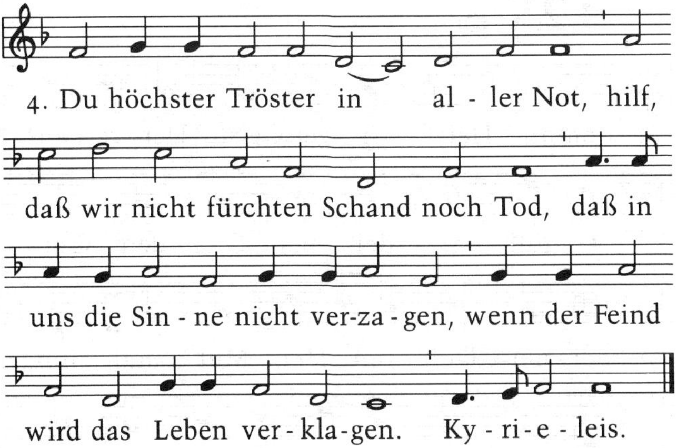

T: STR. 1 13. JH.; STR. 2–4 MARTIN LUTHER 1524
M: 13. JH., JISTEBNITZ UM 1420, WITTENBERG 1524

Herr Jesus Christus, du König der Herrlichkeit, du bist erhöht über alle Welt. Wir bitten dich: Laß uns nicht allein und ohne Trost, sondern sende uns den verheißenen Geist, daß er uns in aller Anfechtung beistehe und dahin bringe, wohin du vorangegangen bist.

125 (Ö)

1. Komm, Hei - li - ger Geist, Her - re Gott,
er - füll mit dei - ner Gna - den Gut
dei - ner Gläub' - gen Herz, Mut und Sinn,
dein bren-nend Lieb ent-zünd in ihn'.
O Herr, durch dei - nes Lich - tes Glanz
zum Glau - ben du ver - sam - melt hast
das Volk aus al - ler Welt Zun - gen.
Das sei dir, Herr, zu Lob ge - sun - gen.
Hal - le - lu - ja, Hal - le - lu - ja.

2. Du heiliges Licht, edler Hort, / laß leuchten uns des Lebens Wort / und lehr uns Gott recht erkennen, / von Herzen Vater ihn nennen. / O Herr, behüt vor fremder Lehr, / daß wir nicht Meister suchen mehr / denn Jesus mit rechtem Glauben / und ihm aus ganzer Macht vertrauen. / Halleluja, Halleluja.

3. Du heilige Glut, süßer Trost, / nun hilf uns, fröhlich und getrost / in deim Dienst beständig bleiben, / die Trübsal uns nicht wegtreiben. / O Herr, durch dein Kraft uns bereit / und wehr des Fleisches Ängstlichkeit, / daß wir hier ritterlich ringen, / durch Tod und Leben zu dir dringen. / Halleluja, Halleluja.

T: STR. 1 EBERSBERG UM 1480 NACH DER ANTIPHON »VENI SANCTE SPIRITUS, REPLE« 11. JH. (NR. 156);
STR. 2–3 MARTIN LUTHER 1524
M: EBERSBERG UM 1480, ERFURT 1524

126

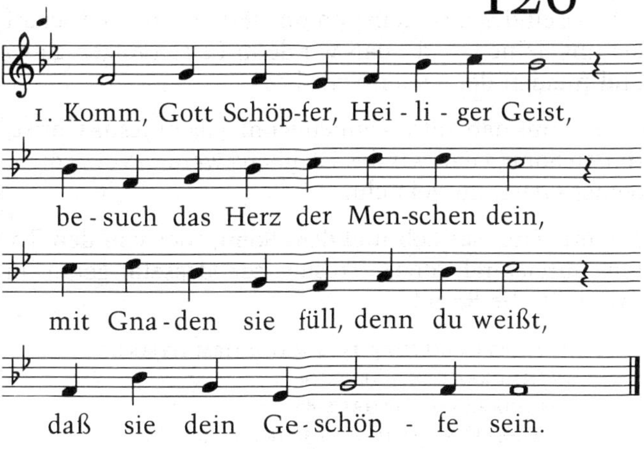

3. Zünd uns ein Licht an im Verstand, / gib uns ins Herz der Lieb Inbrunst, / das schwach Fleisch in uns, dir bekannt, / erhalt fest dein Kraft und Gunst.

4. Du bist mit Gaben siebenfalt* / der Finger an Gotts rechter Hand; / des Vaters Wort gibst du gar bald / mit Zungen in alle Land.

Jes 11,2

5. Des Feindes List treib von uns fern, / den Fried schaff bei uns deine Gnad, / daß wir deim Leiten folgen gern / und meiden der Seelen Schad.

6. Lehr uns den Vater kennen wohl, / dazu Jesus Christ, seinen Sohn, / daß wir des Glaubens werden voll, / dich, beider Geist, zu verstehn.

7. Gott Vater sei Lob und dem Sohn, / der von den Toten auferstand, / dem Tröster sei dasselb getan / in Ewigkeit alle Stund.

T: MARTIN LUTHER 1524 NACH DEM HYMNUS »VENI CREATOR SPIRITUS« DES HRABANUS MAURUS 809
M: KEMPTEN UM 1000, ERFURT 1524, MARTIN LUTHER 1529

127

1. Jauchz, Erd, und Him-mel, jub - le hell,
an seim trost - lo - sen Häuf-lein klein,
die Wun - der Gotts mit Freud er - zähl,
das saß in fried - sa - mer Ge - mein
die er heut hat be - gan - gen
und be - tet mit Ver - lan - gen,
daß es mit Geist ge - tau - fet werd.
Der kam mit Feu - ers Glut zur Erd,
mit star - kem Stur - mes - to - ben;
das Haus er - füllt er ü - ber - all,
zer - teilt man Zun - gen sah im Saal,
und all den Her - ren lo - ben.

Apg 2,1–13

2. Auf tat sich ganz des Himmels Schrein; / man wähnt, sie wären voller Wein, / all Welt sich drüber wundert. / In fremden Zungen reden sie, / bezeugen Gottes Großtat hie, / von seinem Geist ermuntert. / So machen sie sich auf den Plan, / Christus zu lehren fangn sie an, / daß er der Herr sei worden / und daß man lasse von der Sünd / und durch die Tauf werd Gottes Kind: / das sei der christlich Orden.*

* *Berufung*

3. Ach Herr, nun gib, daß uns auch find / in Fried und Flehn dein sel'ger Wind; / weh rein vom Sündenstaube / ganz das Gemüt und füll das Haus / deiner Gemeind, dein Werk richt aus, / daß aufgeh rechter Glaube / und unsre Zung ganz Feuer werd, / nichts rede als dein Lob auf Erd / und was den Nächsten bauet. / Brenn rein die sündige Natur, / mach uns zur neuen Kreatur, / ob's unserm Fleisch auch grauet.

4. Komm, Feuer Gottes, Heilger Geist, / erfüll die Herzen allermeist / mit deiner Liebe Brennen. / Von dir allein muß sein gelehrt, / wer sich durch Buß zu Gott bekehrt; / gib himmlisches Erkennen. / Der fleischlich Mensch sich nicht versteht / auf göttlich Ding und irregeht; / in Wahrheit wollst uns leiten / und uns erinnern aller Lehr, / die uns gab Christus, unser Herr, / daß wir sein Reich ausbreiten.

5. Wie mit dem Vater und dem Sohn / du eins bist in des Himmels Thron / im ewgen Liebesbunde, / also mach uns auch alle eins, / daß sich absondre unser keins, / nimm weg der Trennung Sünde / und halt zusammen Gottes Kind, / die in der Welt zerstreuet sind / durch falsche G'walt und Lehre, / daß sie am Haupt fest halten an, / loben Christus mit jedermann, / suchen allein sein Ehre.

6. Durch dich besteht der neue Bund, / ohn dich wird Gott niemandem kund, / du neuerst unsre Herzen / und rufst darin dem Vater zu, / schaffst uns viel Fried und große Ruh / und tröstest uns in Schmerzen, / daß uns auch Leiden Ehre ist, / da du durch Lieb gegossen bist / in unser Herz ohn Klage. / Du leitest uns auf ebnem Weg / und führst uns hier den rechten Steg, / weckst uns am Jüngsten Tage.

7. Du, der lebend'ge Brunnenquell, / der Gottes Stadt durchfließet hell, / erquickest das Gemüte. / Durch dich besteht des Vaters Bau; / du willst und gibst, daß man dir trau, / du bist die Gottesgüte. / Irden Geschirr sind wir und weich, / brechen gar leicht von jedem Streich; / du selbst wollst uns bewahren, / uns brennen wohl in deiner Glut, / daß uns der Feind nicht Schaden tut, / wenn wir von hinnen fahren.

T: AMBROSIUS BLARER UM 1533/34
M: O MENSCH, BEWEIN DEIN SÜNDE GROSS (NR. 76)

128

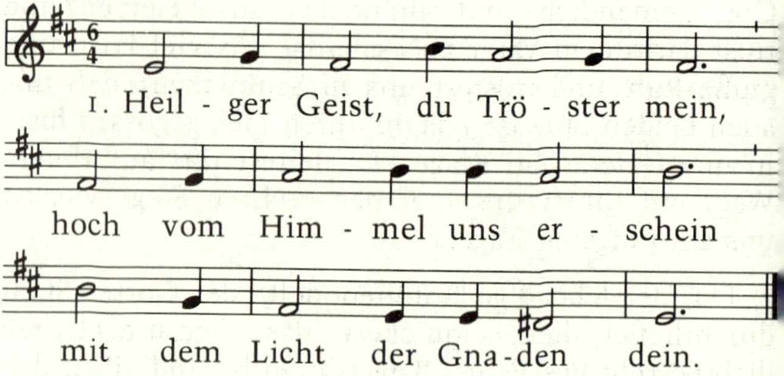

2. Komm, Vater der armen Herd, / komm mit deinen Gaben wert, / uns erleucht auf dieser Erd.

3. O du sel'ge Gnadensonn, / füll das Herz mit Freud und Wonn / aller, die dich rufen an.

4. Ohn dein Beistand, Hilf und Gunst / ist all unser Tun und Kunst / vor Gott ganz und gar umsonst.

5. Lenk uns nach dem Willen dein, / wärm die kalten Herzen fein, / bring zurecht, die irrig sein.

6. Gib dem Glauben Kraft und Halt, / Heilger Geist, und komme bald / mit den Gaben siebenfalt.* ** Jes 11,2*

7. Führ uns durch die Lebenszeit, / gib im Sterben dein Geleit, / hol uns heim zur ewgen Freud.

T: MARTIN MOLLER 1584 NACH DER SEQUENZ »VENI SANCTE SPIRITUS ET EMITTE« DES STEPHAN LANGTON UM 1200
M: 15. JH., BREMEN 1633

129

2. Er lässet offenbaren / als unser höchster Hort / uns, die wir Toren waren, / das himmlisch Gnadenwort. / Wie groß ist seine Güt! / Nun können wir ihn kennen / und unsern Vater nennen, / der uns allzeit behüt'.

3. Verleih, daß wir dich lieben, / o Gott von großer Huld, / durch Sünd dich nicht betrüben, / vergib uns unsre Schuld, / führ uns auf ebner Bahn, / hilf, daß wir dein Wort hören / und tun nach deinen Lehren: / das ist recht wohlgetan.

4. Von oben her uns sende / den Geist, den edlen Gast; / der stärket uns behende, / wenn uns drückt Kreuzeslast. / Tröst uns in Todespein, / mach auf die Himmelstüre, / uns miteinander führe / zu deinem Freudenschein!

T: GEORG WERNER 1639
M: ZIEH EIN ZU DEINEN TOREN (NR. 133)

130 (Ö)

2. Du Quell, draus alle Weisheit fließt, / die sich in fromme Seelen gießt: / laß deinen Trost uns hören, / daß wir in Glaubenseinigkeit / auch können alle Chri-

stenheit / dein wahres Zeugnis lehren. / Höre, lehre, / daß wir können Herz und Sinnen dir ergeben, / dir zum Lob und uns zum Leben.

3. Steh uns stets bei mit deinem Rat / und führ uns selbst auf rechtem Pfad, / die wir den Weg nicht wissen. / Gib uns Beständigkeit, daß wir / getreu dir bleiben für und für, / auch wenn wir leiden müssen. / Schaue, baue, / was zerrissen und beflissen, dich zu schauen / und auf deinen Trost zu bauen.

4. Laß uns dein edle Balsamkraft / empfinden und zur Ritterschaft / dadurch gestärket werden, / auf daß wir unter deinem Schutz / begegnen aller Feinde Trutz / mit freudigen Gebärden. / Laß dich reichlich / auf uns nieder, daß wir wieder Trost empfinden, / alles Unglück überwinden.

5. O starker Fels und Lebenshort, / laß uns dein himmelsüßes Wort / in unsern Herzen brennen, / daß wir uns mögen nimmermehr / von deiner weisheitsreichen Lehr / und treuen Liebe trennen. / Fließe, gieße / deine Güte ins Gemüte, daß wir können / Christus unsern Heiland nennen.

6. Du süßer Himmelstau, laß dich / in unsre Herzen kräftiglich / und schenk uns deine Liebe, / daß unser Sinn verbunden sei / dem Nächsten stets mit Liebestreu / und sich darinnen übe. / Kein Neid, kein Streit / dich betrübe, Fried und Liebe müssen schweben, / Fried und Freude wirst du geben.

7. Gib, daß in reiner Heiligkeit / wir führen unsre Lebenszeit, / sei unsers Geistes Stärke, / daß uns forthin sei unbewußt / die Eitelkeit, des Fleisches Lust / und seine toten Werke. / Rühre, führe / unser Sinnen und Beginnen von der Erden, / daß wir Himmelserben werden.

T: MICHAEL SCHIRMER 1640

M: WIE SCHÖN LEUCHTET DER MORGENSTERN (NR. 70)

131

2. O Heiliger Geist, o heiliger Gott, / gib uns die Lieb zu deinem Wort; / zünd an in uns der Liebe Flamm, / danach zu lieben allesamt. / O Heiliger Geist, o heiliger Gott!

3. O Heiliger Geist, o heiliger Gott, / mehr' unsern Glauben immerfort; / an Christus niemand glauben kann, / es sei denn durch dein Hilf getan. / O Heiliger Geist, o heiliger Gott!

4. O Heiliger Geist, o heiliger Gott, / erleucht uns durch dein göttlich Wort; / lehr uns den Vater kennen schon, / dazu auch seinen lieben Sohn. / O Heiliger Geist, o heiliger Gott!

5. O Heiliger Geist, o heiliger Gott, / du zeigst den Weg zur Himmelspfort; / laß uns hier kämpfen ritterlich / und zu dir dringen seliglich. / O Heiliger Geist, o heiliger Gott!

6. O Heiliger Geist, o heiliger Gott, / verlaß uns nicht in Not und Tod. / Wir sagen dir Lob, Ehr und Dank / allzeit und unser Leben lang. / O Heiliger Geist, o heiliger Gott!

T: JOHANNES NIEDLING (?) 1651
M: KÖLN 1623, SAMUEL SCHEIDT 1650

Ö 132

T: APOSTELGESCHICHTE 1,8
M UND KANON FÜR 3 STIMMEN (NACH NR. 131):
PAUL ERNST RUPPEL 1964

133

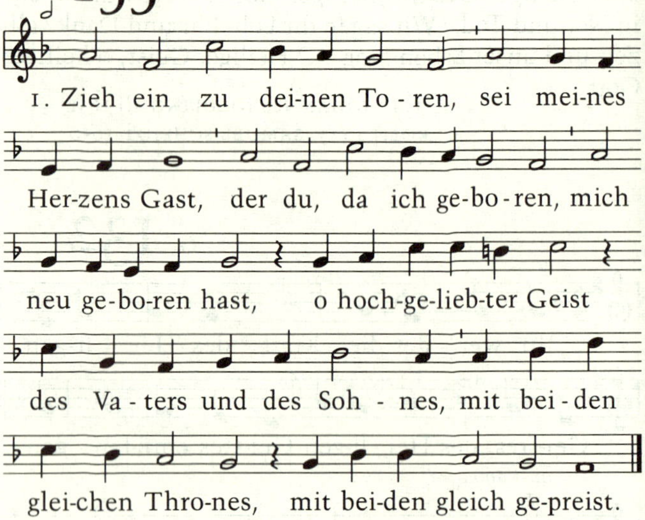

2. Zieh ein, laß mich empfinden / und schmecken deine Kraft, / die Kraft, die uns von Sünden / Hilf und Errettung schafft. / Entsünd'ge meinen Sinn, / daß ich mit reinem Geiste / dir Ehr und Dienste leiste, / die ich dir schuldig bin.

3. Ich war ein wilder Reben, / du hast mich gut gemacht; / der Tod durchdrang mein Leben, / du hast ihn umgebracht / und in der Tauf erstickt / als wie in einer Flute / mit dessen Tod und Blute, / der uns im Tod erquickt.

4. Du bist das heilig Öle, / dadurch gesalbet ist / mein Leib und meine Seele / dem Herren Jesus Christ / zum wahren Eigentum, / zum Priester und Propheten, / zum König, den in Nöten / Gott schützt vom Heiligtum.

5. Du bist ein Geist, der lehret, / wie man recht beten soll; / dein Beten wird erhöret, / dein Singen klinget wohl, / es steigt zum Himmel an, / es läßt nicht ab und dringet, / bis der die Hilfe bringet, / der allen helfen kann.

6. Du bist ein Geist der Freuden, / von Trauern hältst du nichts, / erleuchtest uns im Leiden / mit deines Trostes Licht. / Ach ja, wie manches Mal / hast du mit süßen Worten / mir aufgetan die Pforten / zum güldnen Freudensaal.

7. Du bist ein Geist der Liebe, / ein Freund der Freundlichkeit, / willst nicht, daß uns betrübe / Zorn, Zank, Haß, Neid und Streit. / Der Feindschaft bist du feind, / willst, daß durch Liebesflammen / sich wieder tun zusammen, / die voller Zwietracht seind.

8. Du, Herr, hast selbst in Händen / die ganze weite Welt, / kannst Menschenherzen wenden, / wie dir es wohlgefällt; / so gib doch deine Gnad / zu Fried und Liebesbanden, / verknüpf in allen Landen, / was sich getrennet hat.

9. Erhebe dich und steu're / dem Herzleid auf der Erd, / bring wieder und erneu're / die Wohlfahrt deiner Herd. / Laß blühen wie zuvor / die Länder, so verheeret, / die Kirchen, so zerstöret / durch Krieg und Feuerszorn.

10. Beschirm die Obrigkeiten, / richt auf des Rechtes Thron, / steh treulich uns zur Seiten; / schmück wie mit einer Kron / die Alten mit Verstand, / mit Frömmigkeit die Jugend, / mit Gottesfurcht und Tugend / das Volk im ganzen Land.

11. Erfülle die Gemüter / mit reiner Glaubenszier, / die Häuser und die Güter / mit Segen für und für. / Vertreib den bösen Geist, / der dir sich widersetzet / und, was dein Herz ergötzet, / aus unsern Herzen reißt.

12. Gib Freudigkeit und Stärke, / zu stehen in dem Streit, / den Satans Reich und Werke / uns täglich anerbeut. / Hilf kämpfen ritterlich, / damit wir überwinden / und ja zum Dienst der Sünden / kein Christ ergebe sich.

13. Richt unser ganzes Leben / allzeit nach deinem Sinn; / und wenn wir's sollen geben / ins Todes Rachen hin, / wenn's mit uns hier wird aus, / so hilf uns fröhlich sterben / und nach dem Tod ererben / des ewgen Lebens Haus.

T: PAUL GERHARDT 1653
M: JOHANN CRÜGER 1653

134

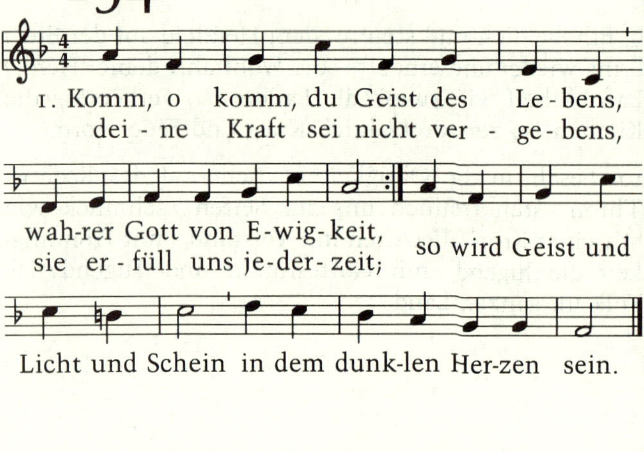

2. Gib in unser Herz und Sinnen / Weisheit, Rat, Verstand und Zucht, / daß wir anders nichts beginnen / als nur, was dein Wille sucht; / dein Erkenntnis werde groß / und mach uns von Irrtum los.

3. Laß uns stets dein Zeugnis fühlen, / daß wir Gottes Kinder sind, / die auf ihn alleine zielen, / wenn sich Not und Drangsal find't, / denn des Vaters liebe Rut / ist uns allewege gut. *Röm 8,16*

4. Reiz uns, daß wir zu ihm treten / frei mit aller Freudigkeit; / seufz auch in uns, wenn wir beten, / und vertritt uns allezeit; / so wird unsre Bitt erhört / und die Zuversicht vermehrt. *Röm 8,26*

5. Wird uns auch nach Troste bange, / daß das Herz oft rufen muß: / »Ach mein Gott, mein Gott, wie lange?« / o so mache den Beschluß; / sprich der Seele tröstlich zu / und gib Mut, Geduld und Ruh.

6. O du Geist der Kraft und Stärke, / du gewisser, neuer Geist, / fördre in uns deine Werke, / wenn des Satans Macht sich weist; / wappne uns in diesem Krieg / und erhalt in uns den Sieg.

7. Herr, bewahr auch unsern Glauben, / daß kein Teufel, Tod noch Spott / uns denselben möge rauben. / Du bist unser Schutz und Gott; / sagt das Fleisch gleich immer Nein, / laß dein Wort gewisser sein.

8. Wenn wir endlich sollen sterben, / so versichre uns je mehr / als des Himmelreiches Erben / jener Herrlichkeit und Ehr, / die uns unser Gott erkiest / und nicht auszusprechen ist.

T: HEINRICH HELD 1658
M: MEININGEN 1693

135

Andere Melodie:
Jesu, meine Freude (Nr. 396)

Ps 118,27

2. Tröster der Betrübten, / Siegel der Geliebten, / Geist voll Rat und Tat, / starker Gottesfinger, / Friedensüberbringer, / Licht auf unserm Pfad: / gib uns Kraft und Lebenssaft, / laß uns deine teuren Gaben / zur Genüge laben.

3. Laß die Zungen brennen, / wenn wir Jesus nennen, / führ den Geist empor; / gib uns Kraft zu beten / und vor Gott zu treten, / sprich du selbst uns vor. / Gib uns Mut, du höchstes Gut, / tröst uns kräftiglich von oben / bei der Feinde Toben.

4. Güldner Himmelsregen, / schütte deinen Segen / auf der Kirche Feld; / lasse Ströme fließen, / die das Land begießen, / wo dein Wort hinfällt, / und verleih, daß es gedeih, / hundertfältig Früchte bringe, / alles ihm gelinge.

Jes 44,3

5. Gib zu allen Dingen / Wollen und Vollbringen, / führ uns ein und aus; / wohn in unsrer Seele, / unser Herz erwähle / dir zum eignen Haus; / wertes Pfand, mach uns bekannt, / wie wir Jesus recht erkennen / und Gott Vater nennen.

6. Hilf das Kreuz uns tragen, / und in finstern Tagen / sei du unser Licht; / trag nach Zions Hügeln / uns mit Glaubensflügeln / und verlaß uns nicht, / wenn der Tod, die letzte Not, / mit uns will zu Felde liegen, / daß wir fröhlich siegen.

7. Laß uns hier indessen / nimmermehr vergessen, / daß wir Gott verwandt; / dem laß uns stets dienen / und im Guten grünen / als ein fruchtbar Land, / bis wir dort, du werter Hort, / bei den grünen Himmelsmaien / ewig uns erfreuen.

T: BENJAMIN SCHMOLCK 1715
M: BEI CHRISTIAN FRIEDRICH WITT 1715

136 (Ö)

2. O du, den unser größter / Regent uns zugesagt: / komm zu uns, werter Tröster, / und mach uns unverzagt. / Gib uns in dieser schlaffen / und glaubensarmen Zeit / die scharf geschliffnen Waffen / der ersten Christenheit.

3. Unglaub und Torheit brüsten / sich frecher jetzt als je; / darum mußt du uns rüsten / mit Waffen aus der Höh. / Du mußt uns Kraft verleihen, / Geduld und Glaubenstreu / und mußt uns ganz befreien / von aller Menschenscheu.

4. Es gilt ein frei Geständnis / in dieser unsrer Zeit, / ein offenes Bekenntnis / bei allem Widerstreit, / trotz aller Feinde Toben, / trotz allem Heidentum / zu preisen und zu loben / das Evangelium.

5. In aller Heiden Lande / erschallt dein kräftig Wort, / sie werfen Satans Bande / und ihre Götzen fort; / von allen Seiten kommen / sie in das Reich herein; / ach soll es uns genommen, / für uns verschlossen sein?

6. O wahrlich, wir verdienen / solch strenges Strafgericht; / uns ist das Licht erschienen, / allein wir glauben nicht. / Ach lasset uns gebeugter / um Gottes Gnade flehn, / daß er bei uns den Leuchter / des Wortes lasse stehn.

7. Du Heilger Geist, bereite / ein Pfingstfest nah und fern; / mit deiner Kraft begleite / das Zeugnis von dem Herrn. / O öffne du die Herzen / der Welt und uns den Mund, / daß wir in Freud und Schmerzen / das Heil ihr machen kund.

T: PHILIPP SPITTA (1827) 1833
M: LOB GOTT GETROST MIT SINGEN (NR. 243)

Glaube ist eine lebendige, verwegene Zuversicht auf Gottes Gnade, so gewiß, daß er tausendmal dafür sterben würde. Und solche Zuversicht und Erkenntnis göttlicher Gnade macht fröhlich, trotzig und lustig gegen Gott und alle Kreaturen; das wirkt der heilige Geist in Glauben.

MARTIN LUTHER

137

2. Rüste du mit deinen Gaben / auch uns schwache Kinder aus, / Kraft und Glaubensmut zu haben, / Eifer für des Herren Haus; / eine Welt mit ihren Schätzen, / Menschengunst und gute Zeit, / Leib und Leben dranzusetzen / in dem großen, heilgen Streit.

3. Gib uns Abrahams gewisse, / feste Glaubenszuversicht, / die durch alle Hindernisse, / alle Zweifel siegend bricht; / die nicht bloß dem Gnadenbunde / trauet froh und unbewegt, / auch das Liebste jede Stunde / Gott zu Füßen niederlegt.

1. Mose 15,1–6

4. Gib uns Moses Flehn und Beten / um Erbarmung und Geduld, / wenn durch freches Übertreten / unser Volk häuft Schuld auf Schuld. / Laß uns nicht mit kaltem Herzen / unter den Verdorbnen stehn, / nein, mit Moses heilgen Schmerzen / für sie seufzen, weinen, flehn.

2. Mose 32,11–14

5. Gib uns Davids Mut, zu streiten / mit den Feinden Israels, / sein Vertraun in Leidenszeiten / auf den Herren, seinen Fels; / Feindeslieb und Freundestreue, / seinen königlichen Geist / und ein Herz, das voller Reue / Gottes Gnade sucht und preist. *1. Sam 17*

6. Gib Elias heilge Strenge, / wenn den Götzen dieser Zeit / die verführte blinde Menge / Tempel und Altäre weiht, / daß wir nie vor ihnen beugen / Haupt und Knie, auch nicht zum Schein, / sondern fest als deine Zeugen / dastehn, wenn auch ganz allein. *1. Kön 18*

7. Gib uns der Apostel hohen, / ungebeugten Zeugenmut, / aller Welt trotz Spott und Drohen / zu verkünden Christi Blut. / Laß die Wahrheit uns bekennen, / die uns froh und frei gemacht; / gib, daß wir's nicht lassen können, / habe du die Übermacht. *Apg 4,1–22*

8. Schenk gleich Stephanus uns Frieden / mitten in der Angst der Welt, / wenn das Los, das uns beschieden / in den schwersten Kampf uns stellt. / In dem rasenden Getümmel / schenk uns Glaubensheiterkeit, / öffn im Sterben uns den Himmel, / zeig uns Jesu Herrlichkeit. *Apg 7,54–60*

9. Geist des Glaubens, Geist der Stärke, / des Gehorsams und der Zucht, / Schöpfer aller Gotteswerke, / Träger aller Himmelsfrucht, / Geist, du Geist der heilgen Männer, / Kön'ge und Prophetenschar, / der Apostel und Bekenner: / auch bei uns werd offenbar!

T: PHILIPP SPITTA 1833
M: O DURCHBRECHER ALLER BANDE (NR. 388)

TRINITATIS

138

T: MARTIN LUTHER 1524 NACH EINER DEUTSCHEN LITANEI 15. JH.
M: HALBERSTADT UM 1500, WITTENBERG 1524

139

Spätere Form

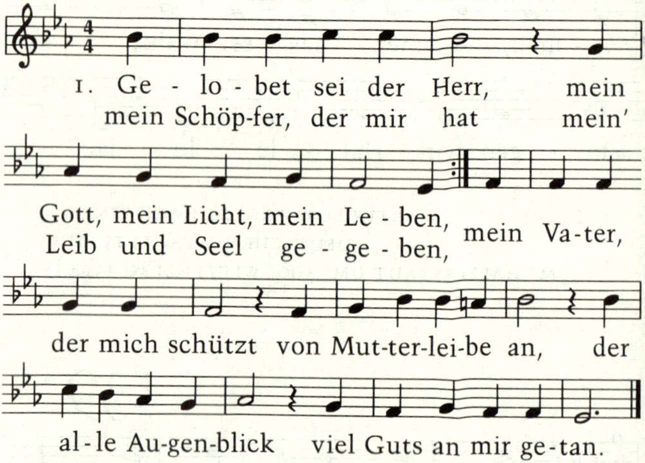

2. Gelobet sei der Herr, / mein Gott, mein Heil, mein Leben, / des Vaters liebster Sohn, / der sich für mich gegeben, / der mich erlöset hat / mit seinem teuren Blut, / der mir im Glauben schenkt / das allerhöchste Gut.

3. Gelobet sei der Herr, / mein Gott, mein Trost, mein Leben, / des Vaters werter Geist, / den mir der Sohn gegeben, / der mir mein Herz erquickt, / der mir gibt neue Kraft, / der mir in aller Not / Rat, Trost und Hilfe schafft.

4. Gelobet sei der Herr, / mein Gott, der ewig lebet, / den alles lobet, was / in allen Lüften schwebet; / gelobet sei der Herr, / des Name heilig heißt, / Gott Vater, Gott der Sohn / und Gott der werte Geist,

5. dem wir das Heilig jetzt / mit Freuden lassen klingen / und mit der Engelschar / das Heilig, Heilig singen, / den herzlich lobt und preist / die ganze Christenheit: / Gelobet sei mein Gott / in alle Ewigkeit! *Jes 6,2.3*

T: JOHANN OLEARIUS 1665
M: NUN DANKET ALLE GOTT (NR. 321)

4. Mose 6,24–26 Ö **140**

2. Der Herr, der Schöpfer, bei uns bleib, / er segne uns nach Seel und Leib, / und uns behüte seine Macht / vor allem Übel Tag und Nacht.

3. Der Herr, der Heiland, unser Licht, / uns leuchten laß sein Angesicht, / daß wir ihn schaun und glauben frei, / daß er uns ewig gnädig sei.

4. Der Herr, der Tröster, ob uns schweb, / sein Antlitz über uns erheb, / daß uns sein Bild werd eingedrückt, / und geb uns Frieden unverrückt.

5. Gott Vater, Sohn und Heilger Geist, / o Segensbrunn, der ewig fließt: / durchfließ Herz, Sinn und Wandel wohl, / mach uns deins Lobs und Segens voll!

1. Brunn al - les Heils, dich eh - ren
Melodie
1. Brunn al - les Heils, dich eh - ren
wir und öff-nen un-sern Mund vor
wir und öff-nen un-sern Mund vor
dir; aus dei-ner Gott-heit Hei-lig - tum
dir; aus dei-ner Gott-heit Hei-lig - tum

2. Der Herr, der Schöpfer, bei uns bleib, / er segne uns nach Seel und Leib, / und uns behüte seine Macht / vor allem Übel Tag und Nacht.

3. Der Herr, der Heiland, unser Licht, / uns leuchten laß sein Angesicht, / daß wir ihn schaun und glauben frei, / daß er uns ewig gnädig sei.

4. Der Herr, der Tröster, ob uns schweb, / sein Antlitz über uns erheb, / daß uns sein Bild werd eingedrückt, / und geb uns Frieden unverrückt.

5. Gott Vater, Sohn und Heilger Geist, / o Segensbrunn, der ewig fließt: / durchfließ Herz, Sinn und Wandel wohl, / mach uns deins Lobs und Segens voll!

T: GERHARD TERSTEEGEN 1745
M: LOBT GOTT, DEN HERRN DER HERRLICHKEIT (NR. 300)
SATZ: CLAUDE GOUDIMEL 1565

BESONDERE TAGE

JOHANNESTAG, 24. JUNI

141 Johannes 1,19–28; Matthäus 3,1–12

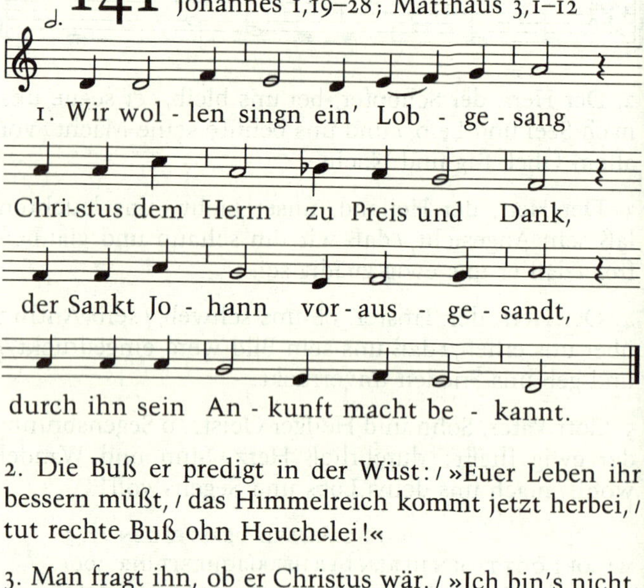

2. Die Buß er predigt in der Wüst: / »Euer Leben ihr bessern müßt, / das Himmelreich kommt jetzt herbei, / tut rechte Buß ohn Heuchelei!«

3. Man fragt ihn, ob er Christus wär. / »Ich bin's nicht, bald wird kommen er, / der lang vor mir gewesen ist, / der Welt Heiland, der wahre Christ.«

4. Er zeigt ihn mit dem Finger an, / sprach: »Siehe, das ist Gottes Lamm, / das trägt die Sünd der ganzen Welt, / sein Opfer Gott allein gefällt.

5. Ich bin viel zu gering dazu, / daß ich auflösen sollt sein Schuh; / taufen wird er mit Feu'r und Geist, / wahrer Sohn Gotts er ist und heißt.«

6. Wir danken dir, Herr Jesu Christ, / des Vorläufer Johannes ist; / hilf, daß wir folgen seiner Lehr, / so tun wir dir die rechte Ehr.

T: NIKOLAUS HERMAN 1560
NACH »AETERNO GRATIAS PATRI«
VON PHILIPP MELANCHTHON 1539
M: BARTHOLOMÄUS GESIUS 1603 NACH NR. 469

MICHAELISTAG, 29. SEPTEMBER

(Ö) **142**

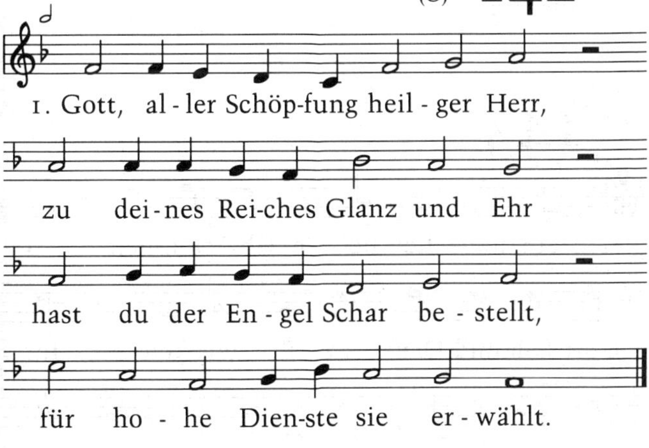

2. Sie stehen weit um deinen Thron; / du bist ihr Leben, ihre Kron. / Gewaltig ruft ihr strahlend Heer: / Wer ist wie Gott – wer ist wie er?

3. Stets schauen sie dein Angesicht / und freuen sich in deinem Licht. / Dein Anblick macht sie stark und rein; / dein heilger Odem hüllt sie ein.

4. Mit Weisheit sind sie angetan; / sie brennen, leuchten, beten an. / Ein großes Lob ertönt im Chor: / ihr »Heilig, Heilig« steigt empor.

5. Du sendest sie als Boten aus: / dein Wort geht in die Welt hinaus. / Groß ist in ihnen deine Kraft; / dein Arm sind sie, der Wunder schafft.

6. Laß deine Engel um uns sein; / durch sie geleite groß und klein, / bis wir mit ihnen dort im Licht / einst stehn vor deinem Angesicht.

T: ERNST HOFMANN (1971) 1975
M: LOBT GOTT, DEN HERRN DER HERRLICHKEIT (NR. 300)

143

2. Sie glänzen wie der Sonnenschein, / wie Feuerflammen hell und rein / als Gottes gute Geister. / Von überirdischer Natur / sind sie die schönste Kreatur, / und Christus ist ihr Meister.

3. Sie stehn vor Gottes Angesicht / und spiegeln seiner Hoheit Licht / als Helfer und Vertraute. / Sie singen dir, Allherrscher du, / ihr »Heilig, heilig, heilig!« zu, / wie es Jesaja schaute. *Jes 6,3*

4. Des Himmels Heer durch alle Welt / führt Michael, der starke Held, / zu Gottes Dienst und Ehren. / Die Engel streiten Tag und Nacht, / um Satans böse List und Macht / beizeiten abzuwehren. *Offb 12,7*

5. Der alte Drache schlummert nicht. / Wie er in unser Leben bricht, / sinnt er zu jeder Stunde. / Er trachtet uns nach Hab und Gut, / nach Herz und Seele, Leib und Blut / und schlägt uns manche Wunde.

6. Er stiftet uns zur Zwietracht an, / verführt zu Unrecht jedermann, / zu Feindschaft, Mord und Kriegen, / zerrüttet Gottes Ordnung bald / und will die Erde mit Gewalt / zerstören und besiegen.

7. Wo ihm nicht wehrt der Engel Schar, / an Leib und Seele, Haut und Haar / blieb keiner mehr behütet. / Mit Feuer, Wasser, Wind und Schnee / bereitet er der Menschheit Weh, / das hart und grausam wütet.

8. Wir danken dir, Herr Jesu Christ, / daß du der Herr der Engel bist / und uns die Wächter sendest. / Erhalte uns in deiner Hut / und rette uns, Herr, durch dein Blut, / wenn du den Streit beendest.

T: DETLEV BLOCK 1985 NACH DER ÜBERTRAGUNG
DES HYMNUS »DICIMUS GRATES TIBI«
VON PHILIPP MELANCHTHON (1539) 1543
DURCH NIKOLAUS HERMAN 1560
M: 16. JH.; GEISTLICH NÜRNBERG UM 1555

BUSSTAG

144

Ps 130,1

2. O Gott und Vater, sieh doch an / uns Armen und Elenden, / die wir sehr übel han getan / mit Herzen, Mund und Händen; / verleih uns, daß wir Buße tun / und sie in Christus, deinem Sohn, / zur Seligkeit vollenden.

3. Zwar unsre Schuld ist groß und schwer, / von uns nicht auszurechnen; / doch dein Barmherzigkeit ist mehr, / die kein Mensch kann aussprechen: / die suchen und begehren wir / und hoffen, du läßt es an dir / uns nimmermehr gebrechen.

4. Du willst nicht, daß der Sünder sterb / und zur Verdammnis fahre, / sondern daß er dein Gnad erwerb / und sich darin bewahre; / so hilf uns nun, o Herre Gott, / auf daß uns nicht der ewge Tod / in Sünden widerfahre.

5. Wir opfern uns dir arm und bloß, / durch Reue tief geschlagen; / o nimm uns auf in deinen Schoß / und laß uns nicht verzagen. / O hilf, daß wir getrost und frei / ohn arge List und Heuchelei / dein Joch zum Ende tragen.

6. Sprich uns durch deine Boten zu, / gib Zeugnis dem Gewissen, / stell unser Herz durch sie zur Ruh, / tu uns durch sie zu wissen, / wie Christus vor deim Angesicht / all unsre Sachen hab geschlicht': / den Trost laß uns genießen.

7. Erhalt in unsers Herzens Grund / deinen göttlichen Samen / und hilf, daß wir den neuen Bund / in deines Sohnes Namen / vollenden in aller Wahrheit, / also der Krone der Klarheit / teilhaftig werden. Amen.

T: MICHAEL WEISSE 1531
M: AUS TIEFER NOT SCHREI ICH ZU DIR (NR. 299 II)

145

2. Gott hat dir Christus, seinen Sohn, / die Wahrheit und das Leben, / sein liebes Evangelium / aus lauter Gnad gegeben; / denn Christus ist allein der Mann, / der für der Welt Sünd g'nug getan, / kein Werk hilft sonst daneben.

3. Für solche Gnad und Güte groß / sollst du dem Herren danken, / nicht laufen aus seim Gnadenschoß, / von seinem Wort nicht wanken, / dich halten, wie sein Wort dich lehrt, / dadurch wird Gottes Reich gemehrt, / geholfen auch den Kranken.

4. Du solltest bringen gute Frucht, / so du recht gläubig wärest, / in Lieb und Treu, in Buß und Zucht, / wie du solchs selbst begehrest, / in Gottes Furcht dich halten fein / und suchen Gottes Ehr allein, / daß du niemand beschwerest.

5. Die Wahrheit wird jetzt unterdrückt, / will niemand Wahrheit hören; / die Lüge wird gar fein geschmückt, / man hilft ihr oft mit Schwören; / dadurch wird Gottes Wort veracht', / die Wahrheit höhnisch auch verlacht, / die Lüge tut man ehren.

6. Gott warnet täglich für und für, / das zeugen seine Zeichen, / denn Gottes Straf ist vor der Tür, / Deutschland *(o Land)*, laß dich erweichen, / tu rechte Buße in der Zeit, / weil Gott dir noch sein Gnad anbeut / und tut sein Hand dir reichen.

7. Das helfe Gott uns allen gleich, / daß wir von Sünden lassen, / und führe uns zu seinem Reich, / daß wir das Unrecht hassen. / Herr Jesu Christe, hilf uns nun / und gib uns deinen Geist dazu, / daß wir dein Warnung fassen.

T UND M: JOHANN WALTER 1561

Da unser Herr und Meister Jesus Christus
spricht: »Tut Buße«, hat er gewollt,
daß das ganze Leben der Gläubigen Buße sei.

MARTIN LUTHER, 1. THESE DER 95 THESEN VON 1517

146

2. Erbarm dich deiner bösen Knecht, / wir flehn um Gnad und nicht um Recht; / denn so du, Herr, den rechten Lohn / uns geben wollst nach unserm Tun, / so müßt die ganze Welt vergehn / und könnt kein Mensch vor dir bestehn.

3. Ach Herr Gott, durch die Treue dein / mit Trost und Rettung uns erschein. / Beweis an uns dein große Gnad / und straf uns nicht auf frischer Tat, / wohn uns mit deiner Güte bei, / dein Zorn und Grimm fern von uns sei.

4. Gedenk an deines Sohnes Tod, / sieh an sein heilig Wunden rot. / Die sind ja für die ganze Welt / die Zahlung und das Lösegeld. / Des trösten wir uns allezeit / und hoffen auf Barmherzigkeit.

5. Leit uns mit deiner rechten Hand / und segne unser Stadt und Land; / gib uns allzeit dein heilig Wort, / behüt vors Teufels List und Mord; / ein selig End wollst uns verleihn, / auf daß wir ewig bei dir sein.

T: MARTIN MOLLER 1584
NACH »AUFER IMMENSAM, DEUS, AUFER IRAM«
WITTENBERG 1541
M: VATER UNSER IM HIMMELREICH (NR. 344)

Erforsche mich, Gott, und erkenne mein Herz;
prüfe mich und erkenne, wie ich's meine.
Und sieh, ob ich auf bösem Wege bin,
und leite mich auf ewigem Wege.

PSALM 139,23.24

ENDE DES KIRCHENJAHRES

147ö

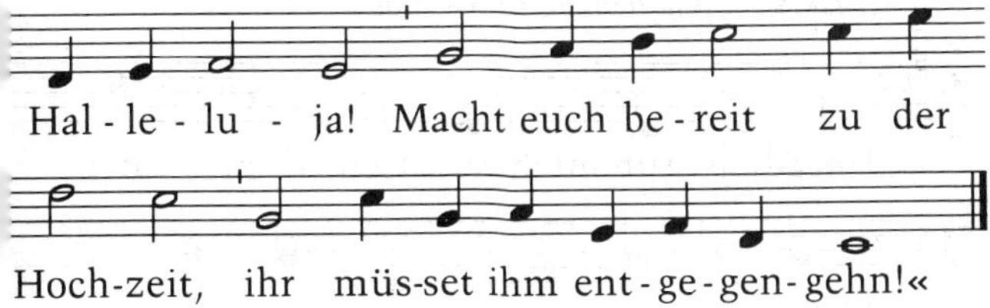

Mt 25,1–13; Jes 52,8

2. Zion hört die Wächter singen, / das Herz tut ihr vor Freude springen, / sie wachet und steht eilend auf. / Ihr Freund kommt vom Himmel prächtig, / von Gnaden stark, von Wahrheit mächtig, / ihr Licht wird hell, ihr Stern geht auf. / Nun komm, du werte Kron, / Herr Jesu, Gottes Sohn! / Hosianna! / Wir folgen all zum Freudensaal / und halten mit das Abendmahl.

3. Gloria sei dir gesungen / mit Menschen- und mit Engelzungen, / mit Harfen und mit Zimbeln schön. / Von zwölf Perlen sind die Tore* / an deiner Stadt; wir stehn im Chore / der Engel hoch um deinen Thron. / Kein Aug hat je gespürt, / kein Ohr hat mehr gehört / solche Freude. / Des jauchzen wir und singen dir / das Halleluja für und für.

**Offb 21,21*

T UND M: PHILIPP NICOLAI 1599
SATZ STR. 3: NR. 535

148

Andere Melodie:
Wie lieblich ist der Maien (Nr. 501)

**Bild für Ewigkeit*

2. Kein Zung kann je erreichen / die ewig Schönheit groß; / man kann's mit nichts vergleichen, / die Wort sind viel zu bloß. / Drum müssen wir solchs sparen / bis an den Jüngsten Tag; / dann wollen wir erfahren, / was Gott ist und vermag.

3. Da werden wir mit Freuden / den Heiland schauen an, / der durch sein Blut und Leiden / den Himmel aufgetan, / die lieben Patriarchen, / Propheten allzumal, / die Märt'rer und Apostel / bei ihm in großer Zahl.

4. Also wird Gott erlösen / uns gar von aller Not, / vom Teufel, allem Bösen, / von Trübsal, Angst und Spott, / von Trauern, Weh und Klagen, / von Krankheit, Schmerz und Leid, / von Schwermut, Sorg und Zagen, / von aller bösen Zeit.

5. Er wird uns fröhlich leiten / ins ewig Paradeis, / die Hochzeit zu bereiten / zu seinem Lob und Preis. / Da wird sein Freud und Wonne / in rechter Lieb und Treu / aus Gottes Schatz und Bronne / und täglich werden neu.

6. Da wird man hören klingen / die rechten Saitenspiel, / die Musikkunst wird bringen / in Gott der Freuden viel, / die Engel werden singen, / all Heilgen Gottes gleich / mit himmelischen Zungen / ewig in Gottes Reich.

7. Mit Gott wir werden halten / das ewig Abendmahl, / die Speis wird nicht veralten / auf Gottes Tisch und Saal; / wir werden Früchte essen / vom Baum des Lebens stets, / vom Brunn der Lebensflüsse / trinken zugleich mit Gott.

8. Wir werden stets mit Schalle / vor Gottes Stuhl und Thron / mit Freuden singen alle / ein neues Lied gar schön: / »Lob, Ehr, Preis, Kraft und Stärke / Gott Vater und dem Sohn, / des Heilgen Geistes Werke / sei Lob und Dank getan.« *Offb 7,12*

9. Ach Herr, durch deine Güte / führ mich auf rechter Bahn; / Herr Christ, mich wohl behüte, / sonst möcht ich irre gahn. / Halt mich im Glauben feste / in dieser bösen Zeit, / hilf, daß ich mich stets rüste / zur ewgen Hochzeitsfreud.

T: JOHANN WALTER 1552; STR. 9 DRESDEN 1557
M: WITTENBERG 1545; GEISTLICH WITTENBERG 1552

149

2. Petr 3,7

2. Posaunen wird man hören gehn / an aller Welten Ende, / darauf bald werden auferstehn / die Toten all behende; / die aber noch das Leben han, / die wird der Herr von Stunde an / verwandeln und erneuen.

1. Kor 15,52

3. Danach wird man ablesen bald / ein Buch, darin geschrieben, / was alle Menschen, jung und alt, / auf Erden je getrieben; / da denn gewiß ein jedermann / wird hören, was er hat getan / in seinem ganzen Leben.

Offb 20,12.15

4. O weh dem Menschen, welcher hat / des Herren Wort verachtet / und nur auf Erden früh und spat / nach großem Gut getrachtet! / Er wird fürwahr gar schlecht bestehn / und mit dem Satan müssen gehn / von Christus in die Hölle.

5. O Jesu, hilf zur selben Zeit / von wegen deiner Wunden, / daß ich im Buch der Seligkeit / werd angezeichnet funden. / Daran ich denn auch zweifle nicht, / denn du hast ja den Feind gericht' / und meine Schuld bezahlet.

6. Derhalben mein Fürsprecher sei, / wenn du nun wirst erscheinen, / und lies mich aus dem Buche frei, / darinnen stehn die Deinen, / auf daß ich samt den Brüdern mein / mit dir geh in den Himmel ein, / den du uns hast erworben.

7. O Jesu Christ, du machst es lang / mit deinem Jüngsten Tage; / den Menschen wird auf Erden bang / von wegen vieler Plage. / Komm doch, komm doch, du Richter groß, / und mach uns bald in Gnaden los / von allem Übel. Amen.

T: BARTHOLOMÄUS RINGWALDT (1582) 1586
NACH DER SEQUENZ »DIES IRAE, DIES ILLA« 12. JH.
UND EINEM DEUTSCHEN LIED UM 1565
M: MARTIN LUTHER 1529

150 (Ö) Offenbarung 21

2. O schöner Tag / und noch viel schönre Stund, / wann wirst du kommen schier, / da ich mit Lust, / mit freiem Freudenmund / die Seele geb von mir / in Gottes treue Hände / zum auserwählten Pfand, / daß sie mit Heil anlände / in jenem Vaterland?

3. O Ehrenburg, / nun sei gegrüßet mir, / tu auf der Gnaden Pfort! / Wie große Zeit / hat mich verlangt nach dir, / eh ich bin kommen fort / aus jenem bösen Leben, / aus jener Nichtigkeit / und mir Gott hat gegeben / das Erb der Ewigkeit.

4. Was für ein Volk, / was für ein edle Schar / kommt dort gezogen schon? / Was in der Welt / an Auserwählten war, / seh ich: sie sind die Kron*, / die Jesus mir, der Herre, / entgegen hat gesandt, / da ich noch war so ferne / in meinem Tränenland.

**Das Höchste, Vollendete*

5. Propheten groß / und Patriarchen hoch, / auch Christen insgemein, / alle, die einst / trugen des Kreuzes Joch / und der Tyrannen Pein, / schau ich in Ehren schweben, / in Freiheit überall, / mit Klarheit hell umgeben, / mit sonnenlichtem Strahl.

6. Wenn dann zuletzt / ich angelanget bin / im schönen Paradeis, / von höchster Freud / erfüllet wird der Sinn, / der Mund von Lob und Preis. / Das Halleluja reine / man spielt in Heiligkeit, / das Hosianna feine / ohn End in Ewigkeit

7. mit Jubelklang, / mit Instrumenten schön, / in Chören ohne Zahl, / daß von dem Schall / und von dem süßen Ton / sich regt der Freudensaal, / mit hunderttausend Zungen, / mit Stimmen noch viel mehr, / wie von Anfang gesungen / das große Himmelsheer.

T: JOHANN MATTHÄUS MEYFART 1626
M: MELCHIOR FRANCK 1663, DARMSTADT 1698

151

Matthäus 25,1–13

Andere Melodie: Valet will ich dir geben (Nr. 523)

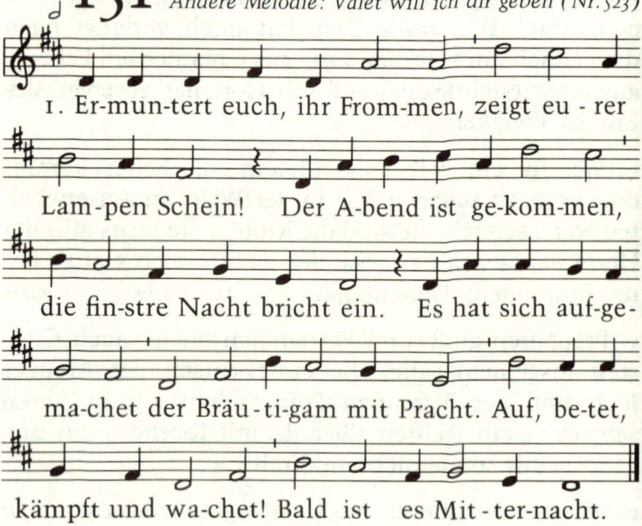

2. Macht eure Lampen fertig / und füllet sie mit Öl / und seid des Heils gewärtig, / bereitet Leib und Seel! / Die Wächter Zions schreien: / »Der Bräutigam ist nah!« / Begegnet ihm im Reigen / und singt: Halleluja!

3. Ihr klugen Jungfraun alle, / hebt nun das Haupt empor / mit Jauchzen und mit Schalle / zum frohen Engelchor! / Wohlan, die Tür ist offen, / die Hochzeit ist bereit. / Erfüllt ist euer Hoffen: / der Bräut'gam ist nicht weit.

4. Er wird nicht lang verziehen, / drum schlafet nicht mehr ein; / man sieht die Bäume blühen; / der schöne Frühlingsschein / verheißt Erquickungszeiten; / die Abendröte zeigt / den schönen Tag von weitem, / davor das Dunkle weicht.

5. Begegnet ihm auf Erden, / ihr, die ihr Zion liebt, / mit freudigen Gebärden / und seid nicht mehr betrübt; / es sind die Freudenstunden / gekommen, und der Braut / wird, weil sie überwunden, / die Krone nun vertraut.

6. Die ihr Geduld getragen / und mitgestorben seid, / sollt nun nach Kreuz und Klagen / in Freuden ohne Leid / mitleben und -regieren / und vor des Lammes Thron / mit Jauchzen triumphieren / in eurer Siegeskron. *2.Tim 2,11.12*

7. Hier ist die Stadt der Freuden, / Jerusalem, der Ort, / wo die Erlösten weiden, / hier ist die sichre Pfort, / hier sind die güldnen Gassen, / hier ist das Hochzeitsmahl, / hier soll sich niederlassen / die Braut im Freudensaal.

Offb 21,2.10

8. O Jesu, meine Wonne, / komm bald und mach dich auf; / geh auf, ersehnte Sonne, / und eile deinen Lauf. / O Jesu, mach ein Ende / und führ uns aus dem Streit; / wir heben Haupt und Hände / nach der Erlösungszeit.

T: LORENZ LORENZEN 1700
M: HERZLICH TUT MICH ERFREUEN (NR. 148)

Wir warten auf einen neuen Himmel und eine neue Erde nach seiner Verheißung, in denen Gerechtigkeit wohnt. 2. PETRUS 3,13

152

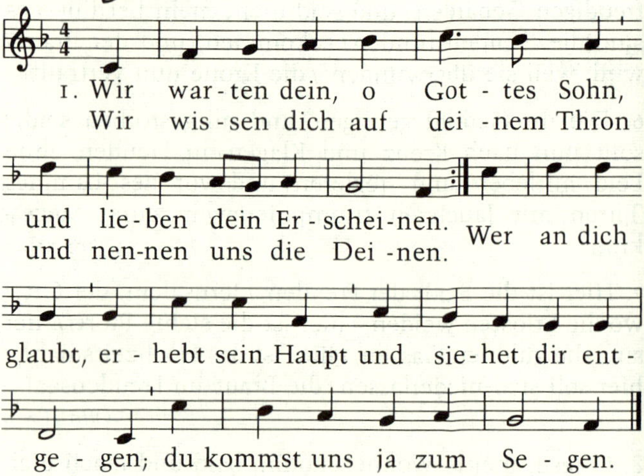

2. Wir warten deiner mit Geduld / in unsern Leidenstagen; / wir trösten uns, daß du die Schuld / am Kreuz hast abgetragen; / so können wir / nun gern mit dir / uns auch zum Kreuz bequemen, / bis du es weg wirst nehmen.

3. Wir warten dein; du hast uns ja / das Herz schon hingenommen. / Du bist uns zwar im Geiste nah, / doch sollst du sichtbar kommen; / da willst uns du / bei dir auch Ruh, / bei dir auch Freude geben, / bei dir ein herrlich Leben.

4. Wir warten dein, du kommst gewiß, / die Zeit ist bald vergangen; / wir freuen uns schon überdies / mit kindlichem Verlangen. / Was wird geschehn, / wenn wir dich sehn, / wenn du uns heim wirst bringen, / wenn wir dir ewig singen!

T: PHILIPP FRIEDRICH HILLER 1767
M: WAS GOTT TUT, DAS IST WOHLGETAN (NR. 372)

Offenbarung 21 153

2. Der Himmel, der kommt, / das ist der kommende Herr, / wenn die Herren der Erde gegangen.

3. Der Himmel, der kommt, / das ist die Welt ohne Leid, / wo Gewalttat und Elend besiegt sind.

4. Der Himmel, der kommt, / das ist die fröhliche Stadt / und der Gott mit dem Antlitz des Menschen.

5. Der Himmel, der kommt, / grüßt schon die Erde, die ist, / wenn die Liebe das Leben verändert.

T: KURT MARTI 1971
M: WINFRIED HEURICH 1980

154

2. Tief liegt des Todes Schatten auf der Welt. / Aber dein Glanz die Finsternis erhellt. / Dein Lebenshauch bewegt das Totenfeld. / Halleluja, Halleluja! *Hes 37,1–10*

3. Welch ein Geheimnis wird an uns geschehn! / Leid und Geschrei und Schmerz muß dann vergehn, / wenn wir von Angesicht dich werden sehn. / Halleluja, Halleluja!

4. Aber noch tragen wir der Erde Kleid. / Uns hält gefangen Irrtum, Schuld und Leid; / doch deine Treue hat uns schon befreit. / Halleluja, Halleluja!

5. So mach uns stark im Mut, der dich bekennt, / daß unser Licht vor allen Menschen brennt! / Laß uns dich schaun im ewigen Advent! / Halleluja, Halleluja!

An Gedenktagen von Glaubenszeugen:

6. Mit allen Heilgen beten wir dich an. / Sie gingen auf dem Glaubensweg voran / und ruhn in dir, der unsern Sieg gewann! / Halleluja, Halleluja!

T: STR. 1–5 ANNA MARTINA GOTTSCHICK 1972; STR. 6 JÜRGEN HENKYS 1988 NACH »FOR ALL THE SAINTS« VON WILLIAM WALSHAM HOW 1864
M: RALPH VAUGHAN WILLIAMS 1906

GOTTESDIENST

EINGANG UND AUSGANG

Ö 155

2. Tu auf den Mund zum Lobe dein, / bereit das Herz zur Andacht fein, / den Glauben mehr, stärk den Verstand, / daß uns dein Nam werd wohlbekannt,

3. bis wir singen mit Gottes Heer: / »Heilig, heilig ist Gott der Herr!« / und schauen dich von Angesicht / in ewger Freud und sel'gem Licht.

4. Ehr sei dem Vater und dem Sohn, / dem Heilgen Geist in einem Thron; / der Heiligen Dreieinigkeit / sei Lob und Preis in Ewigkeit.

T: WILHELM II. VON SACHSEN-WEIMAR (?) 1648;
STR. 4 GOTHA 1651
M: GOCHSHEIM/REDWITZ 1628, GÖRLITZ 1648
SATZ: GOTHA 1651

156

T: NÖRDLINGEN 1522, ERFURT 1525 NACH DER ANTIPHON »VENI SANCTE SPIRITUS, REPLE« 11. JH.
M: 11. JH., WIEDERHOLT BEARBEITET

157

Andere Melodie:
Ich weiß, woran ich glaube (Nr. 357)

T: NIKOLAUS SELNECKER 1572
M: VALET WILL ICH DIR GEBEN (NR. 523)

158

2. Petr 1,19

2. O Jesu, Trost der Armen, / mein Herz heb ich zu dir; / du wirst dich mein erbarmen, / dein Gnade schenken mir, / das trau ich gänzlich dir.

3. Du hast für mich vergossen / am Kreuz dein teures Blut: / das laß mich, Herr, genießen, / tröst mich durch deine Güt; / hilf mir, das ist mein Bitt.

4. O Jesu, Lob und Ehre / sing ich dir allezeit; / den Glauben in mir mehre, / daß ich nach dieser Zeit / mit dir eingeh zur Freud.

T: LEIPZIG 1579 NACH DEM WELTLICHEN »ER IST DER MORGENSTERNE«, ZWICKAU 1531
M: 16. JH.; GEISTLICH LEIPZIG 1585, BEI BARTHOLOMÄUS GESIUS 1605

159

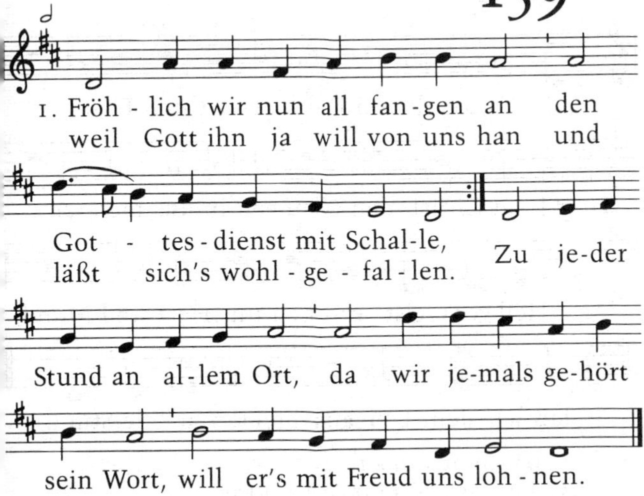

2. O selig über selig sind, / die in seim Dienst sich üben; / Gotts treue Diener, Erbn und Kind / sie sind, die er tut lieben, / will sie auch in seins Himmels Thron / mit der Freuden- und Lebenskron / beschenken und begnaden.

3. O Gott, nimm an zu Lob und Preis / das Beten und das Singen, / in unser Herz dein' Geist ausgieß, / daß es viel Früchte bringe / des Glaubens aus deim heilgen Wort, / daß wir dich preisen hier und dort. / Fröhlich wir nun anfangen.

T: ZACHÄUS FABER 1601
M: STRASSBURG 1538

160

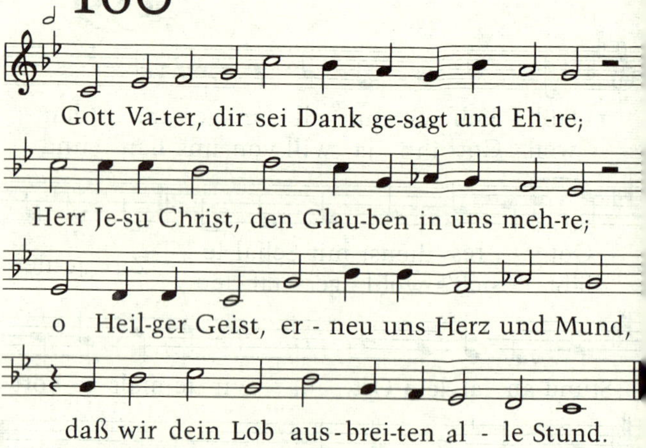

T: DAVID DENICKE 1652
M: WIE HERRLICH GIBST DU, HERR, DICH ZU ERKENNEN (NR. 271)

Allmächtiger Gott, gib, daß dein Wort bei uns nicht ein steinernes Herz und eine eiserne Stirn vorfindet, sondern den gelehrigen Sinn, der sich dir erwartungsvoll öffnet. Laß uns erfahren, daß du unser Vater bist, und stärke uns in dem Vertrauen, daß du uns als deine Kinder angenommen hast.

JOHANNES CALVIN

Ö 161

2. Unser Wissen und Verstand / ist mit Finsternis verhüllet, / wo nicht deines Geistes Hand / uns mit hellem Licht erfüllet; / Gutes denken, tun und dichten / mußt du selbst in uns verrichten.

3. O du Glanz der Herrlichkeit, / Licht vom Licht, aus Gott geboren: / mach uns allesamt bereit, / öffne Herzen, Mund und Ohren; / unser Bitten, Flehn und Singen / laß, Herr Jesu, wohl gelingen.

T: TOBIAS CLAUSNITZER 1663
M: JOHANN RUDOLF AHLE 1664,
BEI WOLFGANG CARL BRIEGEL 1687

162

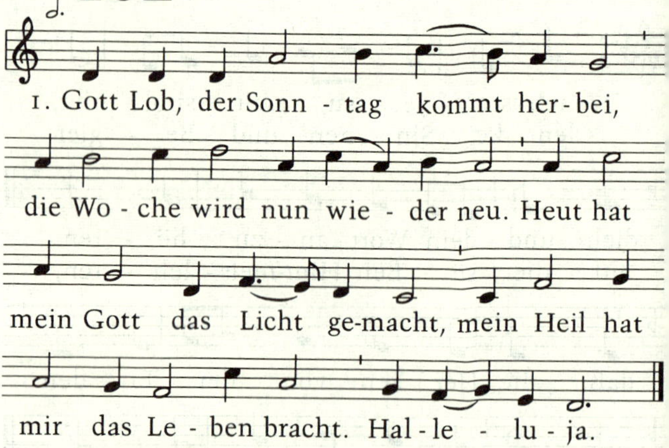

2. Das ist der Tag, da Jesus Christ / vom Tod für mich erstanden ist / und schenkt mir die Gerechtigkeit, / Trost, Leben, Heil und Seligkeit. / Halleluja.

3. Das ist der rechte Sonnentag, / da man sich nicht g'nug freuen mag, / da wir mit Gott versöhnet sind, / daß nun ein Christ heißt Gottes Kind. / Halleluja.

4. Mein Gott, laß mir dein Lebenswort, / führ mich zur Himmelsehrenpfort, / laß mich hier leben heiliglich / und dir lobsingen ewiglich. / Halleluja.

T: JOHANN OLEARIUS 1671
M: ERSCHIENEN IST DER HERRLICH TAG (NR. 106)

Ö 163

Ps 121,8

T: HARTMANN SCHENCK (1674) 1680
M: LIEBSTER JESU, WIR SIND HIER (NR. 161)

Der Herr behüte dich vor allem Übel,
er behüte deine Seele.
Der Herr behüte deinen Ausgang und Eingang
von nun an bis in Ewigkeit.

PSALM 121,7.8

164

T: WILHELM ERASMUS ARENDS 1714
M: WACHET AUF, RUFT UNS DIE STIMME (NR. 147)

Ö 165

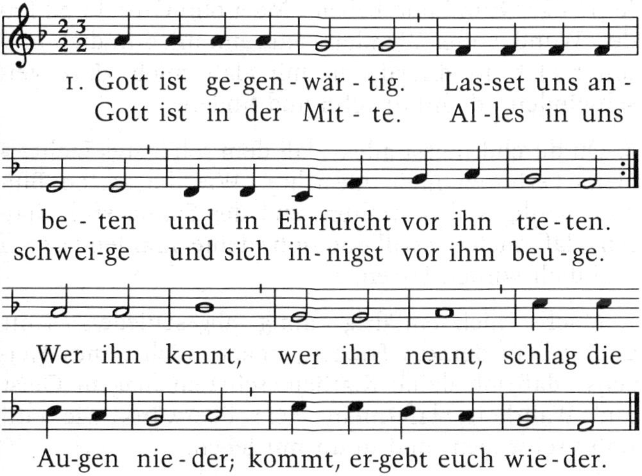

2. Gott ist gegenwärtig, / dem die Cherubinen / Tag und Nacht gebücket dienen. / Heilig, heilig, heilig! / singen ihm zur Ehre / aller Engel hohe Chöre. / Herr, vernimm / unsre Stimm, / da auch wir Geringen / unsre Opfer bringen. *Jes 6,3*

3. Wir entsagen willig / allen Eitelkeiten, / aller Erdenlust und Freuden; / da liegt unser Wille, / Seele, Leib und Leben / dir zum Eigentum ergeben. / Du allein / sollst es sein, / unser Gott und Herre, / dir gebührt die Ehre.

4. Majestätisch Wesen, / möcht ich recht dich preisen / und im Geist dir Dienst erweisen. / Möcht ich wie die Engel / immer vor dir stehen / und dich gegenwärtig sehen. / Laß mich dir / für und für / trachten zu gefallen, / liebster Gott, in allem.

5. Luft, die alles füllet, / drin wir immer schweben, / aller Dinge Grund und Leben, / Meer ohn Grund und Ende, / Wunder aller Wunder: / ich senk mich in dich hinunter. / Ich in dir, / du in mir, / laß mich ganz verschwinden, / dich nur sehn und finden.

6. Du durchdringest alles; / laß dein schönstes Lichte, / Herr, berühren mein Gesichte. / Wie die zarten Blumen / willig sich entfalten / und der Sonne stille halten, / laß mich so / still und froh / deine Strahlen fassen / und dich wirken lassen.

7. Mache mich einfältig, / innig, abgeschieden, / sanft und still in deinem Frieden; / mach mich reines Herzens, / daß ich deine Klarheit / schauen mag in Geist und Wahrheit; / laß mein Herz / überwärts / wie ein' Adler schweben / und in dir nur leben.

8. Herr, komm in mir wohnen, / laß mein' Geist auf Erden / dir ein Heiligtum noch werden; / komm, du nahes Wesen, / dich in mir verkläre, / daß ich dich stets lieb und ehre. / Wo ich geh, / sitz und steh, / laß mich dich erblicken / und vor dir mich bücken.

T: GERHARD TERSTEEGEN (VOR 1727) 1729
M: WUNDERBARER KÖNIG (NR. 327)

166

1. Tut mir auf die schö-ne Pfor-te, führt in
ach wie wird an die-sem Or-te mei-ne

Got-tes Haus mich ein; Hier ist Got-tes
See-le fröh-lich sein!

An-ge-sicht, hier ist lau-ter Trost und Licht.

2. Ich bin, Herr, zu dir gekommen, / komme du nun auch zu mir. / Wo du Wohnung hast genommen, / da ist lauter Himmel hier. / Zieh in meinem Herzen ein, / laß es deinen Tempel sein.

3. Laß in Furcht mich vor dich treten, / heilige du Leib und Geist, / daß mein Singen und mein Beten / ein gefällig Opfer heißt. / Heilige du Mund und Ohr, / zieh das Herze ganz empor.

4. Mache mich zum guten Lande, / wenn dein Samkorn auf mich fällt. / Gib mir Licht in dem Verstande / und, was mir wird vorgestellt, / präge du im Herzen ein, / laß es mir zur Frucht gedeihn. *Mt 13,23*

5. Stärk in mir den schwachen Glauben, / laß dein teures Kleinod mir / nimmer aus dem Herzen rauben, / halte mir dein Wort stets für, / daß es mir zum Leitstern dient / und zum Trost im Herzen grünt.

6. Rede, Herr, so will ich hören, / und dein Wille werd erfüllt; / nichts laß meine Andacht stören, / wenn der Brunn des Lebens quillt; / speise mich mit Himmelsbrot, / tröste mich in aller Not.

T: BENJAMIN SCHMOLCK 1734
M: JOACHIM NEANDER 1680, DARMSTADT 1698

167 (Ö)

1. Wir wol-len fröh-lich sin - gen Gott,
un-serm lie-ben Herrn; der geb, daß es ge -
lin - ge zu sei-nem Lob und Ehrn.
Kehrvers
Lo - bet Gott, lo - bet Gott, der uns führt aus
Hal - - le - lu -
Hal - le - lu - ja,
al - ler Not, lo - bet Gott, lo - bet
ja, Hal - le - lu - - ja.
Hal - le - lu - - ja.
Gott, der uns führt aus al - ler Not.

2. Wir wollen fröhlich sagen, / wie Gott uns herzlich liebt / und auch in bösen Tagen / uns stets das Beste gibt.
Lobet Gott, lobet Gott, / der uns führt aus aller Not, / lobet Gott, lobet Gott, / der uns führt aus aller Not.

3. Wir wollen fröhlich fassen / die starke Vaterhand; / sie führt auf rechten Straßen / bis in das fernste Land.
Lobet Gott, lobet Gott, / der uns führt aus aller Not, / lobet Gott, lobet Gott, / der uns führt aus aller Not.

4. So wolln wir fröhlich wandern / durch diese Welt und Zeit, / bis Gott uns in der andern / die Heimat hält bereit.
Lobet Gott, lobet Gott, / der uns führt aus aller Not, / lobet Gott, lobet Gott, / der uns führt aus aller Not.

T: THEO SCHMID 1957, STR. 1 NACH
EINEM ANSINGELIED BEI VALENTIN TRILLER 1555
M UND SATZ: ERICH GRUBER 1953
NACH VALENTIN TRILLER 1555

168 Ö

2. Du legst uns deine Worte und deine Taten vor. / Du legst uns deine Worte und deine Taten vor. / Herr, öffne unsre Herzen und unser Ohr. / Herr, öffne unsre Herzen und unser Ohr.

3. Herr, sammle die Gedanken und schick uns deinen Geist. / Herr, sammle die Gedanken und schick uns deinen Geist, / der uns das Hören lehrt und dir folgen heißt, / der uns das Hören lehrt und dir folgen heißt.

4. Wenn wir jetzt weitergehen, dann sind wir nicht allein. / Wenn wir jetzt weitergehen, dann sind wir nicht allein. / Der Herr hat uns versprochen, bei uns zu sein. / Der Herr hat uns versprochen, bei uns zu sein.

5. Wir nehmen seine Worte und Taten mit nach Haus. / Wir nehmen seine Worte und Taten mit nach Haus / und richten unser Leben nach seinem aus / und richten unser Leben nach seinem aus.

6. Er hat mit seinem Leben gezeigt, was Liebe ist. / Er hat mit seinem Leben gezeigt, was Liebe ist. / Bleib bei uns heut und morgen, Herr Jesu Christ. / Bleib bei uns heut und morgen, Herr Jesu Christ.

T UND M: KURT ROMMEL 1967

169

3. Wir sagen Gott, was uns bedrückt. / Er hört uns ganz gewiß. / Wenn er uns einen Kummer schickt, / wenn uns mal nichts gelingt und glückt.
Singt nun Halleluja, Halleluja, Halleluja. / Er hört uns ganz gewiß.

4. Wir singen Gott ein schönes Lied. / Vergeßt nur nicht den Dank. / Er, der uns täglich Gutes gibt, / zeigt uns damit, daß er uns liebt.
Singt nun Halleluja, Halleluja, Halleluja. / Vergeßt nur nicht den Dank.

5. Der Gottesdienst soll fröhlich sein. / So fangen wir nun an. / Gott lädt uns alle zu sich ein, / und keines ist dafür zu klein.
Singt nun Halleluja, Halleluja, Halleluja. / So fangen wir nun an.

T UND M: MARTIN GOTTHARD SCHNEIDER 1975

170

2. Keiner kann allein Segen sich bewahren. / Weil du reichlich gibst, müssen wir nicht sparen. / Segen kann gedeihn, wo wir alles teilen, / schlimmen Schaden heilen, lieben und verzeihn.

3. Frieden gabst du schon, Frieden muß noch werden, / wie du ihn versprichst uns zum Wohl auf Erden. / Hilf, daß wir ihn tun, wo wir ihn erspähen – / die mit Tränen säen, werden in ihm ruhn.

4. Komm, Herr, segne uns, daß wir uns nicht trennen, / sondern überall uns zu dir bekennen. / Nie sind wir allein, stets sind wir die Deinen. / Lachen oder Weinen wird gesegnet sein.

T UND M: DIETER TRAUTWEIN 1978

171

2. Bewahre uns, Gott, / behüte uns, Gott, / sei mit uns in allem Leiden. / Voll Wärme und Licht / im Angesicht, / sei nahe in schweren Zeiten, / voll Wärme und Licht / im Angesicht, / sei nahe in schweren Zeiten.

3. Bewahre uns, Gott, / behüte uns, Gott, / sei mit uns vor allem Bösen. / Sei Hilfe, sei Kraft, / die Frieden schafft, / sei in uns, uns zu erlösen, / sei Hilfe, sei Kraft, / die Frieden schafft, / sei in uns, uns zu erlösen.

4. Bewahre uns, Gott, / behüte uns, Gott, / sei mit uns durch deinen Segen. / Dein Heiliger Geist, / der Leben verheißt, / sei um uns auf unsern Wegen, / dein Heiliger Geist, / der Leben verheißt, / sei um uns auf unsern Wegen.

T: EUGEN ECKERT (1985) 1987
M: ANDERS RUUTH (UM 1968) 1984
»LA PAZ DEL SEÑOR«

Ö 172

T: NACH PSALM 43,3–4
KANON FÜR 3 STIMMEN:
MÜNDLICH ÜBERLIEFERT

173

T: PSALM 121,8
KANON FÜR 3 STIMMEN:
HELMUT BORNEFELD 1947

174

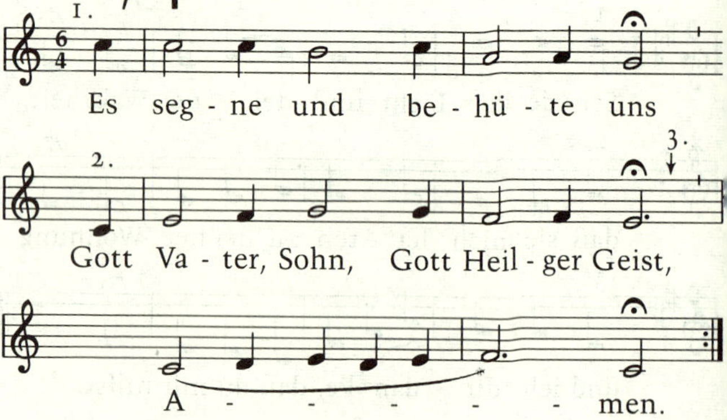

T: SEGENSBITTE AUS DER LITURGIE
KANON FÜR 3 STIMMEN:
HERMANN STERN UM 1960

175 Ö

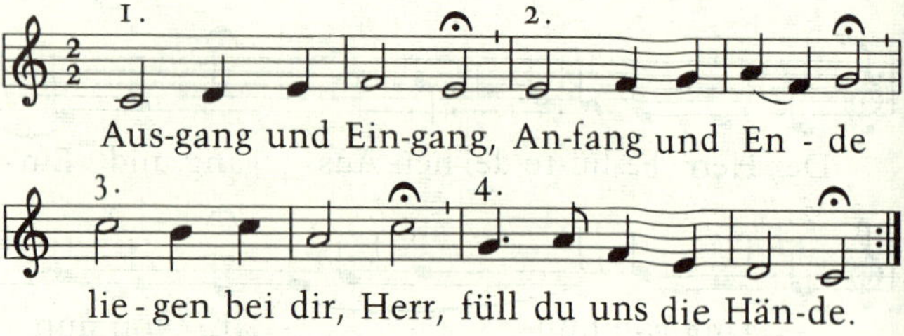

T UND KANON FÜR 4 STIMMEN:
JOACHIM SCHWARZ 1962

176

Es folgt der Spruch mit Amen.

T: PSALM 119,18; PSALM 69,33
M UND KANON FÜR 4 STIMMEN:
FRIEDEMANN GOTTSCHICK 1983

LITURGISCHE GESÄNGE

EHRE SEI DEM VATER (GLORIA PATRI)

177.1

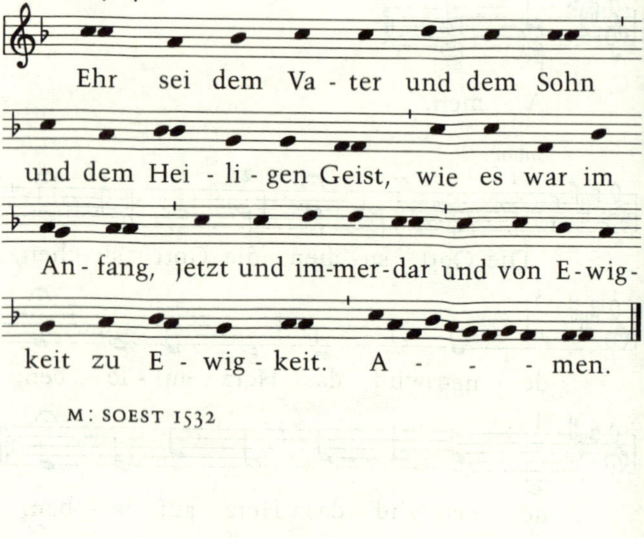

M: SOEST 1532

Die Gnade unseres Herrn Jesus Christus und die Liebe Gottes und die Gemeinschaft des heiligen Geistes sei mit euch allen!

2. KORINTHER 13,13

177.2

M: SOEST 1532 IN DER FASSUNG BAYERN 1856

177.3

M: GÖTZ WIESE 1987

HERR, ERBARME DICH (KYRIE)

178.1

M: GREGORIANISCHES KYRIE

178.2

M: STRASSBURG 1524

178.3

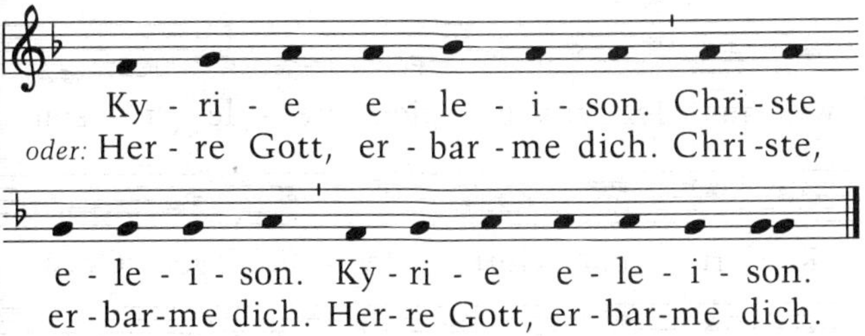

M: MARTIN LUTHER 1526

178.4

T UND M: NAUMBURG 1537/38 NACH »KYRIE FONS BONITATIS« UM 950

178.5 ö

M: HEINRICH ROHR 1952 NACH DEM GREGORIANISCHEN KYRIE XVI 11./12. JH.

Advents-Kyrie Ö 178.6

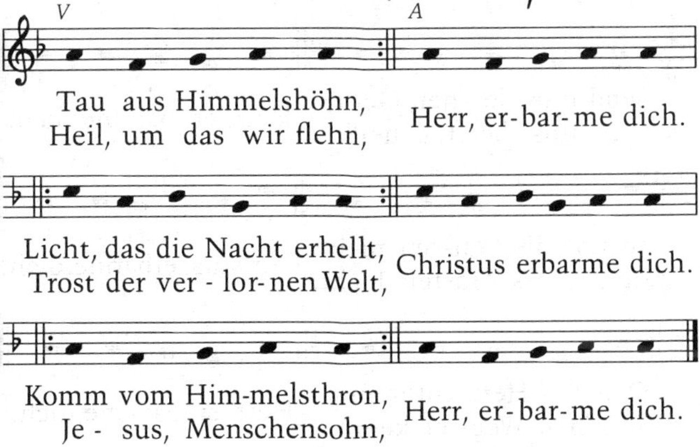

T: MARIA LUISE THURMAIR 1952
M: HERR, ERBARME DICH (NR. 178.5)

Oster-Kyrie Ö 178.7

T: MARIA LUISE THURMAIR 1975
M: HERR, ERBARME DICH (NR. 178.5)

178.8 Ö Pfingst-Kyrie

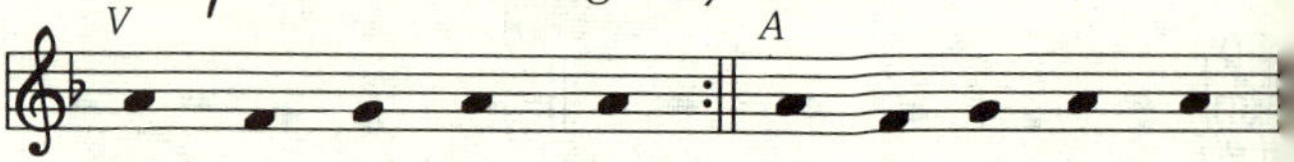

Send uns dei-nen Geist, der uns be-ten heißt, Herr, er-bar-me dich.

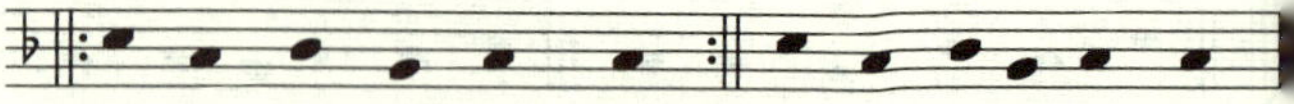

Laß uns als Wai-sen nicht, zeig uns des Trösters Licht, Christus, erbarme dich.

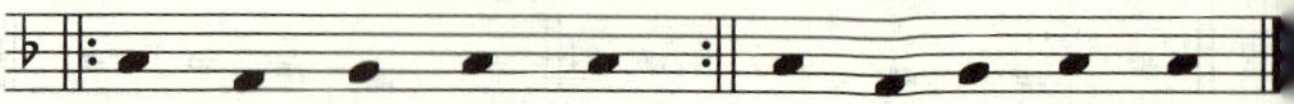

Daß das Herz entbrennt, dei-nen Weg er-kennt, Herr, er-bar-me dich.

T: MARIA LUISE THURMAIR 1974
M: HERR, ERBARME DICH (NR. 178.5)

178.9

M UND SATZ: ORTHODOXE LITURGIE AUS DER UKRAINE

Ö 178.10

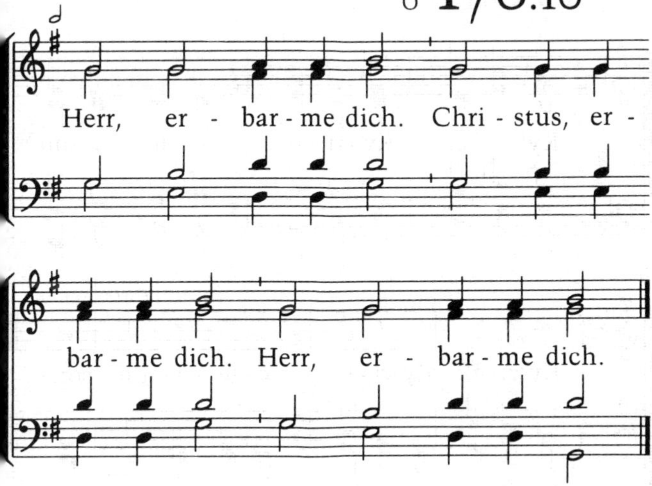

M UND SATZ: JOSEF SEUFFERT 1964

178.11

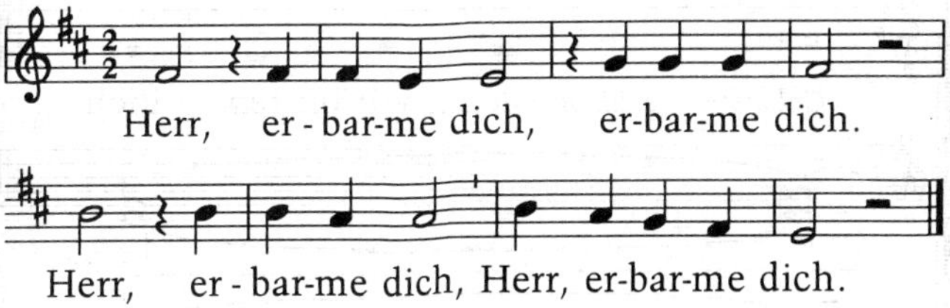

M: PETER JANSSENS 1973

178.12

M UND SATZ: JACQUES BERTHIER, TAIZÉ 1978

178.13

M: EWALD WEISS 1983

178.14

KANON FÜR 4 STIMMEN: HERBERT BEUERLE 1952

EHRE SEI GOTT IN DER HÖHE (GLORIA)

179 (Ö)

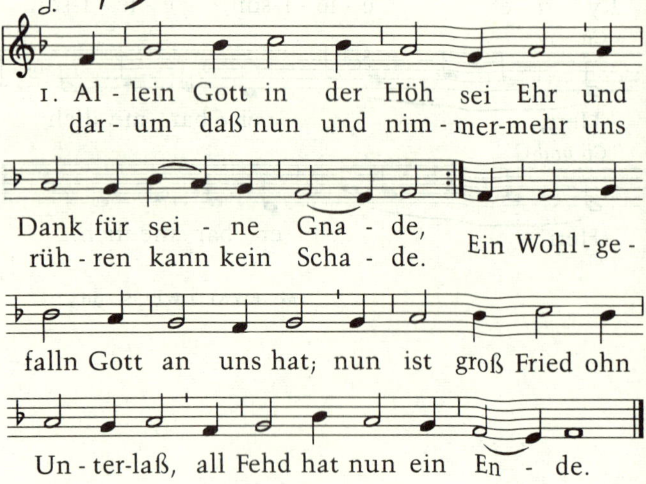

2. Wir loben, preisn, anbeten dich; / für deine Ehr wir danken, / daß du, Gott Vater, ewiglich / regierst ohn alles Wanken. / Ganz ungemessn ist deine Macht, / allzeit geschieht, was du bedacht. / Wohl uns solch eines Herren!

3. O Jesu Christ, Sohn eingeborn / des allerhöchsten Vaters, / Versöhner derer, die verlorn, / du Stiller unsers Haders, / Lamm Gottes, heilger Herr und Gott: / nimm an die Bitt aus unsrer Not, / erbarm dich unser aller.

4. O Heilger Geist, du höchstes Gut, / du allerheilsamst' Tröster: / vor Teufels G'walt fortan behüt, / die Jesus Christ erlöset / durch große Mart'r und bittern Tod; / abwend all unsern Jamm'r und Not! / Darauf wir uns verlassen.

T: NIKOLAUS DECIUS (1523) 1525 NACH DEM »GLORIA IN EXCELSIS DEO« 4. JH.; STR. 4: JOACHIM SLÜTER 1525
M: NIKOLAUS DECIUS (1523) 1539 NACH DEM GLORIA EINER OSTERMESSE 10. JH.

Aber Gott, dem ewigen König, dem Unvergänglichen und Unsichtbaren, der allein Gott ist, sei Ehre und Preis in Ewigkeit! Amen.

1. TIMOTHEUS 1,17

180.1

I
Eh - re sei Gott in der Hö - he
II
und auf Er - den Fried, den Men-schen ein
Wohl - ge - fal - len.
I
Wir lo - ben dich,
wir beten dich an,
II
wir prei - sen dich,
wir sagen dir Dank
I und II
um dei - ner gro - ßen
Eh - re wil - len,
I
Herr Gott, himm - li - scher
Kö - nig,
II
Gott, all - mäch - ti - ger Va - ter.
I und II
Herr, ein - ge - bor - ner Sohn, Je - su Chri - ste,
du Al - ler - höch - ster.
I
Herr Gott, Lamm Got - tes,
II
ein Sohn des Va - ters,
I
der du hin - nimmst

M: STRASSBURG 1524

180.2 Ö

T: ÖKUMENISCHE FASSUNG 1971
NACH »GLORIA IN EXCELSIS DEO« 4. JH.
M: AUGSBURG 1659

180.3

L Ehre sei Gott in der Höhe und Friede auf Erden bei den Menschen seines Wohlgefallens.

L Wir sagen dir Dank um deiner großen Ehre willen, Herr Gott, himmlischer König, Gott, allmächtiger Vater.

G Wir loben dich, wir beten dich an, wir preisen deine große Herrlichkeit.

L Herr, eingeborner Sohn, Jesus Christus, du Allerhöchster. Herr Gott, Lamm Gottes, ein Sohn des Vaters, der du hinnimmst die Sünde der Welt, erbarme dich unser.

G Wir loben dich, wir beten dich an, wir preisen deine große Herrlichkeit.

L Du bist allein heilig. Du bist allein der Herr, du bist allein der Höchste, Jesus Christus, mit dem Heiligen Geist in der Herrlichkeit Gottes des Vaters.

G Wir loben dich, wir beten dich an, wir preisen deine große Herrlichkeit.

Die L-Abschnitte können auch gesungen werden (gleichbleibender Ton oder Psalmton).

M: SCHWEDEN 1986

180.4

Dazu kann gesungen werden (Einsatz bei ↓):

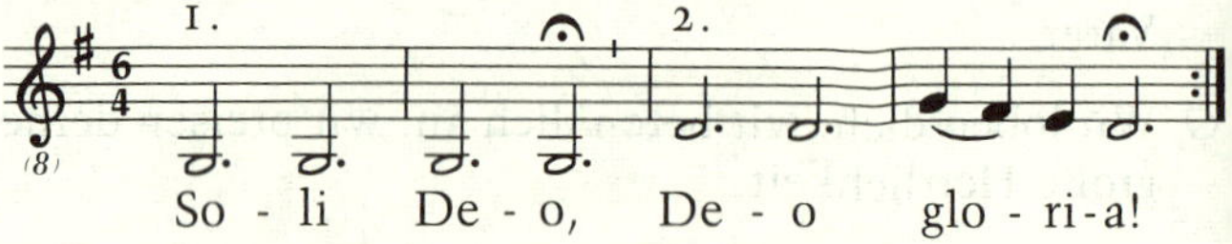

KANON FÜR 3 STIMMEN: HERBERT BEUERLE 1975
NACH NR. 179

LOBRUFE

181.1

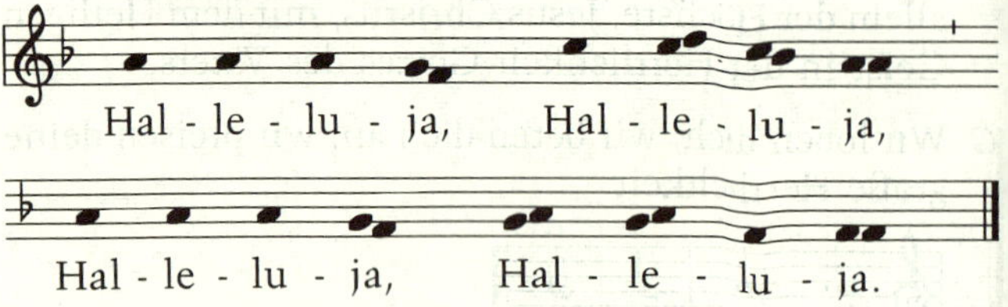

M: GREGORIANISCHE ANTIPHON ZUM 5. PSALMTON

Ö 181.2

M: GREGORIANISCHE ANTIPHON ZUM 8. PSALMTON

Ö 181.3

M: GREGORIANISCHE ANTIPHON ZUM 6. ODER 9. PSALMTON

181.4

M UND SATZ: ORTHODOXE LITURGIE AUS KIEW

181.5

M UND SATZ: ABRAHAM D. MARAIRE 1965

Gelobt sei der Herr, der Gott Israels,
von Ewigkeit zu Ewigkeit,
und alles Volk spreche: Amen!
Halleluja!

PSALM 106,48

181.6

T: NACH PSALM 117,1
M UND SATZ: JACQUES BERTHIER, TAIZÉ 1978

181.7

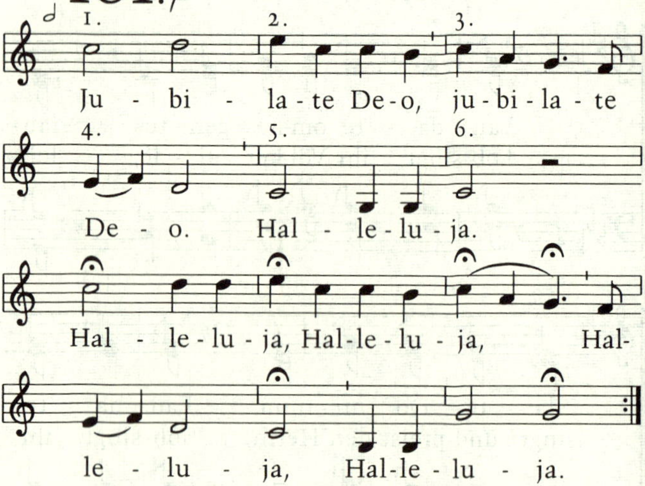

Deutscher Text: Jauchzet Gott, dem Herren

KANON FÜR 6 STIMMEN: MICHAEL PRAETORIUS 1610

181.8 Ö

KANON FÜR 2 STIMMEN: MÜNDLICH ÜBERLIEFERT

182

Hal - - le - - lu - - ja,
1. Hal-le-lu-ja, Hal-le-lu-, Hal-le-lu-ja,
2. Su-chet zu-erst Got-tes Reich in die-ser Welt,
Hal - - le - - lu - ja,
1. Hal-le-lu-ja, Hal-le-lu - ja.
2. sei-ne Ge-rech-tig-keit, A - men.
Hal - - le - - lu - - ja,
1. Hal-le-lu-ja, Hal-le-lu-, Hal-le-lu-ja,
2. So wird euch al-les von ihm hin-zu-ge-fügt.
Hal - - le - - lu - ja.
1. Hal-le-lu-ja, Hal-le-lu - ja.
2. Hal-le-lu-ja, Hal-le-lu - ja.

Mt 6,33

4. Laßt Gottes Licht durch euch scheinen in der Welt, / daß sie den Weg zu ihm findet / und sie mit euch jeden Tag Gott lobt und preist. / Halleluja, Halleluja. *Mt 5,16*

5. Ihr seid das Volk, das der Herr sich ausersehn. / Seid eines Sinnes und Geistes. / Ihr seid getauft durch den Geist zu einem Leib. / Halleluja, Halleluja. *1. Kor 12,13*

ORDNUNGEN DES HAUPTGOTTESDIENSTES

in der Evangelisch-Lutherischen Landeskirche Sachsens

ORDNUNGEN DES HAUPTGOTTESDIENSTES

in der Evangelisch-Lutherischen Landeskirche Sachsens

ABKÜRZUNGEN:

Ch: Chor
EG: Evangelisches Gesangbuch
G: Gemeinde
L: Liturg(in)
K: Kantor(in)

GOTTESDIENSTORDNUNG A

(Vom ersten Sonntag nach Trinitatis bis zum letzten Sonntag des Kirchenjahres und an den drei Sonntagen vor der Passionszeit)

ERÖFFNUNG UND ANRUFUNG

EINGANG (INTROITUS)

ORGELVORSPIEL
[CHORGESANG – EINGANGSPSALM]

EINGANGSLIED
[gegebenenfalls anschließend das GLORIA PATRI]

G:

BITTRUF UND LOBPREIS (KYRIE UND GLORIA)

Ch/L: *G:*

L/K/Ch:

G:

KOLLEKTENGEBET

L: Der Herr sei mit euch. *G:*

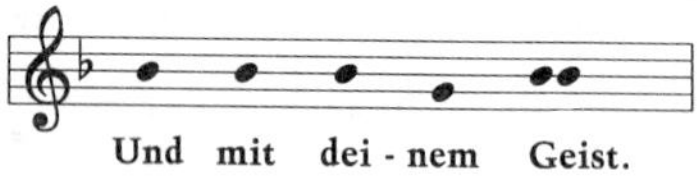

L: Gebet *G:*

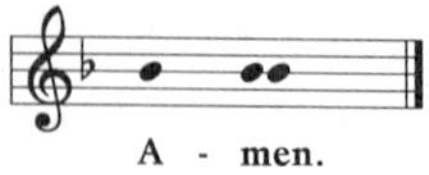

VERKÜNDIGUNG UND BEKENNTNIS

EPISTEL

Lesung der Epistel

G:

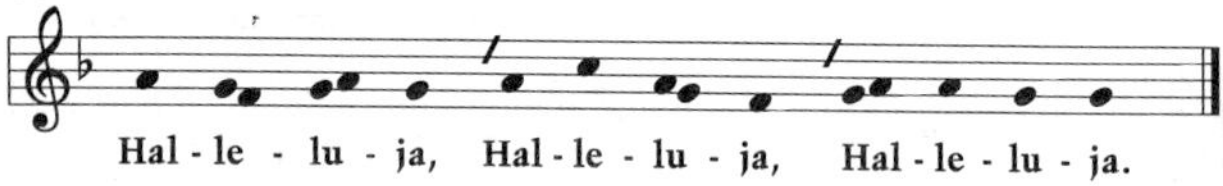

[Halleluja-Vers des Chores.
Die Gemeinde wiederholt das Halleluja.]

An den drei Sonntagen vor der Passionszeit entfällt das Halleluja.

LIED DER WOCHE ODER DES TAGES

EVANGELIUM

Ankündigung der Lesung
G:

Lesung des Evangeliums
G:

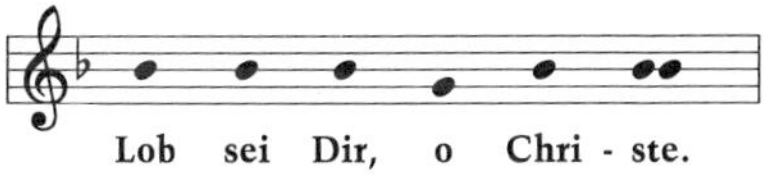

GLAUBENSBEKENNTNIS (CREDO)

Glaubenslied
oder
Apostolisches Glaubensbekenntnis:

G: **Ich glaube an Gott, den Vater, den Allmächtigen,**
den Schöpfer des Himmels und der Erde,
und an Jesus Christus,
seinen eingeborenen Sohn, unsern Herrn,
empfangen durch den Heiligen Geist,
geboren von der Jungfrau Maria,
gelitten unter Pontius Pilatus,
gekreuzigt, gestorben und begraben,
hinabgestiegen in das Reich des Todes,
am dritten Tage auferstanden von den Toten,
aufgefahren in den Himmel,
er sitzt zur Rechten Gottes, des allmächtigen Vaters,
von dort wird er kommen,
zu richten die Lebenden und die Toten.
Ich glaube an den Heiligen Geist,
die heilige christliche Kirche, Gemeinschaft der Heiligen,
Vergebung der Sünden,
Auferstehung der Toten und das ewige Leben.
Amen.

[Liedstrophe]

PREDIGT

L: Kanzelgruß *G:* **Amen**

Lesung des Predigttextes

Predigt

L: Kanzelsegen *G:* **Amen**

PREDIGTLIED

ABKÜNDIGUNGEN

DANKOPFER

Während der Einsammlung des Dankopfers Chor- oder Gemeindegesang

BEICHTE

Beichtgebet – Absolution

ALLGEMEINES KIRCHENGEBET (FÜRBITTENGEBET)

L: Gebet *G:* **Amen**

Wenn das HEILIGE ABENDMAHL *nicht im Gottesdienst gefeiert wird, schließt sich an das* ALLGEMEINE KIRCHENGEBET *das* VATERUNSER *an. Dann folgt die* ENTLASSUNG.

ABENDMAHL

GROSSES DANKGEBET (PRÄFATION)

L: Friede sei mit euch. *G:*

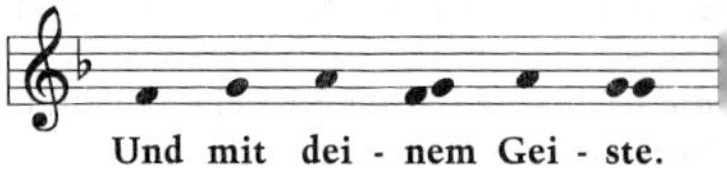

L: Die Herzen in die Höhe. *G:*

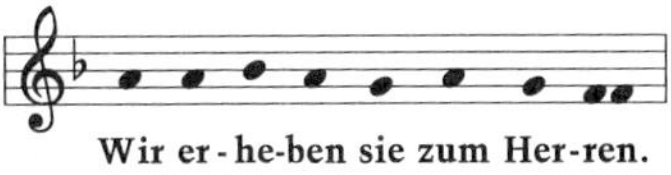

L: Lasset uns danksagen dem Herren, unserm Gotte. *G:*

L: Wahrhaftig würdig und recht …

HEILIG (SANCTUS)

G:

VATERUNSER

L: Vater unser im Himmel …

G:

EINSETZUNGSWORTE (KONSEKRATION)

AUSTEILUNG (KOMMUNION)

Während der Austeilung singt die Gemeinde:
»Christe, du Lamm Gottes« (Agnus Dei) *s. EG Nr. 190.2*

SCHLUSSGEBET (POSTCOMMUNIO)

L: Der Herr sei mit euch. *G:*

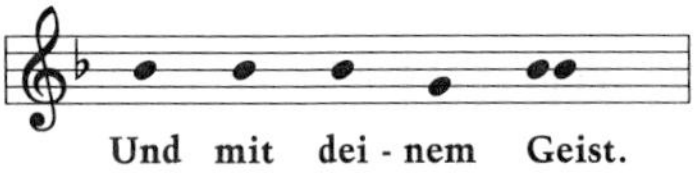

SPRUCH (VERSIKEL) *s. Nr. 961–975*

An den drei Sonntagen vor der Passionszeit entfällt das Halleluja.

L: Danket dem Herrn, denn er ist freundlich, Halleluja.

G:

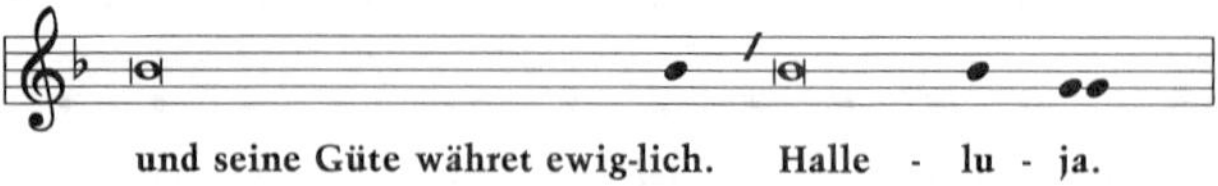

L: Gebet *G:*

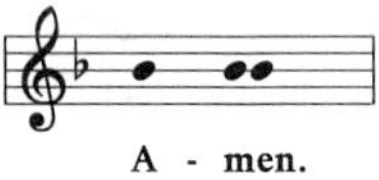

Eine zweite Form der Abendmahlsliturgie (Form B) ordnet die Stücke folgendermaßen:

GROSSES DANKGEBET (PRÄFATION)
HEILIG (SANCTUS)
ABENDMAHLSGEBET I
EINSETZUNGSWORTE (KONSEKRATION)
ABENDMAHLSGEBET II
VATERUNSER
FRIEDENSGRUSS
AUSTEILUNG (KOMMUNION)
SCHLUSSGEBET (POSTCOMMUNIO)

SENDUNG

ENTLASSUNG UND SEGEN

L: Gehet hin im Frieden des Herrn.

G:

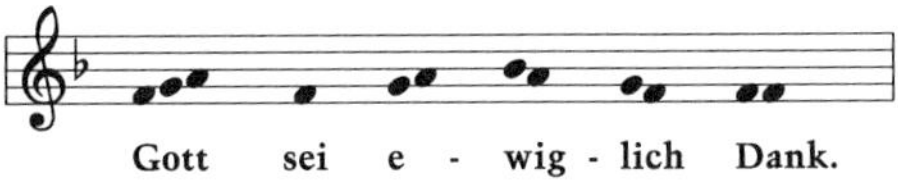

L: Segen

G:

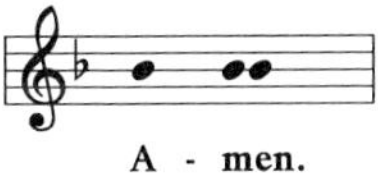

[SCHLUSSVERS]

ORGELNACHSPIEL

GOTTESDIENSTORDNUNG B

(Am 1. Advent, vom Christfest bis zum letzten Sonntag nach Epiphanias und von Ostern bis zum Trinitatisfest sowie an besonderen Festtagen)

ERÖFFNUNG UND ANRUFUNG

EINGANG (INTROITUS)

ORGELVORSPIEL

[CHORGESANG – EINGANGSPSALM]

EINGANGSLIED

[gegebenenfalls anschließend das GLORIA PATRI]

G:

BITTRUF UND LOBPREIS (KYRIE UND GLORIA)

Ch/K/L:

G:

L/K/Ch:

Chri-ste e - lei - son.

G:

Christe, er - bar - me dich.

Ky-ri - e e - lei-son.

Herr, erbarm dich ü-ber uns.

L/K/Ch:

Eh - re sei Gott in der Hö - he.

G: **Allein Gott in der Höh sei Ehr ...**

(EG Nr. 179 Strophe 1–4 oder Strophe 1)

oder

L/K/Ch:

Eh - re sei Gott in der Hö - he

G:

und auf Er-den Fried, den Men-schen sein Wohl-ge - fal - len.

G: (Ch:) im Wechsel zwischen I und II

I Wir lo - ben dich, wir beten dich an,

II wir prei - sen dich, wir sagen dir Dank

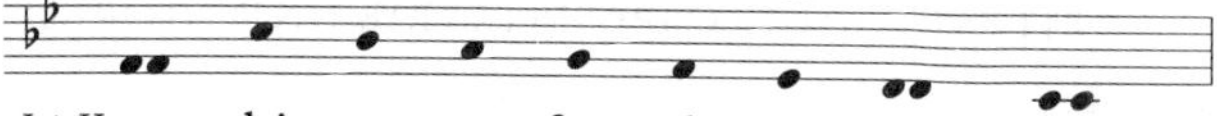

I + II um dei - ner gro - ßen Eh - re wil - len.

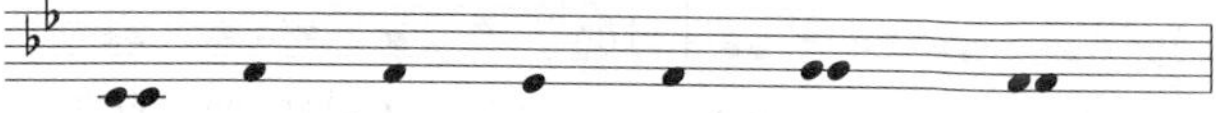

I Herr Gott, himm - li - scher Kö - nig,

II Gott all - mäch - ti - ger Va - ter.
I + II Herr, ein - ge - bor - ner Sohn, Je - su
Chri - ste, du Al - ler - höch - ster.
I Herr Gott, Lamm Got - tes, II ein Sohn des Va - ters,
I der du hin - nimmst die Sünd der Welt:
Er - barm dich un - ser, II der du hin-nimmst
die Sünd der Welt: Nimm an un - ser Ge - bet,
I + II der du sit - zest zu der Rech - ten des Va - ters:
Er - barm dich un - ser. I Denn du bist al - lein hei - lig,
II du bist al - lein der Herr, I du bist al - lein der Höchst,
Je - su Chri - ste, II mit dem Heil - gen Geist
in der Herr - lich - keit Gott des Va - ters.
I + II A - - - - - - - - - - men.

KOLLEKTENGEBET

L: Der Herr sei mit euch. *G:*

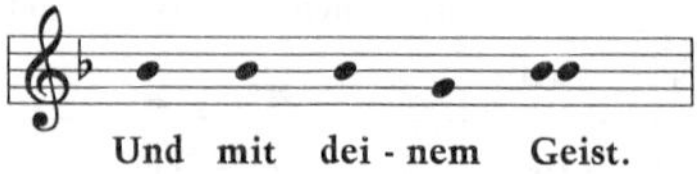

L: Gebet *G:*

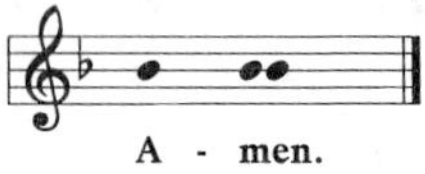

VERKÜNDIGUNG UND BEKENNTNIS

EPISTEL

Lesung der Epistel
G:

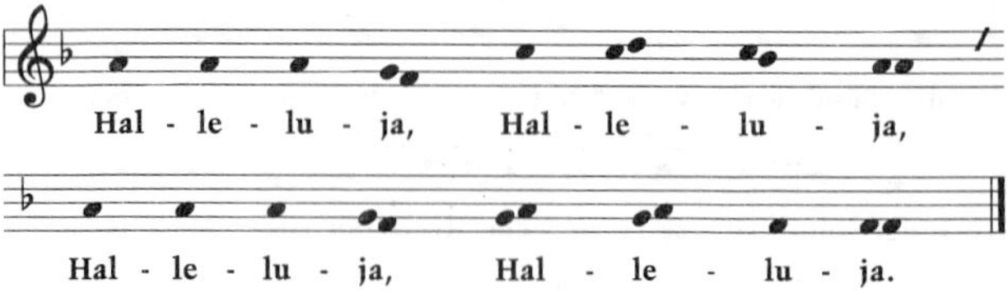

[Halleluja-Vers des Chores.
Die Gemeinde wiederholt das Halleluja.]

In der österlichen Freudenzeit singt der Chor einen zweiten Halleluja-Vers. Die Gemeinde wiederholt nochmals das Halleluja.

LIED DER WOCHE ODER DES TAGES

EVANGELIUM

Ankündigung der Lesung
G:

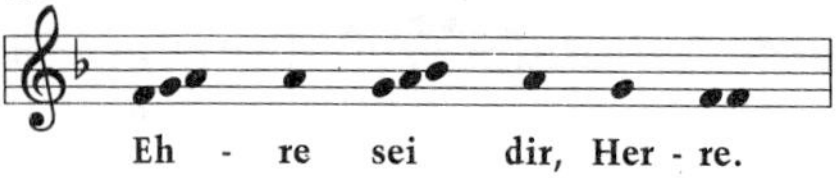

Lesung des Evangeliums

G:

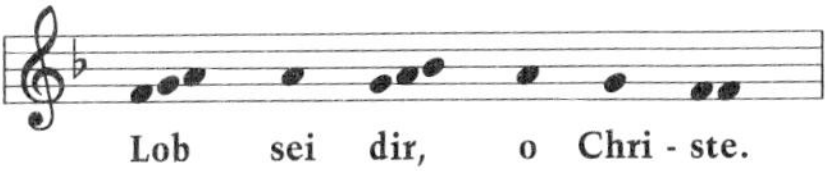

GLAUBENSBEKENNTNIS (CREDO)

Glaubenslied

oder

Apostolisches Glaubensbekenntnis

oder

Nizänisches Glaubensbekenntnis:

G: **Wir glauben an den einen Gott, den Vater, den Allmächtigen,**
der alles geschaffen hat, Himmel und Erde,
die sichtbare und die unsichtbare Welt.
Und an den einen Herrn Jesus Christus, Gottes eingeborenen Sohn,
aus dem Vater geboren vor aller Zeit:
Gott von Gott, Licht vom Licht, wahrer Gott vom wahren Gott,
gezeugt, nicht geschaffen, eines Wesens mit dem Vater;
durch ihn ist alles geschaffen.
Für uns Menschen und zu unserem Heil ist er vom Himmel gekommen,
hat Fleisch angenommen durch den Heiligen Geist von der Jungfrau Maria
und ist Mensch geworden.
Er wurde für uns gekreuzigt unter Pontius Pilatus,
hat gelitten und ist begraben worden,
ist am dritten Tage auferstanden nach der Schrift
und aufgefahren in den Himmel.
Er sitzt zur Rechten des Vaters
und wird wiederkommen in Herrlichkeit,
zu richten die Lebenden und die Toten;
seiner Herrschaft wird kein Ende sein.
Wir glauben an den Heiligen Geist,
der Herr ist und lebendig macht,
der aus dem Vater und dem Sohn hervorgeht,
der mit dem Vater und dem Sohn angebetet und verherrlicht wird,
der gesprochen hat durch die Propheten,
und die eine, heilige, christliche und apostolische Kirche.
Wir bekennen die eine Taufe zur Vergebung der Sünden.
Wir erwarten die Auferstehung der Toten
und das Leben der kommenden Welt.
Amen.

[Liedstrophe]

PREDIGT

L: Kanzelgruß — *G:* **Amen**

Lesung des Predigttextes

Predigt
L: Kanzelsegen — *G:* **Amen**

PREDIGTLIED

ABKÜNDIGUNGEN

DANKOPFER

Während der Einsammlung des Dankopfers Chor- oder Gemeindegesang.

BEICHTE

Beichtgebet – Absolution

ALLGEMEINES KIRCHENGEBET (FÜRBITTENGEBET)

L: Gebet — *G:* **Amen**

Wenn das HEILIGE ABENDMAHL *nicht im Gottesdienst gefeiert wird, schließt sich an das* ALLGEMEINE KIRCHENGEBET *das* VATERUNSER *an. Dann folgt die* ENTLASSUNG.

ABENDMAHL

GROSSES DANKGEBET (PRÄFATION)

L: Friede sei mit euch. *G:*

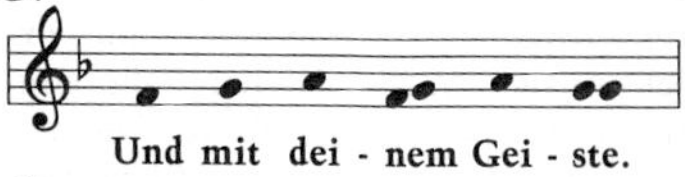

L: Die Herzen in die Höhe. *G:*

L: Lasset uns danksagen dem Herren, unserm Gotte.

G:

L: Wahrhaft würdig und recht …

HEILIG (SANCTUS)

G:

VATERUNSER

L: Vater unser im Himmel …

G:

EINSETZUNGSWORTE (KONSEKRATION)

AUSTEILUNG (KOMMUNION)

Während der Austeilung singt die Gemeinde:
»Christe, du Lamm Gottes« (Agnus Dei) *s. EG Nr. 190.2*

SCHLUSSGEBET (POSTCOMMUNIO)

L: Der Herr sei mit euch. *G:*

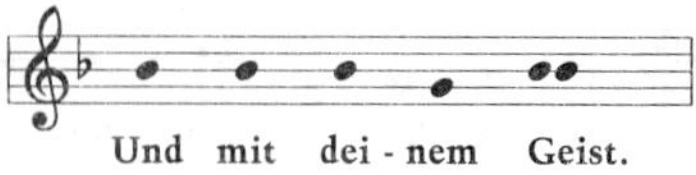

SPRUCH (VERSIKEL) *s. Nr. 961–975*

L: Danket dem Herrn, denn er ist freundlich, Halleluja.

G:

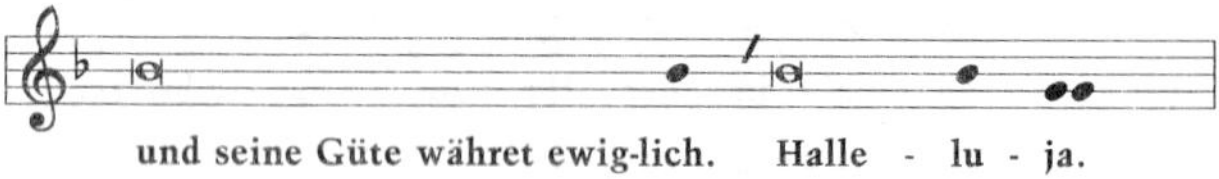

L: Gebet *G:*

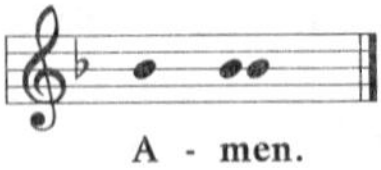

Eine zweite Form der Abendmahlsliturgie (Form B) ordnet die Stücke folgendermaßen:

GROSSES DANKGEBET (PRÄFATION)
HEILIG (SANCTUS)
ABENDMAHLSGEBET I
EINSETZUNGSWORTE (KONSEKRATION)
ABENDMAHLSGEBET II
VATERUNSER
FRIEDENSGRUSS
AUSTEILUNG (KOMMUNION)
SCHLUSSGEBET (POSTCOMMUNIO)

SENDUNG

ENTLASSUNG UND SEGEN

L: Gehet hin im Frieden des Herrn.

G:

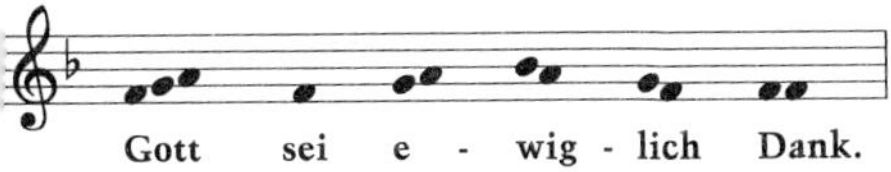

L: Segen

G:

[SCHLUSSVERS]

ORGELNACHSPIEL

GOTTESDIENSTORDNUNG C

(Vom 2. bis 4. Advent, in der Passionszeit und an Buß- und Bittagen)

ERÖFFNUNG UND ANRUFUNG

EINGANG (INTROITUS)

ORGELVORSPIEL

[CHORGESANG – EINGANGSPSALM]

EINGANGSLIED,

[gegebenenfalls anschließend das GLORIA PATRI]

G:

Vom Sonntag Judika bis zum Karsonnabend fällt das GLORIA PATRI *fort.*

BITTRUF (KYRIE)

K/Ch/L:

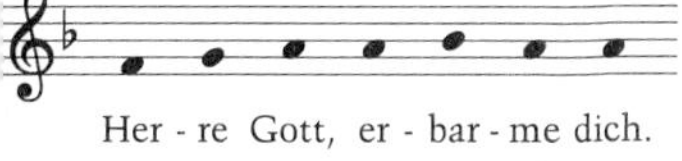

G:

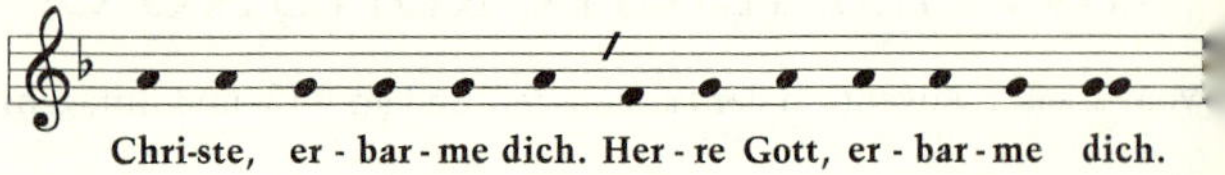

[*Am Gründonnerstag kann das* GLORIA IN EXCELSIS *gesungen werden.*]

KOLLEKTENGEBET

L: Der Herr sei mit euch.

G:

L: Gebet

G:

VERKÜNDIGUNG UND BEKENNTNIS

EPISTEL

Lesung der Epistel

G:

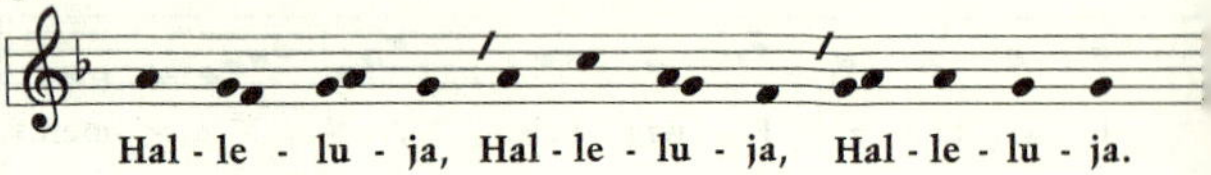

[Halleluja-Vers des Chores.
Die Gemeinde wiederholt das Halleluja.]

In der Passionszeit und an Buß- und Bittagen entfällt das Halleluja

LIED DER WOCHE ODER DES TAGES

EVANGELIUM

Ankündigung der Lesung

G:

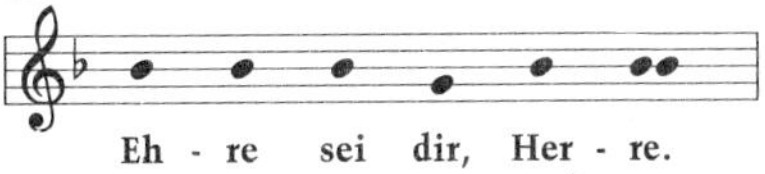

Lesung des Evangeliums

G:

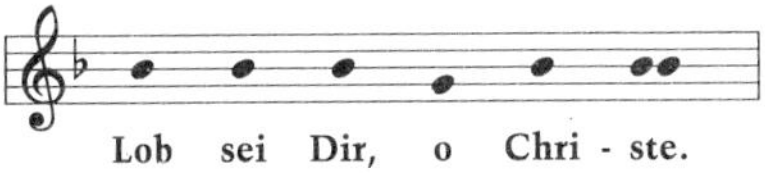

GLAUBENSBEKENNTNIS (CREDO)

Glaubenslied

oder

Apostolisches Glaubensbekenntnis:

G: **Ich glaube an Gott, den Vater, den Allmächtigen,**
den Schöpfer des Himmels und der Erde,
und an Jesus Christus,
seinen eingeborenen Sohn, unsern Herrn,
empfangen durch den Heiligen Geist,
geboren von der Jungfrau Maria,
gelitten unter Pontius Pilatus,
gekreuzigt, gestorben und begraben,
hinabgestiegen in das Reich des Todes,
am dritten Tage auferstanden von den Toten,
aufgefahren in den Himmel;
er sitzt zur Rechten Gottes, des allmächtigen Vaters,
von dort wird er kommen,
zu richten die Lebenden und die Toten.
Ich glaube an den Heiligen Geist,
die heilige christliche Kirche, Gemeinschaft der Heiligen,
Vergebung der Sünden,
Auferstehung der Toten und das ewige Leben.
Amen.

[Liedstrophe]

[*Am Karfreitag und an Buß- und Bittagen kann das Credo wegfallen.*]

PREDIGT

L: Kanzelgruß — *G:* **Amen**

Lesung des Predigttextes

Predigt

L: Kanzelsegen — *G:* **Amen**

PREDIGTLIED

ABKÜNDIGUNGEN

DANKOPFER

Während der Einsammlung des Dankopfers Chor- oder Gemeindegesang

BEICHTE

Beichtgebet – Absolution

ALLGEMEINES KIRCHENGEBET (FÜRBITTENGEBET)

L: Gebet — *G:* **Amen**

An Buß- und Bittagen wird an Stelle des ALLGEMEINEN KIRCHENGEBETES *die* LITANEI *(EG Nr. 192) gebetet.*

Wenn das HEILIGE ABENDMAHL *nicht im Gottesdienst gefeiert wird, schließt sich an das* ALLGEMEINE KIRCHENGEBET *das* VATERUNSER *an. Dann folgt die* ENTLASSUNG.

ABENDMAHL

GROSSES DANKGEBET (PRÄFATION)

L: Friede sei mit euch. — *G:*

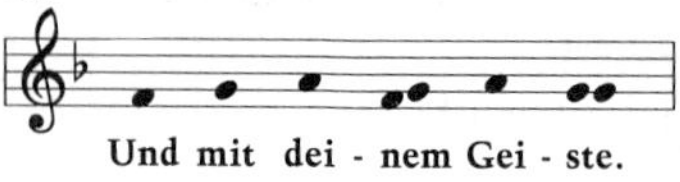

L: Die Herzen in die Höhe. *G:*

L: Lasset uns danksagen dem Herren, unserem Gotte. *G:*

L: Wahrhaftig würdig und recht …

HEILIG (SANCTUS)

G:

oder
HEILIG (SANCTUS) der Gottesdienstordnung A

VATERUNSER

L: Vater unser im Himmel …

G:

EINSETZUNGSWORTE (KONSEKRATION)

AUSTEILUNG (KOMMUNION)

Während der Austeilung singt die Gemeinde:
»Christe, du Lamm Gottes« (Agnus Dei) *s. EG Nr. 190.2*

SCHLUSSGEBET (POSTCOMMUNIO)

L: Der Herr sei mit euch. *G:*

SPRUCH (VERSIKEL)

s. Nr. 961–975

In der Passionszeit und an Buß- und Bittagen entfällt das Halleluja.

L: Danket dem Herrn, denn er ist freundlich, [Halleluja]

G:

oder

G:

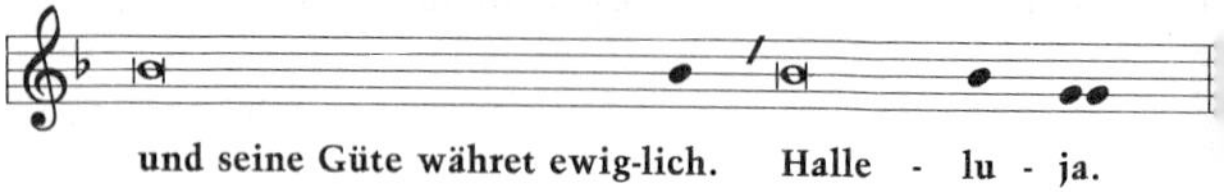

L: Gebet

G:

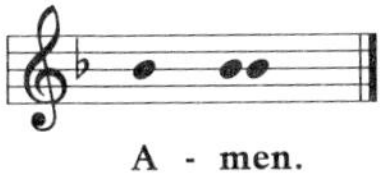

Eine zweite Form der Abendmahlsliturgie (Form B) ordnet die Stücke folgendermaßen:

GROSSES DANKGEBET (PRÄFATION)
HEILIG (SANCTUS)
ABENDMAHLSGEBET I
EINSETZUNGSWORTE (KONSEKRATION)
ABENDMAHLSGEBET II
VATERUNSER
FRIEDENSGRUSS
AUSTEILUNG (KOMMUNION)
SCHLUSSGEBET (POSTCOMMUNIO)

SENDUNG

ENTLASSUNG UND SEGEN

L: Gehet hin im Frieden des Herrn.

G:

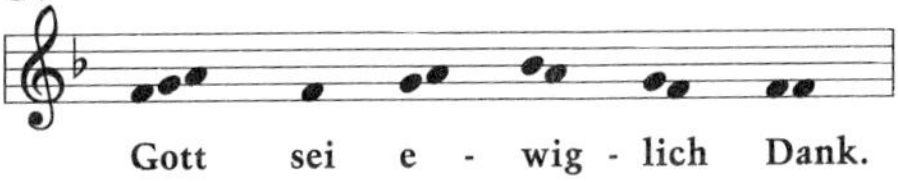

L: Segen

G:

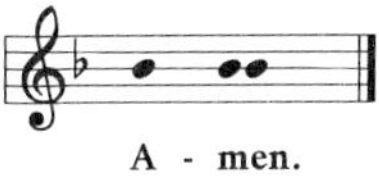

[SCHLUSSVERS]

ORGELNACHSPIEL

VERSIKEL

ZUM SCHLUSSGEBET NACH DEM ABENDMAHL

Jeder Versikel schließt in jeder Zeile mit Halleluja.

Von Septuagesimä bis Karsonnabend, am Gedenktag der Entschlafenen sowie an Buß- und Bittagen fällt das Halleluja weg, ebenso wie nach der Epistel.

ALLGEMEIN

961 Danket dem Herrn, denn er ist freundlich,
und seine Güte währet ewiglich.

962 Er hat ein Gedächtnis gestiftet seiner Wunder,
der gnädige und barmherzige Herr.
siehe auch Versikel Nr. 969

ADVENT UND ENDE DES KIRCHENJAHRES

963 Siehe, es kommt der Herr, der Herrscher,
und in seiner Hand ist das Reich und die Kraft und die Herrlichkeit.

WEIHNACHTEN UND EPIPHANIAS

964 Das Wort ward Fleisch und wohnte unter uns,
und wir sahen seine Herrlichkeit.

965 Kündlich groß ist das gottselige Geheimnis, Gott ist geoffenbaret im Fleisch.

VOR UND IN DEN FASTEN

966 Gedenke, Herr, an deine Barmherzigkeit
und an deine Güte, die von der Welt her gewesen ist.

967 Christus hat geliebet die Gemeinde
und hat sich selbst für sie gegeben.

OSTERN UND ÖSTERLICHE FREUDENZEIT

968 Christus hat dem Tode die Macht genommen
und das Leben und ein unvergänglich Wesen ans Licht gebracht.

HIMMELFAHRT UND EXAUDI

969 Alle Zungen sollen bekennen, daß Jesus Christus der Herr sei,
zur Ehre Gottes des Vaters.

PFINGSTEN

970 Ich will meinen Geist ausgießen über alles Fleisch,
den Geist der Gnade und des Gebets.

AN DANKTAGEN

971 Ich will mich freuen des Herrn
und fröhlich sein in Gott, meinem Heil.

AN BUSS- UND BITTAGEN

972 Wir haben einen Gott, der da hilft,
und den Herrn Herrn, der vom Tode errettet.

ZUM SCHLUSSGEBET NACH DER LITANEI

AN BUSS- UND BITTAGEN

973 Herr, handle nicht mit uns nach unsern Sünden
und vergilt uns nicht nach unserer Missetat.
siehe auch Versikel Nr. 972

BEI ORDINATIONEN UND EINSEGNUNGEN

974 Schaffe in mir, Gott, ein reines Herz
und gib mir einen neuen, gewissen Geist.

ZUM SCHLUSSGEBET NACH DEM TE DEUM

Dem Benedikamus kann das Te Deum, Nr. 191, folgen. Der Liturg intoniert »Herr Gott, dich loben wir«. Gemeinde und Chor fahren fort. Der Gottesdienst endet dann mit dem folgenden Versikel, Schlußgebet und Segen.

975 Herr, ich will dich täglich loben, Halleluja,
und deinen Namen rühmen immer und ewiglich, Halleluja.
siehe auch Versikel Nr. 961 und 971

1. Un - fall will er weh - ren, kein Leid
2. Heil-gen Geist im Glau - ben; für uns,
3. Sünd ver - ge - ben wer - den, das Fleisch

1. soll uns wi - der-fah - ren. Er sor - get
2. die wir warn ver- lo - ren, am Kreuz ge -
3. soll auch wie- der le - ben. Nach die - sem

1. für uns, hüt' und wacht;
2. stor - ben und vom Tod
3. E - lend ist be - reit'

1. es steht al - les in sei - ner Macht.
2. wie - der auf - er - stan - den durch Gott.
3. uns ein Le - ben in E - wig - keit.

Nach der 3. Strophe:

A - - - men.

oder:

A-men.

T: MARTIN LUTHER 1524
NACH EINER LATEINISCHEN
UND DEUTSCHEN STROPHE
BRESLAU 1417 UND ZWICKAU UM 1500
M: 15. JH., WITTENBERG 1524

184 Ö

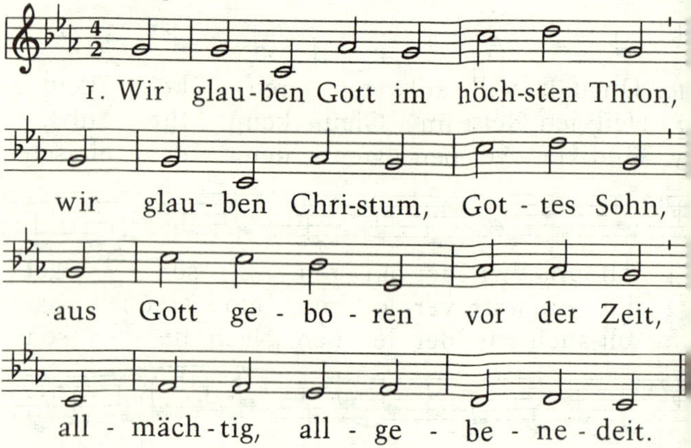

2. Wir glauben Gott, den Heilgen Geist, / den Tröster, der uns unterweist, / der fährt, wohin er will und mag, / und stark macht, was daniederlag.

3. Den Vater, dessen Wink und Ruf / das Licht aus Finsternissen schuf, / den Sohn, der annimmt unsre Not, / litt unser Kreuz, starb unsern Tod.

4. Der niederfuhr und auferstand, / erhöht zu Gottes rechter Hand, / und kommt am Tag, vorherbestimmt, / da alle Welt ihr Urteil nimmt.

5. Den Geist, der heilig insgemein / läßt Christen Christi Kirche sein, / bis wir, von Sünd und Fehl befreit, / ihn selber schaun in Ewigkeit.

T: RUDOLF ALEXANDER SCHRÖDER 1937
M: CHRISTIAN LAHUSEN (VOR 1945) 1948

HEILIG, HEILIG, HEILIG (SANCTUS)

Jesaja 6,3; Matthäus 21,9

185.1

M: NEUENRADE 1564 NACH JÜDISCHEN MELODIEFORMELN, CHRISTLICH 12./13. JH.

185.2

M: GREGORIANISCH 13. JH.

185.3

M: STEINAU/ODER 1726

185.4

T, M UND SATZ:
ORTHODOXE LITURGIE AUS GRIECHENLAND

185.5

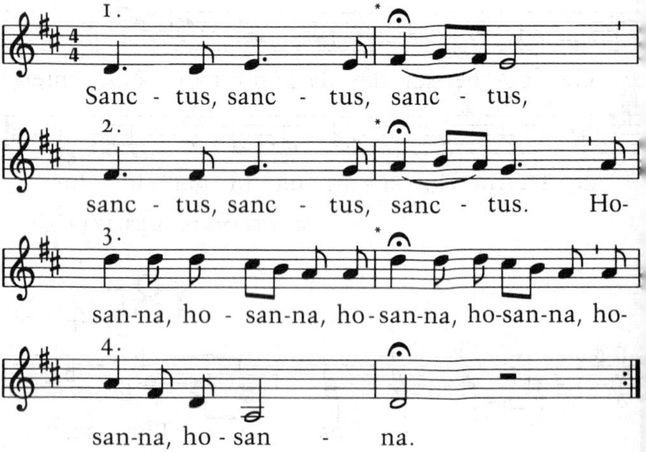

KANON FÜR 4 STIMMEN: MÜNDLICH ÜBERLIEFERT

* *am Schluß:*

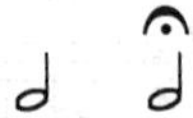

Heilig, heilig, heilig ist der Herr Zebaoth, alle Lande sind seiner Ehre voll!

JESAJA 6,3

VATER UNSER Matthäus 6,9–13

Ö 186

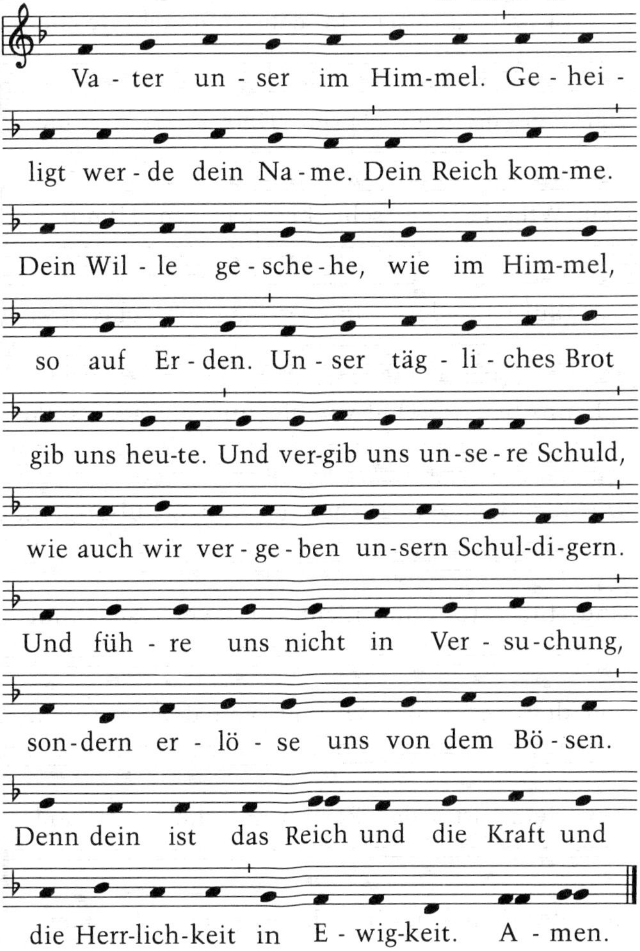

M: ÖKUMENISCHE FASSUNG 1973 NACH EINEM GREGORIANISCHEN VATERUNSER

187

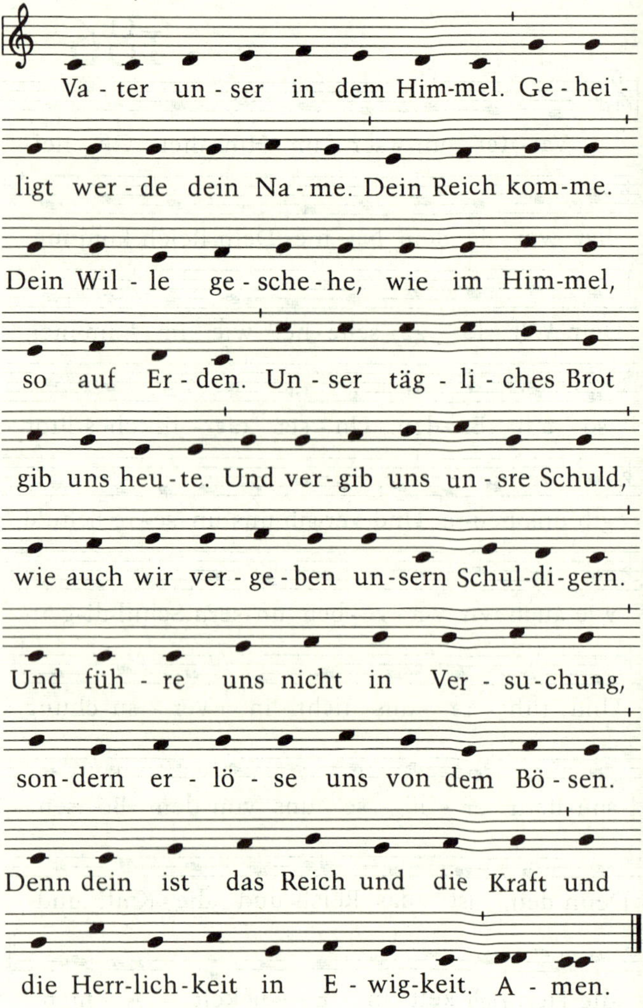

M: FRANKFURT / MAIN 1567

188

V
Va - ter un - ser, Va-ter im Him-mel.
A
V
Ge-hei - ligt wer-de dein Na - me. Dein
Reich komme, dein Wil - le ge-sche - he.
A
Ge-hei - ligt wer-de dein Na - me.
V
Wie im Him-mel, so auch auf Er - den.
A
V
Ge-hei - ligt wer-de dein Na - me. Un-ser
täg - lich Brot, Herr, gib uns heu - te.
A
Ge-hei - ligt wer-de dein Na - me.
V
Und ver - gib uns un - se - re Schuld.

A
V
Ge-hei - ligt wer-de dein Na - me. Wie auch
wir ver - ge - ben un - se-ren Schuldnern.
A
Ge-hei - ligt wer-de dein Na - me.
V
Und führ uns, Herr, nicht in Ver-su-chung.
A
V
Ge-hei - ligt wer-de dein Na - me. Son -
dern er - lö - se uns von dem Bö - sen.
A
Ge-hei - ligt wer-de dein Na - me.
V
Denn dein ist das Reich und die Kraft.
A
V
Ge-hei - ligt wer-de dein Na - me. Und die

TEXTGESTALTUNG UND M: ERNST ARFKEN 1958
NACH EINEM WESTINDISCHEN CALYPSO

NACH DEN EINSETZUNGSWORTEN

Ö 189

T UND M: NACH EINER ALTKIRCHLICHEN
ABENDMAHLSLITURGIE AUS SYRIEN

LAMM GOTTES (AGNUS DEI) Johannes 1,29

190.1 (Ö)

T: NIKOLAUS DECIUS (1523) 1531 NACH DEM ALTKIRCHLICHEN »AGNUS DEI«
M: NIKOLAUS DECIUS (1523)
ERFURT 1542 (SÜDDEUTSCHE FORM),
MAGDEBURG 1545 (NORDDEUTSCHE FORM);
ÖKUMENISCHE FASSUNG 1973

(Ö) 190.2

M: MARTIN LUTHER (1525) 1528

190.3

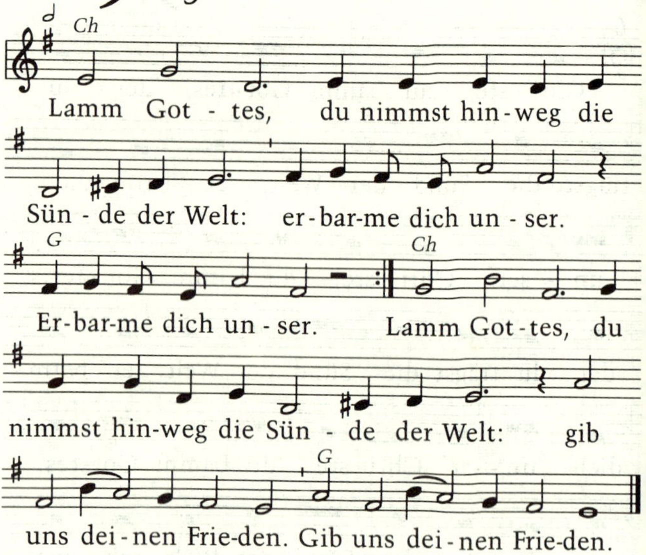

M: EWALD WEISS 1983

190.4 Ö

Die Stimmen schließen nacheinander.

T: JOHANNES 1,29
KANON FÜR 2 BIS 6 STIMMEN: ROLF SCHWEIZER 1972

TE DEUM

191

(Jes 6,2.3)

I

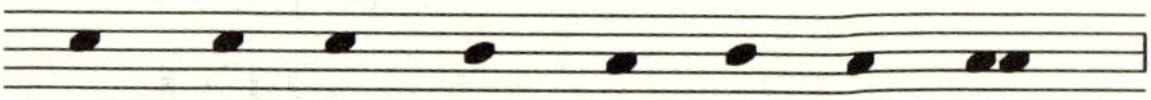

Dein gött-lich Macht und Herr-lich - keit
Der hei - li - gen zwölf Bo - ten Zahl
die teu - ren Mär - t'rer all - zu - mal
Die gan - ze wer - te Chri-sten - heit
Dich, Gott Va - ter im höch-sten Thron,
den Heil-gen Geist und Trö - ster wert

II

geht über Him - mel und Er - den weit.
und die lie - ben Pro - phe - ten all,
lo - ben dich, Herr, mit gro - ßem Schall.
rühmt dich auf Er - den al - le - zeit.
dei - nen rech - ten und ein' - gen Sohn,
mit rech - tem Dienst sie lobt und ehrt.

Du König der Eh - ren, Je - su Christ,
der Jung-frau Leib nicht hast ver - schmäht,
Du hast dem Tod zer - stört sein Macht
Du sitzt zur Rech - ten Got - tes gleich
Ein Rich - ter du zu - künf - tig bist

Gott Va - ters ew - ger Sohn du bist;
zu erlö-sen das mensch-lich Ge - schlecht.
und all Chri-sten zum Him-mel bracht.
mit al - ler Ehr ins Va - ters Reich.
al - les, das tot und le - bend ist.

I
Nun hilf uns, Herr, den Die-nern dein,
II
die mit deim teu'rn Blut er-lö-set sein;
laß uns im Him-mel ha-ben teil
mit den Heil-gen in ew-gem Heil.
Hilf dei-nem Volk, Herr Je-su Christ,
und seg-ne, das dein Erb-teil ist,
wart und pfleg ihr' zu al-ler Zeit
und heb sie hoch in E-wig-keit.
Täg-lich, Herr Gott, wir lo-ben dich
und ehrn dein' Na-men ste-tig-lich.

I

Be - hüt uns heut, o treu - er Gott,
Sei uns gnä - dig, o Her - re Gott,
Zeig uns dei - ne Barm - her - zig - keit,

II

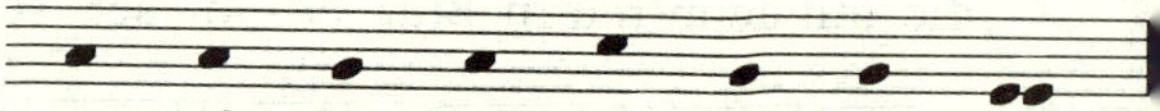

vor al - ler Sünd und Mis - se - tat.
sei uns gnä - dig in al - ler Not.
wie un - sre Hoff-nung zu dir steht.

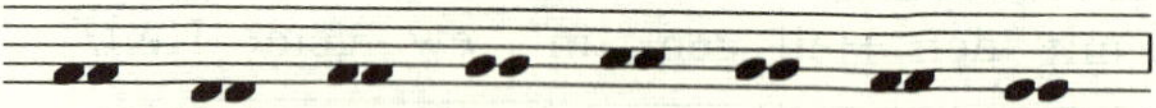

Auf dich hof - fen wir, lie - ber Herr,

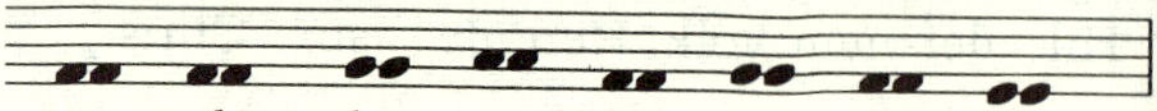

in Schan - den laß uns nim - mer - mehr.

I und II

A - - men.

T UND M: MARTIN LUTHER 1529
NACH DEM »TE DEUM LAUDAMUS« 4. JH.

LITANEI

192

V
A
Ky - ri - e e - le - i - son.
Chri - ste e - le - i - son.
Ky - ri - e e - le - i - son.
Chri - ste, er - hö - re uns.
V
Herr Gott Va - ter im Him - mel,
Herr Gott Sohn, der Welt Hei - land,
Herr Gott Hei - li - ger Geist,
A
er - barm dich ü - ber uns.
er - barm dich ü - ber uns.
er - barm dich ü - ber uns.

Sei uns gnädig, verschon uns, lieber Herre Gott.
Sei uns gnädig, hilf uns, lieber Herre Gott.

Vor allen Sünden, vor Verirrung und al-lem Ü-bel

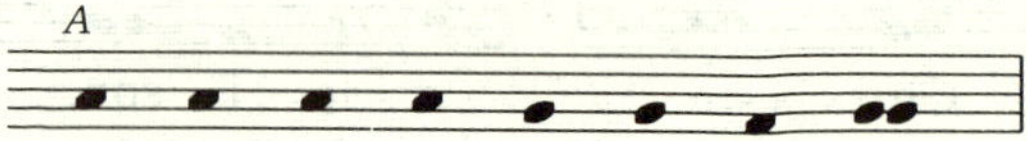

be - hüt uns, lie - ber Her - re Gott.

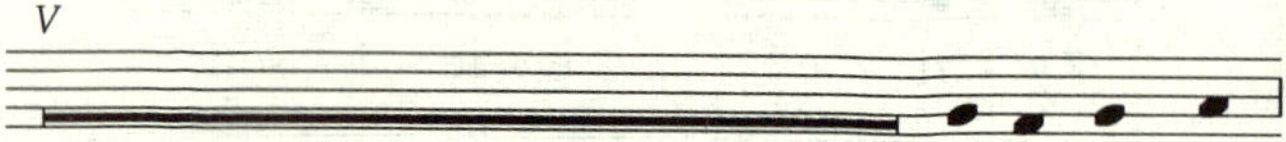

Vor des Teufels Trug und List,
vor bösem, schnellem Tod,
vor Krieg und Blutvergießen,
vor Gewalt und Feindschaft,
vor Feuers- und Wassersnot, vor dem e-wi-gen Tod

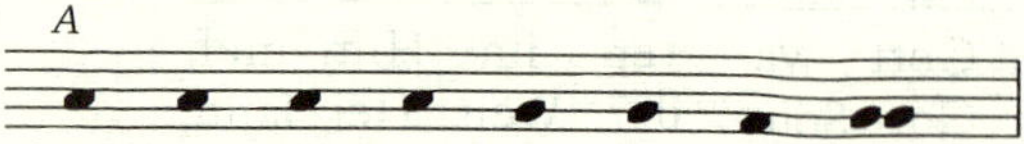

be - hüt uns, lie - ber Her - re Gott.

Durch deine heilige Geburt,
durch dein Kreuz und deinen
Tod, durch dein Aufer - stehn und Himmelfahrt

hilf uns, lie - ber Her - re Gott.

V

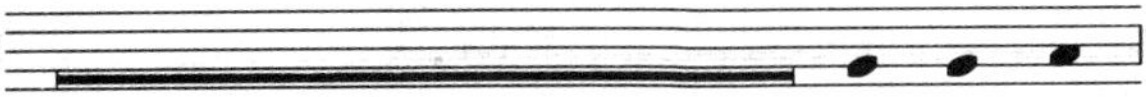

In unserer letzten Not, im Jüng-sten Ge-richt

A

hilf uns, lie - ber Her - re Gott.

V

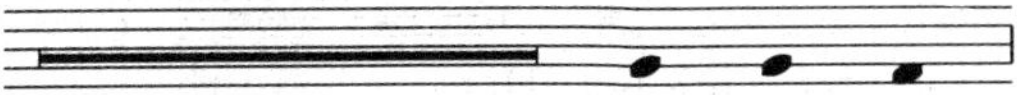

Wir bitten dich in un - sern Nö - ten:

A

du wollst uns hö-ren, lie - ber Her - re Gott.

V

Und deine heilige christliche Kirche
regieren und führen,
alle Diener der Kirche im
heilsamen Wort und heiligen Leben er - hal - ten,

A

er - hör uns, lie - ber Her - re Gott.

V

Allen Ärgernissen wehren, alle
Irrenden und Verführten wieder-
bringen, den Satan unter unsere Fü - ße tre - ten,

A

er - hör uns, lie - ber Her - re Gott.

V

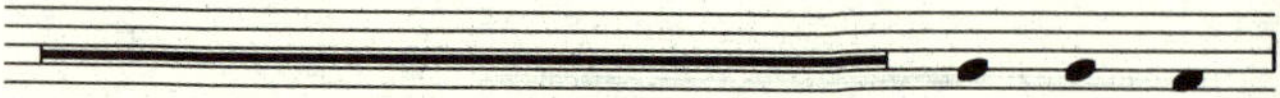

Treue Arbeiter in deine Ernte senden,
deinen Geist und Kraft zum Worte
geben, allen Betrübten und Verzagten
helfen und sie trö-sten,

A

er - hör uns, lie - ber Her - re Gott.

V

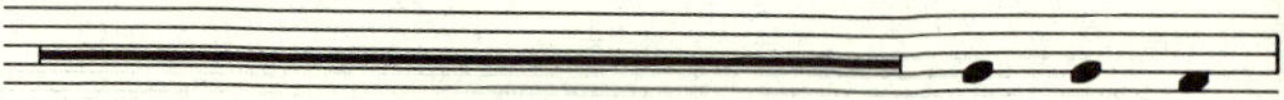

Den Völkern Frieden und Eintracht
geben, alle, die uns regieren,
leiten und schützen und
unsere Stadt (unseren Ort) segnen und be - hü - ten,

A

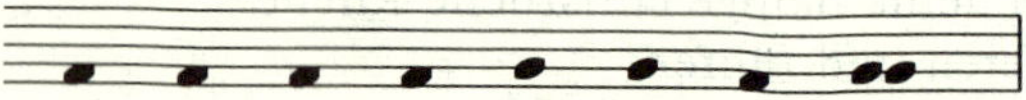

er - hör uns, lie - ber Her - re Gott.

V

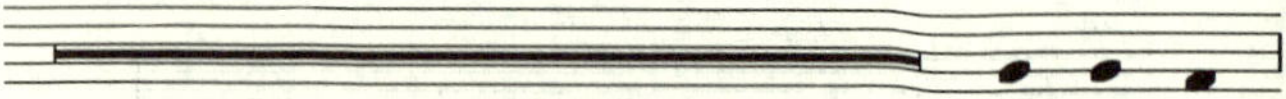

Allen, die in Not und Gefahr sind,
mit Hilfe erscheinen,
allen Schwangeren und Stillenden
gesunde Kinder und Gedeihen geben,
allen Kranken, Einsamen und Gefange- nen beistehn,

A

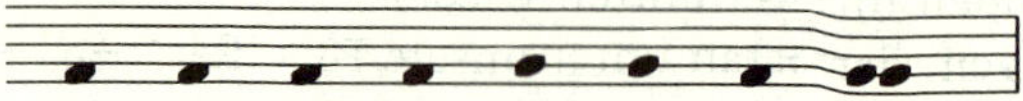

er - hör uns, lie - ber Her - re Gott.

V

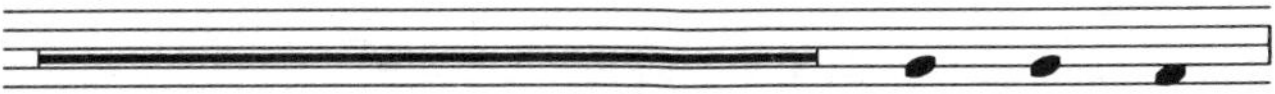

Aller Menschen dich erbarmen,
den Verfolgern deiner Gemeinde
vergeben, die Lästerer zur Wahrheit be - keh - ren,

A

er - hör uns, lie - ber Her - re Gott.

V

Die Früchte auf dem Feld bewahren,
(unsere Deiche und Schleusen
in Obhut nehmen,) (unsere Bergwerke
erhalten und segnen) * und uns gnä - dig schützen,

A

er - hör uns, lie - ber Her - re Gott.

V

O Je - su Christ, Got - tes Sohn,

A

er - hör uns, lie - ber Her - re Gott.

* *Hier können weitere Gebetsanliegen eingefügt werden.*

T UND M: MARTIN LUTHER 1529
NACH EINER MITTELALTERLICHEN LITANEI

WORT GOTTES

193

2. Beweis dein Macht, Herr Jesu Christ, / der du Herr aller Herren bist, / beschirm dein arme Christenheit, / daß sie dich lob in Ewigkeit.

3. Gott Heilger Geist, du Tröster wert, / gib deim Volk einerlei Sinn auf Erd, / steh bei uns in der letzten Not, / g'leit uns ins Leben aus dem Tod.

T UND M: MARTIN LUTHER 1543
(MELODIE NACH NR. 4)

194

2. Der einig Glaub ist diese Kraft, / der fest an Jesus Christus haft'; / die Werk der Lieb sind dieser Schein, / dadurch wir Christi Jünger sein.

3. Verschaff bei uns auch, lieber Herr, / daß wir durch deinen Geist je mehr / in dein'r Erkenntnis nehmen zu / und endlich bei dir finden Ruh.

T: KONRAD HUBERT 1545
M: HERR JESU CHRIST, DICH ZU UNS WEND (NR. 155)

195

2. Alleine Christus ist mein Trost, / der für mich ist gestorben. / Mich durch sein Blut vom Tod erlöst, / die Seligkeit erworben. / Hat meine Sünd getragen gar, / bezahlt an seinem Leibe, / das ist vor Gott gewißlich wahr, / hilf Gott, daß ich's fest glaube.

3. Gott Vater, Sohn und Heilger Geist, / hilf, daß mein Glaub dich preise. / Mein Fleisch dem Geist Gehorsam leist, / des Glaubens Frucht beweise. / Hilf, Herre Christ, aus aller Not, / wenn ich von hinnen scheide, / und führe mich auch aus dem Tod / zur Seligkeit und Freude.

T: JOHANN WALTER 1566
M: 15. JH.; GEISTLICH WITTENBERG 1526
»O HERRE GOTT, DEIN GÖTTLICH WORT«

196 Lukas 8,4–15

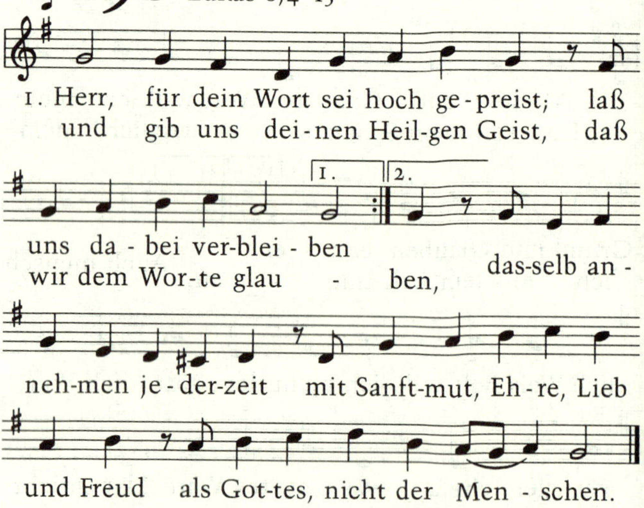

2. Öffn uns die Ohren und das Herz, / daß wir das Wort recht fassen, / in Lieb und Leid, in Freud und Schmerz / es aus der Acht nicht lassen; / daß wir nicht Hörer nur allein / des Wortes, sondern Täter sein, / Frucht hundertfältig bringen.

3. Am Weg der Same wird sofort / vom Teufel hingenommen; / in Fels und Steinen kann das Wort / die Wurzel nicht bekommen; / der Same, der in Dornen fällt, / von Sorg und Lüsten dieser Welt / verdirbet und erstikket.

4. Ach hilf, Herr, daß wir werden gleich / dem guten, fruchtbarn Lande / und sein an guten Werken reich / in unserm Amt und Stande, / viel Früchte bringen in Geduld, / bewahren deine Lehr und Huld / in feinem, gutem Herzen.

5. Dein Wort, o Herr, laß allweg sein / die Leuchte unsern Füßen; / erhalt es bei uns klar und rein; / hilf, daß wir draus genießen / Kraft, Rat und Trost in aller Not, / daß wir im Leben und im Tod / beständig darauf trauen. *Ps 119,105*

6. Gott Vater, laß zu deiner Ehr / dein Wort sich weit ausbreiten. / Hilf, Jesu, daß uns deine Lehr / erleuchten mög und leiten. / O Heilger Geist, dein göttlich Wort / laß in uns wirken fort und fort / Glaub, Lieb, Geduld und Hoffnung.

T: DAVID DENICKE 1659
M: JOHANN WALTER 1524
»ES SPRICHT DER UNWEISEN MUND WOHL«

Herr, unser Gott! Wir danken dir, daß dein lebendiges Wort in diese Welt und auch zu uns gekommen ist. Erhalte uns, daß wir seine Hörer bleiben und täglich neu werden. Gib, daß es aufwecke die Schlafenden, daß es tröste die Betrübten, daß es zurechtweise die Irrenden, daß es unser aller Sünden bedecke und uns alle aufrufe zu einem Leben in der Liebe und in der Hoffnung, das dir wohlgefällig sei.

KARL BARTH

197

2. Dein Wort bewegt des Herzens Grund, / dein Wort macht Leib und Seel gesund, / dein Wort ist's, das mein Herz erfreut, / dein Wort gibt Trost und Seligkeit.

3. Ehr sei dem Vater und dem Sohn, / dem Heilgen Geist in einem Thron; / der Heiligen Dreieinigkeit / sei Lob und Preis in Ewigkeit.

T: JOHANN OLEARIUS 1671; STR. 3 WIE NR. 155 STR. 4
M: HERR JESU CHRIST, DICH ZU UNS WEND (NR. 155)

198

Andere Melodie:
Herz und Herz vereint zusammen (Nr. 251)

2. Halleluja, Ja und Amen! / Herr, du wollest auf mich sehn, / daß ich mög in deinem Namen / fest bei deinem Worte stehn. / Laß mich eifrig sein beflissen, / dir zu dienen früh und spat / und zugleich zu deinen Füßen / sitzen, wie Maria tat. *Lk 10,39*

T: STR. 1 NIKOLAUS LUDWIG VON ZINZENDORF 1725;
STR. 2 CHRISTIAN GREGOR 1778
NACH JOACHIM NEANDER 1680
M: O DURCHBRECHER ALLER BANDE (NR. 388)

199 Ö

Joh 1,1–3

2. Gott hat das erste Wort. / Eh wir zum Leben kamen, / rief er uns schon mit Namen / und ruft uns fort und fort.

3. Gott hat das letzte Wort, / das Wort in dem Gerichte / am Ziel der Weltgeschichte, / dann an der Zeiten Bord.

4. Gott hat das letzte Wort. / Er wird es neu uns sagen / dereinst nach diesen Tagen / im ewgen Lichte dort.

5. Gott steht am Anbeginn, / und er wird alles enden. / In seinen starken Händen / liegt Ursprung, Ziel und Sinn.

T: MARKUS JENNY 1970 NACH DEM NIEDERLÄNDISCHEN »GOD HEEFT HET EERSTE WOORD« VON JAN WIT 1965
M: GERARD KREMER (1959) 1965

2. God heeft het eerste woord. / Voor wij ter wereld kwamen, / riep Hij ons reeds bij name, / zijn roep wordt nog gehoord.

3. God heeft het laatste woord. / Wat Hij van oudsher zeide, / wordt aan het eind der tijden / in heel zijn rijk gehoord.

4. God staat aan het begin / en Hij komt aan het einde. / Zijn woord is van het zijnde / oorsprong en doel en zin.

Himmel und Erde werden vergehen;
meine Worte aber werden nicht vergehen.

MARKUS 13,31

TAUFE UND KONFIRMATION

200

2. Du hast zu deinem Kind und Erben, / mein lieber Vater, mich erklärt; / du hast die Frucht von deinem Sterben, / mein treuer Heiland, mir gewährt; / du willst in aller Not und Pein, / o guter Geist, mein Tröster sein.

3. Doch hab ich dir auch Furcht und Liebe, / Treu und Gehorsam zugesagt; / ich hab, o Herr, aus reinem Triebe / dein Eigentum zu sein gewagt; / hingegen sagt ich bis ins Grab / des Satans schnöden Werken ab.

4. Mein treuer Gott, auf deiner Seite / bleibt dieser Bund wohl feste stehn; / wenn aber ich ihn überschreite, / so laß mich nicht verlorengehn; / nimm mich, dein Kind, zu Gnaden an, / wenn ich hab einen Fall getan.

5. Ich gebe dir, mein Gott, aufs neue / Leib, Seel und Herz zum Opfer hin; / erwecke mich zu neuer Treue / und nimm Besitz von meinem Sinn. / Es sei in mir kein Tropfen Blut, / der nicht, Herr, deinen Willen tut.

6. Laß diesen Vorsatz nimmer wanken, / Gott Vater, Sohn und Heilger Geist. / Halt mich in deines Bundes Schranken, / bis mich dein Wille sterben heißt. / So leb ich dir, so sterb ich dir, / so lob ich dich dort für und für.

T: JOHANN JAKOB RAMBACH 1735
M: O DASS ICH TAUSEND ZUNGEN HÄTTE (NR. 330)

Herr Gott, lieber Vater, du hast uns in der heiligen Taufe das neue Leben geschenkt. Wir bitten dich: Gib, daß wir dir treu bleiben und unsern Glauben durch Taten der Liebe üben, bis wir vollendet werden in deinem Reich.

201 Ö

T: TAUFBEFEHL MATTHÄUS 28,19
M: ÖKUMENISCHE FASSUNG 1983 NACH EINEM GREGORIANISCHEN RESPONSORIUM-BREVE-MODELL

Andere Melodie:
Es wolle Gott uns gnädig sein (Nr. 280)

202

Mt 3,13–17

2. So hört und merket alle wohl, / was Gott selbst Taufe nennet, / und was ein Christe glauben soll, / der sich zu ihm bekennet. / Gott spricht und will, daß Wasser sei, / doch nicht allein schlicht Wasser, / sein heiligs Wort ist auch dabei / mit reichem Geist ohn Maßen: / der ist allhier der Täufer.

3. Solchs hat er uns gezeiget klar / mit Bildern und mit Worten. / Des Vaters Stimm man offenbar / daselbst am Jordan hörte; / er sprach: »Das ist mein lieber Sohn, / an dem ich hab Gefallen; / den will ich euch befohlen han, / daß ihr ihn höret alle / und folget seinem Lehren.«

4. Auch Gottes Sohn hier selber steht / in seiner zarten Menschheit, / der Heilig Geist herniederfährt / in Taubenbild verkleidet, / daß wir nicht sollen zweifeln dran: / wenn wir getaufet werden, / all drei Person' getaufet han, / dadurch bei uns auf Erden / zu wohnen sich begeben.

5. Sein Jünger heißt der Herre Christ: / »Geht hin, all Welt zu lehren, / daß sie verlorn in Sünden ist, / sich soll zur Buße kehren; / wer glaubet und sich taufen läßt, / soll dadurch selig werden; / ein neugeborner Mensch er heißt, / der nicht mehr könne sterben, / das Himmelreich soll erben.« *Mk 16,15*

6. Wer nicht glaubt dieser großen Gnad, / der bleibt in seinen Sünden / und ist verdammt zum ewgen Tod / tief in der Höllen Grunde. / Nichts hilft sein eigen Heiligkeit, / all sein Tun ist verloren, / die Erbsünd macht's zur Nichtigkeit, / darin er ist geboren, / vermag sich selbst nicht helfen.

7. Das Aug allein das Wasser sieht, / wie Menschen Wasser gießen; / der Glaub im Geist die Kraft versteht / des Blutes Jesu Christi; / und ist vor ihm ein rote Flut, / von Christi Blut gefärbet, / die allen Schaden heilen tut, / von Adam her geerbet, / auch von uns selbst begangen.

T: MARTIN LUTHER (1541) 1543
M: MARTIN LUTHER (?) 1524

203

2. du hast die Kinder nicht veracht', / da sie sind worden zu dir bracht, / du hast dein Händ auf sie gelegt, / sie schön umfangen und gesagt:

3. »Die Kinder lasset kommen her / zu mir, ihn' niemand solches wehr, / denn solcher ist das Himmelreich, / die man mir bringt, beid, arm und reich.«

Mk 10,13–16

4. Ich bitt, laß dir befohlen sein, / ach lieber Herr, dies Kindelein, / behüte es vor allem Leid / und alle in der Christenheit.

5. Durch deine Engel es bewahr / vor Unfall, Schaden und Gefahr; / erbarm dich seiner gnädiglich, / gib deinen Segen mildiglich.

6. Gib Gnad, daß es gerate wohl / zu deinen Ehrn und Wohlgefalln, / auf daß es hier gottseliglich, / hernach auch lebe ewiglich.

T: JOHANNES FREDER (UM 1555) 1565 NIEDERDEUTSCH
M: BEI JOHANNES ECCARD 1597,
KÖNIGSBERG 1602, LEIPZIG 1625
»O JESU CHRIST, MEINS LEBENS LICHT«

204

2. Herr Christ, dein bin ich eigen: / durch dein Allmächtigkeit, / dein Güte zu erzeigen, / beschirmst du mich allzeit. / In meinen jungen Jahren / hast du mich, Herr, ernährt, / laß mir's auch widerfahren, / wenn ich nun älter werd.

3. Herr Christ, dein bin ich eigen: / den Glauben schenkst du mir, / dein Güte zu erzeigen, / daß ich halt fest an dir. / Den Teufel, Welt und Sünden, / weil sie sind wider mich, / hilf du mir überwinden, / das bitt ich inniglich.

4. Herr Christ, dein bin ich eigen: / im Leben und im Tod; / wirst mir dein Güt erzeigen / auch in des Todes Not, / daß sanft und still abscheide / die Seel von meinem Leib / zu dir ins Himmels Freude / und bei dir ewig bleib.

T: CHRISTIANA CUNRAD (VOR 1625) 1644
M: AUGSBURG 1621

205

2. Herr Christe, nimm es gnädig auf / durch dieses Bad der Heilgen Tauf / zu deinem Glied und Erben, / damit es dein mög allzeit sein / im Leben und im Sterben.

3. Und du, o werter Heilger Geist, / samt Vater und dem Sohn gepreist, / wollst gleichfalls zu uns kommen, / damit jetzund in deinen Bund / es werde aufgenommen.

4. O Heilige Dreieinigkeit, / dir sei Lob, Ehr und Dank bereit' / für diese große Güte. / Gib, daß dafür wir dienen dir; / vor Sünden uns behüte.

T: JOHANN BORNSCHÜRER 1676

M: IN DICH HAB ICH GEHOFFET, HERR (NR. 275)

206

2. Ja, es schallet allermeist / dieses Wort in unsern Ohren: / »Wer durch Wasser und durch Geist / nicht zuvor ist neu geboren, / wird von dir nicht aufgenommen / und in Gottes Reich nicht kommen.« *Joh 3,5*

3. Darum eilen wir zu dir; / nimm das Pfand von unsern Armen; / tritt mit deinem Glanz herfür / und erzeige dein Erbarmen, / daß es dein Kind hier auf Erden / und im Himmel möge werden.

4. Hirte, nimm das Schäflein an; / Haupt, mach es zu deinem Gliede; / Himmelsweg, zeig ihm die Bahn; / Friedefürst, sei du sein Friede; / Weinstock, hilf, daß diese Rebe / auch im Glauben dich umgebe.

5. Nun wir legen an dein Herz, / was vom Herzen ist gegangen. / Führ die Seufzer himmelwärts / und erfülle das Verlangen; / ja den Namen, den wir geben, / schreib ins Lebensbuch zum Leben.

T: BENJAMIN SCHMOLCK 1704
M: LIEBSTER JESU, WIR SIND HIER (NR. 161)

Ö 207

Offb 20,12

2. Ach präge jedem Kinde / dein Wort recht tief ins Herz, / daß es, bewahrt vor Sünde, / dir dien in Freud und Schmerz.

3. Du, der du selbst das Leben, / der Weg, die Wahrheit bist, / uns allen wollst du geben / dein Heil, Herr Jesu Christ. *Joh 14,6*

T: STRASSBURG 1850
M: CHRISTUS, DER IST MEIN LEBEN (NR. 516)

Fürchte dich nicht, denn ich habe dich erlöst; ich habe dich bei deinem Namen gerufen; du bist mein! JESAJA 43,1

208

2. So rufe dieses Kind mit Namen, / das nun nach deinem Sohne heißt. / Wir glauben, du Dreiein'ger! Amen! / Zum Wasser gabst du Wort und Geist.

3. Erhalte uns bei deinem Namen! / Dein Sohn hat es für uns erfleht. / Geist, Wort und Wasser mach zum Samen / der Frucht des Heils, die nie vergeht!

T: JOCHEN KLEPPER 1941
M: JOHANNES PETZOLD 1948

209

2. Ich wart', daß einer mit mir geht, / der auch im Schweren zu mir steht, / der in den dunklen Stunden / mir verbunden. / Ich wart', daß einer mit mir geht.

3. Es heißt, daß einer mit mir geht, / der's Leben kennt, der mich versteht, / der mich zu allen Zeiten / kann geleiten. / Es heißt, daß einer mit mir geht.

4. Sie nennen ihn den Herren Christ, / der durch den Tod gegangen ist; / er will durch Leid und Freuden / mich geleiten. / Ich möcht', daß er auch mit mir geht.

T UND M: HANNS KÖBLER 1964

210

1. Du hast mich, Herr, zu dir ge - ru - fen,
2. Wie du ge - stor - ben und er - standen,
3. Gib mei - nem Le - ben gro - ße Freu - de
4. Wenn Angst und Zwei - fel in mir wachsen,
5. Herr, sen - de mich wie dei - ne Jün - ger,

1. und in der Tau - fe be - kenn ich dich.
2. sterb und er - ste - he ich, Herr, mit dir.
3. und Kraft, für an - de - re da - zu - sein.
4. dann schen - ke du mir neu - en Mut.
5. und ge - he du mir selbst vor - an.

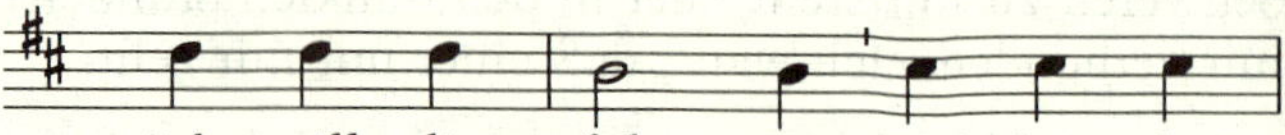

1.-5. Ich will dir fol - gen, will bei dir

blei-ben und will dir treu sein; gib du mir Kraft.

T UND M: OTMAR SCHULZ (1974) 1978

211

2. Wir bitten dich, Herr Jesu Christ, / weil du ein Freund der Kinder bist, / nimm dich des jungen Lebens an, / daß es behütet wachsen kann.

3. Eh wir entscheiden Ja und Nein, / gilt schon für uns: gerettet sein. / Dank sei dir, daß das Heil der Welt / nicht mit uns selber steht und fällt.

4. So segne nun auch dieses Kind / und die, die seine Nächsten sind. / Wo Schuld belastet, Herr, verzeih. / Wo Angst bedrückt, mach Hoffnung frei.

5. Gott, der du durch die Taufe jetzt / im Glauben einen Anfang setzt, / gib auch den Mut zum nächsten Schritt. / Zeig uns den Weg und geh ihn mit.

T: DETLEV BLOCK 1978
M: O JESU CHRISTE, WAHRES LICHT (NR. 72)

212

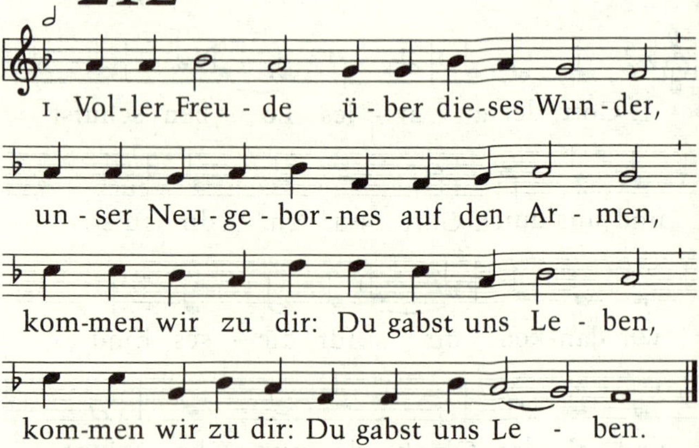

2. Bange vor der unbekannten Zukunft / legen wir dies Kind in deine Arme. / Du willst taufen. Das gibt uns Gewißheit. / Du willst taufen. Das gibt uns Gewißheit.

3. Staunend hören wir: Du bist ganz nahe. / Der das Weltall trägt mit seinen Tiefen, / wartet auf die Kleinen und empfängt uns, / wartet auf die Kleinen und empfängt uns.

4. Deine Liebe wirkt die neue Schöpfung, / öffnet, die sonst fest verschlossen wären, / eint im Glauben uns mit deinem Christus, / eint im Glauben uns mit deinem Christus.

5. Unsre Zeit kommt bald an ihre Grenze, / aber deine Taufversprechen bleiben. / Wir verlöschen. Deine Kerze leuchtet. / Wir verlöschen. Deine Kerze leuchtet.

6. Du bist reicher, als wir sagen können. / Hilf uns, daß wir aus der Taufe leben: / staunend, unerschrocken, voller Freude, / staunend, unerschrocken, voller Freude.

T: JÜRGEN HENKYS 1982
NACH DEM NORWEGISCHEN
»FYLT AV GLEDE OVER LIVETS UNDER«
VON SVEIN ELLINGSEN (1971) 1973
M: EGIL HOVLAND 1977

Es sollen wohl Berge weichen und Hügel hinfallen, aber meine Gnade soll nicht von dir weichen, und der Bund meines Friedens soll nicht hinfallen, spricht der Herr, dein Erbarmer.

JESAJA 54,10

ABENDMAHL

213

Lk 14,17

2. Kommt her, verzagte Sünder, / und werft die Ängste weg, / kommt her, versöhnte Kinder, / hier ist der Liebesweg. / Empfangt die Himmelslust, / die heilge Gottesspeise, / die auf verborgne Weise / erquicket jede Brust.

3. Kommt her, betrübte Seelen, / die Not und Jammer drückt, / mit Gott euch zu vermählen, / der wunderbar beglückt. / Kommt, legt auf ewig ab / der Sünde bange Säumnis; / empfanget das Geheimnis, / das Gott vom Himmel gab.

4. O Wonne kranker Herzen, / die mir von oben kam! / Verwunden sind die Schmerzen, / getröstet ist der Gram. / Was von dem Himmel fließt, / hat lieblich sich ergossen; / mein Herz ist gar durchflossen / vom süßen Liebesgeist.

5. Drum jauchze, meine Seele, / hell aus der Sündennacht! / Verkünde und erzähle / die tiefe Wundermacht, / die unermeßlich süß, / ein Born der Liebe, quillet / und jeden Jammer stillet, / der fast verzweifeln ließ.

6. Drum jauchze, meine Seele, / drum jauchze deinem Herrn! / Verkünde und erzähle / die Gnade nah und fern, / den Wunderborn im Blut, / die sel'ge Himmelsspeise, / die auf verborgne Weise / dir gibt das höchste Gut.

T: ERNST MORITZ ARNDT 1819
M: ZIEH EIN ZU DEINEN TOREN (NR. 133)

Herr, ich bin nicht wert, daß du unter mein Dach gehst, sondern sprich nur ein Wort, so wird meine Seele gesund. NACH MATTHÄUS 8,8

214 (Ö)

1. Gott sei gelobet und gebenedeiet, der uns selber hat gespeiset
mit seinem Fleische und mit seinem Blute; das gib uns, Herr Gott, zugute.
Kyrieleison.
Herr, du nahmest menschlichen Leib an,
der von deiner Mutter Maria kam.
Durch dein Fleisch und dein Blut hilf uns,
Herr, aus aller Not. Kyrieleison.
2. Der heilig Leib, der ist für uns gegeben zum Tod, daß wir dadurch
3. Gott geb uns allen seiner Gnade Segen, daß wir gehn auf seinen

T: STR. 1 MEDINGEN UM 1350;
STR. 2–3 MARTIN LUTHER 1524
M: MAINZ UM 1390, WITTENBERG 1524

215

2. Daß wir nimmer des vergessen, / gab er uns sein' Leib zu essen, / verborgen im Brot so klein, / und zu trinken sein Blut im Wein.

3. Du sollst Gott den Vater preisen, / daß er dich so wohl wollt speisen / und für deine Missetat / in den Tod sein' Sohn geben hat.

4. Du sollst glauben und nicht wanken, / daß's ein Speise sei den Kranken, / den' ihr Herz von Sünden schwer / und vor Angst ist betrübet sehr.

5. Er spricht selber: »Kommt, ihr Armen, / laßt mich über euch erbarmen; / kein Arzt ist dem Starken not, / sein Kunst wird an ihm gar ein Spott.

6. Hättst du dir was 'konnt erwerben, / was braucht ich für dich zu sterben? / Dieser Tisch auch dir nicht gilt, / so du selber dir helfen willt.«

7. Glaubst du das von Herzensgrunde / und bekennest mit dem Munde, / so du bist recht wohlgeschickt, / und die Speise dein Seel erquickt.

8. Die Frucht soll auch nicht ausbleiben: / deinen Nächsten sollst du lieben, / daß er dein genießen kann, / wie dein Gott hat an dir getan.

T: MARTIN LUTHER 1524 TEILWEISE NACH DEM HYMNUS »JESUS CHRISTUS NOSTRA SALUS« DES JOHANN VON JENSTEIN VOR 1400
M: HOHENFURT 1410, ERFURT 1524

216

T: THOMAS BLARER UM 1533/34
M: WAS MEIN GOTT WILL, GESCHEH ALLZEIT (NR. 364)

217

Ps 23

2. All ander Speis und Trank ist ganz vergebens, / du bist selbst das Brot des Lebens, / kein Hunger plaget den, der von dir isset, / alles Jammers er vergisset. / Kyrieleison. / Du bist die lebendige Quelle, / zu dir ich mein Herzkrüglein stelle; / laß mit Trost es fließen voll, / so wird meiner Seele wohl. / Kyrieleison.

3. Laß mich recht trauern über meine Sünde, / doch den Glauben auch anzünde, / den wahren Glauben, mit dem ich dich fasse, / mich auf dein Verdienst verlasse. / Kyrieleison. / Gib mir ein recht bußfertig Herze, / daß ich mit der Sünde nicht scherze / noch durch falsche Sicherheit / mich bring um die Seligkeit. / Kyrieleison.

4. Du rufest alle, Herr, zu dir in Gnaden, / die mühselig und beladen; / all ihre Missetat willst du verzeihen, / ihrer Bürde sie befreien. / Kyrieleison. / Ach komm selbst, leg an deine Hände / und die schwere Last von mir wende, / mache mich von Sünden frei, / dir zu dienen Kraft verleih. / Kyrieleison. *Mt 11,28*

T: JOHANN HEERMANN 1630
M: GOTT SEI GELOBET UND GEBENEDEIET (NR. 214)

Allmächtiger Gott, himmlischer Vater, da wir allein in Jesus Christus, deinem lieben Sohn, dir wohlgefallen können, so laß uns in diesem Mahl die Gemeinschaft mit unserm Herrn in Glauben und Dankbarkeit empfangen. Tröste uns durch deine ewige Güte und stärke uns im neuen Leben. Hilf, daß wir dir in Treue und Gehorsam dienen zum Preis deines göttlichen Namens und zur Auferbauung deiner Gemeinde.

MARTIN BUCER

218

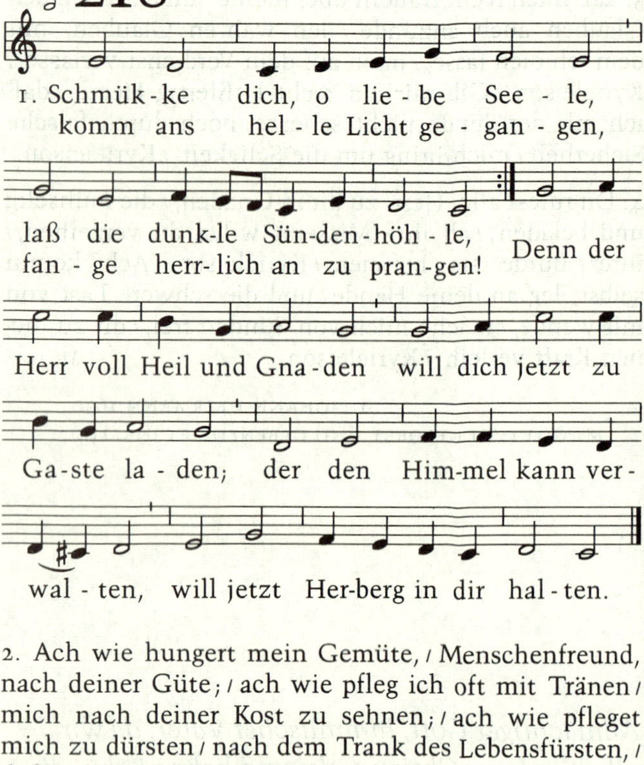

2. Ach wie hungert mein Gemüte, / Menschenfreund, nach deiner Güte; / ach wie pfleg ich oft mit Tränen / mich nach deiner Kost zu sehnen; / ach wie pfleget mich zu dürsten / nach dem Trank des Lebensfürsten, / daß in diesem Brot und Weine / Christus sich mit mir vereine.

3. Heilge Freude, tiefes Bangen, / nimmt mein Herze jetzt gefangen. / Das Geheimnis dieser Speise / und die unerforschte Weise / machet, daß ich früh vermerke, / Herr, die Größe deiner Werke. / Ist auch wohl ein Mensch zu finden, / der dein Allmacht sollt ergründen?

4. Nein, Vernunft, die muß hier weichen, / kann dies Wunder nicht erreichen, / daß dies Brot nie wird verzehret, / ob es gleich viel Tausend nähret, / und daß mit dem Saft der Reben / uns wird Christi Blut gegeben. / Gottes Geist nur kann uns leiten, / dies Geheimnis recht zu deuten!

5. Jesu, meine Lebenssonne, / Jesu, meine Freud und Wonne, / Jesu, du mein ganz Beginnen, / Lebensquell und Licht der Sinnen: / hier fall ich zu deinen Füßen; / laß mich würdiglich genießen / diese deine Himmelsspeise / mir zum Heil und dir zum Preise.

6. Jesu, wahres Brot des Lebens, / hilf, daß ich doch nicht vergebens / oder mir vielleicht zum Schaden / sei zu deinem Tisch geladen. / Laß mich durch dies heilge Essen / deine Liebe recht ermessen, / daß ich auch, wie jetzt auf Erden, / mög dein Gast im Himmel werden.

T: JOHANN FRANCK (STR. 1 1646) 1649/1653
M: JOHANN CRÜGER 1649

Wir danken dir, unser Vater, für das Leben und die Erkenntnis, die du uns geoffenbart hast durch Jesus, deinen Knecht. Dir sei Ehre in Ewigkeit. Wie dies gebrochene Brot zerstreut war auf den Bergen und zusammengebracht eins wurde, so werde deine Kirche zusammengebracht von den Enden der Erde in dein Reich.

AUS DER ÄLTESTEN CHRISTLICHEN
KIRCHENORDNUNG (DIDACHE UM 100)

219

Andere Melodie:
Aus tiefer Not schrei ich zu dir (Nr. 299 II)

2. O Jesu, mach uns selbst bereit / zu diesem hohen Werke, / schenk uns dein schönes Ehrenkleid / durch deines Geistes Stärke. / Hilf, daß wir würd'ge Gäste sein / und werden dir gepflanzet ein / zum ewgen Himmelswesen.

3. Bleib du in uns, daß wir in dir / auch bis ans Ende bleiben; / laß Sünd und Not uns für und für / nicht wieder von dir treiben, / bis wir durch deines Nachtmahls Kraft / eingehn zur Himmelsbürgerschaft / und ewig selig werden.

T: CHEMNITZ 1713
M: GÖRLITZ 1587, DRESDEN 1593

220

T: FRIEDRICH GOTTLIEB KLOPSTOCK 1758,
BEARBEITET VON ALBERT KNAPP 1837
M: WACHET AUF, RUFT UNS DIE STIMME (NR. 147)

221

1. Kor 10,16.17

2. Wenn wir in Frieden beieinander wohnten, / Gebeugte stärkten und die Schwachen schonten, / dann würden wir den letzten heilgen Willen / des Herrn erfüllen.

3. Ach dazu müsse deine Lieb uns dringen! / Du wollest, Herr, dies große Werk vollbringen, / daß unter einem Hirten eine Herde / aus allen werde.

T: JOHANN ANDREAS CRAMER 1780
M: LOBET DEN HERRN UND DANKT IHM SEINE GABEN (NR. 460)

Ö 222

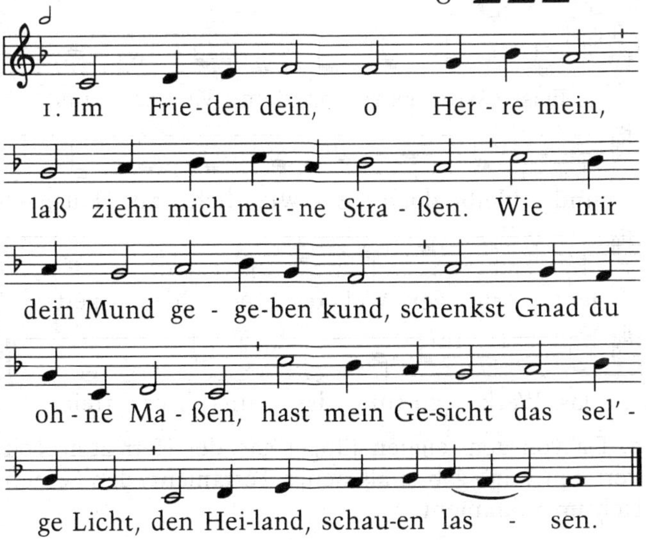

Lk 2,29–32

2. Mir armem Gast bereitet hast / das reiche Mahl der Gnaden. / Das Lebensbrot stillt Hungers Not, / heilt meiner Seele Schaden. / Ob solchem Gut jauchzt Sinn und Mut / mit alln, die du geladen.

3. O Herr, verleih, daß Lieb und Treu / in dir uns all verbinden, / daß Hand und Mund zu jeder Stund / dein Freundlichkeit verkünden, / bis nach der Zeit den Platz bereit' / an deinem Tisch wir finden.

T: FRIEDRICH SPITTA 1898 NACH EINEM LIED ZUM LOBGESANG DES SIMEON (LUKAS 2,29–32) VON JOHANN ENGLISCH VOR 1530
M: WOLFGANG DACHSTEIN VOR 1530

223

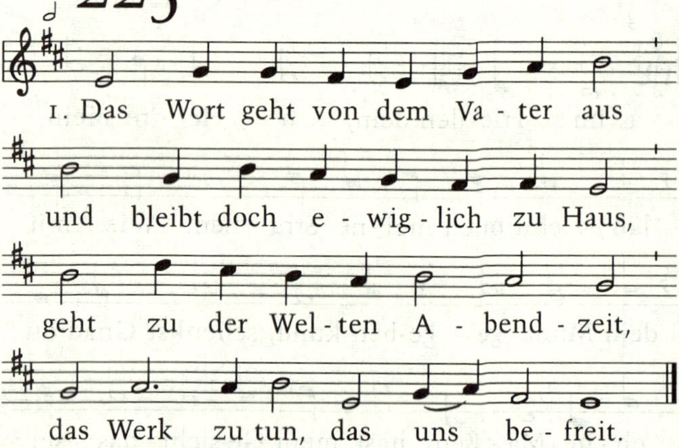

2. Da von dem eignen Jünger gar / der Herr zum Tod verraten war, / gab er als neues Testament / den Seinen sich im Sakrament,

3. gab zwiefach sich in Wein und Brot; / sein Fleisch und Blut, getrennt im Tod, / macht durch des Mahles doppelt Teil / den ganzen Menschen satt und heil.

4. Der sich als Bruder zu uns stellt, / gibt sich als Brot zum Heil der Welt, / bezahlt im Tod das Lösegeld, / geht heim zum Thron als Siegesheld.

5. Der du am Kreuz das Heil vollbracht, / des Himmels Tür uns aufgemacht: / gib deiner Schar im Kampf und Krieg / Mut, Kraft und Hilf aus deinem Sieg.

6. Dir, Herr, der drei in Einigkeit, / sei ewig alle Herrlichkeit. / Führ uns nach Haus mit starker Hand / zum Leben in das Vaterland.

T: OTTO RIETHMÜLLER 1932/1934 NACH DEM HYMNUS »VERBUM SUPERNUM PRODIENS«
DES THOMAS VON AQUIN 1264
M: WIR DANKEN DIR, HERR JESU CHRIST (NR. 79)

Andere Melodie:
Was mein Gott will, gescheh allzeit (Nr. 364)

224

2. Ach Herr, vor dir ist keiner reich / und keiner los und ledig; / spricht einer hier dem andern gleich: / Gott sei mir Sünder gnädig! / Du aber ludest uns zu dir, / den Hunger uns zu stillen, / willst uns aus lauter Liebe hier / die leeren Hände füllen.

3. Nun segne, Herr, uns Brot und Wein, / deins Tisches edle Gaben! / Du selbst willst gegenwärtig sein / und wunderbar uns laben. / Gib über Bitten und Verstehn, / wie du versprachst zu geben! / In dem, was unsre Augen sehn, / gib dich uns selbst zum Leben!

T: ARNO PÖTZSCH (1941) 1947
M: GOTTHOLD VEIGEL 1951/1988

225 (Ö)

Kehrvers

Strophen

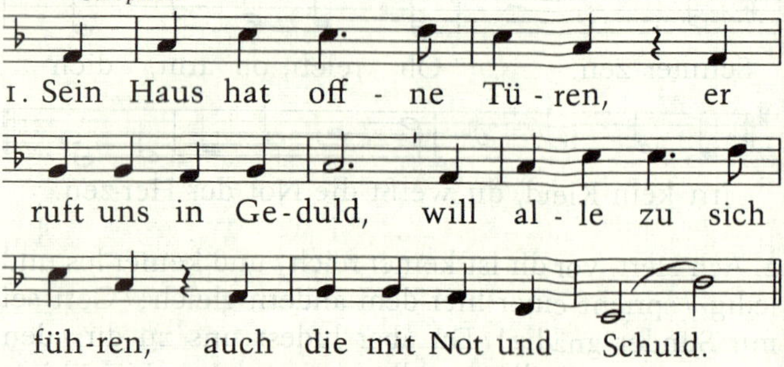

Der Kehrvers wird nach jeder Strophe wiederholt.

2. Wir haben sein Versprechen: / Er nimmt sich für uns Zeit, / wird selbst das Brot uns brechen, / kommt, alles ist bereit.

3. Zu jedem will er kommen, / der Herr in Brot und Wein. / Und wer ihn aufgenommen, / wird selber Bote sein.

T: FRIEDRICH WALZ 1964
M: NACH DEM SPIRITUAL
»GO, TELL IT ON THE MOUNTAINS«

226

2. Seht, das Brot, das wir hier teilen, / das ein jeder von uns nimmt, / ruft nach Brot, um zu ernähren / alle Hungernden der Welt, / alle Hungernden der Welt.

3. Seht, der Kelch, den wir jetzt teilen, / den ein jeder von uns nimmt, / ist ein Zeichen für den Frieden, / für den Bund in Christi Blut, / für den Bund in Christi Blut.

4. Seht, der Kelch, den wir jetzt teilen, / den ein jeder von uns nimmt, / mahnt uns, daß auch wir versöhnen / und verbinden, was getrennt, / und verbinden, was getrennt.

5. Seht, was wir hier heute feiern, / was wir miteinander tun, / will den Tod des Herrn bezeugen, / bis er wiederkommt in Kraft, / bis er wiederkommt in Kraft.

6. Seht, was wir hier heute feiern, / was wir miteinander tun, / will uns neu mit ihm verbünden, / daß wir tun, was er getan, / daß wir tun, was er getan.

T: LOTHAR ZENETTI (1969) 1972
M: ROLF SCHWEIZER 1983

227 Ö

2. Jedes Geschöpf lebt von der Frucht der Erde; / doch daß des Menschen Herz gesättigt werde, / hast du vom Himmel Speise uns gegeben / zum ewgen Leben.

3. Wir, die wir alle essen von dem Mahle / und die wir trinken aus der heilgen Schale, / sind Christi Leib, sind seines Leibes Glieder, / Schwestern und Brüder.

4. Aus vielen Körnern ist ein Brot geworden: / So führ auch uns, o Herr, aus allen Orten / zu einer Kirche durch dein Wort zusammen / in Jesu Namen.

5. In einem Glauben laß uns dich erkennen, / in einer Liebe dich den Vater nennen, / eins laß uns sein wie Beeren einer Traube, / daß die Welt glaube.

6. Gedenke, Herr, die Kirche zu erlösen, / sie zu befreien aus der Macht des Bösen, / als Zeugen deiner Liebe uns zu senden / und zu vollenden.

T: MARIA LUISE THURMAIR 1970
M: LOBET DEN HERRN UND DANKT IHM SEINE GABEN (NR. 460)

228

1. Kön 19,7

2. Er ist das Brot, er ist der Wein, / kommt, schmeckt und seht, die Not ist groß. / Es stärke euch der Herr, er wird euch Schuld verzeihn, / es stärke euch der Herr, er wird euch Schuld verzeihn.

3. Er ist das Brot, er ist der Wein, / steht auf und geht, die Hoffnung wächst. / Es segne euch der Herr, er läßt euch nicht allein, / es segne euch der Herr, er läßt euch nicht allein.

T: ECKART BÜCKEN 1980
M: JOACHIM SCHWARZ 1980

229

2. Christus eint uns und gibt am Heil / seines Mahles uns allen teil, / lehrt uns leben von Gott bejaht. / Wahre Liebe schenkt Wort und Tat.
Erde, atme auf, / Wort, nimm deinen Lauf! / Er, der lebt, gebot: / Teilt das Brot!

3. Jesus ruft uns. Wir sind erwählt, / Frucht zu bringen, wo Zweifel quält. / Gott, der überall zu uns hält, / gibt uns Wort und Brot für die Welt.
Erde, atme auf, / Wort, nimm deinen Lauf! / Er, der lebt, gebot: / Teilt das Brot!

T: DETLEV BLOCK 1988 NACH DEM ENGLISCHEN
»LET US TALENTS AND TONGUES EMPLOY«
VON FRED KAAN 1975
M: DOREEN POTTER 1972 NACH EINEM
VOLKSLIED AUS JAMAICA

1. Let us talents and tongues employ, / reaching out with a shout of joy: / bread is broken, the wine is poured, / Christ is spoken and seen and heard.
Jesus lives again / earth can breathe again, / pass the Word around: / Loaves abound!

2. Christ is able to make us one, / at his table he sets the tone, / teaching people to live to bless, / love in word and in deed express.
Jesus lives again / earth can breathe again, / pass the Word around: / Loaves abound!

3. Jesus calls us in, sends us out / bearing fruit in a world of doubt, / gives us love to tell, bread to share: / God-Immanuel everywhere!
Jesus lives again / earth can breathe again, / pass the Word around: / Loaves abound!

BEICHTE

230

T: PSALM 51,12–13
M: JOHANN GEORG WINER 1648,
CORNELIUS HEINRICH DRETZEL 1731

231

2. Mose 20,1–17

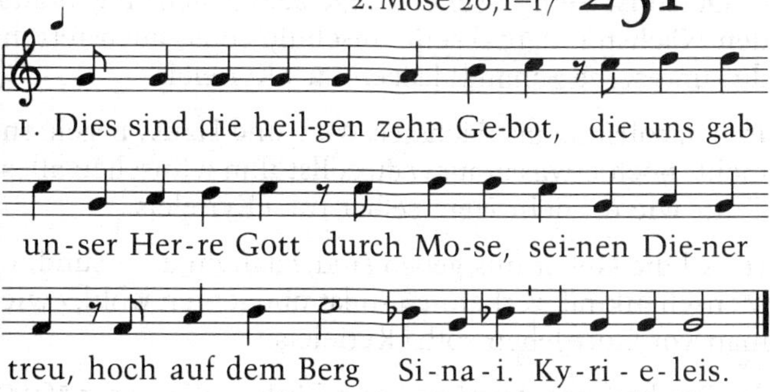

2. Ich bin allein dein Gott, der Herr, / kein Götter sollst du haben mehr; / du sollst mir ganz vertrauen dich, / von Herzensgrund lieben mich. / Kyrieleis.

3. Du sollst nicht brauchen zu Unehrn / den Namen Gottes, deines Herrn; / du sollst nicht preisen recht noch gut, / ohn was Gott selbst redt und tut. / Kyrieleis.

4. Du sollst heilgen den siebten Tag, / daß du und dein Haus ruhen mag; / du sollst von deim Tun lassen ab, / daß Gott sein Werk in dir hab. / Kyrieleis.

5. Du sollst ehrn und gehorsam sein / dem Vater und der Mutter dein / und wo dein Hand ihn' dienen kann; / so wirst du langes Leben han. / Kyrieleis.

6. Du sollst nicht töten zorniglich, / nicht hassen noch selbst rächen dich, / Geduld haben und sanften Mut / und auch dem Feind tun das Gut. / Kyrieleis.

7. Dein Eh' sollst du bewahren rein, / daß auch dein Herz kein' andern mein, / und halten keusch das Leben dein / mit Zucht und Mäßigkeit fein. / Kyrieleis.

8. Du sollst nicht stehlen Geld noch Gut, / nicht wuchern jemands Schweiß und Blut; / du sollst auftun dein milde Hand / den Armen in deinem Land. / Kyrieleis.

9. Du sollst kein falscher Zeuge sein, / nicht lügen auf den Nächsten dein; / sein Unschuld sollst auch retten du / und seine Schand decken zu. / Kyrieleis.

10. Du sollst deins Nächsten Weib und Haus / begehren nicht, noch etwas draus; / du sollst ihm wünschen alles Gut, / wie dir dein Herz selber tut. / Kyrieleis.

11. All die Gebot uns geben sind, / daß du dein Sünd, o Menschenkind, / erkennen sollst und lernen wohl, / wie man vor Gott leben soll. / Kyrieleis.

12. Das helf uns der Herr Jesus Christ, / der unser Mittler worden ist; / es ist mit unserm Tun verlorn, / verdienen doch eitel Zorn. / Kyrieleis.

T: MARTIN LUTHER 1524
M: IN GOTTES NAMEN FAHREN WIR (NR. 498)

232

2. Mein Sünd' sind schwer und übergroß / und reuen mich von Herzen; / derselben mach mich frei und los / durch deinen Tod und Schmerzen; / und zeige deinem Vater an, / daß du hast g'nug für mich getan, / so werd ich los der Sünden Last. / Erhalt mich fest / in dem, was du versprochen hast.

3. Gib mir durch dein Barmherzigkeit / den wahren Christenglauben, / auf daß ich deine Gütigkeit / mög inniglich anschauen, / vor allen Dingen lieben dich / und meinen Nächsten gleich wie mich. / Am letzten End dein Hilf mir send, / damit behend / des Teufels List sich von mir wend.

4. Ehr sei Gott in dem höchsten Thron, / dem Vater aller Güte, / und Jesus Christ, seim lieben Sohn, / der uns allzeit behüte, / und Gott, dem werten Heilgen Geist, / der uns allzeit sein Hilfe leist, / daß wir ihm wohlgefällig sein / hier in der Zeit / und folgen ihm in Ewigkeit.

T: KONRAD HUBERT VOR 1540;
STR. 4: NÜRNBERG UM 1540
M: PAUL HOFHAIMER 1512;
GEISTLICH WITTENBERG UM 1541, LEIPZIG 1545

233

2. Lief ich gleich weit / zu dieser Zeit / bis an der Erde Enden, / wollt ledig sein / des Kreuzes mein, / würd ich es doch nicht wenden.

3. Zu dir flieh ich; / verstoß mich nicht, / wie ich's wohl hab verdienet. / Ach Gott, zürn nicht, / geh nicht ins G'richt, / dein Sohn hat mich versühnet.

4. Gib, Herr, Geduld, / vergiß die Schuld, / schaff ein gehorsam Herze, / daß ich nur nicht, / wie's wohl geschicht, / murrend mein Heil verscherze.

5. Handle mit mir, / wie's dünket dir, / durch dein Gnad will ich's leiden; / nur wollst du mich / nicht ewiglich, / mein Gott, dort von dir scheiden.

T: MARTIN RUTILIUS (1604) 1613
M: LEIPZIG 1625, THORN 1638,
BEI CHRISTOPH PETER 1655

234

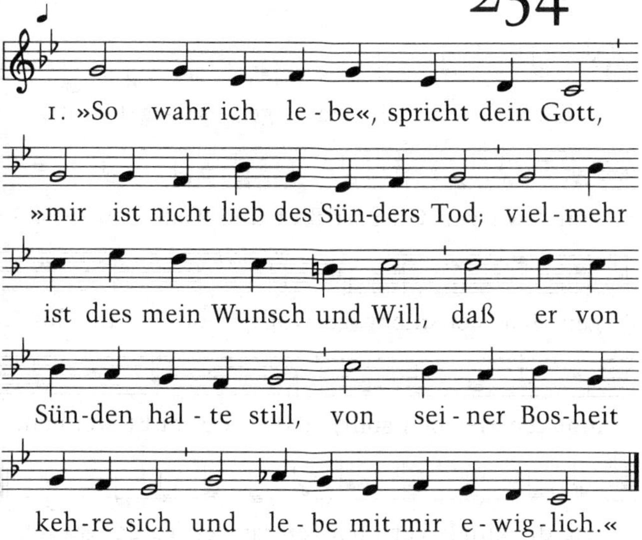

Hes 33,11

2. Dies Wort bedenk, o Menschenkind, / verzweifle nicht in deiner Sünd; / hier findest du Trost, Heil und Gnad, / die Gott dir zugesaget hat, / und zwar mit einem teuern Eid. / O selig, dem die Sünd ist leid!

3. Doch hüte dich vor Sicherheit, / denk nicht: »Zur Buß ist noch wohl Zeit, / ich will erst fröhlich sein auf Erd; / wann ich des Lebens müde werd, / alsdann will ich bekehren mich, / Gott wird wohl mein erbarmen sich.«

4. Wahr ist's: Gott ist wohl stets bereit / dem Sünder mit Barmherzigkeit; / doch wer auf Gnade sündigt hin, / fährt fort in seinem bösen Sinn / und seiner Seele selbst nicht schont, / dem wird mit Ungnad abgelohnt.

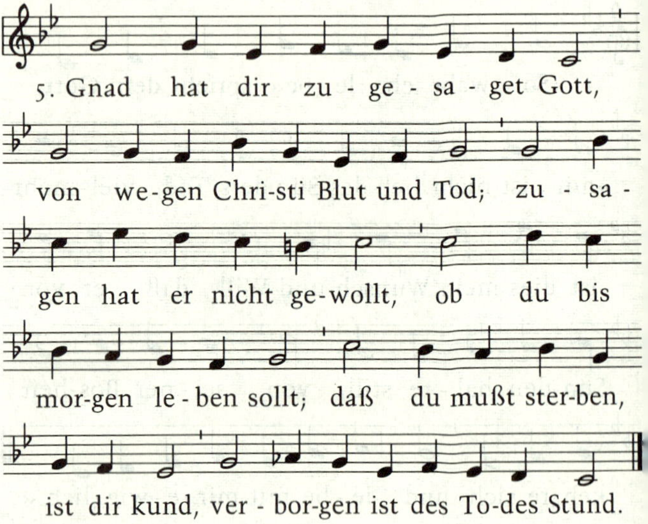

6. Heut lebst du, heut bekehre dich! / Eh morgen kommt, kann's ändern sich; / wer heut ist frisch, gesund und rot, / ist morgen krank, ja wohl gar tot. / So du nun stirbest ohne Buß, / dein Seel und Leib dort brennen muß.

7. Hilf, o Herr Jesu, hilf du mir, / daß ich noch heute komm zu dir / und Buße tu den Augenblick, / eh mich der schnelle Tod hinrück, / auf daß ich heut und jederzeit / zu meiner Heimfahrt sei bereit.

T: JOHANN HEERMANN 1630,
STR. 1 NACH NIKOLAUS HERMAN 1560
M: VATER UNSER IM HIMMELREICH (NR. 344)

Ö 235

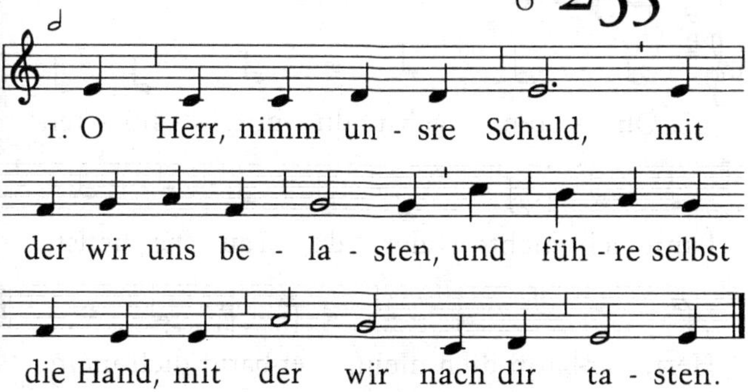

2. Wir trauen deiner Macht / und sind doch oft in Sorgen. / Wir glauben deinem Wort und fürchten doch das Morgen.

3. Wir kennen dein Gebot, / einander beizustehen, / und können oft nur uns und unsre Nöte sehen.

4. O Herr, nimm unsre Schuld, / die Dinge, die uns binden, / und hilf, daß wir durch dich den Weg zum andern finden.

T UND M: HANS-GEORG LOTZ 1964

Die freie Güte Gottes läßt dem Menschen nur übrig: den Glauben und die Dankbarkeit.

KARL BARTH

236 Ö

2. Augen gabst du mir, / sehen kann ich nicht: / der du Blinde heilst, / Herr, erbarm dich mein, / erbarm dich mein.

3. Hände gabst du mir, / schaffen kann ich nicht: / der du Lahme heilst, / Herr, erbarm dich mein, / erbarm dich mein.

4. Lippen gabst du mir, / loben kann ich nicht: / der du Stumme heilst, / Herr, erbarm dich mein, / erbarm dich mein.

5. Leben gabst du mir, / glauben kann ich nicht: / der du Tote rufst, / Herr, erbarm dich mein, / erbarm dich mein.

6. Menschen gabst du mir, / lieben kann ich nicht: / der du Wunder tust, / Herr, erbarm dich mein, / erbarm dich mein.

T: PAUL ERNST RUPPEL 1965
M: JOHANNES PETZOLD 1972

237

2. Wie ich mich wend und drehe, / geh ich von dir zu dir; / die Ferne und die Nähe / sind aufgehoben hier.

3. Von dir zu dir mein Schreiten, / mein Weg und meine Ruh, / Gericht und Gnad, die beiden / bist du – und immer du.

T: SCHALOM BEN-CHORIN (UM 1950) 1966
M: KURT BOSSLER 1967

Wenn du, Herr, Sünden anrechnen willst –
Herr, wer wird bestehen?
Denn bei dir ist die Vergebung,
daß man dich fürchte.
Ich harre des Herrn, meine Seele harret,
und ich hoffe auf sein Wort.

PSALM 130,3–5

TRAUUNG

238 (Ö)

2. Sprich selbst das Amen auf den Bund, / der sie vor dir vereint; / hilf, daß ihr Ja von Herzensgrund / für immer sei gemeint.

3. Zusammen füge Herz und Herz, / daß nichts hinfort sie trennt; / erhalt sie eins in Freud und Schmerz / bis an ihr Lebensend.

T: VIKTOR FRIEDRICH VON STRAUSS UND TORNEY 1843
M: NUN DANKET ALL UND BRINGET EHR (NR. 322)

239

Philipper 4,4–7 Ö

2. Laßt die Lindigkeit, die ihr erfahren, / kund sein allen Menschen, die ihr zählt. / Kündet fortan von dem Wunderbaren, / das in dieser Stunde euch beseelt. / Euer Gott ist unter euch getreten! / Segnend war er euren Herzen nah! / Ja, in euren Taten und Gebeten / sei bezeugt, was euch von ihm geschah.

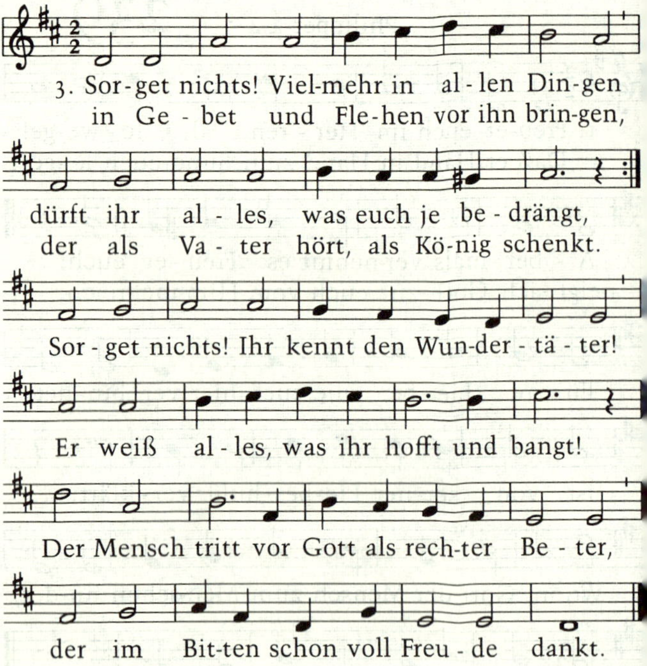

4. Und der Friede Gottes, welcher höher / als Vernunft und Erdenweisheit ist, / sei in eurem Bund euch täglich näher / und bewahre euch in Jesus Christ. / Er bewahre euer Herz und Sinne! / Gottes Friede sei euch zum Geleit! / Er sei mit euch heute zum Beginne; / er vollende euch in Ewigkeit!

5. Freut euch. Doch die Freude aller Frommen / kenne auch der Freude tiefsten Grund. / Gott wird einst in Christus wiederkommen! / Dann erfüllt sich erst der letzte Bund! / Er, der nah war, wird noch einmal nahen. / Seine Herrschaft wird ohn Ende sein. / Die sein Reich schon hier im Glauben sahen, / holt der König dann mit Ehren ein.

T: JOCHEN KLEPPER 1941
M: FRIEDRICH HOFMANN 1981/82

Freuet euch in dem Herrn allewege, und abermals sage ich: Freuet euch! Eure Güte laßt kundsein allen Menschen! Der Herr ist nahe! Sorgt euch um nichts, sondern in allen Dingen laßt eure Bitten in Gebet und Flehen mit Danksagung vor Gott kundwerden! Und der Friede Gottes, der höher ist als alle Vernunft, bewahre eure Herzen und Sinne in Christus Jesus.

PHILIPPER 4,4–7

240

2. Laß unsre Liebe ohne Wanken, / die Treue laß beständig sein. / Halt uns in Worten und Gedanken / von Zorn, Betrug und Lüge rein. / Laß uns doch füreinander stehn, / gib Augen, andrer Last zu sehn.

3. Lehr uns, einander zu vergeben, / wie du in Christus uns getan. / Herr, gib uns teil an deinem Leben, / daß nichts von dir uns scheiden kann. / Mach uns zu deinem Lob bereit, / heut, morgen und in Ewigkeit.

T: WALTER HEINECKE 1968
M: O DASS ICH TAUSEND ZUNGEN HÄTTE (NR. 330)

SAMMLUNG UND SENDUNG

241

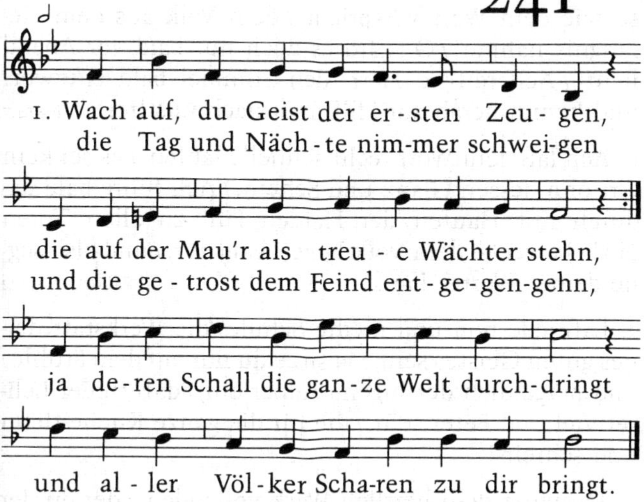

Jes 62,6.7

2. O daß dein Feuer bald entbrennte, / o möcht es doch in alle Lande gehn! / Ach Herr, gib doch in deine Ernte / viel Knechte, die in treuer Arbeit stehn. / O Herr der Ernte, siehe doch darein: / die Ernt ist groß, die Zahl der Knechte klein.

3. Dein Sohn hat ja mit klaren Worten / uns diese Bitt in unsern Mund gelegt. / O siehe, wie an allen Orten / sich deiner Kinder Herz und Sinn bewegt, / dich herzinbrünstig hierum anzuflehn; / drum hör, o Herr, und sprich: »Es soll geschehn.«

4. So gib dein Wort mit großen Scharen, / die in der Kraft Evangelisten sein; / laß eilend Hilf uns widerfahren / und brich in Satans Reich mit Macht hinein. / O breite, Herr, auf weitem Erdenkreis / dein Reich bald aus zu deines Namens Preis!

5. Ach daß die Hilf aus Zion käme! / O daß dein Geist, so wie dein Wort verspricht, / dein Volk aus dem Gefängnis nähme! / O würd es doch nur bald vor Abend licht! / Ach reiß, o Herr, den Himmel bald entzwei / und komm herab zur Hilf und mach uns frei! *Ps 14,7*

6. Ach laß dein Wort recht schnelle laufen, / es sei kein Ort ohn dessen Glanz und Schein. / Ach führe bald dadurch mit Haufen / der Heiden Füll zu allen Toren ein! / Ja wecke dein Volk Israel* bald auf, / und also segne deines Wortes Lauf! **Röm 11,25–32*

7. Laß jede hoh und niedre Schule / die Werkstatt deines guten Geistes sein, / ja sitze du nur auf dem Stuhle / und präge dich der Jugend selber ein, / daß treuer Lehrer viel und Beter sein, / die für die ganze Kirche flehn und schrein!

8. Du wirst dein herrlich Werk vollenden, / der du der Welten Heil und Richter bist; / du wirst der Menschheit Jammer wenden, / so dunkel jetzt dein Weg, o Heilger, ist. / Drum hört der Glaub nie auf, zu dir zu flehn; / du tust doch über Bitten und Verstehn.

T: KARL HEINRICH VON BOGATZKY 1750;
STR. 8 BEARBEITET VON ALBERT KNAPP 1837
M: DIR, DIR, O HÖCHSTER, WILL ICH SINGEN (NR. 328)

242

T: HULDRYCH ZWINGLI (UM 1525) 1536/37,
HOCHDEUTSCH VON FRIEDRICH SPITTA 1897
M: HULDRYCH ZWINGLI (1529) 1536/37

243

2. Dich hat er sich erkoren, / durch sein Wort auferbaut, / bei seinem Eid geschworen, / dieweil du ihm vertraut, / daß er deiner will pflegen / in aller Angst und Not, / dein Feinde niederlegen, / die schmähen dich mit Spott.

3. Kann und mag auch verlassen / ein Mutter je ihr Kind / und also gar verstoßen, / daß es kein Gnad mehr find't? / Und ob sich's möcht begeben, / daß sie so gar abfiel: / Gott schwört bei seinem Leben, / er dich nicht lassen will.

Jes 49,14–16

4. Darum laß dich nicht schrecken, / o du christgläub'ge Schar! / Gott wird dir Hilf erwecken / und dein selbst nehmen wahr. / Er wird seim Volk verkünden / sehr freudenreichen Trost, / wie sie von ihren Sünden / sollen werden erlöst.

5. Es tut ihn nicht gereuen, / was er vorlängst gedeut', / sein Kirche zu erneuen / in dieser fährlichn Zeit. / Er wird herzlich anschauen / dein' Jammer und Elend, / dich herrlich auferbauen / durch Wort und Sakrament.

6. Gott solln wir fröhlich loben, / der sich aus großer Gnad / durch seine milden Gaben / uns kundgegeben hat. / Er wird uns auch erhalten / in Lieb und Einigkeit / und unser freundlich walten / hier und in Ewigkeit.

T: BÖHMISCHE BRÜDER 1544
M: 16. JH. »ENTLAUBT IST UNS DER WALDE«;
GEISTLICH NÜRNBERG UM 1535,
BÖHMISCHE BRÜDER 1544,
BEI OTTO RIETHMÜLLER 1932

Mein Herz ist fröhlich in dem Herrn,
mein Haupt ist erhöht in dem Herrn.
Mein Mund hat sich weit aufgetan wider meine
Feinde, denn ich freue mich deines Heils.

1. SAMUEL 2,1

244 Ö

2. Hilfst du nicht bald, so ist's geschehn, / zugrund wir müssen eilends gehn. / Bedroh der Wellen wild Gebrüll, / so legt es sich und wird ganz still.

3. Ach Herr, um deines Namens Ehr / halt uns im Fried bei deiner Lehr; / gib deiner Kirche gute Ruh, / Gesundheit und Gedeihn dazu.

4. Darüber auch das Allerbest: / daß wir im Glauben stark und fest / dich preisen und den Namen dein, / dir leben, dein lieb Völklein sein,

5. aus deinem Geist ganz neu geborn; / den gib uns, Herr, sonst ist's verlorn. / Dies alles unser Herz begehrt, / wiewohl wir deren keins sind wert.

6. Haben das Widerspiel verschuld't, / zum Zorn gereizt oft dein Geduld, / dein treue Warnung auch veracht', / all Zucht und Ehrbarkeit verlacht.

7. Und ist vielleicht das Maß jetzt voll, / daß unsre Sünde haben soll / verdiente Straf, so g'schieht uns recht / als einem ungetreuen Knecht.

8. Jedoch, dieweil dein Wort ist gut, / so wehr all derer Übermut, / die uns dabei nicht lassen stehn / und es vertrieben möchten sehn.

9. Mach uns vor ihnen nicht zu Spott; / die Sach ist dein, o starker Gott. / Gib uns den Feinden nicht zur Schand; / wir fallen gern in deine Hand.

10. Bekehr den Feind zu Christi Lehr, / daß er mit uns dich lob und ehr / und alle Welt des inne werd, / daß du groß Wunder tust auf Erd.

T: AMBROSIUS BLARER 1561
M: DER TAG BRICHT AN UND ZEIGET SICH (NR. 438)

Die christliche Kirche ist eine Gemeinschaft von hoffenden Gläubigen, die sich weder vor dem Leben noch vor dem Tode, weder vor der Gegenwart noch vor der Zukunft fürchten müssen.

REINHOLD NIEBUHR

245

2. Der Heilig Geist darin regieret, / hat seine Hüter eingesetzt; / die wachen stets, wie sich's gebühret, / daß Gottes Haus sei unverletzt; / die führn das Predigtamt darinnen / und zeigen an das ewig Licht; / darin wir Bürgerrecht gewinnen / durch Glauben, Lieb und Zuversicht.

7. Dein Wort ist unsers Herzens Trutz / und deiner Kirche wahrer Schutz; / dabei erhalt uns, lieber Herr, / daß wir nichts andres suchen mehr.

T: NÜRNBERG 1611; STR. 1 1579 NACH »VESPERA IAM VENIT« VON PHILIPP MELANCHTHON 1551; STR. 2–7 NIKOLAUS SELNECKER (VOR 1572) 1578
M: ERHALT UNS, HERR, BEI DEINEM WORT (NR. 193)

247

2. Mache zuschanden alle, die dich hassen, / die sich allein auf ihre Macht verlassen. / Ach kehre dich mit Gnaden zu uns Armen, / laß dich's erbarmen, / laß dich's erbarmen,

3. und schaff uns Beistand wider unsre Feinde! / Wenn du ein Wort sprichst, werden sie bald Freunde. / Herr, wehre der Gewalt auf dieser Erde, / daß Friede werde, / daß Friede werde.

4. Wir haben niemand, dem wir uns vertrauen, / vergebens ist's, auf Menschenhilfe bauen. / Wir traun auf dich, wir schrein in Jesu Namen: / Hilf, Helfer! Amen. / Hilf, Helfer! Amen.

T: JOHANN HEERMANN 1630
M: MATTHÄUS APELLES VON LÖWENSTERN 1644
»CHRISTE, DU BEISTAND DEINER KREUZGEMEINE«

248

Ps 121,4

2. Schau, wie große Not und Qual / trifft dein Volk jetzt überall; / täglich wird der Trübsal mehr. / Hilf, ach hilf, schütz deine Lehr. / Wir verderben, wir vergehn, / nichts wir sonst vor Augen sehn, / wo du nicht bei uns wirst stehn.

3. Jesu, der du Jesus heißt, / als ein Jesus Hilfe leist! / Hilf mit deiner starken Hand, / Menschenhilf hat sich gewandt. / Eine Mauer um uns bau, / daß dem Feinde davor grau, / er mit Zittern sie anschau.

4. Deines Vaters starker Arm, / komm und unser dich erbarm. / Laß jetzt sehen deine Macht, / drauf wir hoffen Tag und Nacht; / aller Feinde Rotten trenn, / daß dich alle Welt erkenn, / aller Herren Herren nenn.

5. Andre traun auf ihre Kraft, / auf ihr Glück und Ritterschaft, / deine Christen traun auf dich, / auf dich traun sie festiglich. / Laß sie werden nicht zuschand', / bleib ihr Helfer und Beistand, / sind sie dir doch all bekannt.

6. Du bist ja der Held und Mann, / der den Kriegen steuern kann, / der da Spieß und Schwert zerbricht, / der die Bogen macht zunicht, / der die Wagen gar verbrennt / und der Menschen Herzen wend't, / daß der Krieg gewinnt ein End. *Ps 46,10*

7. Jesu, wahrer Friedefürst, / der du Frieden bringen wirst, / weil du hast durch deinen Tod / wiederbracht den Fried bei Gott: / gib uns Frieden gnädiglich! / So wird dein Volk freuen sich, / dafür ewig preisen dich.

T: JOHANN HEERMANN 1630
M: WUNDERBARER GNADENTHRON (NR. 38)

249

2. Tröste dich nur, daß deine Sach / ist Gottes, dem befiehl die Rach / und laß es ihn nur walten. / Er wird durch einen Gideon,* / den er wohl weiß, dir helfen schon, / dich und sein Wort erhalten.

*Ri 6–8

3. So wahr Gott Gott ist und sein Wort, / muß Teufel, Welt und Höllenpfort / und was dem tut anhangen / endlich werden zu Hohn und Spott; / Gott ist mit uns und wir mit Gott, / den Sieg wolln wir erlangen.

4. Ach Gott, gib indes deine Gnad, / daß wir all Sünd und Missetat / in rechter Buß erkennen / und glauben fest an Jesus Christ, / zu helfen er ein Meister ist, / wie er sich selbst tut nennen.

5. Hilf, daß wir auch nach deinem Wort / gottselig leben immerfort / zu Ehren deinem Namen, / daß uns dein guter Geist regier, / auf ebner Bahn zum Himmel führ / durch Jesus Christus, Amen.

T: JAKOB FABRICIUS 1632
M: KOMMT HER ZU MIR, SPRICHT GOTTES SOHN
(NR. 363)

Fürchte dich nicht, du kleine Herde!
Denn es hat eurem Vater wohlgefallen, euch das Reich zu geben.

LUKAS 12,32

250

2. Du rufest auch noch heutzutage, / daß jedermann erscheinen soll; / man höret immer deine Klage, / daß nicht dein Haus will werden voll. / Deswegen schickst du auf die Straßen, / zu laden alle, die man find't; / du willst auch die berufen lassen, / die blind und lahm und elend sind. *Lk 14,16–24*

3. Du, Gott, hast dir aus vielen Zungen / der Völker eine Kirch gemacht, / darin dein Lob dir wird gesungen / in einer wunderschönen Pracht, / die sämtlich unter Christus stehen / als ihrem königlichen Haupt / und in Gemeinschaft dies begehen, / was jeder Christ von Herzen glaubt.

4. Wir wolln uns nicht auf Werke gründen, / weil doch kein Mensch vor Gott gerecht; / und will sich etwas Gutes finden, / so sind wir dennoch böse Knecht. / Mit Glauben müssen wir empfangen, / was Christi Leiden uns bereit'; / im Glauben müssen wir erlangen / der Seelen Heil und Seligkeit. *Röm 3,28*

5. Erhalt uns, Herr, im rechten Glauben / noch fernerhin bis an das End; / ach laß uns nicht die Schätze rauben: / dein heilig Wort und Sakrament. / Erfüll die Herzen deiner Christen / mit Gnade, Segen, Fried und Freud, / durch Liebesfeu'r sie auszurüsten / zur ungefärbten Einigkeit.

T: FRIEDRICH KONRAD HILLER 1711
M: NUN SAGET DANK UND LOBT DEN HERREN (NR. 294)

251

2. Kommt, ach kommt, ihr Gnadenkinder, / und erneuert euren Bund, / schwöret unserm Überwinder / Lieb und Treu aus Herzensgrund; / und wenn eurer Liebeskette / Festigkeit und Stärke fehlt, / o so flehet um die Wette, / bis sie Jesus wieder stählt.

3. Legt es unter euch, ihr Glieder, / auf so treues Lieben an, / daß ein jeder für die Brüder / auch das Leben lassen kann. / So hat uns der Freund geliebet, / so vergoß er dort sein Blut; / denkt doch, wie es ihn betrübet, / wenn ihr euch selbst Eintrag tut.

4. Halleluja, welche Höhen, / welche Tiefen reicher Gnad, / daß wir dem ins Herze sehen, / der uns so geliebet hat; / daß der Vater aller Geister, / der der Wunder Abgrund ist, / daß du, unsichtbarer Meister, / uns so fühlbar nahe bist.

5. Ach du holder Freund, vereine / deine dir geweihte Schar, / daß sie es so herzlich meine, / wie's dein letzter Wille war. / Ja verbinde in der Wahrheit, / die du selbst im Wesen bist, / alles, was von deiner Klarheit / in der Tat erleuchtet ist.

6. Liebe, hast du es geboten, / daß man Liebe üben soll, / o so mache doch die toten, / trägen Geister lebensvoll. / Zünde an die Liebesflamme, / daß ein jeder sehen kann: / wir, als die von einem Stamme, / stehen auch für einen Mann.

7. Laß uns so vereinigt werden, / wie du mit dem Vater bist, / bis schon hier auf dieser Erden / kein getrenntes Glied mehr ist, / und allein von deinem Brennen / nehme unser Licht den Schein; / also wird die Welt erkennen, / daß wir deine Jünger sein.

T: NIKOLAUS LUDWIG VON ZINZENDORF (1723) 1725,
BEARBEITET VON CHRISTIAN GREGOR 1778
UND ALBERT KNAPP 1837
M: 17. JH.; GEISTLICH BAMBERG 1732,
HERRNHAAG UM 1735

252

2. Ach dein Lebensgeist durchdringe, / Gnade, Kraft und Segen bringe / deinen Gliedern allzumal, / wo sie hier zerstreuet wohnen / unter allen Nationen, / die du kennest überall.

3. O wie lieb ich, Herr, die Deinen, / die dich suchen, die dich meinen; / o wie köstlich sind sie mir! / Du weißt, wie mich's oft erquicket, / wenn ich Seelen hab erblicket, / die sich ganz ergeben dir.

4. Ich umfasse, die dir dienen; / ich verein'ge mich mit ihnen, / und vor deinem Angesicht / wünsch ich Zion tausend Segen; / stärke sie in deinen Wegen, / leite sie in deinem Licht.

5. Die in Kreuz und Leiden leben, / stärke, daß sie ganz ergeben / ihre Seel in deine Hand; / laß sie dadurch werden kleiner / und von allen Schlacken reiner, / ganz und gar in dich gewandt.

6. Laß die Deinen noch auf Erden / ganz nach deinem Herzen werden; / mache deine Kinder schön, / abgeschieden, klein und stille, / sanft, einfältig, wie dein Wille / und wie du sie gern willst sehn.

7. Sonderlich gedenke deren, / die es, Herr, von mir begehren, / daß ich für sie beten soll. / Auf dein Herz will ich sie legen, / gib du jedem solchen Segen, / wie es not; du kennst sie wohl.

8. Teuer hast du uns erworben, / da du bist am Kreuz gestorben; / denke, Jesu, wir sind dein. / Halt uns fest, solang wir leben / und in dieser Wüste schweben; / laß uns nimmermehr allein,

9. bis wir einst mit allen Frommen / dort bei dir zusammenkommen / und, von allen Flecken rein, / da vor deinem Throne stehen, / uns in dir, dich in uns sehen, / ewig eins in dir zu sein.

T: GERHARD TERSTEEGEN 1731
M: ALLES IST AN GOTTES SEGEN (NR. 352)

Herr, unser Gott, sei mit uns; mit deinem Geiste berühre uns, daß unsere Herzen etwas empfangen mögen, und wir Freude haben können auch im Leben des Kampfes und der Anfechtung und im Leben vieler Not, auch des Todes. Behüte uns in deinem Wort und laß es uns immer wieder Licht werden, damit wir auch dir folgen und deinen Willen tun können. Sei mit uns auf allen unseren Wegen und leite du alles mit deiner Hand.

CHRISTOPH BLUMHARDT

253

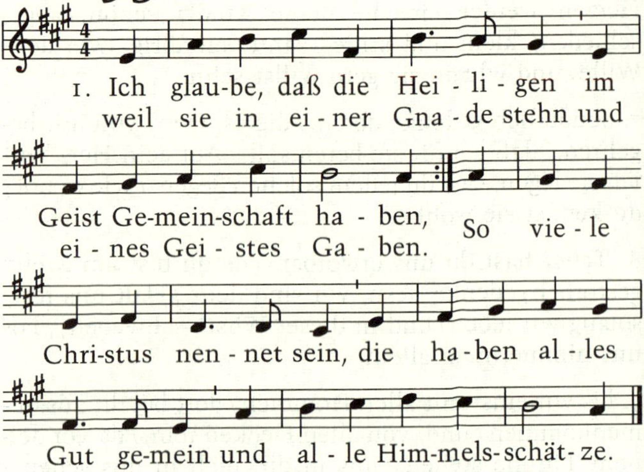

2. Denn in der neuen Kreatur / ist keiner klein noch größer; / wir haben *einen* Christus nur, / den einigen Erlöser. / Das Licht, das Heil, der Morgenstern, / Wort, Tauf und Nachtmahl unsres Herrn / ist allen gleich geschenket.

3. Wir haben alle überdies / Gemeinschaft an dem Leiden, / am Kreuz, an der Bekümmernis, / an Spott und Traurigkeiten; / wir tragen, doch nicht ohne Ruhm, / allzeit das Sterben Jesu um / an dem geplagten Leibe.

Gal 6,17

4. So trägt ein Glied des andern Last / um seines Hauptes willen; / denn wer der andern Lasten faßt, / lernt das Gesetz erfüllen, / worin uns Christus vorangeht. / Dies königlich Gebot besteht / in einem Worte: Liebe.

Gal 6,2

5. Ich will mich der Gemeinschaft nicht / der Heiligen entziehen; / wenn meinen Nächsten Not anficht, / so will ich ihn nicht fliehen. / Hab ich Gemeinschaft an dem Leid, / so laß mich an der Herrlichkeit / auch einst Gemeinschaft haben.

T: PHILIPP FRIEDRICH HILLER 1731
M: BIS HIERHER HAT MICH GOTT GEBRACHT (NR. 329)

Denn wie der Leib einer ist und doch viele Glieder hat, alle Glieder des Leibes aber, obwohl sie viele sind, doch ein Leib sind; so auch Christus. Denn wir sind durch einen Geist alle zu einem Leib getauft.

1. KORINTHER 12,12.13

254

Erste Melodie

Zweite Melodie

2. Die Liebe wird uns leiten, / den Weg bereiten / und mit den Augen deuten / auf mancherlei, / ob's etwa Zeit zu streiten, / ob's Rasttag sei. / Wir sehen schon von weitem / die Grad und Zeiten / verheißner Seligkeiten: / nur treu, nur treu!

3. Wir sind nicht einsam blieben, / wir wolln uns üben / mit größern Gnadentrieben / als eins allein. / Wir sind am Stamm geblieben / der Kreuzgemein. / Drum gilt's gemeinsam lieben, / sich mit betrüben / und unsre Lasten schieben, / die Christi sein.

4. Wir sind in ihm zufrieden; / was uns hienieden / als Last von ihm beschieden, / hat sein Gewicht; / doch ist das Joch für jeden / drauf eingericht'. / Drum mag der Leib ermüden: / wir gehn im Frieden, / von Jesus ungeschieden, / und sterben nicht.

T: NIKOLAUS LUDWIG VON ZINZENDORF STR. 1 1736;
STR. 2–4 1733
ERSTE MELODIE: MANFRED SCHLENKER 1986
ZWEITE MELODIE: GUSTAV PEZOLD 1911

255

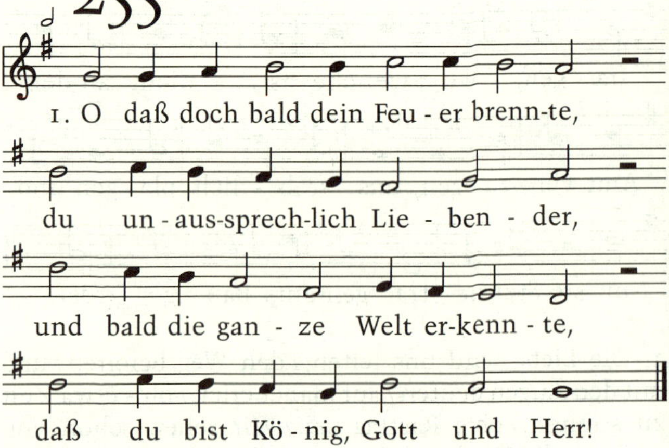

2. Zwar brennt es schon in heller Flamme, / jetzt hier, jetzt dort, in Ost und West, / dir, dem für uns erwürgten Lamme, / ein herrlich Pfingst- und Freudenfest;

3. und noch entzünden Himmelsfunken / so manches kalte, tote Herz / und machen Durst'ge freudetrunken / und heilen Sünd und Höllenschmerz.

4. Verzehre Stolz und Eigenliebe / und sondre ab, was unrein ist, / und mehre jener Flamme Triebe, / die dir nur glüht, Herr Jesu Christ.

5. Erwecke, läutre und vereine / des ganzen Christenvolkes Schar / und mach in deinem Gnadenscheine / dein Heil noch jedem offenbar.

6. Du unerschöpfter Quell des Lebens, / allmächtig starker Gotteshauch, / dein Feuermeer ström nicht vergebens. / Ach zünd in unsern Herzen auch.

7. Schmelz alles, was sich trennt, zusammen / und baue deinen Tempel aus; / laß leuchten deine heilgen Flammen / durch deines Vaters ganzes Haus.

8. Beleb, erleucht, erwärm, entflamme / doch bald die ganze weite Welt / und zeig dich jedem Völkerstamme / als Heiland, Friedefürst und Held.

9. Dann tönen dir von Millionen / der Liebe Jubelharmonien, / und alle, die auf Erden wohnen, / knien vor den Thron des Lammes hin.

T: GEORG FRIEDRICH FICKERT 1812
M: GUILLAUME FRANC 1543
(ZUM ZEHN-GEBOTE-LIED)

Herr, erwecke deine Kirche und fange bei mir an. Herr, baue deine Gemeinde auf und fange bei mir an. Herr, laß Frieden und Gotteserkenntnis überall auf Erden kommen und fange bei mir an. Herr, bringe deine Liebe und Wahrheit zu allen Menschen und fange bei mir an.

AUS CHINA

256

1. Ei - ner ist's, an dem wir han - gen,
der für uns in den Tod ge - gan - gen
und uns erkauft mit seinem Blut. Un - sre
Lei - ber, un- sre Her - zen ge - hö-ren
dir, o Mann der Schmer-zen; in dei - ner
Lie - be ruht sich's gut. Nimm uns zum
Ei - gen- tum, be - rei - te dir zum Ruhm
dei - ne Kin - der. Ver - birg uns nicht
das Gnadenlicht von deinem heilgen Angesicht.

2. Nicht wir haben dich erwählet, / du selbst hast unsre Zahl gezählet / nach deinem ewgen Gnadenrat; / unsre Kraft ist schwach und nichtig, / und keiner ist zum Werke tüchtig, / der nicht von dir die Stärke hat. / Drum brich den eignen Sinn, / denn Armut ist Gewinn / für den Himmel; / wer in sich schwach, / folgt, Herr, dir nach / und trägt mit Ehren deine Schmach.

3. O Herr Jesu, Ehrenkönig, / die Ernt ist groß, der Schnitter wenig, / drum sende treue Zeugen aus. / Send auch uns hinaus in Gnaden, / viel arme Gäste dir zu laden / zum Mahl in deines Vaters Haus. / Wohl dem, den deine Wahl / beruft zum Abendmahl / im Reich Gottes! / Da ruht der Streit, / da währt die Freud / heut, gestern und in Ewigkeit.

4. Sieh auf deine Millionen, / die noch im Todesschatten wohnen, / von deinem Himmelreiche fern. / Seit Jahrtausenden ist ihnen / kein Evangelium erschienen, / kein gnadenreicher Morgenstern. / Glanz der Gerechtigkeit, / geh auf, denn es ist Zeit! / Komm, Herr Jesu, / zieh uns voran / und mach uns Bahn, / gib deine Türen aufgetan.

5. Heiland, deine größten Dinge / beginnest du still und geringe. / Was sind wir Armen, Herr, vor dir? / Aber du wirst für uns streiten / und uns mit deinen Augen leiten; / auf deine Kraft vertrauen wir. / Dein Senfkorn, arm und klein, / wächst ohne großen Schein / doch zum Baume, / weil du, Herr Christ, / sein Hüter bist, / dem es von Gott vertrauet ist. *Mt 13,31.32*

T: ALBERT KNAPP (1822) 1824
M: WACHET AUF, RUFT UNS DIE STIMME (NR. 147)

257

2. Im Himmel und auf Erden / ist alle Macht nun dein, / bis alle Völker werden / zu deinen Füßen sein, / bis die von Süd und Norden, / bis die von Ost und West / sind deine Gäste worden / bei deinem Hochzeitsfest.

3. Noch werden sie geladen, / noch gehn die Boten aus, / um mit dem Ruf der Gnaden / zu füllen dir dein Haus. / Es ist kein Preis zu teuer, / es ist kein Weg zu schwer, / hinauszustreun dein Feuer / ins weite Völkermeer.

4. O sammle deine Herden / dir aus der Völker Zahl, / daß viele selig werden / und ziehn zum Abendmahl. / Schließ auf die hohen Pforten, / es strömt dein Volk heran; / wo noch nicht Tag geworden, / da zünd dein Feuer an! *Offb 19,9*

T: CHRISTIAN GOTTLOB BARTH 1827
M: VALET WILL ICH DIR GEBEN (NR. 523)

258

T: GUSTAV KNAK 1843
M: WACHET AUF, RUFT UNS DIE STIMME (NR. 147)

259

2. Ob auch der Feind mit großem Trutz / und mancher List will stürmen, / wir haben Ruh und sichern Schutz / durch seines Armes Schirmen. / Wie Gott zu unsern Vätern trat / auf ihr Gebet und Klagen, / wird er, zu Spott dem feigen Rat, / uns durch die Fluten tragen. / Mit ihm wir wollen's wagen.

3. Er mache uns im Glauben kühn / und in der Liebe reine. / Er lasse Herz und Zunge glühn, / zu wecken die Gemeine. / Und ob auch unser Auge nicht / in seinen Plan mag dringen: / er führt durch Dunkel uns zum Licht, / läßt Schloß und Riegel springen. / Des wolln wir fröhlich singen!

T: FRIEDRICH SPITTA 1898
M: HEINRICH SCHÜTZ 1661 (ZU PSALM 97)

Ewiger, gütiger Gott, schau gnädig auf deine Kirche, denn du allein bist ihre Macht und ihr Schutz. Halte uns fest, daß wir nicht straucheln und fallen, sondern bestehen in dem Kampf, der uns bestimmt ist.

260 Ö

Einstimmig oder im Kanon

Einstimmig oder im Kanon

T: JOHANNES 20,21; LUKAS 4,18
M: PAUL ERNST RUPPEL 1963

261

T: JOHANNES 6,68
KANON FÜR 3 STIMMEN: ALFRED STIER 1949

ÖKUMENE

262 ö

Mal 3,20

2. Weck die tote Christenheit / aus dem Schlaf der Sicherheit, / daß sie deine Stimme hört, / sich zu deinem Wort bekehrt. / Erbarm dich, Herr.

3. Schaue die Zertrennung an, / der sonst niemand wehren kann; / sammle, großer Menschenhirt, / alles, was sich hat verirrt. / Erbarm dich, Herr.

4. Tu der Völker Türen auf; / deines Himmelreiches Lauf / hemme keine List noch Macht. / Schaffe Licht in dunkler Nacht. / Erbarm dich, Herr.

5. Gib den Boten Kraft und Mut, / Glauben, Hoffnung, Liebesglut, / und laß reiche Frucht aufgehn, / wo sie unter Tränen sä'n. / Erbarm dich, Herr.

6. Laß uns deine Herrlichkeit / sehen auch in dieser Zeit / und mit unsrer kleinen Kraft / suchen, was den Frieden schafft. / Erbarm dich, Herr.

7. Laß uns eins sein, Jesu Christ, / wie du mit dem Vater bist, / in dir bleiben allezeit / heute wie in Ewigkeit. / Erbarm dich, Herr.

T UND M: NR. 263,
ÖKUMENISCHE FASSUNG 1973

263

1. Sonne der Gerechtigkeit, / gehe auf zu unsrer Zeit; / brich in deiner Kirche an, / daß die Welt es sehen kann. / Erbarm dich, Herr. *Mal 3,20*

2. Weck die tote Christenheit / aus dem Schlaf der Sicherheit; / mache deinen Ruhm bekannt / überall im ganzen Land. / Erbarm dich, Herr.

3. Schaue die Zertrennung an, / der kein Mensch sonst wehren kann; / sammle, großer Menschenhirt, / alles, was sich hat verirrt. / Erbarm dich, Herr.

4. Tu der Völker Türen auf, / deines Himmelreiches Lauf / hemme keine List noch Macht. / Schaffe Licht in dunkler Nacht. / Erbarm dich, Herr.

5. Gib den Boten Kraft und Mut, / Glaubenshoffnung, Liebesglut, / laß viel Früchte deiner Gnad / folgen ihrer Tränensaat. / Erbarm dich, Herr.

7. Kraft, Lob, Ehr und Herrlichkeit / sei dem Höchsten allezeit, / der, wie er ist drei in ein, / uns in ihm läßt eines sein. / Erbarm dich, Herr.

T: STR. 1.6 CHRISTIAN DAVID (1728) 1741;
STR. 2.4.5 CHRISTIAN GOTTLOB BARTH 1827;
STR. 3.7 JOHANN CHRISTIAN NEHRING 1704,
NEU GESTALTET VON OTTO RIETHMÜLLER 1932
M: BÖHMEN 1467, NÜRNBERG 1556;
GEISTLICH BÖHMISCHE BRÜDER 1566

264

1. Kor 3,11; Offb 21,2

2. Erkorn aus allen Völkern, / doch als ein Volk gezählt, / ein Herr ist's und ein Glaube, / ein Geist, der sie beseelt, / und einen heilgen Namen / ehrt sie, ein heilges Mahl, / und eine Hoffnung teilt sie / kraft seiner Gnadenwahl.

3. Schon hier ist sie verbunden / mit dem, der ist und war, / hat selige Gemeinschaft / mit der Erlösten Schar, / mit denen, die vollendet. / Zu dir, Herr, rufen wir: / Verleih, daß wir mit ihnen / dich preisen für und für.

T: ANNA THEKLA VON WELING 1898 NACH DEM ENGLISCHEN »THE CHURCH'S ONE FOUNDATION« VON SAMUEL JOHN STONE 1866
M: SAMUEL SEBASTIAN WESLEY 1864

2. Elect from every nation, / yet one o'er all the earth, / her charter of salvation / one Lord, one faith, one birth, / one holy name she blesses, / partakes one holy food, / and to one hope she presses / with every grace endued.

3. Yet she in earth hath union / with God the Three in One, / and mystic sweet communion / with those whose rest is won; / o happy ones and holy! / Lord, give us grace that we / like them, the meek and lowly, / on high may dwell with Thee.

Ö 265

2. der Frieden uns und Freude gibt, / den Geist der Heiligkeit, / der uns als seine Kirche liebt, / ihr Einigkeit verleiht.

3. Er lasse uns Geschwister sein, / der Eintracht uns erfreun, / als seiner Liebe Widerschein / die Christenheit erneun.

4. Du guter Hirt, Herr Jesus Christ, / steh deiner Kirche bei, / daß über allem, was da ist, / ein Herr, ein Glaube sei.

5. Herr, mache uns im Glauben treu / und in der Wahrheit frei, / daß unsre Liebe immer neu / der Einheit Zeugnis sei.

T: GEORG THURMAIR (1964) 1967
M: NUN DANKET ALL UND BRINGET EHR (NR. 322)

266

1. Der Tag, mein Gott, ist nun ver-gan-gen
und wird vom Dun - kel ü - ber-weht.
Am Mor - gen hast du Lob emp-fan-gen,
zu dir steigt un - ser Nacht-ge-bet.

2. Die Erde rollt dem Tag entgegen; / wir ruhen aus in dieser Nacht / und danken dir, wenn wir uns legen, / daß deine Kirche immer wacht.

3. Denn unermüdlich, wie der Schimmer / des Morgens um die Erde geht, / ist immer ein Gebet und immer / ein Loblied wach, das vor dir steht.

4. Die Sonne, die uns sinkt, bringt drüben / den Menschen überm Meer das Licht: / und immer wird ein Mund sich üben, / der Dank für deine Taten spricht.

5. So sei es, Herr: die Reiche fallen, / dein Thron allein wird nicht zerstört; / dein Reich besteht und wächst, bis allen / dein großer, neuer Tag gehört.

T: GERHARD VALENTIN 1964 NACH DEM ENGLISCHEN »THE DAY THOU GAVEST, LORD, IS ENDED« VON JOHN F. ELLERTON 1870
M UND SATZ: CLEMENT COTTERILL SCHOLEFIELD 1874

1. The day thou gavest, Lord, is ended, / The darkness falls at thy behest; / To thee our morning hymns ascended, / Thy praise shall sanctify our rest.

2. We thank thee that thy Church, unsleeping / While earth rolls onward into light, / Through all the world her watch is keeping, / And rests not now by day or night.

3. As o'er each continent and island / The dawn leads on another day, / The voice of prayer is never silent, / Nor dies the strain of praise a way.

4. The sun that bids us rest is waking / Our brethren 'neath the western sky, / And hour by hour fresh lips are making / Thy wondrous doings heard on high.

5. So be it, Lord; thy throne shall never, / Like earth's proud empires, pass away: / Thy kingdom stands, and grows forever, / Till all thy creatures own thy sway.

267

Joh 17,20.21

2. Laß den Christen uns begegnen, / die in andern Kirchen stehn / und sich dort – wie wir es hier tun – / mühen, deinen Weg zu gehn,

3. die mit andern Stimmen loben / deinen Namen, Jesus Christ, / der für sie – wie auch für uns, Herr – / Name ohnegleichen ist.

4. Laß uns zueinander stehen, / ganz so, wie es dir gefällt, / laß dein Reich in Wahrheit kommen, / Herr, in unsre müde Welt.

5. Dein Volk ist nicht unsre Kirche, / unsre Konfession allein, / denn dein Volk, Herr, ist viel größer. / Brich mit deinem Reich herein!

T UND M: OTMAR SCHULZ 1967/1971

268

2. Zweige wachsen viele aus einem Stamm. / Unser Stamm heißt Christus. / Zweige wachsen viele aus einem Stamm – / und wir sind eins durch ihn.

3. Gaben gibt es viele, Liebe vereint. / Liebe schenkt uns Christus. / Gaben gibt es viele, Liebe vereint – / und wir sind eins durch ihn.

4. Dienste leben viele aus einem Geist, / Geist von Jesus Christus. / Dienste leben viele aus einem Geist – / und wir sind eins durch ihn.

5. Glieder sind es viele, doch nur ein Leib. / Wir sind Glieder Christi. / Glieder sind es viele, doch nur ein Leib – / und wir sind eins durch ihn.

T: DIETER TRAUTWEIN 1976
NACH DEM SCHWEDISCHEN
»LÅGORNA ÄR MÅNGA, LJUSET ÄR ETT«
VON ANDERS FROSTENSON (1972) 1974
M: OLLE WIDESTRAND 1974

2. Grenarna är många, trädet är ett, / trädet – Jesus Kristus, / grenarna är många, trädet är ett, / vi är ett i honom!

3. Gåvorna är många, Anden är en, / finns i Jesus Kristus, / gåvorna är många, Anden är en, / vi är ett i honom!

4. Tjänsterna är många, Herren är en, / Herren Jesus Kristus, / tjänsterna är många, Herren är en, / vi är ett i honom!

5. Lemmarna är många, kroppen är en, / Jesu Kristi kyrka, / lemmarna är många, kroppen är en, / vi är ett i honom!

Andere Melodie:
Gelobt sei Gott im höchsten Thron (Nr. 103)

269

2. Groß ist der Herr, ihr Freunde, singt. / Festliche Lieder vor ihn bringt. / Gemeinsam Gottes Lob erklingt. / Halleluja, Halleluja, Halleluja.

3. Ihr Christen alle, Frau und Mann, / fangt wie die Jünger Jesu an, / getreu zu folgen Gottes Plan. / Halleluja, Halleluja, Halleluja.

4. Die Macht der Liebe neu vereint, / was heute noch geschieden scheint. / Im Dienst des Herrn ist niemand Feind. / Halleluja, Halleluja, Halleluja.

5. Nach Gottes Willen wird geschehn, / daß wir vereint die Kirche sehn, / bereit, zu neuem Dienst zu gehn. / Halleluja, Halleluja, Halleluja.

T: WALTER SCHULZ 1983 NACH DEM ENGLISCHEN »CHRIST IS THE KING, O FRIENDS REJOICE« VON GEORGE KENNEDY ALLEN BELL 1931
M: CHARLES RICHARD ANDERS (1975) 1978

209

2. [illegible] Halleluja, Halleluja.

3. [illegible] Halleluja, Halleluja.

4. [illegible] Halleluja.

5. [illegible] Halleluja, Halleluja.

BIBLISCHE GESÄNGE

PSALMEN UND LOBGESÄNGE

Im Wechsel zwischen zwei Gruppen Psalm 8 **270**

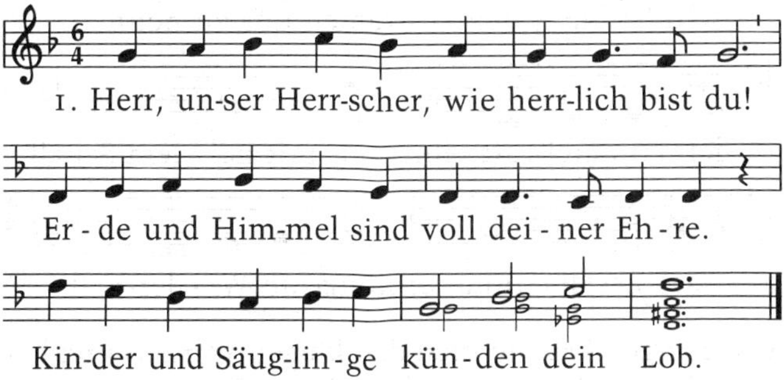

2. Kinder und Säuglinge künden dein Lob, / spotten der Übermacht all deiner Feinde. / Hoch wölbt dein Himmel sich auch über sie.

3. Hoch wölbt dein Himmel sich auch über sie. / Seh ich die Sonne, den Mond und die Sterne – / was ist der Mensch, daß du seiner gedenkst?

4. Was ist der Mensch, daß du seiner gedenkst? / Des Menschen Kind, daß du seiner dich annimmst? / Du hast ihn herrlich erhoben zu dir.

5. Du hast ihn herrlich erhoben zu dir, / hast ihn erwählt dir zum Freund und Gehilfen. / Die ganze Welt hast du ihm anvertraut.

6. Die ganze Welt hast du ihm anvertraut, / alles Geschaffene, alles, was lebet. / Herr, unser Herrscher, wie herrlich bist du!

T UND M: JOHANNES PETZOLD 1975

271 Ö Psalm 8; Römer 8

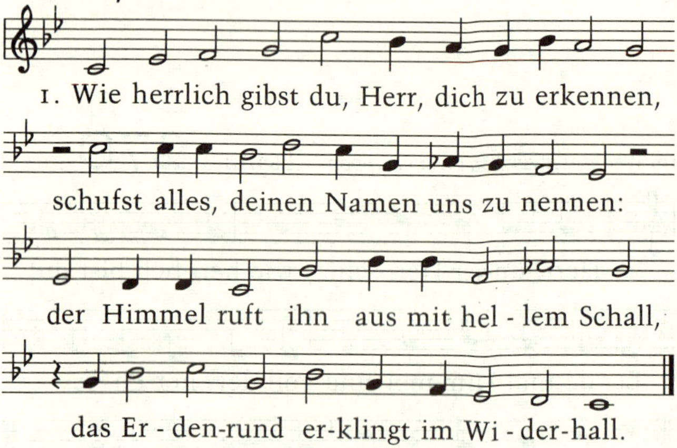

2. Verborgen hast du dich den klugen Weisen / und lässest die Unmündigen dich preisen. / Den Leugner widerlegt des Säuglings Mund; / der Kinder Lallen tut dich, Vater, kund.

3. Wenn ich den Blick zu deinen Sternen wende / und zu dem Mond, den Werken deiner Hände – / was ist der Mensch, daß du, Herr, sein gedenkst, / des Menschen Kind, daß du ihm Liebe schenkst?

4. Und doch hast du am höchsten ihn gestellet, / ganz nah ihn deiner Gottheit zugesellet, / hast ihn gekrönt mit Hoheit und mit Pracht, / daß er beherrsche, was du hast gemacht.

5. Gabst ihm zum Dienst die Schafe und die Stiere, / machtest ihm untertan die wilden Tiere, / des Himmels Vögel und der Fische Heer, / das seine Pfade zieht durchs große Meer.

6. Doch ach, der Mensch ist von den Wesen allen / am tiefsten in die Schuld und Schand gefallen. / Statt Herr ist er der Sklave der Natur; / nach seiner Freiheit seufzt die Kreatur.

7. Drum stieg herab von seinem Himmelsthrone / Jesus und ward zum wahren Menschensohne, / erniedrigte sich selbst bis in den Tod / und wendete der Menschheit Schand und Not.

8. Die ganze Schöpfung soll sich vor ihm beugen, / Menschen- und Engelzungen es bezeugen, / daß er ihr Herr zur Ehr des Vaters ist. / Wie herrlich strahlt dein Name, Jesus Christ!

T: WILHELM VISCHER 1944
M: GUILLAUME FRANC 1542,
LOYS BOURGEOIS 1551

272

T: NACH PSALM 9,2–3
M: CLAUDE FRAYSSE 1976

Psalm 12 273

2. Sie lehren eitel falsche List, / was eigen Witz erfindet; / ihr Herz nicht eines Sinnes ist / in Gottes Wort gegründet; / der wählet dies, der andre das, / sie trennen uns ohn alle Maß / und gleißen schön von außen.

3. Gott wolle wehren allen gar, / die falschen Schein uns lehren, / dazu ihr Zung stolz offenbar / spricht: »Trotz! Wer will's uns wehren? / Wir haben Recht und Macht allein, / was wir setzen, gilt allgemein; / wer ist, der uns sollt meistern?«

5. Das Silber, durchs Feu'r siebenmal / bewährt, wird lauter funden; / von Gotts Wort man erwarten soll / desgleichen alle Stunden. / Es will durchs Kreuz bewähret sein, / da wird sein Kraft erkannt und Schein / und leucht stark in die Lande.

6. Ehr sei Gott Vater und dem Sohn / und auch dem Heilgen Geiste, / wie es im Anfang war und nun, / der uns sein Hilfe leiste, / daß wir sein Wort behalten rein, / im rechten Glaubn beständig sein / bis an das Ende. Amen.

T UND M: MARTIN LUTHER 1524;
STR. 6 STRASSBURG 1545

274

Psalm 23

2. Zum reinen Wasser er mich weist, / das mich erquickt so gute, / das ist sein werter Heilger Geist, / der mich macht wohlgemute; / er führet mich auf rechter Straß / in seim Gebot ohn Unterlaß / um seines Namens willen.

3. Ob ich wandert im finstern Tal, / fürcht ich doch kein Unglücke / in Leid, Verfolgung und Trübsal, / in dieser Welte Tücke: / denn du bist bei mir stetiglich, / dein Stab und Stecken trösten mich, / auf dein Wort ich mich lasse.

4. Du b'reitest vor mir einen Tisch / vor mein' Feind' allenthalben, / machst mein Herz unverzaget frisch; / mein Haupt tust du mir salben / mit deinem Geist, der Freuden Öl, / und schenkest voll ein meiner Seel / deiner geistlichen Freuden.

5. Gutes und viel Barmherzigkeit / folgen mir nach im Leben, / und ich werd bleiben allezeit / im Haus des Herren eben / auf Erd in der christlichen G'mein, / und nach dem Tode werd ich sein / bei Christus, meinem Herren.

T: AUGSBURG 1531
M: JOHANN WALTER 1524

275 Psalm 31

2. Dein gnädig Ohr neig her zu mir, / erhör mein Bitt, tu dich herfür, / eil, bald mich zu erretten. / In Angst und Weh ich lieg und steh; / hilf mir in meinen Nöten.

3. Mein Gott und Schirmer, steh mir bei; / sei mir ein Burg, darin ich frei / und ritterlich mög streiten, / ob mich gar sehr der Feinde Heer / anficht auf beiden Seiten.

4. Du bist mein Stärk, mein Fels, mein Hort, / mein Schild, mein Kraft – sagt mir dein Wort –, / mein Hilf, mein Heil, mein Leben, / mein starker Gott in aller Not; / wer mag mir widerstreben?

5. Mir hat die Welt trüglich gericht' / mit Lügen und falschem Gedicht / viel Netz und heimlich Stricke; / Herr, nimm mein wahr in dieser G'fahr, / b'hüt mich vor falscher Tücke.

6. Herr, meinen Geist befehl ich dir; / mein Gott, mein Gott, weich nicht von mir, / nimm mich in deine Hände. / O wahrer Gott, aus aller Not / hilf mir am letzten Ende.

7. Preis, Ehre, Ruhm und Herrlichkeit / sei Vater, Sohn und Geist bereit', / Lob seinem heilgen Namen. / Die göttlich Kraft mach uns sieghaft / durch Jesus Christus. Amen.

T: ADAM REISSNER 1533

M: BÖHMEN 15. JH., ZÜRICH UM 1552

276 Psalm 34

1. Ich will, so - lang ich le - be, rüh -
im Her - zen stets mir schwe - be das
men den Herren mein,
Lob der Eh-ren sein;
mein Mund soll al - le-
zeit des Herren Ruhm ver - kün - den, daß
E - len-de emp - fin - den in Trübsal Trost und

2. Laßt uns beisammen stehen, / ihr lieben Christenleut, / des Herren Nam erhöhen / in Lieb und Einigkeit. / Ich rief in meiner Not; / als in Gefahr mein Leben, / den Feinden übergeben, / half mir der treue Gott, / half mir der treue Gott.

3. All, die im Glauben stehen, / sieht Gott in Gnaden an, / läßt sie mit ihrem Flehen / zu seinem Herzen nahn. / Sein Antlitz ist gericht', / zu tilgen von der Erden / all, die erfunden werden, / daß sie ihn fürchten nicht, / daß sie ihn fürchten nicht.

4. Viel muß der G'rechte leiden, / das ist des Herren Will; / doch wird's verkehrt in Freuden / mit Gnad, drum halt nur still! / Gott faßt in seine Huld / all seine treuen Knechte, / die halten seine Rechte, / löst sie von aller Schuld, / löst sie von aller Schuld.

5. Ehr sei im Himmel droben / Gott Vater, Sohn und Geist. / Ihn wolln wir ewig loben, / der uns sein Gnad erweist. / O Herr, dreiein'ger Gott, / laß uns dein Güt empfinden / und hilf uns überwinden, / führ uns aus aller Not, / führ uns aus aller Not.

T: CORNELIUS BECKER 1602;
STR. 5 CHRISTHARD MAHRENHOLZ 1953
M UND SATZ: HEINRICH SCHÜTZ 1628

277 Ö Psalm 36

Der Kehrvers wird nach jeder Strophe wiederholt.

2. Was deine Güte ist, lehr mich begreifen, / und deine Wahrheit mach mir bekannt; / denn ich verstehe nichts, wenn du es mir nicht sagst.

3. Täglich umgeben mich Worte und Stimmen, / aber ich höre gar nicht mehr hin; / denn deine Stimme höre ich nicht mehr heraus.

4. Wenn ich nichts hören kann, hilf mir dich rufen; / hilf mir dich hören, wenn du mich rufst; / hilf mir gehorchen, wenn du mich berufen willst.

5. Dein Wort der Wahrheit ist unsre Bewahrung; / aus deinem Leben leben wir auch; / und wir erkennen erst in deinem Licht das Licht.

T: KEHRVERS UND STR. 1 PSALM 36,6–7;
STR. 2–5 GERHARD VALENTIN 1965
M: HERBERT BEUERLE 1965

Wie köstlich ist deine Güte, Gott,
daß Menschenkinder unter dem Schatten
deiner Flügel Zuflucht haben!
Sie werden satt von den reichen Gütern
deines Hauses, und du tränkst sie mit Wonne
wie mit einem Strom.
Denn bei dir ist die Quelle des Lebens,
und in deinem Lichte sehen wir das Licht.

PSALM 36,8–10

278 Psalm 42/43

2. Werde ich endlich dahin kommen, / daß Gott mich sein Antlitz schauen läßt? / Tag und Nacht sind Tränen mein Brot, / weil man sagt: Wo ist dein Gott?

3. Doch mein Herz hilft mir zu bedenken, / wie einst ich zum Hause Gottes zog / mit Frohlocken, Lob und voll Dank / mitten in feiernder Schar.

Kehrstrophe

4. Du, Herr, kennst meiner Seele Trauer, / ich denke an dich im fernen Land. / Fluten rauschen, Tiefen bedrohn, / Wellen gehn über mich hin.

5. Güte schickt mir der Herr am Tage, / und nachts singe ich mein Lied für ihn, / zu ihm spreche ich mein Gebet, / sage zu Gott, meinem Fels:

6. Warum hast du mich so vergessen, / daß Trauer mich drückt, bedrängt vom Feind? / Wie ein Mord ist's, wenn sie mich schmähn / mit ihrem: Wo ist dein Gott?

Kehrstrophe

7. Schaffe Recht, führe meine Sache, / errette von falschem, bösem Volk! / Denn du bist der Gott, der mich stärkt. / Warum verstößt du mich so?

8. Sende Licht, sende deine Wahrheit, / sie leiten und bringen mich zu dir, / hin zu deinem heiligen Berg, / hin zu dem Ort, wo du wohnst.

9. Zum Altar Gottes will ich treten, / zum Gott, der die Freude jubeln läßt, / daß ich dir, Gott, danke im Lied, / singe zur Harfe, mein Gott.

Kehrstrophe

T: DIETER TRAUTWEIN 1983
M: VOLKER OCHS 1984

279 Psalm 66

2. Dir beuge sich der Kreis der Erde, / dich bete jeder willig an, / daß laut dein Ruhm besungen werde / und alles dir bleib untertan. / Kommt alle her, schaut Gottes Werke, / die er an Menschenkindern tat! / Wie wunderbar ist seine Stärke, / die er an uns verherrlicht hat!

3. Ins Trockne wandelt er die Meere, / gebot dem Strom, vor uns zu fliehn; / wir freuten uns der Macht und Ehre, / die uns hieß durch die Fluten ziehn. / Gott herrschet allgewaltig immer, / da er auf alle Völker schaut. / Vor ihm gelingt's Empörern nimmer, / es stürzet, wer auf Menschen baut.

4. Rühmt, Völker, unsern Gott; lobsinget, / jauchzt ihm, der uns sich offenbart, / der uns vom Tod zum Leben bringet, / vor Straucheln unsern Fuß bewahrt. / Du läuterst uns durch heißes Leiden, / wie Silber rein wird in der Glut, / durch Leiden führst du uns zu Freuden; / ja, alles, was du tust, ist gut.

5. Du hast uns oft verstrickt in Schlingen, / den Lenden Lasten angehängt; / du ließest Menschen auf uns dringen, / hast ringsumher uns eingeengt. / Oft wollten wir den Mut verlieren / im Feuer und in Wassersnot, / doch kamst du, uns herauszuführen, / und speistest uns mit Himmelsbrot.

6. Ich will zu deinem Tempel wallen, / dort bring ich dir mein Opfer dar, / bezahl mit frohem Wohlgefallen / Gelübde, die ich schuldig war, / Gelübde, die in banger Stunde / – an allem, nicht an dir verzagt – / ich dir, o Gott, mit meinem Munde / so feierlich hab zugesagt.

7. Die ihr Gott fürchtet, ich erzähle: / kommt, hört und betet mit mir an! / Hört, was der Herr an meiner Seele / für große Dinge hat getan. / Rief ich ihn an mit meinem Munde, / wenn Not von allen Seiten drang, / so war oft zu derselben Stunde / auf meiner Zung ein Lobgesang.

8. Gelobt sei Gott und hochgepriesen, / denn mein Gebet verwirft er nicht; / er hat noch nie mich abgewiesen / und ist in Finsternis mein Licht. / Zwar elend, dürftig bin ich immer / und schutzlos unter Feinden hier; / doch er, der Herr, verläßt mich nimmer, / wend't seine Güte nie von mir.

T: MATTHIAS JORISSEN 1798
M: NUN SAGET DANK UND LOBT DEN HERREN (NR. 294)

Französisch

1. Vous, tous les peuples de la terre, / Acclamez Dieu, chantez de joie, / Louez le Dieu en qui espère, / Sur qui s'appuie tout homme droit. / Seigneur dont la force est terrible, / Tes oeuvres nous ont étonnés; / Ceux qui se croyaient invincibles / Tu les contrains à s'incliner.

2. Dieu a changé en terre ferme / La mer où son peuple a passé. / A l'oppression il a mis terme: / Redressez-vous, applaudissez! / L'autorité que Dieu exerce / Sans se lasser veille en tous lieux, / Pour déjouer l'oeuvre perverse. / Pour abaisser les orgueilleux.

3. Quand tu veux éprouver notre âme / Comme au creuset l'or ou l'argent, / Tu nous fais traverser la flamme, / Tu fais déborder les torrents. / Mais, Seigneur, tu maintiens nos têtes / Au-dessus des flots déchaînés, / Dans le fracas de la tempête / Tu soutiens nos coeurs effrayés.

4. Seigneur, accepte mon offrande / Ces mains levées en ton honneur. / Je veux que partout l'on entende / L'oeuvre de mon libérateur: / Béni sois-tu, Dieu secourable, / Toi qui jamais n'as écarté / Le moindre appel du misérable. / Mais près de lui t'es arrêté.

Psalm 67 280

2. So danken, Gott, und loben dich / die Heiden überalle, / und alle Welt, die freue sich / und sing mit großem Schalle, / daß du auf Erden Richter bist / und läßt die Sünd nicht walten; / dein Wort die Hut und Weide ist, / die alles Volk erhalten, / in rechter Bahn zu wallen.

3. Es danke, Gott, und lobe dich / das Volk in guten Taten; / das Land bringt Frucht und bessert sich, / dein Wort ist wohlgeraten. / Uns segne Vater und der Sohn, / uns segne Gott der Heilig Geist, / dem alle Welt die Ehre tu, / vor ihm sich fürchte allermeist. / Nun sprecht von Herzen: Amen.

T: MARTIN LUTHER 1524
M: 15. JH., BEI LUDWIG SENFL 1522, MATTHÄUS GREITER 1524 ODER MAGDEBURG 1524

281 (Ö) Psalm 68

2. Der Herr, der dort im Himmel wohnt / und hier im Heiligtume thront, / will unser stets gedenken; / will unsrer Waisen Vater sein, / will unsrer Witwen Helfer sein, / und keiner darf sie kränken. / Er ist es, der Verlorne liebt / und ihnen eine Wohnung gibt / nach einer langen Irre. / Er macht sein Volk aus Banden los, / er macht es reich, er macht es groß, / läßt Sünder in der Dürre.

3. Anbetung, Ehre, Dank und Ruhm / sei unserm Gott im Heiligtum, / der Tag für Tag uns segnet; / dem Gott, der Lasten auf uns legt, / doch uns mit unsern Lasten trägt / und uns mit Huld begegnet. / Sollt ihm, dem Herrn der Herrlichkeit, / dem Gott vollkommner Seligkeit, / nicht Ruhm und Ehr gebühren? / Er kann, er will, er wird in Not / vom Tode selbst und durch den Tod / uns zu dem Leben führen.

4. Durch deines Gottes Huld allein / kannst du geführt und sicher sein; / mein Volk, sieh seine Werke! / Herr, führ an uns und unserm Haus / dein Heil, dein Werk in Gnaden aus, / nur du bist unsre Stärke. / Dann sehen Herrscher deinen Ruhm / und werden in dein Heiligtum / dir ihre Gaben bringen, / sich dir, dem wahren Gotte, weihn, / in deiner Gnade sich erfreun / und deinen Ruhm besingen.

5. Gott, machtvoll in dem Heiligtum, / erschütternd strahlet hier dein Ruhm, / wir fallen vor dir nieder. / Der Herr ist Gott, der Herr ist Gott, / der Herr ist seines Volkes Gott, / er, er erhebt uns wieder. / Wie er sein Volk so zärtlich liebt, / den Schwachen Kraft und Stärke gibt! / Kommt, heiligt seinen Namen! / Sein Auge hat uns stets bewacht, / ihm sei Anbetung, Ehr und Macht. / Gelobt sei Gott! Ja, Amen.

T: MATTHIAS JORISSEN 1798
M: O MENSCH, BEWEIN DEIN SÜNDE GROSS (NR. 76)

282 (Ö) Psalm 84

2. Die Schwalb, der Sperling find't ein Haus, / sie brüten ihre Jungen aus, / du gibst Befriedigung und Leben, / Herr Zebaoth, du wirst auch mir / – mein Herr, mein Gott, ich traue dir – / bei deinem Altar Freude geben. / O selig, wer dort allezeit / in deinem Lobe sich erfreut.

3. Wohl, wohl dem Menschen in der Welt, / der dich für seine Stärke hält, / von Herzen deinen Weg erwählet! / Geht hier sein Pfad durchs Tränental, / er findet auch in Not und Qual, / daß Trost und Kraft ihm nimmer fehlet; / von dir herab fließt mild und hell / auf ihn der reiche Segensquell.

4. Wir wandern in der Pilgerschaft / und gehen fort von Kraft zu Kraft, / vor Gott in Zion zu erscheinen. / Hör mein Gebet, Herr Zebaoth, / vernimm's, vernimm's, o Jakobs Gott. / Erquicke mich auch mit den Deinen; / bis wir vor deinem Throne stehn / und dort anbetend dich erhöhn.

5. Du unser Schild, Gott, schau uns an, / schau uns in dem Gesalbten an. / Ein Tag in deinem Haus ist besser / denn tausend, ohn dich nah zu sehn; / ja auf der Schwelle nur zu stehn / an meines Gottes Haus, ist größer, / als lang in stolzer Ruh der Welt / zu wohnen in der Bösen Zelt.

6. Denn Gott der Herr ist Sonn und Schild, / er deckt uns, er ist gut und mild, / er wird uns Gnad und Ehre geben. / Nichts mangelt dem, der in der Not / auf Gott vertraut; er hilft im Tod, / er selber ist der Frommen Leben. / Heil dem, der stets in dieser Welt, / Herr Zebaoth, an dich sich hält.

T: MATTHIAS JORISSEN 1798
M: PIERRE DAVANTÈS 1562

283 Psalm 85

2. willst du, o Vater, uns denn nicht / nun einmal wieder laben? / Und sollen wir an deinem Licht / nicht wieder Freude haben? / Ach gieß aus deines Himmels Haus, / Herr, deine Güt und Segen aus / auf uns und unsre Häuser.

3. Ach daß ich hören sollt das Wort / erschallen bald auf Erden, / daß Friede sollt an allem Ort, / wo Christen wohnen, werden! / Ach daß uns doch Gott sagte zu / des Krieges Schluß, der Waffen Ruh / und alles Unglücks Ende!

4. Ach daß doch diese böse Zeit / bald wiche guten Tagen, / damit wir in dem großen Leid / nicht möchten ganz verzagen. / Doch ist ja Gottes Hilfe nah, / und seine Gnade stehet da / all denen, die ihn fürchten.

5. Wenn wir nur fromm sind, wird sich Gott / schon wieder zu uns wenden, / den Krieg und alle andre Not / nach Wunsch und also enden, / daß seine Ehr in unserm Land / und allenthalben werd erkannt, / ja stetig bei uns wohne.

6. Die Güt und Treue werden schön / einander grüßen müssen; / Gerechtigkeit wird einhergehn, / und Friede wird sie küssen; / die Treue wird mit Lust und Freud / auf Erden blühn, Gerechtigkeit / wird von dem Himmel schauen.

7. Der Herr wird uns viel Gutes tun, / das Land wird Früchte geben, / und die in seinem Schoße ruhn, / die werden davon leben; / Gerechtigkeit wird dennoch stehn / und stets in vollem Schwange gehn / zur Ehre seines Namens.

T: PAUL GERHARDT 1653
M: AUS TIEFER NOT SCHREI ICH ZU DIR (NR. 299 II)

Herr, unser Beschützer, hilf allen, die für Frieden in der Welt arbeiten. Sieh in Gnade auf alle, die unter Angst, Ungerechtigkeit, Krieg und Verfolgung leiden. Nimm die Schutzlosen in deine Obhut. Lösche Haß und Verachtung aus, brich Mauern zwischen den Menschen nieder. Erfülle die Kirche in unserem Land und alle Christenheit auf Erden mit deinem Geist. Und vereine uns schließlich in deinem ewigen Frieden.

NATHAN SÖDERBLOM

284 Psalm 92

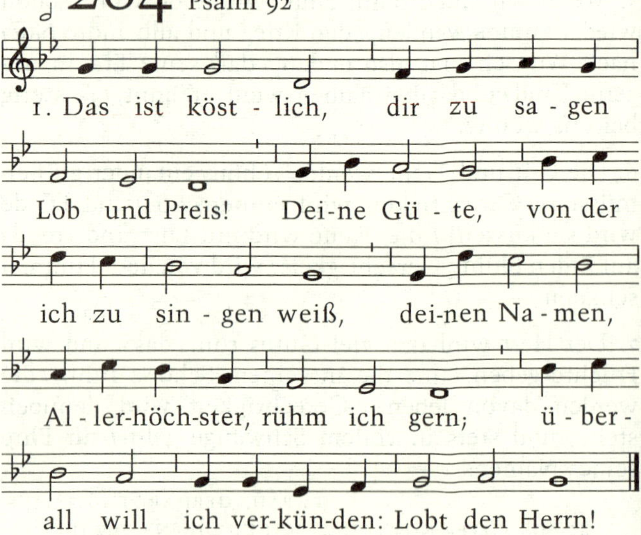

2. Morgens jauchz ich: Deine Gnade ist mein Lied. / Und die schönsten Instrumente tönen mit: / noch zur Nachtzeit leuchtet deine Wahrheit mir, / deiner Ehre dient mein armes Lied zur Zier.

3. Wunderbar ist's, wie du täglich Trost gewährst, / der du uns mit deiner Hände Schöpfung ehrst; / du schufst alle deine Werke uns zugut, / und ich bin geborgen stets in deiner Hut.

4. Wie ein Palmbaum grün und kräftig werd ich stehn, / wachsen werd ich wie die Zeder auf den Höhn / und dem Sturme trotzend leben in der Welt. / Denk an Gott nur und vergiß nicht, wer dich hält!

T: GÜNTER RUTENBORN (1971) 1983 NACH DEM UNGARISCHEN »MELY IGEN JÓ AZ UR ISTENT DÍCSÉRNI« VON MIHÁLY SZTÁRAI (VOR 1575) 1593
M: 16. JH., LEUTSCHAU (?) 1651

Psalm 92 (Ö) 285

Der Kehrvers wird nach jeder Strophe wiederholt.

2. Du läßt uns fröhlich singen / von den Werken, die, Herr, deine Hand gemacht. / Wie tief sind deine Gedanken; / du, Höchster, bleibest ewig.

3. Die deine Rechte halten / werden grünen und blühen und fruchtbar sein. / Sie werden nimmer vergehen, / denn du bist ihre Stärke.

T: AUS PSALM 92
M: ROLF SCHWEIZER 1966

286 Psalm 98

2. Der Herr gedenkt an sein Erbarmen, / und seine Wahrheit stehet fest; / er trägt sein Volk auf seinen Armen / und hilft, wenn alles uns verläßt. / Bald schaut der ganze Kreis der Erde, / wie unsers Gottes Huld erfreut. / Gott will, daß sie ein Eden werde; / rühm, Erde, Gottes Herrlichkeit!

3. Frohlocket, jauchzet, rühmet alle, / erhebet ihn mit Lobgesang! / Sein Lob tön im Posaunenschalle, / in Psalter- und in Harfenklang! / Auf, alle Völker, jauchzt zusammen, / Gott macht, daß jeder jauchzen kann; / sein Ruhm, sein Lob muß euch entflammen, / kommt, betet euren König an!

4. Das Weltmeer brause aller Enden, / jauchzt, Erde, Menschen, jauchzt vereint! / Die Ströme klatschen wie mit Händen; / ihr Berge, hüpft, der Herr erscheint! / Er kommt, er naht sich, daß er richte / den Erdkreis in Gerechtigkeit / und zwischen Recht und Unrecht schlichte; / des sich die Unschuld ewig freut.

T: MATTHIAS JORISSEN 1798
M: NUN SAGET DANK UND LOBT DEN HERREN (NR. 294)

Ermuntert einander mit Psalmen und Lobgesängen und geistlichen Liedern, singt und spielt dem Herrn in eurem Herzen und sagt Dank Gott, dem Vater, allezeit für alles, im Namen unseres Herrn Jesus Christus.

EPHESER 5,19.20

287 Ö Psalm 98

Der Kehrvers wird nach jeder Strophe wiederholt.

2. Du meinst, Gott sei sehr verborgen, / seine Macht sei klein und gering? / Gott sähe nicht das, was dich bedrückt? / Sieh auf dein Leben, er hat dich bewahrt!

3. Du kennst oftmals deinen Weg nicht, / und du weißt nicht recht, was du sollst; / doch da schickt dir Gott die Hilfe zu: / den einen Menschen, der dich gut versteht.

4. Du mußt nur zu sehen lernen, / wie er dich so väterlich führt; / auch heute gibt er dir seine Hand, / so greif doch zu und schlage sie nicht aus!

T: KEHRVERS UND STR. 1 PSALM 98,1–2;
STR. 2–4 PAULUS STEIN 1963
M: ROLF SCHWEIZER 1963

»Singet dem Herrn ein neues Lied, singet dem Herrn, alle Welt!« Denn Gott hat unser Herz und Mut fröhlich gemacht durch seinen lieben Sohn, welchen er für uns gegeben hat zur Erlösung von Sünden, Tod und Teufel. Wer solchs mit Ernst gläubet, der kanns nicht lassen, er muß fröhlich und mit Lust davon singen und sagen, daß es andere auch hören und herzukommen.

MARTIN LUTHER,
VORREDE ZUM BABSTSCHEN GESANGBUCH

288 (Ö) Psalm 100

2. Erkennt, daß Gott ist unser Herr, / der uns erschaffen ihm zur Ehr, / und nicht wir selbst: durch Gottes Gnad / ein jeder Mensch sein Leben hat.

3. Er hat uns ferner wohl bedacht / und uns zu seinem Volk gemacht, / zu Schafen, die er ist bereit / zu führen stets auf gute Weid.

4. Die ihr nun wollet bei ihm sein, / kommt, geht zu seinen Toren ein / mit Loben durch der Psalmen Klang, / zu seinem Vorhof mit Gesang.

5. Dankt unserm Gott, lobsinget ihm, / rühmt seinen Namen mit lauter Stimm; / lobsingt und danket allesamt! / Gott loben, das ist unser Amt.

6. Er ist voll Güt und Freundlichkeit, / voll Lieb und Treu zu jeder Zeit; / sein Gnad währt immer dort und hier / und seine Wahrheit für und für.

7. Gott Vater in dem höchsten Thron / und Jesus Christ, sein ein'ger Sohn, / samt Gott, dem werten Heilgen Geist, / sei nun und immerdar gepreist.

T: DAVID DENICKE 1646 NACH
CORNELIUS BECKER 1602; STR. 7 LÜNEBURG 1652
M: UM 1358, HAMBURG 1598, HANNOVER 1646

Was soll unsere allergrößte und beständigste Sorge sein? Daß wir im Leben, im Sterben und nach dem Tod, also in Zeit und Ewigkeit, mit Gott, als unserem alleinigen höchsten Gut, unzertrennlich vereinigt sein mögen.

PHILIPP JACOB SPENER

289 (Ö) Psalm 103

2. Er hat uns wissen lassen / sein herrlich Recht und sein Gericht, / dazu sein Güt ohn Maßen, / es mangelt an Erbarmung nicht; / sein' Zorn läßt er wohl fahren, / straft nicht nach unsrer Schuld, / die Gnad tut er nicht sparen, / den Schwachen ist er hold; / sein Güt ist hoch erhaben / ob den', die fürchten ihn; / so fern der Ost vom Abend, / ist unsre Sünd dahin.

3. Wie sich ein Mann erbarmet / ob seiner jungen Kindlein klein, / so tut der Herr uns Armen, / wenn wir ihn kindlich fürchten rein. / Er kennt das arm Gemächte / und weiß, wir sind nur Staub, / ein bald verwelkt Geschlechte, / ein Blum und fallend Laub: / der Wind nur drüber wehet, / so ist es nimmer da, / also der Mensch vergehet, / sein End, das ist ihm nah.

4. Die Gottesgnad alleine / steht fest und bleibt in Ewigkeit / bei seiner lieben G'meine, / die steht in seiner Furcht bereit, / die seinen Bund behalten. / Er herrscht im Himmelreich. / Ihr starken Engel, waltet / seins Lobs und dient zugleich / dem großen Herrn zu Ehren / und treibt sein heiligs Wort! / Mein Seel soll auch vermehren / sein Lob an allem Ort.

5. Sei Lob und Preis mit Ehren / Gott Vater, Sohn und Heilgem Geist! / Der wolle in uns mehren, / was er aus Gnaden uns verheißt, / daß wir ihm fest vertrauen, / uns gründen ganz auf ihn, / von Herzen auf ihn bauen, / daß unser Mut und Sinn / ihm allezeit anhangen. / Drauf singen wir zur Stund: / Amen, wir werden's erlangen, / glaubn wir von Herzensgrund.

T: JOHANN GRAMANN (UM 1530) 1540;
STR. 5 KÖNIGSBERG 1549
M: 15. JH. »WEISS MIR EIN BLÜMLEIN BLAUE«;
GEISTLICH HANS KUGELMANN (UM 1530) 1540

290 Ö Psalm 105

2. Fragt nach dem Herrn und seiner Stärke; / der Herr ist groß in seinem Werke. / Sucht doch sein freundlich Angesicht: / den, der ihn sucht, verläßt er nicht. / Denkt an die Wunder, die er tat, / und was sein Mund versprochen hat.

3. O Israel, Gott herrscht auf Erden. / Er will von dir verherrlicht werden; / er denket ewig seines Bunds / und der Verheißung seines Munds, / die er den Vätern kundgetan: / Ich laß euch erben Kanaan.

4. Sie haben seine Treu erfahren, / da sie noch fremd und wenig waren; / sie zogen unter Gottes Hand / von einem Land zum andern Land. / Er schützte und bewahrte sie, / und seine Huld verließ sie nie.

5. Gott zog des Tages vor dem Volke, / den Weg zu weisen, in der Wolke, / und machte ihm die Nächte hell; / ließ springen aus dem Fels den Quell, / tat Wunder durch sein Machtgebot / und speiste sie mit Himmelsbrot.

6. Das tat der Herr, weil er gedachte / des Bunds, den er mit Abram machte. / Er führt an seiner treuen Hand / sein Volk in das verheißne Land, / damit es diene seinem Gott / und dankbar halte sein Gebot.

7. O seht, wie Gott sein Volk regieret, / aus Angst und Not zur Ruhe führet. / Er hilft, damit man immerdar / sein Recht und sein Gesetz bewahr. / O wer ihn kennet, dient ihm gern. / Gelobet sei der Nam des Herrn.

T: STR. 1.3.4.6 JOHANNES STAPFER 1775;
STR. 2.5.7 MATTHIAS JORISSEN 1798
M: PIERRE DAVANTÈS 1562

291 Ö Psalm 108

Der Kehrvers wird nach jeder Strophe wiederholt.

T: PSALM 108,4–6

M: PAUL ERNST RUPPEL 1964

Psalm 116 292

2. Mich banden Höllenangst und Tod, / ich kam in Jammer und in Not, / da rief ich deinen Namen, Herr, / errette mich, Barmherziger.

3. Laß mich in Einfalt trauen dir, / wenn ich erliege, hilf du mir! / Ich bin gewiß: Du bist mir gut; / das gibt mir den getrosten Mut.

4. Dem Tod entriß mich deine Hand, / ich lebe, Herr, in deinem Land, / ich glaube, darum rede ich / und predige, mein Heiland, dich.

5. Ich danke dir von Herzensgrund, / und tue deinen Namen kund / vor allem Volk in der Gemeind, / die sich zu deinem Lob vereint.

T: HEINRICH VOGEL 1948
M: JOHANNES PETZOLD 1966

293 Psalm 117

1. Lobt Gott den Herrn, ihr Hei-den all,
preist ihn, ihr Völ - ker all - zu - mal,

lobt Gott von Her - zens-grun - de,
dankt ihm zu al - ler Stun - de,

daß er euch auch er - wäh - let hat

und mit - ge - tei - let sei - ne Gnad

in Chri-stus, sei - nem Soh - ne.

2. Denn seine groß Barmherzigkeit / tut über uns stets walten, / sein Wahrheit, Gnad und Gütigkeit / erscheinet Jung und Alten / und währet bis in Ewigkeit, / schenkt uns aus Gnad die Seligkeit; / drum singet Halleluja.

T: JOACHIM SARTORIUS 1591
M: MELCHIOR VULPIUS 1609

Psalm 118 Ö 294

2. Nicht sterben werd ich, sondern leben; / gezüchtigt wurde ich vom Herrn, / dem Tode aber nicht gegeben; / drum rühm ich Gottes Taten gern. / Mit Freuden singen die Gerechten / in neuen Liedern überall: / Gott schafft den Sieg mit seiner Rechten. / Gelobt sei Gott mit Jubelschall.

3. Hoch tut euch auf, ihr heilgen Tore, / ihr Tore der Gerechtigkeit. / Laßt danken uns in hellem Chore / dem großen Herrn der Herrlichkeit. / Laßt jauchzen uns und fröhlich singen: / Dies ist der Tag, den Gott gemacht. / Hilf, Herr, o hilf, laß wohl gelingen. / Ein Wunder hat der Herr vollbracht.

4. Er, der da kommt in Gottes Namen, / sei hochgelobt zu jeder Zeit. / Gesegnet seid ihr allzusammen, / die ihr von Gottes Hause seid. / Nun saget Dank und lobt den Herren, / denn groß ist seine Freundlichkeit, / und seine Gnad und Güte währen / von Ewigkeit zu Ewigkeit.

T: STR. 1.4 NACH AMBROSIUS LOBWASSER (1565) 1573; STR. 2–3 FRITZ ENDERLIN 1952
M: GUILLAUME FRANC 1543, LOYS BOURGEOIS 1551

295 (Ö) Psalm 119

2. Von Herzensgrund ich spreche: / dir sei Dank allezeit, / weil du mich lehrst die Rechte / deiner Gerechtigkeit. / Die Gnad auch ferner mir gewähr; / ich will dein Rechte halten, / verlaß mich nimmermehr.

3. Mein Herz hängt treu und feste / an dem, was dein Wort lehrt. / Herr, tu bei mir das Beste, / sonst ich zuschanden werd. / Wenn du mich leitest, treuer Gott, / so kann ich richtig laufen / den Weg deiner Gebot.

4. Dein Wort, Herr, nicht vergehet, / es bleibet ewiglich, / so weit der Himmel gehet, / der stets beweget sich; / dein Wahrheit bleibt zu aller Zeit / gleichwie der Grund der Erden, / durch deine Hand bereit'.

T: CORNELIUS BECKER 1602
M UND SATZ: HEINRICH SCHÜTZ 1661

296 Psalm 121

2. Mein Hilfe kommt mir von dem Herrn, / er hilft uns ja von Herzen gern; / Himmel und Erd hat er gemacht, / hält über uns die Hut und Wacht.

3. Er führet dich auf rechter Bahn, / wird deinen Fuß nicht gleiten lan; / setz nur auf Gott dein Zuversicht; / der dich behütet, schläfet nicht.

4. Der treue Hüter Israel' / bewahret dir dein Leib und Seel; / er schläft nicht, weder Tag noch Nacht, / wird auch nicht müde von der Wacht.

5. Vor allem Unfall gnädiglich / der fromme Gott behütet dich; / unter dem Schatten seiner Gnad / bist du gesichert früh und spat.

6. Der Sonne Hitz, des Mondes Schein / sollen dir nicht beschwerlich sein. / Gott wendet alle Trübsal schwer / zu deinem Nutz und seiner Ehr.

7. Kein Übel muß begegnen dir, / des Herren Schutz ist gut dafür; / in Gnad bewahrt er deine Seel / vor allem Leid und Ungefäll.

8. Der Herr dein' Ausgang stets bewahr, / sind Weg und Steg auch voll Gefahr, / bring dich nach Haus in seim Geleit / von nun an bis in Ewigkeit.

T: CORNELIUS BECKER 1602
M: WENN WIR IN HÖCHSTEN NÖTEN SEIN (NR. 366)

Psalm 124 297

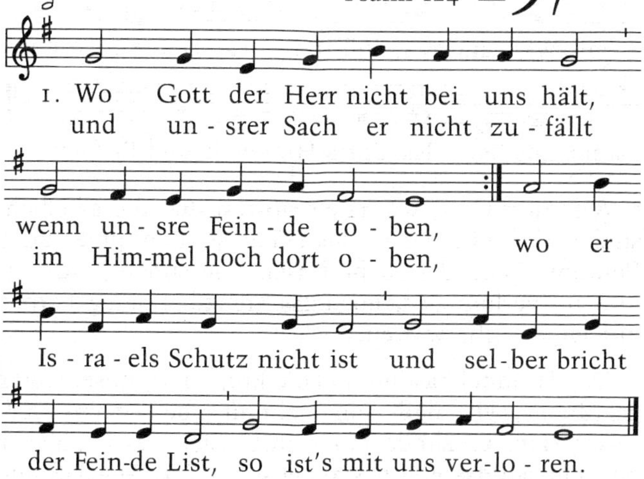

2. Was Menschenkraft und -witz anfängt, / soll uns billig nicht schrecken; / er sitzet an der höchsten Stätt, / der wird ihrn Rat aufdecken. / Wenn sie's aufs klügste greifen an, / so geht doch Gott ein andre Bahn; / es steht in seinen Händen.

3. Auf uns so zornig ist ihr Sinn; / wo Gott hätt das zugeben, / verschlungen hätten sie uns hin / mit ganzem Leib und Leben; / wir wärn als die ein Flut ersäuft / und über die groß Wasser läuft / und mit Gewalt verschwemmet.

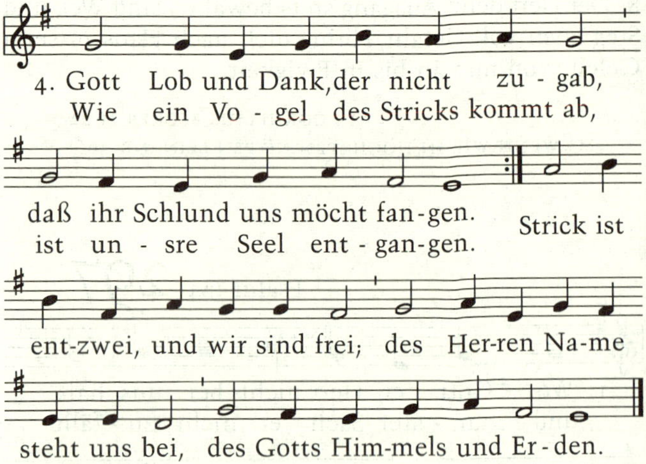

5. Ach Herr Gott, wie reich tröstest du, / die gänzlich sind verlassen. / Der Gnaden Tür steht nimmer zu. / Vernunft kann das nicht fassen, / sie spricht: »Es ist nun alls verlorn«, / da doch das Kreuz hat neu geborn, / die deiner Hilfe warten.

6. Den Himmel hast du und die Erd, / Herr, unser Gott, gegründet; / gib, daß dein Licht uns helle werd, / laß unser Herz entzündet / in rechter Lieb des Glaubens dein / bis an das End beständig sein. / Die Welt laß immer murren.

T: STR. 1.2.5.6 JUSTUS JONAS 1524;
STR. 3–4 MARTIN LUTHER 1524
»WÄR GOTT NICHT MIT UNS DIESE ZEIT«
M: WITTENBERG 1529

Psalm 126 298

2. Herr, erhebe deine Rechte, / richt auf uns den Vaterblick; / rufe die verstoßnen Knechte / bald ins Vaterland zurück. / Ach, der Pfad ist steil und weit, / kürze unsre Prüfungszeit; / führ uns, wenn wir treu gestritten, / in des Friedens stille Hütten.

3. Ernten werden wir mit Freuden, / was wir weinend ausgesät; / jenseits reift die Frucht der Leiden, / und des Sieges Palme weht. / Unser Gott auf seinem Thron, / er, er selbst ist unser Lohn; / die ihm lebten, die ihm starben, / bringen jauchzend ihre Garben.

T: SAMUEL GOTTLIEB BÜRDE 1787
M: FREU DICH SEHR, O MEINE SEELE (NR. 524)

299 (Ö) Psalm 130

Erste Melodie

Zweite Melodie

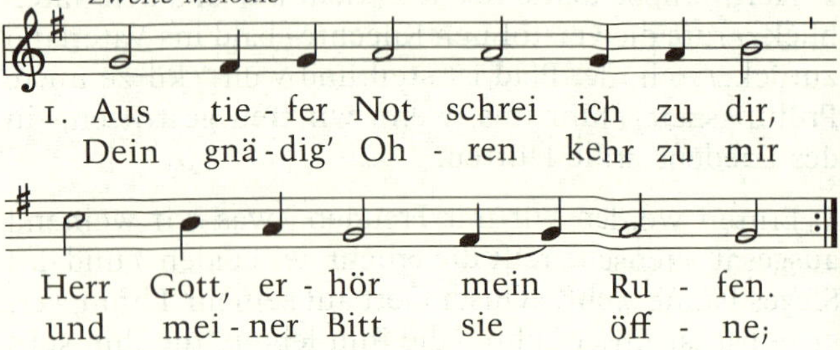

2. Bei dir gilt nichts denn Gnad und Gunst, / die Sünde zu vergeben; / es ist doch unser Tun umsonst / auch in dem besten Leben. / Vor dir niemand sich rühmen kann, / des muß dich fürchten jedermann / und deiner Gnade leben.

3. Darum auf Gott will hoffen ich, / auf mein Verdienst nicht bauen; / auf ihn mein Herz soll lassen sich / und seiner Güte trauen, / die mir zusagt sein wertes Wort; / das ist mein Trost und treuer Hort, / des will ich allzeit harren.

4. Und ob es währt bis in die Nacht / und wieder an den Morgen, / doch soll mein Herz an Gottes Macht / verzweifeln nicht noch sorgen. / So tu Israel rechter Art, / der aus dem Geist erzeuget ward, / und seines Gotts erharre.

5. Ob bei uns ist der Sünden viel, / bei Gott ist viel mehr Gnade; / sein Hand zu helfen hat kein Ziel, / wie groß auch sei der Schade. / Er ist allein der gute Hirt, / der Israel erlösen wird / aus seinen Sünden allen.

T UND ERSTE MELODIE: MARTIN LUTHER 1524
ZWEITE MELODIE: WOLFGANG DACHSTEIN 1524,
ZÜRICH UM 1533/34

300 Psalm 134

2. Hebt eure Hände auf und geht / zum Throne seiner Majestät / in eures Gottes Heiligtum, / bringt seinem Namen Preis und Ruhm!

3. Gott heilge dich in seinem Haus / und segne dich von Zion aus, / der Himmel schuf und Erd und Meer. / Jauchzt, er ist aller Herren Herr!

T: MATTHIAS JORISSEN 1798
M: LOYS BOURGEOIS 1551
»HERR GOTT, DICH LOBEN ALLE WIR«

301

Psalm 136 Ö

2. Preiset Gott und gebt ihm Ehr; / er ist aller Herren Herr.
3. Er tut Wunder, er allein, / alles rief er in das Sein,
4. der durch seiner Allmacht Ruf / Erd und Himmel weise schuf,
5. der die Sterne hat gemacht, / Sonn und Mond für Tag und Nacht.
6. Er hat Israel befreit / aus Ägyptens Dienstbarkeit.
7. Er zerschlug Pharaos Heer, / führt' das Volk durchs Rote Meer.
8. Führte es mit starker Hand / durch die Wüste in sein Land.
9. Dankt ihm, der in dieser Nacht / unsrer Niedrigkeit gedacht,
10. der uns nicht verderben ließ, / den Bedrängern uns entriß.
11. Er speist alles, was da lebt. / Alle Schöpfung ihn erhebt.
12. Danket Gott, denn er ist gut; / groß ist alles, was er tut.

Das Lied kann auch strophenweise im Wechsel gesungen werden.

T: ÖKUMENISCHE FASSUNG 1971
NACH CHRISTOPH JOHANNES RIGGENBACH 1868
M: PIERRE DAVANTÈS 1562

302 (Ö) Psalm 146

2. Wohl dem, der einzig schauet / nach Jakobs Gott und Heil! / Wer dem sich anvertrauet, / der hat das beste Teil, / das höchste Gut erlesen, / den schönsten Schatz geliebt; / sein Herz und ganzes Wesen / bleibt ewig unbetrübt.

3. Hier sind die starken Kräfte, / die unerschöpfte Macht; / das weisen die Geschäfte, / die seine Hand gemacht: / der Himmel und die Erde / mit ihrem ganzen Heer, / der Fisch unzähl'ge Herde / im großen wilden Meer.

4. Hier sind die treuen Sinnen, / die niemand Unrecht tun, / all denen Gutes gönnen, / die in der Treu beruhn. / Gott hält sein Wort mit Freuden, / und was er spricht, geschicht; / und wer Gewalt muß leiden, / den schützt er im Gericht.

5. Er weiß viel tausend Weisen, / zu retten aus dem Tod, / ernährt und gibet Speisen / zur Zeit der Hungersnot, / macht schöne rote Wangen / oft bei geringem Mahl; / und die da sind gefangen, / die reißt er aus der Qual.

6. Er ist das Licht der Blinden, / erleuchtet ihr Gesicht, / und die sich schwach befinden, / die stellt er aufgericht'. / Er liebet alle Frommen, / und die ihm günstig sind, / die finden, wenn sie kommen, / an ihm den besten Freund.

7. Er ist der Fremden Hütte, / die Waisen nimmt er an, / erfüllt der Witwen Bitte, / wird selbst ihr Trost und Mann. / Die aber, die ihn hassen, / bezahlet er mit Grimm, / ihr Haus und wo sie saßen, / das wirft er um und um.

8. Ach ich bin viel zu wenig, / zu rühmen seinen Ruhm; / der Herr allein ist König, / ich eine welke Blum. / Jedoch weil ich gehöre / gen Zion in sein Zelt, / ist's billig, daß ich mehre / sein Lob vor aller Welt.

T: PAUL GERHARDT 1653
M: JOHANN GEORG EBELING 1666

303 Psalm 146

2. Fürsten sind Menschen, vom Weib geboren, / und kehren um zu ihrem Staub; / ihre Anschläge sind auch verloren, / wenn nun das Grab nimmt seinen Raub. / Weil denn kein Mensch uns helfen kann, / rufe man Gott um Hilfe an. / Halleluja, Halleluja.

3. Selig, ja selig ist der zu nennen, / des Hilfe der Gott Jakobs ist, / welcher vom Glauben sich nicht läßt trennen / und hofft getrost auf Jesus Christ. / Wer diesen Herrn zum Beistand hat, / findet am besten Rat und Tat. / Halleluja, Halleluja.

4. Dieser hat Himmel, Meer und die Erden / und, was darinnen ist, gemacht; / alles muß pünktlich erfüllet werden, / was er uns einmal zugedacht. / Er ist's, der Herrscher aller Welt, / welcher uns ewig Treue hält. / Halleluja, Halleluja.

5. Zeigen sich welche, die Unrecht leiden, / er ist's, der ihnen Recht verschafft; / Hungrigen will er zur Speis bereiten, / was ihnen dient zur Lebenskraft; / die hart Gebundnen macht er frei, / und seine Gnad ist mancherlei. / Halleluja, Halleluja.

6. Sehende Augen gibt er den Blinden, / erhebt, die tief gebeuget gehn; / wo er kann einige Fromme finden, / die läßt er seine Liebe sehn. / Sein Aufsicht ist des Fremden Trutz, / Witwen und Waisen hält er Schutz. / Halleluja, Halleluja.

7. Aber der Gottesvergeßnen Tritte / kehrt er mit starker Hand zurück, / daß sie nur machen verkehrte Schritte / und fallen selbst in ihren Strick. / Der Herr ist König ewiglich; / Zion, dein Gott sorgt stets für dich. / Halleluja, Halleluja.

8. Rühmet, ihr Menschen, den hohen Namen / des, der so große Wunder tut. / Alles, was Odem hat, rufe Amen / und bringe Lob mit frohem Mut. / Ihr Kinder Gottes, lobt und preist / Vater und Sohn und Heilgen Geist! / Halleluja, Halleluja.

T: JOHANN DANIEL HERRNSCHMIDT 1714
M: ANSBACH 1664/65, HALLE 1714

304 Psalm 147

2. Singt umeinander dem Herren mit Danken, / lobt ihn mit Harfen, unsern Gott, mit Psalmen, / denn er ist mächtig und von großen Kräften. / Lobet den Herren!

3. Er kann den Himmel mit Wolken bedecken / und gibet Regen, wann er will, auf Erden; / er läßt Gras wachsen hoch auf dürren Bergen. / Lobet den Herren!

4. Der allem Fleische gibet seine Speise, / dem Vieh sein Futter väterlicherweise, / den jungen Raben, die ihn tun anrufen. / Lobet den Herren!

5. Danket dem Herren, Schöpfer aller Dinge; / der Brunn des Lebens tut aus ihm entspringen / gar hoch vom Himmel her aus seinem Herzen. / Lobet den Herren!

6. O Jesu Christe, Sohn des Allerhöchsten, / gib du die Gnade allen frommen Christen, / daß sie dein' Namen ewig preisen, Amen. / Lobet den Herren!

T: LEIPZIG 1565
M: LOBET DEN HERREN ALLE, DIE IHN EHREN (NR. 447)

Psalm 148 Ö **305**

2. Singt das Lied der Freude über Gott! / Lobt ihn laut, der euch erschaffen hat. / Preist ihn, ihr Gewitter, Hagel, Schnee und Wind. / Lobt ihn, alle Tiere, die auf Erden sind: / Singt das Lied der Freude über Gott!

3. Singt das Lied der Freude über Gott! / Lobt ihn laut, der euch erschaffen hat. / Stimmt mit ein, ihr Menschen, preist ihn, groß und klein, / seine Hoheit rühmen soll ein Fest euch sein: / Singt das Lied der Freude über Gott!

4. Singt das Lied der Freude über Gott! / Lobt ihn laut, der euch erschaffen hat. / Er wird Kraft uns geben, Glanz und Licht wird sein, / in das dunkle Leben leuchtet hell sein Schein: / Singt das Lied der Freude über Gott!

T UND M: DIETER HECHTENBERG 1968

306 Ö Psalm 148

Kehrvers (Kanon)

Singt das Lied der Freu-de, der Freu-de ü-ber

Gott! Lobt ihn laut, der euch er-schaf-fen hat.

Strophen

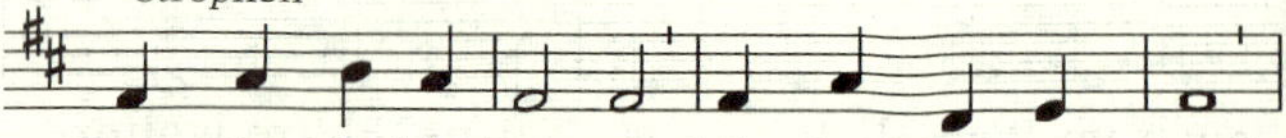

1. Preist ihn, hel-le Ster-ne, lobt ihn, Son-ne, Mond,

auch im Welt-all fer-ne sei-ne Eh-re wohnt:

Der Kehrvers wird nach jeder Strophe wiederholt.

2. Preist ihn, ihr Gewitter, / Hagel, Schnee und Wind. / Lobt ihn, alle Tiere, / die auf Erden sind:

3. Stimmt mit ein, ihr Menschen, / preist ihn, groß und klein, / seine Hoheit rühmen / soll ein Fest euch sein:

4. Er wird Kraft uns geben, / Glanz und Licht wird sein, / in das dunkle Leben / leuchtet hell sein Schein:

T: DIETER HECHTENBERG 1968 (NR. 305)
M: HARTMUT BIETZ 1971

307

Kehrvers

Kehrvers

Ge - denk an uns, o Herr,
wenn du in dein Reich kommst.
3. Se - lig sind die Sanftmü - ti - gen,
4. Se - lig sind, die da hungern
und dürsten nach der Ge-rech - tig- keit,
3. denn sie werden das Erdreich be - sit - zen.
4. denn sie sollen satt werden.

Kehrvers
Ge - denk an uns, o Herr,
wenn du in dein Reich kommst.
5. Se - lig sind die Barmher - zi - gen,
6. Se - lig sind, die rei - nen Her - zens sind,
5.denn sie werden Barmherzigkeit er-lan - gen.
6.denn sie werden Gott schauen.

Kehrvers
Ge - denk an uns, o Herr,
wenn du in dein Reich kommst.
7. Se - lig sind, die Frie-den stif - ten,
8. Se - lig sind, die um der
Gerechtigkeit wil - len ver-folgt werden,
7. denn sie werden Gottes Kinder hei - ßen.
8. denn ihrer ist das Him-mel-reich.

Kehrvers

T: SELIGPREISUNGEN MATTHÄUS 5,3–10
M: KIEW 17. JH.; SATZ: MÜNDLICH ÜBERLIEFERT

Ich schäme mich des Evangeliums nicht; denn es ist eine Kraft Gottes, die selig macht alle, die daran glauben. RÖMER 1,16

308 Lukas 1,46–55
Der Lobgesang der Maria (Magnificat)

2. und angesehn mein Niedrigkeit. / Des wird von nun an weit und breit / mich selig preisen jedermann, / weil du groß Ding an mir getan.

3. Du bist auch mächtig, lieber Herr, / dein große Macht stirbt nimmermehr; / dein Nam ist alles Rühmens wert, / drum man dich willig preist und ehrt.

4. Du bist barmherzig insgemein / dem, der dich herzlich fürcht' allein, / und hilfst dem Armen immerdar, / wenn er muß leiden groß Gefahr.

5. Der Menschen Hoffart muß vergehn, / mag nicht vor deiner Hand bestehn; / wer sich verläßt auf seine Pracht, / dem hast du bald ein End gemacht.

6. Du machst zunicht der Menschen Rat, / das sind, Herr, deine Wundertat'; / was sie gedenken wider dich, / das geht doch allzeit hinter sich.

7. Wer niedrig ist und klein geacht', / an dem übst du dein göttlich Macht / und machst ihn einem Fürsten gleich, / die Reichen arm, die Armen reich.

8. Das tust du, Herr, zu dieser Zeit, / gedenkest der Barmherzigkeit; / Israel willst du Hilfe tun / durch deinen auserwählten Sohn.

9. Wir haben's nicht verdient um dich, / daß du mit uns fährst gnädiglich; / zu unsern Vätern ist geschehn / ein Wort, das hast du angesehn.

10. Auch Abraham hast du geschworn, / daß wir nicht sollten sein verlorn, / uns zugesagt das Himmelreich / und unsern Kindern ewiglich.

11. Gott Vater und dem ein'gen Sohn, / dem Heilgen Geist in einem Thron / sei Ehr und Preis von uns bereit' / von nun an bis in Ewigkeit.

T: ERASMUS ALBER STR. 1 1534/1536;
STR. 2–11 (VOR 1553) 1555
M: BEI BARTHOLOMÄUS GESIUS 1603,
MICHAEL PRAETORIUS 1607

Ich lobe dich, Herr, errettet durch deine Barmherzigkeit. Ich lobe dich, Herr, geehrt durch deine Erniedrigung. Ich lobe dich, Herr, geführt durch deine Milde. Ich lobe dich, Herr, regiert durch deine Weisheit. Ich lobe dich, Herr, beschirmt durch deine Gewalt. Ich lobe dich, Herr, geheiligt durch deine Gnade. Ich lobe dich, Herr, erleuchtet durch dein inneres Licht. Ich lobe dich, Herr, erhöht durch deine Güte.

MECHTHILD VON MAGDEBURG

309

Lukas 1,46–55
Der Lobgesang der Maria (Magnificat)

2. Er hat auf meine Niedrigkeit gesehen, / und große Dinge sind an mir geschehen. / Barmherzig ist er jeglichem Geschlecht, / wo Furcht des Herrn bewahrt sein heilig Recht.

3. Gewaltige stößt er von ihren Thronen; / wer niedrig stand, darf hoch in Ehren wohnen. / Die Reichen läßt er leer im Überfluß, / macht Arme reich, macht satt, wer darben muß.

4. Er denkt wohl der Barmherzigkeit und Güte, / daß er die Seinen väterlich behüte. / Wie er verhieß: sein Volk, sein Eigentum / bleibt ewiglich zu seines Namens Ruhm.

T: FRITZ ENDERLIN 1952
M: WIE HERRLICH GIBST DU, HERR, DICH ZU ERKENNEN (NR. 271)

310

T: LUKAS 1,46–47
KANON FÜR 3 STIMMEN:
PAUL ERNST RUPPEL 1938

Laßt das Wort Christi reichlich unter euch wohnen: lehrt und ermahnt einander in aller Weisheit; mit Psalmen, Lobgesängen und geistlichen Liedern singt Gott dankbar in euren Herzen. Und alles, was ihr tut mit Worten oder mit Werken, das tut alles im Namen des Herrn Jesus und dankt Gott, dem Vater, durch ihn.

KOLOSSER 3,16.17

BIBLISCHE ERZÄHLLIEDER

311 Ö 1. Mose 12,1–9

Kehrvers

2. Abraham, Abraham, / verlaß dein Land und deinen Stamm! / Abraham, Abraham, / verlaß dein Land und deinen Stamm!
Ich versprech dir meinen Segen, / bin mit dir auf allen Wegen; / alle Menschen, groß und klein, / solln in dir gesegnet sein.«

3. Abraham, Abraham / verläßt sein Land und seinen Stamm. / Abraham, Abraham / verläßt sein Land und seinen Stamm.
Auf das Wort hin will er's wagen; / ohne Klagen, ohne Fragen / steht er auf und zieht er fort, / Richtung zeigt ihm Gottes Wort.

Kehrvers nach der 3. Strophe

T: DIETHARD ZILS NACH DEM NIEDERLÄNDISCHEN
»ABRAHAM, ABRAHAM, VERLAAT JE LAND«
VON HANNA LAM 1968
M: WIM TER BURG 1968

312 Matthäus 3,1–12; Lukas 3,10–14

2. So steht geschrieben: / Was krumm ist, macht gerad. / Macht groß, was klein geblieben, / und eben jeden Pfad. / So steht geschrieben: / Macht eben jeden Pfad.

3. Täufer, was liefst du / umher in Fell und Gurt / wie ein Prophet? Was riefst du / dort an der Jordanfurt? / Täufer, was riefst du / dort an der Jordanfurt?

4. »Aufschaun, umkehren, / loslassen, was nicht hält! / Das Wort des Herren hören: / Bald wird der Baum gefällt. / Aufschaun, umkehren! / Sonst wird der Baum gefällt.«

5. Täufer, was sollen / wir tun, wenn er jetzt kommt? / »Dem Herrn die Ehre zollen / und glauben seinem Bund.« / Täufer, was sollen / wir tun, wenn er jetzt kommt?

6. »Teilt Brot und Mantel, / raubt niemandem sein Gut / und macht mit eurem Wandel / bedrückten Menschen Mut. / Teilt Brot und Mantel, / macht allen Menschen Mut.«

7. Volk, auserkoren, / damit du Rufer wirst: / Ein Kind ist dir geboren, / und das heißt Friedefürst. / Kind, uns geboren, / du bist der Friedefürst.

T: JÜRGEN HENKYS (1975) 1977 NACH DEM NIEDERLÄNDISCHEN »KWAM VAN GODSWEGE« VON HUUB OOSTERHUIS 1962/1973
M: JAAP GERAEDTS (1965) 1973

Jesus kam nach Galiläa und predigte das Evangelium Gottes und sprach: Die Zeit ist erfüllt, und das Reich Gottes ist herbeigekommen. Tut Buße und glaubt an das Evangelium. MARKUS 1,14.15

313

Mt 4,18–22

2. Jesus, der durch die Straßen kam, / den Mann vom Zoll zur Seite nahm / und bei ihm wohnen wollte, / daß der sich freuen sollte – / vielleicht kommt er auch heut vorbei, / fragt mich und dich, zwei oder drei: / Wollt ihr mir euer Leben, / und was ihr liebhabt, geben? *Mt 9,9–13*

3. Der durch die Welt geht und die Zeit, / ruft nicht, wie man beim Jahrmarkt schreit. / Er spricht das Herz an, heute, / und sammelt seine Leute. / Und blieben wir auch lieber stehn – / zu wem denn sollen wir sonst gehn? / Er will uns alles geben, / die Wahrheit und das Leben.

T: JÜRGEN HENKYS (1975) 1977 NACH DEM NIEDERLÄNDISCHEN »JEZUS DIE LANGS HET WATER LIEP« VON AD DEN BESTEN 1961
M: FRITS MEHRTENS 1961

Matthäus 21,1–11 Ö **314**

2. Jesus zieht in Jerusalem ein, Hosianna! / Seht, er kommt geritten, auf dem Esel sitzt der Herr, Hosianna, Hosianna, Hosianna in der Höh! / Hosianna, Hosianna, Hosianna in der Höh!

3. Jesus zieht in Jerusalem ein, Hosianna! / Kommt und legt ihm Zweige von den Bäumen auf den Weg! Hosianna, Hosianna, Hosianna in der Höh! / Hosianna, Hosianna, Hosianna in der Höh!

4. Jesus zieht in Jerusalem ein, Hosianna! / Kommt und breitet Kleider auf der Straße vor ihm aus! Hosianna, Hosianna, Hosianna in der Höh! / Hosianna, Hosianna, Hosianna in der Höh!

6. Jesus zieht in Jerusalem ein, Hosianna! / Kommt und laßt uns bitten, statt das »Kreuzige« zu schrein: Komm, Herr Jesus, komm, Herr Jesus, komm, Herr Jesus, auch zu uns. / Komm, Herr Jesus, komm, Herr Jesus, komm, Herr Jesus, auch zu uns.

T UND M: GOTTFRIED NEUBERT 1968

315

Lukas 15,11–24

2. Weil es noch ein Zuhause gibt, / lauf ich hin. / Ich weiß, daß mich mein Vater liebt, / wie ich bin, wie ich bin.

3. Er ist's, der dich von fern erblickt, / tief im Staub. / Sein Herz hat er vorausgeschickt. / Sieh und glaub! Sieh und glaub!

4. Er ist's, der dir entgegenläuft / weit, wie weit; / der dich mit Liebe überhäuft / und verzeiht, und verzeiht.

5. Den Lumpenrock schafft man beiseit – / brennt wie Spreu. / Nun trägst du Schuh und Ring und Kleid / funkelnd neu, funkelnd neu.

6. Hoch hebt das Fest der Heimkehr an, / nie erschaut. / Die Freude, die nur danken kann, / jubelt laut, jubelt laut.

7. Laßt uns zu unserm Vater gehn, / ich und du. / Er ruft, bis alle ihn verstehn: / Kommt herzu! Kommt herzu!

T: LOTTE DENKHAUS 1975
M: DIETER TRAUTWEIN 1976

315

GLAUBE
LIEBE
HOFFNUNG

LOBEN UND DANKEN

Ö 316

2. Lobe den Herren, der alles so herrlich regieret, / der dich auf Adelers Fittichen sicher geführet, / der dich erhält, / wie es dir selber gefällt; / hast du nicht dieses verspüret?

3. Lobe den Herren, der künstlich und fein dich bereitet, / der dir Gesundheit verliehen, dich freundlich geleitet. / In wieviel Not / hat nicht der gnädige Gott / über dir Flügel gebreitet!

4. Lobe den Herren, der sichtbar dein Leben gesegnet, / der aus dem Himmel mit Strömen der Liebe geregnet. / Denke daran, / was der Allmächtige kann, / der dir mit Liebe begegnet.

5. Lobe den Herren, was in mir ist, lobe den Namen. / Lob ihn mit allen, die seine Verheißung bekamen. / Er ist dein Licht, / Seele, vergiß es ja nicht. / Lob ihn in Ewigkeit. Amen.

T UND M: NR. 317,
ÖKUMENISCHE FASSUNG 1973

Englisch

1. Praise to the Lord, the Almighty, the King of creation; / O my soul, praise him, for he is thy health and salvation: / all ye who hear, / now to his temple draw near, / joining in glad adoration.

Französisch

1. Célébrons le Seigneur, notre Dieu et notre Père. / Tout-puissant créateur, et des cieux et de la terre. / Ce Dieu d'amour / De ses enfants, chaque jour / Veut exaucer la prière.

Schwedisch

1. Herren, vår Gud, är en konung i makt och i ära. / Kom, alla folk, att vårt eviga lov honom bära! / Himmel och jord / bärs av hans kraftiga ord, / allt han sitt hägn vill beskära.

Polnisch

1. Pochwal, mój duchu, Mocarza wielkiego wszechświata! / Niechaj się w sercu mym prośba z podzięką przeplata. / W górę się zwróć! / Psalmie i harfo, się zbudź! / Niechaj pieśń w niebo ulata.

Tschechisch

1. Chvaliž Hospodina, slávy vždy Krále mocného, / ó duše má, nebo tužba to srdce je mého. / Shromažd'te se, / harfy at'tón ozve se, / zpívejte chvalozpěv jeho!

317

1. Lobe den Herren, den mächtigen König der Ehren, / meine geliebete Seele, das ist mein Begehren. / Kommet zuhauf, / Psalter und Harfe, wacht auf, / lasset den Lobgesang hören!

2. Lobe den Herren, der alles so herrlich regieret, / der dich auf Adelers Fittichen sicher geführet, / der dich erhält, / wie es dir selber gefällt; / hast du nicht dieses verspüret?

3. Lobe den Herren, der künstlich und fein dich bereitet, / der dir Gesundheit verliehen, dich freundlich geleitet. / In wieviel Not / hat nicht der gnädige Gott / über dir Flügel gebreitet!

4. Lobe den Herren, der deinen Stand sichtbar gesegnet, / der aus dem Himmel mit Strömen der Liebe geregnet. / Denke daran, / was der Allmächtige kann, / der dir mit Liebe begegnet.

5. Lobe den Herren, was in mir ist, lobe den Namen. / Alles, was Odem hat, lobe mit Abrahams Samen. / Er ist dein Licht, / Seele, vergiß es ja nicht. / Lobende, schließe mit Amen!

T: JOACHIM NEANDER 1680
M: 17. JH.; GEISTLICH STRALSUND 1665, HALLE 1741

318

2. Er ist's, der dich von Herzen liebt / und sein Gut mit dir teilet, / dir deine Missetat vergibt / und deine Wunden heilet, / dich waffnet zum geistlichen Krieg, / daß dir der Feind nicht obenlieg / und deinen Schatz zerteile.

3. Er ist barmherzig und sehr gut / den Armen und Elenden, / die sich von allem Übermut / zu seiner Wahrheit wenden; / er nimmt sie als ein Vater auf / und gibt, daß sie den rechten Lauf / zur Seligkeit vollenden.

4. Wie sich ein treuer Vater neigt / und Guts tut seinen Kindern, / also hat sich auch Gott erzeigt / allzeit uns armen Sündern; / er hat uns lieb und ist uns hold, / vergibt uns gnädig alle Schuld, / macht uns zu Überwindern.

5. Er gibt uns seinen guten Geist, / erneuet unsre Herzen, / daß wir vollbringen, was er heißt, / ob's auch das Fleisch mag schmerzen. / Er hilft uns hier mit Gnad und Heil, / verheißt uns auch ein herrlich Teil / von den ewigen Schätzen.

6. Nach unsrer Ungerechtigkeit / hat er uns nicht vergolten, / sondern erzeigt Barmherzigkeit, / da wir verderben sollten. / Mit seiner Gnad und Gütigkeit / ist uns und allen er bereit, / die ihm von Herzen hulden.

7. Was er nun angefangen hat, / das will er auch vollenden; / nur geben wir uns seiner Gnad, / opfern uns seinen Händen / und tun daneben unsern Fleiß, / hoffend, er werd zu seinem Preis / all unsern Wandel wenden.

8. O Vater, steh uns gnädig bei, / weil wir sind im Elende, / daß unser Tun aufrichtig sei / und nehm ein löblich Ende; / o leucht uns mit deim hellen Wort, / daß uns an diesem dunklen Ort / kein falscher Schein verblende.

9. O Gott, nimm an zu Lob und Dank, / was wir einfältig singen, / und gib dein Wort mit freiem Klang, / laß's durch die Herzen dringen. / O hilf, daß wir mit deiner Kraft / durch recht geistliche Ritterschaft / des Lebens Kron erringen.

T: MICHAEL WEISSE 1531
M: BEI MICHAEL PRAETORIUS 1609

319

Frau Musika spricht:

2. Voran die liebe Nachtigall / macht alles fröhlich überall / mit ihrem lieblichen Gesang, / des muß sie haben immer Dank.

3. Vielmehr der liebe Herre Gott, / der sie also geschaffen hat, / zu sein die rechte Sängerin, / der Musika ein Meisterin.

4. Dem singt und springt sie Tag und Nacht, / seins Lobes sie nichts müde macht: / den ehrt und lobt auch mein Gesang / und sagt ihm einen ewgen Dank.

T: MARTIN LUTHER 1538
M: BÖHMISCHE BRÜDER 1544, STRASSBURG 1572, KARL LÜTGE 1917

320

2. Den Leib, die Seel, das Leben / hat er allein uns geben; / dieselben zu bewahren, / tut er nie etwas sparen.

3. Nahrung gibt er dem Leibe; / die Seele muß auch bleiben, / wiewohl tödliche Wunden / sind kommen von der Sünden.

4. Ein Arzt ist uns gegeben, / der selber ist das Leben; / Christus, für uns gestorben, / der hat das Heil erworben.

5. Sein Wort, sein Tauf, sein Nachtmahl / dient wider alles Unheil; / der Heilig Geist im Glauben / lehrt uns darauf vertrauen.

7. Wir bitten deine Güte, / wollst uns hinfort behüten, / uns Große mit den Kleinen; / du kannst's nicht böse meinen.

8. Erhalt uns in der Wahrheit, / gib ewigliche Freiheit, / zu preisen deinen Namen / durch Jesus Christus. Amen.

T: LUDWIG HELMBOLD 1575
M: BEI NIKOLAUS SELNECKER 1587
SATZ: JOHANN CRÜGER 1649

Sirach 50,24–26 Ö **321**

Spätere Form

2. Der ewigreiche Gott / woll uns bei unserm Leben / ein immer fröhlich Herz / und edlen Frieden geben / und uns in seiner Gnad / erhalten fort und fort / und uns aus aller Not / erlösen hier und dort.

3. Lob, Ehr und Preis sei Gott / dem Vater und dem Sohne / und Gott dem Heilgen Geist / im höchsten Himmelsthrone, / ihm, dem dreiein'gen Gott, / wie es im Anfang war / und ist und bleiben wird / so jetzt und immerdar.

T UND M: MARTIN RINCKART (UM 1630) 1636
(MELODIEFASSUNG NACH JOHANN CRÜGER 1647)

Englisch

1. Now thank we all our God / with hearts and hands and voices, / who wondrous things has done, / in whom his world rejoices; / who from our mother's arms / has blest us on our way / with countless gifts of love, / and still is ours today.

2. O may this bounteous God / through all our life be near us, / with ever joyful hearts / and blessed peace to cheer us; / and keep us in his grace, / and guide us when perplex'd, / and free us from all ills, / in this world and the next.

3. All praise and thanks to God / the Father now be given, / the Son, and him who reigns / with them in highest heaven: / the one eternal God / whom earth and heav'n adore; / for thus it was, is now, / and shall be evermore.

Französisch

1. Béni soit le Seigneur, / le Créateur, le Père ; / Son amour resplendit / sur notre terre entière / Il nous a tout donné ; / tout nous vient de ses mains, / Et la vie et la joie, / et le pain et le vin.

2. Béni soit le Seigneur, / le Fils du Dieu qui aime / Qui pour nous se fit homme / et qui s'offrit lui-même. / Il devint serviteur / cloué sur une croix / Et Dieu l'a élevé / plus haut que tous les rois.

3. Béni soit le Seigneur, / l'Esprit Saint pur et sage / Qui de l'amour du Père / et du Fils est le gage. / C'est lui qui nous unit / et nous fait retrouver / Le chemin de l'amour / et de la liberté.

Ö 322

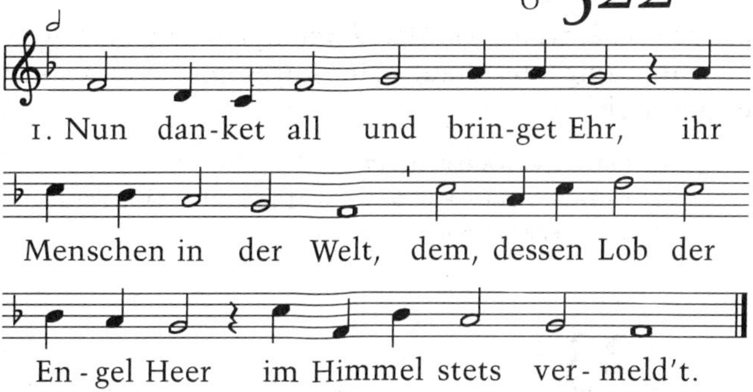

2. Ermuntert euch und singt mit Schall / Gott, unserm höchsten Gut, / der seine Wunder überall / und große Dinge tut ;

3. der uns von Mutterleibe an / frisch und gesund erhält / und, wo kein Mensch nicht helfen kann, / sich selbst zum Helfer stellt ;

Sir 50,24

4. der, ob wir ihn gleich hoch betrübt, / doch bleibet guten Muts, / die Straf erläßt, die Schuld vergibt / und tut uns alles Guts.

5. Er gebe uns ein fröhlich Herz, / erfrische Geist und Sinn / und werf all Angst, Furcht, Sorg und Schmerz / ins Meeres Tiefe hin.

6. Er lasse seinen Frieden ruhn / auf unserm Volk und Land; / er gebe Glück zu unserm Tun / und Heil zu allem Stand.

7. Er lasse seine Lieb und Güt / um, bei und mit uns gehn, / was aber ängstet und bemüht, / gar ferne von uns stehn.

8. Solange dieses Leben währt, / sei er stets unser Heil, / und wenn wir scheiden von der Erd, / verbleib er unser Teil.

9. Er drücke, wenn das Herze bricht, / uns unsre Augen zu / und zeig uns drauf sein Angesicht / dort in der ewgen Ruh.

T: PAUL GERHARDT 1647
M: JOHANN CRÜGER 1653 NACH PIERRE DAVANTÈS 1562 (ZU PSALM 89)

323

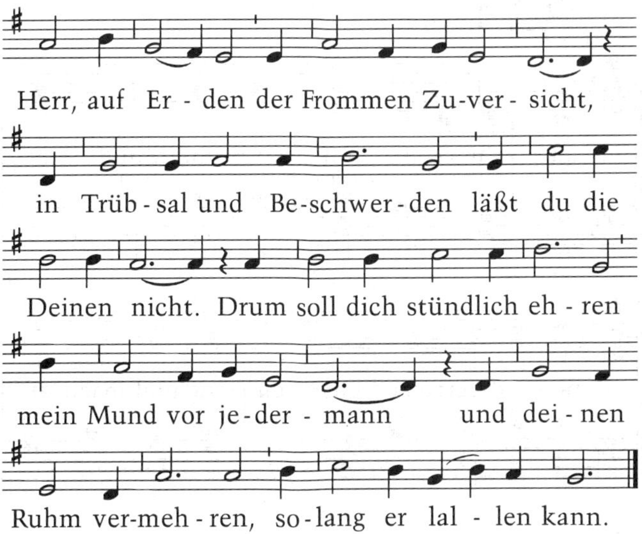

Ps 65,2

2. Es müssen, Herr, sich freuen / von ganzer Seel und jauchzen hell, / die unaufhörlich schreien: / »Gelobt sei der Gott Israel'!« / Sein Name sei gepriesen, / der große Wunder tut / und der auch mir erwiesen / das, was mir nütz und gut. / Nun, dies ist meine Freude, / zu hangen fest an dir, / daß nichts von dir mich scheide, / solang ich lebe hier.

3. Herr, du hast deinen Namen / sehr herrlich in der Welt gemacht; / denn als die Schwachen kamen, / hast du gar bald an sie gedacht. / Du hast mir Gnad erzeiget; / nun, wie vergelt ich's dir? / Ach bleibe mir geneiget, / so will ich für und für / den Kelch des Heils erheben* / und preisen weit und breit / dich hier, mein Gott, im Leben / und dort in Ewigkeit.

**Ps 116,13*

T: JOHANN RIST 1651/1654
M: NUN LOB, MEIN SEEL, DEN HERREN (NR. 289)

324 (Ö)

2. Ich weiß, daß du der Brunn der Gnad / und ewge Quelle bist, / daraus uns allen früh und spat / viel Heil und Gutes fließt.

3. Was sind wir doch? Was haben wir / auf dieser ganzen Erd, / das uns, o Vater, nicht von dir / allein gegeben werd?

4. Wer hat das schöne Himmelszelt / hoch über uns gesetzt? / Wer ist es, der uns unser Feld / mit Tau und Regen netzt?

5. Wer wärmet uns in Kält und Frost? / Wer schützt uns vor dem Wind? / Wer macht es, daß man Öl und Most / zu seinen Zeiten find't?

6. Wer gibt uns Leben und Geblüt? / Wer hält mit seiner Hand / den güldnen, werten, edlen Fried / in unserm Vaterland?

7. Ach Herr, mein Gott, das kommt von dir, / du, du mußt alles tun, / du hältst die Wach an unsrer Tür / und läßt uns sicher ruhn.

8. Du nährest uns von Jahr zu Jahr, / bleibst immer fromm und treu / und stehst uns, wenn wir in Gefahr / geraten, treulich bei.

9. Du strafst uns Sünder mit Geduld / und schlägst nicht allzusehr, / ja endlich nimmst du unsre Schuld / und wirfst sie in das Meer.

10. Wenn unser Herze seufzt und schreit, / wirst du gar leicht erweicht / und gibst uns, was uns hoch erfreut / und dir zur Ehr gereicht.

11. Du zählst, wie oft ein Christe wein / und was sein Kummer sei; / kein Zähr- und Tränlein ist so klein, / du hebst und legst es bei.

12. Du füllst des Lebens Mangel aus / mit dem, was ewig steht, / und führst uns in des Himmels Haus, / wenn uns die Erd entgeht.

13. Wohlauf, mein Herze, sing und spring / und habe guten Mut! / Dein Gott, der Ursprung aller Ding, / ist selbst und bleibt dein Gut.

14. Er ist dein Schatz, dein Erb und Teil, / dein Glanz und Freudenlicht, / dein Schirm und Schild, dein Hilf und Heil, / schafft Rat und läßt dich nicht.

15. Was kränkst du dich in deinem Sinn / und grämst dich Tag und Nacht? / Nimm deine Sorg und wirf sie hin / auf den, der dich gemacht.

16. Hat er dich nicht von Jugend auf / versorget und ernährt? / Wie manches schweren Unglücks Lauf / hat er zurückgekehrt!

17. Er hat noch niemals was versehn / in seinem Regiment, / nein, was er tut und läßt geschehn, / das nimmt ein gutes End.

18. Ei nun, so laß ihn ferner tun / und red ihm nicht darein, / so wirst du hier im Frieden ruhn / und ewig fröhlich sein.

T: PAUL GERHARDT 1653
M: NUN DANKET ALL UND BRINGET EHR (NR. 322)
SATZ: JOHANN CRÜGER 1653

325

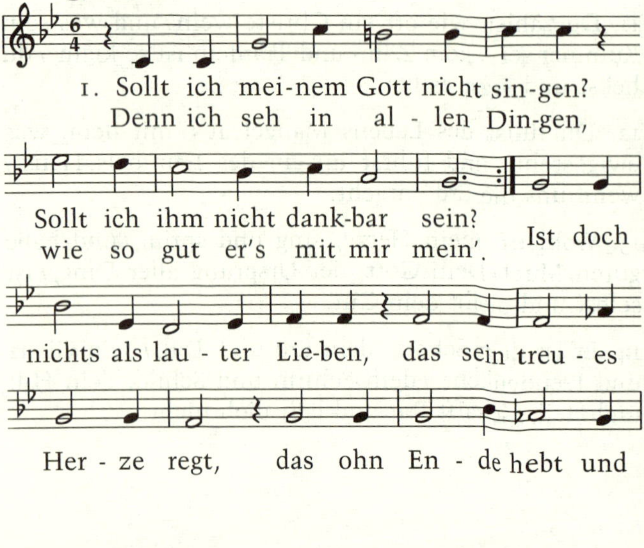

2. Wie ein Adler sein Gefieder / über seine Jungen streckt, / also hat auch hin und wieder / mich des Höchsten Arm bedeckt, / alsobald im Mutterleibe, / da er mir mein Wesen gab / und das Leben, das ich hab / und noch diese Stunde treibe. / Alles Ding währt seine Zeit, / Gottes Lieb in Ewigkeit.

3. Sein Sohn ist ihm nicht zu teuer, / nein, er gibt ihn für mich hin, / daß er mich vom ewgen Feuer / durch sein teures Blut gewinn. / O du unergründ'ter Brunnen, / wie will doch mein schwacher Geist, / ob er sich gleich hoch befleißt, / deine Tief ergründen können? / Alles Ding währt seine Zeit, / Gottes Lieb in Ewigkeit.

4. Seinen Geist, den edlen Führer, / gibt er mir in seinem Wort, / daß er werde mein Regierer / durch die Welt zur Himmelspfort; / daß er mir mein Herz erfülle / mit dem hellen Glaubenslicht, / das des Todes Macht zerbricht / und die Hölle selbst macht stille. / Alles Ding währt seine Zeit, / Gottes Lieb in Ewigkeit.

5. Meiner Seele Wohlergehen / hat er ja recht wohl bedacht; / will dem Leibe Not entstehen, / nimmt er's gleichfalls wohl in acht. / Wenn mein Können, mein Vermögen / nichts vermag, nichts helfen kann, / kommt mein Gott und hebt mir an / sein Vermögen beizulegen. / Alles Ding währt seine Zeit, / Gottes Lieb in Ewigkeit.

6. Himmel, Erd und ihre Heere / hat er mir zum Dienst bestellt; / wo ich nur mein Aug hinkehre, / find ich, was mich nährt und hält: / Tier und Kräuter und Getreide; / in den Gründen, in der Höh, / in den Büschen, in der See, / überall ist meine Weide. / Alles Ding währt seine Zeit, / Gottes Lieb in Ewigkeit.

7. Wenn ich schlafe, wacht sein Sorgen / und ermuntert mein Gemüt, / daß ich alle liebe Morgen / schaue neue Lieb und Güt. / Wäre mein Gott nicht gewesen, / hätte mich sein Angesicht / nicht geleitet, wär ich nicht / aus so mancher Angst genesen. / Alles Ding währt seine Zeit, / Gottes Lieb in Ewigkeit.

8. Seine Strafen, seine Schläge, / ob sie mir gleich bitter seind, / dennoch, wenn ich's recht erwäge, / sind es Zeichen, daß mein Freund, / der mich liebet, mein gedenke / und mich von der schnöden Welt, / die uns hart gefangen hält, / durch das Kreuze zu ihm lenke. / Alles Ding währt seine Zeit, / Gottes Lieb in Ewigkeit.

9. Das weiß ich fürwahr und lasse / mir's nicht aus dem Sinne gehn: / Christenkreuz hat seine Maße / und muß endlich stillestehn. / Wenn der Winter ausgeschneiet, / tritt der schöne Sommer ein; / also wird auch nach der Pein, / wer's erwarten kann, erfreuet. / Alles Ding währt seine Zeit, / Gottes Lieb in Ewigkeit.

10. Weil denn weder Ziel noch Ende / sich in Gottes Liebe find't, / ei so heb ich meine Hände / zu dir, Vater, als dein Kind, / bitte, wollst mir Gnade geben, / dich aus aller meiner Macht / zu umfangen Tag und Nacht / hier in meinem ganzen Leben, / bis ich dich nach dieser Zeit / lob und lieb in Ewigkeit.

T: PAUL GERHARDT 1653
M: JOHANN SCHOP 1641

326

Andere Melodie:
Bis hierher hat mich Gott gebracht (Nr. 329) (Ö)

2. Es danken dir die Himmelsheer, / o Herrscher aller Thronen; / und die auf Erden, Luft und Meer / in deinem Schatten wohnen, / die preisen deine Schöpfermacht, / die alles also wohl bedacht. / Gebt unserm Gott die Ehre!

3. Was unser Gott geschaffen hat, / das will er auch erhalten, / darüber will er früh und spat / mit seiner Güte walten. / In seinem ganzen Königreich / ist alles recht, ist alles gleich. / Gebt unserm Gott die Ehre!

4. Ich rief zum Herrn in meiner Not: / »Ach Gott, vernimm mein Schreien!« / Da half mein Helfer mir vom Tod / und ließ mir Trost gedeihen. / Drum dank, ach Gott, drum dank ich dir; / ach danket, danket Gott mit mir! / Gebt unserm Gott die Ehre!

5. Der Herr ist noch und nimmer nicht / von seinem Volk geschieden; / er bleibet ihre Zuversicht, / ihr Segen, Heil und Frieden. / Mit Mutterhänden leitet er / die Seinen stetig hin und her. / Gebt unserm Gott die Ehre!

6. Wenn Trost und Hilf ermangeln muß, / die alle Welt erzeiget, / so kommt, so hilft der Überfluß, / der Schöpfer selbst, und neiget / die Vateraugen denen zu, / die sonsten nirgends finden Ruh. / Gebt unserm Gott die Ehre!

7. Ich will dich all mein Leben lang, / o Gott, von nun an ehren, / man soll, Gott, deinen Lobgesang / an allen Orten hören. / Mein ganzes Herz ermuntre sich, / mein Geist und Leib erfreue dich! / Gebt unserm Gott die Ehre!

8. Ihr, die ihr Christi Namen nennt, / gebt unserm Gott die Ehre; / ihr, die ihr Gottes Macht bekennt, / gebt unserm Gott die Ehre! / Die falschen Götzen macht zu Spott; / der Herr ist Gott, der Herr ist Gott! / Gebt unserm Gott die Ehre!

9. So kommet vor sein Angesicht / mit jauchzenvollem Springen; / bezahlet die gelobte Pflicht / und laßt uns fröhlich singen: / Gott hat es alles wohl bedacht / und alles, alles recht gemacht. / Gebt unserm Gott die Ehre!

T: JOHANN JAKOB SCHÜTZ 1675
M: JOHANN CRÜGER 1653 NACH NR. 294

327

2. Himmel, lobe prächtig / deines Schöpfers Taten / mehr als aller Menschen Staaten. / Großes Licht der Sonne, / schieße deine Strahlen, / die das große Rund bemalen. / Lobet gern, / Mond und Stern, / seid bereit, zu ehren / einen solchen Herren.

3. O du meine Seele, / singe fröhlich, singe, / singe deine Glaubenslieder; / was den Odem holet, / jauchze, preise, klinge; / wirf dich in den Staub darnieder. / Er ist Gott / Zebaoth, / er nur ist zu loben / hier und ewig droben.

4. Halleluja bringe, / wer den Herren kennet, / wer den Herren Jesus liebet; / Halleluja singe, / welcher Christus nennet, / sich von Herzen ihm ergibet. / O wohl dir! / Glaube mir: / endlich wirst du droben / ohne Sünd ihn loben.

T UND M: JOACHIM NEANDER 1680

328

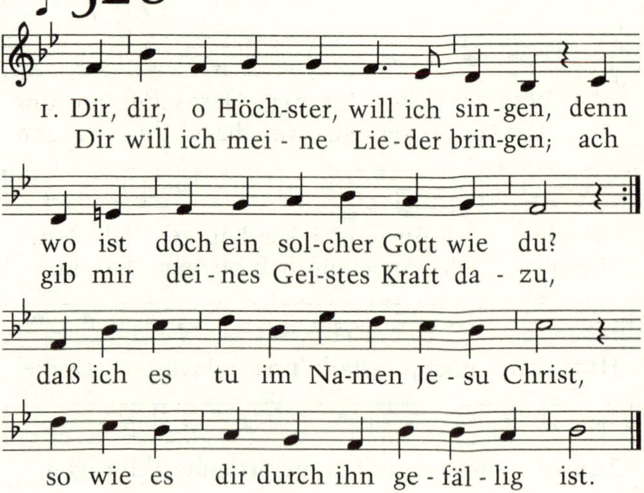

2. Zieh mich, o Vater, zu dem Sohne, / damit dein Sohn mich wieder zieh zu dir; / dein Geist in meinem Herzen wohne / und meine Sinne und Verstand regier, / daß ich den Frieden Gottes schmeck und fühl / und dir darob im Herzen sing und spiel.

3. Verleih mir, Höchster, solche Güte, / so wird gewiß mein Singen recht getan; / so klingt es schön in meinem Liede, / und ich bet dich im Geist und Wahrheit an; / so hebt dein Geist mein Herz zu dir empor, / daß ich dir Psalmen sing im höhern Chor.

4. Denn der kann mich bei dir vertreten / mit Seufzern, die ganz unaussprechlich sind; / der lehret mich recht gläubig beten, / gibt Zeugnis meinem Geist, daß ich dein Kind / und ein Miterbe Jesu Christi sei, / daher ich »Abba, lieber Vater!« schrei.

Röm 8,15.16.26

5. Was mich dein Geist selbst bitten lehret, / das ist nach deinem Willen eingericht' / und wird gewiß von dir erhöret, / weil es im Namen deines Sohns geschicht, / durch welchen ich dein Kind und Erbe bin / und nehme von dir Gnad um Gnade hin.

6. Wohl mir, daß ich dies Zeugnis habe! / Drum bin ich voller Trost und Freudigkeit / und weiß, daß alle gute Gabe, / die ich von dir verlanget jederzeit, / die gibst du und tust überschwenglich mehr, / als ich verstehe, bitte und begehr.

7. Wohl mir, ich bitt in Jesu Namen, / der mich zu deiner Rechten selbst vertritt, / in ihm ist alles Ja und Amen, / was ich von dir im Geist und Glauben bitt. / Wohl mir, Lob dir jetzt und in Ewigkeit, / daß du mir schenkest solche Seligkeit.

T: BARTHOLOMÄUS CRASSELIUS 1695
M: HAMBURG 1690, HALLE 1704

Der Geist hilft unsrer Schwachheit auf.
Denn wir wissen nicht, was wir beten sollen,
wie sich's gebührt; sondern der Geist selbst
vertritt uns mit unaussprechlichem Seufzen.
Der aber die Herzen erforscht, der weiß, worauf
der Sinn des Geistes gerichtet ist; denn er
vertritt die Heiligen, wie es Gott gefällt.
Wir wissen aber, daß denen, die Gott lieben,
alle Dinge zum Besten dienen.

RÖMER 8,26–28

329 Ö

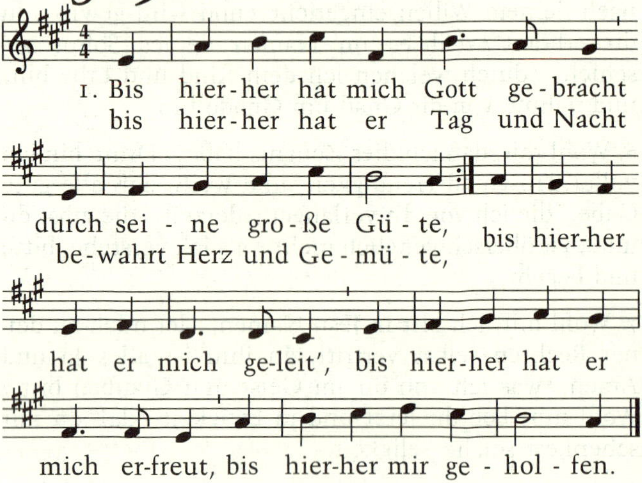

2. Hab Lob und Ehr, hab Preis und Dank / für die bisher'ge Treue, / die du, o Gott, mir lebenslang / bewiesen täglich neue. / In mein Gedächtnis schreib ich an: / der Herr hat Großes mir getan, / bis hierher mir geholfen.

3. Hilf fernerweit, mein treuster Hort, / hilf mir zu allen Stunden. / Hilf mir an all und jedem Ort, / hilf mir durch Jesu Wunden. / Damit sag ich bis in den Tod: / durch Christi Blut hilft mir mein Gott; / er hilft, wie er geholfen.

T: ÄMILIE JULIANE VON SCHWARZBURG-RUDOLSTADT (VOR 1685) 1699
M: PETER SOHREN 1668, HALLE 1704
»DU LEBENSBROT, HERR JESU CHRIST«

330

2. O daß doch meine Stimme schallte / bis dahin, wo die Sonne steht; / o daß mein Blut mit Jauchzen wallte, / solang es noch im Laufe geht; / ach wär ein jeder Puls ein Dank / und jeder Odem ein Gesang!

3. Ihr grünen Blätter in den Wäldern, / bewegt und regt euch doch mit mir; / ihr schwanken Gräslein in den Feldern, / ihr Blumen, laßt doch eure Zier / zu Gottes Ruhm belebet sein / und stimmet lieblich mit mir ein.

4. Ach alles, alles, was ein Leben / und einen Odem in sich hat, / soll sich mir zum Gehilfen geben, / denn mein Vermögen ist zu matt, / die großen Wunder zu erhöhn, / die allenthalben um mich stehn.

6. Ich will von deiner Güte singen, / solange sich die Zunge regt; / ich will dir Freudenopfer bringen, / solange sich mein Herz bewegt; / ja wenn der Mund wird kraftlos sein, / so stimm ich doch mit Seufzen ein.

7. Ach nimm das arme Lob auf Erden, / mein Gott, in allen Gnaden hin. / Im Himmel soll es besser werden, / wenn ich bei deinen Engeln bin. / Da sing ich dir im höhern Chor / viel tausend Halleluja vor.

T: JOHANN MENTZER 1704
M: BEI JOHANN BALTHASAR KÖNIG 1738

Ö 331

2. Alles, was dich preisen kann, / Cherubim und Seraphinen, / stimmen dir ein Loblied an, / alle Engel, die dir dienen, / rufen dir stets ohne Ruh: / »Heilig, heilig, heilig!« zu. *Jes 6,3*

3. Heilig, Herr Gott Zebaoth! / Heilig, Herr der Himmelsheere! / Starker Helfer in der Not! / Himmel, Erde, Luft und Meere / sind erfüllt von deinem Ruhm; / alles ist dein Eigentum.

4. Der Apostel heilger Chor, / der Propheten hehre Menge / schickt zu deinem Thron empor / neue Lob- und Dankgesänge; / der Blutzeugen lichte Schar / lobt und preist dich immerdar.

5. Dich, Gott Vater auf dem Thron, / loben Große, loben Kleine. / Deinem eingebornen Sohn / singt die heilige Gemeinde, / und sie ehrt den Heilgen Geist, / der uns seinen Trost erweist.

6. Du, des Vaters ewger Sohn, / hast die Menschheit angenommen, / bist vom hohen Himmelsthron / zu uns auf die Welt gekommen, / hast uns Gottes Gnad gebracht, / von der Sünd uns frei gemacht.

7. Durch dich steht das Himmelstor / allen, welche glauben, offen; / du stellst uns dem Vater vor, / wenn wir kindlich auf dich hoffen; / du wirst kommen zum Gericht, / wenn der letzte Tag anbricht.

8. Herr, steh deinen Dienern bei, / welche dich in Demut bitten. / Kauftest durch dein Blut uns frei, / hast den Tod für uns gelitten; / nimm uns nach vollbrachtem Lauf / zu dir in den Himmel auf.

9. Sieh dein Volk in Gnaden an. / Hilf uns, segne, Herr, dein Erbe; / leit es auf der rechten Bahn, / daß der Feind es nicht verderbe. / Führe es durch diese Zeit, / nimm es auf in Ewigkeit.

10. Alle Tage wollen wir / dich und deinen Namen preisen / und zu allen Zeiten dir / Ehre, Lob und Dank erweisen. / Rett aus Sünden, rett aus Tod, / sei uns gnädig, Herre Gott!

11. Herr, erbarm, erbarme dich. / Laß uns deine Güte schauen; / deine Treue zeige sich, / wie wir fest auf dich vertrauen. / Auf dich hoffen wir allein: / laß uns nicht verloren sein.

T: IGNAZ FRANZ 1768 NACH DEM
»TE DEUM LAUDAMUS« 4. JH.
M: LÜNEBURG 1668, WIEN UM 1776, LEIPZIG 1819

Ö 332

2. Es schall empor zu seinem Heiligtume / aus unserm Chor ein Lied zu seinem Ruhme: / lobt froh den Herrn, lobt froh den Herrn!

3. Vom Preise voll laß unser Herz dir singen! / Das Loblied soll zu deinem Throne dringen: / lobt froh den Herrn, lobt froh den Herrn!

4. Einst kommt die Zeit, wo wir auf tausend Weisen / – o Seligkeit! – dich, unsern Vater, preisen / von Ewigkeit zu Ewigkeit.

T: GEORG GESSNER 1795
M: HANS GEORG NÄGELI 1815

333

1. Dan - ket dem Herrn! Wir dan - ken dem
Herrn, denn er ist freund-lich, und sei-ne
Gü-te wäh-ret e - wig - lich, sie wäh-ret
e - wig - lich, sie wäh-ret e - wig - lich.

Ps 118,1

2. Lobet den Herrn! / Ja, lobe den Herrn / auch meine Seele; / vergiß es nie, was er dir Guts getan, / was er dir Guts getan, / was er dir Guts getan! *Ps 103,2*

3. Sein ist die Macht! / Allmächtig ist Gott; / sein Tun ist weise, / und seine Huld ist jeden Morgen neu, / ist jeden Morgen neu, / ist jeden Morgen neu!

4. Groß ist der Herr; / ja groß ist der Herr; / sein Nam ist heilig, / und alle Welt ist seiner Ehre voll, / ist seiner Ehre voll, / ist seiner Ehre voll!

5. Betet ihn an! / Anbetung dem Herrn; / mit hoher Ehrfurcht / werd auch von uns sein Name stets genannt, / sein Name stets genannt, / sein Name stets genannt!

6. Singet dem Herrn! / Lobsinget dem Herrn / in frohen Chören, / denn er vernimmt auch unsern Lobgesang, / auch unsern Lobgesang, / auch unsern Lobgesang!

T: KARL FRIEDRICH WILHELM HERROSEE VOR 1810
M UND SATZ: KARL FRIEDRICH SCHULZ 1810

Danket dem Herrn und rufet an seinen Namen;
verkündigt sein Tun unter den Völkern!
Singet und spielet ihm,
redet von seinen Wundern!
Rühmet seinen heiligen Namen;
es freue sich das Herz derer,
die den Herrn suchen!

PSALM 105,1–3

334

2. Danke für alle guten Freunde, / danke, o Herr, für jedermann. / Danke, wenn auch dem größten Feinde / ich verzeihen kann.

3. Danke für meine Arbeitsstelle, / danke für jedes kleine Glück. / Danke für alles Frohe, Helle / und für die Musik.

4. Danke für manche Traurigkeiten, / danke für jedes gute Wort. / Danke, daß deine Hand mich leiten / will an jedem Ort.

5. Danke, daß ich dein Wort verstehe, / danke, daß deinen Geist du gibst. / Danke, daß in der Fern und Nähe / du die Menschen liebst.

6. Danke, dein Heil kennt keine Schranken, / danke, ich halt mich fest daran. / Danke, ach Herr, ich will dir danken, / daß ich danken kann.

T UND M: MARTIN GOTTHARD SCHNEIDER (1961) 1963

335

T: PSALM 34,2
KANON FÜR 3 STIMMEN:
GEORG PHILIPP TELEMANN UM 1735

336 Ö

T: NACH PSALM 106,1
KANON FÜR 4 STIMMEN: 18. JH.

Ö 337

T UND KANON FÜR 3 STIMMEN:
MÜNDLICH ÜBERLIEFERT

338

T: PSALM 148,12–13
KANON FÜR 3 STIMMEN:
PAUL ERNST RUPPEL 1954

339

T: PSALM 57,8
KANON FÜR 4 STIMMEN:
PAUL ERNST RUPPEL 1937

340

T: PSALM 104,33
KANON FÜR 3 STIMMEN:
JOHANNES PETZOLD 1969

RECHTFERTIGUNG UND ZUVERSICHT

341 I

1. Nun freut euch, lie - ben Chri-sten g'mein,
daß wir ge - trost und all in ein

und laßt uns fröh - lich sprin - gen,
mit Lust und Lie - be sin - gen,

was Gott an uns ge-wen-det hat und sei - ne

sü-ße Wun-der-tat; gar teu'r hat er's er-wor-ben.

2. Dem Teufel ich gefangen lag, / im Tod war ich verloren, / mein Sünd mich quälte Nacht und Tag, / darin ich war geboren. / Ich fiel auch immer tiefer drein, / es war kein Guts am Leben mein, / die Sünd hatt' mich besessen.

3. Mein guten Werk, die galten nicht, / es war mit ihn' verdorben; / der frei Will haßte Gotts Gericht, / er war zum Gutn erstorben; / die Angst mich zu verzweifeln trieb, / daß nichts denn Sterben bei mir blieb, / zur Höllen mußt ich sinken.

4. Da jammert Gott in Ewigkeit / mein Elend übermaßen; / er dacht an sein Barmherzigkeit, / er wollt mir helfen lassen; / er wandt zu mir das Vaterherz, / es war bei ihm fürwahr kein Scherz, / er ließ's sein Bestes kosten.

5. Er sprach zu seinem lieben Sohn: / »Die Zeit ist hier zu erbarmen; / fahr hin, meins Herzens werte Kron, / und sei das Heil dem Armen / und hilf ihm aus der Sünden Not, / erwürg für ihn den bittern Tod / und laß ihn mit dir leben.«

6. Der Sohn dem Vater g'horsam ward, / er kam zu mir auf Erden / von einer Jungfrau rein und zart; / er sollt mein Bruder werden. / Gar heimlich führt er sein Gewalt, / er ging in meiner armen G'stalt, / den Teufel wollt er fangen.

7. Er sprach zu mir: »Halt dich an mich, / es soll dir jetzt gelingen; / ich geb mich selber ganz für dich, / da will ich für dich ringen; / denn ich bin dein und du bist mein, / und wo ich bleib, da sollst du sein, / uns soll der Feind nicht scheiden.

8. Vergießen wird er mir mein Blut, / dazu mein Leben rauben; / das leid ich alles dir zugut, / das halt mit festem Glauben. / Den Tod verschlingt das Leben mein, / mein Unschuld trägt die Sünde dein, / da bist du selig worden.

9. Gen Himmel zu dem Vater mein / fahr ich von diesem Leben; / da will ich sein der Meister dein, / den Geist will ich dir geben, / der dich in Trübnis trösten soll / und lehren mich erkennen wohl / und in der Wahrheit leiten.

10. Was ich getan hab und gelehrt, / das sollst du tun und lehren, / damit das Reich Gotts werd gemehrt / zu Lob und seinen Ehren; / und hüt dich vor der Menschen Satz,* / davon verdirbt der edle Schatz: / das laß ich dir zur Letze.«

* *Satzung, Lehre*

T UND M: MARTIN LUTHER 1523

342

Römer 3,21–28

2. Was Gott im G'setz geboten hat, / da man es nicht konnt halten, / erhob sich Zorn und große Not / vor Gott so mannigfalten; / vom Fleisch wollt nicht heraus der Geist, / vom G'setz erfordert allermeist; / es war mit uns verloren.

4. Und wenn es nun erfüllet ist / durch den, der es konnt halten, / so lerne jetzt ein frommer Christ / des Glaubens recht Gestalte. / Nicht mehr denn: »Lieber Herre mein, / dein Tod wird mir das Leben sein, / du hast für mich bezahlet.«

5. Daran ich keinen Zweifel trag, / dein Wort kann nicht betrügen. / Nun sagst du, daß kein Mensch verzag / – das wirst du nimmer lügen –: / »Wer glaubt an mich und wird getauft, / demselben ist der Himmel erkauft, / daß er nicht werd verloren.« *Mk 16,16*

6. Es ist gerecht vor Gott allein, / der diesen Glauben fasset; / der Glaub gibt einen hellen Schein, / wenn er die Werk nicht lasset; / mit Gott der Glaub ist wohl daran, / dem Nächsten wird die Lieb Guts tun, / bist du aus Gott geboren.

7. Die Werk, die kommen g'wißlich her / aus einem rechten Glauben; / denn das nicht rechter Glaube wär, / wolltst ihn der Werk berauben. / Doch macht allein der Glaub gerecht; / die Werk, die sind des Nächsten Knecht, / dran wir den Glauben merken.

8. Sei Lob und Ehr mit hohem Preis / um dieser Guttat willen / Gott Vater, Sohn und Heilgem Geist. / Der woll mit Gnad erfüllen, / was er in uns ang'fangen hat / zu Ehren seiner Majestät, / daß heilig werd sein Name;

9. sein Reich zukomm; sein Will auf Erd / g'scheh wie im Himmelsthrone; / das täglich Brot noch heut uns werd; / woll unsrer Schuld verschonen, / wie wir auch unsern Schuldnern tun; / laß uns nicht in Versuchung stehn; / lös uns vom Übel. Amen. *Mt 6,9–13*

T: PAUL SPERATUS 1523
M: MAINZ UM 1390, NÜRNBERG 1523/24

Das christliche Leben besteht nicht im Sein, sondern im Werden, nicht im Sieg, sondern im Kampf, nicht in der Gerechtigkeit, sondern in der Rechtfertigung. MARTIN LUTHER

343

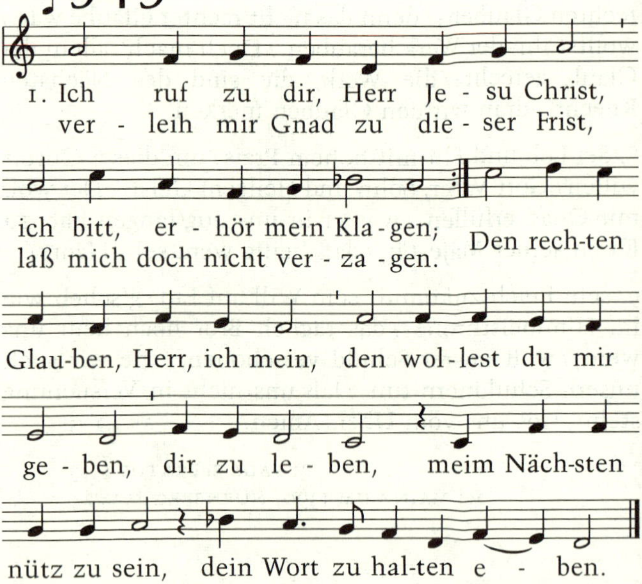

2. Ich bitt noch mehr, o Herre Gott / – du kannst es mir wohl geben –, / daß ich nicht wieder werd zu Spott; / die Hoffnung gib daneben; / voraus, wenn ich muß hier davon, / daß ich dir mög vertrauen / und nicht bauen / auf all mein eigen Tun, / sonst wird's mich ewig reuen.

3. Verleih, daß ich aus Herzensgrund / den Feinden mög vergeben; / verzeih mir auch zu dieser Stund, / schaff mir ein neues Leben; / dein Wort mein Speis laß allweg sein, / damit mein Seel zu nähren, / mich zu wehren, / wenn Unglück schlägt herein, / das mich bald möcht verkehren.

4. Laß mich kein Lust noch Furcht von dir / in dieser Welt abwenden; / beständig sein ans End gib mir, / du hast's allein in Händen; / und wem du's gibst, der hat's umsonst, / es mag niemand erwerben / noch ererben / durch Werke deine Gunst, / die uns errett' vom Sterben.

5. Ich lieg im Streit und widerstreb, / hilf, o Herr Christ, dem Schwachen; / an deiner Gnad allein ich kleb, / du kannst mich stärker machen. / Kommt nun Anfechtung her, so wehr, / daß sie mich nicht umstoße; / du kannst machen, / daß mir's nicht bringt Gefähr. / Ich weiß, du wirst's nicht lassen.

T: JOHANN AGRICOLA (?) UM 1526/27
M: HAGENAU UM 1526/27, WITTENBERG 1529

344

Matthäus 6,9–13

2. Geheiligt werd der Name dein, / dein Wort bei uns hilf halten rein, / daß auch wir leben heiliglich, / nach deinem Namen würdiglich. / Behüt uns, Herr, vor falscher Lehr, / das arm verführet Volk bekehr.

3. Es komm dein Reich zu dieser Zeit / und dort hernach in Ewigkeit. / Der Heilig Geist uns wohne bei / mit seinen Gaben mancherlei; / des Satans Zorn und groß Gewalt / zerbrich, vor ihm dein Kirch erhalt.

4. Dein Will gescheh, Herr Gott, zugleich / auf Erden wie im Himmelreich. / Gib uns Geduld in Leidenszeit, / gehorsam sein in Lieb und Leid; / wehr und steu'r allem Fleisch und Blut, / das wider deinen Willen tut.

5. Gib uns heut unser täglich Brot / und was man b'darf zur Leibesnot; / behüt uns, Herr, vor Unfried, Streit, / vor Seuchen und vor teurer Zeit, / daß wir in gutem Frieden stehn, / der Sorg und Geizens müßig gehn.

6. All unsre Schuld vergib uns, Herr, / daß sie uns nicht betrübe mehr, / wie wir auch unsern Schuldigern / ihr Schuld und Fehl vergeben gern. / Zu dienen mach uns all bereit / in rechter Lieb und Einigkeit.

7. Führ uns, Herr, in Versuchung nicht, / wenn uns der böse Geist anficht; / zur linken und zur rechten Hand / hilf uns tun starken Widerstand / im Glauben fest und wohlgerüst' / und durch des Heilgen Geistes Trost.

8. Von allem Übel uns erlös; / es sind die Zeit und Tage bös. / Erlös uns vom ewigen Tod / und tröst uns in der letzten Not. / Bescher uns auch ein seligs End, / nimm unsre Seel in deine Händ.

9. Amen, das ist: es werde wahr. / Stärk unsern Glauben immerdar, / auf daß wir ja nicht zweifeln dran, / was wir hiermit gebeten han / auf dein Wort, in dem Namen dein. / So sprechen wir das Amen fein.

T: MARTIN LUTHER 1539
M: TISCHSEGEN DES MÖNCH VON SALZBURG VOR 1396, BÖHMISCHE BRÜDER 1531, MARTIN LUTHER 1539

(Ö) 345

2. Ob mich mein Sünd anficht, / will ich verzagen nicht; / auf Christus will ich bauen / und ihm allein vertrauen, / ihm tu ich mich ergeben / im Tod und auch im Leben.

3. Ob mich der Tod nimmt hin, / ist Sterben mein Gewinn, / und Christus ist mein Leben; / dem tu ich mich ergeben; / ich sterb heut oder morgen, / mein Seel wird er versorgen. *Phil 1,21*

4. O mein Herr Jesu Christ, / der du geduldig bist / für mich am Kreuz gestorben: / hast mir das Heil erworben, / auch uns allen zugleiche / das ewig Himmelreiche.

5. Amen zu aller Stund / sprech ich aus Herzensgrund; / du wollest selbst uns leiten, / Herr Christ, zu allen Zeiten, / auf daß wir deinen Namen / ewiglich preisen. Amen.

T: LÜBECK VOR 1603,
WITTENBERG UND NÜRNBERG 1607
M: JAKOB REGNART 1574; GEISTLICH 1578,
BEI JOHANN HERMANN SCHEIN 1627

346

2. Such, wer da will, Nothelfer viel, / die uns doch nichts erworben; / hier ist der Mann, der helfen kann, / bei dem nie was verdorben. / Uns wird das Heil durch ihn zuteil, / uns macht gerecht der treue Knecht, / der für uns ist gestorben.

3. Ach sucht doch den, laßt alles stehn, / die ihr das Heil begehret; / er ist der Herr, und keiner mehr, / der euch das Heil gewähret. / Sucht ihn all Stund von Herzensgrund, / sucht ihn allein; denn wohl wird sein / dem, der ihn herzlich ehret.

4. Meins Herzens Kron, mein Freudensonn / sollst du, Herr Jesu, bleiben; / laß mich doch nicht von deinem Licht / durch Eitelkeit vertreiben; / bleib du mein Preis, dein Wort mich speis, / bleib du mein Ehr, dein Wort mich lehr, / an dich stets fest zu glauben.

5. Wend von mir nicht dein Angesicht, / laß mich im Kreuz nicht zagen; / weich nicht von mir, mein höchste Zier, / hilf mir mein Leiden tragen. / Hilf mir zur Freud nach diesem Leid; / hilf, daß ich mag nach dieser Klag / dort ewig dir Lob sagen.

T: GEORG WEISSEL (1623) 1642
M: JOHANN STOBÄUS 1613

347 (Ö)

2. Ach bleib mit deinem Worte / bei uns, Erlöser wert, / daß uns sei hier und dorte / dein Güt und Heil beschert.

3. Ach bleib mit deinem Glanze / bei uns, du wertes Licht; / dein Wahrheit uns umschanze, / damit wir irren nicht.

4. Ach bleib mit deinem Segen / bei uns, du reicher Herr; / dein Gnad und alls Vermögen / in uns reichlich vermehr.

5. Ach bleib mit deinem Schutze / bei uns, du starker Held, / daß uns der Feind nicht trutze / noch fäll die böse Welt.

6. Ach bleib mit deiner Treue / bei uns, mein Herr und Gott; / Beständigkeit verleihe, / hilf uns aus aller Not.

T: JOSUA STEGMANN 1627
M: CHRISTUS, DER IST MEIN LEBEN (NR. 516)

348

T: 1. MOSE 12,2
M: VOLKER OCHS UM 1980

349

3. All Sünd ist nun vergeben / und zugedecket fein, / darf mich nicht mehr beschämen / vor Gott, dem Herren mein. / Ich bin ganz neu geschmücket / mit einem schönen Kleid, / gezieret und gesticket / mit Heil und G'rechtigkeit.

4. Dafür will ich ihm sagen / Lob und Dank allezeit, / mit Freud und Ehren tragen / dies köstliche Geschmeid, / will damit herrlich prangen / vor Gottes Majestät, / hoff darin zu erlangen / die ewge Seligkeit.

T UND M: BARTHOLOMÄUS HELDER
(VOR 1635) 1646/1648

350

2. Drum soll auch dieses Blut allein / mein Trost und meine Hoffnung sein. / Ich bau im Leben und im Tod / allein auf Jesu Wunden rot.

3. Solang ich noch hienieden bin, / so ist und bleibet das mein Sinn: / Ich will die Gnad in Jesu Blut / bezeugen mit getrostem Mut.

4. Gelobet seist du, Jesu Christ, / daß du ein Mensch geboren bist / und hast für mich und alle Welt / bezahlt ein ewig Lösegeld.

5. Du Ehrenkönig Jesu Christ, / des Vaters ein'ger Sohn du bist; / erbarme dich der ganzen Welt / und segne, was sich zu dir hält.

T: STR. 1 LEIPZIG 1638;
STR. 2–5 NIKOLAUS LUDWIG VON ZINZENDORF 1739,
BEARBEITET VON CHRISTIAN GREGOR 1778
M: WIR DANKEN DIR, HERR JESU CHRIST (NR. 79)

351 Römer 8,31–39

2. Nun weiß und glaub ich feste, / ich rühm's auch ohne Scheu, / daß Gott, der Höchst und Beste, / mein Freund und Vater sei / und daß in allen Fällen / er mir zur Rechten steh / und dämpfe Sturm und Wellen / und was mir bringet Weh.

3. Der Grund, da ich mich gründe, / ist Christus und sein Blut; / das machet, daß ich finde / das ewge, wahre Gut. / An mir und meinem Leben / ist nichts auf dieser Erd; / was Christus mir gegeben, / das ist der Liebe wert.

1. Kor 3,11

4. Mein Jesus ist mein Ehre, / mein Glanz und schönes Licht. / Wenn der nicht in mir wäre, / so dürft und könnt ich nicht / vor Gottes Augen stehen / und vor dem Sternensitz, / ich müßte stracks vergehen / wie Wachs in Feuershitz.

5. Der, der hat ausgelöschet, / was mit sich führt den Tod; / der ist's, der mich rein wäschet, / macht schneeweiß, was ist rot. / In ihm kann ich mich freuen, / hab einen Heldenmut, / darf kein Gerichte scheuen, / wie sonst ein Sünder tut.

6. Nichts, nichts kann mich verdammen, / nichts nimmt mir meinen Mut: / die Höll und ihre Flammen / löscht meines Heilands Blut. / Kein Urteil mich erschrecket, / kein Unheil mich betrübt, / weil mich mit Flügeln decket / mein Heiland, der mich liebt.

7. Sein Geist wohnt mir im Herzen, / regiert mir meinen Sinn, / vertreibet Sorg und Schmerzen, / nimmt allen Kummer hin; / gibt Segen und Gedeihen / dem, was er in mir schafft, / hilft mir das Abba schreien / aus aller meiner Kraft. *Röm 8,15*

8. Und wenn an meinem Orte / sich Furcht und Schrekken find't, / so seufzt und spricht er Worte, / die unaussprechlich sind / mir zwar und meinem Munde, / Gott aber wohl bewußt, / der an des Herzens Grunde / ersiehet seine Lust. *Röm 8,26*

9. Sein Geist spricht meinem Geiste / manch süßes Trostwort zu: / wie Gott dem Hilfe leiste, / der bei ihm suchet Ruh, / und wie er hab erbauet / ein edle neue Stadt, / da Aug und Herze schauet, / was es geglaubet hat.

10. Da ist mein Teil und Erbe / mir prächtig zugericht'; / wenn ich gleich fall und sterbe, / fällt doch mein Himmel nicht. / Muß ich auch gleich hier feuchten / mit Tränen meine Zeit, / mein Jesus und sein Leuchten / durchsüßet alles Leid.

11. Die Welt, die mag zerbrechen, / du stehst mir ewiglich; / kein Brennen, Hauen, Stechen / soll trennen mich und dich; / kein Hunger und kein Dürsten, / kein Armut, keine Pein, / kein Zorn der großen Fürsten / soll mir ein Hindrung sein.

12. Kein Engel, keine Freuden, / kein Thron, kein Herrlichkeit, / kein Lieben und kein Leiden, / kein Angst und Fährlichkeit, / was man nur kann erdenken, / es sei klein oder groß: / der keines soll mich lenken / aus deinem Arm und Schoß.

13. Mein Herze geht in Sprüngen / und kann nicht traurig sein, / ist voller Freud und Singen, / sieht lauter Sonnenschein. / Die Sonne, die mir lachet, / ist mein Herr Jesus Christ; / das, was mich singen machet, / ist, was im Himmel ist.

T: PAUL GERHARDT 1653
M: ENGLAND UM 1590,
GEISTLICH AUGSBURG 1609

352

2. Der mich bisher hat ernähret / und mir manches Glück bescheret, / ist und bleibet ewig mein. / Der mich wunderbar geführet / und noch leitet und regieret, / wird forthin mein Helfer sein.

3. Sollt ich mich bemühn um Sachen, / die nur Sorg und Unruh machen / und ganz unbeständig sind? / Nein, ich will nach Gütern ringen, / die mir wahre Ruhe bringen, / die man in der Welt nicht find't.

4. Hoffnung kann das Herz erquicken; / was ich wünsche, wird sich schicken, / wenn es meinem Gott gefällt. / Meine Seele, Leib und Leben / hab ich seiner Gnad ergeben / und ihm alles heimgestellt.

5. Er weiß schon nach seinem Willen / mein Verlangen zu erfüllen, / es hat alles seine Zeit. / Ich hab ihm nichts vorzuschreiben; / wie Gott will, so muß es bleiben, / wann Gott will, bin ich bereit.

6. Soll ich hier noch länger leben, / will ich ihm nicht widerstreben, / ich verlasse mich auf ihn. / Ist doch nichts, das lang bestehet, / alles Irdische vergehet / und fährt wie ein Strom dahin.

T: NÜRNBERG 1676
M: JOHANN LÖHNER 1691,
BEI JOHANN ADAM HILLER 1793

353

2. Keiner Gnade sind wir wert; / doch hat er in seinem Worte / eidlich sich dazu erklärt. / Sehet nur, die Gnadenpforte / ist hier völlig aufgetan: / Jesus nimmt die Sünder an.

3. Wenn ein Schaf verloren ist, / suchet es ein treuer Hirte; / Jesus, der uns nie vergißt, / suchet treulich das Verirrte, / daß es nicht verderben kann: / Jesus nimmt die Sünder an. *Lk 15,1–7*

4. Kommet alle, kommet her, / kommet, ihr betrübten Sünder! / Jesus rufet euch, und er / macht aus Sündern Gottes Kinder. / Glaubet's doch und denket dran: / Jesus nimmt die Sünder an.

5. Ich Betrübter komme hier / und bekenne meine Sünden; / laß, mein Heiland, mich bei dir / Gnade zur Vergebung finden, / daß dies Wort mich trösten kann: / Jesus nimmt die Sünder an.

6. Ich bin ganz getrosten Muts: / ob die Sünden blutrot wären, / müssen sie kraft deines Bluts / dennoch sich in schneeweiß kehren, / da ich gläubig sprechen kann: / Jesus nimmt die Sünder an.

7. Mein Gewissen quält mich nicht, / will mich das Gesetz verklagen; / der mich frei und ledig spricht, / hat die Schulden abgetragen, / daß mich nichts verdammen kann: / Jesus nimmt die Sünder an.

8. Jesus nimmt die Sünder an; / mich hat er auch angenommen / und den Himmel aufgetan, / daß ich selig zu ihm kommen / und auf den Trost sterben kann: / Jesus nimmt die Sünder an.

T: ERDMANN NEUMEISTER 1718
M: MEINEN JESUS LASS ICH NICHT (NR. 402)

Barmherziger, treuer Gott, du vergibst uns Sündern täglich alle Schuld und willst, daß auch wir einander vergeben. Überwinde unsere harten Herzen, daß wir barmherzig miteinander umgehen und von deiner Versöhnung leben.

354

2. Es ist das ewige Erbarmen, / das alles Denken übersteigt; / es sind die offnen Liebesarme / des, der sich zu den Sündern neigt, / dem allemal das Herze bricht, / wir kommen oder kommen nicht.

3. Wir sollen nicht verloren werden, / Gott will, uns soll geholfen sein; / deswegen kam der Sohn auf Erden / und nahm hernach den Himmel ein, / deswegen klopft er für und für / so stark an unsers Herzens Tür.

4. O Abgrund, welcher alle Sünden / durch Christi Tod verschlungen hat! / Das heißt die Wunde recht verbinden, / da findet kein Verdammen statt, / weil Christi Blut beständig schreit: / Barmherzigkeit, Barmherzigkeit!

5. Darein will ich mich gläubig senken, / dem will ich mich getrost vertraun / und, wenn mich meine Sünden kränken, / nur bald nach Gottes Herzen schaun; / da findet sich zu aller Zeit / unendliche Barmherzigkeit.

6. Wird alles andre weggerissen, / was Seel und Leib erquicken kann, / darf ich von keinem Troste wissen / und scheine völlig ausgetan, / ist die Errettung noch so weit: / mir bleibet doch Barmherzigkeit.

7. Bei diesem Grunde will ich bleiben, / solange mich die Erde trägt; / das will ich denken, tun und treiben, / solange sich ein Glied bewegt; / so sing ich einstens höchst erfreut: / o Abgrund der Barmherzigkeit!

T: JOHANN ANDREAS ROTHE (VOR 1722) 1727
M: O DASS ICH TAUSEND ZUNGEN HÄTTE (NR. 330)

Das ist gewißlich wahr und ein Wort des Glaubens wert, daß Christus Jesus in die Welt gekommen ist, die Sünder selig zu machen.

1. TIMOTHEUS 1,15

355

2. Ich hatte nichts als Zorn verdienet / und soll bei Gott in Gnaden sein; / Gott hat mich mit sich selbst versühnet / und macht durchs Blut des Sohns mich rein. / Wo kam dies her, warum geschieht's? / Erbarmung ist's und weiter nichts.

3. Das muß ich dir, mein Gott, bekennen, / das rühm ich, wenn ein Mensch mich fragt; / ich kann es nur Erbarmung nennen, / so ist mein ganzes Herz gesagt. / Ich beuge mich und bin erfreut / und rühme die Barmherzigkeit.

4. Dies laß ich kein Geschöpf mir rauben, / dies soll mein einzig Rühmen sein; / auf dies Erbarmen will ich glauben, / auf dieses bet ich auch allein, / auf dieses duld ich in der Not, / auf dieses hoff ich noch im Tod.

5. Gott, der du reich bist an Erbarmen, / reiß dein Erbarmen nicht von mir / und führe durch den Tod mich Armen / durch meines Heilands Tod zu dir; / da bin ich ewig recht erfreut / und rühme die Barmherzigkeit.

T: PHILIPP FRIEDRICH HILLER 1767
M: WER NUR DEN LIEBEN GOTT LÄSST WALTEN (NR. 369)

356

Andere Melodie:
Es ist das Heil uns kommen her (Nr. 342)

Apg 4,12

2. Herr Christ, um deines Namens Ehr / halt uns in deinem Frieden, / den Glauben stärk, die Liebe mehr', / dein Gnad sei uns beschieden; / gib Hoffnung uns in dieser Zeit, / führ uns zu deiner Herrlichkeit. / Dir sei Lob, Preis und Ehre!

T: STR. 1 JOHANN ANASTASIUS FREYLINGHAUSEN 1714,
STR. 2 OTTO BRODDE 1971
M: HEINRICH SCHÜTZ 1628 (ZU PSALM 33)

357

2. Tim 1,12

2. Ich weiß, was ewig dauert, / ich weiß, was nimmer läßt; / mit Diamanten mauert / mir's Gott im Herzen fest. / Die Steine sind die Worte, / die Worte hell und rein, / wodurch die schwächsten Orte / gar feste können sein.

3. Auch kenn ich wohl den Meister, / der mir die Feste baut, / er heißt der Herr der Geister, / auf den der Himmel schaut, / vor dem die Seraphinen / anbetend niederknien, / um den die Engel dienen: / ich weiß und kenne ihn.

4. Das ist das Licht der Höhe, / das ist der Jesus Christ, / der Fels, auf dem ich stehe, / der diamanten ist, / der nimmermehr kann wanken, / der Heiland und der Hort, / die Leuchte der Gedanken, / die leuchten hier und dort.

5. So weiß ich, was ich glaube, / ich weiß, was fest besteht / und in dem Erdenstaube / nicht mit als Staub verweht; / ich weiß, was in dem Grauen / des Todes ewig bleibt / und selbst auf Erdenauen / schon Himmelsblumen treibt.

T: ERNST MORITZ ARNDT 1819
M: HEINRICH SCHÜTZ 1628/1661 (ZU PSALM 138)

Ein Christenmensch ist ein freier Herr
über alle Dinge und niemand untertan.
Ein Christenmensch ist ein dienstbarer Knecht
aller Dinge und jedermann untertan.

MARTIN LUTHER,
VON DER FREIHEIT EINES
CHRISTENMENSCHEN

358

1. Korinther 13,13
Andere Melodie: Ich freu mich (Nr. 349)

2. Er kennet seine Scharen / am Glauben, der nicht schaut / und doch dem Unsichtbaren, / als säh er ihn, vertraut; / der aus dem Wort gezeuget / und durch das Wort sich nährt / und vor dem Wort sich beuget / und mit dem Wort sich wehrt.

3. Er kennt sie als die Seinen / an ihrer Hoffnung Mut, / die fröhlich auf dem einen, / daß er der Herr ist, ruht, / in seiner Wahrheit Glanze / sich sonnet frei und kühn, / die wunderbare Pflanze, / die immerdar ist grün.

4. Er kennt sie an der Liebe, / die seiner Liebe Frucht / und die mit lauterm Triebe / ihm zu gefallen sucht, / die andern so begegnet, / wie er das Herz bewegt, / die segnet, wie er segnet, / und trägt, wie er sie trägt.

5. So kennt der Herr die Seinen, / wie er sie stets gekannt, / die Großen und die Kleinen / in jedem Volk und Land / am Werk der Gnadentriebe / durch seines Geistes Stärk, / an Glauben, Hoffnung, Liebe / als seiner Gnade Werk.

6. So hilf uns, Herr, zum Glauben / und halt uns fest dabei; / laß nichts die Hoffnung rauben; / die Liebe herzlich sei! / Und wird der Tag erscheinen, / da dich die Welt wird sehn, / so laß uns als die Deinen / zu deiner Rechten stehn.

T: PHILIPP SPITTA 1843
M: ICH WEISS, WORAN ICH GLAUBE (NR. 357)

Nun aber bleiben Glaube, Hoffnung, Liebe, diese drei; aber die Liebe ist die größte unter ihnen.

1. KORINTHER 13,13

359 Philipper 4

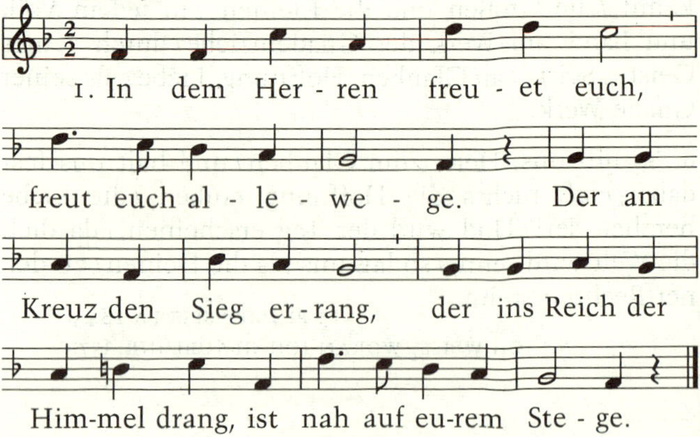

2. Mag der Feind mit Finsternis / euren Schritt umhüllen, / seid nur um den Herrn geschart, / dessen Heil und Gegenwart / all Stund euch kann erfüllen.

3. Kündet eure Lindigkeit / allen Augen, Ohren. / Keiner bannt den Sieger mehr, / Christus mit dem lichten Heer / erscheint schon vor den Toren.

4. Werft das stolze Sorgen fort, / bittet Gott mit Danken. / Sieh, es leuchtet seine Gnad / über eurem schmalen Pfad, / führt euch durch alle Schranken.

5. Friede höher als Vernunft, / Licht von höchster Zinne, / wird dir heut und jeder Frist / hüten ganz in Jesus Christ / das Herz und alle Sinne.

6. O so freu dich in dem Herrn, / Kirche, allezeiten. / Mußt du dulden Kreuz und Not, / Gottes Sohn hebt aus dem Tod / sein Volk in Ewigkeiten.

T: KURT MÜLLER-OSTEN 1941
M: CHRISTIAN LAHUSEN (1946) 1948

360

Erste Melodie

2. Du läßt in deiner Liebe uns gewähren. / Dein Name ist unendliche Geduld. / Und wir sind frei: zu hoffen und zu glauben, / und wir sind frei zu Trotz und Widerstand.
Gott schenkt Freiheit, seine größte Gabe / gibt er seinen Kindern.

Zweite Melodie

2. Du läßt in deiner Liebe uns gewähren. / Dein Name ist unendliche Geduld. / Und wir sind frei: zu hoffen und zu glauben, / und wir sind frei zu Trotz und Widerstand.
Gott schenkt Freiheit, seine größte Gabe / gibt er seinen Kindern.

3. Wir wollen leben und uns selbst behaupten. / Doch deine Freiheit setzen wir aufs Spiel. / Nach unserm Willen soll die Welt sich ordnen. / Wir bauen selbstgerecht den Turm der Zeit.
Gott schenkt Freiheit, seine größte Gabe / gibt er seinen Kindern.

4. Wir richten Mauern auf, wir setzen Grenzen / und wohnen hinter Gittern unsrer Angst. / Wir sind nur Menschen, die sich fürchten können, / wir brachten selbst uns in Gefangenschaft.
Gott schenkt Freiheit, seine größte Gabe / gibt er seinen Kindern.

5. Wenn du uns richtest, Herr, sind wir verloren. / Auf unsern Schultern lastet schwere Schuld. / Laß deine Gnade, Herr, vor Recht ergehen; / von gestern und von morgen sprich uns los.
Gott schenkt Freiheit, seine größte Gabe / gibt er seinen Kindern.

6. Gib uns die Wege frei, die zu dir führen, / denn uns verlangt nach deinem guten Wort. / Du machst uns frei, zu lieben und zu hoffen, / das gibt uns Zuversicht für jeden Tag.
Gott schenkt Freiheit, seine größte Gabe / gibt er seinen Kindern.

T: CHRISTA WEISS 1965
ERSTE MELODIE: MANFRED SCHLENKER 1977
ZWEITE MELODIE: HANS RUDOLF SIEMONEIT 1965

ANGST UND VERTRAUEN

361 Ö Psalm 37,5

2. *Dem Herren* mußt du trauen, / wenn dir's soll wohlergehn; / auf sein Werk mußt du schauen, / wenn dein Werk soll bestehn. / Mit Sorgen und mit Grämen / und mit selbsteigner Pein / läßt Gott sich gar nichts nehmen, / es muß erbeten sein.

3. *Dein* ewge Treu und Gnade, / o Vater, weiß und sieht, / was gut sei oder schade / dem sterblichen Geblüt; / und was du dann erlesen, / das treibst du, starker Held, / und bringst zum Stand und Wesen, / was deinem Rat gefällt.

4. *Weg* hast du allerwegen, / an Mitteln fehlt dir's nicht; / dein Tun ist lauter Segen, / dein Gang ist lauter Licht; / dein Werk kann niemand hindern, / dein Arbeit darf nicht ruhn, / wenn du, was deinen Kindern / ersprießlich ist, willst tun.

5. *Und* ob gleich alle Teufel / hier wollten widerstehn, / so wird doch ohne Zweifel / Gott nicht zurücke gehn; / was er sich vorgenommen / und was er haben will, / das muß doch endlich kommen / zu seinem Zweck und Ziel.

6. *Hoff*, o du arme Seele, / hoff und sei unverzagt! / Gott wird dich aus der Höhle, / da dich der Kummer plagt, / mit großen Gnaden rücken; / erwarte nur die Zeit, / so wirst du schon erblicken / die Sonn der schönsten Freud.

7. *Auf*, auf, gib deinem Schmerze / und Sorgen gute Nacht, / laß fahren, was das Herze / betrübt und traurig macht; / bist du doch nicht Regente, / der alles führen soll, / Gott sitzt im Regimente / und führet alles wohl.

8. *Ihn*, ihn laß tun und walten, / er ist ein weiser Fürst / und wird sich so verhalten, / daß du dich wundern wirst, / wenn er, wie ihm gebühret, / mit wunderbarem Rat / das Werk hinausgeführet, / das dich bekümmert hat.

9. *Er* wird zwar eine Weile / mit seinem Trost verziehn / und tun an seinem Teile, / als hätt in seinem Sinn / er deiner sich begeben / und sollt'st du für und für / in Angst und Nöten schweben, / als frag er nichts nach dir.

10. *Wird's* aber sich befinden, / daß du ihm treu verbleibst, / so wird er dich entbinden, / da du's am mindsten glaubst; / er wird dein Herze lösen / von der so schweren Last, / die du zu keinem Bösen / bisher getragen hast.

11. *Wohl* dir, du Kind der Treue, / du hast und trägst davon / mit Ruhm und Dankgeschreie / den Sieg und Ehrenkron; / Gott gibt dir selbst die Palmen / in deine rechte Hand, / und du singst Freudenpsalmen / dem, der dein Leid gewandt.

12. *Mach End,* o Herr, mach Ende / mit aller unsrer Not; / stärk unsre Füß und Hände / und laß bis in den Tod / uns allzeit deiner Pflege / und Treu empfohlen sein, / so gehen unsre Wege / gewiß zum Himmel ein.

T: PAUL GERHARDT 1653
M: BARTHOLOMÄUS GESIUS 1603;
BEI GEORG PHILIPP TELEMANN 1730

362 nach Psalm 46

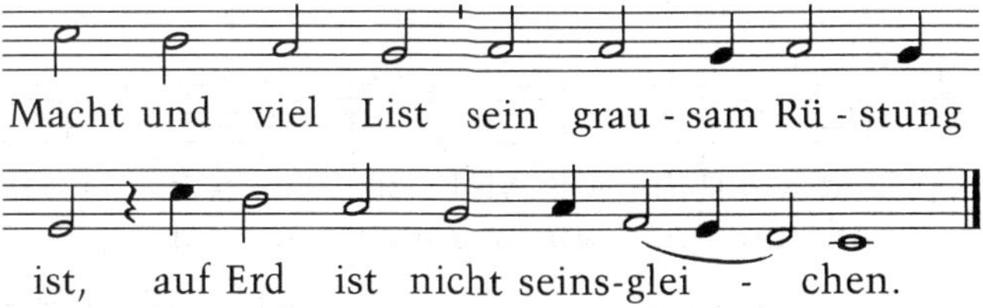

Spätere Form

2. Mit unsrer Macht ist nichts getan, / wir sind gar bald verloren; / es streit' für uns der rechte Mann, / den Gott hat selbst erkoren. / Fragst du, wer der ist? / Er heißt Jesus Christ, / der Herr Zebaoth, / und ist kein andrer Gott, / das Feld muß er behalten.

4. Das Wort sie sollen lassen stahn / und kein' Dank dazu haben; / er ist bei uns wohl auf dem Plan / mit seinem Geist und Gaben. / Nehmen sie den Leib, / Gut, Ehr, Kind und Weib: / laß fahren dahin, / sie haben's kein' Gewinn, / das Reich muß uns doch bleiben.

T UND M: MARTIN LUTHER 1529

363

Mt 11,28–30

2. Mein Joch ist sanft, leicht meine Last, / und jeder, der sie willig faßt, / der wird der Höll entrinnen. / Ich helf ihm tragen, was zu schwer; / mit meiner Hilf und Kraft wird er / das Himmelreich gewinnen.«

3. Heut ist der Mensch schön, jung und rank, / sieh, morgen ist er schwach und krank, / bald muß er auch gar sterben; / gleichwie die Blumen auf dem Feld / also wird diese schöne Welt / in einem Nu verderben.

4. Dem Reichen hilft doch nicht sein Gut, / dem Jungen nicht sein stolzer Mut, / er muß aus diesem Maien; / wenn einer hätt die ganze Welt, / Silber und Gold und alles Geld, / doch muß er an den Reihen*.

* *Reigen, Totentanz*

5. Dem G'lehrten hilft doch nicht sein Kunst, / die weltlich Pracht ist gar umsonst, / wir müssen alle sterben. / Wer sich in Christus nicht bereit', / solange währt die Gnadenzeit, / ewig muß er verderben.

6. Höret und merkt, ihr lieben Leut, / die ihr jetzt Gott ergeben seid: / laßt euch die Müh nicht reuen, / halt' fest am heilgen Gotteswort, / das ist eu'r Trost und höchster Hort, / Gott wird euch schon erfreuen.

7. Und was der ewig gütig Gott / in seinem Wort versprochen hat, / geschworn bei seinem Namen, / das hält und gibt er g'wiß fürwahr. / Er helf uns zu der Heilgen Schar / durch Jesus Christus! Amen.

T: GEORG GRÜNWALD 1530
M: UM 1504; GEISTLICH 1530, NÜRNBERG 1534

364

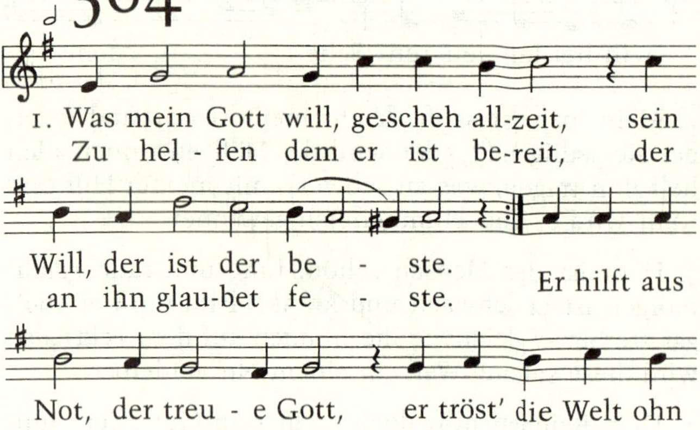

2. Gott ist mein Trost, mein Zuversicht, / mein Hoffnung und mein Leben; / was mein Gott will, das mir geschicht, / will ich nicht widerstreben. / Sein Wort ist wahr, denn all mein Haar / er selber hat gezählet. / Er hüt' und wacht, stets für uns tracht' / auf daß uns gar nichts fehlet.

3. Drum, muß ich Sünder von der Welt / hinfahrn nach Gottes Willen / zu meinem Gott, wenn's ihm gefällt, / will ich ihm halten stille. / Mein arme Seel ich Gott befehl / in meiner letzten Stunden: / du treuer Gott, Sünd, Höll und Tod / hast du mir überwunden.

4. Noch eins, Herr, will ich bitten dich, / du wirst mir's nicht versagen: / Wenn mich der böse Geist anficht, / laß mich, Herr, nicht verzagen. / Hilf, steu'r und wehr, ach Gott, mein Herr, / zu Ehren deinem Namen. / Wer das begehrt, dem wird's gewährt. / Drauf sprech ich fröhlich: Amen.

T: ALBRECHT VON PREUSSEN (1547) UM 1554;
STR. 4 NÜRNBERG UM 1555
M: CLAUDIN DE SERMISY 1529;
GEISTLICH ANTWERPEN 1540

365 (Ö)

2. Wenn sich der Menschen Hulde / und Wohltat all verkehrt, / so find't sich Gott gar balde, / sein Macht und Gnad bewährt. / Er hilft aus aller Not, / errett' von Sünd und Schanden, / von Ketten und von Banden, / und wenn's auch wär der Tod.

3. Auf ihn will ich vertrauen / in meiner schweren Zeit; / es kann mich nicht gereuen, / er wendet alles Leid. / Ihm sei es heimgestellt; / mein Leib, mein Seel, mein Leben / sei Gott dem Herrn ergeben; / er schaff's, wie's ihm gefällt!

4. Es tut ihm nichts gefallen, / denn was mir nützlich ist. / Er meint's gut mit uns allen, / schenkt uns den Herren Christ, / sein' eingebornen Sohn; / durch ihn er uns bescheret, / was Leib und Seel ernähret. / Lobt Gott im Himmelsthron!

5. Lobt ihn mit Herz und Munde, / welchs er uns beides schenkt; / das ist ein sel'ge Stunde, / darin man sein gedenkt; / denn sonst verdirbt all Zeit, / die wir zubringn auf Erden. / Wir sollen selig werden / und bleibn in Ewigkeit.

6. Auch wenn die Welt vergehet / mit ihrem Stolz und Pracht, / nicht Ehr noch Gut bestehet, / die wir so groß geacht': / wir werden nach dem Tod / tief in die Erd begraben; / wenn wir geschlafen haben, / will uns erwecken Gott.

7. Obwohl ich hier schon dulde / viel Widerwärtigkeit, / wie ich auch wohl verschulde, / kommt doch die Ewigkeit, / ist aller Freuden voll, / die ohne alles Ende, / dieweil ich Christus kenne, / mir widerfahren soll.

8. Das ist des Vaters Wille, / der uns geschaffen hat. / Sein Sohn hat Guts die Fülle / erworben uns und Gnad. / Auch Gott der Heilig Geist / im Glauben uns regieret, / zum Reich der Himmel führet. / Ihm sei Lob, Ehr und Preis!

T: LUDWIG HELMBOLD 1563, NÜRNBERG 1569
M: LYON 1557; GEISTLICH ERFURT 1563

366 Ö

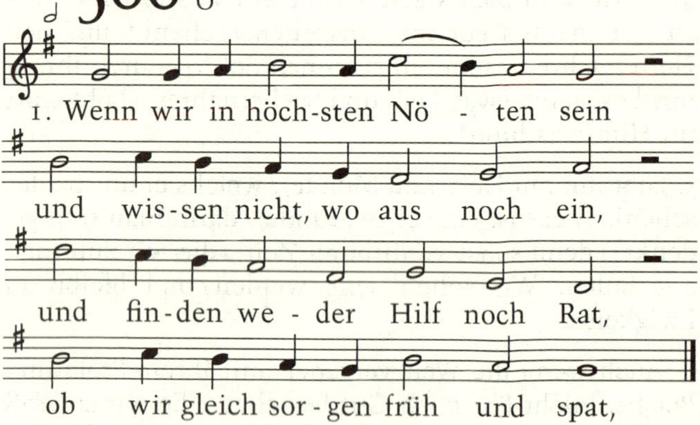

2. so ist dies unser Trost allein, / daß wir zusammen insgemein / dich anrufen, o treuer Gott, / um Rettung aus der Angst und Not,

3. und heben unser Aug und Herz / zu dir in wahrer Reu und Schmerz / und flehen um Begnadigung / und aller Strafen Linderung,

4. die du verheißest gnädiglich / allen, die darum bitten dich / im Namen deins Sohns Jesu Christ, / der unser Heil und Fürsprech ist.

5. Drum kommen wir, o Herre Gott, / und klagen dir all unsre Not, / weil wir jetzt stehn verlassen gar / in großer Trübsal und Gefahr.

6. Sieh nicht an unsre Sünde groß, / sprich uns davon aus Gnaden los, / steh uns in unserm Elend bei, / mach uns von allen Plagen frei,

7. auf daß von Herzen können wir / nachmals mit Freuden danken dir, / gehorsam sein nach deinem Wort, / dich allzeit preisen hier und dort.

T: PAUL EBER 1566 NACH »IN TENEBRIS NOSTRAE« VON JOACHIM CAMERARIUS UM 1546
M: JOHANN BAPTISTA SERRANUS 1567 NACH NR. 255

367

2. Zucht, Ehr und Treu verleih mir, Herr, / und Lieb zu deinem Worte; / behüt mich, Herr, vor falscher Lehr / und gib mir hier und dorte, / was dienet mir zur Seligkeit; / wend ab all Ungerechtigkeit / in meinem ganzen Leben.

3. Soll ich einmal nach deinem Rat / von dieser Welt abscheiden, / verleih mir, Herr, nur deine Gnad, / daß es gescheh mit Freuden. / Mein' Leib und Seel befehl ich dir; / o Herr, ein seligs End gib mir / durch Jesus Christus. Amen.

T: KASPAR BIENEMANN (1574) 1582

M: AUS TIEFER NOT SCHREI ICH ZU DIR (NR. 299 II)

368

2. Nichts ist es spät und frühe / um alle meine Mühe, / mein Sorgen ist umsonst; / er mag's mit meinen Sachen / nach seinem Willen machen, / ich stell's in seine Vatergunst.

3. Es kann mir nichts geschehen, / als was er hat ersehen / und was mir selig ist. / Ich nehm es, wie er's gibet; / was ihm von mir beliebet, / dasselbe hab auch ich erkiest.

4. Ich traue seiner Gnaden, / die mich vor allem Schaden, / vor allem Übel schützt; / leb ich nach seinen Sätzen, / so wird mich nichts verletzen, / nichts fehlen, was mir ewig nützt.

5. Er wolle meiner Sünden / in Gnaden mich entbinden, / durchstreichen meine Schuld; / er wird auf solch Verbrechen / nicht stracks das Urteil sprechen / und haben noch mit mir Geduld.

6. Ihm hab ich mich ergeben / zu sterben und zu leben, / sobald er mir gebeut; / es sei heut oder morgen, / dafür laß ich ihn sorgen, / er weiß allein die rechte Zeit.

7. So sei nun, Seele, deine* / und traue dem alleine, / der dich geschaffen hat. / Es gehe, wie es gehe, / dein Vater in der Höhe, / der weiß zu allen Sachen Rat.

* *sei ganz du selbst*

T: PAUL FLEMING (1633) 1642
M: O WELT, ICH MUSS DICH LASSEN (NR. 521)

Ö 369

2. Was helfen uns die schweren Sorgen, / was hilft uns unser Weh und Ach? / Was hilft es, daß wir alle Morgen / beseufzen unser Ungemach? / Wir machen unser Kreuz und Leid / nur größer durch die Traurigkeit.

3. Man halte nur ein wenig stille / und sei doch in sich selbst vergnügt, / wie unsers Gottes Gnadenwille, / wie sein Allwissenheit es fügt; / Gott, der uns sich hat auserwählt, / der weiß auch sehr wohl, was uns fehlt.

4. Er kennt die rechten Freudenstunden, / er weiß wohl, wann es nützlich sei; / wenn er uns nur hat treu erfunden / und merket keine Heuchelei, / so kommt Gott, eh wir's uns versehn, / und lässet uns viel Guts geschehn.

5. Denk nicht in deiner Drangsalshitze, / daß du von Gott verlassen seist / und daß ihm der im Schoße sitze, / der sich mit stetem Glücke speist. / Die Folgezeit verändert viel / und setzet jeglichem sein Ziel.

6. Es sind ja Gott sehr leichte Sachen / und ist dem Höchsten alles gleich: / den Reichen klein und arm zu machen, / den Armen aber groß und reich. / Gott ist der rechte Wundermann, / der bald erhöhn, bald stürzen kann.

7. Sing, bet und geh auf Gottes Wegen, / verricht das Deine nur getreu / und trau des Himmels reichem Segen, / so wird er bei dir werden neu. / Denn welcher seine Zuversicht / auf Gott setzt, den verläßt er nicht.

T UND M: GEORG NEUMARK (1641) 1657

370

2. Nackend lag ich auf dem Boden, / da ich kam, da ich nahm / meinen ersten Odem; / nackend werd ich auch hinziehen, / wenn ich werd von der Erd / als ein Schatten fliehen. *Hiob 1,21*

3. Gut und Blut, Leib, Seel und Leben / ist nicht mein, Gott allein / ist es, der's gegeben. / Will er's wieder zu sich kehren, / nehm er's hin; ich will ihn / dennoch fröhlich ehren. *Hiob 2,10*

4. Schickt er mir ein Kreuz zu tragen, / dringt herein Angst und Pein, / sollt ich drum verzagen? / Der es schickt, der wird es wenden; / er weiß wohl, wie er soll / all mein Unglück enden.

5. Gott hat mich in guten Tagen / oft ergötzt; sollt ich jetzt / nicht auch etwas tragen? / Fromm ist Gott und schärft mit Maßen / sein Gericht, kann mich nicht / ganz und gar verlassen.

6. Satan, Welt und ihre Rotten / können mir nichts mehr hier / tun, als meiner spotten. / Laß sie spotten, laß sie lachen! / Gott, mein Heil, wird in Eil / sie zuschanden machen.

7. Unverzagt und ohne Grauen / soll ein Christ, wo er ist, / stets sich lassen schauen. / Wollt ihn auch der Tod aufreiben, / soll der Mut dennoch gut / und fein stille bleiben.

8. Kann uns doch kein Tod nicht töten, / sondern reißt unsern Geist / aus viel tausend Nöten, / schließt das Tor der bittern Leiden / und macht Bahn, da man kann / gehn zu Himmelsfreuden.

9. Allda will in süßen Schätzen / ich mein Herz auf den Schmerz / ewiglich ergötzen. / Hier ist kein recht Gut zu finden; / was die Welt in sich hält, / muß im Nu verschwinden.

10. Was sind dieses Lebens Güter? / Eine Hand voller Sand, / Kummer der Gemüter. / Dort, dort sind die edlen Gaben, / da mein Hirt Christus wird / mich ohn Ende laben.

11. Herr, mein Hirt, Brunn aller Freuden, / du bist mein, ich bin dein, / niemand kann uns scheiden. / Ich bin dein, weil du dein Leben / und dein Blut mir zugut / in den Tod gegeben;

12. du bist mein, weil ich dich fasse / und dich nicht, o mein Licht, / aus dem Herzen lasse. / Laß mich, laß mich hingelangen, / da du mich und ich dich / leiblich werd umfangen.

T: PAUL GERHARDT 1653
M: JOHANN GEORG EBELING 1666

371

2. Er ist voll Lichtes, Trosts und Gnaden, / ungefärbten, treuen Herzens; / wo er steht, tut dir keinen Schaden / auch die Pein des größten Schmerzens. / Kreuz, Angst und Not kann er bald wenden, / ja auch den Tod hat er in Händen. / Gib dich zufrieden!

3. Wie dir's und andern oft ergehe, / ist ihm wahrlich nicht verborgen; / er sieht und kennet aus der Höhe / der betrübten Herzen Sorgen. / Er zählt den Lauf der heißen Tränen / und faßt zuhauf all unser Sehnen. / Gib dich zufrieden!

4. Wenn gar kein einz'ger mehr auf Erden, / dessen Treue du darfst trauen, / alsdann will er dein Treuster werden / und zu deinem Besten schauen. / Er weiß dein Leid und heimlich Grämen, / auch weiß er Zeit, dir's abzunehmen. / Gib dich zufrieden!

5. Er hört die Seufzer deiner Seelen / und des Herzens stilles Klagen, / und was du keinem darfst erzählen, / magst du Gott gar kühnlich sagen. / Er ist nicht fern, steht in der Mitten, / hört bald und gern der Armen Bitten. / Gib dich zufrieden!

6. Laß dich dein Elend nicht bezwingen, / halt an Gott, so wirst du siegen; / ob alle Fluten einhergingen, / dennoch mußt du oben liegen. / Denn wenn du wirst zu hoch beschweret, / hat Gott, dein Fürst, dich schon erhöret. / Gib dich zufrieden!

7. Was sorgst du für dein armes Leben, / wie du's halten wollst und nähren? / Der dir das Leben hat gegeben, / wird auch Unterhalt bescheren. / Er hat ein Hand, voll aller Gaben, / davon sich See und Land muß laben. / Gib dich zufrieden!

8. Der allen Vöglein in den Wäldern / ihr bescheidnes Körnlein weiset, / der Schaf und Rinder in den Feldern / alle Tage tränkt und speiset, / der wird viel mehr dich einz'gen füllen / und dein Begehr und Notdurft stillen. / Gib dich zufrieden!

9. Sprich nicht: »Ich sehe keine Mittel, / wo ich such, ist nichts zum besten.« / Denn das ist Gottes Ehrentitel: / helfen, wenn die Not am größten. / Wenn ich und du ihn nicht mehr spüren, / tritt er herzu, uns wohl zu führen. / Gib dich zufrieden!

10. Bleibt gleich die Hilf in etwas lange, / wird sie dennoch endlich kommen; / macht dir das Harren angst und bange, / glaube mir, es ist dein Frommen. / Was langsam schleicht, faßt man gewisser, / und was verzieht, ist desto süßer. / Gib dich zufrieden!

11. Nimm nicht zu Herzen, was die Rotten / deiner Feinde von dir dichten; / laß sie nur immer weidlich spotten, / Gott wird's hören und recht richten. / Ist Gott dein Freund und deiner Sachen, / was kann dein Feind, der Mensch, groß machen? / Gib dich zufrieden!

12. Hat er doch selbst auch wohl das Seine, / wenn er's sehen könnt und wollte. / Wo ist ein Glück so klar und reine, / dem nicht etwas fehlen sollte? / Wo ist ein Haus, das könnte sagen: / »Ich weiß durchaus von keinen Plagen«? / Gib dich zufrieden!

13. Es kann und mag nicht anders werden: / alle Menschen müssen leiden; / was webt und lebet auf der Erden, / kann das Unglück nicht vermeiden. / Des Kreuzes Stab schlägt unsre Lenden / bis in das Grab, da wird sich's enden. / Gib dich zufrieden!

14. Es ist ein Ruhetag vorhanden, / da uns unser Gott wird lösen; / er wird uns reißen aus den Banden / dieses Leibs und allem Bösen. / Es wird einmal der Tod herspringen / und aus der Qual uns sämtlich bringen. / Gib dich zufrieden!

15. Er wird uns bringen zu den Scharen / der Erwählten und Getreuen, / die hier mit Frieden abgefahren, / sich auch nun im Frieden freuen, / da sie den Grund, der nicht kann brechen, / den ewgen Mund selbst hören sprechen: / »Gib dich zufrieden!«

T: PAUL GERHARDT 1666/67
M: JAKOB HINTZE 1670

372 (Ö)

2. Was Gott tut, das ist wohlgetan, / er wird mich nicht betrügen; / er führet mich auf rechter Bahn; / so laß ich mir genügen / an seiner Huld / und hab Geduld, / er wird mein Unglück wenden, / es steht in seinen Händen.

3. Was Gott tut, das ist wohlgetan, / er wird mich wohl bedenken; / er als mein Arzt und Wundermann / wird mir nicht Gift einschenken / für Arzenei; / Gott ist getreu, / drum will ich auf ihn bauen / und seiner Güte trauen.

4. Was Gott tut, das ist wohlgetan, / er ist mein Licht und Leben, / der mir nichts Böses gönnen kann; / ich will mich ihm ergeben / in Freud und Leid, / es kommt die Zeit, / da öffentlich erscheinet, / wie treulich er es meinet.

5. Was Gott tut, das ist wohlgetan; / muß ich den Kelch gleich schmecken, / der bitter ist nach meinem Wahn, / laß ich mich doch nicht schrecken, / weil doch zuletzt / ich werd ergötzt / mit süßem Trost im Herzen; / da weichen alle Schmerzen.

6. Was Gott tut, das ist wohlgetan, / dabei will ich verbleiben. / Es mag mich auf die rauhe Bahn / Not, Tod und Elend treiben, / so wird Gott mich / ganz väterlich / in seinen Armen halten; / drum laß ich ihn nur walten.

T: SAMUEL RODIGAST 1675
M: SEVERUS GASTORIUS (1675) 1679

Es kommt nicht darauf an, daß wir dem Leiden entgehen, sondern daß das Leiden seinen Zweck erreicht.

EVA VON TIELE-WINCKLER

373

2. Jesu, hilf siegen. Wenn in mir die Sünde, / Eigenlieb, Hoffart und Mißgunst sich regt, / wenn ich die Last der Begierden empfinde / und sich mein tiefes Verderben darlegt: / hilf mir, daß ich vor mir selbst mag erröten / und durch dein Leiden mein sündlich' Fleisch töten.

3. Jesu, hilf siegen und laß mich nicht sinken; / wenn sich die Kräfte der Lügen aufblähn / und mit dem Scheine der Wahrheit sich schminken, / laß doch viel heller dann deine Kraft sehn. / Steh mir zur Rechten, o König und Meister, / lehre mich kämpfen und prüfen die Geister.

4. Jesu, hilf siegen im Wachen und Beten; / Hüter, du schläfst ja und schlummerst nicht ein; / laß dein Gebet mich unendlich vertreten, / der du versprochen, mein Fürsprech zu sein. / Wenn mich die Nacht mit Ermüdung will decken, / wollst du mich, Jesu, ermuntern und wecken.

5. Jesu, hilf siegen. Wenn alles verschwindet / und ich mein Nichts und Verderben nur seh, / wenn kein Vermögen zu beten sich findet, / wenn ich vor Angst und vor Zagen vergeh, / ach Herr, so wollst du im Grunde der Seelen / dich mit dem innersten Seufzen vermählen.

6. Jesu, hilf siegen und laß mir's gelingen, / daß ich das Zeichen des Sieges erlang; / so will ich ewig dir Lob und Dank singen, / Jesu, mein Heiland, mit frohem Gesang. / Wie wird dein Name da werden gepriesen, / wo du, o Held, dich so mächtig erwiesen.

T: JOHANN HEINRICH SCHRÖDER 1695
M: JESUS IST KOMMEN, GRUND EWIGER FREUDE (NR. 66)

Unser Glaube ist der Sieg, der die Welt überwunden hat.

1. JOHANNES 5,4

374

Andere Melodie:
Es ist gewißlich an der Zeit (Nr. 149)

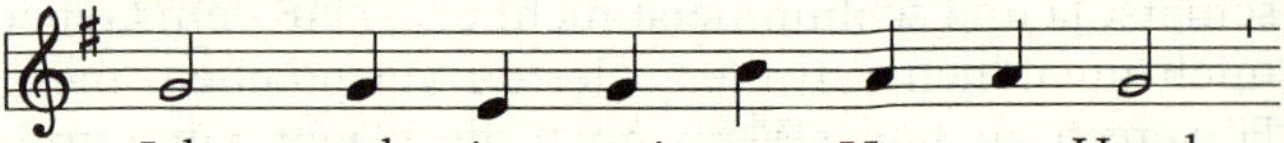

1. Ich steh in mei - nes Her - ren Hand
nicht Er - den - not, nicht Er - den - tand

und will drin ste-hen blei-ben;
soll mich dar-aus ver-trei-ben.
Und wenn zer-

fällt die gan - ze Welt, wer sich an ihn und

wen er hält, wird wohl-be - hal-ten blei - ben.

2. Er ist ein Fels, ein sichrer Hort, / und Wunder sollen schauen, / die sich auf sein wahrhaftig Wort / verlassen und ihm trauen. / Er hat's gesagt, / und darauf wagt / mein Herz es froh und unverzagt / und läßt sich gar nicht grauen.

3. Und was er mit mir machen will, / ist alles mir gelegen; / ich halte ihm im Glauben still / und hoff auf seinen Segen; / denn was er tut, / ist immer gut, / und wer von ihm behütet ruht, / ist sicher allerwegen.

4. Ja wenn's am schlimmsten mit mir steht, / freu ich mich seiner Pflege; / ich weiß: die Wege, die er geht, / sind lauter Wunderwege. / Was böse scheint, / ist gut gemeint; / er ist doch nimmermehr mein Feind / und gibt nur Liebesschläge.

5. Und meines Glaubens Unterpfand / ist, was er selbst verheißen, / daß nichts mich seiner starken Hand / soll je und je entreißen. / Was er verspricht, / das bricht er nicht; / er bleibet meine Zuversicht, / ich will ihn ewig preisen.

T: PHILIPP SPITTA 1833

M: WO GOTT DER HERR NICHT BEI UNS HÄLT (NR. 297)

375

3. Ja, Jesus siegt! Seufzt eine große Schar / noch unter Satans Joch, / die sehnend harrt auf das Erlösungsjahr, / das zögert immer noch: / so wird zuletzt aus allen Ketten / der Herr die Kreatur erretten. / Ja, Jesus siegt!

4. Ja, Jesus siegt! Wir glauben es gewiß, / und glaubend kämpfen wir. / Wie du uns führst durch alle Finsternis, / wir folgen, Jesu, dir. / Denn alles muß vor dir sich beugen, / bis auch der letzte Feind wird schweigen. / Ja, Jesus siegt!

T: JOHANN CHRISTOPH BLUMHARDT (1852) 1877
M: JOHANN RUDOLF AHLE 1662 »ES IST GENUG«

Ö 376

2. In dein Erbarmen hülle / mein schwaches Herz / und mach es gänzlich stille / in Freud und Schmerz. / Laß ruhn zu deinen Füßen / dein armes Kind: / es will die Augen schließen / und glauben blind.

3. Wenn ich auch gleich nichts fühle / von deiner Macht, / du führst mich doch zum Ziele / auch durch die Nacht: / so nimm denn meine Hände / und führe mich / bis an mein selig Ende / und ewiglich!

T: JULIE HAUSMANN 1862
M: FRIEDRICH SILCHER 1842

377 (Ö)

2. Mit dir, du starker Heiland du, / muß uns der Sieg gelingen; / wohl gilt's zu streiten immerzu, / bis einst wir dir lobsingen. / Nur Mut, die Stund ist nimmer weit, / da wir nach allem Kampf und Streit / die Lebenskron erringen.

3. Drängt uns der Feind auch um und um, / wir lassen uns nicht grauen; / du wirst aus deinem Heiligtum / schon unsre Not erschauen. / Fort streiten wir in deiner Hut / und widerstehen bis aufs Blut / und wollen dir nur trauen.

4. Herr, du bist Gott! In deine Hand / o laß getrost uns fallen. / Wie du geholfen unserm Land, / so hilfst du fort noch allen, / die dir vertraun und deinem Bund / und freudig dir von Herzensgrund / ihr Loblied lassen schallen.

T: FRIEDRICH OSER 1865

M: LOBT GOTT DEN HERRN, IHR HEIDEN ALL (NR. 293)

378

2. Es mag sein, daß Trug und List / eine Weile Meister ist; / wie Gott will, sind Gottes Gaben. / Rechte nicht um Mein und Dein; / manches Glück ist auf den Schein, / laß es Weile haben.

3. Es mag sein, daß Frevel siegt, / wo der Fromme niederliegt; / doch nach jedem Unterliegen / wirst du den Gerechten sehn / lebend aus dem Feuer gehn, / neue Kräfte kriegen.

4. Es mag sein – die Welt ist alt – / Missetat und Mißgestalt / sind in ihr gemeine Plagen. / Schau dir's an und stehe fest: / nur wer sich nicht schrecken läßt, / darf die Krone tragen.

5. Es mag sein, so soll es sein! / Faß ein Herz und gib dich drein; / Angst und Sorge wird's nicht wenden. / Streite, du gewinnst den Streit! / Deine Zeit und alle Zeit / stehn in Gottes Händen.

T: RUDOLF ALEXANDER SCHRÖDER (1936) 1939
M: PAUL GEILSDORF 1940

379 Ö

Andere Melodie:
Befiehl du deine Wege (Nr. 361)

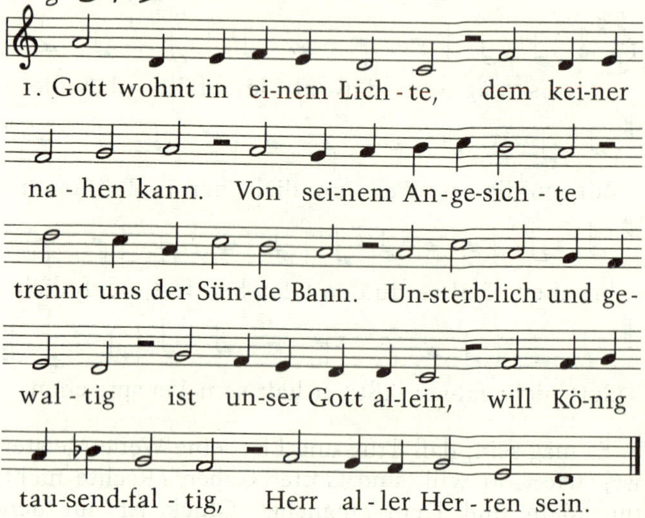

1. Tim 6,16

2. Und doch bleibt er nicht ferne, / ist jedem von uns nah. / Ob er gleich Mond und Sterne / und Sonnen werden sah, / mag er dich doch nicht missen / in der Geschöpfe Schar, / will stündlich von dir wissen / und zählt dir Tag und Jahr. *Apg 17,27*

3. Auch deines Hauptes Haare / sind wohl von ihm gezählt. / Er bleibt der Wunderbare, / dem kein Geringstes fehlt. / Den keine Meere fassen / und keiner Berge Grat, / hat selbst sein Reich verlassen, / ist dir als Mensch genaht. *Mt 10,30*

4. Er macht die Völker bangen / vor Welt- und Endgericht / und trägt nach dir Verlangen, / läßt auch den Ärmsten nicht. / Aus seinem Glanz und Lichte / tritt er in deine Nacht: / Und alles wird zunichte, / was dir so bange macht.

5. Nun darfst du in ihm leben / und bist nie mehr allein, / darfst in ihm atmen, weben / und immer bei ihm sein. / Den keiner je gesehen / noch künftig sehen kann, / will dir zur Seite gehen / und führt dich himmelan.
Apg 17,28

T: JOCHEN KLEPPER 1938
M: STRASSBURG 1539, GUILLAUME FRANC 1542
»AUS MEINES JAMMERS TIEFE« (ZU PSALM 130)

380

Jes 46,3.4

2. Ihr sollt nicht ergrauen, / ohne daß ich's weiß, / müßt dem Vater trauen, / Kinder sein als Greis.

3. Ist mein Wort gegeben, / will ich es auch tun, / will euch milde heben: / Ihr dürft stille ruhn.

4. Stets will ich euch tragen / recht nach Retterart. / Wer sah mich versagen, / wo gebetet ward?

5. Denkt der vor'gen Zeiten, / wie, der Väter Schar / voller Huld zu leiten, / ich am Werke war.

6. Denkt der frühern Jahre, / wie auf eurem Pfad / euch das Wunderbare / immer noch genaht.

7. Laßt nun euer Fragen, / Hilfe ist genug. / Ja, ich will euch tragen, / wie ich immer trug.

T: JOCHEN KLEPPER 1938
M UND SATZ: SAMUEL ROTHENBERG 1939

Ö 381

Ps 22,2; Mt 27,46

2. Gott, mein Gott, warum gibst du keine Antwort? / Gott, mein Gott, warum gibst du keine Antwort? / So sang einst König David, so klage auch ich, / ein Schatten und kein Mensch mehr; ferne bist du. / Gott, mein Gott, warum gibst du keine Antwort?

3. Gott, mein Gott, warum hast du mich verlassen? / Gott, mein Gott, warum hast du mich verlassen? / So schrie der Welten Christus, blutend am Kreuz, / ein Spott den Leuten allen – hörtest du ihn? / Gott, mein Gott, warum hast du mich verlassen?

4. Gott, mein Gott, warum gibst du keine Antwort? / Gott, mein Gott, warum gibst du keine Antwort? / So rufe ich mit David – höre auf uns! / Du hörtest doch auf Christus, schreiend am Kreuz? / Gott, mein Gott, stärke meinen armen Glauben.

T UND M: FRIEDEMANN GOTTSCHICK (1965) 1967

382 ö

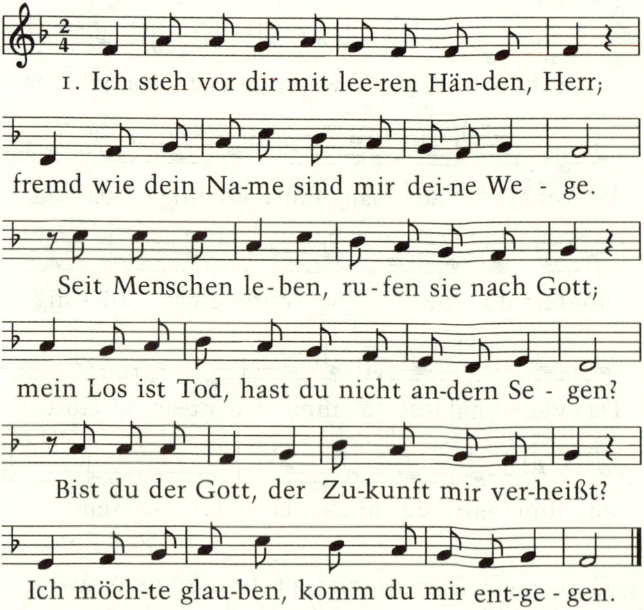

2. Von Zweifeln ist mein Leben übermannt, / mein Unvermögen hält mich ganz gefangen. / Hast du mit Namen mich in deine Hand, / in dein Erbarmen fest mich eingeschrieben? / Nimmst du mich auf in dein gelobtes Land? / Werd ich dich noch mit neuen Augen sehen?

3. Sprich du das Wort, das tröstet und befreit / und das mich führt in deinen großen Frieden. / Schließ auf das Land, das keine Grenzen kennt, / und laß mich unter deinen Kindern leben. / Sei du mein täglich Brot, so wahr du lebst. / Du bist mein Atem, wenn ich zu dir bete.

T: LOTHAR ZENETTI 1974 NACH DEM NIEDERLÄNDISCHEN »IK STA VOOR U« VON HUUB OOSTERHUIS 1969
M: BERNARD MARIA HUIJBERS 1964

Andere Melodie:
Meinen Jesus laß ich nicht (Nr. 402)

383

2. Dank für deinen Trost, o Herr, / Dank selbst für die schlimmen Stunden, / da im aufgewühlten Meer / sinkend schon ich Halt gefunden. / Du hörst auch den stummen Schrei, / gehst im Dunkeln nicht vorbei.

3. Aus der Finsternis wird Tag. / Tau fällt, um das Land zu schmücken. / Sonne steigt und Lerchenschlag, / meinen Morgen zu beglücken. / Lobgesang durchströmt die Welt. / Du hast mich ins Licht gestellt.

4. Langer Nächte Unheilsschritt / muß mich nun nicht mehr erschrecken. / Um mich her das Schöpfungslied / soll sein Echo in mir wecken. / Neue Quellen öffnen sich. / Gott, du lebst. Ich lobe dich!

T: JÜRGEN HENKYS 1982 NACH DEM NORWEGISCHEN
»HERRE, DU HAR REIST MEG OPP«
VON SVEIN ELLINGSEN (1955) 1978
M: TROND KVERNO (1968) 1978

384

1. Las-set uns mit Je - sus zie-hen,
in der Welt der Welt ent - flie-hen
sei - nem Vor - bild fol-gen nach,
auf der Bahn, die er uns brach,
im - mer-
fort zum Him-mel rei-sen, ir-disch noch schon
himm-lisch sein, glau - ben recht und le - ben
rein, in der Lieb den Glau-ben wei-sen.
Treu - er Je - su, bleib bei mir,
ge - he vor, ich fol - ge dir.

2. Lasset uns mit Jesus leiden, / seinem Vorbild werden gleich; / nach dem Leide folgen Freuden, / Armut hier macht dorten reich, / Tränensaat, die erntet Lachen; / Hoffnung tröste die Geduld: / es kann leichtlich Gottes Huld / aus dem Regen Sonne machen. / Jesu, hier leid ich mit dir, / dort teil deine Freud mit mir!

3. Lasset uns mit Jesus sterben; / sein Tod uns vom andern Tod / rettet und vom Seelverderben, / von der ewiglichen Not. / Laßt uns töten hier im Leben / unser Fleisch, ihm sterben ab, / so wird er uns aus dem Grab / in das Himmelsleben heben. / Jesu, sterb ich, sterb ich dir, / daß ich lebe für und für.

4. Lasset uns mit Jesus leben. / Weil er auferstanden ist, / muß das Grab uns wiedergeben. / Jesu, unser Haupt du bist, / wir sind deines Leibes Glieder, / wo du lebst, da leben wir; / ach erkenn uns für und für, / trauter Freund, als deine Brüder! / Jesu, dir ich lebe hier, / dorten ewig auch bei dir.

T: SIGMUND VON BIRKEN 1653
M: SOLLT ICH MEINEM GOTT NICHT SINGEN (NR. 325)

Laßt uns laufen mit Geduld in dem Kampf,
der uns bestimmt ist, und aufsehen zu Jesus,
dem Anfänger und Vollender des Glaubens.

HEBRÄER 12,1.2

385 (Ö)

Mt 16,24.25

2. Ich bin das Licht*, ich leucht euch für / mit heilgem Tugendleben. / Wer zu mir kommt und folget mir, / darf nicht im Finstern schweben. / Ich bin der Weg*, ich weise wohl, / wie man wahrhaftig wandeln soll.

**Joh 8,12; *Joh 14,6*

3. Ich zeig euch das, was schädlich ist, / zu fliehen und zu meiden / und euer Herz von arger List / zu rein'gen und zu scheiden. / Ich bin der Seelen Fels und Hort / und führ euch zu der Himmelspfort.

4. Fällt's euch zu schwer? Ich geh voran, / ich steh euch an der Seite, / ich kämpfe selbst, ich brech die Bahn, / bin alles in dem Streite. / Ein böser Knecht, der still mag stehn, / sieht er voran den Feldherrn gehn.

5. Wer seine Seel zu finden meint, / wird sie ohn mich verlieren; / wer sie um mich verlieren scheint, / wird sie nach Hause führen. / Wer nicht sein Kreuz nimmt und folgt mir, / ist mein nicht wert und meiner Zier.«

6. So laßt uns denn dem lieben Herrn / mit unserm Kreuz nachgehen / und wohlgemut, getrost und gern / in allem Leiden stehen. / Wer nicht gekämpft, trägt auch die Kron / des ewgen Lebens nicht davon.

T: JOHANN SCHEFFLER 1668;
STR. 3 FRANKFURT/MAIN 1695
M: MACH'S MIT MIR, GOTT, NACH DEINER GÜT
(NR. 525)

Ich bin das Licht der Welt. Wer mir nachfolgt,
der wird nicht wandeln in der Finsternis,
sondern wird das Licht des Lebens haben.

JOHANNES 8,12

386

Lk 10,38–42

2. Seele, willst du dieses finden, / such's bei keiner Kreatur; / laß, was irdisch ist, dahinten, / schwing dich über die Natur, / wo Gott und die Menschheit in Einem vereinet, / wo alle vollkommene Fülle erscheinet; / da, da ist das beste, notwendige Teil, / mein Ein und mein Alles, mein seligstes Heil.

3. Wie, dies Eine zu genießen, / sich Maria dort befliß, / da sie sich zu Jesu Füßen / voller Andacht niederließ – / ihr Herze entbrannte, dies einzig zu hören, / was Jesus, ihr Heiland, sie wollte belehren; / ihr Alles war gänzlich in Jesus versenkt, / und wurde ihr alles in Einem geschenkt –:

4. also ist auch mein Verlangen, / liebster Jesu, nur nach dir; / laß mich treulich an dir hangen, / schenke dich zu eigen mir. / Ob viel auch umkehrten zum größesten Haufen, / so will ich dir dennoch in Liebe nachlaufen; / denn dein Wort, o Jesu, ist Leben und Geist; / was ist wohl, das man nicht in Jesus genießt?

5. Aller Weisheit höchste Fülle / in dir ja verborgen liegt. / Gib nur, daß sich auch mein Wille / fein in solche Schranken fügt, / worinnen die Demut und Einfalt regieret / und mich zu der Weisheit, die himmlisch ist, führet. / Ach wenn ich nur Jesus recht kenne und weiß, / so hab ich der Weisheit vollkommenen Preis.

6. Nichts kann ich vor Gott ja bringen / als nur dich, mein höchstes Gut; / Jesu, laß es mir gelingen / durch dein heilges, teures Blut. / Die höchste Gerechtigkeit ist mir erworben, / da du bist am Stamme des Kreuzes gestorben; / die Kleider des Heils ich da habe erlangt, / worinnen mein Glaube in Ewigkeit prangt.

7. Nun so gib, daß meine Seele / auch nach deinem Bild erwacht; / du bist ja, den ich erwähle, / mir zur Heiligung gemacht. / Was dienet zum göttlichen Wandel und Leben, / ist in dir, mein Heiland, mir alles gegeben; / entreiße mich aller vergänglichen Lust, / dein Leben sei, Jesu, mir einzig bewußt.

8. Ja was soll ich mehr verlangen? / Mich umströmt die Gnadenflut; / du bist einmal eingegangen / in das Heilge durch dein Blut; / da hast du die ewge Erlösung erfunden, / daß ich nun der höllischen Herrschaft entbunden; / dein Eingang die völlige Freiheit mir bringt, / im kindlichen Geiste das Abba nun klingt.

9. Volles G'nügen, Fried und Freude / meine Seele jetzt ergötzt, / weil auf eine frische Weide / mein Hirt Jesus mich gesetzt. / Nichts Süßes kann also mein Herze erlaben, / als wenn ich nur, Jesu, dich immer soll haben; / nichts, nichts ist, das also mich innig erquickt, / als wenn ich dich, Jesu, im Glauben erblickt.

10. Drum auch, Jesu, du alleine / sollst mein Ein und Alles sein; / prüf, erfahre, wie ich's meine, / tilge allen Heuchelschein. / Sieh, ob ich auf bösem, betrüglichem Stege, / und leite mich, Höchster, auf ewigem Wege; / gib, daß ich nichts achte, nicht Leben noch Tod, / und Jesus gewinne: dies Eine ist not.

T: JOHANN HEINRICH SCHRÖDER 1695
M: ADAM KRIEGER 1657;
GEISTLICH JOACHIM NEANDER 1680, HALLE 1704

387

2. Aber wache erst recht auf / von dem Sündenschlafe; / denn es folget sonst darauf / eine lange Strafe, / und die Not samt dem Tod / möchte dich in Sünden / unvermutet finden.

3. Bete aber auch dabei / mitten in dem Wachen; / denn der Herre muß dich frei / von dem allen machen, / was dich drückt und bestrickt, / daß du schläfrig bleibest / und sein Werk nicht treibest.

4. Ja, er will gebeten sein, / wenn er was soll geben; / er verlanget unser Schrein, / wenn wir wollen leben / und durch ihn unsern Sinn, / Feind, Welt, Fleisch und Sünden / kräftig überwinden.

5. **Doch wohl gut, es muß uns schon** / alles glücklich gehen, / wenn wir ihn durch seinen Sohn / im Gebet anflehen; / denn er will uns mit Füll / seiner Gunst beschütten, / wenn wir gläubig bitten.

6. Drum so laßt uns immerdar / wachen, flehen, beten, / weil die Angst, Not und Gefahr / immer näher treten; / denn die Zeit ist nicht weit, / da uns Gott wird richten / und die Welt vernichten.

T: JOHANN BURCHARD FREYSTEIN 1695
M: VOR 1681; GEISTLICH BRAUNSCHWEIG 1686, DRESDEN 1694
»STRAF MICH NICHT IN DEINEM ZORN«

388

2. Ist's doch deines Vaters Wille, / daß du endest dieses Werk; / hierzu wohnt in dir die Fülle / aller Weisheit, Lieb und Stärk, / daß du nichts von dem verlierest, / was er dir geschenket hat, / und es aus dem Treiben führest / zu der süßen Ruhestatt.

3. Ach so mußt du uns vollenden, / willst und kannst ja anders nicht; / denn wir sind in deinen Händen, / dein Herz ist auf uns gericht', / ob wir wohl von allen Leuten / als gefangen sind geacht', / weil des Kreuzes Niedrigkeiten / uns veracht' und schnöd gemacht.

4. Schau doch aber unsre Ketten, / da wir mit der Kreatur / seufzen, ringen, schreien, beten / um Erlösung von Natur, / von dem Dienst der Eitelkeiten, / der uns noch so hart bedrückt, / ob auch schon der Geist zu Zeiten / sich auf etwas Bessers schickt.

5. Haben wir uns selbst gefangen / in der Lust und Eigenheit, / ach so laß uns nicht stets hangen / in dem Tod der Eitelkeit; / denn die Last treibt uns zu rufen, / alle flehen wir dich an: / zeig doch nur die ersten Stufen / der gebrochnen Freiheitsbahn!

6. Ach wie teu'r sind wir erworben, / nicht der Menschen Knecht zu sein! / Drum, so wahr du bist gestorben, / mußt du uns auch machen rein, / rein und frei und ganz vollkommen, / nach dem besten Bild gebild't; / der hat Gnad um Gnad genommen, / wer aus deiner Füll sich füllt.

7. Liebe, zieh uns in dein Sterben; / laß mit dir gekreuzigt sein, / was dein Reich nicht kann ererben; / führ ins Paradies uns ein. / Doch wohlan, du wirst nicht säumen, / laß uns nur nicht lässig sein; / werden wir doch als wie träumen, / wenn die Freiheit bricht herein.

T: GOTTFRIED ARNOLD 1698
M: HALLE 1704

389

Ps 51,12

2. Dir öffn ich, Jesu, meine Tür, / ach komm und wohne du bei mir; / treib all Unreinigkeit hinaus / aus deinem Tempel, deinem Haus.

3. Laß deines guten Geistes Licht / und dein hell glänzend Angesicht / erleuchten mein Herz und Gemüt, / o Brunnen unerschöpfter Güt,

4. und mache dann mein Herz zugleich / an Himmelsgut und Segen reich; / gib Weisheit, Stärke, Rat, Verstand / aus deiner milden Gnadenhand.

5. So will ich deines Namens Ruhm / ausbreiten als dein Eigentum / und dieses achten für Gewinn, / wenn ich nur dir ergeben bin.

T: HEINRICH GEORG NEUSS 1703
M: O JESU CHRISTE, WAHRES LICHT (NR. 72)

390

2. Schaff in mir, Herr, den neuen Geist, / der dir mit Lust Gehorsam leist' / und nichts sonst, als was du willst, will; / ach Herr, mit ihm mein Herz erfüll.

3. Auf dich laß meine Sinne gehn, / laß sie nach dem, was droben, stehn, / bis ich dich schau, o ewigs Licht, / von Angesicht zu Angesicht.

T: JOHANN FRIEDRICH RUOPP 1704
M: O JESU CHRISTE, WAHRES LICHT (NR. 72)

391 ö

2. Soll's uns hart ergehn, / laß uns feste stehn / und auch in den schwersten Tagen / niemals über Lasten klagen; / denn durch Trübsal hier / geht der Weg zu dir.

3. Rühret eigner Schmerz / irgend unser Herz, / kümmert uns ein fremdes Leiden, / o so gib Geduld zu beiden; / richte unsern Sinn / auf das Ende hin.

4. Ordne unsern Gang, / Jesu, lebenslang. / Führst du uns durch rauhe Wege, / gib uns auch die nöt'ge Pflege; / tu uns nach dem Lauf / deine Türe auf.

T: NIKOLAUS LUDWIG VON ZINZENDORF (1721) 1725,
LONDON 1753,
BEARBEITET VON CHRISTIAN GREGOR 1778
M: ADAM DRESE 1698

392

2. Gott rufet noch. Sollt ich nicht endlich kommen? / Ich hab so lang die treue Stimm vernommen. / Ich wußt es wohl: ich war nicht, wie ich sollt. / Er winkte mir, ich habe nicht gewollt.

3. Gott rufet noch. Wie, daß ich mich nicht gebe! / Ich fürcht sein Joch und doch in Banden lebe. / Ich halte Gott und meine Seele auf. / Er ziehet mich; mein armes Herze, lauf!

4. Gott rufet noch. Ob ich mein Ohr verstopfet, / er stehet noch an meiner Tür und klopfet. / Er ist bereit, daß er mich noch empfang. / Er wartet noch auf mich; wer weiß, wie lang?

5. Gib dich, mein Herz, gib dich nun ganz gefangen. / Wo willst du Trost, wo willst du Ruh erlangen? / Laß los, laß los; brich alle Band entzwei! / Dein Geist wird sonst in Ewigkeit nicht frei.

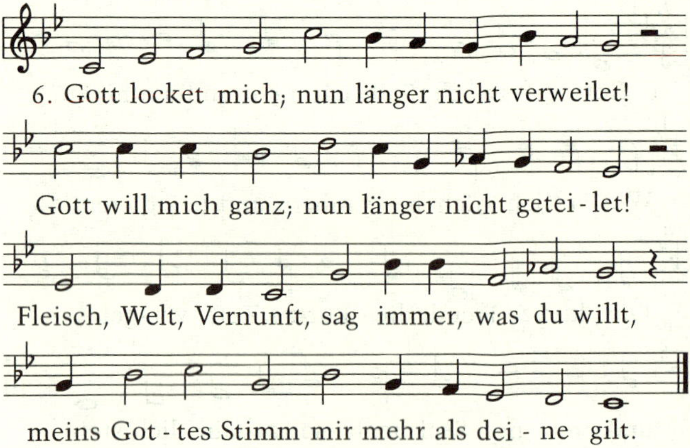

7. Ich folge Gott, ich will ihm ganz genügen. / Die Gnade soll im Herzen endlich siegen. / Ich gebe mich; Gott soll hinfort allein / und unbedingt mein Herr und Meister sein.

8. Ach nimm mich hin, du Langmut ohne Maße; / ergreif mich wohl, daß ich dich nie verlasse. / Herr, rede nur, ich geb begierig acht; / führ, wie du willst, ich bin in deiner Macht.

T: GERHARD TERSTEEGEN 1735
M: WIE HERRLICH GIBST DU, HERR, DICH ZU ERKENNEN (NR. 271)

393

2. Es soll uns nicht gereuen / der schmale Pilgerpfad; / wir kennen ja den Treuen, / der uns gerufen hat. / Kommt, folgt und trauet dem; / ein jeder sein Gesichte / mit ganzer Wendung richte / fest nach Jerusalem, / fest nach Jerusalem.

3. Geht's der Natur entgegen, / so geht's gerad und fein; / die Fleisch und Sinnen pflegen, / noch schlechte Pilger sein. / Verlaßt die Kreatur / und was euch sonst will binden; / laßt gar euch selbst dahinten, / es geht durchs Sterben nur, / es geht durchs Sterben nur.

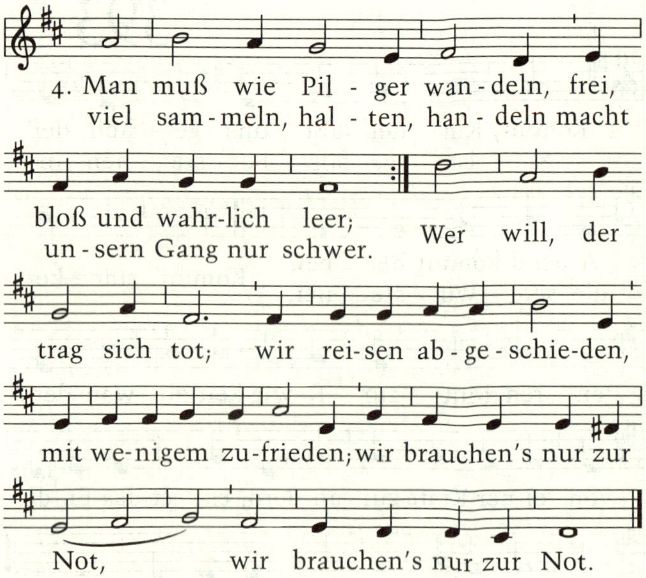

5. Schmückt euer Herz aufs beste, / sonst weder Leib noch Haus; / wir sind hier fremde Gäste / und ziehen bald hinaus. / Gemach bringt Ungemach; / ein Pilger muß sich schicken, / sich dulden und sich bücken / den kurzen Pilgertag, / den kurzen Pilgertag.

6. Kommt, Kinder, laßt uns gehen, / der Vater gehet mit; / er selbst will bei uns stehen / bei jedem sauren Tritt; / er will uns machen Mut, / mit süßen Sonnenblicken / uns locken und erquicken; / ach ja, wir haben's gut, / ach ja, wir haben's gut.

7. Kommt, Kinder, laßt uns wandern, / wir gehen Hand in Hand; / eins freuet sich am andern / in diesem wilden Land. / Kommt, laßt uns kindlich sein, / uns auf dem Weg nicht streiten; / die Engel selbst begleiten / als Brüder unsre Reihn, / als Brüder unsre Reihn.

8. Sollt wo ein Schwacher fallen, / so greif der Stärkre zu; / man trag, man helfe allen, / man pflanze Lieb und Ruh. / Kommt, bindet fester an; / ein jeder sei der Kleinste, / doch auch wohl gern der Reinste / auf unsrer Liebesbahn, / auf unsrer Liebesbahn.

9. Kommt, laßt uns munter wandern, / der Weg kürzt immer ab; / ein Tag, der folgt dem andern, / bald fällt das Fleisch ins Grab. / Nur noch ein wenig Mut, / nur noch ein wenig treuer, / von allen Dingen freier, / gewandt zum ewgen Gut, / gewandt zum ewgen Gut.

10. Es wird nicht lang mehr währen, / halt' noch ein wenig aus; / es wird nicht lang mehr währen, / so kommen wir nach Haus; / da wird man ewig ruhn, / wenn wir mit allen Frommen / heim zu dem Vater kommen; / wie wohl, wie wohl wird's tun, / wie wohl, wie wohl wird's tun.

11. Drauf wollen wir's denn wagen, / es ist wohl wagenswert, / und gründlich dem absagen, / was aufhält und beschwert. / Welt, du bist uns zu klein; / wir gehn durch Jesu Leiten / hin in die Ewigkeiten: / es soll nur Jesus sein, / es soll nur Jesus sein.

T: GERHARD TERSTEEGEN 1738
M: ICH WILL, SOLANG ICH LEBE (NR. 276)

394

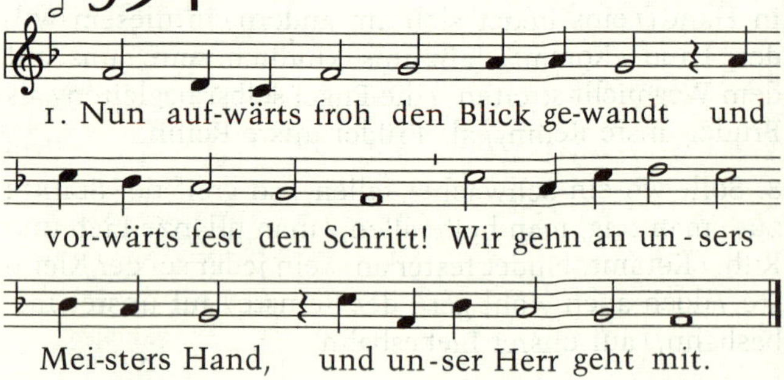

2. Vergesset, was dahinten liegt / und euern Weg beschwert; / was ewig euer Herz vergnügt, / ist wohl des Opfers wert.

3. Und was euch noch gefangen hält, / o werft es von euch ab! / Begraben sei die ganze Welt / für euch in Christi Grab.

4. So steigt ihr frei mit ihm hinan / zu lichten Himmelshöhn. / Er uns vorauf, er bricht uns Bahn – / wer will ihm widerstehn?

5. Drum aufwärts froh den Blick gewandt / und vorwärts fest den Schritt! / Wir gehn an unsers Meisters Hand, / und unser Herr geht mit.

T: AUGUST HERMANN FRANKE 1889
M: NUN DANKET ALL UND BRINGET EHR (NR. 322)

395

2. Vertraut den neuen Wegen / und wandert in die Zeit! / Gott will, daß ihr ein Segen / für seine Erde seid. / Der uns in frühen Zeiten / das Leben eingehaucht, / der wird uns dahin leiten, / wo er uns will und braucht.

3. Vertraut den neuen Wegen, / auf die uns Gott gesandt! / Er selbst kommt uns entgegen. / Die Zukunft ist sein Land. / Wer aufbricht, der kann hoffen / in Zeit und Ewigkeit. / Die Tore stehen offen. / Das Land ist hell und weit.

T: KLAUS PETER HERTZSCH 1989

M: LOB GOTT GETROST MIT SINGEN (NR. 243)

GEBORGEN IN GOTTES LIEBE

396 Ö

1. Je - su, mei - ne Freu - de, mei-nes
ach wie lang, ach lan - ge ist dem

Her-zens Wei - de, Je - su, mei - ne Zier:
Her-zen ban - ge und ver-langt nach dir!

Got-tes Lamm, mein Bräu-ti-gam, au-ßer dir soll

mir auf Er - den nichts sonst Lie-bers wer-den.

2. Unter deinem Schirmen / bin ich vor den Stürmen / aller Feinde frei. / Laß den Satan wettern, / laß die Welt erzittern, / mir steht Jesus bei. / Ob es jetzt gleich kracht und blitzt, / ob gleich Sünd und Hölle schrekken, / Jesus will mich decken.

3. Trotz dem alten Drachen, / Trotz dem Todesrachen, / Trotz der Furcht dazu! / Tobe, Welt, und springe; / ich steh hier und singe / in gar sichrer Ruh. / Gottes Macht hält mich in acht, / Erd und Abgrund muß verstummen, / ob sie noch so brummen.

4. Weg mit allen Schätzen; / du bist mein Ergötzen, / Jesu, meine Lust. / Weg, ihr eitlen Ehren, / ich mag euch nicht hören, / bleibt mir unbewußt! / Elend, Not, Kreuz, Schmach und Tod / soll mich, ob ich viel muß leiden, / nicht von Jesus scheiden.

5. Gute Nacht, o Wesen, / das die Welt erlesen, / mir gefällst du nicht. / Gute Nacht, ihr Sünden, / bleibet weit dahinten, / kommt nicht mehr ans Licht! / Gute Nacht, du Stolz und Pracht; / dir sei ganz, du Lasterleben, / gute Nacht gegeben.

6. Weicht, ihr Trauergeister, / denn mein Freudenmeister, / Jesus, tritt herein. / Denen, die Gott lieben, / muß auch ihr Betrüben / lauter Freude sein. / Duld ich schon hier Spott und Hohn, / dennoch bleibst du auch im Leide, / Jesu, meine Freude.

T: JOHANN FRANCK 1653
M: JOHANN CRÜGER 1653

Das ist meine Freude, daß ich mich zu Gott halte und meine Zuversicht setze auf Gott den Herrn, daß ich verkündige all dein Tun.

PSALM 73,28

397 Ö

1. Herz-lich lieb hab ich dich, o Herr.
Die gan - ze Welt er - freut mich nicht,
Ich bitt, wollst sein von mir nicht fern mit
nach Erd und Him - mel frag ich nicht, wenn
dei-ner Güt und Gna - den.
ich nur dich kann ha - ben.
Und wenn mir
gleich mein Herz zer-bricht, so bist doch du mein
Zu - ver-sicht, mein Teil und mei - nes Her-zens
Trost, der mich durch sein Blut hat er-löst. Herr
Je-su Christ, mein Gott und Herr, mein Gott und
Herr, in Schan-den laß mich nim - mer-mehr.

2. Es ist ja, Herr, dein G'schenk und Gab / mein Leib und Seel und was ich hab / in diesem armen Leben. / Damit ich's brauch zum Lobe dein, / zu Nutz und Dienst des Nächsten mein, / wollst mir dein Gnade geben. / Behüt mich, Herr, vor falscher Lehr, / des Satans Mord und Lügen wehr; / in allem Kreuz erhalte mich, / auf daß ich's trag geduldiglich. / Herr Jesu Christ, mein Herr und Gott, / mein Herr und Gott, / tröst mir mein Herz in Todesnot.

3. Ach Herr, laß dein lieb' Engelein / an meinem End die Seele mein / in Abrahams Schoß tragen.* / Der Leib in seim Schlafkämmerlein / gar sanft ohn alle Qual und Pein / ruh bis zum Jüngsten Tage. / Alsdann vom Tod erwecke mich, / daß meine Augen sehen dich / in aller Freud, o Gottes Sohn, / mein Heiland und mein Gnadenthron. / Herr Jesu Christ, erhöre mich, / erhöre mich. / Ich will dich preisen ewiglich. *Lk 16,22*

T: MARTIN SCHALLING (1569) 1571
M: STRASSBURG 1577

Dennoch bleibe ich stets an dir;
denn du hältst mich bei meiner rechten Hand,
du leitest mich nach deinem Rat
und nimmst mich am Ende mit Ehren an.
Wenn ich nur dich habe,
so frage ich nichts nach Himmel und Erde.
Wenn mir gleich Leib und Seele verschmachtet,
so bist du doch, Gott, allezeit meines Herzens
Trost und mein Teil. PSALM 73,23–26

398 Ö

1. In dir ist Freu - de in al-lem Lei - de,
Durch dich wir ha - ben himmlische Ga-ben,
1. In dir ist Freu - de in al-lem Lei - de,
Durch dich wir ha - ben himmlische Ga-ben,
o du sü - ßer Je - su Christ!
du der wah - re Hei - land bist;
o du sü - ßer Je - su Christ!
du der wah - re Hei - land bist;
hil-fest von Schanden, ret - test von Ban-den.
Zu dei - ner Gü - te steht un - ser G'mü-te,
hil-fest von Schanden, ret - test von Ban-den.
Zu dei - ner Gü - te steht un - ser G'mü-te,

2. Wenn wir dich haben, / kann uns nicht schaden / Teufel, Welt, Sünd oder Tod; / du hast's in Händen, / kannst alles wenden, / wie nur heißen mag die Not. / Drum wir dich ehren, / dein Lob vermehren / mit hellem Schalle, / freuen uns alle / zu dieser Stunde. Halleluja. / Wir jubilieren / und triumphieren, / lieben und loben / dein Macht dort droben / mit Herz und Munde. Halleluja.

T: CYRIAKUS SCHNEEGASS 1598
M UND SATZ: GIOVANNI GIACOMO GASTOLDI 1591; GEISTLICH ERFURT 1598

399

Ps 42,2

2. O Lebensbrünnlein, durch dein Wort / hast du dich uns an allem Ort / ergossn mit reichen Gaben, / voll Wahrheit und göttlicher Gnad, / die uns erschienen früh und spat, / das matte Herz zu laben. / O frischer Quell, o Brünnelein, / erquick und laß die Seele mein / in dir das Leben haben.

3. Wie ein Blümlein in dürrem Land, / durch Sommerhitz sehr ausgebrannt, / vom Tau sich tut erquicken, / also, wenn mein Herz in der Not / verschmacht', hält sich's an seinen Gott / und läßt sich nicht ersticken; / ja wie ein grüner Palmenbaum / unter der Last sich machet Raum, / lässet sich's nicht erdrücken.

4. O Lebensbrünnlein, Jesu Christ, / dein Güte unerschöpflich ist, / niemand kann sie ermessen; / darum mir auch nichts mangeln wird, / wenn mich versorgt der treue Hirt, / der mir mein Herz besessen. / Mit seinem Evangelio / macht er mein Herz im Leib so froh, / daß ich sein nicht vergesse.

5. All unser Leid auf dieser Erd / ist nicht im aller g'ringsten wert, / wenn wir das recht bedenken, / der übergroßen Herrlichkeit / und wunderschönen Himmelsfreud, / die Christus uns wird schenken. / Da, da wird er uns allzugleich / in seines lieben Vaters Reich / mit ewger Wonne tränken.

6. Gott selbst wird sein mein Speis und Trank, / mein Ruhm, mein Lied, mein Lobgesang, / mein Lust und Wohlgefallen, / mein Reichtum, Zierd und werte Kron, / mein Klarheit, Licht und helle Sonn, / in ewger Freud zu wallen; / ja daß ich's sag mit einem Wort, / was mir Gott wird bescheren dort: / »Er wird sein alls in allen.«

1. Kor 15,28

7. Hüpf auf, mein Herz, spring, tanz und sing, / in deinem Gott sei guter Ding, / der Himmel steht dir offen. / Laß Schwermut dich nicht nehmen ein, / denn auch die liebsten Kinderlein / hat stets das Kreuz betroffen. / Drum sei getrost und glaube fest, / daß du noch hast das Allerbest / in jener Welt zu hoffen.

T: JOHANNES MÜHLMANN 1618
M: GÖRLITZ 1587

400 Ö

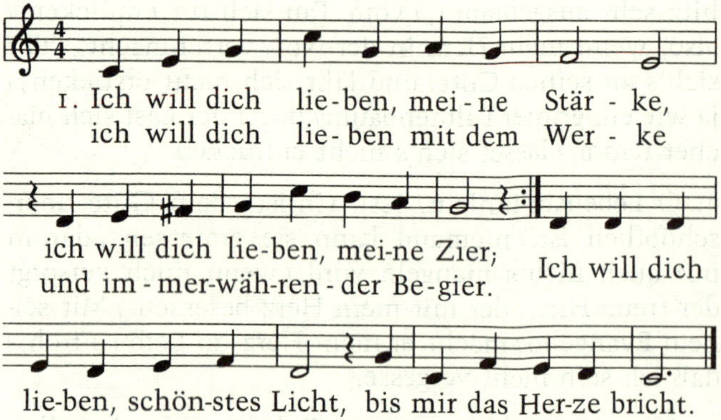

2. Ich will dich lieben, o mein Leben, / als meinen allerbesten Freund; / ich will dich lieben und erheben, / solange mich dein Glanz bescheint; / ich will dich lieben, Gottes Lamm, / als meinen Bräutigam.

3. Ach, daß ich dich so spät erkannte, / du hochgelobte Schönheit du, / daß ich nicht eher mein dich nannte, / du höchstes Gut und wahre Ruh; / es ist mir leid, ich bin betrübt, / daß ich so spät geliebt.

4. Ich lief verirrt und war verblendet, / ich suchte dich und fand dich nicht; / ich hatte mich von dir gewendet / und liebte das geschaffne Licht. / Nun aber ist's durch dich geschehn, / daß ich dich hab ersehn.

5. Ich danke dir, du wahre Sonne, / daß mir dein Glanz hat Licht gebracht; / ich danke dir, du Himmelswonne, / daß du mich froh und frei gemacht; / ich danke dir, du güldner Mund, / daß du mich machst gesund.

6. Erhalte mich auf deinen Stegen / und laß mich nicht mehr irre gehn; / laß meinen Fuß in deinen Wegen / nicht straucheln oder stillestehn; / erleucht mir Leib und Seele ganz, / du starker Himmelsglanz!

7. Ich will dich lieben, meine Krone, / ich will dich lieben, meinen Gott; / ich will dich lieben ohne Lohne / auch in der allergrößten Not; / ich will dich lieben, schönstes Licht, / bis mir das Herze bricht.

T: JOHANN SCHEFFLER 1657
M: BEI JOHANN BALTHASAR KÖNIG 1738

401

2. Liebe, die du mich erkoren, / eh ich noch geschaffen war, / Liebe, die du Mensch geboren / und mir gleich wardst ganz und gar: / Liebe, dir ergeb ich mich, / dein zu bleiben ewiglich.

3. Liebe, die für mich gelitten / und gestorben in der Zeit, / Liebe, die mir hat erstritten / ewge Lust und Seligkeit: / Liebe, dir ergeb ich mich, / dein zu bleiben ewiglich.

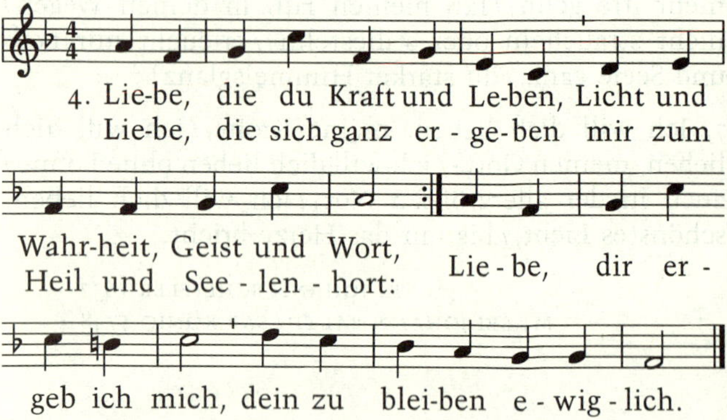

5. Liebe, die mich hat gebunden / an ihr Joch mit Leib und Sinn, / Liebe, die mich überwunden / und mein Herz hat ganz dahin: / Liebe, dir ergeb ich mich, / dein zu bleiben ewiglich.

6. Liebe, die mich ewig liebet / und für meine Seele bitt', / Liebe, die das Lösgeld gibet / und mich kräftiglich vertritt: / Liebe, dir ergeb ich mich, / dein zu bleiben ewiglich.

7. Liebe, die mich wird erwecken / aus dem Grab der Sterblichkeit, / Liebe, die mich wird umstecken / mit dem Laub der Herrlichkeit: / Liebe, dir ergeb ich mich, / dein zu bleiben ewiglich.

T: JOHANN SCHEFFLER 1657;
STR. 4 FRANKFURT/MAIN 1695
M: KOMM, O KOMM, DU GEIST DES LEBENS (NR. 134)

402

2. *Jesus* laß ich nimmer nicht / hier in diesem Erdenleben; / ihm hab ich voll Zuversicht, / was ich bin und hab, ergeben. / Alles ist auf ihn gericht'; / meinen Jesus laß ich nicht.

3. *Laß* vergehen das Gesicht, / Hören, Schmecken, Fühlen weichen, / laß das letzte Tageslicht / mich auf dieser Welt erreichen: / wenn der Lebensfaden bricht, / meinen Jesus laß ich nicht.

4. *Ich* werd ihn auch lassen nicht, / wenn ich nun dahin gelanget, / wo vor seinem Angesicht / meiner Väter Glaube pranget. / Mich erfreut sein Angesicht; / meinen Jesus laß ich nicht.

5. *Nicht* nach Welt, nach Himmel nicht / meine Seel sich wünscht und sehnet, / Jesus wünscht sie und sein Licht, / der mich hat mit Gott versöhnet, / mich befreiet vom Gericht; / meinen Jesus laß ich nicht.

6. Jesus laß ich nicht von mir, / geh ihm ewig an der Seiten; / Christus läßt mich für und für / zu dem Lebensbächlein leiten. / Selig, wer mit mir so spricht: / *Meinen Jesus laß ich nicht.*

T: CHRISTIAN KEIMANN 1658
M: JOHANN ULICH 1674

403 (Ö)

Erste Melodie

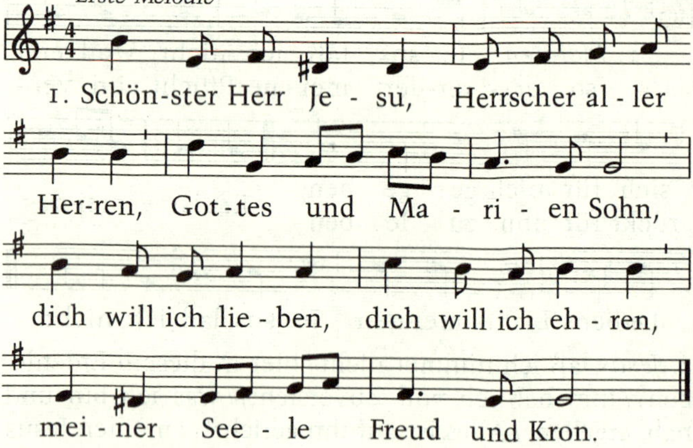

Zweite Melodie

2. Schön sind die Wälder, / schöner sind die Felder / in der schönen Frühlingszeit; / Jesus ist schöner, / Jesus ist reiner, / der mein traurig Herz erfreut.

3. Schön ist der Monde, / schöner ist die Sonne, / schön sind auch die Sterne all. / Jesus ist feiner, / Jesus ist reiner / als die Engel allzumal.

4. Schön sind die Blumen, / schöner sind die Menschen / in der frischen Jugendzeit; / sie müssen sterben, / müssen verderben: / Jesus bleibt in Ewigkeit.

5. Alle die Schönheit / Himmels und der Erden / ist gefaßt in dir allein. / Nichts soll mir werden / lieber auf Erden / als du, liebster Jesus mein.

T UND ERSTE MELODIE: MÜNSTER 1677;
STR. 2 BEI HEINRICH AUGUST HOFFMANN
VON FALLERSLEBEN 1842
ZWEITE MELODIE: GLATZ VOR 1842

Das Licht der Sonne und des Mondes dürfen wir schauen bei Tag und Nacht. Da gib, o allmächtiger Gott, daß wir lernen unsere Augen noch höher zu erheben. Laß uns schauen auf das Ziel unserer Hoffnung, unser ewiges Heil, in der Gewißheit, daß dieses Heil uns ebensowenig erschüttert werden kann wie deine Treue, deren Unwandelbarkeit du uns sehen läßt an Sonne und Mond, deinen Schöpfungen.

JOHANNES CALVIN

404

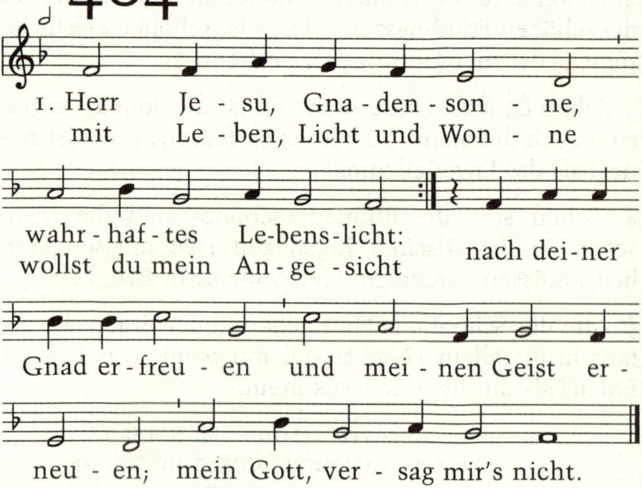

2. Vergib mir meine Sünden / und wirf sie hinter dich; / laß allen Zorn verschwinden / und hilf mir gnädiglich; / laß deine Friedensgaben / mein armes Herze laben. / Ach, Herr, erhöre mich!

3. Vertreib aus meiner Seelen / den alten Adamssinn / und laß mich dich erwählen, / auf daß ich mich forthin / zu deinem Dienst ergebe / und dir zu Ehren lebe, / weil ich erlöset bin.

4. Befördre dein Erkenntnis / in mir, mein Seelenhort, / und öffne mein Verständnis, / Herr, durch dein heilig Wort, / damit ich an dich glaube / und in der Wahrheit bleibe / zu Trutz der Höllenpfort.

5. Mit deiner Kraft mich rüste, / zu kreuz'gen mein Begier / und alle bösen Lüste, / auf daß ich für und für / der Sündenwelt absterbe / und nach dem Fleisch verderbe, / hingegen leb in dir.

6. Ach zünde deine Liebe / in meiner Seele an, / daß ich aus innerm Triebe / dich ewig lieben kann / und dir zum Wohlgefallen / beständig möge wallen / auf rechter Lebensbahn.

7. Nun, Herr, verleih mir Stärke, / verleih mir Kraft und Mut; / denn das sind Gnadenwerke, / die dein Geist schafft und tut; / hingegen meine Sinnen, / mein Lassen und Beginnen / ist böse und nicht gut.

8. Darum, du Gott der Gnaden, / du Vater aller Treu, / wend allen Seelenschaden / und mach mich täglich neu; / gib, daß ich deinen Willen / gedenke zu erfüllen, / und steh mir kräftig bei.

T: LUDWIG ANDREAS GOTTER 1695
M: HERR CHRIST, DER EINIG GOTTS SOHN (NR. 67)

Der du die wahre Sonne bist der Welt, die da immer aufgeht und niemals unter; der du durch dein tröstlich Kommen und Erscheinen alle Dinge belebst und mit Freude erfüllst, die im Himmel und auf Erden: wir bitten dich, scheine barmherzig und huldvoll in unsere Herzen, auf daß wir all unser Leben lang ohne Straucheln und Vergehen wandeln mögen, wie am lichten Tag.

ERASMUS VON ROTTERDAM

405

Andere Melodie:
Es ist gewißlich an der Zeit (Nr. 149)

2. Halt im Gedächtnis Jesus Christ, / der für dich hat gelitten, / ja gar am Kreuz gestorben ist / und dadurch hat bestritten / Welt, Sünde, Teufel, Höll und Tod / und dich erlöst aus aller Not; / dank ihm für diese Liebe!

3. Halt im Gedächtnis Jesus Christ, / der auch am dritten Tage / siegreich vom Tod erstanden ist, / befreit von Not und Plage. / Bedenke, daß er Fried gemacht, / sein Unschuld Leben wiederbracht; / dank ihm für diese Liebe!

4. Halt im Gedächtnis Jesus Christ, / der nach den Leidenszeiten / gen Himmel aufgefahren ist, / die Stätt dir zu bereiten, / da du sollst bleiben allezeit / und sehen seine Herrlichkeit; / dank ihm für diese Liebe!

5. Halt im Gedächtnis Jesus Christ, / der einst wird wiederkommen / und sich, was tot und lebend ist, / zu richten vorgenommen; / o denke, daß du da bestehst / und mit ihm in sein Reich eingehst, / ihm ewiglich zu danken.

6. Gib, Jesu, gib, daß ich dich kann / mit wahrem Glauben fassen / und nie, was du an mir getan, / mög aus dem Herzen lassen, / daß dessen ich in aller Not / mich trösten mög und durch den Tod / zu dir ins Leben dringen.

T: CYRIAKUS GÜNTHER (VOR 1704) 1714
M: HERR, FÜR DEIN WORT SEI HOCH GEPREIST (NR. 196)

406

Joh 15,4–7

2. Könnt ich's irgend besser haben / als bei dir, der allezeit / soviel tausend Gnadengaben / für mich Armen hat bereit? / Könnt ich je getroster werden / als bei dir, Herr Jesu Christ, / dem im Himmel und auf Erden / alle Macht gegeben ist?

3. Wo ist solch ein Herr zu finden, / der, was Jesus tat, mir tut: / mich erkauft von Tod und Sünden / mit dem eignen teuren Blut? / Sollt ich dem nicht angehören, / der sein Leben für mich gab, / sollt ich ihm nicht Treue schwören, / Treue bis in Tod und Grab?

4. Ja, Herr Jesu, bei dir bleib ich / so in Freude wie in Leid; / bei dir bleib ich, dir verschreib ich / mich für Zeit und Ewigkeit. / Deines Winks bin ich gewärtig, / auch des Rufs aus dieser Welt; / denn der ist zum Sterben fertig, / der sich lebend zu dir hält.

5. Bleib mir nah auf dieser Erden, / bleib auch, wenn mein Tag sich neigt, / wenn es nun will Abend werden / und die Nacht herniedersteigt. / Lege segnend dann die Hände / mir aufs müde, schwache Haupt, / sprich: »Mein Kind, hier geht's zu Ende; / aber dort lebt, wer hier glaubt.«

6. Bleib mir dann zur Seite stehen, / graut mir vor dem kalten Tod / als dem kühlen, scharfen Wehen / vor dem Himmelsmorgenrot. / Wird mein Auge dunkler, trüber, / dann erleuchte meinen Geist, / daß ich fröhlich zieh hinüber, / wie man nach der Heimat reist.

T: PHILIPP SPITTA (1829) 1833
M: HERZ UND HERZ VEREINT ZUSAMMEN (NR. 251)

407

2. Ohne dich, wo käme / Kraft und Mut mir her? / Ohne dich, wer nähme / meine Bürde, wer? / Ohne dich, zerstieben / würden mir im Nu / Glauben, Hoffen, Lieben, / alles, Herr, bist du.

3. Drum so will ich wallen / meinen Pfad dahin, / bis die Glocken schallen / und daheim ich bin. / Dann mit neuem Klingen / jauchz ich froh dir zu: / nichts hab ich zu bringen, / alles, Herr, bist du!

T: CORNELIUS FRIEDRICH ADOLF KRUMMACHER 1857
M: MINNA KOCH 1897

408 Ö

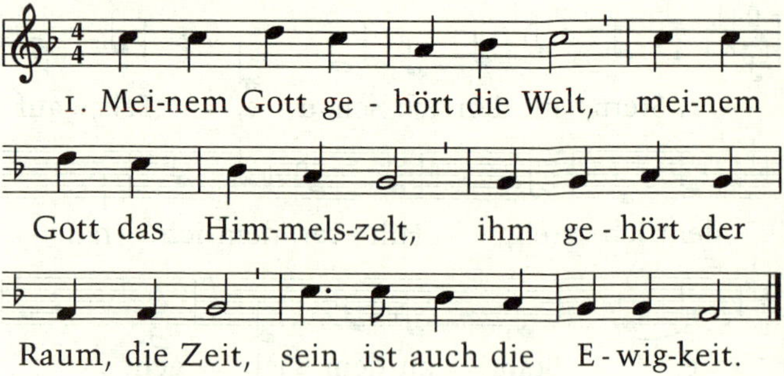

2. Und sein eigen bin auch ich. / Gottes Hände halten mich / gleich dem Sternlein in der Bahn; / keins fällt je aus Gottes Plan.

3. Wo ich bin, hält Gott die Wacht, / führt und schirmt mich Tag und Nacht; / über Bitten und Verstehn / muß sein Wille mir geschehn.

4. Täglich gibt er mir das Brot, / täglich hilft er in der Not, / täglich schenkt er seine Huld / und vergibt mir meine Schuld.

5. Lieber Gott, du bist so groß, / und ich lieg in deinem Schoß / wie im Mutterschoß ein Kind; / Liebe deckt und birgt mich lind.

6. Leb ich, Gott, bist du bei mir, / sterb ich, bleib ich auch bei dir, / und im Leben und im Tod / bin ich dein, du lieber Gott! *Röm 14,8*

T: ARNO PÖTZSCH 1934/1949
M: CHRISTIAN LAHUSEN 1948

Ö 409

2. Gott liebt diese Welt. / Er rief sie ins Leben. / Gott ist's, der erhält, / was er selbst gegeben. / Gott gehört die Welt!

3. Gott liebt diese Welt. / Feuerschein und Wolke / und das heilge Zelt / sagen seinem Volke: / Gott ist in der Welt!

4. Gott liebt diese Welt. / Ihre Dunkelheiten / hat er selbst erhellt: / im Zenit der Zeiten / kam sein Sohn zur Welt!

5. Gott liebt diese Welt. / Durch des Sohnes Sterben / hat er uns bestellt / zu des Reiches Erben. / Gott erneut die Welt!

6. Gott liebt diese Welt. / In den Todesbanden / keine Macht ihn hält, / Christus ist erstanden: / Leben für die Welt!

7. Gott liebt diese Welt. / Er wird wiederkommen, / wann es ihm gefällt, / nicht nur für die Frommen, / nein, für alle Welt!

8. Gott liebt diese Welt, / und wir sind sein eigen. / Wohin er uns stellt, / sollen wir es zeigen: / Gott liebt diese Welt!

T UND M: WALTER SCHULZ 1962/1970

410

2. Christus, das Heil der Welt. / Welch ein Grund zur Freude! / Weil er uns lieb hat, / lieben wir einander. / Er schenkt Gemeinschaft / zwischen Gott und Menschen. / Ehre sei Gott, dem Herrn!

3. Christus, der Herr der Welt. / Welch ein Grund zur Freude! / Von uns verraten, / starb er ganz verlassen. / Doch er vergab uns, / und wir sind die Seinen. / Ehre sei Gott, dem Herrn!

4. Gebt Gott die Ehre. / Hier ist Grund zur Freude! / Freut euch am Vater. / Freuet euch am Sohne. / Freut euch am Geiste: / denn wir sind gerettet. / Ehre sei Gott, dem Herrn!

T: SABINE LEONHARDT/OTMAR SCHULZ 1972 NACH DEM ENGLISCHEN »CHRIST IS THE WORLD'S LIGHT« VON FREDERICK PRATT GREEN 1968
M: PARIS 1681

411

T: JOHANN SCHEFFLER 1657
KANON FÜR 4 STIMMEN: JOHANNES PETZOLD 1946

Wie du an Gott glaubst, so hast du ihn. Glaubst du, daß er gütig und barmherzig ist, so wirst du ihn so haben.

MARTIN LUTHER

NÄCHSTEN- UND FEINDESLIEBE

412

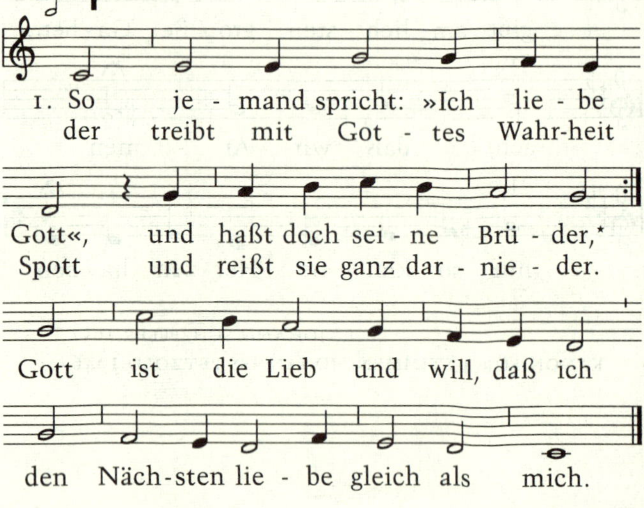

1. Joh 4,20

2. Wer dieser Erde Güter hat / und sieht die Brüder leiden / und macht die Hungrigen nicht satt, / läßt Nakkende nicht kleiden, / der ist ein Feind der ersten Pflicht / und hat die Liebe Gottes nicht.

3. Wer seines Nächsten Ehre schmäht / und gern sie schmähen höret, / sich freut, wenn sich sein Feind vergeht, / und nichts zum Besten kehret, / nicht dem Verleumder widerspricht, / der liebt auch seinen Bruder nicht.

4. Wir haben einen Gott und Herrn, / sind eines Leibes Glieder, / drum diene deinem Nächsten gern, / denn wir sind alle Brüder. / Gott schuf die Welt nicht bloß für mich, / mein Nächster ist sein Kind wie ich.

5. Ein Heil ist unser aller Gut. / Ich sollte Brüder hassen, / die Gott durch seines Sohnes Blut / so hoch erkaufen lassen? / Daß Gott mich schuf und mich versühnt, / hab ich dies mehr als sie verdient?

6. Vergibst mir täglich so viel Schuld, / du Herr von meinen Tagen; / ich aber sollte nicht Geduld / mit meinen Brüdern tragen, / dem nicht verzeihn, dem du vergibst, / und den nicht lieben, den du liebst?

7. Was ich den Armen hier getan, / dem Kleinsten auch von diesen, / das sieht er, mein Erlöser, an, / als hätt ich's ihm erwiesen. / Und ich, ich sollt ein Mensch noch sein / und Gott in Brüdern nicht erfreun? *Mt 25,40*

8. Ein unbarmherziges Gericht / wird über den ergehen, / der nicht barmherzig ist, der nicht / die rettet, die ihn flehen. / Drum gib mir, Gott, durch deinen Geist / ein Herz, das dich durch Liebe preist.

T: CHRISTIAN FÜRCHTEGOTT GELLERT 1757
M: MACH'S MIT MIR, GOTT, NACH DEINER GÜT (NR. 525)

413

1\. Korinther 13

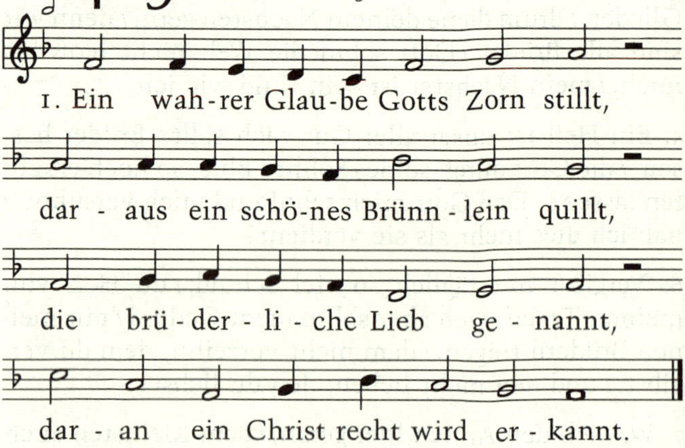

2\. Christus sie selbst das Zeichen nennt, / daran man seine Jünger kennt; / in niemands Herz man sehen kann, / an Werken wird erkannt ein Mann.

3\. Die Lieb nimmt sich des Nächsten an, / sie hilft und dienet jedermann; / gutwillig ist sie allezeit, / sie lehrt, sie straft, sie gibt und leiht.

4\. Ein Christ seim Nächsten hilft aus Not, / tut solchs zu Ehren seinem Gott. / Was seine rechte Hand reicht dar, / des wird die linke nicht gewahr. *Mt 6,3*

5\. Wie Gott läßt scheinen seine Sonn / und regnen über Bös und Fromm, / so solln wir nicht allein dem Freund / dienen, sondern auch unserm Feind. *Mt 5,43–45*

6\. Die Lieb ist freundlich, langmütig, / sie eifert nicht noch bläht sie sich, / glaubt, hofft, verträgt alls mit Geduld, / verzeiht gutwillig alle Schuld.

7. Sie wird nicht müd, fährt immer fort, / kein' sauren Blick, kein bitter Wort / gibt sie. Was man sag oder sing, / zum Besten deut' sie alle Ding.

8. O Herr Christ, deck zu unsre Sünd / und solche Lieb in uns anzünd, / daß wir mit Lust dem Nächsten tun, / wie du uns tust, o Gottes Sohn.

T: NIKOLAUS HERMAN (1560) 1562
M: LOBT GOTT, DEN HERRN DER HERRLICHKEIT (NR. 300)

414

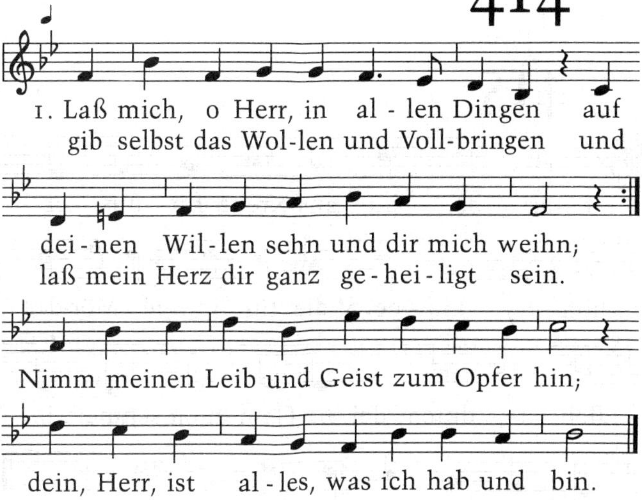

2. Gib meinem Glauben Mut und Stärke / und laß ihn in der Liebe tätig sein, / daß man an seinen Früchten merke, / er sei kein eitler Traum und falscher Schein. / Er stärke mich in meiner Pilgerschaft / und gebe mir zum Kampf und Siege Kraft.

3. Laß mich, solang ich hier soll leben, / in gut und bösen Tagen sein vergnügt / und deinem Willen mich ergeben, / der mir zum Besten alles weislich fügt; / gib Furcht und Demut, wann du mich beglückst, / Geduld und Trost, wann du mir Trübsal schickst.

4. Ach, hilf mir beten, wachen, ringen, / so will ich dir, wenn ich den Lauf vollbracht, / stets Dank und Ruhm und Ehre bringen, / dir, der du alles hast so wohl gemacht. / Dann werd ich heilig, rein und dir geweiht, / dein Lob verkündigen in Ewigkeit.

T: GEORG JOACHIM ZOLLIKOFER 1766
M: DIR, DIR, O HÖCHSTER, WILL ICH SINGEN (NR. 328)

415

2. Du Versöhner, mach auch uns versöhnlich. / Dulder, mach uns dir im Dulden ähnlich, / daß Wort und Taten / wahren Dank für deine Huld verraten.

3. Du Erbarmer, lehr auch uns Erbarmen. / Lehr uns milde sein, du Freund der Armen. / O lehr uns eilen, / liebevoll der Nächsten Not zu teilen.

4. Lehr uns auch der Feinde Bestes suchen; / lehr uns segnen, die uns schmähn und fluchen, / mit deiner Milde. / O gestalt uns dir zum Ebenbilde.

T: KARL BERNHARD GARVE 1825
M: JOHANN CRÜGER 1647
»O WIE SELIG SEID IHR DOCH, IHR FROMMEN«

416

Kehrvers

Alle wiederholen den Kehrvers

Alle wiederholen den Kehrvers

Alle wiederholen den Kehrvers

T: NORMANDIE UM 1913,
FRÜHER FRANZ VON ASSISI ZUGESCHRIEBEN
M: ROLF SCHWEIZER 1962/1969

417

2. Laß die Wurzel unsers Handelns Liebe sein, / dieser größten Gabe ist kein Dienst zu klein. / Herr, laß alles, alles hier auf Erden Liebe, Liebe werden! / Herr, laß alles, alles hier auf Erden Liebe, Liebe werden!

T: STR. 1 PAUL KAESTNER 1921;
STR. 2 DIETER TRAUTWEIN 1986
M: VOLKER OCHS 1971

Ö 418

Jes 58,7

2. Brich dem Hungrigen dein Brot; / du hast's auch empfangen. / Denen, die in Angst und Not, / stille Angst und Bangen.

3. Der da ist des Lebens Brot, / will sich täglich geben, / tritt hinein in unsre Not, / wird des Lebens Leben.

Joh 6,35

4. Dank sei dir, Herr Jesu Christ, / daß wir dich noch haben / und daß du gekommen bist, / Leib und Seel zu laben.

5. Brich uns Hungrigen dein Brot, / Sündern wie den Frommen, / und hilf, daß an deinen Tisch / wir einst alle kommen.

T: MARTIN JENTZSCH 1951
M: GERHARD HÄUSSLER 1953

419 Ö

2. Hilf, Herr meiner Tage, / daß ich nicht zur Plage, / daß ich nicht zur Plage meinem Nächsten bin.

3. Hilf, Herr meiner Stunden, / daß ich nicht gebunden, / daß ich nicht gebunden an mich selber bin.

4. Hilf, Herr meiner Seele, / daß ich dort nicht fehle, / daß ich dort nicht fehle, wo ich nötig bin.

5. Hilf, Herr meines Lebens, / daß ich nicht vergebens, / daß ich nicht vergebens hier auf Erden bin.

Dazu kann (auch im Kanon) gesungen werden:

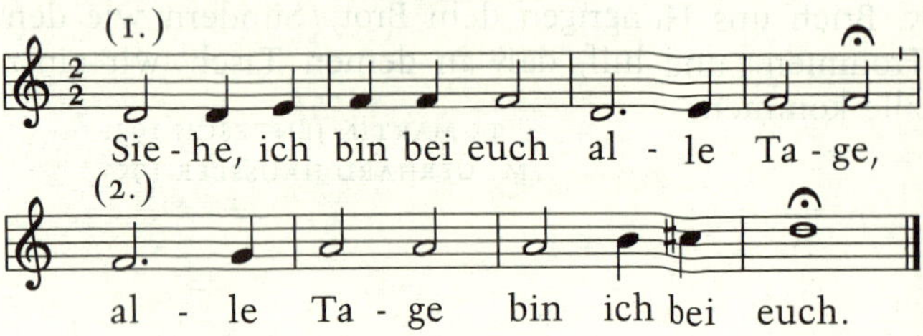

Mt 28,20

T: GUSTAV LOHMANN 1962;
STR. 3 MARKUS JENNY 1970
M: HANS PULS 1962
KANON FÜR 2 STIMMEN: WOLFGANG FISCHER 1967

420

2. Such mit den Fertigen ein Ziel, / brich mit den Hungrigen dein Brot, / sprich mit den Sprachlosen ein Wort, / sing mit den Traurigen ein Lied.

3. Teil mit den Einsamen dein Haus, / such mit den Fertigen ein Ziel, / brich mit den Hungrigen dein Brot, / sprich mit den Sprachlosen ein Wort.

4. Sing mit den Traurigen ein Lied, / teil mit den Einsamen dein Haus, / such mit den Fertigen ein Ziel, / brich mit den Hungrigen dein Brot.

5. Sprich mit den Sprachlosen ein Wort, / sing mit den Traurigen ein Lied, / teil mit den Einsamen dein Haus, / such mit den Fertigen ein Ziel.

T: FRIEDRICH KARL BARTH 1977
M: PETER JANSSENS 1977

ERHALTUNG DER SCHÖPFUNG
FRIEDEN UND GERECHTIGKEIT

421 Ö

Andere Form

T UND M: MARTIN LUTHER 1529 NACH DER ANTIPHON »DA PACEM, DOMINE« 9. JH. (MELODIE NACH NR. 4) ÖKUMENISCHE FASSUNG 1973

422

2. Recht große Not uns stößet an / von Krieg und Ungemach, / daraus uns niemand helfen kann / denn du; drum führ die Sach. / Den Vater bitt, daß er ja nit / im Zorn mit uns verfahre.

3. Gedenke, Herr, jetzt an dein Amt, / daß du ein Friedfürst bist, / und hilf uns gnädig allesamt / jetzt und zu aller Frist. / Laß uns hinfort dein göttlich Wort / im Fried noch länger schallen.

T: JAKOB EBERT 1601
M: BEI BARTHOLOMÄUS GESIUS 1601

Friede ist nicht Abwesenheit von Kampf,
aber Anwesenheit von Gott.

EVA VON TIELE-WINCKLER

423

2. Ach laß dein Wort uns allen / noch ferner reichlich schallen / zu unsrer Seelen Nutz. / Bewahr vor allen Rotten, / die deiner Wahrheit spotten, / biet allen deinen Feinden Trutz.

3. Gib du getreue Lehrer / und unverdroßne Hörer, / die beide Täter sein; / auf Pflanzen und Begießen / laß dein Gedeihen fließen / und ernte reiche Früchte ein.

4. Laß alle, die regieren, / ihr Amt getreulich führen, / schaff jedermann sein Recht, / daß Fried und Treu sich müssen / in unserm Lande küssen, / und segne beide, Herrn und Knecht.

5. Wend ab in allen Gnaden / so Feu'r- als Wasserschaden, / treib Sturm und Hagel ab, / bewahr des Landes Früchte / und mache nicht zunichte, / was deine milde Hand uns gab.

6. Gib uns den lieben Frieden, / mach alle Feind ermüden, / verleih gesunde Luft, / laß keine teuren Zeiten / auf unsre Grenzen schreiten, / da man nach Brot vergebens ruft.

7. Die Hungrigen erquicke / und bringe die zurücke, / die sonst verirret sein. / Die Witwen und die Waisen / wollst du mit Troste speisen, / wenn sie zu dir um Hilfe schrein.

8. Sei allen Kindern Vater, / den Müttern sei Berater, / den Kleinen gib Gedeihn; / und ziehe unsre Jugend / zur Frömmigkeit und Tugend, / daß sich die Eltern ihrer freun.

9. Komm als ein Arzt der Kranken, / und die im Glauben wanken, / laß nicht zugrunde gehn. / Die Alten heb und trage, / auf daß sie ihre Plage / geduldig mögen überstehn.

10. Bleib der Verfolgten Stütze, / die Reisenden beschütze, / die Sterbenden begleit / mit deinen Engelscharen, / daß sie in Frieden fahren / zur ewgen Ruh und Herrlichkeit.

11. Nun, Herr, du wirst erfüllen, / was wir nach deinem Willen / in Demut jetzt begehrt. / Wir sprechen nun das Amen / in unsres Jesu Namen, / so ist all unser Flehn gewährt.

T: BENJAMIN SCHMOLCK 1714
M: O WELT, ICH MUSS DICH LASSEN (NR. 521)

424

2. Unsre Welt ist wirr und bunt, / jeder will das Beste haben. / Jeder hastet Stund um Stund. / Halt uns Menschen doch gesund, / du allein verteil die Gaben.

3. Hilf, daß in der weiten Welt / Kinder nicht aus Hunger sterben. / Fruchtbar mache jedes Feld, / ordne alles Gut und Geld, / keine Seele laß verderben.

T: MARGARETA FRIES 1961
M: FRIEDRICH ZIPP 1961

Ö 425

2. Gib uns Freiheit jeden Tag! / Laß uns nicht allein. / Laß für Frieden uns und Freiheit / immer tätig sein. / Denn durch dich, unsern Gott, / denn durch dich, unsern Gott, / sind wir frei in jedem Land. / Laß uns nicht allein.

3. Gib uns Freude jeden Tag! / Laß uns nicht allein. / Für die kleinsten Freundlichkeiten / laß uns dankbar sein. / Denn nur du, unser Gott, / denn nur du, unser Gott, / hast uns alle in der Hand. / Laß uns nicht allein.

T: STR. 1 UND M: RÜDEGER LÜDERS 1963;
STR. 2–3: KURT ROMMEL 1963

426 Jesaja 2,2–5

2. Es wird sein in den letzten Tagen, / so hat es der Prophet geschaut, / da wird niemand Waffen mehr tragen, / deren Stärke er lange vertraut. / Schwerter werden zu Pflugscharen, / und Krieg lernt keiner mehr. / Gott wird seine Welt bewahren / vor Rüstung und Spieß und Speer.
Auf, kommt herbei! / Laßt uns wandeln im Lichte des Herrn!

3. Kann das Wort von den letzten Tagen / aus einer längst vergangnen Zeit / uns durch alle Finsternis tragen / in die Gottesstadt, leuchtend und weit? / Wenn wir heute mutig wagen, / auf Jesu Weg zu gehn, / werden wir in unsern Tagen / den kommenden Frieden sehn.
Auf, kommt herbei! / Laßt uns wandeln im Lichte des Herrn!

T: WALTER SCHULZ 1963/1987
M: MANFRED SCHLENKER 1985

Gott allen Lebens, du weckst Sehnsucht nach Erneuerung unserer Welt, nach Frieden und Leben in deinem Geist. So laß uns erkennen, wo dein Reich heute schon unter uns ist, damit wir ermutigt werden, Zeichen deiner Zukunft zu setzen und auf dein Heil zu warten für unsere ganze Erde.

427 Ö

2. Solang die Menschen Worte sprechen, / solang dein Wort zum Frieden ruft, / solang hast du uns nicht verlassen. / In Jesu Namen danken wir.

3. Du nährst die Vögel in den Bäumen. / Du schmückst die Blumen auf dem Feld. / Du machst ein Ende meinem Sorgen, / hast alle Tage schon bedacht.

4. Du bist das Licht, schenkst uns das Leben, / du holst die Welt aus ihrem Tod, / gibst deinen Sohn in unsre Hände, / er ist das Brot, das uns vereint.

5. Darum muß jeder zu dir rufen, / den deine Liebe leben läßt: / Du, Vater, bist in unsrer Mitte, / machst deinem Wesen uns verwandt.

T: DIETER TRAUTWEIN 1966/1972 NACH DEM NIEDERLÄNDISCHEN »ZOLANG ER MENSEN ZIJN OP AARDE« VON HUUB OOSTERHUIS (1958) 1960
M: TERA DE MAREZ OYENS 1960

428

2. Komm in unser reiches Land, / der du Arme liebst und Schwache, / daß von Geiz und Unverstand / unser Menschenherz erwache. / Schaff aus unserm Überfluß / Rettung dem, der hungern muß.

3. Komm in unsre laute Stadt, / Herr, mit deines Schweigens Mitte, / daß, wer keinen Mut mehr hat, / sich von dir die Kraft erbitte / für den Weg durch Lärm und Streit / hin zu deiner Ewigkeit.

4. Komm in unser festes Haus, / der du nackt und ungeborgen. / Mach ein leichtes Zelt daraus, / das uns deckt kaum bis zum Morgen; / denn wer sicher wohnt, vergißt, / daß er auf dem Weg noch ist.

5. Komm in unser dunkles Herz, / Herr, mit deines Lichtes Fülle; / daß nicht Neid, Angst, Not und Schmerz / deine Wahrheit uns verhülle, / die auch noch in tiefer Nacht / Menschenleben herrlich macht.

T: HANS VON LEHNDORFF 1968
M: MANFRED SCHLENKER 1982

429 (Ö)

Kehrvers

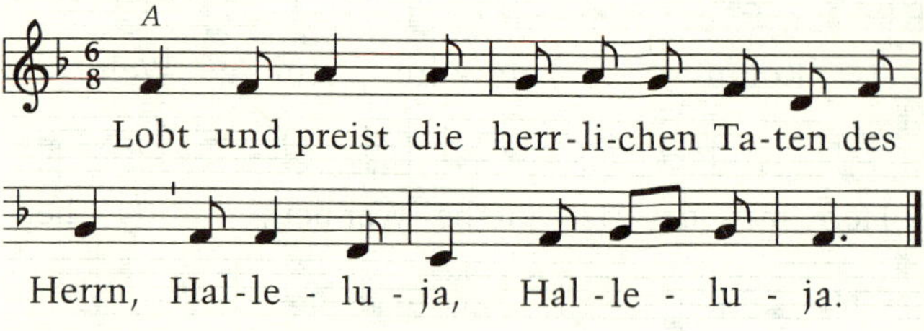

Der Kehrvers wird nach jeder Strophe wiederholt.

*Offb 21,1.5

4. So spricht der Herr: Ich schuf den Himmel, ich schuf die Erde, / schuf sie zur Wohnung für alle Menschen, doch nicht zur Wüste.

5. Ich gieße aus über die Menschen Geist aus der Höhe, / dann wird die Steppe, dann wird die Wüste fruchtbarer Garten.

6. Dann wohnt das Recht unter den Menschen und schafft den Frieden, / für alle Völker – Spruch unsers Gottes – sichere Zukunft. *Jes 32,17*

T: DIETHARD ZILS 1970
M: LUCIEN DEISS 1954

430

3. Gib Frieden, Herr, wir bitten! / Du selbst bist, was uns fehlt. / Du hast für uns gelitten, / hast unsern Streit erwählt, / damit wir leben könnten, / in Ängsten und doch frei, / und jedem Freude gönnten, / wie feind er uns auch sei.

4. Gib Frieden, Herr, gib Frieden: / Denn trotzig und verzagt / hat sich das Herz geschieden / von dem, was Liebe sagt! / Gib Mut zum Händereichen, / zur Rede, die nicht lügt, / und mach aus uns ein Zeichen / dafür, daß Friede siegt.

T: JÜRGEN HENKYS (1980) 1983 NACH DEM NIEDERLÄNDISCHEN »GEEF VREDE, HEER, GEEF VREDE« VON JAN NOOTER 1963

M: BEFIEHL DU DEINE WEGE (NR. 361)

431

2. Du selbst bist Flamme, Gott, du bist / die Liebe, die in Christus brennt. / Sie wacht, wenn der Gedanken Lauf / das All durchmißt, das Element. / Führ uns an atomarer Nacht / vorüber, hilf der Hoffnung auf.

3. Wir preisen dich, du Herr des Lichts! / Geblendet noch und schuldbedroht / sehn wir nur Feuer des Gerichts, / nicht deine Liebe, die da loht. / Zeig uns, was neuen Frieden schafft. / Für ihn zu leiden gib uns Kraft.

T: WALTER SCHULZ/JÜRGEN HENKYS (1982) 1984
NACH DEM ENGLISCHEN
»GREAT GOD, OUR SOURCE AND LORD OF SPACE«
VON GEORGE UTECH (1964) 1969
M: GERHARD M. CARTFORD (1964) 1969

432

2. Gott gab uns Ohren, damit wir hören. / Er gab uns Worte, daß wir verstehn. / Gott will nicht diese Erde zerstören. / Er schuf sie gut, er schuf sie schön. / Gott will nicht diese Erde zerstören. / Er schuf sie gut, er schuf sie schön.

3. Gott gab uns Hände, damit wir handeln. / Er gab uns Füße, daß wir fest stehn. / Gott will mit uns die Erde verwandeln. / Wir können neu ins Leben gehn. / Gott will mit uns die Erde verwandeln. / Wir können neu ins Leben gehn.

T: ECKART BÜCKEN 1982
M: FRITZ BALTRUWEIT 1982

433

T UND M: AUS ISRAEL

Herr, allmächtiger Gott, du lenkst die Herzen der Menschen. Wir bitten dich: Gib, daß alle, die Macht haben und Verantwortung tragen, erkennen und tun, was dem Frieden und der Gerechtigkeit dient.

434

Die Stimmen können auch nacheinander schließen.

T UND KANON FÜR 8 STIMMEN: AUS ISRAEL

435 Ö

Übersetzung: Gib uns den Frieden.

T: AUS DEM ALTKIRCHLICHEN »AGNUS DEI«
KANON FÜR 3 STIMMEN: MÜNDLICH ÜBERLIEFERT

436

KANON FÜR 4 STIMMEN:
LUDGER EDELKÖTTER 1976

437 (Ö)

1. Die hel-le Sonn leucht' jetzt her-
für, fröh-lich vom Schlaf auf-ste-hen wir,

2. Herr Christ, den Tag uns auch behüt / vor Sünd und Schand durch deine Güt. / Laß deine lieben Engelein / unsre Hüter und Wächter sein,

3. daß unser Herz in G'horsam leb, / deim Wort und Willn nicht widerstreb, / daß wir dich stets vor Augen han / in allem, das wir heben an.

4. Laß unser Werk geraten wohl, / was ein jeder ausrichten soll, / daß unsre Arbeit, Müh und Fleiß / gereich zu deim Lob, Ehr und Preis.

T: NIKOLAUS HERMAN 1560
M UND SATZ: MELCHIOR VULPIUS 1609

438

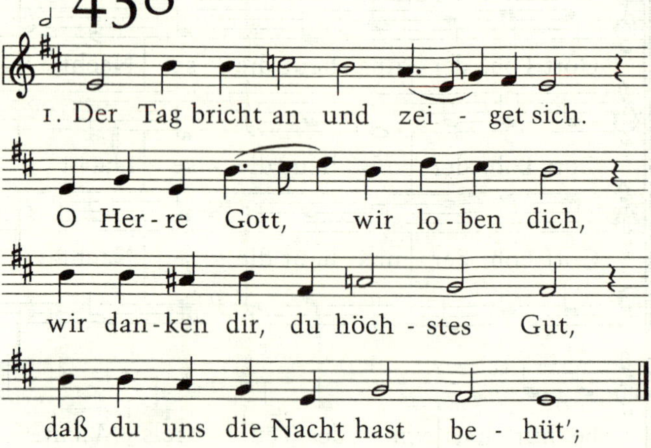

2. bitten dich auch: behüt uns heut, / denn wir allhier sind Pilgerleut; / steh uns bei, tu Hilf und bewahr, / daß uns kein Übel widerfahr.

3. Regier du uns mit starker Hand, / auf daß dein Werk in uns erkannt, / dein Name durch glaubreich Gebärd / in uns heilig erweiset werd.

4. Hilf, daß der Geist Zuchtmeister bleib, / das arge Fleisch so zwing und treib, / daß es sich nicht gar ungestüm / erheb und fordre deinen Grimm.

5. Versorg uns auch, o Herre Gott, / auf diesen Tag, wie's uns ist not, / teil uns dein' milden Segen aus, / denn unser Sorg richtet nichts aus.

6. Gib deinen Segen unserm Tun / und unsrer Arbeit deinen Lohn / durch Jesus Christus, deinen Sohn, / unsern Herren vor deinem Thron.

T: MICHAEL WEISSE 1531
M: MELCHIOR VULPIUS 1609

439

2. Laßt uns Gott bitten diese Stund, / herzlich singen mit gleichem Mund, / begehren, daß er uns auch wollt / bewahren heut in seiner Huld.

3. O starker Gott von Ewigkeit, / der du uns aus Barmherzigkeit / mit deiner großen Kraft und Macht / bewahret hast in dieser Nacht,

4. du wollest uns durch deinen Sohn / an diesem Tag auch Hilfe tun, / daß nimmermehr ein Feind uns fällt, / wenn unsern Seelen er nachstellt.

5. Wir opfern uns dir, Herre Gott, / daß du unser Herz, Wort und Tat / wollest leiten nach deinem Mut, / daß unser Werk gerate gut.

6. Das bringen wir in deinem Sohn / zum Frühopfer vor deinen Thron; / darauf wir nun zu deinem Lob / mögen genießen deiner Gab.

T: MICHAEL WEISSE 1531
M: 15. JH., BÖHMISCHE BRÜDER 1531

440 Ö

Klgl 3,22.23

2. O Gott, du schöner Morgenstern, / gib uns, was wir von dir begehrn: / Zünd deine Lichter in uns an, / laß uns an Gnad kein Mangel han.

3. Treib aus, o Licht, all Finsternis, / behüt uns, Herr, vor Ärgernis, / vor Blindheit und vor aller Schand / und reich uns Tag und Nacht dein Hand,

4. zu wandeln als am lichten Tag, / damit, was immer sich zutrag, / wir stehn im Glauben bis ans End / und bleiben von dir ungetrennt.

T: JOHANNES ZWICK (UM 1541) 1545
M: JOHANN WALTER 1541

Andere Melodie:
All Morgen ist ganz frisch und neu (Nr. 440) Ö

441

2. Das ist der Herre Jesus Christ, / der ja die göttlich Wahrheit ist, / mit seiner Lehr hell scheint und leucht', / bis er die Herzen zu sich zeucht.

3. Er ist das Licht der ganzen Welt, / das jedem klar vor Augen stellt / den hellen, schönen, lichten Tag, / an dem er selig werden mag.

4. Den Tag, Herr, deines lieben Sohns / laß stetig leuchten über uns, / damit, die wir geboren blind, / doch werden noch des Tages Kind'

5. und wandeln, wie's dem wohl ansteht, / in dessen Herzen hell aufgeht / der Tag des Heils, die Gnadenzeit, / da fern ist alle Dunkelheit.

6. Die Werk der Finsternis sind grob / und dienen nicht zu deinem Lob; / die Werk des Lichtes scheinen klar, / dein Ehr sie machen offenbar.

Offb. 22,5

8. O Sonn der Gnad ohn Niedergang, / nimm von uns an den Lobgesang, / auf daß erklinge diese Weis / zum Guten uns und dir zum Preis.

T: JOHANNES ZWICK (UM 1541) 1545
M: 15. JH.; GEISTLICH BÖHMISCHE BRÜDER 1544

Herr Jesus Christus, du hast gesagt: Ihr seid das Licht der Welt. Wir bitten dich: Erwecke uns aus aller Trägheit und mach uns frei, einander zu dienen und so dein Licht leuchten zu lassen.

Ö 442

2. Sei uns willkommen, schöner Stern, / du bringst uns Christus, unsern Herrn, / der unser lieber Heiland ist, / darum du hoch zu loben bist.

3. Ihr Kinder sollt bei diesem Stern / erkennen Christus, unsern Herrn, / Marien Sohn, den treuen Hort, / der uns leuchtet mit seinem Wort.

4. Gotts Wort, du bist der Morgenstern, / wir können dein gar nicht entbehrn, / du mußt uns leuchten immerdar, / sonst sitzen wir im Finstern gar.

5. Leucht uns mit deinem Glänzen klar / und Jesus Christus offenbar', / jag aus der Finsternis Gewalt, / daß nicht die Lieb in uns erkalt.

6. Sei uns willkommen, lieber Tag, / vor dir die Nacht nicht bleiben mag. / Leucht uns in unsre Herzen fein / mit deinem himmelischen Schein.

8. Du bist die liebe Sonne klar, / wer an dich glaubt, der ist fürwahr / ein Kind der ewgen Seligkeit, / die deinen Christen ist bereit'.

9. Wir danken dir, wir loben dich / hier zeitlich und dort ewiglich / für deine groß Barmherzigkeit / von nun an bis in Ewigkeit.

T: ERASMUS ALBER (VOR 1553) UM 1556
M: 15. JH.; GEISTLICH BEI NIKOLAUS HERMAN 1560
NACH NR. 441

Ö 443

2. daß du mich hast aus Gnaden / in der vergangnen Nacht / vor G'fahr und allem Schaden / behütet und bewacht, / demütig bitt ich dich, / wollst mir mein Sünd vergeben, / womit in diesem Leben / ich hab erzürnet dich.

3. Du wollest auch behüten / mich gnädig diesen Tag / vors Teufels List und Wüten, / vor Sünden und vor Schmach, / vor Feu'r und Wassersnot, / vor Armut und vor Schanden, / vor Ketten und vor Banden, / vor bösem, schnellem Tod.

5. Dein' Engel laß auch bleiben / und weichen nicht von mir, / den Satan zu vertreiben, / auf daß der bös Feind hier / in diesem Jammertal / sein Tück an mir nicht übe, / Leib und Seel nicht betrübe / und mich nicht bring zu Fall.

6. Gott will ich lassen raten, / denn er all Ding vermag. / Er segne meine Taten / an diesem neuen Tag. / Ihm hab ich heimgestellt / mein Leib, mein Seel, mein Leben / und was er sonst gegeben; / er mach's, wie's ihm gefällt.

(Ö) 445

1. Gott des Him - mels und der Er - den,
der es Tag und Nacht läßt wer- den,

Va - ter, Sohn und Heil-ger Geist,
Sonn und Mond uns scheinen heißt,

des - sen star - ke Hand die Welt

und was drin - nen ist, er - hält:

2. Gott, ich danke dir von Herzen, / daß du mich in dieser Nacht / vor Gefahr, Angst, Not und Schmerzen / hast behütet und bewacht, / daß des bösen Feindes List / mein nicht mächtig worden ist.

3. Laß die Nacht auch meiner Sünden / jetzt mit dieser Nacht vergehn; / o Herr Jesu, laß mich finden / deine Wunden offen stehn, / da alleine Hilf und Rat / ist für meine Missetat.

4. Hilf, daß ich mit diesem Morgen / geistlich auferstehen mag / und für meine Seele sorgen, / daß, wenn nun dein großer Tag / uns erscheint und dein Gericht, / ich davor erschrecke nicht.

5. Führe mich, o Herr, und leite / meinen Gang nach deinem Wort; / sei und bleibe du auch heute / mein Beschützer und mein Hort. / Nirgends als von dir allein / kann ich recht bewahret sein.

6. Meinen Leib und meine Seele / samt den Sinnen und Verstand, / großer Gott, ich dir befehle / unter deine starke Hand. / Herr, mein Schild, mein Ehr und Ruhm, / nimm mich auf, dein Eigentum.

7. Deinen Engel zu mir sende, / der des bösen Feindes Macht, / List und Anschlag von mir wende / und mich halt in guter Acht, / der auch endlich mich zur Ruh / trage nach dem Himmel zu.

T UND M: HEINRICH ALBERT 1642

446

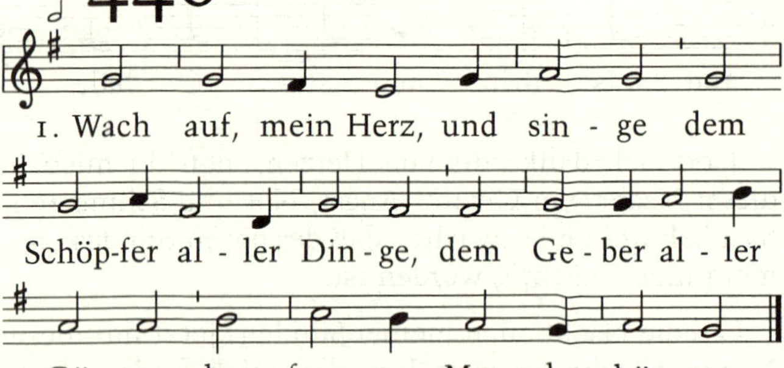

2. Heut, als die dunklen Schatten / mich ganz umgeben hatten, / hat Satan mein begehret; / Gott aber hat's gewehret.

3. Du sprachst: »Mein Kind, nun liege, / trotz dem, der dich betrüge; / schlaf wohl, laß dir nicht grauen, / du sollst die Sonne schauen.«

4. Dein Wort, das ist geschehen: / Ich kann das Licht noch sehen, / von Not bin ich befreiet, / dein Schutz hat mich erneuet.

5. Du willst ein Opfer haben, / hier bring ich meine Gaben: / mein Weihrauch und mein Widder / sind mein Gebet und Lieder.

6. Die wirst du nicht verschmähen; / du kannst ins Herze sehen; / denn du weißt, daß zur Gabe / ich ja nichts Bessers habe.

7. So wollst du nun vollenden / dein Werk an mir und senden, / der mich an diesem Tage / auf seinen Händen trage.

8. Sprich Ja zu meinen Taten, / hilf selbst das Beste raten; / den Anfang, Mitt und Ende, / ach Herr, zum besten wende.

9. Mich segne, mich behüte, / mein Herz sei deine Hütte, / dein Wort sei meine Speise, / bis ich gen Himmel reise.

T: PAUL GERHARDT 1647
M: NUN LASST UNS GOTT DEM HERREN (NR. 320)

Mein Herz ist bereit, Gott,
mein Herz ist bereit, daß ich singe und lobe.
Wach auf, meine Seele, wach auf,
Psalter und Harfe,
ich will das Morgenrot wecken!

PSALM 57,8.9

447 (Ö)

1. Lo - bet den Her - ren al - le, die ihn
2. Der un - ser Le - ben, das er uns ge -
6. O treu - er Hü - ter, Brun - nen al - ler
7. Gib, daß wir heu - te, Herr, durch dein Ge -
eh-ren; laßt uns mit Freu-den seinem Namen
ge-ben, in die - ser Nacht so vä-ter-lich be -
Gü-ter, ach laß doch fer - ner ü - ber un - ser
lei - te auf un - sern We - gen un-ver-hindert

sin - gen und Preis und Dank zu sei - nem
dek - ket und aus dem Schlaf uns fröh - lich
Le-ben bei Tag und Nacht dein Huld und
ge - hen und ü - ber - all in dei - ner
Al-tar brin - gen. Lo - bet den Her - ren!
auf-er - wek - ket: Lo - bet den Her-ren!
Gü-te schwe-ben. Lo - bet den Her - ren!
Gnade ste - hen. Lo - bet den Her - ren!

2. Der unser Leben, das er uns gegeben, / in dieser Nacht so väterlich bedecket / und aus dem Schlaf uns fröhlich auferwecket: / Lobet den Herren!

3. Daß unsre Sinnen wir noch brauchen können / und Händ und Füße, Zung und Lippen regen, / das haben wir zu danken seinem Segen. / Lobet den Herren!

4. Daß Feuerflammen uns nicht allzusammen / mit unsern Häusern unversehns gefressen, / das macht's, daß wir in seinem Schoß gesessen. / Lobet den Herren!

5. Daß Dieb und Räuber unser Gut und Leiber / nicht angetast' und grausamlich verletzet, / dawider hat sein Engel sich gesetzet. / Lobet den Herren!

6. O treuer Hüter, Brunnen aller Güter, / ach laß doch ferner über unser Leben / bei Tag und Nacht dein Huld und Güte schweben. / Lobet den Herren!

7. Gib, daß wir heute, Herr, durch dein Geleite / auf unsern Wegen unverhindert gehen / und überall in deiner Gnade stehen. / Lobet den Herren!

8. Treib unsern Willen, dein Wort zu erfüllen; / hilf uns gehorsam wirken deine Werke; / und wo wir schwach sind, da gib du uns Stärke. / Lobet den Herren!

9. Richt unsre Herzen, daß wir ja nicht scherzen / mit deinen Strafen, sondern fromm zu werden / vor deiner Zukunft uns bemühn auf Erden. / Lobet den Herren!

10. Herr, du wirst kommen und all deine Frommen, / die sich bekehren, gnädig dahin bringen, / da alle Engel ewig, ewig singen: / »Lobet den Herren!«

T: PAUL GERHARDT 1653
M UND SATZ: JOHANN CRÜGER 1653/1662

448

KANON FÜR 4 STIMMEN: HERBERT BEUERLE 1967
NACH NR. 447

449 Ö

2. Mein Auge schauet, / was Gott gebauet / zu seinen Ehren / und uns zu lehren, / wie sein Vermögen sei mächtig und groß / und wo die Frommen / dann sollen hinkommen, / wann sie mit Frieden / von hinnen geschieden / aus dieser Erden vergänglichem Schoß.

3. Lasset uns singen, / dem Schöpfer bringen / Güter und Gaben; / was wir nur haben, / alles sei Gotte zum Opfer gesetzt! / Die besten Güter / sind unsre Gemüter; / dankbare Lieder / sind Weihrauch und Widder, / an welchen er sich am meisten ergötzt.

4. Abend und Morgen / sind seine Sorgen; / segnen und mehren, / Unglück verwehren / sind seine Werke und Taten allein. / Wenn wir uns legen, / so ist er zugegen; / wenn wir aufstehen, / so läßt er aufgehen / über uns seiner Barmherzigkeit Schein.

5. Ich hab erhoben / zu dir hoch droben / all meine Sinnen; / laß mein Beginnen / ohn allen Anstoß und glücklich ergehn. / Laster und Schande, / des Satanas Bande, / Fallen und Tücke / treib ferne zurücke; / laß mich auf deinen Geboten bestehn.

6. Laß mich mit Freuden / ohn alles Neiden / sehen den Segen, / den du wirst legen / in meines Bruders und Nähesten Haus. / Geiziges Brennen, / unchristliches Rennen / nach Gut mit Sünde, / das tilge geschwinde / von meinem Herzen und wirf es hinaus.

7. Menschliches Wesen, / was ist's gewesen? / In einer Stunde / geht es zugrunde, / sobald das Lüftlein des Todes drein bläst. / Alles in allen / muß brechen und fallen, / Himmel und Erden / die müssen das werden, / was sie vor ihrer Erschaffung gewest.

8. Alles vergehet, / Gott aber stehet / ohn alles Wanken; / seine Gedanken, / sein Wort und Wille hat ewigen Grund. / Sein Heil und Gnaden, / die nehmen nicht Schaden, / heilen im Herzen / die tödlichen Schmerzen, / halten uns zeitlich und ewig gesund.

9. Gott, meine Krone, / vergib und schone, / laß meine Schulden / in Gnad und Hulden / aus deinen Augen sein abgewandt. / Sonsten regiere / mich, lenke und führe, / wie dir's gefället; / ich habe gestellet / alles in deine Beliebung und Hand.

10. Willst du mir geben, / womit mein Leben / ich kann ernähren, / so laß mich hören / allzeit im Herzen dies heilige Wort: / »Gott ist das Größte, / das Schönste und Beste, / Gott ist das Süßte / und Allergewißte, / aus allen Schätzen der edelste Hort.«

11. Willst du mich kränken, / mit Galle tränken, / und soll von Plagen / ich auch was tragen, / wohlan, so mach es, wie dir es beliebt. / Was gut und tüchtig, / was schädlich und nichtig / meinem Gebeine, / das weißt du alleine, / hast niemals keinen zu sehr noch betrübt.

12. Kreuz und Elende, / das nimmt ein Ende; / nach Meeresbrausen / und Windessausen / leuchtet der Sonnen gewünschtes Gesicht. / Freude die Fülle / und selige Stille / wird mich erwarten / im himmlischen Garten; / dahin sind meine Gedanken gericht'.

T: PAUL GERHARDT 1666
M: JOHANN GEORG EBELING 1666

2. Deiner Güte Morgentau / fall auf unser matt Gewissen; / laß die dürre Lebens-Au / lauter süßen Trost genießen / und erquick uns, deine Schar, / immerdar.

3. Gib, daß deiner Liebe Glut / unsre kalten Werke töte, / und erweck uns Herz und Mut / bei entstandner Morgenröte, / daß wir, eh wir gar vergehn, / recht aufstehn.

4. Ach du Aufgang aus der Höh,* / gib, daß auch am Jüngsten Tage / unser Leib verklärt ersteh / und, entfernt von aller Plage, / sich auf jener Freudenbahn / freuen kann.

Lk 1,78

5. Leucht uns selbst in jener Welt, / du verklärte Gnadensonne; / führ uns durch das Tränenfeld / in das Land der süßen Wonne, / da die Lust, die uns erhöht, / nie vergeht.

T: CHRISTIAN KNORR VON ROSENROTH (1654) 1684,
TEILWEISE NACH MARTIN OPITZ 1634
M: JOHANN RUDOLF AHLE 1662, HALLE 1708

451

2. Mich selbst zu schützen ohne Macht / lag ich und schlief in Frieden. / Wer schafft die Sicherheit der Nacht / und Ruhe für die Müden?

3. Du bist es, Herr und Gott der Welt, / und dein ist unser Leben; / du bist es, der es uns erhält / und mir's jetzt neu gegeben.

4. Gelobet seist du, Gott der Macht, / gelobt sei deine Treue, / daß ich nach einer sanften Nacht / mich dieses Tags erfreue.

5. Laß deinen Segen auf mir ruhn, / mich deine Wege wallen, / und lehre du mich selber tun / nach deinem Wohlgefallen.

6. Nimm meines Lebens gnädig wahr, / auf dich hofft meine Seele; / sei mir ein Retter in Gefahr, / ein Vater, wenn ich fehle.

7. Gib mir ein Herz voll Zuversicht, / erfüllt mit Lieb und Ruhe, / ein weises Herz, das seine Pflicht / erkenn und willig tue:

8. daß ich als ein getreuer Knecht / nach deinem Reiche strebe, / gottselig, züchtig und gerecht / durch deine Gnade lebe;

9. daß ich, dem Nächsten beizustehn, / nie Fleiß und Arbeit scheue, / mich gern an andrer Wohlergehn / und ihrer Tugend freue;

10. daß ich das Glück der Lebenszeit / in deiner Furcht genieße / und meinen Lauf mit Freudigkeit, / wenn du es willst, beschließe.

T: CHRISTIAN FÜRCHTEGOTT GELLERT 1757
M: UM 1570, BEI MICHAEL PRAETORIUS 1610
»ICH DANK DIR SCHON DURCH DEINEN SOHN«

In ihm sei's begonnen
der Monde und Sonnen
an blauen Gezelten
des Himmels bewegt!
Du, Vater, du rate,
lenk du und wende!
Herr, Dir in die Hände
sei Anfang und Ende,
sei alles gelegt.

EDUARD MÖRIKE

452 (Ö)

Jes 50,4.5

2. Er spricht wie an dem Tage, / da er die Welt erschuf. / Da schweigen Angst und Klage; / nichts gilt mehr als sein Ruf. / Das Wort der ewgen Treue, / die Gott uns Menschen schwört, / erfahre ich aufs neue / so, wie ein Jünger hört.

3. Er will, daß ich mich füge. / Ich gehe nicht zurück. / Hab nur in ihm Genüge, / in seinem Wort mein Glück. / Ich werde nicht zuschanden, / wenn ich nur ihn vernehm. / Gott löst mich aus den Banden. / Gott macht mich ihm genehm.

4. Er ist mir täglich nahe / und spricht mich selbst gerecht. / Was ich von ihm empfahe, / gibt sonst kein Herr dem Knecht. / Wie wohl hat's hier der Sklave, / der Herr hält sich bereit, / daß er ihn aus dem Schlafe / zu seinem Dienst geleit. *Lk 12,37*

5. Er will mich früh umhüllen / mit seinem Wort und Licht, / verheißen und erfüllen, / damit mir nichts gebricht; / will vollen Lohn mir zahlen, / fragt nicht, ob ich versag. / Sein Wort will helle strahlen, / wie dunkel auch der Tag.

T: JOCHEN KLEPPER 1938
M: RUDOLF ZÖBELEY 1941

Gott der Herr hat mir eine Zunge gegeben, wie sie Jünger haben, daß ich wisse, mit den Müden zu rechter Zeit zu reden. Alle Morgen weckt er mir das Ohr, daß ich höre, wie Jünger hören. Gott der Herr hat mir das Ohr geöffnet. Und ich bin nicht ungehorsam und weiche nicht zurück.

JESAJA 50,4.5

453

2. Er halte uns die Lippen rein; / kein Hader darf uns heut entzwein. / Er mache unser Auge frei / und zeige, was da eitel sei.

3. Ringt um des Herzens Lauterkeit! / Legt ab des Herzens Härtigkeit! / Des Fleisches Hoffart beugt und brecht! / Und Trank und Speise brauchet recht.

4. Auf daß, wenn dann die Sonne sinkt / und Dunkel wieder uns umringt, / wir ledig aller Last der Welt / lobsingen dem im Sternenzelt.

5. Lob dem, der unser Vater ist, / und seinem Sohne Jesus Christ, / dem Geist auch, der uns Trost verleiht, / vordem, jetzt und in Ewigkeit.

T: JOCHEN KLEPPER (1939) 1941 NACH DEM HYMNUS »IAM LUCIS ORTO SIDERE« 9. JH.
M: EINSIEDELN 12. JH.

454

Der Kehrvers wird nach jeder Strophe wiederholt.

2. Gottes Wort erschuf die Welt, / hat die Finsternis erhellt.

3. Gottes Macht schützt, was er schuf, / den Geplagten gilt sein Ruf.

4. Gottes Liebe deckt die Schuld, / trägt die Sünder in Geduld.

5. Gottes Wort ruft Freund und Feind, / die sein Geist versöhnt und eint.

6. Darum macht die Herzen weit, / euren Mund zum Lob bereit!

T: STR. 1.2.6 JOHANN CHRISTOPH HAMPE (1950) 1969
NACH DEM ENGLISCHEN »LET US WITH A GLADSOME MIND« VON JOHN MILTON 1623;
STR. 3–5 HELMUT KORNEMANN 1972
M: NACH EINEM TEMPELGESANG AUS CHINA

455

2. Sanft fallen Tropfen, sonnendurchleuchtet. / So lag auf erstem Gras erster Tau. / Dank für die Spuren Gottes im Garten, / grünende Frische, vollkommnes Blau.

3. Mein ist die Sonne, mein ist der Morgen, / Glanz, der zu mir aus Eden* aufbricht! / Dank überschwenglich, Dank Gott am Morgen! / Wiedererschaffen grüßt uns sein Licht.

*1. Mose 2,15

T: JÜRGEN HENKYS (1987) 1990 NACH DEM ENGLISCHEN »MORNING HAS BROKEN« VON ELEANOR FARJEON VOR 1933
M: GÄLISCHES VOLKSLIED VOR 1900; GEISTLICH VOR 1933

Ö 456

T: PSALM 113,3
KANON FÜR 4 STIMMEN: PAUL ERNST RUPPEL 1938

Gott der Herr ist Sonne und Schild;
der Herr gibt Gnade und Ehre.
Er wird kein Gutes mangeln lassen den Frommen.
Herr Zebaoth, wohl dem Menschen,
der sich auf dich verläßt!

PSALM 84,12.13

MITTAG UND DAS TÄGLICHE BROT

457 Ö

2. Wie laut dich auch der Tag umgibt, / jetzt halte lauschend still, / weil er, der dich beschenkt und liebt, / die Gabe segnen will.

3. Der Mittag kommt. So tritt zum Mahl; / denk an den Tisch des Herrn. / Er weiß die Beter überall / und kommt zu Gaste gern.

4. Er segnet dich in Dorf und Stadt, / in Keller, Kammer, Feld. / Was dir der Herr gesegnet hat, / bleibt fortan wohl bestellt.

5. Er segnet dir auch Korb und Krug / und Truhe, Trog und Schrein. / Ihm kann es keinen Tag genug / an Segensfülle sein.

5. Mose 28,5

6. Er segnet deiner Bäume Frucht, / dein Kind, dein Land, dein Vieh. / Er segnet, was den Segen sucht. / Die Gnade schlummert nie.

7. Er segnet, wenn du kommst und gehst; / er segnet, was du planst. / Er weiß auch, daß du's nicht verstehst / und oft nicht einmal ahnst.

8. Und dennoch bleibt er ohn Verdruß / zum Segnen stets bereit, / gibt auch des Regens milden Fluß, / wenn Regen an der Zeit.

9. Sein guter Schatz ist aufgetan, / des Himmels ewges Reich. / Zu segnen hebt er täglich an / und bleibt sich immer gleich.

10. Wer sich nach seinem Namen nennt, / hat er zuvor erkannt. / Er segnet, welche Schuld auch trennt, / die Werke deiner Hand.

11. Die Hände, die zum Beten ruhn, / die macht er stark zur Tat. / Und was der Beter Hände tun, / geschieht nach seinem Rat.

12. Der Tag ist seiner Höhe nah. / Nun stärke Seel und Leib, / daß, was an Segen er ersah, / dir hier und dort verbleib.

T: JOCHEN KLEPPER 1938
M: FRITZ WERNER 1949

458 (Ö)

T: ERASMUS ALBER 1537
M: NUN DANKET GOTT, ERHEBT UND PREISET (NR. 290)
UM DIE WIEDERHOLUNG DER ANFANGSZEILEN
VERLÄNGERT

459

2. Die rechte Sonn ist Jesus Christ, / das Licht er zu dem Leben ist, / das er uns heute durch sein Wort / hell leuchten läßt an allem Ort.

3. Laßt wandeln uns in diesem Licht, / bei dem man auch im Finstern sieht; / ohne das Licht man hellen Tag / von finstrer Nacht nicht scheiden mag.

T: AMBROSIUS LOBWASSER 1579
M: JOHANN CRÜGER 1640

460 Ö

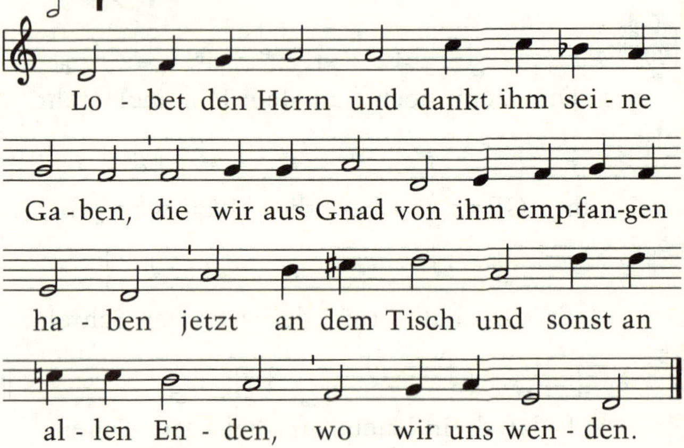

T: BARTHOLOMÄUS RINGWALDT 1586
M: JOHANN CRÜGER 1640

461

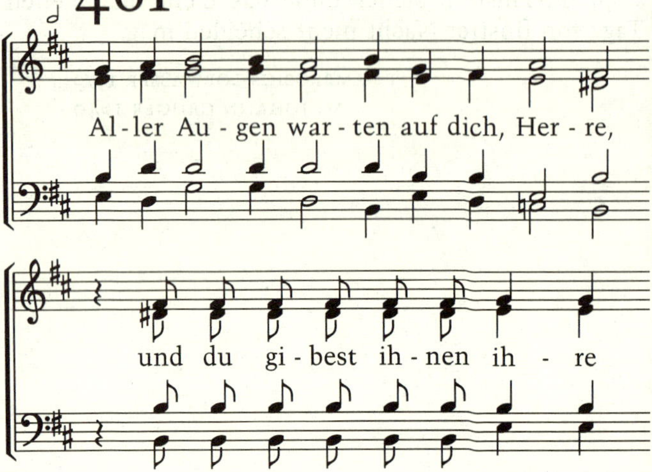

T: PSALM 145,15–16
M UND SATZ: HEINRICH SCHÜTZ 1657

462

T: ALBERT KNAPP 1837
M: ACH LIEBER HERRE JESU CHRIST (NR. 203)

Herr, wie sind deine Werke so groß und viel!
Du hast sie alle weise geordnet, und die Erde ist voll deiner Güter.
Es warten alle auf dich,
daß du ihnen Speise gebest zur rechten Zeit.
Wenn du ihnen gibst, so sammeln sie;
wenn du deine Hand auftust, so werden sie mit Gutem gesättigt.
Du sendest aus deinen Odem, so werden sie geschaffen,
und du machst neu die Gestalt der Erde.

PSALM 104,24.27.28.30

463

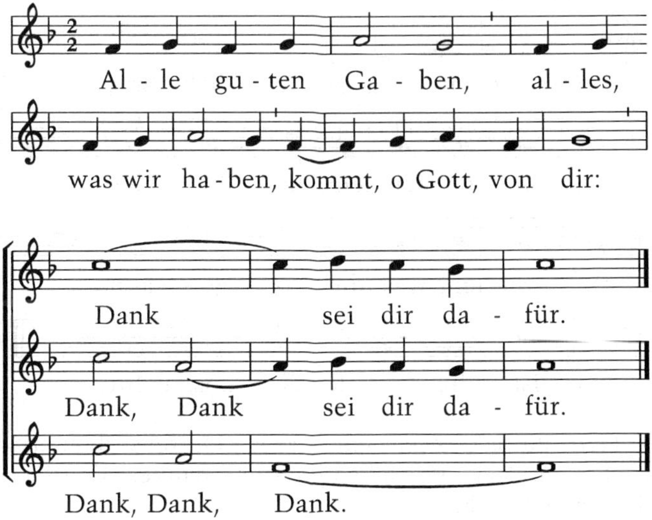

T: MÜNDLICH ÜBERLIEFERT
M UND SATZ: PAUL ERNST RUPPEL 1952

464

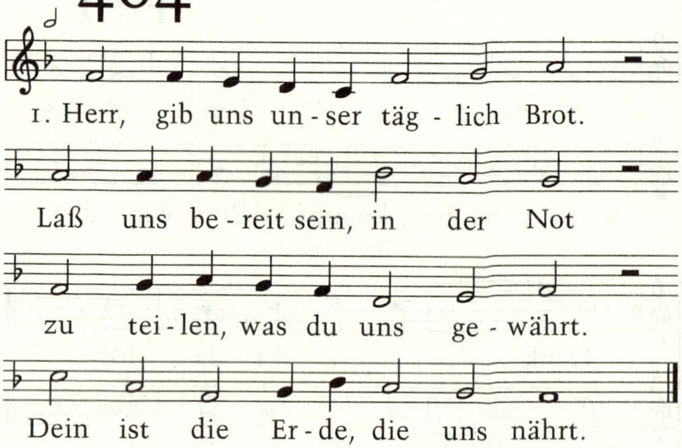

2. Herr, du bist unser täglich Brot. / Du teilst dich aus in deinem Tod. / Wir loben dich und danken dir. / Aus deiner Liebe leben wir.

T: EDWIN NIEVERGELT 1979
M: LOBT GOTT, DEN HERRN DER HERRLICHKEIT (NR. 300)

Gutes zu tun und mit andern zu teilen,
vergeßt nicht; denn solche Opfer gefallen Gott.

HEBRÄER 13,16

465

T: BRÜDERGEMEINE LONDON 1753
KANON FÜR 3 STIMMEN:
MÜNDLICH ÜBERLIEFERT

Ö 466

T: MÜNDLICH ÜBERLIEFERT
KANON FÜR 3 STIMMEN:
PAUL ERNST RUPPEL 1951

ABEND

467 Ö

1. Hin - un - ter ist der Son - ne
2. Dir sei Dank, daß du uns den
3. Wo - mit wir heut er - - zür - net
4. Dein En - gel uns zur Wach be -
1. Schein, die fin - stre Nacht bricht
2. Tag vor Scha-den, G'fahr und
3. dich, das - selb ver - zeih uns
4. stell, daß uns der bö - - - se

1. stark her - ein; leucht uns, Herr
2. man - cher Plag durch dei - ne
3. gnä - dig - lich und rechn es
4. Feind nicht fäll. Vor Schre-cken,
1. Christ, du wah - res Licht, laß
2. En - gel hast be - hüt' aus
3. un - srer Seel nicht zu; laß
4. Angst und Feu - ers - not be -
1. uns im Fin - - stern tap - pen nicht.
2. Gnad und vä-ter - li - - cher Güt.
3. schla - fen uns mit Fried und Ruh.
4. hü - te uns, o lie - - ber Gott.

2. Dir sei Dank, daß du uns den Tag / vor Schaden, G'fahr und mancher Plag / durch deine Engel hast behüt' / aus Gnad und väterlicher Güt.

3. Womit wir heut erzürnet dich, / dasselb verzeih uns gnädiglich / und rechn es unsrer Seel nicht zu; / laß schlafen uns mit Fried und Ruh.

4. Dein Engel uns zur Wach bestell, / daß uns der böse Feind nicht fäll. / Vor Schrecken, Angst und Feuersnot / behüte uns, o lieber Gott.

T: NIKOLAUS HERMAN 1560
M UND SATZ: MELCHIOR VULPIUS 1609

468

2. Dein Engelschar, die steh ihm bei, / es schlaf, es wach und wo es sei. / Dein Kreuz behüt es, Gottes Sohn, / daß es erlang der Heilgen Kron. / Ach Jesu, Herre mein, / behüt dies Kindelein!

3. Nun schlaf, nun schlaf, mein Kindelein! / Jesus soll freundlich bei dir sein. / Er wolle, daß dir träume wohl / und werdest aller Tugend voll. / Ach Jesu, Herre mein, / behüt dies Kindelein!

4. Ein gute Nacht und guten Tag / geb dir, der alle Ding vermag. / Hiermit sollst du gesegnet sein, / du herzeliebes Kindelein. / Ach Jesu, Herre mein, / behüt dies Kindelein!

T: NACH HEINRICH VON LAUFENBERG 1430
M: STRASSBURG 1430

469

2. Ach lieber Herr, behüt uns heut / in dieser Nacht vorm bösen Feind / und laß uns in dir ruhen fein / und vor dem Satan sicher sein.

3. Obschon die Augen schlafen ein, / so laß das Herz doch wacker sein; / halt über uns dein rechte Hand, / daß wir nicht falln in Sünd und Schand.

4. Wir bitten dich, Herr Jesu Christ: / behüt uns vor des Teufels List, / der stets nach unsrer Seele tracht', / daß er an uns hab keine Macht.

5. Sind wir doch dein ererbtes Gut, / erworben durch dein heilges Blut; / das war des ewgen Vaters Rat, / als er uns dir geschenket hat.

6. Befiehl dem Engel, daß er komm / und uns bewach, dein Eigentum; / gib uns die lieben Wächter zu, / daß wir vorm Satan haben Ruh.

7. So schlafen wir im Namen dein, / dieweil die Engel bei uns sein. / Du Heilige Dreifaltigkeit, / wir loben dich in Ewigkeit.

T: ERASMUS ALBER UM 1536 NACH DEM HYMNUS »CHRISTE QUI LUX ES ET DIES« VOR 534
M: FRANKFURT/MAIN 1557, BEI CYRIAKUS SPANGENBERG 1568, BEI SETH CALVISIUS 1597

Ich liege und schlafe ganz mit Frieden; denn allein, du, Herr, hilfst mir, daß ich sicher wohne. PSALM 4,9

470

2. Des Morgens, Gott, dich loben wir, / des Abends auch beten vor dir; / unser armes Lied rühmet dich / jetzund, immer und ewiglich.

3. Gott Vater, dem sei ewig Ehr, / Gott Sohn, der ist der einig Herr, / und dem Tröster, Heiligen Geist, / von nun an bis in Ewigkeit.

T: MARTIN LUTHER 1543 NACH DEM HYMNUS »O LUX BEATA TRINITAS« 9. JH., FRÜHER GREGOR I. ZUGESCHRIEBEN
M: MAILAND UM 650, STRASSBURG 1545, BEI LUCAS LOSSIUS 1553

471

2. Treib, Herr, von uns fern / die unreinen Geister; / halt die Nachtwach gern, / sei selbst unser Schutzherr; / schirm beid, Leib und Seel, / unter deine Flügel; / send uns dein Engel.

3. Laß uns einschlafen / mit guten Gedanken, / fröhlich aufwachen / und von dir nicht wanken. / Laß uns mit Züchten / unser Tun und Dichten / zu deim Preis richten.

4. Pfleg auch der Kranken / durch deinen Geliebten; / hilf den Gefangnen; / tröste die Betrübten; / pfleg auch der Kinder, / sei selbst ihr Vormünder; / des Feinds Neid hinder.

5. Vater, dein Name / werd von uns gepreiset, / dein Reich zukomme, / dein Will werd beweiset, / frist unser Leben, / wollst die Schuld vergeben, / erlös uns. Amen.

T: PETRUS HERBERT 1566
M: 16. JH., BÖHMISCHE BRÜDER 1566

472

2. Nichts ist auf dieser Erden, / das da beständig bleibt, / allein die Güt des Herren, / die währt in Ewigkeit, / steht allen Menschen offen; / Gott läßt die Seinen nicht. / Drauf setz ich all mein Hoffen, / mein' Trost, mein Zuversicht.

3. Dem hab ich mich ergeben / in dieser argen Welt. / So ist des Menschen Leben / wie Blümlein auf dem Feld: / des Morgens in dem Taue / stehn sie gefärbet schön; / bald sind sie abgehauen, / verderben und vergehn.

4. Vergib mir, lieber Herre, / mein Sünd und Missetat; / ich hab gesündigt sehre / und bitte, Herr, um Gnad. / Wenn du mir wollst zuschreiben / mein Sünd und auch mein Schuld, / wo sollt ich vor dir bleiben? / Den Tod hätt ich verschuldt.

5. Ich bitt, daß du mir gnädig / um Christi willen seist; / mach mich von Sünden ledig, / gib mir den Heilgen Geist, / der mich weise und lehre, / ja der mich leit und führ, / auf daß ich nimmermehre / Gotts Steg und Weg verlier.

6. Mein' Leib, mein Seel, mein Leben, / mein Haus, mein Gut und Ehr, / was du mir hast gegeben, / befehl ich dir, o Herr, / in dein göttlichen Hände; / behüt mich gnädiglich; / gib mir ein selig Ende / und nimm mich in dein Reich.

T: GREIFSWALD 1597
M: ICH FREU MICH IN DEM HERREN (NR. 349)

Herr Gott, himmlischer Vater, der du uns diesen Tag gnädig bewahret hast, sieh nicht an, was wir versäumt und verschuldet haben, sondern neige dich zu uns mit deinem Erbarmen, auf daß wir diese Nacht in deinem Schutze ruhen und dich morgen von neuem preisen.

473 Ö

2. Dein Lieb und Treu vor allem geht, / kein Ding auf Erd so fest besteht; / das muß ich frei bekennen. / Drum soll nicht Tod, / nicht Angst, nicht Not / von deiner Lieb mich trennen.

3. Dein Wort ist wahr und trüget nicht / und hält gewiß, was es verspricht, / im Tod und auch im Leben. / Du bist nun mein, / und ich bin dein, / dir hab ich mich ergeben.

4. Der Tag nimmt ab. Ach schönste Zier, / Herr Jesu Christ, bleib du bei mir, / es will nun Abend werden. / Laß doch dein Licht / auslöschen nicht / bei uns allhier auf Erden.

T: BEI JOHANNES ECCARD 1598
M: LEIPZIG 1573, BEI SETH CALVISIUS 1594

Ö 474

2. Ich ruf zu dir, Herr Jesu Christ, / der du allein mein Helfer bist: / laß kein Leid widerfahren, / durch deinen Schutz / vors Teufels Trutz / dein Engel uns bewahren.

3. Befiehl den lieben Engeln dein, / daß sie stets um und bei uns sein; / all Übel von uns wende. / Gott Heilger Geist, / dein Hilf uns leist / an unserm letzten Ende.

T: STR. 1 CORNELIUS BECKER 1602 (PSALM 4);
STR. 2–3 BRESLAU 1690
M: MEIN SCHÖNSTE ZIER UND KLEINOD BIST (NR. 473)

475

2. Lob und Dank sei dir gesungen, / Vater der Barmherzigkeit, / daß mir ist mein Werk gelungen, / daß du mich vor allem Leid / und vor Sünden mancher Art / so getreulich hast bewahrt, / auch die Feind hinweggetrieben, / daß ich unbeschädigt blieben.

3. Dieser Tag ist nun vergangen, / und die trübe Nacht bricht an; / es ist hin der Sonne Prangen, / so uns all erfreuen kann. / Stehe mir, o Vater, bei, / daß dein Glanz stets vor mir sei, / mich umgebe und beschütze, / ob ich gleich im Finstern sitze.

4. Herr, verzeihe mir aus Gnaden / alle Sünd und Missetat, / die mein armes Herz beladen / und mich gar vergiftet hat. / Hilf mir, da des Satans Spiel / mich zur Hölle stürzen will. / Du allein kannst mich erretten, / lösen von der Sünde Ketten.

5. Bin ich gleich von dir gewichen, / stell ich mich doch wieder ein; / hat uns doch dein Sohn verglichen / durch sein Angst und Todespein. / Ich verleugne nicht die Schuld; / aber deine Gnad und Huld / ist viel größer als die Sünde, / die ich stets in mir befinde.

6. Laß mich diese Nacht empfinden / eine sanft und süße Ruh, / alles Übel laß verschwinden, / decke mich mit Segen zu. / Leib und Seele, Mut und Blut, / Weib und Kinder, Hab und Gut, / Freunde, Feind und Hausgenossen / sein in deinen Schutz geschlossen.

7. Ach bewahre mich vor Schrecken, / schütze mich vor Überfall, / laß mich Krankheit nicht aufwecken, / treibe weg des Krieges Schall, / wende Feu'r und Wassersnot, / Pestilenz und schnellen Tod, / laß mich nicht in Sünden sterben / noch an Leib und Seel verderben.

8. O du großer Gott, erhöre, / was dein Kind gebeten hat; / Jesu, den ich herzlich ehre, / bleibe ja mein Schutz und Rat; / und mein Hort, du werter Geist, / der du Freund und Tröster heißt, / höre doch mein sehnlich Flehen. / Amen, ja, das soll geschehen.

T: JOHANN RIST 1642
M: JOHANN SCHOP 1642, BÖHMISCHE BRÜDER 1661

476

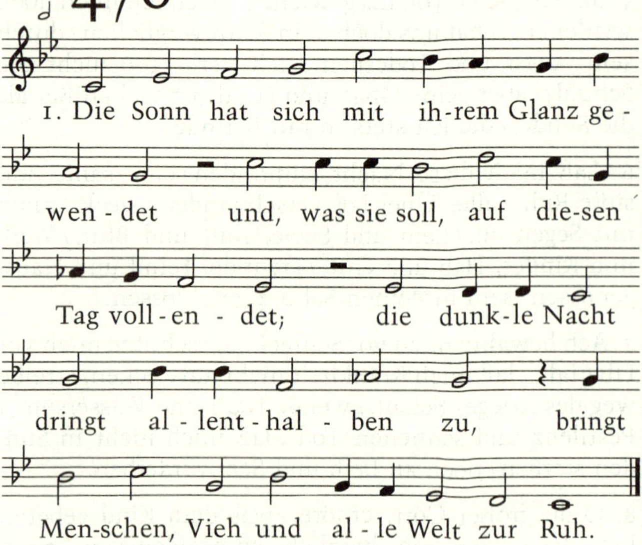

2. Ich preise dich, du Herr der Nächt und Tage, / daß du mich heut vor aller Not und Plage / durch deine Gnad und hochgerühmte Macht / hast unverletzt und frei hindurchgebracht.

3. Vergib, wo ich bei Tage so gelebet, / daß ich nach dem, was finster ist, gestrebet; / laß alle Schuld durch deinen Gnadenschein / in Ewigkeit bei dir verloschen sein.

4. Schaff, daß mein Geist dich ungehindert schaue, / indem ich mich der trüben Nacht vertraue, / und daß der Leib auf diesen schweren Tag / sich seiner Kraft fein sanft erholen mag.

5. Vergönne, daß der lieben Engel Scharen / mich vor der Macht der Finsternis bewahren, / auf daß ich vor der List und Tyrannei / der argen Welt im Schlafen sicher sei.

6. Herr, wenn mich wird die lange Nacht bedecken / und in die Ruh des tiefen Grabes stecken, / so blicke mich mit deinen Augen an, / daraus ich Licht im Tode nehmen kann,

7. und laß hernach zugleich mit allen Frommen / mich zu dem Glanz des andern Lebens kommen, / da du uns hast den großen Tag bestimmt, / dem keine Nacht sein Licht und Klarheit nimmt.

T: OTTO VON SCHWERIN (?) 1647
M: WIE HERRLICH GIBST DU, HERR, DICH ZU ERKENNEN (NR. 271)

Herr, Gott, du Ursprung und Ziel unseres Lebens. Gib den Ratlosen Weisung, den Ziellosen Heimat, den Betrübten Trost durch dein Wort, damit wir Ruhe finden in dir.

477 ö

1. Nun ru - hen al - le Wäl - der, Vieh,
1. Nun ru - hen al - le Wäl - der, Vieh,
8
1. Nun ru - hen al - le Wäl - der, Vieh,
Men-schen, Städt und Fel - der, es
Men-schen, Städt und Fel-der, es
8
Men-schen, Städt und Fel - der, es
schläft die ganze Welt; ihr a - ber, mei-ne
schläft die ganze Welt; ihr a - ber, mei-ne
8
schläft die ganze Welt; ihr a - ber, mei-ne

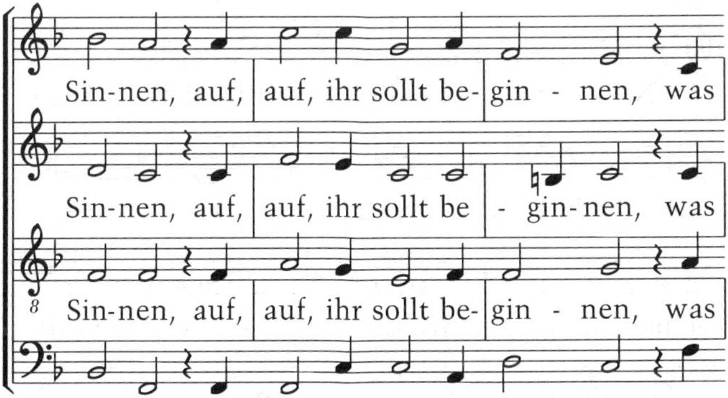

2. Wo bist du, Sonne, blieben? / Die Nacht hat dich vertrieben, / die Nacht, des Tages Feind. / Fahr hin; ein andre Sonne, / mein Jesus, meine Wonne, / gar hell in meinem Herzen scheint.

3. Der Tag ist nun vergangen, / die güldnen Sternlein prangen / am blauen Himmelssaal; / also werd ich auch stehen, / wenn mich wird heißen gehen / mein Gott aus diesem Jammertal.

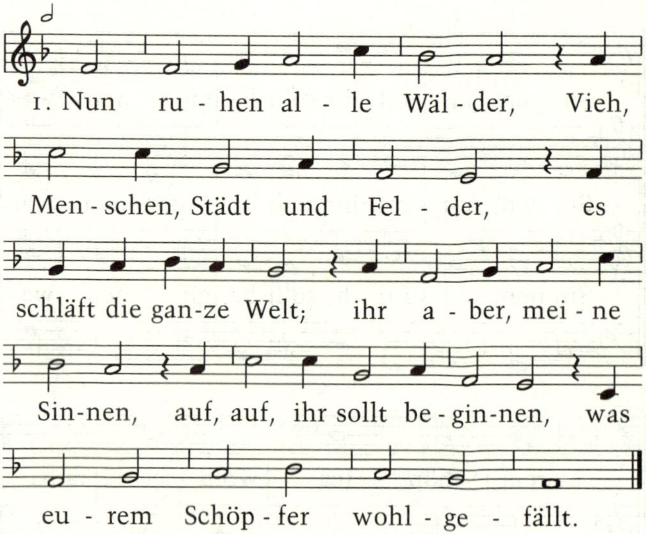

2. Wo bist du, Sonne, blieben? / Die Nacht hat dich vertrieben, / die Nacht, des Tages Feind. / Fahr hin; ein andre Sonne, / mein Jesus, meine Wonne, / gar hell in meinem Herzen scheint.

3. Der Tag ist nun vergangen, / die güldnen Sternlein prangen / am blauen Himmelssaal; / also werd ich auch stehen, / wenn mich wird heißen gehen / mein Gott aus diesem Jammertal.

4. Der Leib eilt nun zur Ruhe, / legt ab das Kleid und Schuhe, / das Bild der Sterblichkeit; / die zieh ich aus, dagegen / wird Christus mir anlegen / den Rock der Ehr und Herrlichkeit.

5. Das Haupt, die Füß und Hände / sind froh, daß nun zum Ende / die Arbeit kommen sei. / Herz, freu dich, du sollst werden / vom Elend dieser Erden / und von der Sünden Arbeit frei.

6. Nun geht, ihr matten Glieder, / geht hin und legt euch nieder, / der Betten ihr begehrt. / Es kommen Stund und Zeiten, / da man euch wird bereiten / zur Ruh ein Bettlein in der Erd.

7. Mein Augen stehn verdrossen, / im Nu sind sie geschlossen. / Wo bleibt dann Leib und Seel? / Nimm sie zu deinen Gnaden, / sei gut für allen Schaden, / du Aug und Wächter Israel'.

8. Breit aus die Flügel beide, / o Jesu, meine Freude, / und nimm dein Küchlein ein. / Will Satan mich verschlingen, / so laß die Englein singen: / »Dies Kind soll unverletzet sein.«

9. Auch euch, ihr meine Lieben, / soll heute nicht betrüben / kein Unfall noch Gefahr. / Gott laß euch selig schlafen, / stell euch die güldnen Waffen / ums Bett und seiner Engel Schar.

T: PAUL GERHARDT 1647
M: O WELT, ICH MUSS DICH LASSEN (NR. 521)
SATZ: BARTHOLOMÄUS GESIUS 1605

478

2. Nur du, mein Gott, hast keine Rast, / du schläfst noch schlummerst nicht; / die Finsternis ist dir verhaßt, / weil du bist selbst das Licht.

3. Gedenke, Herr, doch auch an mich / in dieser schwarzen Nacht / und schenke du mir gnädiglich / den Schutz von deiner Wacht.

4. Zwar fühl ich wohl der Sünden Schuld, / die mich bei dir klagt an; / ach, aber deines Sohnes Huld / hat g'nug für mich getan.

5. Den setz ich dir zum Bürgen ein, / wenn ich muß vors Gericht; / ich kann ja nicht verloren sein / in solcher Zuversicht.

6. Weicht, nichtige Gedanken, hin, / wo ihr habt euren Lauf, / ich baue jetzt in meinem Sinn / Gott einen Tempel auf.

7. Drauf tu ich meine Augen zu / und schlafe fröhlich ein, / mein Gott wacht jetzt in meiner Ruh; / wer wollt doch traurig sein?

8. Soll diese Nacht die letzte sein / in diesem Jammertal, / so führ mich, Herr, in' Himmel ein / zur Auserwählten Zahl.

9. Und also leb und sterb ich dir, / du Herre Zebaoth; / im Tod und Leben hilfst du mir / aus aller Angst und Not.

T: STR. I ADAM KRIEGER (1665) 1667;
STR. 2–7.9 JOHANN FRIEDRICH HERZOG (1670) 1692;
STR. 8 LEIPZIG 1693
M: ADAM KRIEGER 1656

Barmherziger, gnädiger Gott und Vater! Ich sage dir Lob und Dank, daß du Tag und Nacht geschaffen hast, den Tag zur Arbeit und die Nacht zur Ruhe, auf daß sich Menschen und Vieh erquicken. Ich lobe und preise dich für alle deine Wohltaten und Werke, daß du mich den vergangenen Tag hast vollenden und durch deine väterliche Gnade des Tages Last und Plage überwinden lassen. Ein jeder Tag hat seine eigene Plage; du aber, lieber Vater, hilfst uns in jeglicher Last und Mühe, bis wir endlich zur Ruhe und an den Tag kommen, da alle Mühe und Plage aufhören wird.

JOHANN ARNDT

479

1. Der lie - ben Son - ne Licht und Pracht
die Welt hat sich zur Ruh ge - macht;

hat nun den Tag voll - füh - ret,
tu, Seel, was dir ge - büh - ret,

tritt an die Him - mels - tür

und bring ein Lied her - für;

laß dei - ne Au - gen, Herz und Sinn

auf Je - sus sein ge - rich - tet hin.

2. Ihr hellen Sterne, leuchtet wohl / und gebet eure Strahlen, / ihr macht die Nacht des Lichtes voll; / doch noch zu tausend Malen / scheint heller in mein Herz / die ewig Himmelskerz, / mein Jesus, meiner Seele Ruhm, / mein Schatz, mein Schutz, mein Eigentum.

3. Verschmähe nicht dies arme Lied, / das ich dir, Jesu, singe; / in meinem Herzen ist kein Fried, / bis ich es zu dir bringe. / Ich bringe, was ich kann, / ach nimm es gnädig an, / es ist doch herzlich gut gemeint, / o Jesu, meiner Seelen Freund.

4. Nun, matter Leib, gib dich zur Ruh / und schlafe sanft und stille; / ihr müden Augen, schließt euch zu, / denn das ist Gottes Wille. / Schließt aber dies mit ein: / »Herr Jesu, ich bin dein!« / So wird der Schluß recht wohl gemacht. / Nun Jesu, Jesu, gute Nacht.

T: CHRISTIAN SCRIVER (VOR 1671) 1684
M: HALLE 1704, BEI GEORG PHILIPP TELEMANN 1730

Allmächtiger Gott, du hast uns zum Ende dieses Tages geleitet, wir bitten dich: bleibe bei uns und beschirme uns in den schweigenden Stunden der Nacht, damit wir, müde von der Unruhe dieser vergänglichen Welt, ruhen in deinem Frieden.

480

2. Weg, Phantasie! / Mein Herr und Gott ist hie; / du schläfst, mein Wächter, nie, / dir will ich wachen. / Ich liebe dich, / ich geb zum Opfer mich / und lasse ewiglich / dich mit mir machen.

3. Es leuchte dir / der Himmelslichter Zier; / ich sei dein Sternlein, hier / und dort zu funkeln. / Nun kehr ich ein, / Herr, rede du allein / beim tiefsten Stillesein / zu mir im Dunkeln.

T: GERHARD TERSTEEGEN 1745
M: 17. JH.; GEISTLICH 17. JH.,
BEI GERHARD TERSTEEGEN 1745, SOLINGEN 1779

(Ö) 481

2. Die Zeit ist wie verschenket, / drin man nicht dein gedenket, / da hat man's nirgend gut; / weil du uns Herz und Leben / allein für dich gegeben, / das Herz allein in dir auch ruht.

3. Ich schließe mich aufs neue / in deine Vatertreue / und Schutz und Herze ein; / der Finsternis Geschäfte / und alle bösen Kräfte / vertreibe durch dein Nahesein.

4. Daß du mich stets umgibest, / daß du mich herzlich liebest / und rufst zu dir hinein, / daß du vergnügst alleine / so wesentlich, so reine, / laß früh und spät mir wichtig sein.

5. Ein Tag, der sagt dem andern, / mein Leben sei ein Wandern / zur großen Ewigkeit. / O Ewigkeit, so schöne, / mein Herz an dich gewöhne, / mein Heim ist nicht in dieser Zeit.

T: GERHARD TERSTEEGEN 1745

M: O WELT, ICH MUSS DICH LASSEN (NR. 521)

482 Ö

2. Wie ist die Welt so stille / und in der Dämmrung Hülle / so traulich und so hold / als eine stille Kammer, / wo ihr des Tages Jammer / verschlafen und vergessen sollt.

3. Seht ihr den Mond dort stehen? / Er ist nur halb zu sehen / und ist doch rund und schön. / So sind wohl manche Sachen, / die wir getrost belachen, / weil unsre Augen sie nicht sehn.

4. Wir stolzen Menschenkinder / sind eitel arme Sünder / und wissen gar nicht viel. / Wir spinnen Luftgespinste / und suchen viele Künste / und kommen weiter von dem Ziel.

5. Gott, laß dein Heil uns schauen, / auf nichts Vergänglichs trauen, / nicht Eitelkeit uns freun; / laß uns einfältig werden / und vor dir hier auf Erden / wie Kinder fromm und fröhlich sein.

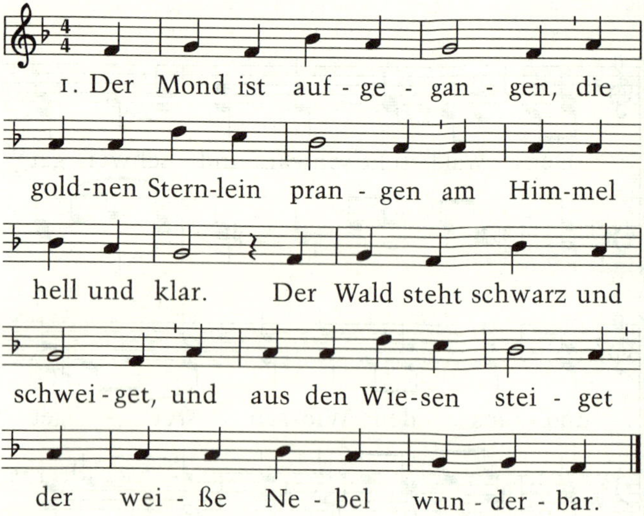

2. Wie ist die Welt so stille / und in der Dämmrung Hülle / so traulich und so hold / als eine stille Kammer, / wo ihr des Tages Jammer / verschlafen und vergessen sollt.

3. Seht ihr den Mond dort stehen? / Er ist nur halb zu sehen / und ist doch rund und schön. / So sind wohl manche Sachen, / die wir getrost belachen, / weil unsre Augen sie nicht sehn.

4. Wir stolzen Menschenkinder / sind eitel arme Sünder / und wissen gar nicht viel. / Wir spinnen Luftgespinste / und suchen viele Künste / und kommen weiter von dem Ziel.

5. Gott, laß dein Heil uns schauen, / auf nichts Vergänglichs trauen, / nicht Eitelkeit uns freun; / laß uns einfältig werden / und vor dir hier auf Erden / wie Kinder fromm und fröhlich sein.

6. Wollst endlich sonder Grämen / aus dieser Welt uns nehmen / durch einen sanften Tod; / und wenn du uns genommen, / laß uns in' Himmel kommen, / du unser Herr und unser Gott.

7. So legt euch denn, ihr Brüder, / in Gottes Namen nieder; / kalt ist der Abendhauch. / Verschon uns, Gott, mit Strafen / und laß uns ruhig schlafen. / Und unsern kranken Nachbarn auch!

T: MATTHIAS CLAUDIUS 1779
M: JOHANN ABRAHAM PETER SCHULZ 1790
SATZ: MAX REGER UM 1905

Ö 483

T: LUKAS 24,29
KANON FÜR 3 STIMMEN:
ALBERT THATE 1935

484

2. Hab ich Unrecht heut getan, / sieh es, lieber Gott, nicht an. / Deine Gnad und Jesu Blut / machen allen Schaden gut.

3. Alle, die mir sind verwandt, / Gott, laß ruhn in deiner Hand; / alle Menschen, groß und klein, / sollen dir befohlen sein.

4. Müden Herzen sende Ruh, / nasse Augen schließe zu. / Laß den Mond am Himmel stehn / und die stille Welt besehn.

T: LUISE HENSEL 1817
M: KAISERSWERTH 1842

485

2. Anbetend, Herr, wir singen / das Lied der Ewigkeit, / zu dir zurück wir bringen / die anvertraute Zeit.

3. Dir sind wir ganz verschrieben, / ein bleibend Eigentum. / Hilf, daß wir rein dich lieben, / rein künden deinen Ruhm.

4. Wenn jetzt es um uns dunkelt, / sei selber unser Licht, / und wenn das Irrlicht funkelt, / laß uns verirren nicht.

5. Die Schuld will uns vertreiben, / Herr Christ, vergib sie du. / Laß unsern Glauben bleiben / in deines Todes Ruh.

6. Dein Kreuzeshand nun segne / die Schar, die kniet vor dir, / und jedem selbst begegne: / »Der Friede sei mit dir.«

T: OTTO RIETHMÜLLER 1934 NACH DEM HYMNUS
»DEUS, CREATOR OMNIUM«
DES AMBROSIUS VON MAILAND UM 386
M: OTTO RIETHMÜLLER 1934

486 ö

Ps 4,9

2. Du bist's allein, Herr, der stets wacht, / zu helfen und zu stillen, / wenn mich die Schatten finstrer Nacht / mit jäher Angst erfüllen.

3. Dein starker Arm ist ausgereckt, / daß Unheil mich verschone / und ich, was auch den Schlaf noch schreckt, / beschirmt und sicher wohne.

4. So will ich, wenn der Abend sinkt, / des Leides nicht gedenken, / das mancher Erdentag noch bringt, / und mich darein versenken,

5. wie du, wenn alles nichtig war, / worauf die Menschen hoffen, / zur Seite warst und wunderbar / mir Plan und Rat getroffen.

6. Weil du der mächt'ge Helfer bist, / will ich mich ganz bescheiden / und, was bei dir verborgen ist, / dir zu entreißen meiden.

7. Ich achte nicht der künft'gen Angst. / Ich harre deiner Treue, / der du nicht mehr von mir verlangst, / als daß ich stets aufs neue

8. zu kummerlosem, tiefem Schlaf / in deine Huld mich bette, / vor allem, was mich bitter traf, / in deine Liebe rette.

9. Ich weiß, daß auch der Tag, der kommt, / mir deine Nähe kündet / und daß sich alles, was mir frommt, / in deinen Ratschluß findet.

10. Sind nun die dunklen Stunden da, / soll hell vor mir erstehen, / was du, als ich den Weg nicht sah, / zu meinem Heil ersehen.

11. Du hast die Lider mir berührt. / Ich schlafe ohne Sorgen. / Der mich in diese Nacht geführt, / der leitet mich auch morgen.

T: JOCHEN KLEPPER 1938
M: FRITZ WERNER 1951

Wache du, Herr, mit denen, die wachen oder weinen in dieser Nacht. Hüte deine Kranken, laß deine Müden ruhen, segne deine Sterbenden, tröste deine Leidenden. Erbarme dich deiner Betrübten und sei mit deinen Fröhlichen.

AURELIUS AUGUSTINUS

487

1. A - bend ward, bald kommt die
1. A - bend ward, bald kommt die
1. A - bend ward, bald kommt die
Nacht, schla - fen geht die
Nacht, schla - fen geht die
Nacht, schla - fen geht die
Welt; denn sie weiß, es ist die
Welt; denn sie weiß, es ist die
Welt; denn sie weiß, es ist die

2. Einer wacht und trägt allein / ihre Müh und Plag, / der läßt keinen einsam sein, / weder Nacht noch Tag.

3. Jesu Christ, mein Hort und Halt, / dein gedenk ich nun, / tu mit Bitten dir Gewalt: / Bleib bei meinem Ruhn.

4. Wenn dein Aug ob meinem wacht, / wenn dein Trost mir frommt, / weiß ich, daß auf gute Nacht / guter Morgen kommt.

T: RUDOLF ALEXANDER SCHRÖDER 1942
M UND SATZ FÜR 3 FRAUENSTIMMEN:
SAMUEL ROTHENBERG 1948

488

Lk 24,29

2. Wie bald verebbt der Tag, das Leben weicht, / die Lust verglimmt, der Erdenruhm verbleicht; / umringt von Fall und Wandel leben wir. / Unwandelbar bist du: Herr, bleib bei mir!

3. Ich brauch zu jeder Stund dein Nahesein, / denn des Versuchers Macht brichst du allein. / Wer hilft mir sonst, wenn ich den Halt verlier? / In Licht und Dunkelheit, Herr, bleib bei mir!

4. Von deiner Hand geführt, fürcht ich kein Leid, / kein Unglück, keiner Trübsal Bitterkeit. / Was ist der Tod, bist du mir Schild und Zier? / Den Stachel nimmst du ihm: Herr, bleib bei mir!

5. Halt mir dein Kreuz vor, wenn mein Auge bricht; / im Todesdunkel bleibe du mein Licht. / Es tagt, die Schatten fliehn, ich geh zu dir. / Im Leben und im Tod, Herr, bleib bei mir!

T: THEODOR WERNER 1952 NACH DEM ENGLISCHEN »ABIDE WITH ME« VON HENRY FRANCIS LYTE 1847
M: WILLIAM HENRY MONK 1861

Herr, wir danken dir in dieser Abendstunde, daß du uns verliehen hast, unter deinem Schutz diesen Tag zu vollenden, daß du uns Kraft gegeben hast zu unserer Arbeit und uns trägst mit deinem Erbarmen. Wir bitten dich, Herr: wandle in Segen, was uns ängstet und beschwert. Wie die Früchte des Feldes gedeihen unter Sonne, Wind und Wolken, laß auch uns reifen für deine Ernte. Wir bitten dich, himmlischer Vater, um den hellen Schein deines Angesichts über die Menschen, die wir lieb haben, und über die Menschen, die uns zu tragen geben. Dein sind wir im Licht und im Dunkel der Zeit. Du segnest unsern Ausgang und Eingang in Ewigkeit.

489 Ö

I
1. Ge - he ein in dei-nen Frie - den!
Schla - fe ei - nen gu - ten Schlaf!
II
Ruh dich aus nach dei - ner Ar - beit,
und ge - seg - net sei die Nacht.
I
Mond-licht fließt her - ab vom Himmels-zelt,
II
und der Tau glänzt auf un - serm Feld.
I
II
Preist den Tag und die Nacht! Preist die
I und II
Nacht und den Tag! Preist die Son - ne,
prei-set die Er - de, preist den Herrn al - ler
I
II
Wel - ten. A - men, A - men.

2. Ihn, um den die Sterne kreisen, / ihn, der alle Himmel kennt, / preist ihn, der in unsern Nächten / heller als die Sonne brennt. / Der das Grauen, der den Tod bezwang, / beugt sich über unseren Schlaf.
Preist den Tag und die Nacht! / Preist die Nacht und den Tag! / Preist die Sonne, preiset die Erde, / preist den Herrn aller Welten. / Amen, Amen.

T STR. 1 UND M: HELMUT KÖNIG 1957
NACH EINEM LIED AUS ISRAEL;
STR. 2 CHRISTINE HEUSER 1966

Deshalb beuge ich meine Knie vor dem Vater, der der rechte Vater ist über alles, was da Kinder heißt im Himmel und auf Erden, daß er euch Kraft gebe nach dem Reichtum seiner Herrlichkeit, stark zu werden durch seinen Geist an dem inwendigen Menschen, daß Christus durch den Glauben in euren Herzen wohne und ihr in der Liebe eingewurzelt und gegründet seid.

EPHESER 3,14–17

490

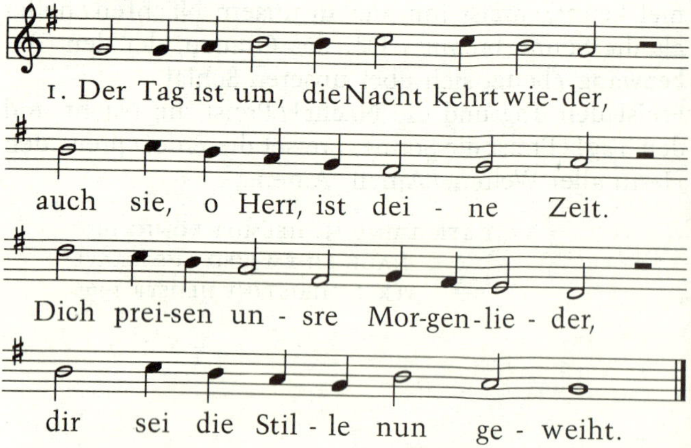

2. Wie über Länder, über Meere / der Morgen ewig weiterzieht, / tönt stets ein Lied zu deiner Ehre, / dein Lob, vor dem der Schatten flieht.

3. Kaum ist die Sonne uns entschwunden, / weckt ferne Menschen schon ihr Lauf, / und herrlich neu steigt alle Stunden / die Kunde deiner Wunder auf.

4. So mögen Erdenreiche fallen, / dein Reich, Herr, steht in Ewigkeit / und wächst und wächst, bis endlich allen / das Herz zu deinem Dienst bereit.

T: KARL ALBRECHT HÖPPL 1958 NACH DEM ENGLISCHEN »THE DAY THOU GAVEST, LORD, IS ENDED« VON JOHN F. ELLERTON 1870 (NR. 266)
M: O DASS DOCH BALD DEIN FEUER BRENNTE (NR. 255)

491

2. Bevor die Sonne sinkt, / will ich das Sorgen lassen. / Mein Gott, bei dir bin ich / zu keiner Stund vergessen.

3. Bevor die Sonne sinkt, / will ich dir herzlich danken. / Die Zeit, die du mir läßt, / möcht ich dir Lieder singen.

4. Bevor die Sonne sinkt, / will ich dich herzlich bitten: / Nimm du den Tag zurück / in deine guten Hände.

T: CHRISTA WEISS/KURT ROMMEL 1965
M: ROLF SCHWEIZER 1974

492 Ö

T UND KANON FÜR 4 STIMMEN: MARTIN HESEKIEL 1931

493

*♮ *am Schluß*

T: AUS DER KOMPLET
KANON FÜR 4 STIMMEN:
CHRISTIAN LAHUSEN (1946) 1948

Herr Gott, du wohnst im Lichte und vertreibst alle Finsternis. Erleuchte die Dunkelheit, die uns umgibt, durch den hellen Schein deiner Gegenwart, und halte von uns fern die Schrecken der Nacht, damit wir Tag und Nacht in deiner Gnade geborgen sind.

ARBEIT

494

2. Gott ist's, der das Vermögen schafft, / was Gutes zu vollbringen; / er gibt uns Segen, Mut und Kraft / und läßt das Werk gelingen; / ist er mit uns und sein Gedeihn, / so muß der Zug gesegnet sein,* / daß wir die Fülle haben.

*Lk 5,4–7

3. Wer erst nach Gottes Reiche tracht' / und bleibt auf seinen Wegen, / der wird von ihm gar reich gemacht / durch seinen milden Segen. / Da wird der Fromme froh und satt, / daß er von seiner Arbeit hat / auch Armen Brot zu geben.

4. Drum komm, Herr Jesu, stärke mich, / hilf mir in meinen Werken, / laß du mit deiner Gnade dich / bei meiner Arbeit merken; / gib dein Gedeihen selbst dazu, / daß ich in allem, was ich tu, / ererbe deinen Segen.

5. Regiere mich durch deinen Geist, / den Müßiggang zu meiden, / daß das, was du mich schaffen heißt, / geschehen mit lauter Freuden; / auch, daß ich dir mit aller Treu / auf dein Gebot gehorsam sei / und meinen Nächsten liebe.

6. Nun, Jesu, komm und bleib bei mir. / Die Werke meiner Hände / befehl ich, liebster Heiland, dir; / hilf, daß ich sie vollende / zu deines Namens Herrlichkeit, / und gib, daß ich zur Abendzeit / erwünschten Lohn empfange.

T: SALOMO LISCOW (VOR 1672) 1674

M: SEI LOB UND EHR DEM HÖCHSTEN GUT (NR. 326)

495

Erste Melodie

Zweite Melodie

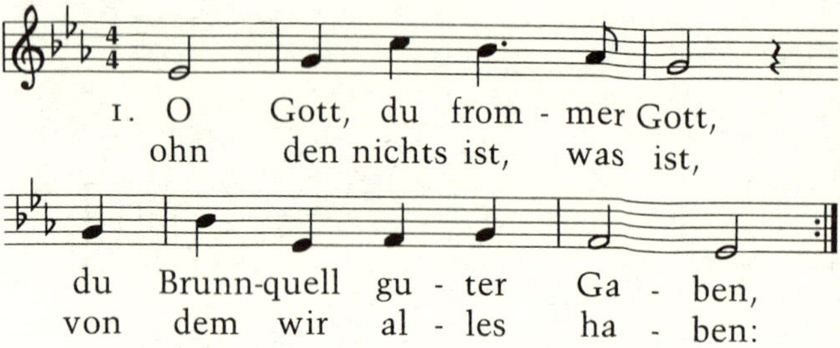

2. Gib, daß ich tu mit Fleiß, / was mir zu tun gebühret, / wozu mich dein Befehl / in meinem Stande führet. / Gib, daß ich's tue bald, / zu der Zeit, da ich soll, / und wenn ich's tu, so gib, / daß es gerate wohl.

3. Hilf, daß ich rede stets, / womit ich kann bestehen; / laß kein unnützlich Wort / aus meinem Munde gehen; / und wenn in meinem Amt / ich reden soll und muß, / so gib den Worten Kraft / und Nachdruck ohn Verdruß.

4. Find't sich Gefährlichkeit, / so laß mich nicht verzagen, / gib einen Heldenmut, / das Kreuz hilf selber tragen. / Gib, daß ich meinen Feind / mit Sanftmut überwind / und, wenn ich Rat bedarf, / auch guten Rat erfind.

5. Laß mich mit jedermann / in Fried und Freundschaft leben, / soweit es christlich ist. / Willst du mir etwas geben / an Reichtum, Gut und Geld, / so gib auch dies dabei, / daß von unrechtem Gut / nichts untermenget sei.

6. Soll ich auf dieser Welt / mein Leben höher bringen, / durch manchen sauren Tritt / hindurch ins Alter dringen, / so gib Geduld; vor Sünd / und Schanden mich bewahr, / daß ich mit Ehren trag / all meine grauen Haar.

7. Laß mich an meinem End / auf Christi Tod abscheiden; / die Seele nimm zu dir / hinauf zu deinen Freuden; / dem Leib ein Räumlein gönn / bei seiner Eltern Grab, / auf daß er seine Ruh / an ihrer Seite hab.

8. Wenn du die Toten wirst / an jenem Tag erwecken, / so tu auch deine Hand / zu meinem Grab ausstrecken, / laß hören deine Stimm / und meinen Leib weck auf / und führ ihn schön verklärt / zum auserwählten Hauf.

T: JOHANN HEERMANN 1630
ERSTE MELODIE: BRAUNSCHWEIG 1648
ZWEITE MELODIE: REGENSBURG 1675, MEININGEN 1693

496

T: JOHANN HEERMANN 1630
M: O GOTT, DU FROMMER GOTT (NR. 495 II)

497

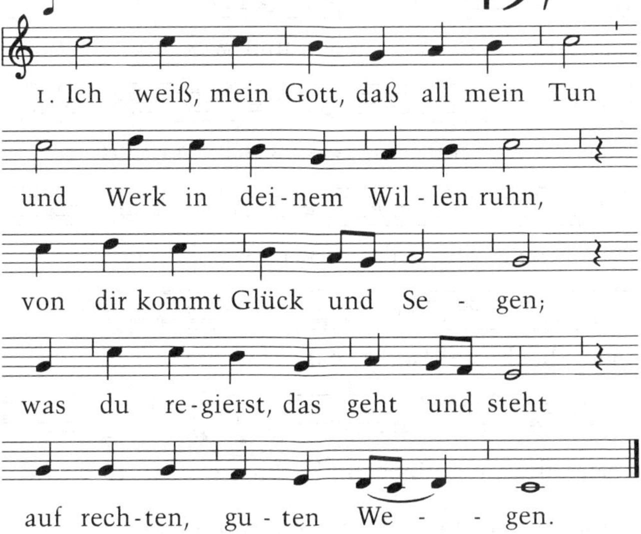

2. Es steht in keines Menschen Macht, / daß sein Rat werd ins Werk gebracht / und seines Gangs sich freue; / des Höchsten Rat, der macht's allein, / daß Menschenrat gedeihe.

3. Es fängt so mancher weise Mann / ein gutes Werk zwar fröhlich an / und bringt's doch nicht zum Stande; / er baut ein Schloß und festes Haus, / doch nur auf lauterm Sande.

4. Verleihe mir das edle Licht, / das sich von deinem Angesicht / in fromme Seelen strecket / und da der rechten Weisheit Kraft / durch deine Kraft erwecket.

5. Gib mir Verstand aus deiner Höh, / auf daß ich ja nicht ruh und steh / auf meinem eignen Willen; / sei du mein Freund und treuer Rat, / was recht ist, zu erfüllen.

7. Was dir gefällt, das laß auch mir, / o meiner Seelen Sonn und Zier, / gefallen und belieben; / was dir zuwider, laß mich nicht / in Werk und Tat verüben.

8. Ist's Werk von dir, so hilf zu Glück, / ist's Menschentun, so treib zurück / und ändre meine Sinnen. / Was du nicht wirkst, das pflegt von selbst / in kurzem zu zerrinnen.

9. Tritt du zu mir und mache leicht, / was mir sonst fast unmöglich deucht, / und bring zum guten Ende, / was du selbst angefangen hast / durch Weisheit deiner Hände.

10. Ist ja der Anfang etwas schwer / und muß ich auch ins tiefe Meer / der bittern Sorgen treten, / so treib mich nur, ohn Unterlaß / zu seufzen und zu beten.

11. Wer fleißig betet und dir traut, / wird alles, davor sonst ihm graut, / mit tapferm Mut bezwingen; / sein Sorgenstein wird in der Eil / in tausend Stücke springen.

12. Der Weg zum Guten ist gar wild, / mit Dorn und Hecken ausgefüllt; / doch wer ihn freudig gehet, / kommt endlich, Herr, durch deinen Geist, / wo Freud und Sonne stehet.

13. Du bist mein Vater, ich dein Kind; / was ich bei mir nicht hab und find, / hast du zu aller G'nüge. / So hilf nur, daß ich meinen Stand / wohl halt und herrlich siege.

14. Dein soll sein aller Ruhm und Ehr, / ich will dein Tun je mehr und mehr / aus hocherfreuter Seelen / vor deinem Volk und aller Welt, / so lang ich leb, erzählen.

T: PAUL GERHARDT 1653
M: 16. JH., DRESDEN 1608

AUF REISEN

498

2. Mose 13,21

2. Herr, du wollst uns Geleitsmann sein / und mit uns gehen aus und ein / und zeigen alle Steig und Steg, / wehren dem Unfall auf dem Weg. / Kyrieleis.

3. So wird kein Berg noch tiefes Tal, / kein Wasser irrn uns überall; / froh kommen wir an unsern Ort, / wenn du uns gnädig hilfest fort. / Kyrieleis.

4. Herr Christ, du bist der rechte Weg / zum Himmel und der ein'ge Steg; / hilf uns Pilgern ins Vaterland, / weil du dein Blut hast dran gewandt. / Kyrieleis.

T: NIKOLAUS HERMAN (1560) 1562
NACH EINEM KREUZFAHRERLIED 12. JH.
M: 15. JH., ERFURT 1524

NATUR UND JAHRESZEITEN

(Ö) 499

2. Sonne, Mond und Stern sich neigen / vor dem Herrn der Herrlichkeit; / Tag und Nacht sie nimmer schweigen, / loben Gott zu aller Zeit. / Halleluja, dienen ihm in Ewigkeit.

3. Darum kannst auch du nicht schweigen / vor dem Herrn der Herrlichkeit, / deinen Dank ihm zu erzeigen, / lobe Gott zu aller Zeit. / Halleluja, diene ihm in Ewigkeit.

T: STR. 1–2 PAUL ERNST RUPPEL 1957 NACH DEM HYMNUS »CORDE NATUS EX PARENTIS« VON AURELIUS PRUDENTIUS CLEMENS UM 405; STR. 3 PAULUS STEIN 1961
M: PAUL ERNST RUPPEL 1957 NACH DEM SPIRITUAL »SINGING WITH A SWORD IN MY HANDS, LORD«

500

Andere Melodie:
Wie lieblich ist der Maien (Nr. 501)

2. Herr, gib durch deinen Segen / den lieben Sonnenschein, / dazu den sanften Regen, / die du uns schaffst allein. / Die Frücht im Feld vermehre, / behüt vor Reif und Schloß'* / und allem Unheil wehre, / dein Güt und Macht ist groß.

* *Hagel*

3. Gib uns auch hier auf Erden / die geistlich Sommerzeit, / daß uns bei den Beschwerden / dein Hilf stets sei bereit, / damit wir willig tragen / all Trübsal, Angst und Not / und endlich nicht verzagen, / wenn uns hinreißt der Tod.

4. Füll unser Herz mit Freuden / durch Wohltat mancherlei, / daß uns nichts möge scheiden / von deiner Gnad und Treu, / solang wir sind auf Erden, / bis wir vor deinem Thron / einst ewig selig werden, / empfangn die Ehrenkron.

T: MARTIN BEHM (1604) 1606
M: HERZLICH TUT MICH ERFREUEN (NR. 148)

Herr, unser Gott, dein ist die Erde. Jedes Jahr erneuerst du sie zum Wachsen und Blühen. Was wir gesät haben, laß zur Frucht gedeihen, sende Sonne und Regen zur rechten Zeit, erhalte uns Kraft und Gesundheit zur Arbeit, in unseren Herzen aber laß dein Wort Frucht bringen, daß wir deiner ewigen Ernte entgegenwachsen.

501

2. Herr, dir sei Lob und Ehre / für solche Gaben dein! / Die Blüt zur Frucht vermehre, / laß sie ersprießlich sein. / Es steht in deinen Händen, / dein Macht und Güt ist groß; / drum wollst du von uns wenden / Mehltau, Frost, Reif und Schloß'*.

* Hagel

3. Herr, laß die Sonne blicken / ins finstre Herze mein, / damit sich's möge schicken, / fröhlich im Geist zu sein, / die größte Lust zu haben / allein an deinem Wort, / das mich im Kreuz kann laben / und weist des Himmels Pfort.

(Ö) 503

2. Die Bäume stehen voller Laub, / das Erdreich decket seinen Staub / mit einem grünen Kleide; / Narzissus und die Tulipan, / die ziehen sich viel schöner an / als Salomonis Seide, / als Salomonis Seide. *Mt 6,28.29*

3. Die Lerche schwingt sich in die Luft, / das Täublein fliegt aus seiner Kluft / und macht sich in die Wälder; / die hochbegabte Nachtigall / ergötzt und füllt mit ihrem Schall / Berg, Hügel, Tal und Felder, / Berg, Hügel, Tal und Felder.

5. Die Bächlein rauschen in dem Sand / und malen sich an ihrem Rand / mit schattenreichen Myrten; / die Wiesen liegen hart dabei / und klingen ganz vom Lustgeschrei / der Schaf und ihrer Hirten, / der Schaf und ihrer Hirten.

6. Die unverdroßne Bienenschar / fliegt hin und her, sucht hier und da / ihr edle Honigspeise; / des süßen Weinstocks starker Saft / bringt täglich neue Stärk und Kraft / in seinem schwachen Reise, / in seinem schwachen Reise.

7. Der Weizen wächset mit Gewalt; / darüber jauchzet jung und alt / und rühmt die große Güte / des, der so überfließend labt / und mit so manchem Gut begabt / das menschliche Gemüte, / das menschliche Gemüte.

8. Ich selber kann und mag nicht ruhn, / des großen Gottes großes Tun / erweckt mir alle Sinnen; / ich singe mit, wenn alles singt, / und lasse, was dem Höchsten klingt, / aus meinem Herzen rinnen, / aus meinem Herzen rinnen.

9. Ach, denk ich, bist du hier so schön / und läßt du's uns so lieblich gehn / auf dieser armen Erden: / was will doch wohl nach dieser Welt / dort in dem reichen Himmelszelt / und güldnen Schlosse werden, / und güldnen Schlosse werden!

10. Welch hohe Lust, welch heller Schein / wird wohl in Christi Garten sein! / Wie muß es da wohl klingen, / da so viel tausend Seraphim / mit unverdroßnem Mund und Stimm / ihr Halleluja singen, / ihr Halleluja singen.

11. O wär ich da! O stünd ich schon, / ach süßer Gott, vor deinem Thron / und trüge meine Palmen: / so wollt ich nach der Engel Weis / erhöhen deines Namens Preis / mit tausend schönen Psalmen, / mit tausend schönen Psalmen.

12. Doch gleichwohl will ich, weil ich noch / hier trage dieses Leibes Joch, / auch nicht gar stille schweigen; / mein Herze soll sich fort und fort / an diesem und an allem Ort / zu deinem Lobe neigen, / zu deinem Lobe neigen.

13. Hilf mir und segne meinen Geist / mit Segen, der vom Himmel fleußt, / daß ich dir stetig blühe; / gib, daß der Sommer deiner Gnad / in meiner Seele früh und spat / viel Glaubensfrüchte ziehe, / viel Glaubensfrüchte ziehe.

14. Mach in mir deinem Geiste Raum, / daß ich dir werd ein guter Baum, / und laß mich Wurzel treiben. / Verleihe, daß zu deinem Ruhm / ich deines Gartens schöne Blum / und Pflanze möge bleiben, / und Pflanze möge bleiben.

15. Erwähle mich zum Paradeis / und laß mich bis zur letzten Reis / an Leib und Seele grünen, / so will ich dir und deiner Ehr / allein und sonsten keinem mehr / hier und dort ewig dienen, / hier und dort ewig dienen.

T: PAUL GERHARDT 1653
M: AUGUST HARDER VOR 1813

Seht die Vögel unter dem Himmel an: sie säen nicht, sie ernten nicht, sie sammeln nicht in die Scheunen; und euer himmlischer Vater ernährt sie doch. Seid ihr denn nicht viel mehr als sie? Schaut die Lilien auf dem Feld an, wie sie wachsen: sie arbeiten nicht, auch spinnen sie nicht. Ich sage euch, daß auch Salomo in aller seiner Herrlichkeit nicht gekleidet gewesen ist wie eine von ihnen. Wenn nun Gott das Gras auf dem Feld so kleidet, das doch heute steht und morgen in den Ofen geworfen wird: sollte er das nicht viel mehr für euch tun, ihr Kleingläubigen?

MATTHÄUS 6,26.28–30

(Ö) 504

2. Seht das große Sonnenlicht, / wie es durch die Wolken bricht; / auch der Mond, der Sterne Pracht / jauchzen Gott bei stiller Nacht.

3. Seht, wie Gott der Erde Ball / hat gezieret überall. / Wälder, Felder, jedes Tier / zeigen Gottes Finger hier.

4. Seht, wie fliegt der Vögel Schar / in den Lüften Paar bei Paar. / Blitz und Donner, Hagel, Wind / seines Willens Diener sind.

5. Seht der Wasserwellen Lauf, / wie sie steigen ab und auf; / von der Quelle bis zum Meer / rauschen sie des Schöpfers Ehr.

6. Ach mein Gott, wie wunderbar / stellst du dich der Seele dar! / Drücke stets in meinen Sinn, / was du bist und was ich bin.

T: JOACHIM NEANDER 1680
M: GEORG CHRISTOPH STRATTNER 1691

505

2. Wir rühmen seine Güte, / die uns das Feld bestellt / und oft ohn unsre Bitte / getan, was uns gefällt; / die immer noch geschont, / ob wir gleich gottlos leben, / die Fried und Ruh gegeben, / daß jeder sicher wohnt.

3. Zwar manchen schönen Segen / hat böses Tun verderbt, / den wir auf guten Wegen / sonst hätten noch ererbt; / doch hat Gott mehr getan / aus unverdienter Güte, / als Mund, Herz und Gemüte / nach Würden rühmen kann.

4. O allerliebster Vater, / du hast viel Dank verdient; / du mildester Berater / machst, daß uns Segen grünt. / Wohlan, dich loben wir / für abgewandten Schaden, / für viel und große Gnaden; / Herr Gott, wir danken dir.

5. Zum Danken kommt das Bitten: / du wollest, treuer Gott, / vor Feuer uns behüten / und aller andern Not. / Regier die Obrigkeit, / erhalte deine Gaben, / daß wir uns damit laben, / gib friedevolle Zeit.

6. Kommt unser Lebensende, / so nimm du unsern Geist / in deine Vaterhände, / da er der Ruh genießt, / da ihm kein Leid bewußt; / so ernten wir mit Freuden / nach ausgestandnem Leiden / die Garben voller Lust.

7. Gib, daß zu dir uns lenket, / was du zum Unterhalt / des Leibes hast geschenket, / daß wir dich mannigfalt / in deinen Gaben sehn, / mit Herzen, Mund und Leben / dir Dank und Ehre geben. / O laß es doch geschehn!

T: GOTTFRIED TOLLMANN 1725
M: AUS MEINES HERZENS GRUNDE (NR. 443)

Herr, du Schöpfer aller Dinge, du hast uns die Verantwortung übertragen für diese Erde. Hilf uns, sie zu erhalten und so zu nutzen, daß auch morgen Menschen hier leben können.

506

2. Mein Auge sieht, wohin es blickt, / die Wunder deiner Werke; / der Himmel, prächtig ausgeschmückt, / preist dich, du Gott der Stärke. / Wer hat die Sonn an ihm erhöht? / Wer kleidet sie mit Majestät? / Wer ruft dem Heer der Sterne?

3. Wer mißt dem Winde seinen Lauf? / Wer heißt die Himmel regnen? / Wer schließt den Schoß der Erde auf, / mit Vorrat uns zu segnen? / O Gott der Macht und Herrlichkeit, / Gott, deine Güte reicht so weit, / so weit die Wolken reichen.

4. Dich predigt Sonnenschein und Sturm, / dich preist der Sand am Meere. / Bringt, ruft auch der geringste Wurm, / bringt meinem Schöpfer Ehre! / Mich, ruft der Baum in seiner Pracht, / mich, ruft die Saat, hat Gott gemacht; / bringt unserm Schöpfer Ehre!

5. Der Mensch, ein Leib, den deine Hand / so wunderbar bereitet, / der Mensch, ein Geist, den sein Verstand / dich zu erkennen leitet: / der Mensch, der Schöpfung Ruhm und Preis, / ist sich ein täglicher Beweis / von deiner Güt und Größe.

6. Erheb ihn ewig, o mein Geist, / erhebe seinen Namen; / Gott unser Vater sei gepreist, / und alle Welt sag Amen, / und alle Welt fürcht ihren Herrn / und hoff auf ihn und dien ihm gern. / Wer wollte Gott nicht dienen?

T: CHRISTIAN FÜRCHTEGOTT GELLERT 1757
M: BIS HIERHER HAT MICH GOTT GEBRACHT (NR. 329)

Gott wird uns nicht glaubhaft, wenn wir nicht ein großes Werk vor Augen haben, das von ihm stammt, und das erste Werk Gottes, das wir zu sehen haben, ist die Natur.

ADOLF SCHLATTER

507 Ö

2. Gottes Welt, wohl bestellt, / wieviel zählst du Stäublein? / Ohne Zahl, sovielmal / soll mein Gott gelobet sein.

3. Sommerfeld, uns auch meld, / wieviel zählst du Gräslein? / Ohne Zahl, sovielmal / soll mein Gott gelobet sein.

4. Dunkler Wald, grün gestalt', / wieviel zählst du Zweiglein? / Ohne Zahl, sovielmal / soll mein Gott gelobet sein.

5. Tiefes Meer, weit umher, / wieviel zählst du Tröpflein? / Ohne Zahl, sovielmal / soll mein Gott gelobet sein.

6. Sonnenschein, klar und rein, / wieviel zählst du Fünklein? / Ohne Zahl, sovielmal / soll mein Gott gelobet sein.

7. Ewigkeit, lange Zeit, / wieviel zählst du Stündlein? / Ohne Zahl, sovielmal / soll mein Gott gelobet sein.

T: DRESDEN 1767
M: LUXEMBURG 1847

508

1. Wir pflü-gen, und wir streu - en den
Sa-men auf das Land, doch Wachs-tum und Ge-
dei - hen steht in des Him-mels Hand:
der tut mit lei-sem We - hen sich mild und
heim-lich auf und träuft, wenn heim wir
ge - hen, Wuchs und Ge-dei-hen drauf.
Kehrvers
Al - le gu - te Ga - be kommt her von
Gott dem Herrn, drum dankt ihm, dankt, drum
dankt ihm, dankt und hofft auf ihn!

Jak 1,17

2. Er sen-det Tau und Re - gen und
Sonn- und Mon-den-schein, er wik-kelt sei-nen
Se - gen gar zart und künst-lich ein
und bringt ihn dann be - hen - de in un-ser
Feld und Brot: es geht durch un - sre
Hän - de, kommt a - ber her von Gott.
Kehrvers
Al - le gu - te Ga - be kommt her von
Gott dem Herrn, drum dankt ihm, dankt, drum
dankt ihm, dankt und hofft auf ihn!

3. Was nah ist und was ferne, / von Gott kommt alles her, / der Strohhalm und die Sterne, / der Sperling und das Meer. / Von ihm sind Büsch und Blätter / und Korn und Obst von ihm, / das schöne Frühlingswetter / und Schnee und Ungestüm.
Alle gute Gabe kommt her von Gott dem Herrn, / drum dankt ihm, dankt, / drum dankt ihm, dankt und hofft auf ihn!

4. Er läßt die Sonn aufgehen, / er stellt des Mondes Lauf; / er läßt die Winde wehen / und tut den Himmel auf. / Er schenkt uns so viel Freude, / er macht uns frisch und rot; / er gibt den Kühen Weide / und unsern Kindern Brot.
Alle gute Gabe kommt her von Gott dem Herrn, / drum dankt ihm, dankt, / drum dankt ihm, dankt und hofft auf ihn!

T: NACH MATTHIAS CLAUDIUS 1783
M: HANNOVER 1800

Gott gibt das tägliche Brot auch ohne unsere Bitte allen bösen Menschen; aber wir bitten in diesem Gebet, daß er's uns erkennen lasse und wir mit Danksagung empfangen unser tägliches Brot.

DER KLEINE KATECHISMUS MARTIN LUTHERS,
AUS DER ERKLÄRUNG
ZUR 4. BITTE DES VATERUNSERS

509 Ö

2. Das Vöglein in den Lüften / singt dir aus voller Brust, / die Schlange in den Klüften / zischt dir in Lebenslust.
Zu dir, zu dir / ruft Mensch und Tier. / Der Vogel dir singt. / Das Fischlein dir springt. / Die Biene dir summt. / Der Käfer dir brummt. / Auch pfeifet dir das Mäuselein: / Herr Gott, du sollst gelobet sein.

3. Die Fischlein, die da schwimmen, / sind, Herr, vor dir nicht stumm, / du hörest ihre Stimmen, / ohn dich kommt keines um.
Zu dir, zu dir / ruft Mensch und Tier. / Der Vogel dir singt. / Das Fischlein dir springt. / Die Biene dir summt. / Der Käfer dir brummt. / Auch pfeifet dir das Mäuselein: / Herr Gott, du sollst gelobet sein.

4. Vor dir tanzt in der Sonne / der kleinen Mücklein Schwarm, / zum Dank für Lebenswonne / ist keins zu klein und arm.
Zu dir, zu dir / ruft Mensch und Tier. / Der Vogel dir singt. / Das Fischlein dir springt. / Die Biene dir summt. / Der Käfer dir brummt. / Auch pfeifet dir das Mäuselein: / Herr Gott, du sollst gelobet sein.

5. Sonn, Mond gehn auf und unter / in deinem Gnadenreich, / und alle deine Wunder / sind sich an Größe gleich.
Zu dir, zu dir / ruft Mensch und Tier. / Der Vogel dir singt. / Das Fischlein dir springt. / Die Biene dir summt. / Der Käfer dir brummt. / Auch pfeifet dir das Mäuselein: / Herr Gott, du sollst gelobet sein.

T: CLEMENS BRENTANO 1815
M: RICHARD RUDOLF KLEIN 1962

510 Ö

2. Und doch ist sie seiner Füße / reich geschmückter Schemel nur, / ist nur eine schön begabte, / wunderreiche Kreatur, / wunderreiche Kreatur.

3. Freuet euch an Mond und Sonne / und den Sternen allzumal, / wie sie wandeln, wie sie leuchten / über unserm Erdental, / über unserm Erdental.

4. Und doch sind sie nur Geschöpfe / von des höchsten Gottes Hand, / hingesät auf seines Thrones / weites, glänzendes Gewand, / weites, glänzendes Gewand.

5. Wenn am Schemel seiner Füße / und am Thron schon solcher Schein, / o was muß an seinem Herzen / erst für Glanz und Wonne sein, / erst für Glanz und Wonne sein.

T: PHILIPP SPITTA (1827) 1833
M: FRIEDA FRONMÜLLER 1928

Ö 511

2. Weißt du, wieviel Mücklein spielen / in der heißen Sonnenglut, / wieviel Fischlein auch sich kühlen / in der hellen Wasserflut? / Gott der Herr rief sie mit Namen, / daß sie all ins Leben kamen, / daß sie nun so fröhlich sind, / daß sie nun so fröhlich sind.

3. Weißt du, wieviel Kinder frühe / stehn aus ihrem Bettlein auf, / daß sie ohne Sorg und Mühe / fröhlich sind im Tageslauf? / Gott im Himmel hat an allen / seine Lust, sein Wohlgefallen; / kennt auch dich und hat dich lieb, / kennt auch dich und hat dich lieb.

T: WILHELM HEY 1837
M: VOLKSLIED UM 1818

512

Andere Melodie:
Herz und Herz vereint zusammen (Nr. 251)

2. Aller Augen sind erhoben, / Herr, auf dich zu jeder Stund, / daß du Speise gibst von oben / und versorgest jeden Mund. / Und du öffnest deine Hände, / dein Vermögen wird nicht matt, / deine Hilfe, Gab und Spende / machet alle froh und satt. *Ps 145,15.16*

3. Du gedenkst in deiner Treue / an dein Wort zu Noahs Zeit, / daß dich nimmermehr gereue / deine Huld und Freundlichkeit; / und solang die Erde stehet, / über der dein Auge wacht, / soll nicht enden Saat und Ernte, / Frost und Hitze, Tag und Nacht. *1. Mose 8,22*

4. Gnädig hast du ausgegossen / deines Überflusses Horn, / ließest Gras und Kräuter sprossen, / ließest wachsen Frucht und Korn. / Mächtig hast du abgewehret / Schaden, Unfall und Gefahr; / und das Gut steht unversehret, / und gesegnet ist das Jahr.

5. Herr, wir haben solche Güte / nicht verdient, die du getan; / unser Wissen und Gemüte / klagt uns vieler Sünden an. / Herr, verleih, daß deine Gnade / jetzt an unsre Seelen rührt, / daß der Reichtum deiner Milde / unser Herz zur Buße führt.

6. Hilf, daß wir dies Gut der Erden / treu verwalten immerfort. / Alles soll geheiligt werden / durch Gebet und Gottes Wort. / Alles, was wir Gutes wirken, / ist gesät in deinen Schoß, / und du wirst die Ernte senden / unaussprechlich reich und groß.

T: HEINRICH PUCHTA 1843
M: O DURCHBRECHER ALLER BANDE (NR. 388)

Man soll Gott in dem finden und lieben, was er uns gerade gibt; wenn es Gott gefällt, uns überwältigendes irdisches Glück genießen zu lassen, dann soll man nicht frömmer sein als Gott und dieses Glück durch übermütige Gedanken und Herausforderungen wurmstichig werden lassen. Gott wird es dem, der ihn in seinem irdischen Glück findet und ihm dankt, schon nicht an Stunden fehlen lassen, in denen er daran erinnert wird, daß das Irdische nur etwas Vorläufiges ist und daß es gut ist, sein Herz an die Ewigkeit zu gewöhnen.

DIETRICH BONHOEFFER

513

2. Ein Jahr, Allgüt'ger, ließest du es währen, / bis uns gereift die Saat, die uns soll nähren. / Nun du sie gibest, sammeln wir die Gabe; / von deiner Huld kommt alle unsre Habe.

3. Wenn du, Herr, sprichst dein göttliches »Es werde«, / füllt sich mit reichen Gaben bald die Erde. / Wenn du dich abkehrst, müssen wir mit Beben / in Staub uns wandeln, können wir nicht leben.

4. Herr, wir sind dein und wollen gern ertragen / im Schweiß des Angesichts der Arbeit Plagen; / nur segne, Vater, unsrer Hände Werke, / schenk uns Gesundheit, neue Kraft und Stärke.

5. Wir wollen kindlich zu Gott Hoffnung hegen / und auch den Armen spenden von dem Segen; / gab er uns wenig, uns dabei bescheiden, / gab er uns reichlich, unnütz nichts vergeuden.

6. Sein sind die Güter, wir nur die Verwalter. / »Tu Rechnung«, spricht der Ewge zum Haushalter. / Wie reife Garben wird nach kurzen Tagen / der Tod uns mähen und zu Grabe tragen. *Lk 16,2*

7. Am End nimm, Jesu, in die Himmelsscheuern / auch unsre Seelen, Sabbat dort zu feiern. / Die hier mit Tränen streuen edlen Samen, / werden mit Freuden droben ernten. Amen. *Ps 126,5.6*

T: WILHELM GORTZITZA 1858 NACH DEM
MASURISCHEN »POLA JUZ BIALE«
VON BERNHARD ROSTOCK 1738,
BEARBEITET IM GESANGBUCH KÖNIGSBERG 1886
UND VON RICHARD ABRAMOWSKI 1928
M: 17. JH., KÖNIGSBERG 1885

Die mit Tränen säen,
werden mit Freuden ernten.
Sie gehen hin und weinen
und streuen ihren Samen
und kommen mit Freuden
und bringen ihre Garben.

PSALM 126,5.6

514

2. Du Sturm, der durch die Welten zieht, Halleluja, / du Wolke, die am Himmel flieht, Halleluja. / Du Sommers junges Morgenrot, Halleluja, / du Abendschein, der prächtig loht, Halleluja. / Singt ihm Ehre! Singt ihm Ehre! Halleluja.

3. Ihr Wasserbäche, klar und rein, Halleluja, / singt euer Loblied ihm allein, Halleluja. / Du Feuers Flamme auf dem Herd, Halleluja, / daran der Mensch sich wärmt und nährt, Halleluja. / Singt ihm Ehre! Singt ihm Ehre! Halleluja.

4. Du, Mutter Erde, gut und mild, Halleluja, / daraus uns lauter Segen quillt, Halleluja. / Ihr Blumen bunt, ihr Früchte treu, Halleluja, / die Jahr um Jahr uns reifen neu, Halleluja. / Singt ihm Ehre! Singt ihm Ehre! Halleluja.

5. Ihr Herzen, drin die Liebe wohnt, Halleluja, / die ihr den Feind verzeihend schont, Halleluja. / Ihr, die ihr traget schweres Leid, Halleluja, / es Gott zu opfern still bereit, Halleluja. / Singt ihm Ehre! Singt ihm Ehre! Halleluja.

6. Du, der empfängt in letzter Not, Halleluja, / den Odem mein, o Bruder Tod, Halleluja: / Führ Gottes Kinder himmelan, Halleluja, / den Weg, den Jesus ging voran, Halleluja. / Singt ihm Ehre! Singt ihm Ehre! Halleluja.

7. Ihr Kreaturen, singt im Chor: Halleluja! / Hebt euer Herz zu Gott empor, Halleluja. / Vater und Sohn und Heilgem Geist, Halleluja, / dreieinig, heilig, hochgepreist, Halleluja, / sei die Ehre, sei die Ehre! Halleluja.

T: KARL BUDDE 1929 NACH DEM ENGLISCHEN
»ALL CREATURES OF OUR GOD AND KING«
VON WILLIAM HENRY DRAPER (VOR 1919) 1926
NACH DEM SONNENGESANG DES FRANZ VON ASSISI 1225
M: KÖLN 1623

515

Der Kehrvers wird nach jeder Strophe wiederholt.

Der Kehrvers kann auch gleichzeitig mit den Strophen gesungen werden. Einsatz bei dem Zeichen ↓.

2. Sei gepriesen für Licht und Dunkelheiten! / Sei gepriesen für Nächte und für Tage! / Sei gepriesen für Jahre und Gezeiten! / Sei gepriesen, denn du bist wunderbar, Herr!

3. Sei gepriesen für Wolken, Wind und Regen! / Sei gepriesen, du läßt die Quellen springen! / Sei gepriesen, du läßt die Felder reifen! / Sei gepriesen, denn du bist wunderbar, Herr!

4. Sei gepriesen für deine hohen Berge! / Sei gepriesen für Feld und Wald und Täler! / Sei gepriesen für deiner Bäume Schatten! / Sei gepriesen, denn du bist wunderbar, Herr!

5. Sei gepriesen, du läßt die Vögel singen! / Sei gepriesen, du läßt die Fische spielen! / Sei gepriesen für alle deine Tiere! / Sei gepriesen, denn du bist wunderbar, Herr!

6. Sei gepriesen, denn du, Herr, schufst den Menschen! / Sei gepriesen, er ist dein Bild der Liebe! / Sei gepriesen für jedes Volk der Erde! / Sei gepriesen, denn du bist wunderbar, Herr!

7. Sei gepriesen, du selbst bist Mensch geworden! / Sei gepriesen für Jesus, unsern Bruder ! / Sei gepriesen, wir tragen seinen Namen! / Sei gepriesen, denn du bist wunderbar, Herr!

8. Sei gepriesen, er hat zu uns gesprochen! / Sei gepriesen, er ist für uns gestorben! / Sei gepriesen, er ist vom Tod erstanden! / Sei gepriesen, denn du bist wunderbar, Herr!

9. Sei gepriesen, o Herr, für Tod und Leben! / Sei gepriesen, du öffnest uns die Zukunft! / Sei gepriesen, in Ewigkeit gepriesen! / Sei gepriesen, denn du bist wunderbar, Herr!

Kehrvers nach der letzten Strophe

T: NACH DEM ITALIENISCHEN SONNENGESANG
DES FRANZ VON ASSISI 1225
M: MÜNDLICH ÜBERLIEFERT

STERBEN UND EWIGES LEBEN
BESTATTUNG

Ö **516**

Phil 1,21

2. Mit Freud fahr ich von dannen / zu Christ, dem Bruder mein, / auf daß ich zu ihm komme / und ewig bei ihm sei.

3. Ich hab nun überwunden / Kreuz, Leiden, Angst und Not; / durch seine heilgen Wunden / bin ich versöhnt mit Gott.

4. Wenn meine Kräfte brechen, / mein Atem geht schwer aus / und kann kein Wort mehr sprechen: / Herr, nimm mein Seufzen auf.

5. Wenn mein Herz und Gedanken / zergehen wie ein Licht, / das hin und her tut wanken, / wenn ihm die Flamm gebricht:

6. alsdann laß sanft und stille, / o Herr, mich schlafen ein / nach deinem Rat und Willen, / wenn kommt mein Stündelein.

7. In dir, Herr, laß mich leben / und bleiben allezeit, / so wirst du mir einst geben / des Himmels Wonn und Freud.

T UND M: BEI MELCHIOR VULPIUS 1609

517 (Ö)

2. Ich mein, daheim im Himmelreich, / da ich Gott schaue ewiglich.

3. Wohlauf, mein Seel, und richt dich dar, / dort wartet dein der Engel Schar.

4. Denn alle Welt ist dir zu klein, / du kommest denn erst wieder heim.

5. Daheim ist Leben ohne Tod / und ganze Freude ohne Not.

6. Da sind doch tausend Jahr wie heut / und nichts, was dich verdrießt und reut.

7. Wohlauf, mein Herz und all mein Mut, / und such das Gut ob allem Gut!

8. Was das nicht ist, das schätz gar klein / und sehn dich allzeit wieder heim.

9. Du hast doch hier kein Bleiben nicht, / ob's morgen oder heut geschieht.

10. Da es denn anders nicht mag sein, / so flieh der Welte falschen Schein.

11. Bereu dein Sünd und beßre dich, / als wollt'st du morgn gen Himmelreich.

12. Ade, Welt, Gott gesegne dich! / Ich fahr dahin gen Himmelreich.

T: NACH HEINRICH VON LAUFENBERG 1430
M: STRASSBURG 1430

Unser Bürgerrecht ist im Himmel; woher wir auch erwarten den Heiland, den Herrn Jesus Christus, der unsern nichtigen Leib verwandeln wird, daß er gleich werde seinem verherrlichten Leibe nach der Kraft, mit der er sich alle Dinge untertan machen kann. PHILIPPER 3,20.21

518 (Ö)

V
1. Mit - ten wir im Le - ben sind mit dem
2. Mit - ten in dem Tod an - ficht uns der
3. Mit - ten in der Höl - le Angst un - sre
A
1. Tod um - fan - gen. Wer ist, der uns
2. Höl - le Ra - chen. Wer will uns aus
3. Sünd' uns trei - ben. Wo solln wir denn
1. Hil - fe bringt, daß wir Gnad er - lan -
2. sol - cher Not frei und le - dig ma -
3. flie - hen hin, da wir mö - gen blei -
V
1. gen? Das bist du, Herr, al - lei -
2. chen? Das tust du, Herr, al - lei -
3. ben? Zu dir, Herr Christ, al - lei -
A
1. ne. Uns reu - et un - sre Mis - se -
2. ne. Es jam - mert dein Barm - her - zig -
3. ne. Ver - gos - sen ist dein teu - res
1. tat, die dich, Herr, er - zür - net hat.
2. keit un - sre Klag und gro - ßes Leid.
3. Blut, das g'nug für die Sün - de tut.

T: STR. 1 SALZBURG 1456 NACH DER ANTIPHON
»MEDIA VITA IN MORTE SUMUS« 11. JH.;
STR. 2–3 MARTIN LUTHER 1524
M: SALZBURG 1456; JOHANN WALTER 1524

519

Lukas 2,29–32
Der Lobgesang des Simeon (Nunc dimittis)

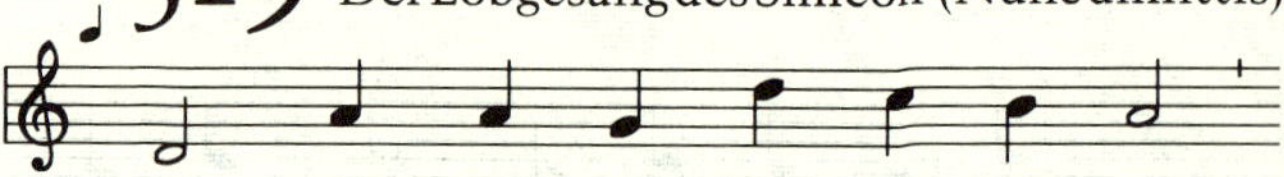

1. Mit Fried und Freud ich fahr da - hin
2. Das macht Chri-stus, wahr' Got - tes Sohn,

in Gotts Wil - le; ge-trost ist mir
der treu Hei - land, den du mich, Herr,

mein Herz und Sinn, sanft und stil - le,
hast se - hen lan und g'macht be - kannt,

wie Gott mir ver - hei - ßen hat:
daß er sei das Le - ben mein

der Tod ist mein Schlaf wor - den.
und Heil in Not und Ster - ben.

T UND M: MARTIN LUTHER 1524

520 Ö

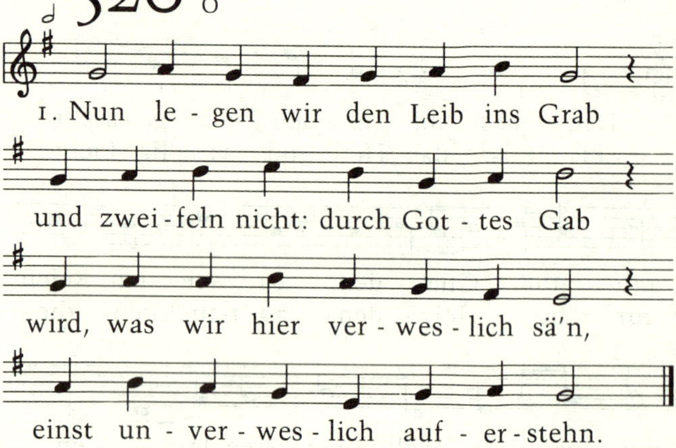

1. Kor 15,42

2. Was Erde ist und von der Erd / und sich zur Erde wiedrum kehrt, / wird aus der Erde auferstehn, / wenn der Posaune Schall wird gehn. *1. Kor 15,52*

3. Sein Seel lebt ewiglich in Gott, / der sie aus Gnad von Not und Tod, / von aller Sünd und Missetat / durch seinen Sohn erlöset hat.

4. Sein Jammer, Trübsal und Elend / ist kommen an ein sel'ges End; / er hat getragen Christi Joch; / und starb er gleich, so lebt er doch.

5. Hier war er krank in Angst und Not; / dort wird er leuchten frei vom Tod / in lauter Wonn und lauter Freud / hell wie die Sonne allezeit.

6. Wir lassen ihn im Grabe ruhn / und gehen unsre Straßen nun / und fügen uns des Herrn Gebot: / uns kommt in gleicher Weis der Tod.

7. Das helf uns Christus, unser Trost, / der uns durch sein Blut hat erlöst / von Satans Macht und ewger Pein. / Ihm sei Lob, Preis und Ehr allein.

T: MICHAEL WEISSE 1531; STR. 7 MARTIN LUTHER 1540,
ÖKUMENISCHE FASSUNG 1978
M: WITTENBERG 1544
»NUN LASST UNS DEN LEIB BEGRABEN«

Unser keiner lebt sich selber, und keiner stirbt sich selber. Leben wir, so leben wir dem Herrn; sterben wir, so sterben wir dem Herrn. Darum: wir leben oder sterben, so sind wir des Herrn. Denn dazu ist Christus gestorben und wieder lebendig geworden, daß er über Tote und Lebende Herr sei.

RÖMER 14,7–9

521 ö

2. Mein Zeit ist nun vollendet, / der Tod das Leben endet, / Sterben ist mein Gewinn; / kein Bleiben ist auf Erden; / das Ewge muß mir werden, / mit Fried und Freud ich fahr dahin.

3. Auf Gott steht mein Vertrauen, / sein Antlitz will ich schauen / wahrhaft durch Jesus Christ, / der für mich ist gestorben, / des Vaters Huld erworben / und so mein Mittler worden ist.

T: NÜRNBERG UM 1555
M: 15. JH., HEINRICH ISAAC
»INNSBRUCK, ICH MUSS DICH LASSEN«
(UM 1495) 1539; GEISTLICH 1505

(Ö) 522

2. Mein Sünd' mich werden kränken sehr, / mein G'wissen wird mich nagen, / denn ihr' sind viel wie Sand am Meer; / doch will ich nicht verzagen. / Gedenken will ich an dein' Tod, / Herr Jesu, und dein Wunden rot; / die werden mich erhalten.

3. Ich bin ein Glied an deinem Leib, / des tröst ich mich von Herzen; / von dir ich ungeschieden bleib / in Todesnot und Schmerzen; / wenn ich gleich sterb, so sterb ich dir; / ein ewig Leben hast du mir / mit deinem Tod erworben.

5. So fahr ich hin zu Jesus Christ, / mein' Arm tu ich ausstrecken; / so schlaf ich ein und ruhe fein; / kein Mensch kann mich aufwecken / denn Jesus Christus, Gottes Sohn; / der wird die Himmelstür auftun, / uns führn zum ewgen Leben.

T: NIKOLAUS HERMAN (1560) 1562; STR. 5 KÖLN 1574
M: FRANKFURT/MAIN 1569, TÜBINGEN 1591

523

2. Rat mir nach deinem Herzen, / o Jesu, Gottes Sohn. / Soll ich ja dulden Schmerzen, / hilf mir, Herr Christ, davon; / verkürz mir alles Leiden, / stärk meinen schwachen Mut, / laß mich selig abscheiden, / setz mich in dein Erbgut.

3. In meines Herzens Grunde / dein Nam und Kreuz allein / funkelt all Zeit und Stunde, / drauf kann ich fröhlich sein. / Erschein mir in dem Bilde / zu Trost in meiner Not, / wie du, Herr Christ, so milde, / dich hast geblut' zu Tod.

*Joh 19,34

5. Schreib meinen Nam aufs beste / ins Buch des Lebens* ein / und bind mein Seel gar feste / ins schöne Bündelein* / der', die im Himmel grünen / und vor dir leben frei, / so will ich ewig rühmen, / daß dein Herz treue sei.

*Offb 3,5 *1. Sam 25,29

T: VALERIUS HERBERGER 1614
M: MELCHIOR TESCHNER 1614

524

2. Tag und Nacht hab ich gerufen / zu dem Herren, meinem Gott, / weil mich stets viel Kreuz betroffen, / daß er mir helf aus der Not. / Wie sich sehnt ein Wandersmann, / daß sein Weg ein End mög han, / so hab ich gewünschet eben, / daß sich enden mög mein Leben.

4. Welt und Teufel, Sünd und Hölle, / unser eigen Fleisch und Blut / plagen stets hier unsre Seele, / lassen uns bei keinem Mut. / Wir sind voller Angst und Plag, / lauter Kreuz sind unsre Tag; / wenn wir nur geboren werden, / Jammer g'nug find't sich auf Erden.

5. Wenn die Morgenröt herleuchtet / und der Schlaf von uns sich wend't, / Sorg und Kummer daherschleichet, / Müh sich find't an allem End. / Unsre Tränen sind das Brot, / das wir essen früh und spät; / wenn die Sonn nicht mehr tut scheinen, / ist nichts denn nur Klag und Weinen.

6. Drum, Herr Christ, du Morgensterne, / der du ewiglich aufgehst, / sei von mir auch jetzt nicht ferne, / weil mich dein Blut hat erlöst. / Hilf, daß ich mit Fried und Freud / mög von hinnen fahren heut; / ach sei du mein Licht und Straße, / mich mit Beistand nicht verlasse.

7. Ob mir schon die Augen brechen, / das Gehör auch gar verschwind't, / meine Zung nicht mehr kann sprechen, / mein Verstand sich nicht besinnt, / bist du doch mein Licht, mein Wort, / Leben, Weg und Himmelspfort; / du wirst selig mich regieren, / die recht Bahn zum Himmel führen.

8. Freu dich sehr, o meine Seele, / und vergiß all Not und Qual, / weil dich nun Christus, dein Herre, / ruft aus diesem Jammertal. / Seine Freud und Herrlichkeit / sollst du sehn in Ewigkeit, / mit den Engeln jubilieren, / ewig, ewig triumphieren.

T: BEI CHRISTOPH DEMANTIUS 1620
M: LOYS BOURGEOIS 1551
»WIE NACH EINER WASSERQUELLE« (ZU PSALM 42/43)

525

2. Gern will ich folgen, liebster Herr, / du läßt mich nicht verderben. / Ach du bist doch von mir nicht fern, / wenn ich gleich hier muß sterben, / verlassen meine liebsten Freund, / die's mit mir herzlich gut gemeint.

3. Ruht doch der Leib sanft in der Erd, / die Seel zu dir sich schwinget; / in deiner Hand sie unversehrt / durch Tod ins Leben dringet. / Hier ist doch nur ein Tränental, / Angst, Not, Müh, Arbeit überall.

4. Tod, Teufel, Höll, die Welt und Sünd / mir können nicht mehr schaden; / an dir, o Herr, ich Rettung find, / ich tröst mich deiner Gnaden. / Dein ein'ger Sohn aus Lieb und Huld / für mich bezahlt hat alle Schuld.

5. Was wollt ich denn lang traurig sein, / weil ich so wohl bestehe, / bekleid't mit Christi Unschuld rein / wie eine Braut hergehe? / Gehab dich wohl, du schnöde Welt, / bei Gott zu leben mir gefällt.

T: JOHANN HERMANN SCHEIN 1628
M: BARTHOLOMÄUS GESIUS 1605,
JOHANN HERMANN SCHEIN 1628

Ich glaube, daß Gott aus allem, auch aus dem Bösesten, Gutes entstehen lassen kann und will. Dafür braucht er Menschen, die sich alle Dinge zum Besten dienen lassen. Ich glaube, daß Gott uns in jeder Notlage soviel Widerstandskraft geben will, wie wir brauchen. Aber er gibt sie nicht im voraus, damit wir uns nicht auf uns selbst, sondern allein auf ihn verlassen.

DIETRICH BONHOEFFER

526 (Ö)

Spätere Form

2. Jesus, er mein Heiland, lebt; / ich werd auch das Leben schauen, / sein, wo mein Erlöser schwebt; / warum sollte mir denn grauen? / Lässet auch ein Haupt sein Glied, / welches es nicht nach sich zieht?

3. Ich bin durch der Hoffnung Band / zu genau mit ihm verbunden, / meine starke Glaubenshand / wird in ihn gelegt befunden, / daß mich auch kein Todesbann / ewig von ihm trennen kann.

4. Ich bin Fleisch und muß daher / auch einmal zu Asche werden; / das gesteh ich, doch wird er / mich erwecken aus der Erden, / daß ich in der Herrlichkeit / um ihn sein mög allezeit.

5. Dieser meiner Augen Licht / wird ihn, meinen Heiland, kennen, / ich, ich selbst, ein Fremder nicht, / werd in seiner Liebe brennen; / nur die Schwachheit um und an / wird von mir sein abgetan.

6. Was hier kranket, seufzt und fleht, / wird dort frisch und herrlich gehen; / irdisch werd ich ausgesät, / himmlisch werd ich auferstehen. / Alle Schwachheit, Angst und Pein / wird von mir genommen sein.

7. Seid getrost und hocherfreut, / Jesus trägt euch, seine Glieder. / Gebt nicht statt der Traurigkeit: / sterbt ihr, Christus ruft euch wieder, / wenn die letzt Posaun erklingt, / die auch durch die Gräber dringt.

T: OTTO VON SCHWERIN (1644) 1653
M: BERLIN 1653

527

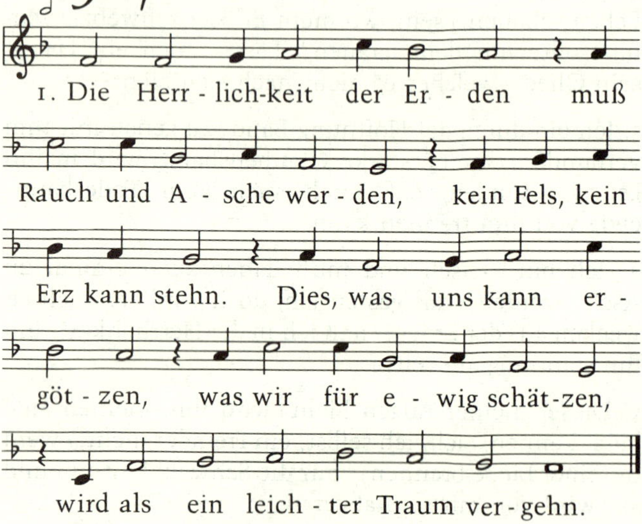

2. Der Ruhm, nach dem wir trachten, / den wir unsterblich achten, / ist nur ein falscher Wahn; / sobald der Geist gewichen / und dieser Mund erblichen, / fragt keiner, was man hier getan.

3. Es hilft kein weises Wissen, / wir werden hingerissen / ohn einen Unterscheid. / Was nützt der Schlösser Menge? / Dem hier die Welt zu enge, / dem wird ein enges Grab zu weit.

4. Dies alles wird zerrinnen, / was Müh und Fleiß gewinnen / und saurer Schweiß erwirbt. / Was Menschen hier besitzen, / kann vor dem Tod nichts nützen; / dies alles stirbt uns, wenn man stirbt.

5. Wie eine Rose blühet, / wenn man die Sonne siehet / begrüßen diese Welt, / die, eh der Tag sich neiget, / eh sich der Abend zeiget, / verwelkt und unversehens fällt:

6. so wachsen wir auf Erden / und denken groß zu werden, / von Schmerz und Sorgen frei; / doch eh wir zugenommen / und recht zur Blüte kommen, / bricht uns des Todes Sturm entzwei.

7. Wir rechnen Jahr auf Jahre; / indessen wird die Bahre / uns vor die Tür gebracht. / Drauf müssen wir von hinnen / und, eh wir uns besinnen, / der Erde sagen: gute Nacht!

8. Auf, Herz, wach und bedenke, / daß dieser Zeit Geschenke / den Augenblick nur dein. / Was du zuvor genossen, / ist als ein Strom verschossen; / was künftig, wessen wird es sein?

9. Verlache Welt und Ehre, / Furcht, Hoffen, Gunst und Lehre / und geh den Herren an, / der immer König bleibet, / den keine Zeit vertreibet, / der einzig ewig machen kann.

10. Wohl dem, der auf ihn trauet! / Er hat recht fest gebauet, / und ob er hier gleich fällt, / wird er doch dort bestehen / und nimmermehr vergehen, / weil ihn die Stärke selbst erhält.

T: ANDREAS GRYPHIUS 1650
M: O WELT, ICH MUSS DICH LASSEN (NR. 521)

528 Ö

2. Ach wie nichtig, ach wie flüchtig / sind der Menschen Tage! / Wie ein Strom beginnt zu rinnen / und mit Laufen nicht hält innen, / so fährt unsre Zeit von hinnen.

3. Ach wie flüchtig, ach wie nichtig / ist der Menschen Freude! / Wie sich wechseln Stund und Zeiten, / Licht und Dunkel, Fried und Streiten, / so sind unsre Fröhlichkeiten.

4. Ach wie nichtig, ach wie flüchtig / ist der Menschen Schöne! / Wie ein Blümlein bald vergehet, / wenn ein rauhes Lüftlein wehet, / so ist unsre Schöne, sehet!

5. Ach wie flüchtig, ach wie nichtig / ist der Menschen Glücke! / Wie sich eine Kugel drehet, / die bald da, bald dorten stehet, / so ist unser Glücke, sehet!

6. Ach wie nichtig, ach wie flüchtig / sind der Menschen Schätze! / Es kann Glut und Flut entstehen, / dadurch, eh wir uns versehen, / alles muß zu Trümmern gehen.

7. Ach wie flüchtig, ach wie nichtig / ist der Menschen Prangen! / Der in Purpur hoch vermessen / ist als wie ein Gott gesessen, / dessen wird im Tod vergessen.

8. Ach wie nichtig, ach wie flüchtig / sind der Menschen Sachen! / Alles, alles, was wir sehen, / das muß fallen und vergehen. / Wer Gott fürcht', wird ewig stehen.

T UND M: MICHAEL FRANCK 1652
(MELODIEFASSUNG NACH JOHANN CRÜGER 1661)

Ewiger Gott, unsere Tage fahren dahin, und unser Leben verwelkt wie Gras, du aber bleibst. Von Ewigkeit her kennst du uns, und unsere Zukunft liegt in deiner Hand. Mache uns bereit für alles, was du mit uns tun wirst.

529 (Ö)

2. Was ist mein ganzes Wesen / von meiner Jugend an / als Müh und Not gewesen? / Solang ich denken kann, / hab ich so manchen Morgen, / so manche liebe Nacht / mit Kummer und mit Sorgen / des Herzens zugebracht.

3. Mich hat auf meinen Wegen / manch harter Sturm erschreckt; / Blitz, Donner, Wind und Regen / hat mir manch Angst erweckt; / Verfolgung, Haß und Neiden, / ob ich's gleich nicht verschuld't, / hab ich doch müssen leiden / und tragen mit Geduld.

4. So ging's den lieben Alten,* / an deren Fuß und Pfad / wir uns noch täglich halten, / wenn's fehlt am guten Rat; / sie zogen hin und wieder, / ihr Kreuz war immer groß, / bis daß der Tod sie nieder / legt in des Grabes Schoß.

* *Glaubenszeugen*

5. Ich habe mich ergeben / in gleiches Glück und Leid; / was will ich besser leben / als solche großen Leut? / Es muß ja durchgedrungen, / es muß gelitten sein; / wer nicht hat wohl gerungen, / geht nicht zur Freud hinein.

6. So will ich zwar nun treiben / mein Leben durch die Welt, / doch denk ich nicht zu bleiben / in diesem fremden Zelt. / Ich wandre meine Straße, / die zu der Heimat führt, / da mich ohn alle Maße / mein Vater trösten wird.

7. Mein Heimat ist dort droben, / da aller Engel Schar / den großen Herrscher loben, / der alles ganz und gar / in seinen Händen träget / und für und für erhält, / auch alles hebt und leget, / wie es ihm wohlgefällt.

8. Zu dem steht mein Verlangen, / da wollt ich gerne hin; / die Welt bin ich durchgangen, / daß ich's fast müde bin. / Je länger ich hier walle, / je wen'ger find ich Freud, / die meinem Geist gefalle; / das meist ist Herzeleid.

9. Die Herberg ist zu böse, / der Trübsal ist zu viel. / Ach komm, mein Gott, und löse / mein Herz, wenn dein Herz will; / komm, mach ein seligs Ende / an meiner Wanderschaft, / und was mich kränkt, das wende / durch deinen Arm und Kraft.

10. Wo ich bisher gesessen, / ist nicht mein rechtes Haus. / Wenn mein Ziel ausgemessen, / so tret ich dann hinaus; / und was ich hier gebrauchet, / das leg ich alles ab, / und wenn ich ausgehauchet, / so scharrt man mich ins Grab.

11. Du aber, meine Freude, / du meines Lebens Licht, / du ziehst mich, wenn ich scheide, / hin vor dein Angesicht / ins Haus der ewgen Wonne, / da ich stets freudenvoll / gleich wie die helle Sonne / mit andern leuchten soll.

12. Da will ich immer wohnen / – und nicht nur als ein Gast – / bei denen, die mit Kronen / du ausgeschmücket hast; / da will ich herrlich singen / von deinem großen Tun / und frei von schnöden Dingen / in meinem Erbteil ruhn.

T: PAUL GERHARDT 1666/67
M: O HAUPT VOLL BLUT UND WUNDEN (NR. 85)

Gott hilft uns nicht immer am Leiden vorbei, aber er hilft uns hindurch.

JOHANN ALBRECHT BENGEL

(Ö) 530

2. Es kann vor Nacht leicht anders werden, / als es am frühen Morgen war; / solang ich leb auf dieser Erden, / leb ich in steter Todsgefahr. / Mein Gott, mein Gott, / ich bitt durch Christi Blut: / mach's nur mit meinem Ende gut.

3. Herr, lehr mich stets mein End bedenken / und, wenn ich einstens sterben muß, / die Seel in Jesu Wunden senken / und ja nicht sparen meine Buß. / Mein Gott, mein Gott, / ich bitt durch Christi Blut: / mach's nur mit meinem Ende gut. *Ps 90,12*

4. Laß mich beizeit' mein Haus bestellen, / daß ich bereit sei für und für / und sage frisch in allen Fällen: / Herr, wie du willst, so schick's mit mir! / Mein Gott, mein Gott, / ich bitt durch Christi Blut: / mach's nur mit meinem Ende gut.

Gal 3,27

6. Ich habe Jesu Leib gegessen, / ich hab sein Blut getrunken hier; / nun kannst du meiner nicht vergessen, / ich bleib in ihm und er in mir. / Mein Gott, mein Gott, / ich bitt durch Christi Blut: / mach's nur mit meinem Ende gut.

7. So komm mein End heut oder morgen, / ich weiß, daß mir's mit Jesus glückt; / ich bin und bleib in deinen Sorgen, / mit Jesu Blut schön ausgeschmückt. / Mein Gott, mein Gott, / ich bitt durch Christi Blut: / mach's nur mit meinem Ende gut.

8. Ich leb indes in dir vergnüget / und sterb ohn alle Kümmernis. / Mir g'nüget, wie mein Gott es füget; / ich glaub und bin es ganz gewiß: / Mein Gott, mein Gott, / aus Gnad durch Christi Blut / machst du's mit meinem Ende gut.

T: ÄMILIE JULIANE
VON SCHWARZBURG-RUDOLSTADT (1686) 1688
M: 1. TEIL BEI GEORG ÖSTERREICHER 1623;
2. TEIL BEI FRANZ VOLLRATH BUTTSTEDT 1774;
DIE GANZE MELODIE ELBERFELD 1805

Ich bitte nicht um Glück der Erden,
nur um ein Leuchten dann und wann:
Daß sichtbar deine Hände werden,
ich deine Liebe ahnen kann;
nur in des Lebens Kümmernissen
um der Ergebung Gnadengruß.
Dann wirst du schon am besten wissen,
wieviel ich tragen kann und muß.

ANNETTE VON DROSTE-HÜLSHOFF

531

2. Gib, daß mit dir ich lebe, / o mein Herr Jesu Christ, / daß nur nach dem ich strebe, / was gut und heilsam ist. / Laß auch in allem Leide / mit dir mich sein vereint, / bis mir zur ewgen Freude / die Gnadensonne scheint.

3. Zuletzt laß mich auch scheiden / mit dir, o Gottessohn; / nach Erdenglück und Leiden / führ mich zum Himmelsthron; / führ mich zu Freud und Wonne / der Seligen im Licht. / Du, meine Lebenssonne, / mein Gott, verlaß mich nicht!

T: SIEBENBÜRGEN VOR 1898
M: O HAUPT VOLL BLUT UND WUNDEN (NR. 85)

Ö 532

2. Nun sich das Herz in alles findet, / was ihm an Schwerem auferlegt, / komm, Heiland, der uns mild verbindet, / die Wunden heilt, uns trägt und pflegt.

3. Nun sich das Herz zu dir erhoben / und nur von dir gehalten weiß, / bleib bei uns, Vater. Und zum Loben / wird unser Klagen. Dir sei Preis!

T: JOCHEN KLEPPER 1941
M: O DASS DOCH BALD DEIN FEUER BRENNTE (NR. 255)

533

Andere Melodie:
Christus, der ist mein Leben (Nr. 516)

2. Es münden alle Pfade / durch Schicksal, Schuld und Tod / doch ein in Gottes Gnade / trotz aller unsrer Not.

3. Wir sind von Gott umgeben / auch hier in Raum und Zeit / und werden in ihm leben / und sein in Ewigkeit.

T: ARNO PÖTZSCH 1941
M: HANS GEORG BERTRAM 1986

Die Klagemauer –
im Blitz eines Gebetes
stürzt sie zusammen.
Gott ist ein
Gebet weit
von uns entfernt.

NELLY SACHS

534

Ps 90,12

2. Herr, sei bei uns, wenn wir sterben müssen, / wenn Brücken brechen und wenn wir vergehn. / Herr, schweige nicht, wenn wir schweigen müssen; / sei selber die Brücke und laß uns bestehn.

T: LOTHAR PETZOLD 1973
M: ROLF KROEDEL 1973

535

Glo - ri - a sei dir ge -
Von zwölf Per - - len sind die
Glo - ri - a sei dir ge -
Von zwölf Per - len sind die
Glo - ri - a sei dir ge -
Von zwölf Per - len sind die
Glo - - ri - a sei dir ge -
Von zwölf Per-len sind die
sun - - gen mit Men - schen-
To - - re an dei - ner
sun - - gen mit Men - schen-
To - - re an dei - ner
sun - - gen mit Men - schen-
To - - re an dei - ner
sun - - gen mit Men - schen-
To - - re an dei - ner

und mit En - gel - zun - gen, mit
Stadt; wir stehn im Cho - re der
und mit En - gel - zun - gen, mit
Stadt; wir stehn im Cho - re der
8
und mit En - gel - zun - gen, mit
Stadt; wir stehn im Cho - re der
und mit En - gel - zun - gen, mit
Stadt; wir stehn im Cho - re der
Har - fen und mit Zim-beln schön.
En - gel hoch um dei - nen Thron.
Har - fen und mit Zim - beln schön.
En - gel hoch um dei - nen Thron.
8
Har - fen und mit Zim-beln schön.
En - gel hoch um dei - nen Thron.
Har - fen und mit Zim - beln schön.
En - gel hoch um dei - nen Thron.

Kein Aug hat je ge - spürt,
Kein Aug hat je ge - spürt,
Kein Aug hat je ge - spürt,
Kein Aug hat je ge - spürt,
kein Ohr hat mehr ge - hört
kein Ohr hat mehr ge - hört
kein Ohr hat mehr ge - hört
kein Ohr hat mehr ge - hört
sol - che Freu - de. Des
sol - che Freu - de. Des
sol - che Freu - de. Des
sol - che Freu - de. Des

T UND M: NR. 147 STR. 3
SATZ: JOHANN SEBASTIAN BACH 1731

GEBETE
GEBETSGOTTESDIENSTE
BEKENNTNISSE
BEIGABEN

PSALMGEBETE

Psalmen zu lesen und zu singen gehört bis heute zum Gottesdienst der jüdischen Gemeinde. Seit den frühesten Zeiten der Kirche sind Psalmen auch fester Bestandteil des christlichen Gottesdienstes. Christen und Juden beten so mit gleichen Psalmworten und bringen Lob und Dank, Klage und Bitte vor Gott.

Über die Jahrhunderte hinweg prägt das Psalmgebet der Kirche die Andachten der Wochentage, das Gebet in den Klöstern und das Gebet der Priester, aber auch den sonntäglichen Gottesdienst: ganze Psalmen oder aber einzelne Verse werden, meist im Wechsel, gesungen oder gesprochen.

Diese Tradition haben die evangelischen Kirchen auf verschiedene Weise weitergeführt. Sie haben zahlreiche Psalmlieder geschaffen. Weithin prägen ausgewählte Psalmabschnitte den Eingang des Sonntagsgottesdienstes (Introituspsalmen). In der reformierten Kirche wurden bald nach der Reformation alle 150 Psalmen in Liedform gebracht und vertont. Einen festen Platz hat das Psalmgebet seit je in den Gottesdiensten zu den Tageszeiten (Mette, Mittagsgebet, Vesper, Komplet, Nr. 783–786).

Die folgende Auswahl von Psalmen ist für das Gebet des einzelnen gedacht, sie ist zugleich aber auch zum wechselseitigen Gebet zwischen zwei Gruppen oder zwischen einem Vorbeter und einer Gruppe eingerichtet. Die erste Gruppe (oder ein Vorbeter) spricht den vorgezogenen, die zweite (oder die Gemeinde) den eingerückten Vers.

Den einzelnen Psalmen ist eine Überschrift beigegeben, die meist dem Text des Psalms entnommen ist. Sie erschließt den Psalm und eignet sich gegebenenfalls auch als Leitvers, der zu Beginn des Wechselgebets und am Ende, nach dem »Ehre sei dem Vater«, jeweils gemeinsam gesprochen werden kann.

Das christliche Psalmgebet schließt mit dem Lobpreis:

»Ehre sei dem Vater und dem Sohn und dem Heiligen Geist, wie es war im Anfang, jetzt und immerdar und von Ewigkeit zu Ewigkeit. Amen.«

Die ökumenische Fassung lautet:

»Ehre sei dem Vater und dem Sohn und dem Heiligen Geist, wie im Anfang, so auch jetzt und alle Zeit und in Ewigkeit. Amen.«

BEISPIELE

Lob und Dank	Psalm 30, 92, 103, 118, 136, 150
Gottesdienst	Psalm 22 II, 27, 43, 84, 100
Gott, Schöpfer und Herr der Welt	Psalm 8, 104, 136
Gottes Barmherzigkeit und Treue	Psalm 23, 34, 100, 146
Der Mensch als Geschöpf Gottes	Psalm 8, 90, 139
Vertrauen auf Gottes Hilfe	Psalm 18, 23, 31, 46, 121
Verlassen und doch geborgen	Psalm 13, 22 I, 126
Schuld und Vergebung (Die sieben Bußpsalmen)	Psalm 6, 32, 38, 51, 102, 130, 143
Morgen	Psalm 30, 57, 92, 143
Abend	Psalm 4, 42, 63, 91, 121, 134
Neutestamentliche Texte	Mt 5,3–10, Phil 2,5–11

Dem Kirchenjahr zugeordnete Psalmen oder Psalmabschnitte sind die Wochenpsalmen, sie sind unter Nr. 954 angegeben.

Zum gemeinsamen Singen mit Noten versehene Psalmen und neutestamentliche Lobgesänge finden sich in den Ordnungen der Gottesdienste zu den Tageszeiten:

787	Psalm 23	785.6	Lobgesang der Maria (Magnificat) Lk 1
788	Psalm 25		
785.2	Psalm 34	783.6	Lobgesang des Zacharias (Benedictus) Lk 1
784.3	Psalm 36		
786.4	Psalm 91	786.10	Lobgesang des Simeon (Nunc dimittis) Lk 2
783.2	Psalm 148		

Ein Psalmgebet mit mehrstimmig zu singendem Kehrvers und gesprochenem Psalmtext (Psalm 34 oder Psalm 36 oder ein anderer Psalm) findet sich unter Nr. 789.3 und 789.4.

PSALMEN

in Auswahl

PSALM 1 702

Der Herr kennt den Weg der Gerechten

Wohl dem, der nicht wandelt im Rat der Gottlosen
noch tritt auf den Weg der Sünder
noch sitzt, wo die Spötter sitzen,
sondern hat Lust am Gesetz des Herrn
und sinnt über seinem Gesetz Tag und Nacht!
Der ist wie ein Baum, gepflanzt an den Wasserbächen,
der seine Frucht bringt zu seiner Zeit,
und seine Blätter verwelken nicht.
Und was er macht, das gerät wohl.
Aber so sind die Gottlosen nicht,
sondern wie Spreu, die der Wind verstreut.
Darum bestehen die Gottlosen nicht im Gericht
noch die Sünder in der Gemeinde der Gerechten.
Denn der Herr kennt den Weg der Gerechten,
aber der Gottlosen Weg vergeht.

(Ps 1)

PSALM 4 703

Erhöre mein Gebet

Erhöre mich, wenn ich rufe,
Gott meiner Gerechtigkeit,
der du mich tröstest in Angst;
sei mir gnädig und erhöre mein Gebet!
Ihr Herren, wie lange soll meine Ehre geschändet werden?
Wie habt ihr das Eitle so lieb und die Lüge so gern!

Erkennet doch, daß der Herr seine Heiligen
wunderbar führt;
der Herr hört, wenn ich ihn anrufe.
Zürnet ihr, so sündiget nicht;
redet in eurem Herzen auf eurem Lager und seid stille.
Opfert, was recht ist,
und hoffet auf den Herrn.
Viele sagen: »Wer wird uns Gutes sehen lassen?«
Herr, laß leuchten über uns das Licht deines Antlitzes!
Du erfreust mein Herz,
ob jene auch viel Wein und Korn haben.
Ich liege und schlafe ganz mit Frieden;
denn allein du, Herr, hilfst mir, daß ich sicher wohne.
(Ps 4)

PSALM 6 704

Errette mich, Herr,
um deiner Güte willen

Ach Herr, strafe mich nicht in deinem Zorn
und züchtige mich nicht in deinem Grimm!
Herr, sei mir gnädig, denn ich bin schwach;
heile mich, Herr, denn meine Gebeine sind
erschrocken
und meine Seele ist sehr erschrocken.
Ach du, Herr, wie lange!
Wende dich, Herr, und errette mich,
hilf mir um deiner Güte willen!
Weichet von mir, alle Übeltäter;
denn der Herr hört mein Weinen.
Der Herr hört mein Flehen;
mein Gebet nimmt der Herr an.
(Ps 6,2–5.9.10)

PSALM 8 705

Was ist der Mensch, Herr, daß du dich seiner annimmst?

Herr, unser Herrscher, wie herrlich ist dein Name in allen Landen, der du zeigst deine Hoheit am Himmel!
Aus dem Munde der jungen Kinder und Säuglinge hast du eine Macht zugerichtet um deiner Feinde willen.
Wenn ich sehe die Himmel, deiner Finger Werk, den Mond und die Sterne, die du bereitet hast:
was ist der Mensch, daß du seiner gedenkst, und des Menschen Kind, daß du dich seiner annimmst?
Du hast ihn wenig niedriger gemacht als Gott, mit Ehre und Herrlichkeit hast du ihn gekrönt.
Du hast ihn zum Herrn gemacht über deiner Hände Werk,
alles hast du unter seine Füße getan:
Schafe und Rinder allzumal,
dazu auch die wilden Tiere,
die Vögel unter dem Himmel und die Fische im Meer
und alles, was die Meere durchzieht.
Herr, unser Herrscher,
wie herrlich ist dein Name in allen Landen!

(Ps 8,2–10)

PSALM 13 706

Wie lange soll ich mich ängsten?

Herr, wie lange willst du mich so ganz vergessen?
Wie lange verbirgst du dein Antlitz vor mir?
Wie lange soll ich sorgen in meiner Seele
und mich ängsten in meinem Herzen täglich?
Wie lange soll sich mein Feind über mich erheben?

Schaue doch und erhöre mich, Herr, mein Gott!
Erleuchte meine Augen, daß ich nicht im Tode entschlafe,
daß nicht mein Feind sich rühme, er sei meiner mächtig geworden,
und meine Widersacher sich freuen, daß ich wanke.
Ich aber traue darauf, daß du so gnädig bist;
mein Herz freut sich, daß du so gerne hilfst.
Ich will dem Herrn singen, daß er so wohl an mir tut.
(Ps 13,2–6)

PSALM 18

707

Der Herr ist meine Zuversicht

Herzlich lieb hab ich dich, Herr, meine Stärke!
Herr, mein Fels, meine Burg, mein Erretter;
mein Gott, mein Hort, auf den ich traue,
mein Schild und Berg meines Heils und mein Schutz!
Ich rufe an den Herrn, den Hochgelobten,
so werde ich vor meinen Feinden errettet.
Es umfingen mich des Todes Bande,
und die Fluten des Verderbens erschreckten mich.
Des Totenreichs Bande umfingen mich,
und des Todes Stricke überwältigten mich.
Als mir angst war, rief ich den Herrn an
und schrie zu meinem Gott.
Da erhörte er meine Stimme von seinem Tempel,
und mein Schreien kam vor ihn zu seinen Ohren.
Er streckte seine Hand aus von der Höhe
und faßte mich
und zog mich aus großen Wassern.

Der Herr ward meine Zuversicht.
Er führte mich hinaus ins Weite,
er riß mich heraus; denn er hatte Lust zu mir.
Der Herr lebt! Gelobt sei mein Fels!
Der Gott meines Heils sei hoch erhoben.
Darum will ich dir danken, Herr, unter den Heiden
und deinem Namen lobsingen.
(Ps 18,2–7.17.19b.20.47.50)

PSALM 19 708

Das Gesetz des Herrn ist vollkommen

Die Himmel erzählen die Ehre Gottes,
und die Feste verkündigt seiner Hände Werk.
Ein Tag sagt's dem andern,
und eine Nacht tut's kund der andern,
ohne Sprache und ohne Worte;
unhörbar ist ihre Stimme.
Ihr Schall geht aus in alle Lande
und ihr Reden bis an die Enden der Welt.
Er hat der Sonne ein Zelt am Himmel gemacht;
sie geht heraus wie ein Bräutigam aus seiner Kammer
und freut sich wie ein Held, zu laufen ihre Bahn.
Sie geht auf an einem Ende des Himmels
und läuft um bis wieder an sein Ende,
und nichts bleibt vor ihrer Glut verborgen.
Das Gesetz des Herrn ist vollkommen
und erquickt die Seele.
Das Zeugnis des Herrn ist gewiß
und macht die Unverständigen weise.
Die Befehle des Herrn sind richtig
und erfreuen das Herz.
Die Gebote des Herrn sind lauter und erleuchten die Augen.
Die Furcht des Herrn ist rein und bleibt ewiglich.
(Ps 19,2–10a)

PSALM 22 I — 709

Herr, sei nicht ferne

Mein Gott, mein Gott, warum hast du mich verlassen?
Ich schreie, aber meine Hilfe ist ferne.
    Mein Gott, des Tages rufe ich, doch antwortest du nicht,
    und des Nachts, doch finde ich keine Ruhe.
Du aber bist heilig,
der du thronst über den Lobgesängen Israels.
    Unsere Väter hofften auf dich;
    und da sie hofften, halfst du ihnen heraus.
Zu dir schrien sie und wurden errettet,
sie hofften auf dich und wurden nicht zuschanden.
    Sei nicht ferne von mir, denn Angst ist nahe;
    denn es ist hier kein Helfer.
Aber du, Herr, sei nicht ferne;
meine Stärke, eile, mir zu helfen!

(Ps 22,2–6.12.20)

PSALM 22 II — 710

Dich will ich preisen in der Gemeinde

Ich will deinen Namen kundtun meinen Brüdern,
ich will dich in der Gemeinde rühmen:
    Rühmet den Herrn, die ihr ihn fürchtet;
    denn er hat nicht verachtet noch verschmäht das Elend des Armen
und sein Antlitz vor ihm nicht verborgen;
und als er zu ihm schrie, hörte er's.
    Dich will ich preisen in der großen Gemeinde,
    ich will mein Gelübde erfüllen vor denen, die ihn fürchten.
Die Elenden sollen essen, daß sie satt werden;
und die nach dem Herrn fragen, werden ihn preisen;
euer Herz soll ewiglich leben.

Es werden gedenken und sich zum Herrn
bekehren aller Welt Enden
und vor ihm anbeten alle Geschlechter
der Heiden.
Denn des Herrn ist das Reich,
und er herrscht unter den Heiden.
Sie werden kommen und seine Gerechtigkeit
predigen
dem Volk, das geboren wird.

(Ps 22,23.24a.25–29.32)

PSALM 23 711

Der Herr ist gut und barmherzig

Der Herr ist mein Hirte,
mir wird nichts mangeln.
Er weidet mich auf einer grünen Aue
und führet mich zum frischen Wasser.
Er erquicket meine Seele.
Er führet mich auf rechter Straße um seines
Namens willen.
Und ob ich schon wanderte im finstern Tal,
fürchte ich kein Unglück;
denn du bist bei mir,
dein Stecken und Stab trösten mich.
Du bereitest vor mir einen Tisch
im Angesicht meiner Feinde.
Du salbest mein Haupt mit Öl
und schenkest mir voll ein.
Gutes und Barmherzigkeit werden mir folgen
mein Leben lang,
und ich werde bleiben im Hause des Herrn
immerdar.

(Ps 23)

PSALM 24 — 712

Der Herr kommt, stark und mächtig

Machet die Tore weit und die Türen in der Welt hoch,
daß der König der Ehre einziehe!
    Wer ist der König der Ehre?
    Es ist der Herr, stark und mächtig, der Herr, mächtig im Streit.
Machet die Tore weit und die Türen in der Welt hoch,
daß der König der Ehre einziehe!
    Wer ist der König der Ehre?
    Es ist der Herr Zebaoth; er ist der König der Ehre.

(Ps 24,7–10)

PSALM 25 — 713

Vergib mir meine Schuld

Nach dir, Herr, verlanget mich.
Mein Gott, ich hoffe auf dich;
    laß mich nicht zuschanden werden.
    Denn keiner wird zuschanden, der auf dich harret.
Herr, zeige mir deine Wege
und lehre mich deine Steige!
    Leite mich in deiner Wahrheit und lehre mich!
    Denn du bist der Gott, der mir hilft; täglich harre ich auf dich.
Gedenke, Herr, an deine Barmherzigkeit und an deine Güte,
die von Ewigkeit her gewesen sind.
    Der Herr ist gut und gerecht,
    darum weist er Sündern den Weg.
Die Wege des Herrn sind lauter Güte und Treue
für alle, die seinen Bund und seine Gebote halten.
    Um deines Namens willen, Herr,
    vergib mir meine Schuld, die so groß ist!

Der Herr ist denen Freund, die ihn fürchten;
und seinen Bund läßt er sie wissen.
Meine Augen sehen stets auf den Herrn;
denn er wird meinen Fuß aus dem Netze ziehen.
Wende dich zu mir und sei mir gnädig;
denn ich bin einsam und elend.
Die Angst meines Herzens ist groß;
führe mich aus meinen Nöten!
Sieh an meinen Jammer und mein Elend
und vergib mir alle meine Sünden!
Bewahre meine Seele und errette mich;
laß mich nicht zuschanden werden, denn ich traue auf dich!

(Ps 25,1.2a.3a.4–6.8.10–11.14–18.20)

PSALM 27 — 714

Der Herr ist meines Lebens Kraft

Der Herr ist mein Licht und mein Heil;
vor wem sollte ich mich fürchten?
Der Herr ist meines Lebens Kraft;
vor wem sollte mir grauen?
Eines bitte ich vom Herrn, das hätte ich gerne:
daß ich im Hause des Herrn bleiben könne mein Leben lang,
zu schauen die schönen Gottesdienste des Herrn
und seinen Tempel zu betrachten.
Denn er deckt mich in seiner Hütte zur bösen Zeit,
er birgt mich im Schutz seines Zeltes
und erhöht mich auf einen Felsen.
Herr, höre meine Stimme, wenn ich rufe;
sei mir gnädig und erhöre mich!
Mein Herz hält dir vor dein Wort:
»Ihr sollt mein Antlitz suchen.«
Darum suche ich auch, Herr, dein Antlitz.

Verbirg dein Antlitz nicht vor mir,
verstoße nicht im Zorn deinen Knecht!
Denn du bist meine Hilfe; verlaß mich nicht
und tu die Hand nicht von mir ab, Gott, mein Heil!
Denn mein Vater und meine Mutter verlassen mich,
aber der Herr nimmt mich auf.
Ich glaube aber doch, daß ich sehen werde
die Güte des Herrn im Lande der Lebendigen.
Harre des Herrn!
Sei getrost und unverzagt und harre des Herrn!

(Ps 27,1.4.5.7–10.13–14)

PSALM 30 715

Herr, mein Gott, ich will dir danken

Ich preise dich, Herr;
denn du hast mich aus der Tiefe gezogen.
Herr, mein Gott, als ich schrie zu dir,
da machtest du mich gesund.
Lobsinget dem Herrn, ihr seine Heiligen,
und preiset seinen heiligen Namen!
Denn sein Zorn währet einen Augenblick
und lebenslang seine Gnade.
Den Abend lang währet das Weinen,
aber des Morgens ist Freude.
Du hast mir meine Klage verwandelt in einen Reigen,
du hast mir den Sack der Trauer ausgezogen
und mich mit Freude gegürtet,
daß ich dir lobsinge und nicht stille werde.
Herr, mein Gott, ich will dir danken in Ewigkeit.

(Ps 30,2a.3.5–6.12–13)

PSALM 31 716

Sei mir ein starker Fels

Herr, auf dich traue ich,
laß mich nimmermehr zuschanden werden,
errette mich durch deine Gerechtigkeit!
Neige deine Ohren zu mir, hilf mir eilends!
Sei mir ein starker Fels und eine Burg, daß du mir helfest!
Denn du bist mein Fels und meine Burg,
und um deines Namens willen wollest du mich leiten und führen.
Du wollest mich aus dem Netze ziehen, das sie mir heimlich stellten;
denn du bist meine Stärke.
In deine Hände befehle ich meinen Geist;
du hast mich erlöst, Herr, du treuer Gott.
Ich freue mich und bin fröhlich über deine Güte,
daß du mein Elend ansiehst und nimmst dich meiner an in Not
und übergibst mich nicht in die Hände des Feindes;
du stellst meine Füße auf weiten Raum.
Ich aber, Herr, hoffe auf dich und spreche:
Du bist mein Gott!
Meine Zeit steht in deinen Händen.
Errette mich von der Hand meiner Feinde
und von denen, die mich verfolgen.
Laß leuchten dein Antlitz über deinem Knecht;
hilf mir durch deine Güte!

(Ps 31,2–6.8–9.15–17)

PSALM 32 717

Ich will dem Herrn meine
Übertretungen bekennen

Wohl dem, dem die Übertretungen vergeben sind,
dem die Sünde bedeckt ist!
    Wohl dem Menschen, dem der Herr die Schuld nicht zurechnet,
    in dessen Geist kein Trug ist!
Denn als ich es wollte verschweigen,
verschmachteten meine Gebeine durch mein tägliches Klagen.
    Denn deine Hand lag Tag und Nacht schwer auf mir,
    daß mein Saft vertrocknete, wie es im Sommer dürre wird.
Darum bekannte ich dir meine Sünde,
und meine Schuld verhehlte ich nicht.
    Ich sprach: Ich will dem Herrn meine Übertretungen bekennen.
    Da vergabst du mir die Schuld meiner Sünde.
Deshalb werden alle Heiligen zu dir beten
zur Zeit der Angst.
    Darum, wenn große Wasserfluten kommen,
    werden sie nicht an sie gelangen.
Du bist mein Schirm, du wirst mich vor Angst behüten,
daß ich errettet gar fröhlich rühmen kann.
    Freuet euch des Herrn und seid fröhlich, ihr Gerechten,
    und jauchzet, alle ihr Frommen.

(Ps 32,1–7.11)

718

PSALM 34

Schmecket und sehet,
wie freundlich der Herr ist

Ich will den Herrn loben allezeit;
sein Lob soll immerdar in meinem Munde sein.
Meine Seele soll sich rühmen des Herrn,
daß es die Elenden hören und sich freuen.
Preiset mit mir den Herrn
und laßt uns miteinander seinen Namen erhöhen!
Als ich den Herrn suchte, antwortete er mir
und errettete mich aus aller meiner Furcht.
Die auf ihn sehen, werden strahlen vor Freude,
und ihr Angesicht soll nicht schamrot werden.
Als einer im Elend rief, hörte der Herr
und half ihm aus allen seinen Nöten.
Der Engel des Herrn lagert sich um die her,
die ihn fürchten, und hilft ihnen heraus.
Schmecket und sehet, wie freundlich der Herr ist.
Wohl dem, der auf ihn trauet!
Fürchtet den Herrn, ihr seine Heiligen!
Denn die ihn fürchten, haben keinen Mangel.
Reiche müssen darben und hungern;
aber die den Herrn suchen, haben keinen Mangel
an irgendeinem Gut.
Wenn die Gerechten schreien, so hört der Herr
und errettet sie aus all ihrer Not.
Der Herr ist nahe denen, die zerbrochenen
Herzens sind,
und hilft denen, die ein zerschlagenes Gemüt
haben.
Der Gerechte muß viel erleiden,
aber aus alledem hilft ihm der Herr.
Der Herr erlöst das Leben seiner Knechte,
und alle, die auf ihn trauen, werden frei von Schuld.

(Ps 34,2–11.18–20.23)

PSALM 36 719

Wie köstlich ist deine Güte, Gott!

Herr, deine Güte reicht, so weit der Himmel ist,
und deine Wahrheit, so weit die Wolken gehen.
Deine Gerechtigkeit steht wie die Berge Gottes
und dein Recht wie die große Tiefe.
Herr, du hilfst Menschen und Tieren.
Wie köstlich ist deine Güte, Gott,
daß Menschenkinder unter dem Schatten deiner Flügel Zuflucht haben!
Sie werden satt von den reichen Gütern deines Hauses,
und du tränkst sie mit Wonne wie mit einem Strom.
Denn bei dir ist die Quelle des Lebens,
und in deinem Lichte sehen wir das Licht.

(Ps 36,6–10)

PSALM 37 720

Hoffe auf den Herrn

Befiehl dem Herrn deine Wege
und hoffe auf ihn, er wird's wohl machen
und wird deine Gerechtigkeit heraufführen wie das Licht
und dein Recht wie den Mittag.
Sei stille dem Herrn und warte auf ihn.
Entrüste dich nicht, damit du nicht Unrecht tust.
Bleibe fromm und halte dich recht;
denn einem solchen wird es zuletzt gut gehen.
Der Herr hilft den Gerechten,
er ist ihre Stärke in der Not.

(Ps 37,5–7a.8b.37.39)

PSALM 38

721

Verlaß mich nicht, Herr, mein Gott

Herr, strafe mich nicht in deinem Zorn
und züchtige mich nicht in deinem Grimm!
Denn deine Pfeile stecken in mir,
und deine Hand drückt mich.
Herr, du kennst all mein Begehren,
und mein Seufzen ist dir nicht verborgen.
Mein Herz erbebt, meine Kraft hat mich verlassen,
und das Licht meiner Augen ist auch dahin.
Meine Lieben und Freunde scheuen zurück vor meiner Plage,
und meine Nächsten halten sich ferne.
Ich bin wie taub und höre nicht,
und wie ein Stummer, der seinen Mund nicht auftut.
Ich muß sein wie einer, der nicht hört
und keine Widerrede in seinem Munde hat.
Aber ich harre, Herr, auf dich;
du, Herr, mein Gott, wirst erhören.
Denn ich bin dem Fallen nahe,
und mein Schmerz ist immer vor mir.
So bekenne ich denn meine Missetat
und sorge mich wegen meiner Sünde.
Verlaß mich nicht, Herr,
mein Gott, sei nicht ferne von mir!
Eile, mir beizustehen,
Herr, du meine Hilfe!

(Ps 38,2.3.10–12.14–16.18.19.22.23)

PSALM 39 722

Meine Tage sind eine Handbreit bei dir

Herr, lehre mich doch,
daß es ein Ende mit mir haben muß
und mein Leben ein Ziel hat und ich davon muß.
    Siehe, meine Tage sind eine Handbreit bei dir,
    und mein Leben ist wie nichts vor dir.
Wie gar nichts sind alle Menschen,
die doch so sicher leben!
    Sie gehen daher wie ein Schatten
    und machen sich viel vergebliche Unruhe;
    sie sammeln und wissen nicht, wer es einbringen wird.
Nun, Herr, wessen soll ich mich trösten?
Ich hoffe auf dich.
    Höre mein Gebet, Herr, und vernimm mein Schreien,
    schweige nicht zu meinen Tränen;
denn ich bin ein Gast bei dir,
ein Fremdling wie alle meine Väter.
    Laß ab von mir, daß ich mich erquicke,
    ehe ich dahinfahre und nicht mehr bin.

(Ps 39,5–8.13–14)

PSALM 42 723

Meine Seele dürstet nach Gott

Wie der Hirsch lechzt nach frischem Wasser,
so schreit meine Seele, Gott, zu dir.
    Meine Seele dürstet nach Gott,
    nach dem lebendigen Gott.
Wann werde ich dahin kommen,
daß ich Gottes Angesicht schaue?
    Meine Tränen sind meine Speise Tag und Nacht,
    weil man täglich zu mir sagt: Wo ist nun dein Gott?

Daran will ich denken
und ausschütten mein Herz bei mir selbst:
    wie ich einherzog in großer Schar,
    mit ihnen zu wallen zum Hause Gottes
mit Frohlocken und Danken
in der Schar derer, die da feiern.
    Was betrübst du dich, meine Seele,
    und bist so unruhig in mir?
Harre auf Gott; denn ich werde ihm noch danken,
daß er meines Angesichts Hilfe und mein Gott ist.
    Am Tage sendet der Herr seine Güte,
    und des Nachts singe ich ihm und bete zu dem
    Gott meines Lebens.
Ich sage zu Gott, meinem Fels:
warum hast du mich vergessen?
    Warum muß ich so traurig gehen,
    wenn mein Feind mich dränget?
Es ist wie Mord in meinen Gebeinen, wenn mich
meine Feinde schmähen
und täglich zu mir sagen: Wo ist nun dein Gott?
    Was betrübst du dich, meine Seele,
    und bist so unruhig in mir?
Harre auf Gott; denn ich werde ihm noch danken,
daß er meines Angesichts Hilfe und mein Gott ist.

(Ps 42,2–6.9–12)

PSALM 43 — 724

Sende dein Licht und deine Wahrheit,
daß sie mich leiten

Gott, schaffe mir Recht
und führe meine Sache wider das unheilige Volk
und errette mich von den falschen und bösen Leuten!
    Denn du bist der Gott meiner Stärke:
    Warum hast du mich verstoßen?

Warum muß ich so traurig gehen,
wenn mein Feind mich dränget?
Sende dein Licht und deine Wahrheit, daß sie mich leiten
und bringen zu deinem heiligen Berg und zu deiner Wohnung,
daß ich hineingehe zum Altar Gottes,
zu dem Gott, der meine Freude und Wonne ist,
und dir, Gott, auf der Harfe danke, mein Gott.
Was betrübst du dich, meine Seele,
und bist so unruhig in mir?
Harre auf Gott; denn ich werde ihm noch danken,
daß er meines Angesichts Hilfe und mein Gott ist.
(Ps 43)

PSALM 46 725

Gott ist unser Schutz

Gott ist unsre Zuversicht und Stärke,
eine Hilfe in den großen Nöten, die uns getroffen haben.
Darum fürchten wir uns nicht, wenngleich die Welt unterginge
und die Berge mitten ins Meer sänken,
wenngleich das Meer wütete und wallte
und von seinem Ungestüm die Berge einfielen.
Dennoch soll die Stadt Gottes fein lustig bleiben mit ihren Brünnlein,
da die heiligen Wohnungen des Höchsten sind.
Gott ist bei ihr drinnen, darum wird sie festbleiben;
Gott hilft ihr früh am Morgen.
Die Heiden müssen verzagen und die Königreiche fallen,
das Erdreich muß vergehen, wenn er sich hören läßt.

Der Herr Zebaoth ist mit uns,
der Gott Jakobs ist unser Schutz.
Kommt her und schauet die Werke des Herrn,
der auf Erden solch ein Zerstören anrichtet,
der den Kriegen steuert in aller Welt,
der Bogen zerbricht, Spieße zerschlägt und Wagen mit Feuer verbrennt.
Seid stille und erkennet, daß ich Gott bin!
Ich will der Höchste sein unter den Heiden,
der Höchste auf Erden.
Der Herr Zebaoth ist mit uns,
der Gott Jakobs ist unser Schutz.

(Ps 46,2–12)

PSALM 47 726

Gott ist König über die ganze Erde

Schlagt froh in die Hände, alle Völker,
und jauchzet Gott mit fröhlichem Schall!
Gott fährt auf unter Jauchzen,
der Herr beim Hall der Posaune.
Lobsinget, lobsinget Gott,
lobsinget, lobsinget unserm Könige!
Denn Gott ist König über die ganze Erde;
lobsinget ihm mit Psalmen!
Gott ist König über die Völker,
Gott sitzt auf seinem heiligen Thron.
Die Fürsten der Völker sind versammelt
als Volk des Gottes Abrahams;
denn Gott gehören die Starken auf Erden;
er ist hoch erhaben.

(Ps 47,2.6–10)

PSALM 51

727

Schaffe in mir, Gott, ein reines Herz

Gott, sei mir gnädig nach deiner Güte,
und tilge meine Sünden nach deiner großen Barmherzigkeit.
    Wasche mich rein von meiner Missetat,
    und reinige mich von meiner Sünde;
denn ich erkenne meine Missetat,
und meine Sünde ist immer vor mir.
    An dir allein habe ich gesündigt
    und übel vor dir getan,
auf daß du recht behaltest in deinen Worten
und rein dastehst, wenn du richtest.
    Siehe, dir gefällt Wahrheit, die im Verborgenen liegt,
    und im Geheimen tust du mir Weisheit kund.
Laß mich hören Freude und Wonne,
daß die Gebeine fröhlich werden, die du zerschlagen hast.
    Verbirg dein Antlitz vor meinen Sünden,
    und tilge alle meine Missetat.
Schaffe in mir, Gott, ein reines Herz,
und gib mir einen neuen, beständigen Geist.
    Verwirf mich nicht von deinem Angesicht,
    und nimm deinen heiligen Geist nicht von mir.
Erfreue mich wieder mit deiner Hilfe,
und mit einem willigen Geist rüste mich aus.

(Ps 51,3–6.8.10–14)

PSALM 57

728

Unter dem Schatten deiner Flügel
habe ich Zuflucht

Sei mir gnädig, Gott, sei mir gnädig!
Denn auf dich traut meine Seele,
und unter dem Schatten deiner Flügel habe ich Zuflucht,
bis das Unglück vorübergehe.
Ich rufe zu Gott, dem Allerhöchsten,
zu Gott, der meine Sache zum guten Ende führt.
Er sende vom Himmel und helfe mir,
Gott sende seine Güte und Treue.
Verzehrende Flammen sind die Menschen
und ihre Zungen scharfe Schwerter.
Erhebe dich, Gott, über den Himmel
und deine Herrlichkeit über alle Welt!
Sie haben meinen Schritten ein Netz gestellt
und meine Seele gebeugt;
sie haben vor mir eine Grube gegraben –
und fallen doch selbst hinein.
Mein Herz ist bereit, Gott,
mein Herz ist bereit, daß ich singe und lobe.
Wach auf, meine Seele, wach auf, Psalter und Harfe,
ich will das Morgenrot wecken!
Herr, ich will dir danken unter den Völkern,
ich will dir lobsingen unter den Leuten.
Denn deine Güte reicht, so weit der Himmel ist,
und deine Wahrheit, so weit die Wolken gehen.
Erhebe dich, Gott, über den Himmel
und deine Herrlichkeit über alle Welt!

(Ps 57,2–4a.c.5b.d.6–12)

PSALM 63 729

Ich will Gott loben mein Leben lang

Gott, du bist mein Gott, den ich suche.
Es dürstet meine Seele nach dir,
mein ganzer Mensch verlangt nach dir
aus trockenem, dürrem Land, wo kein Wasser ist.
So schaue ich aus nach dir in deinem Heiligtum,
wollte gerne sehen deine Macht und Herrlichkeit.
Denn deine Güte ist besser als Leben;
meine Lippen preisen dich.
So will ich dich loben mein Leben lang
und meine Hände in deinem Namen aufheben.
Das ist meines Herzens Freude und Wonne,
wenn ich dich mit fröhlichem Munde loben kann;
wenn ich mich zu Bette lege, so denke ich an dich,
wenn ich wach liege, sinne ich über dich nach.
Denn du bist mein Helfer,
und unter dem Schatten deiner Flügel frohlocke ich.
Meine Seele hängt an dir;
deine rechte Hand hält mich.

(Ps 63,2–9)

PSALM 67 730

Es danken dir, Gott, die Völker

Gott sei uns gnädig und segne uns,
er lasse uns sein Antlitz leuchten,
daß man auf Erden erkenne seinen Weg,
unter allen Heiden sein Heil.
Es danken dir, Gott, die Völker,
es danken dir alle Völker.

Die Völker freuen sich und jauchzen,
daß du die Menschen recht richtest
und regierst die Völker auf Erden.
Es danken dir, Gott, die Völker,
es danken dir alle Völker.
Das Land gibt sein Gewächs;
es segne uns Gott, unser Gott!
Es segne uns Gott,
und alle Welt fürchte ihn!

(Ps 67,2–8)

PSALM 69 731

Sei mir nahe, denn mir ist angst

Gott, hilf mir!
Denn das Wasser geht mir bis an die Kehle.
Ich versinke in tiefem Schlamm, wo kein Grund ist;
ich bin in tiefe Wasser geraten, und die Flut will mich ersäufen.
Ich habe mich müde geschrien,
mein Hals ist heiser.
Meine Augen sind trübe geworden,
weil ich so lange harren muß auf meinen Gott.
Ich aber bete zu dir, Herr, zur Zeit der Gnade;
Gott, nach deiner großen Güte erhöre mich mit deiner treuen Hilfe.
Errette mich aus dem Schlamm,
daß ich nicht versinke,
daß ich errettet werde vor denen, die mich hassen,
und aus den tiefen Wassern;
daß mich die Flut nicht ersäufe und die Tiefe nicht verschlinge
und das Loch des Brunnens sich nicht über mir schließe.

Erhöre mich, Herr, denn deine Güte ist tröstlich;
wende dich zu mir nach deiner großen Barmherzigkeit
und verbirg dein Angesicht nicht vor deinem Knechte,
denn mir ist angst; erhöre mich eilends.
Nahe dich zu meiner Seele und erlöse sie,
Gott, deine Hilfe schütze mich!

(Ps 69,2–4.14–19a.30b)

PSALM 71 — 732

Verlaß mich nicht in meinem Alter

Herr, ich traue auf dich,
laß mich nimmermehr zuschanden werden.
Errette mich durch deine Gerechtigkeit und hilf mir heraus,
neige deine Ohren zu mir und hilf mir!
Sei mir ein starker Hort, zu dem ich immer fliehen kann,
der du zugesagt hast, mir zu helfen;
denn du bist meine Zuversicht, Herr, mein Gott,
meine Hoffnung von meiner Jugend an.
Verwirf mich nicht in meinem Alter,
verlaß mich nicht, wenn ich schwach werde.
Du lässest mich erfahren viele und große Angst
und tröstest mich wieder.
Meine Lippen und meine Seele, die du erlöst hast,
sollen fröhlich sein und dir lobsingen.

(Ps 71,1–3b.5.9.20a.21b.23)

PSALM 73 — 733

Du bist doch, Gott, allezeit meines
Herzens Trost und mein Teil

Dennoch bleibe ich stets an dir;
denn du hältst mich bei meiner rechten Hand,
du leitest mich nach deinem Rat
und nimmst mich am Ende mit Ehren an.
Wenn ich nur dich habe,
so frage ich nichts nach Himmel und Erde.
Wenn mir gleich Leib und Seele verschmachtet,
so bist du doch, Gott, allezeit meines Herzens
Trost und mein Teil.
Aber das ist meine Freude, daß ich mich zu Gott halte
und meine Zuversicht setze auf Gott den Herrn,
daß ich verkündige all dein Tun.

(Ps 73,23–26.28)

PSALM 84 — 734

Wohl denen, die in deinem
Hause wohnen

Wie lieb sind mir deine Wohnungen, Herr Zebaoth!
Meine Seele verlangt und sehnt sich nach den Vorhöfen
des Herrn;
mein Leib und Seele freuen sich
in dem lebendigen Gott.
Der Vogel hat ein Haus gefunden
und die Schwalbe ein Nest für ihre Jungen –
deine Altäre, Herr Zebaoth,
mein König und mein Gott.
Wohl denen, die in deinem Hause wohnen;
die loben dich immerdar.
Wohl den Menschen, die dich für ihre Stärke halten
und von Herzen dir nachwandeln!

Wenn sie durchs dürre Tal ziehen, wird es ihnen zum Quellgrund,
und Frühregen hüllt es in Segen.
Sie gehen von einer Kraft zur andern
und schauen den wahren Gott in Zion.
Herr, Gott Zebaoth, höre mein Gebet;
vernimm es, Gott Jakobs!
Gott, unser Schild, schaue doch;
sieh doch an das Antlitz deines Gesalbten!
Denn ein Tag in deinen Vorhöfen
ist besser als sonst tausend.
Ich will lieber die Tür hüten in meines Gottes Hause
als wohnen in der Gottlosen Hütten.
Denn Gott der Herr ist Sonne und Schild; der Herr gibt Gnade und Ehre.
Er wird kein Gutes mangeln lassen den Frommen.
Herr Zebaoth, wohl dem Menschen,
der sich auf dich verläßt!

(Ps 84,2–13)

PSALM 90 — 735

Lehre uns bedenken,
daß wir sterben müssen

Herr, du bist unsre Zuflucht für und für.
Ehe denn die Berge wurden und die Erde und die Welt geschaffen wurden,
bist du, Gott, von Ewigkeit zu Ewigkeit.
Der du die Menschen lässest sterben
und sprichst: Kommt wieder, Menschenkinder!
Denn tausend Jahre sind vor dir wie der Tag, der gestern vergangen ist,
und wie eine Nachtwache.

Du lässest sie dahinfahren wie einen Strom,
sie sind wie ein Schlaf,
wie ein Gras, das am Morgen noch sproßt und des Abends welkt und verdorrt.
Das macht dein Zorn, daß wir so vergehen,
und dein Grimm, daß wir so plötzlich dahin müssen.
Denn unsre Missetaten stellst du vor dich,
unsre unerkannte Sünde ins Licht vor deinem Angesicht.
Darum fahren alle unsre Tage dahin durch deinen Zorn,
wir bringen unsre Jahre zu wie ein Geschwätz.
Unser Leben währet siebzig Jahre,
und wenn's hoch kommt, so sind's achtzig Jahre,
und was daran köstlich scheint, ist doch nur vergebliche Mühe;
denn es fähret schnell dahin, als flögen wir davon.
Wer glaubt's aber, daß du so sehr zürnest,
und wer fürchtet sich vor dir in deinem Grimm?
Lehre uns bedenken, daß wir sterben müssen,
auf daß wir klug werden.
Herr, kehre dich doch endlich wieder zu uns
und sei deinen Knechten gnädig!
Fülle uns frühe mit deiner Gnade,
so wollen wir rühmen und fröhlich sein unser Leben lang.
Erfreue uns nun wieder, nachdem du uns so lange plagest,
nachdem wir so lange Unglück leiden.
Zeige deinen Knechten deine Werke
und deine Herrlichkeit ihren Kindern.
Und der Herr, unser Gott, sei uns freundlich
und fördere das Werk unsrer Hände bei uns.
Ja, das Werk unsrer Hände wollest du fördern!

(Ps 90,1–5.6b-17)

PSALM 91

736

Der Herr ist deine Zuversicht

Wer unter dem Schirm des Höchsten sitzt
und unter dem Schatten des Allmächtigen bleibt,
der spricht zu dem Herrn: Meine Zuversicht und meine Burg,
mein Gott, auf den ich hoffe.
Denn er errettet dich vom Strick des Jägers
und von der verderblichen Pest.
Er wird dich mit seinen Fittichen decken,
und Zuflucht wirst du haben unter seinen Flügeln.
Seine Wahrheit ist Schirm und Schild,
daß du nicht erschrecken mußt vor dem Grauen der Nacht,
vor den Pfeilen, die des Tages fliegen,
vor der Pest, die im Finstern schleicht,
vor der Seuche, die am Mittag Verderben bringt.
Denn der Herr ist deine Zuversicht,
der Höchste ist deine Zuflucht.
Es wird dir kein Übel begegnen,
und keine Plage wird sich deinem Hause nahen.
Denn er hat seinen Engeln befohlen,
daß sie dich behüten auf allen deinen Wegen,
daß sie dich auf den Händen tragen
und du deinen Fuß nicht an einen Stein stoßest.
Über Löwen und Ottern wirst du gehen
und junge Löwen und Drachen niedertreten.
»Er liebt mich, darum will ich ihn erretten;
er kennt meinen Namen, darum will ich ihn schützen.

Er ruft mich an, darum will ich ihn erhören; ich bin bei ihm in der Not,
ich will ihn herausreißen und zu Ehren bringen.
Ich will ihn sättigen mit langem Leben
und will ihm zeigen mein Heil.«
(Ps 91,1–6.9–16)

PSALM 92 737

Du lässest mich fröhlich singen

Das ist ein köstlich Ding, dem Herrn danken
und lobsingen deinem Namen, du Höchster,
des Morgens deine Gnade
und des Nachts deine Wahrheit verkündigen.
Denn, Herr, du lässest mich fröhlich singen von deinen Werken,
und ich rühme die Taten deiner Hände.
Herr, wie sind deine Werke so groß!
Deine Gedanken sind sehr tief.
Ein Törichter glaubt das nicht,
und ein Narr begreift es nicht.
Die Gottlosen grünen wie das Gras, und die Übeltäter blühen alle –
nur um vertilgt zu werden für immer!
Aber du, Herr, bist der Höchste
und bleibest ewiglich.
Der Gerechte wird grünen wie ein Palmbaum,
er wird wachsen wie eine Zeder auf dem Libanon.
Die gepflanzt sind im Hause des Herrn,
werden in den Vorhöfen unsres Gottes grünen.
Und wenn sie auch alt werden,
werden sie dennoch blühen, fruchtbar und frisch sein,
daß sie verkündigen, wie der Herr es recht macht;
er ist mein Fels, und kein Unrecht ist an ihm.
(Ps 92,2.3.5–9.13–16)

PSALM 96 738

Singet dem Herrn, alle Welt

Singet dem Herrn ein neues Lied;
singet dem Herrn, alle Welt!
Singet dem Herrn und lobet seinen Namen,
verkündet von Tag zu Tag sein Heil!
Erzählet unter den Heiden von seiner Herrlichkeit,
unter allen Völkern von seinen Wundern!
Betet an den Herrn in heiligem Schmuck;
es fürchte ihn alle Welt!
Sagt unter den Heiden: Der Herr ist König.
Er hat den Erdkreis gegründet, daß er nicht wankt.
Er richtet die Völker recht.
Der Himmel freue sich, und die Erde sei fröhlich,
das Meer brause und was darinnen ist;
das Feld sei fröhlich und alles, was darauf ist;
es sollen jauchzen alle Bäume im Walde
vor dem Herrn; denn er kommt,
denn er kommt, zu richten das Erdreich.
Er wird den Erdkreis richten mit Gerechtigkeit
und die Völker mit seiner Wahrheit.

(Ps 96,1–3.9–13)

PSALM 98 739

Singet dem Herrn, rühmet und lobet

Singet dem Herrn ein neues Lied,
denn er tut Wunder.
Er schafft Heil mit seiner Rechten
und mit seinem heiligen Arm.
Der Herr läßt sein Heil kundwerden;
vor den Völkern macht er seine Gerechtigkeit offenbar.

Er gedenkt an seine Gnade und Treue für das Haus Israel,
aller Welt Enden sehen das Heil unsres Gottes.
Jauchzet dem Herrn, alle Welt,
singet, rühmet und lobet!
Lobet den Herrn mit Harfen,
mit Harfen und mit Saitenspiel!
Mit Trompeten und Posaunen
jauchzet vor dem Herrn, dem König!
Das Meer brause und was darinnen ist,
der Erdkreis und die darauf wohnen.
Die Ströme sollen frohlocken,
und alle Berge seien fröhlich vor dem Herrn;
denn er kommt, das Erdreich zu richten.
Er wird den Erdkreis richten mit Gerechtigkeit
und die Völker, wie es recht ist.

(Ps 98,1–9)

PSALM 100 740

Danket dem Herrn, lobet seinen Namen

Jauchzet dem Herrn, alle Welt!
Dienet dem Herrn mit Freuden,
kommt vor sein Angesicht mit Frohlocken!
Erkennet, daß der Herr Gott ist!
Er hat uns gemacht und nicht wir selbst
zu seinem Volk und zu Schafen seiner Weide.
Gehet zu seinen Toren ein mit Danken, zu seinen Vorhöfen mit Loben;
danket ihm, lobet seinen Namen!
Denn der Herr ist freundlich, und seine Gnade währet ewig
und seine Wahrheit für und für.

(Ps 100,1b-5)

PSALM 102 741

Verbirg dein Antlitz nicht
vor mir in der Not

Herr, höre mein Gebet
und laß mein Schreien zu dir kommen!
    Verbirg dein Antlitz nicht vor mir in der Not,
    neige deine Ohren zu mir;
    wenn ich dich anrufe, so erhöre mich bald!
Denn meine Tage sind vergangen wie ein Rauch,
und meine Gebeine sind verbrannt wie von Feuer.
    Ich bin wie die Eule in der Einöde,
    wie das Käuzchen in den Trümmern.
Ich wache und klage
wie ein einsamer Vogel auf dem Dache.
    Meine Tage sind dahin wie ein Schatten,
    und ich verdorre wie Gras.
Du aber, Herr, bleibst ewiglich
und dein Name für und für.
    Du wollest dich aufmachen und über Zion
    erbarmen;
    denn es ist Zeit, daß du ihm gnädig seist,
    und die Stunde ist gekommen.
Denn er schaut von seiner heiligen Höhe,
der Herr sieht vom Himmel auf die Erde,
    daß er das Seufzen der Gefangenen höre
    und losmache die Kinder des Todes,
daß sie in Zion verkünden den Namen des Herrn
und sein Lob in Jerusalem,
    wenn die Völker zusammenkommen
    und die Königreiche, dem Herrn zu dienen.

(Ps 102,2–4.7–8.12–14.20–23)

PSALM 103

Vergiß nicht, was Gott
dir Gutes getan hat

Lobe den Herrn, meine Seele,
und was in mir ist, seinen heiligen Namen!
    Lobe den Herrn, meine Seele,
    und vergiß nicht, was er dir Gutes getan hat:
der dir alle deine Sünde vergibt
und heilet alle deine Gebrechen,
    der dein Leben vom Verderben erlöst,
    der dich krönet mit Gnade und Barmherzigkeit,
der deinen Mund fröhlich macht,
und du wieder jung wirst wie ein Adler.
    Der Herr schafft Gerechtigkeit und Recht
    allen, die Unrecht leiden.
Er hat seine Wege Mose wissen lassen,
die Kinder Israel sein Tun.
    Barmherzig und gnädig ist der Herr,
    geduldig und von großer Güte.
Er wird nicht für immer hadern
noch ewig zornig bleiben.
    Er handelt nicht mit uns nach unsern Sünden
    und vergilt uns nicht nach unsrer Missetat.
Denn so hoch der Himmel über der Erde ist,
läßt er seine Gnade walten über denen, die ihn fürchten.
    So fern der Morgen ist vom Abend,
    läßt er unsre Übertretungen von uns sein.
Wie sich ein Vater über Kinder erbarmt,
so erbarmt sich der Herr über die, die ihn fürchten.
    Denn er weiß, was für ein Gebilde wir sind;
    er gedenkt daran, daß wir Staub sind.
Ein Mensch ist in seinem Leben wie Gras,
er blüht wie eine Blume auf dem Felde;
    wenn der Wind darüber geht, so ist sie nimmer da,
    und ihre Stätte kennet sie nicht mehr.

Die Gnade aber des Herrn währt von Ewigkeit zu Ewigkeit
über denen, die ihn fürchten,
und seine Gerechtigkeit auf Kindeskind
bei denen, die seinen Bund halten
und gedenken an seine Gebote, daß sie danach tun.
Der Herr hat seinen Thron im Himmel errichtet,
und sein Reich herrscht über alles.
Lobet den Herrn, ihr seine Engel,
ihr starken Helden, die ihr seinen Befehl ausrichtet,
daß man höre auf die Stimme seines Wortes!
Lobet den Herrn, alle seine Heerscharen,
seine Diener, die ihr seinen Willen tut!
Lobet den Herrn, alle seine Werke,
an allen Orten seiner Herrschaft!
Lobe den Herrn, meine Seele!
(Ps 103)

PSALM 104 743

Herr, die Erde ist voll deiner Güter

Lobe den Herrn, meine Seele!
Herr, mein Gott, du bist sehr herrlich;
du bist schön und prächtig geschmückt.
Licht ist dein Kleid, das du anhast.
Du breitest den Himmel aus wie einen Teppich;
der du das Erdreich gegründet hast auf festen Boden,
daß es bleibt immer und ewiglich.
Du feuchtest die Berge von oben her,
du machst das Land voll Früchte, die du schaffest.
Du lässest Gras wachsen für das Vieh
und Saat zu Nutz den Menschen,
daß du Brot aus der Erde hervorbringst,
daß der Wein erfreue des Menschen Herz
und sein Antlitz schön werde vom Öl
und das Brot des Menschen Herz stärke.

Herr, wie sind deine Werke so groß und viel!
Du hast sie alle weise geordnet,
und die Erde ist voll deiner Güter.
Es warten alle auf dich,
daß du ihnen Speise gebest zur rechten Zeit.
Wenn du ihnen gibst, so sammeln sie;
wenn du deine Hand auftust, so werden sie mit Gutem gesättigt.
Verbirgst du dein Angesicht, so erschrecken sie;
nimmst du weg ihren Odem, so vergehen sie und werden wieder Staub.
Du sendest aus deinen Odem, so werden sie geschaffen,
und du machst neu die Gestalt der Erde.
Die Herrlichkeit des Herrn bleibe ewiglich,
der Herr freue sich seiner Werke!
Lobe den Herrn, meine Seele! Halleluja!

(Ps 104,1.2.5.13–15.24.27–31.35c)

PSALM 111 — 744

Der Herr gedenkt ewig an seinen Bund

Halleluja! Ich danke dem Herrn von ganzem Herzen
im Rate der Frommen und in der Gemeinde.
Groß sind die Werke des Herrn;
wer sie erforscht, der hat Freude daran.
Was er tut, das ist herrlich und prächtig,
und seine Gerechtigkeit bleibt ewiglich.
Er hat ein Gedächtnis gestiftet seiner Wunder,
der gnädige und barmherzige Herr.
Er gibt Speise denen, die ihn fürchten;
er gedenkt ewig an seinen Bund.
Er läßt verkündigen seine gewaltigen Taten seinem Volk,
daß er ihnen gebe das Erbe der Heiden.
Die Werke seiner Hände sind Wahrheit und Recht;
alle seine Ordnungen sind beständig.

Sie stehen fest für immer und ewig;
sie sind recht und verläßlich.
Er sendet eine Erlösung seinem Volk;
er verheißt, daß sein Bund ewig bleiben soll.
Heilig und hehr ist sein Name.
Die Furcht des Herrn ist der Weisheit Anfang.
Klug sind alle, die danach tun.
Sein Lob bleibet ewiglich.

(Ps 111)

PSALM 113 745

Wer ist wie der Herr, unser Gott?

Halleluja! Lobet, ihr Knechte des Herrn,
lobet den Namen des Herrn!
Gelobt sei der Name des Herrn
von nun an bis in Ewigkeit!
Vom Aufgang der Sonne bis zu ihrem Niedergang
sei gelobet der Name des Herrn!
Der Herr ist hoch über alle Völker;
seine Herrlichkeit reicht, so weit der Himmel ist.
Wer ist wie der Herr, unser Gott,
im Himmel und auf Erden?
Der oben thront in der Höhe,
der herniederschaut in die Tiefe,
der den Geringen aufrichtet aus dem Staube
und erhöht den Armen aus dem Schmutz,
daß er ihn setze neben die Fürsten,
neben die Fürsten seines Volkes;
der die Unfruchtbare im Hause zu Ehren bringt,
daß sie eine fröhliche Kindermutter wird.
Halleluja!

(Ps 113)

PSALM 116 746

Der Herr tut dir Gutes

Sei nun wieder zufrieden, meine Seele;
denn der Herr tut dir Gutes.
    Denn du hast meine Seele vom Tode errettet,
    mein Auge von den Tränen, meinen Fuß vom
    Gleiten.
Ich werde wandeln vor dem Herrn
im Lande der Lebendigen.
    Wie soll ich dem Herrn vergelten
    all seine Wohltat, die er an mir tut?
Ich will den Kelch des Heils nehmen
und des Herrn Namen anrufen.
    Dir will ich Dank opfern
    und des Herrn Namen anrufen.
Ich will meine Gelübde dem Herrn erfüllen
vor all seinem Volk
    in den Vorhöfen am Hause des Herrn,
    in dir, Jerusalem. Halleluja!

(Ps 116,7–9.12–13.17–19)

PSALM 118 747

Dies ist der Tag, den der Herr macht

Danket dem Herrn; denn er ist freundlich,
und seine Güte währet ewiglich.
    Der Herr ist meine Macht und mein Psalm
    und ist mein Heil.
Man singt mit Freuden vom Sieg in den Hütten
der Gerechten:
Die Rechte des Herrn behält den Sieg!
    Die Rechte des Herrn ist erhöht;
    die Rechte des Herrn behält den Sieg!
Ich werde nicht sterben, sondern leben
und des Herrn Werke verkündigen.

Der Herr züchtigt mich schwer;
aber er gibt mich dem Tode nicht preis.
Tut mir auf die Tore der Gerechtigkeit,
daß ich durch sie einziehe und dem Herrn danke.
Das ist das Tor des Herrn;
die Gerechten werden dort einziehen.
Ich danke dir, daß du mich erhört hast
und hast mir geholfen.
Der Stein, den die Bauleute verworfen haben,
ist zum Eckstein geworden.
Das ist vom Herrn geschehen
und ist ein Wunder vor unsern Augen.
Dies ist der Tag, den der Herr macht;
laßt uns freuen und fröhlich an ihm sein.
O Herr, hilf!
O Herr, laß wohlgelingen!
Gelobt sei, der da kommt im Namen des Herrn!
Wir segnen euch, die ihr vom Hause des Herrn seid.
Der Herr ist Gott, der uns erleuchtet.
Schmückt das Fest mit Maien bis an die Hörner
des Altars!
Du bist mein Gott, und ich danke dir;
mein Gott, ich will dich preisen.
Danket dem Herrn; denn er ist freundlich,
und seine Güte währet ewiglich.

(Ps 118,1.14–29)

PSALM 119 748

Erhalte mich, Herr, durch dein Wort,
daß ich lebe

Wohl denen, die ohne Tadel leben,
die im Gesetz des Herrn wandeln!
Wohl denen, die sich an seine Mahnungen halten,
die ihn von ganzem Herzen suchen,

die auf seinen Wegen wandeln
und kein Unrecht tun.
Wenn ich schaue allein auf deine Gebote,
so werde ich nicht zuschanden.
Ich danke dir mit aufrichtigem Herzen,
daß du mich lehrst die Ordnungen deiner Gerechtigkeit.
Deine Gebote will ich halten;
verlaß mich nimmermehr!
Öffne mir die Augen,
daß ich sehe die Wunder an deinem Gesetz.
Zeige mir, Herr, den Weg deiner Gebote,
daß ich sie bewahre bis ans Ende.
Meine Seele verlangt nach deinem Heil;
ich hoffe auf dein Wort.
Meine Augen sehnen sich nach deinem Wort
und sagen: Wann tröstest du mich?
Wenn dein Gesetz nicht mein Trost gewesen wäre,
so wäre ich vergangen in meinem Elend.
Dein Wort ist meines Fußes Leuchte
und ein Licht auf meinem Wege.
Erhalte mich durch dein Wort, daß ich lebe,
und laß mich nicht zuschanden werden in meiner Hoffnung.
Stärke mich, daß ich gerettet werde,
so will ich stets Freude haben an deinen Geboten.

(Ps 119,1–3.6–8.18.33.81–82.92.105.116–117)

PSALM 121 749

Der Herr behütet dich

Ich hebe meine Augen auf zu den Bergen.
Woher kommt mir Hilfe?
Meine Hilfe kommt vom Herrn,
der Himmel und Erde gemacht hat.

Er wird deinen Fuß nicht gleiten lassen,
und der dich behütet, schläft nicht.
Siehe, der Hüter Israels schläft und schlummert nicht.
Der Herr behütet dich;
der Herr ist dein Schatten über deiner rechten Hand,
daß dich des Tages die Sonne nicht steche
noch der Mond des Nachts.
Der Herr behüte dich vor allem Übel,
er behüte deine Seele.
Der Herr behüte deinen Ausgang und Eingang
von nun an bis in Ewigkeit!

(Ps 121)

PSALM 126 750

Die mit Tränen säen,
werden mit Freuden ernten

Wenn der Herr die Gefangenen Zions erlösen wird,
so werden wir sein wie die Träumenden.
Dann wird unser Mund voll Lachens
und unsre Zunge voll Rühmens sein.
Dann wird man sagen unter den Heiden:
Der Herr hat Großes an ihnen getan!
Der Herr hat Großes an uns getan;
des sind wir fröhlich.
Herr, bringe zurück unsre Gefangenen,
wie du die Bäche wiederbringst im Südland.
Die mit Tränen säen,
werden mit Freuden ernten.
Sie gehen hin und weinen
und streuen ihren Samen
und kommen mit Freuden
und bringen ihre Garben.

(Ps 126)

751 PSALM 130

Ich harre des Herrn,
denn bei ihm ist die Gnade

Aus der Tiefe rufe ich, Herr, zu dir. Herr, höre
meine Stimme!
Laß deine Ohren merken auf die Stimme
meines Flehens!
Wenn du, Herr, Sünden anrechnen willst –
Herr, wer wird bestehen?
Denn bei dir ist die Vergebung,
daß man dich fürchte.
Ich harre des Herrn, meine Seele harret;
und ich hoffe auf sein Wort.
Meine Seele wartet auf den Herrn mehr als die Wächter
auf den Morgen;
mehr als die Wächter auf den Morgen hoffe Israel
auf den Herrn!
Denn bei dem Herrn ist die Gnade und viel
Erlösung bei ihm.
Und er wird Israel erlösen aus allen seinen
Sünden.

(Ps 130)

752 PSALM 134

Lobet den Herrn im Heiligtum

Wohlan, lobet den Herrn, alle Knechte des Herrn,
die ihr steht des Nachts im Hause des Herrn!
Hebet eure Hände auf im Heiligtum
und lobet den Herrn!
Der Herr segne dich aus Zion,
der Himmel und Erde gemacht hat!

(Ps 134)

PSALM 136

Gottes Güte währet ewiglich

Danket dem Herrn; denn er ist freundlich,
denn seine Güte währet ewiglich.
Danket dem Gott aller Götter,
denn seine Güte währet ewiglich.
Danket dem Herrn aller Herren,
denn seine Güte währet ewiglich.
Der allein große Wunder tut,
denn seine Güte währet ewiglich.
Der die Himmel mit Weisheit gemacht hat,
denn seine Güte währet ewiglich.
Der die Erde über den Wassern ausgebreitet hat,
denn seine Güte währet ewiglich.
Der große Lichter gemacht hat,
denn seine Güte währet ewiglich:
die Sonne, den Tag zu regieren,
denn seine Güte währet ewiglich;
den Mond und die Sterne, die Nacht zu regieren,
denn seine Güte währet ewiglich.
Der die Erstgeborenen schlug in Ägypten,
denn seine Güte währet ewiglich;
und führte Israel von dort heraus,
denn seine Güte währet ewiglich;
mit starker Hand und ausgerecktem Arm,
denn seine Güte währet ewiglich.
Der das Schilfmeer teilte in zwei Teile,
denn seine Güte währet ewiglich;
und ließ Israel mitten hindurchgehen,
denn seine Güte währet ewiglich;
der den Pharao und sein Heer ins Schilfmeer stieß,
denn seine Güte währet ewiglich.
Der sein Volk führte durch die Wüste,
denn seine Güte währet ewiglich.

Der große Könige schlug,
denn seine Güte währet ewiglich;
    und gab ihr Land zum Erbe,
    denn seine Güte währet ewiglich;
zum Erbe seinem Knecht Israel,
denn seine Güte währet ewiglich.
    Der an uns dachte, als wir unterdrückt waren,
    denn seine Güte währet ewiglich;
und uns erlöste von unsern Feinden,
denn seine Güte währet ewiglich.
    Der Speise gibt allem Fleisch,
    denn seine Güte währet ewiglich.
Danket dem Gott des Himmels,
denn seine Güte währet ewiglich.

(Ps 136,1–17.21–26)

PSALM 139 — 754

Erforsche mich, Gott,
und erkenne mein Herz

Herr, du erforschest mich
und kennest mich.
    Ich sitze oder stehe auf, so weißt du es;
    du verstehst meine Gedanken von ferne.
Ich gehe oder liege, so bist du um mich
und siehst alle meine Wege.
    Denn siehe, es ist kein Wort auf meiner Zunge,
    das du, Herr, nicht schon wüßtest.
Von allen Seiten umgibst du mich
und hältst deine Hand über mir.
    Diese Erkenntnis ist mir zu wunderbar und
    zu hoch,
    ich kann sie nicht begreifen.
Wohin soll ich gehen vor deinem Geist,
und wohin soll ich fliehen vor deinem Angesicht?

Führe ich gen Himmel, so bist du da;
bettete ich mich bei den Toten, siehe, so bist du auch da.
Nähme ich Flügel der Morgenröte
und bliebe am äußersten Meer,
so würde auch dort deine Hand mich führen
und deine Rechte mich halten.
Spräche ich: Finsternis möge mich decken
und Nacht statt Licht um mich sein –,
so wäre auch Finsternis nicht finster bei dir,
und die Nacht leuchtete wie der Tag.
Finsternis ist wie das Licht.
Denn du hast meine Nieren bereitet
und hast mich gebildet im Mutterleibe.
Ich danke dir dafür, daß ich wunderbar gemacht bin;
wunderbar sind deine Werke; das erkennt meine Seele.
Es war dir mein Gebein nicht verborgen,
als ich im Verborgenen gemacht wurde,
als ich gebildet wurde unten in der Erde.
Deine Augen sahen mich,
als ich noch nicht bereitet war,
und alle Tage waren in dein Buch geschrieben,
die noch werden sollten und von denen keiner da war.
Aber wie schwer sind für mich, Gott, deine Gedanken!
Wie ist ihre Summe so groß!
Wollte ich sie zählen, so wären sie mehr als der Sand:
Am Ende bin ich noch immer bei dir.
Erforsche mich, Gott, und erkenne mein Herz;
prüfe mich und erkenne, wie ich's meine.
Und sieh, ob ich auf bösem Wege bin,
und leite mich auf ewigem Wege.

(Ps 139,1–18.23.24)

PSALM 143

Mein Geist ist in Ängsten

Herr, erhöre mein Gebet,
vernimm mein Flehen um deiner Treue willen,
erhöre mich um deiner Gerechtigkeit willen;
 und geh nicht ins Gericht mit deinem Knecht;
 denn vor dir ist kein Lebendiger gerecht.
Denn der Feind verfolgt meine Seele
und schlägt mein Leben zu Boden,
 er legt mich ins Finstere
 wie die, die lange schon tot sind.
Und mein Geist ist in Ängsten,
mein Herz ist erstarrt in meinem Leibe.
 Ich denke an die früheren Zeiten;
 ich sinne nach über all deine Taten
 und spreche von den Werken deiner Hände.
Ich breite meine Hände aus zu dir,
meine Seele dürstet nach dir wie ein dürres Land.
 Herr, erhöre mich bald, mein Geist vergeht;
 verbirg dein Antlitz nicht vor mir,
 daß ich nicht gleich werde denen, die in die Grube fahren.
Laß mich am Morgen hören deine Gnade;
denn ich hoffe auf dich.
 Tu mir kund den Weg, den ich gehen soll;
 denn mich verlangt nach dir.
Errette mich, mein Gott, von meinen Feinden;
zu dir nehme ich meine Zuflucht.
 Lehre mich tun nach deinem Wohlgefallen, denn du bist mein Gott;
 dein guter Geist führe mich auf ebner Bahn.

(Ps 143,1–10)

PSALM 145

756

Gnädig und barmherzig ist der Herr

Ich will dich erheben, mein Gott, du König,
und deinen Namen loben immer und ewiglich.
Der Herr ist groß und sehr zu loben,
und seine Größe ist unausforschlich.
Kindeskinder werden deine Werke preisen
und deine gewaltigen Taten verkündigen.
Gnädig und barmherzig ist der Herr,
geduldig und von großer Güte.
Dein Reich ist ein ewiges Reich,
und deine Herrschaft währet für und für.
Der Herr ist getreu in all seinen Worten
und gnädig in allen seinen Werken.
Der Herr hält alle, die da fallen,
und richtet alle auf, die niedergeschlagen sind.
Aller Augen warten auf dich,
und du gibst ihnen ihre Speise zur rechten Zeit.
Du tust deine Hand auf
und sättigst alles, was lebt, nach deinem Wohlgefallen.
Der Herr ist nahe allen, die ihn anrufen,
allen, die ihn ernstlich anrufen.
Er tut, was die Gottesfürchtigen begehren,
und hört ihr Schreien und hilft ihnen.

(Ps 145,1.3.4.8.13–16.18–19)

PSALM 146

757

Der Herr hält Treue ewiglich

Halleluja! Lobe den Herrn, meine Seele!
Ich will den Herrn loben, solange ich lebe,
und meinem Gott lobsingen, solange ich bin.
    Verlasset euch nicht auf Fürsten;
    sie sind Menschen, die können ja nicht helfen.
Denn des Menschen Geist muß davon,
und er muß wieder zu Erde werden;
dann sind verloren alle seine Pläne.
    Wohl dem, dessen Hilfe der Gott Jakobs ist,
    der seine Hoffnung setzt auf den Herrn,
    seinen Gott,
der Himmel und Erde gemacht hat,
das Meer und alles, was darinnen ist;
    der Treue hält ewiglich,
    der Recht schafft denen, die Gewalt leiden,
    der die Hungrigen speiset.
Der Herr macht die Gefangenen frei.
Der Herr macht die Blinden sehend.
    Der Herr richtet auf, die niedergeschlagen sind.
    Der Herr liebt die Gerechten.
Der Herr behütet die Fremdlinge
und erhält Waisen und Witwen;
aber die Gottlosen führt er in die Irre.
    Der Herr ist König ewiglich,
    dein Gott, Zion, für und für. Halleluja!

(Ps 146)

Psalm 148,1–6.13b.14 siehe Nr. 783.2

PSALM 150 758

Alles, was Odem hat, lobe den Herrn

Halleluja! Lobet Gott in seinem Heiligtum,
lobet ihn in der Feste seiner Macht!
Lobet ihn für seine Taten,
lobet ihn in seiner großen Herrlichkeit!
Lobet ihn mit Posaunen,
lobet ihn mit Psalter und Harfen!
Lobet ihn mit Pauken und Reigen,
lobet ihn mit Saiten und Pfeifen!
Lobet ihn mit hellen Zimbeln,
lobet ihn mit klingenden Zimbeln!
Alles, was Odem hat, lobe den Herrn!
Halleluja!

(Ps 150)

MATTHÄUS 5 759

Welche der Geist Gottes treibt,
die sind Gottes Kinder

Selig sind, die da geistlich arm sind;
denn ihrer ist das Himmelreich.
Selig sind, die da Leid tragen;
denn sie sollen getröstet werden.
Selig sind die Sanftmütigen;
denn sie werden das Erdreich besitzen.
Selig sind, die da hungert und dürstet nach der Gerechtigkeit;
denn sie sollen satt werden.
Selig sind die Barmherzigen;
denn sie werden Barmherzigkeit erlangen.
Selig sind, die reinen Herzens sind;
denn sie werden Gott schauen.

Selig sind die Friedfertigen;
denn sie werden Gottes Kinder heißen.
        Selig sind, die um der Gerechtigkeit willen
        verfolgt werden;
        denn ihrer ist das Himmelreich.
        (Mt 5,3–10)

PHILIPPER 2 760

Jesus Christus ist der Herr

Seid so unter euch gesinnt,
wie es auch der Gemeinschaft in Christus Jesus
entspricht:
        Er, der in göttlicher Gestalt war,
        hielt es nicht für einen Raub, Gott gleich zu sein,
sondern entäußerte sich selbst
und nahm Knechtsgestalt an,
        ward den Menschen gleich
        und der Erscheinung nach als Mensch erkannt.
Er erniedrigte sich selbst
und ward gehorsam bis zum Tode, ja zum Tode
am Kreuz.
        Darum hat ihn auch Gott erhöht
        und hat ihm den Namen gegeben, der über alle
        Namen ist,
daß in dem Namen Jesu sich beugen sollen aller
derer Knie,
die im Himmel und auf Erden und unter der Erde sind,
        und alle Zungen bekennen sollen,
        daß Jesus Christus der Herr ist, zur Ehre Gottes,
        des Vaters.
        (Phil 2,5–11)

DER GOTTESDIENST

DER GOTTESDIENST AN SONN- UND FESTTAGEN

»Wo zwei oder drei versammelt sind in meinem Namen, da bin ich mitten unter ihnen« (Mt 18,20). Im Vertrauen auf diese Verheißung Jesu versammelt sich die Gemeinde zum Gottesdienst am Sonntag als dem Gedächtnistag der Auferstehung Christi.

Die Gemeinde hört auf den Zuspruch und Anspruch des Wortes Gottes. Mit ihren Gesängen lobt sie Gott und ruft zu ihm in ihren Gebeten. Sie bekennt ihren Glauben. Sie bittet Gott für alle Menschen und für die Nöte in Kirche und Welt. In der Feier des Heiligen Abendmahls erfährt sie die Gemeinschaft mit Christus und untereinander. Mit dem Segen Gottes läßt sie sich in den Alltag senden.

Der Gottesdienst ist Sache der ganzen Gemeinde. Er gibt den verschiedenen Gaben der Gemeindeglieder Raum und hält sich offen für Erfahrungen und Ausdrucksformen unserer Zeit. Chorgesang und andere Kirchenmusik erwecken festliche Freude; Werke der bildenden Kunst geben dem Gottesdienstraum ein besonderes Gepräge. Die in einer langen Geschichte gewachsene Gottesdienstordnung (»Liturgie«) ist ein Zeichen ökumenischer Gemeinschaft, da sie dem Gottesdienst der meisten christlichen Kirchen zugrunde liegt.

Der *Aufbau* ist leicht zu überblicken: Voraus geht eine hinführende Vorbereitung (Eröffnung und Anrufung). Die Entfaltung der biblischen Botschaft (Verkündigung und Bekenntnis) und die Feier des Heiligen Abendmahls sind die beiden Kernstücke. Den Abschluß bildet der Übergang in den Gottesdienst des Alltags (Sendung).

Diese vier Teile des liturgisch geordneten Gottesdienstes entsprechen zugleich menschlichen Grunderfahrungen: sich sammeln, Orientierung finden, Gemeinschaft erfahren, sich senden lassen.

Im Lauf der Geschichte haben sich zwei unterschiedlich geprägte *Grundformen* des Gottesdienstes entwickelt: Die eine Grundform ist durch liturgische Wechselgesänge reicher ausgestaltet und schließt in der Regel das Abendmahl ein. Die andere Grundform ist durch die Konzentration auf Predigt, Liedgesang und Gebet gekennzeichnet. Auch hier kann das Abendmahl einbezogen werden.

Besonderes Merkmal der ersten Grundform sind die *feststehenden* Liturgischen Gesänge; in ihnen kommt die Gemeinschaft mit der Kirche aller Zeiten zum Ausdruck:

- Kyrie eleison: Herr, erbarme dich
  (alter Bitt- und Huldigungsruf aus vorchristlicher Tradition)
- Gloria in excelsis: Ehre sei Gott in der Höhe
  (Lobpreis aus der griechischen Kirche des 4./5. Jh.)
- Credo: Glaubensbekenntnis
  (formuliert in Nizäa-Konstantinopel, 4. Jh.)
- Sanctus: Dreimalheilig
  (in der Frühzeit der Kirche aus dem jüdischen Morgengebet übernommen)
- Agnus Dei: Lamm Gottes
  (Anrufung des am Kreuz geopferten Herrn; aus der syrischen Kirche des 7. Jh.).

Sonntäglich *wechselnde* Stücke gibt es in beiden Grundformen. Dazu gehören:
- Lesungen: nach einer bestimmten Ordnung werden die wichtigsten Bibeltexte öffentlich verlesen; sie dienen auch als Predigttexte (s. Nr. 954)
- Psalmen: mit den Worten der Beter des Alten Bundes bringt die Gemeinde Lob, Klage und Bekenntnis vor Gott. Der Psalm endet mit dem Ehre sei dem Vater (Gloria Patri) als Lobpreis des dreieinigen Gottes.

Kernstück der Liturgie des *Abendmahls* in beiden Grundformen sind die Einsetzungsworte, in denen Grund und Verheißung des Abendmahls zusammengefaßt sind. Dazu treten Abendmahlsgebete als Lobpreis der Heilstaten Gottes in

Schöpfung und Erlösung mit der Bitte um den Heiligen Geist; sie kennzeichnen das Abendmahl als große Danksagung (Eucharistie).

In der Regel werden im Gottesdienst die Grundtexte des christlichen Glaubens, das (Apostolische) Glaubensbekenntnis und das Gebet des Herrn, auswendig mitgesprochen. Mit fest geprägten Gruß- und Segensworten wird die Gemeinde zu Beginn und zum Schluß des Gottesdienstes an ihre Taufe im Namen des dreieinigen Gottes erinnert und zum Dienst der Getauften in der Welt ermutigt.

Die einzelnen Teile des Gottesdienstes können auch frei (»in offener Form«) gestaltet werden und so besondere Situationen oder neue Formen der Beteiligung berücksichtigen.

Eigene Prägung haben Kindergottesdienst und Familiengottesdienst. Im Rahmen der Grundschritte des Gottesdienstes beziehen sie kindgemäße Elemente mit ein (Gruppenarbeit, Spiel, kreatives Gestalten) und zielen im besonderen auf ganzheitliche Gottesdiensterfahrungen.

Eine weitere Form des Gottesdienstes stellen die Gottesdienste zu den Tageszeiten (Stundengebet) dar, die dem Tageslauf entsprechend sowohl an Sonntagen wie an Werktagen gehalten werden können. Siehe dazu Nr. 783–789.

HERKUNFT ÜBERLIEFERTER TEXTE DER GEBETE ZUM GOTTESDIENST

766 *Søren Kierkegaard (1813–1855)*
767 *Karl Barth 1963*
768 *Schlesisches Gebetbuch 1531*
769 *Bernhard von Clairvaux (1090–1153)*
771 *Lateinische Liturgie 10. Jh., nach Mt 8,8*
772 *Lateinische Liturgie 11. Jh., nach Ps 116, 12+13*
773 *Jüdische Mahlgebete und Didache (Syrien) um 150*
776 *Martin Luther 1524*
778 *Malabar-Liturgie (Indien) 5. Jh.*

GEBETE ZUM GOTTESDIENST

VOR DEM GOTTESDIENST

Herr, ich habe lieb die Stätte deines Hauses 762
und den Ort, da deine Ehre wohnt. *(Ps 26,8)*

Herr Jesu Christ, dich zu uns wend, 763
dein' Heilgen Geist du zu uns send;
mit Hilf und Gnad er uns regier
und uns den Weg zur Wahrheit führ. *(Lied Nr. 155,1)*

Herr, ich suche Halt und Hilfe: 764
Gib mir ein Wort, das mich trifft,
und mach mich offen für dich.

765
Ich suche Geborgenheit und Gemeinschaft:
Laß mich etwas davon erfahren, freundlicher Gott,
wenn ich mit den anderen singe, bete
und auf dein Wort höre.

Und wenn es auch bisweilen scheint, 766
als achtetest du, o Herr, nicht auf mein Rufen,
nicht auf mein Klagen und Seufzen,
nicht auf mein Danken –
so will ich doch weiter zu dir beten,
bis du meinen Dank annimmst,
weil du mich erhört hast.

767

Herr, unser Gott!
Wir danken dir, daß wir in dieser Stunde beieinander sein dürfen, – um dich anzurufen, – um alles, was uns bewegt, vor dich zu bringen, – um gemeinsam die frohe Botschaft vom Heil der Welt zu hören, – um dir die Ehre zu geben. Komm du selbst jetzt zu uns! Wecke du uns auf! Gib du uns dein Licht! Sei du unser Lehrer und Tröster. Rede du selbst mit einem jeden von uns so, daß ein jeder gerade das höre, was er nötig hat und was ihm hilft!

Und so sei du auch an allen anderen Orten denen gnädig, die sich an diesem Morgen als deine Gemeinde versammeln! Erhalte sie und uns bei deinem Wort. Bewahre sie und uns vor Heuchelei, Irrtum, Langeweile und Zerstreuung! Gib ihnen und uns Erkenntnis und Hoffnung, ein klares Zeugnis und freudige Herzen, durch Jesus Christus.

768

O du ewiger, barmherziger Gott, du bist ein Gott des Friedens und der Liebe, nicht aber des Zwiespalts: Wir bitten dich: Du wollest durch den Heiligen Geist alles Zerstreute zusammenbringen, das Geteilte vereinen und ganz machen. Gib auch, daß wir zu deiner Einigkeit umkehren, deine einzige, ewige Wahrheit suchen und von allem Zwiespalt lassen. So wollen wir in einem Sinn, Wissen, Gemüt und Verstand gerichtet sein auf Jesus Christus, unsern Herrn, und dich, den Vater unsres Herrn Jesus Christus, mit einem Munde loben und preisen.

769

Komm, Herr Jesus, und erfreue uns durch deine göttliche Gegenwart! Wir bedürfen des Rates, der Hilfe und des Schutzes. Komm und heile unsere Blindheit, komm und hilf unserem schwachen Wesen. Komm, du Glanz der göttlichen Herrlichkeit, Gottes Kraft und Gottes Weisheit! Wandle unsere Nacht zum Tag, schütze uns vor Gefahr, erleuchte das Dunkel, stärke den Mut, führe uns treu an deiner Hand, und leite uns nach deinem Willen von dieser vergänglichen Welt in die ewige Stadt, die du selbst gegründet und erbaut hast.

ZUR VORBEREITUNG DES GOTTESDIENSTES 770

Lieber Herr Jesus Christus, du hast uns zusammengeführt, damit wir dein Wort hören und dir antworten mit unseren Gebeten und Liedern. Du hast uns berufen, mit unseren Gaben dir und deiner Gemeinde zu dienen. Erfülle uns mit deiner Vollmacht, und öffne die Ohren und das Herz. Dein Heiliger Geist leite uns.

ZUM ABENDMAHL

Herr, ich bin nicht wert, 771
daß du unter mein Dach gehst,
aber sprich nur ein Wort,
so wird meine Seele gesund.

772

Ich will das Himmelsbrot nehmen und den Namen des Herrn anrufen.
Wie soll ich dem Herrn vergelten alle seine Wohltat, die er an mir tut?
Ich will den Kelch des Heils nehmen und den Namen des Herrn anrufen.

773

Schöpfer des Lebens, wir loben dich.
Du schenkst uns das Brot, die Frucht der Erde und der menschlichen Arbeit. Laß dieses Brot für uns zum Brot des Lebens werden. Schöpfer des Lebens, wir loben dich. Du schenkst uns die Frucht des Weinstocks, das Zeichen des Festes. Laß diesen Kelch für uns zum Kelch des Heils werden. Wie aus den Körnern das Brot, aus den Trauben der Wein geworden ist, so mache aus uns eine Gemeinde, ein Zeichen des Friedens für diese Welt.

774

Öffne uns die Augen für das Wunder des Brotes, für das Wunder der Erde, die voll ist von deiner Güte, Gott. Öffne uns die Augen, damit wir den Hunger derer sehen, die sich selbst nicht helfen können, das Leiden derer, die einsam sind, die Verzweiflung derer, die sich in Haß verzehren, den Durst nach Verständnis bei denen, die sich verschließen. Herr Jesus, du gibst dich in Brot und Wein. Du gibst uns deine Liebe. Hilf uns weiterzugeben, was wir empfangen.

NACH DEM ABENDMAHL

775

Zu deinem Mahl sind wir gekommen, Herr Jesus, weil wir mit den Augen des Herzens unseren Heiland sehen wollten. So sind wir dir begegnet und haben einander die Hand gereicht an deinem Tisch. Das soll nun unser Dank sein, daß wir mit neuen Augen auf die Menschen blicken – unsere Brüder und Schwestern – mit deinen Augen, der du lebst von Ewigkeit zu Ewigkeit.

776

Herr Jesus Christus, ich habe einen so großen Schatz empfangen, der bleibt da bei mir liegen und ruhen, das klage ich dir. Hast du mir den Schatz gegeben und geschenkt, so gib auch, daß er Frucht in mir bringe, mein Wesen ändere und sich auswirke gegenüber meinen Nächsten.

NACH DEM GOTTESDIENST

Lieber Gott, ich danke dir: 777
Das Hören und Singen und Beten hat mich erfreut.
Gib mir Mut und Hoffnung für die kommenden Tage.

Verleihe uns, o Herr, 778
daß die Ohren, die deinen Lobpreis gehört haben, verschlossen seien für die Stimme des Streites und des Unfriedens;
daß die Augen, die deine große Liebe gesehen haben, auch deine selige Hoffnung schauen;
daß die Zungen, die dein Lob gesungen haben, hinfort die Wahrheit bezeugen;
daß die Füße, die in deinen Vorhöfen gestanden haben, hinfort gehen auf den Wegen des Lichtes;
und daß die Leiber, die an deinem lebendigen Leibe Anteil gehabt haben, in einem neuen Leben wandeln.
Dir sei Dank für deine unaussprechliche Gabe.

Lieder zum Gottesdienst Nr. 155–176

779

GLAUBENSBEKENNTNIS (CREDO)

2. Wir glauben auch an Jesum Christ, Gottes und Marien Sohn, der vom Himmel kommen ist, und uns führt ins Himmels Thron, der uns durch sein Blut und Tod hat erlöst aus aller Not.

3. Wir glauben an den Heilgen Geist, der von beiden gehet aus, der uns Trost und Beistand leist' wider alle Furcht und Graus. Heilige Dreifaltigkeit, sei gepreist zu aller Zeit!

T: TOBIAS CLAUSNITZER 1668
M: DARMSTADT 1699

780

2. An Jesum Christum glauben wir, Gottes eingebornen Sohn, der für uns Mensch geworden hier, dort herrscht auf des Vaters Thron, der, indem er litt und starb, Heil und Leben uns erwarb.

3. Wir glauben an den Heilgen Geist, dessen gnadenvolle Kraft an unsern Herzen sich erweist, Wollen und Vollbringen schafft. Heilige Dreieinigkeit, segne deine Christenheit!

T: DRESDNER GESANGBUCH
M: JOHANN GEORG SCHNEIDER 1828

Es ist gut, im Tageslauf eine Zeit der Besinnung und des Gebets freizuhalten. In der Unruhe unseres Alltags brauchen wir Zeiten der Sammlung und der Stille, die uns zur Ruhe kommen und neue Kräfte sammeln lassen. Dafür bietet sich die Form der Andacht an.

Wir öffnen uns dem, der unser Leben trägt, wenn wir uns daran erinnern, daß wir durch die Taufe dem Dreieinigen Gott zugehören (EINGANGSWORT).

Ein LIED nimmt uns hinein in das Leben des Glaubens, sei es, daß es unsere Gedanken und Empfindungen klärt und vertieft, sei es, daß es uns anspricht mit der mahnenden und tröstenden Kraft seiner Worte und seiner Melodie. Es ist sinnvoll, sich bestimmte Strophen durch Wiederholung einzuprägen, damit das Gebet in Zeiten innerer Dürre nicht verstummt, sondern an vertrauten Worten Halt findet.

Ein PSALM erschließt uns ein Stück von der geistlichen Erfahrung der Beter und Sänger in der Bibel. Klage, Bekenntnis, Trost und Jubel fordern uns auf, darin einzustimmen.

Eine LESUNG aus der Bibel, sei es ein Abschnitt oder ein einzelnes Wort, leitet uns an zum Hinhören und dazu, sich den einen oder anderen Satz oder Gedanken für diesen Tag besonders anzueignen.

Eine AUSLEGUNG kann dazu helfen, den Bibeltext zu entfalten und zu zeigen, was er uns sagen will.

Im GEBET bringen wir vor Gott, was uns an diesem Tag bewegt. Wir gedenken der Menschen, mit denen wir verbunden sind. Gedanken und Worte, die uns aus Lied, Psalm und Lesung angesprochen haben, können im Gebet aufgenommen werden.

Im VATERUNSER nimmt unser Gebet die Worte Jesu auf; es schließt uns mit allen zusammen, die beten, wie er uns gelehrt hat.

Der SEGEN, den wir erbitten, stellt unser Leben unter den Schutz und die Güte Gottes, dem wir uns anvertrauen.

Wer die Andacht für sich allein hält, mag auch eine kürzere Form wählen, die aus dem Eingangswort, der Lesung, dem Gebet, dem Vaterunser und dem Segen besteht.

Für die Andacht in einer Gruppe hat sich folgende Ordnung bewährt:

EINGANGSWORT

Im Namen des Vaters und des Sohnes und des Heiligen Geistes.

LIED

Morgenlieder Nr. 437–456
Abendlieder Nr. 467–493
Lieder für die einzelnen Wochen des Kirchenjahres s. unter Nr. 954

PSALM

Psalmgebete Nr. 702–760, Beispielhinweise unter Nr. 701
Psalmen für die verschiedenen Zeiten des Kirchenjahres (Wochenpsalmen) s. unter Nr. 954

LESUNG

Lesungstexte für alle Tage des Jahres stehen in kirchlichen Kalendern, im Losungsbüchlein der Brüdergemeine oder in Andachtsbüchern. Als Lesungen für die Wochen des Kirchenjahres eignen sich auch die Evangelien, die Episteln und die alttestamentlichen Lesungen der Sonntage, s. unter Nr. 954

AUSLEGUNG

In einer kurzen Ansprache wird der Lesungstext ausgelegt. An die Stelle einer Ansprache können auch gedruckte Betrachtungen (Kalender, Andachtsbücher) treten, oder es wird eine Zeit der stillen Besinnung gehalten.

GEBET

Ein frei formuliertes Gebet wird sich auf den Text und die Situation beziehen. Statt dessen kann auch ein Gebet aus dem Gesangbuch oder einem Gebetbuch gesprochen werden.

Gebete und Gebetsanliegen für alle Tage der Woche
Nr. 871–899
Morgengebete Nr. 815–819
Abendgebete Nr. 852–859
Viele Liedstrophen eignen sich ebenfalls als Gebete.

VATERUNSER

SEGEN

(Einer:) Es segne und behüte uns der allmächtige und barmherzige Gott, Vater, Sohn und Heiliger Geist.
(Alle:) Amen.

GOTTESDIENSTE ZU DEN TAGESZEITEN (STUNDENGEBET)

EINFÜHRUNG

782

»Das ist ein köstlich Ding, dem Herrn danken und lobsingen deinem Namen, du Höchster, des Morgens deine Gnade und des Nachts deine Wahrheit verkündigen.« *(Ps 92,2.3)*

Die Psalmen der Bibel laden dazu ein, den Tageslauf mit dem Lob Gottes zu beginnen und zu beenden. So halten es Juden und Christen. In der christlichen Kirche haben sich dafür schon früh eigene Gottesdienstformen entwickelt. Sie wurden, besonders in klösterlicher Tradition, um weitere Gottesdienste zu den Tageszeiten (Stundengebete), so das Mittagsgebet und das Nachtgebet, ergänzt. Ihre Singformen wurzeln in der Alten Kirche und im Mittelalter, sie haben sich auch nach der Reformation in der evangelischen Kirche behauptet.

Die Gottesdienste zu den Tageszeiten bieten bewährte Formen des gemeinsamen Gotteslobs für Gemeindegruppen, Dienstgemeinschaften, für Teilnehmer an Tagungen und Freizeiten sowie, altem Brauch entsprechend, für Kommunitäten, Bruder- und Schwesternschaften. Ihre Gestalt ist ganz vom biblischen Wort bestimmt. Der einstimmige Wechselgesang hat dabei eine sammelnde und einprägende Kraft. Zugleich schließt er die singende Gemeinschaft zusammen.

Alle Gottesdienste zu den Tageszeiten bestehen aus Psalmengesang, Lesung, Lobpreis und Gebet in einer durch Jahrhunderte bewährten Abfolge. Wechselweise gesungene Gebetsrufe zu Beginn und am Schluß sowie Antwortgesänge in einfachen Singformen tragen zur Lebendigkeit des gemeinsamen Gotteslobs bei.

Beim Gesang der Psalmen und der neutestamentlichen Lobgesänge, für die verschiedene Psalmtöne zur Verfügung stehen, empfiehlt es sich, daß diese besondere Art des atembezogenen und aufeinander hörenden Singens durch einen damit vertrauten Vorsänger (Kantor oder Kantorin) eingeübt wird.

Die vier Ordnungen der Mette (Morgengebet), der Vesper (Abendgebet), des Mittagsgebets und der Komplet (Nachtgebet) werden in einer aus der evangelischen Tradition entwickelten gemeinsamen musikalischen Fassung dargeboten.

In den folgenden Ordnungen bedeutet

L: = Liturg oder Liturgin (Vorbeter/Vorbeterin),
K: = Kantor oder Kantorin (Vorsänger/Vorsängerin),
Ch: = Chor,
G: = Gemeinde.

** ist Zeichen für ruhiges Ausatmen in der Versmitte.*

Die einzelnen Verse folgen in ruhigem Fluß aufeinander.
Überlange Halbverse werden durch / (Flexa) geteilt;
die Melodie senkt sich um 1 oder 2 Töne, wie beim Psalmmodell angegeben; hier ist nur eine kurze Pause vorzusehen.

< > im Text zeigt an, daß an dieser Stelle in der Melodie ein Ton wegfällt (Korrepta).

Die in eckigen Klammern stehenden Noten werden nur zu Beginn des Psalms gesungen.

Die Unterstreichung unter einer Silbe im Text der Psalmen macht darauf aufmerksam, daß hier der gleichbleibende Sprechton (Tuba) verlassen wird. Folgt eine weitere Unterstreichung in der gleichen Zeile, so markiert sie die letzte Schwerpunktsilbe der Schlußwendung.

Der Kantor oder die Kantorin bestimmt die Tonhöhe der einzelnen Stücke nach Situation und Ermessen.

783

MORGENGEBET (METTE)

EINGANG (INGRESSUS) 783.1

Das Halleluja entfällt in der Passionszeit. In dieser Zeit kann der folgende Psalm durch einen anderen Psalm (z.B. Nr. 788) ersetzt werden.

PSALMGEBET

783.2

PSALM 148

Leitvers (Antiphon)

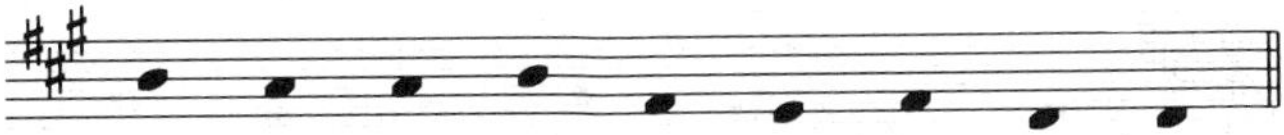

Alle wiederholen den Leitvers

V. Psalmton

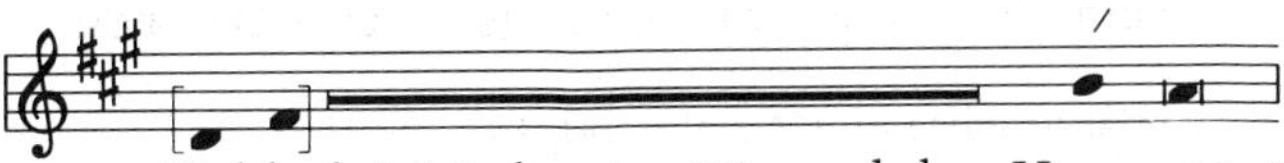

Lobet ihn, Sonne und Mond, < > *
lobet ihn, alle leuchtenden Sterne!
    Lobet ihn, ihr Himmel aller Himmel *
    und ihr Wasser über dem Himmel!
Die sollen loben den Namen des Herrn; < > *
denn er gebot, da wurden sie geschaffen.
    Er läßt sie bestehen für immer und ewig; *
    er gab eine Ordnung, die dürfen sie nicht überschreiten.
Seine Herrlichkeit reicht, so weit Himmel und Erde ist. *
Er erhöht die Macht seines Volkes.
    Alle seine Heiligen sollen loben, *
    die Kinder Israel, das Volk, das ihm dient.
    Halleluja.

(Leitvers)

Ehre sei dem Vater und dem Sohne *
und dem Heiligen Geiste,
wie im Anfang, so auch jetzt und alle Zeit *
und in Ewigkeit. Amen.

Leitvers

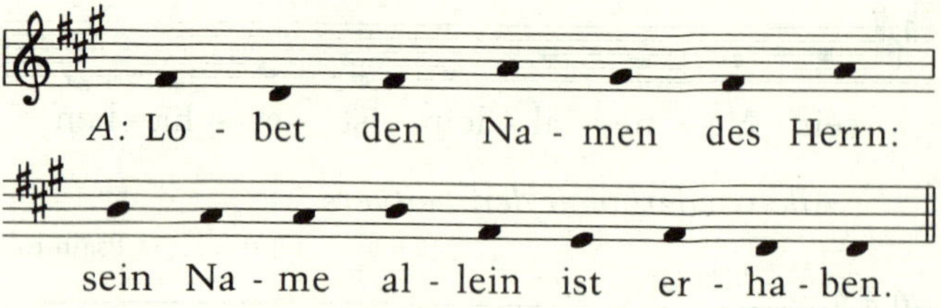

Weitere Psalmen Nr. 787 und 788
oder ein Psalmlied (Nr. 270–306)

LESUNG

STILLE

ANTWORTGESANG
(RESPONSORIUM)

783.3

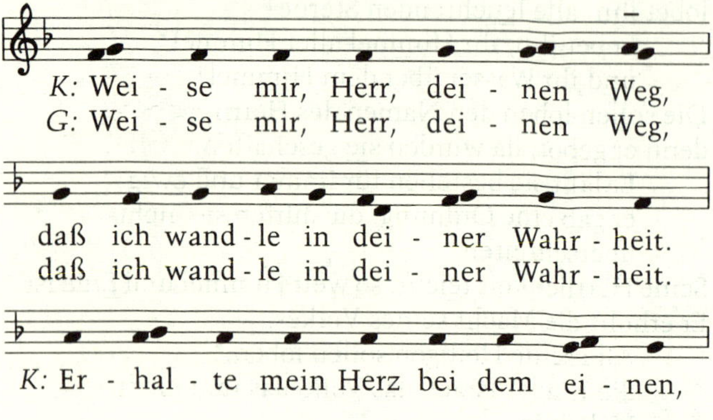

daß ich dei - nen Na - men fürch - te,
G: daß ich wand - le in dei - ner Wahr-heit.
K: Eh - re sei dem Va - ter und dem
Soh - ne und dem Hei - li - gen Gei - ste.
G: Wei - se mir, Herr, dei - nen Weg,
daß ich wand - le in dei - ner Wahr-heit.

oder 783.4

K: Ge - lobt sei der Na - me des
G: Ge - lobt sei der Na - me des
Her - ren vom Auf - gang der Son - ne
Her - ren vom Auf - gang der Son - ne
bis zu ih - rem Nie - der - gang.
bis zu ih - rem Nie - der - gang.

[AUSLEGUNG

Es kann auch ein geistlicher Text gelesen werden.]

LOBLIED (HYMNUS) 783.5

1. *K:* Schon bricht des Ta - ges Glanz her - vor.

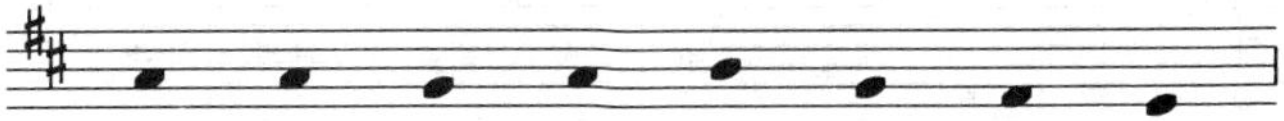

G: Voll De - mut fleht zu Gott em - por,

daß, was auch die - sen Tag ge-schieht,

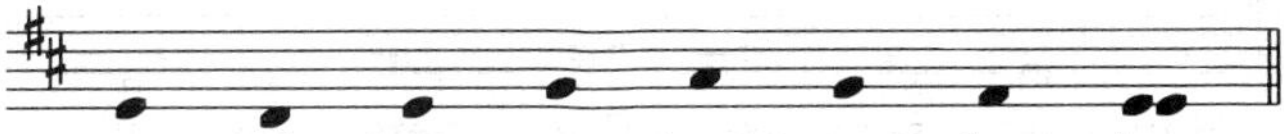

vor al - lem Un - heil er be - hüt.

2. Er halte uns die Lippen rein; / kein Hader darf uns heut entzwein. / Er mache unser Auge frei / und zeige, was da eitel sei.

3. Ringt um des Herzens Lauterkeit! / Legt ab des Herzens Härtigkeit! / Des Fleisches Hoffart beugt und brecht! / Und Trank und Speise brauchet recht.

4. Auf daß, wenn dann die Sonne sinkt / und Dunkel wieder uns umringt, / wir ledig aller Last der Welt / lobsingen dem im Sternenzelt.

5. Lob dem, der unser Vater ist, / und seinem Sohne Jesus Christ, / dem Geist auch, der uns Trost verleiht, / vordem, jetzt und in Ewigkeit.

A - men.

T UND M: NR. 453

An dieser Stelle kann auch ein anderes Lied gesungen werden, z.B. das Wochenlied (vgl. Nr. 954).

LOBGESANG DES ZACHARIAS (CANTICUM: BENEDICTUS) 783.6

Leitvers (Antiphon)

Alle wiederholen den Leitvers

VII. Psalmton

bei den dreizeiligen Versen:

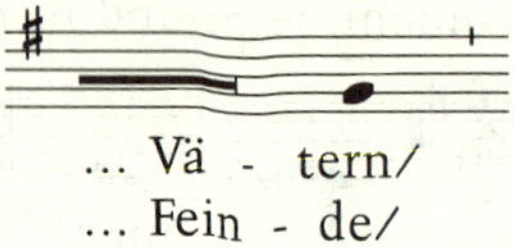

wie er vorzeiten geredet hat*
durch den Mund seiner heiligen Propheten –,
daß er uns errettete von unsern Feinden*
und aus der Hand aller, die uns hassen,

und Barmherzigkeit erzeigte unsern Vätern /
und gedächte an seinen heiligen Bund *
und an den Eid, den er geschworen hat unserm Vater Abraham,

uns zu geben, daß wir, erlöst aus der Hand unsrer Feinde, /
ihm dienten ohne Furcht unser Leben lang *
in Heiligkeit und Gerechtigkeit vor seinen Augen.

Und du, Kindlein, wirst ein Prophet des Höchsten heißen. *
Denn du wirst dem Herrn vorangehen, daß du seinen Weg bereitest

und Erkenntnis des Heils gebest seinem Volk *
in der Vergebung ihrer Sünden

durch die herzliche Barmherzigkeit unseres Gottes, *
durch die uns besuchen wird das aufgehende Licht aus der Höhe,

damit es erscheine denen, die sitzen in Finsternis und Schatten des Todes, *
und richte unsere Füße auf den Weg des Friedens.

Leitvers

Lob und Preis sei Gott dem Vater und dem Sohne *
und dem Heiligen Geiste,

wie im Anfang, so auch jetzt und alle Zeit *
und in Ewigkeit. Amen.

Leitvers

Anstelle des Benedictus kann auch das Tedeum »Herr Gott, dich loben wir« (Nr. 191) gesungen werden, dann kann das Wechselgebet (Preces) entfallen.

GEBET

KYRIE

783.7

VATER UNSER

Ö 783.8

WECHSELGEBET (PRECES) 783.9

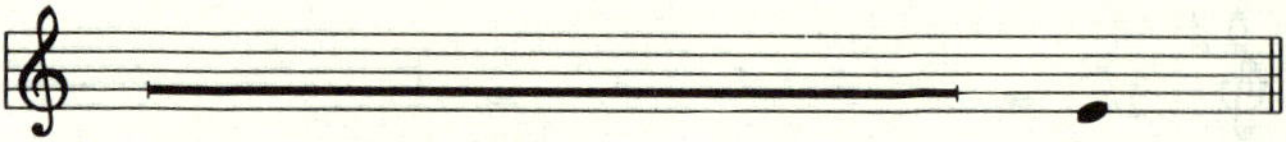

L: Herr, sei mir gnä - - - - dig,
G: heile meine Seele, denn ich habe
an dir gesün - digt.

bei betonter Schlußsilbe:

… al - ler Welt

(ALLE TAGE)

Herr, erzeige uns deine Gnade
und hilf uns.
Deine Güte, Herr, sei über uns,
wie wir auf dich hoffen.

Wir bitten dich für deine Christenheit in aller Welt.
Gedenke deiner Gemeinde, die du vorzeiten
erworben hast.

(SONNTAG)

Wir bitten dich für alle, die uns leiten und lehren:
Erhalte sie in deiner Wahrheit.
Sende die Boten des Heils in alle Welt
und kehre die Herzen der Menschen zu dir.
Breite deine Güte über alle, die dich kennen,
und deine Gerechtigkeit über die Frommen.

(MONTAG)

Wir bitten dich für unser Volk:
Hilf du uns, Gott, unser Helfer, deinem Namen
zur Ehre.
Gib unserer Regierung Weisheit und Erkenntnis,
daß sie regiere mit Gerechtigkeit.

(DIENSTAG)

Wir bitten dich um die Fruchtbarkeit der Erde:
Tu deine Hand auf und sättige uns mit Gutem.
Für alle, die arbeiten oder Arbeit suchen:
Sei uns freundlich und fördere das Werk unserer Hände.

(MITTWOCH)

Wir bitten dich um den Frieden für die ganze Welt:
Laß deine Hilfe nahe sein denen, die dich fürchten,
daß Güte und Treue einander begegnen,
Gerechtigkeit und Friede sich küssen.

(DONNERSTAG)

Wir bitten dich für die Elenden und Betrübten:
Stehe ihnen bei und tröste sie.
Für die Einsamen und Verlassenen:
Laß deine Güte und Treue allewege sie behüten.
Für die Kranken:
Erquicke sie nach deiner Gnade.

(FREITAG)

Wir bitten dich für die Widersacher und Verfolger deiner Kirche:
Rechne ihnen diese Sünde nicht an.
Für die Angefochtenen und Verirrten:
Weise du ihnen den rechten Weg.
Für alle Gefangenen:
Erlöse sie aus aller ihrer Not.

(SONNABEND)

Wir bitten dich für die Sterbenden:
In deine Hände befehlen wir ihren Geist.
Lehre uns bedenken, daß wir sterben müssen,
auf daß wir klug werden.

(ALLE TAGE)

Wir bitten dich für alle, die mit uns leben und mit uns arbeiten:
Behüte sie auf allen ihren Wegen.
Herr Gott Zebaoth, tröste uns,
laß leuchten dein Antlitz, so genesen wir.
Mache dich auf, Christe, und hilf uns
und erlöse uns um deiner Güte willen.
Herr, höre mein Gebet,
und laß mein Schreien zu dir kommen.

GEBETSSTILLE

SCHLUSSGEBET

783.10

SONNTAG

Herr Jesus Christus, du hast dem Tode die Macht genommen und das Leben und ein unvergängliches Wesen ans Licht gebracht. Wir preisen dich an deinem Tage, Licht vom ewigen Licht, Sonne dieser und der zukünftigen Welt, und bitten dich: erleuchte unsere Gedanken und öffne unsere Lippen, daß wir dein Wort hören und dich bekennen und preisen. Der du mit dem Vater und dem Heiligen Geist lebst und regierst von Ewigkeit zu Ewigkeit.

MONTAG

Allmächtiger Gott, barmherziger Vater, du schaffst alle Dinge und vollendest sie. Wir bitten dich heute, da von neuem unsere Arbeit beginnt: mache du den Anfang, regiere die Mitte, segne das Ende, damit unser Tun vor Sünde bewahrt, unser Leben geheiligt und unsere Arbeit vollbracht werde nach deinem Wohlgefallen. Durch Jesus Christus, unsern Herrn.

DIENSTAG

Herr, ewiger Gott und Vater, du hast uns den Anfang dieses Tages schauen lassen. Wir bitten dich: sende uns den Heiligen Geist, daß er uns beistehe und helfe, deinen Willen zu erkennen und zu tun. Durch Jesus Christus, unsern Herrn.

MITTWOCH

Herr, allmächtiger Gott, du Geber aller guten und vollkommenen Gaben. Wir bitten dich: steh uns heute bei mit deinem Erbarmen und deiner Liebe, daß wir nicht in Sünde fallen und all unser Denken und Tun nach deinem Willen richten. Durch Jesus Christus, unsern Herrn.

DONNERSTAG

Herr Gott, lieber Vater im Himmel, du hast uns durch deinen Sohn Jesus Christus zum Leben berufen. Wir bitten dich: erhalte uns in seiner Nachfolge, damit wir diesen Tag und alle Tage unseres irdischen Lebens nach deinem Willen leben und dem ewigen Ziel entgegengehen. Durch Jesus Christus, unsern Herrn.

FREITAG

Herr Jesus Christus, du hast unsere Sünde am Kreuz getragen und uns in deine Jüngerschaft berufen: gib uns, daß wir durch das Opfer deiner Liebe getröstet und zu einem Leben in deinem Dienst geheiligt werden. Um deines bitteren Leidens und Sterbens willen.

SONNABEND

Herr Gott, himmlischer Vater, du hast das Licht des Tages geschaffen, damit es über die Dunkelheit herrsche: nimm gnädig an unser Gebet und schenke uns dein Erbarmen, daß wir heute und allezeit im Sinn haben, was dir gefällt, und immer in deiner Gnade bleiben. Durch Jesus Christus, unsern Herrn.

ALLGEMEIN

Herr Gott, lieber Vater, du scheidest den Tag von der Nacht. Befreie uns von der Herrschaft der Finsternis, damit wir beständig in deinem Lichte leben. Durch Jesus Christus, unsern Herrn.

oder

Ewiger Gott, du wahre Sonne, die niemals untergeht. Wir bitten dich: scheine mit deiner Barmherzigkeit in unsere Herzen, damit die Nacht der Sünde und das Dunkel des Irrtums durch deinen Glanz daraus vertrieben werden und wir zunehmen in der Erkenntnis der Wahrheit. Durch Jesus Christus, unsern Herrn.

G: Amen.

AUSGANG 783.II

LOBPREIS

K: Laßt uns prei - sen den Herrn!
G: Gott sei e - wig - lich Dank!

SEGEN

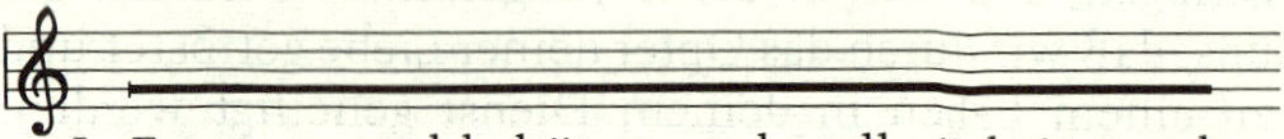

L: Es segne und behüte uns der allmächtige und

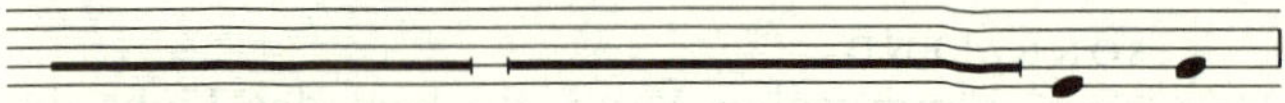

barmherzige Gott, Vater, Sohn und Heili-ger Geist.

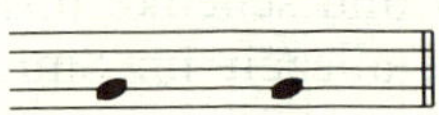

G: A - men.

MITTAGSGEBET 784

EINGANG (INGRESSUS) 784.1

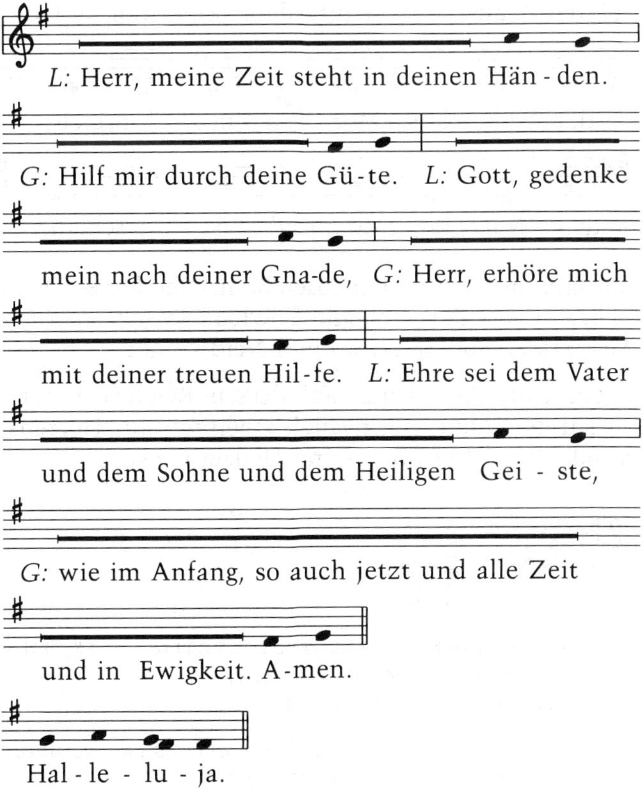

Das Halleluja entfällt in der Passionszeit.

LOBLIED (HYMNUS) 784.2

1.*K:* Du star - ker Herr-scher, wah - rer Gott,

G: der du den Lauf der Zei - ten lenkst,

der du dem Mor - gen mil - des Licht,

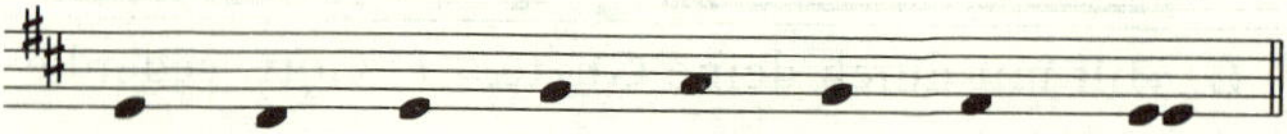

dem Mit - tag Glanz und Wär - me schenkst,

2. nimm fort, Herr, allen bösen Sinn, / der deines Tages Glanz uns trübt; / schenk Frieden der zerstrittnen Welt, / lösch aus, was Haß und Neid verübt.

3. Du Gott des Lichts, auf dessen Reich / der helle Schein der Sonne weist, / dich loben wir aus Herzensgrund, / Gott Vater, Sohn und Heilger Geist.

A - men.

T: NACH DEM HYMNUS »RECTOR POTENS VERAX DEUS« DES AURELIUS AMBROSIUS 4. JH.;
STR. 3 FRIEDRICH DÖRR 1978

An dieser Stelle kann auch ein anderes Lied gesungen werden (z.B. Nr. 320, 457 oder 459).

PSALMGEBET

784.3

PSALM 36

Leitvers (Antiphon)

K: Bei dir ist die Quel - le des Le - bens:

in dei-nem Lich - te se - hen wir das Licht.

Alle wiederholen den Leitvers

VIII. Psalmton

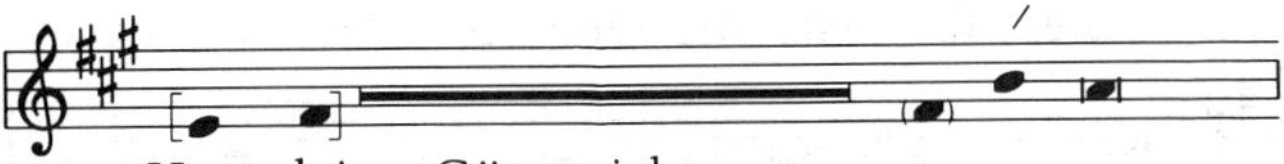

I. Herr, dei-ne Güte reicht, so
weit der Him-mel ist,*

II. Deine Gerechtigkeit
steht wie die Berge Got-tes/
und dein Recht
wie die große Tie- fe.*

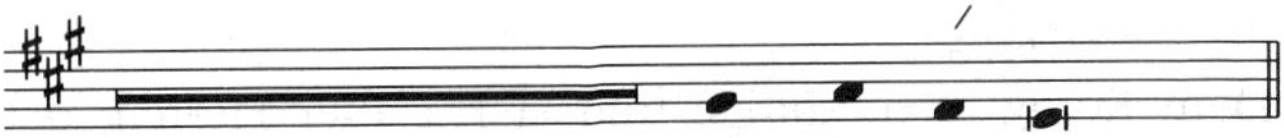

und deine Wahrheit, so weit die Wol - ken gehn.
Herr, du hilfst Men - schen und Tie - ren.

Wie köstlich ist deine Güte Gott,*
daß Menschenkinder unter dem Schatten deiner Flügel Zuflucht haben.

Sie werden satt von den reichen Gütern deines Hauses,*
und du tränkst sie mit Wonne wie mit einem Strom.

Denn bei dir ist die Quelle des Lebens,*
und in deinem Lichte sehen wir das Licht.
Breite deine Güte über die, die dich kennen,*
und deine Gerechtigkeit über die Frommen.

(Leitvers)

Ehre sei dem Vater und dem Sohne*
und dem Heiligen Geiste,
wie im Anfang, so auch jetzt und alle Zeit*
und in Ewigkeit. Amen.

Leitvers

LESUNG 784.4

SONNTAG

Dem König aller Könige und Herrn aller Herren, der allein Unsterblichkeit hat, der da wohnt in einem Licht, zu dem niemand kommen kann, den kein Mensch gesehen hat noch sehen kann, dem sei Ehre und ewige Macht. Amen. *1. Tim 6,15b.16*

MONTAG

Jesus hob seine Augen auf zum Himmel und sprach: »Vater, ich will, daß, wo ich bin, auch die bei mir seien, die du mir gegeben hast, damit sie meine Herrlichkeit sehen, die du mir gegeben hast; denn du hast mich geliebt, ehe der Grund der Welt gelegt war.«

Joh 17,24

DIENSTAG

Jesus lehrte seine Jünger und sprach: »Selig sind, die da geistlich arm sind; denn ihrer ist das Himmelreich. Selig sind, die da Leid tragen; denn sie sollen getröstet werden. Selig sind die Sanftmütigen; denn sie werden das Erdreich besitzen. Selig sind, die da hungert und dürstet nach der Gerechtigkeit; denn sie sollen satt werden. Selig sind die Barmherzigen; denn sie werden Barmherzigkeit erlangen. Selig sind, die reinen Herzens sind; denn sie werden Gott schauen. Selig sind die Friedfertigen; denn sie werden Gottes Kinder heißen. Selig sind, die um der Gerechtigkeit willen verfolgt werden; denn ihrer ist das Himmelreich.« *Mt 5,3–10*

MITTWOCH

Und das Wort ward Fleisch und wohnte unter uns, und wir sahen seine Herrlichkeit, eine Herrlichkeit als des eingeborenen Sohnes vom Vater, voller Gnade und Wahrheit. *Joh 1,14*

DONNERSTAG

Jesus spricht: »Ich bin das lebendige Brot, das vom Himmel gekommen ist. Wer von diesem Brot ißt, der wird leben in Ewigkeit. Und dieses Brot ist mein Fleisch, das ich geben werde für das Leben der Welt.« *Joh 6,51*

FREITAG

Jesus spricht zu seinen Jüngern: »Den Frieden lasse ich euch, meinen Frieden gebe ich euch. Nicht gebe ich euch, wie die Welt gibt. Euer Herz erschrecke nicht und fürchte sich nicht.« *Joh 14,27*

SONNABEND

Groß ist, wie jedermann bekennen muß, das Geheimnis des Glaubens: Er ist offenbart im Fleisch, gerechtfertigt im Geist, erschienen den Engeln, gepredigt den Heiden, geglaubt in der Welt, aufgenommen in die Herrlichkeit. *1. Tim 3,16*

ANTWORTGESANG (RESPONSORIUM)

784.5

oder **784.6**

GEBET

KYRIE **784.7**

VATER UNSER

Ö 784.8

GEBETSSTILLE

SCHLUSSGEBET / FRIEDENSBITTE 784.9

L: Allmächtiger Herr Gott, der du Hungrige speisest, wir bitten dich: sättige auch uns mit deinen Gaben und speise uns mit dem Brot des ewigen Lebens, das du der Welt geschenkt hast in Christus Jesus, deinem Sohn, der mit dir und dem Heiligen Geist lebt und regiert in Ewigkeit.

oder

Herr Gott, himmlischer Vater, du schaffst heiligen Mut, guten Rat und rechte Werke: gib uns den Frieden, den die Welt nicht geben kann, damit unsre Herzen an deinen Geboten bleiben und wir unter deinem Schutz vor dem Bösen bewahrt sind. Durch Jesus Christus, unsern Herrn.

oder

Herr Gott, himmlischer Vater, wir bitten dich: gib uns den Geist der Wahrheit und des Friedens, damit wir erkennen, was dir gefällt, und dem mit allen Kräften nachfolgen. Durch Jesus Christus, unsern Herrn.

G: Amen.

784.10

T UND M: NR. 421

AUSGANG 784.11

LOBPREIS

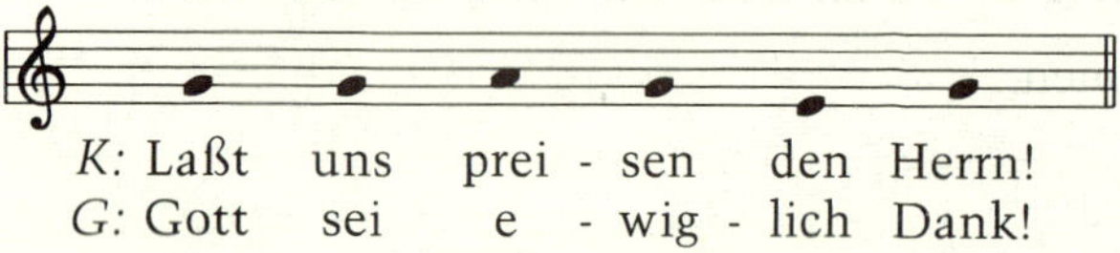

SEGEN

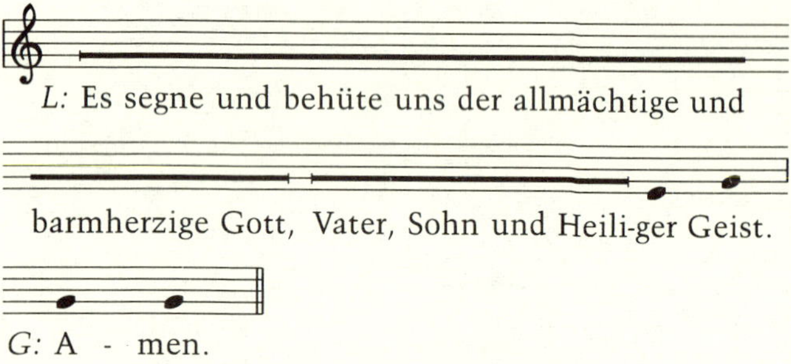

ABENDGEBET (VESPER) 785

EINGANG (INGRESSUS) 785.1

Das Halleluja entfällt in der Passionszeit.

PSALMGEBET 785.2

PSALM 34

Leitvers (Antiphon)

K: Der En - gel des Herrn be -

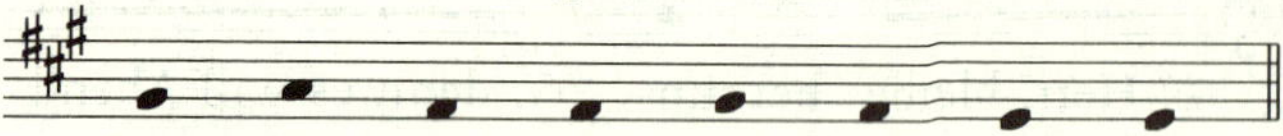

hü - tet al - le, die ihn fürch - ten.

Alle wiederholen den Leitvers

VIII. Psalmton

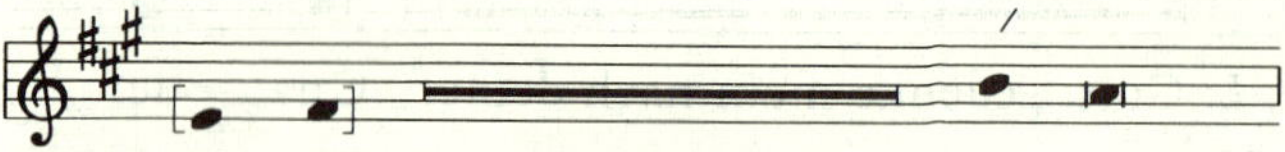

I. Ich will den Herrn loben al - lezeit; *
II. Meine Seele soll sich rühmen des Herrn, < > *

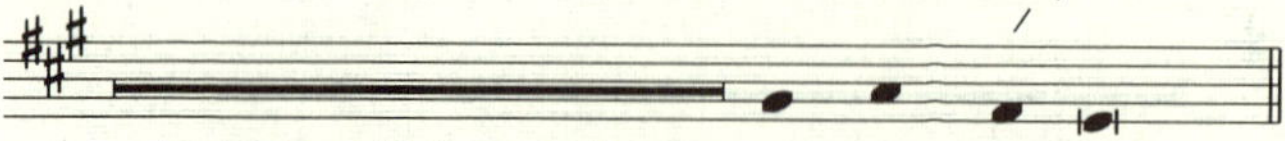

sein Lob soll immerdar in mei-nem Mun-de sein.
daß es die Elenden hören und sich freu-en.

Preiset mit mir den Herrn < > *
und laßt uns miteinander seinen Namen erhöhen.
    Als ich den Herrn suchte, gab er mir Antwort *
    und errettete mich aus aller meiner Furcht.
Die auf ihn sehen, werden strahlen vor Freude, *
und ihr Angesicht soll nicht schamrot werden.
    Als einer im Elend rief, hörte der Herr < > *
    und half ihm aus allen seinen Nöten.

Schmecket und sehet, wie freundlich der Herr ist.*
Wohl dem, der auf ihn trauet!
    Fürchtet den Herrn, ihr seine Heiligen!*
    Denn die ihn fürchten, haben keinen Mangel.
Der Herr ist nahe denen, die zerbrochenen Herzens sind,*
und denen, die ein zerschlagenes Gemüt haben, hilft er.
    Der Herr erlöst das Leben seiner Knechte,*
    und alle, die auf ihn trauen, werden frei von Schuld.

(Leitvers)

Ehre sei dem Vater und dem Sohne*
und dem Heiligen Geiste,
    wie im Anfang, so auch jetzt und alle Zeit*
    und in Ewigkeit. Amen.

Leitvers

Weitere Psalmen Nr. 787 und 788
oder ein Psalmlied (Nr. 270–306)

LESUNG

STILLE

ANTWORTGESANG (RESPONSORIUM) 785.3

oder **785.4**

[AUSLEGUNG

Es kann auch ein geistlicher Text gelesen werden.]

LOBLIED (HYMNUS) 785.5

2. Des Morgens, Gott, dich loben wir, / des Abends auch beten vor dir; / unser armes Lied rühmet dich / jetzund, immer und ewiglich.

3. Gott Vater, dem sei ewig Ehr, / Gott Sohn, der ist der einig Herr, / und dem Tröster, Heiligen Geist, / von nun an bis in Ewigkeit.

T UND M: NR. 470

An dieser Stelle kann auch ein anderes Abendlied gesungen werden (Nr. 467–491).

LOBGESANG DER MARIA (CANTICUM: MAGNIFICAT) 785.6

Leitvers (Antiphon)

K: Chri-stus, un - sern Hei-land, e - wi -

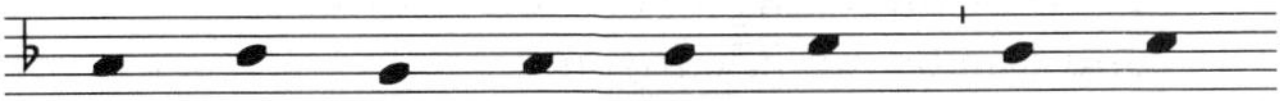

gen Gott, Ma - ri - en Sohn, prei - sen

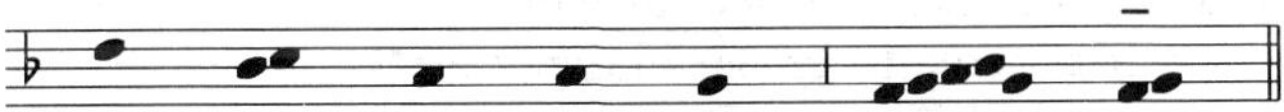

wir in E - wig - keit. A - men.

Alle wiederholen den Leitvers

IX. Psalmton

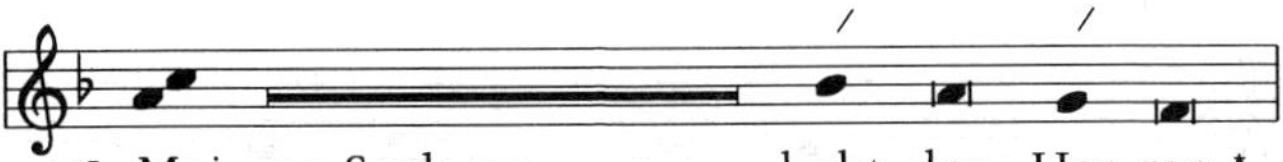

I. Mei - ne Seele er - - hebt den Her-ren,*
II. denn er hat die Niedrigkeit
seiner Magd an - ge - se - hen.*

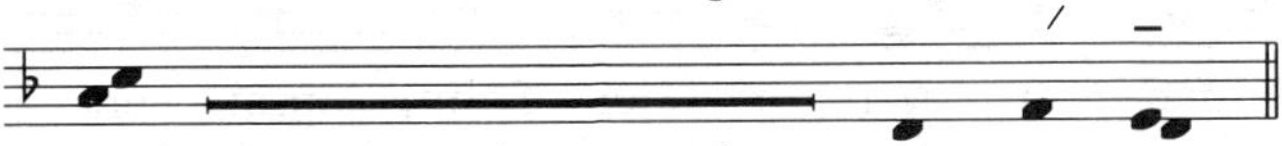

und mein Geist freuet sich
Gottes, mei-nes Heilan-des;
Sie - he, von nun an werden
mich selig preisen alle Kin - des - kin - der.

Denn er hat große Dinge an mir getan,*
der da mächtig ist und dessen Name heilig ist.
Und seine Barmherzigkeit währt von Geschlecht zu Geschlecht*
bei denen, die ihn fürchten.
Er übt Gewalt mit seinem Arm*
und zerstreut, die hoffärtig sind in ihres Herzens Sinn.
Er stößt die Gewaltigen vom Thron*
und erhebt die Niedrigen.
Die Hungrigen füllt er mit Gütern*
und läßt die Reichen leer ausgehn.
Er gedenket der Barmherzigkeit*
und hilft seinem Diener Israel auf,
wie er geredet hat zu unsern Vätern,*
Abraham und seinen Kindern in Ewigkeit.

Leitvers

Lob und Preis sei Gott dem Vater und dem Sohne*
und dem Heiligen Geiste,
wie im Anfang, so auch jetzt und alle Zeit*
und in Ewigkeit. Amen.

Leitvers

Anstelle des Magnificat können die Seligpreisungen (Nr. 307) gesungen werden.

GEBET

KYRIE 785.7

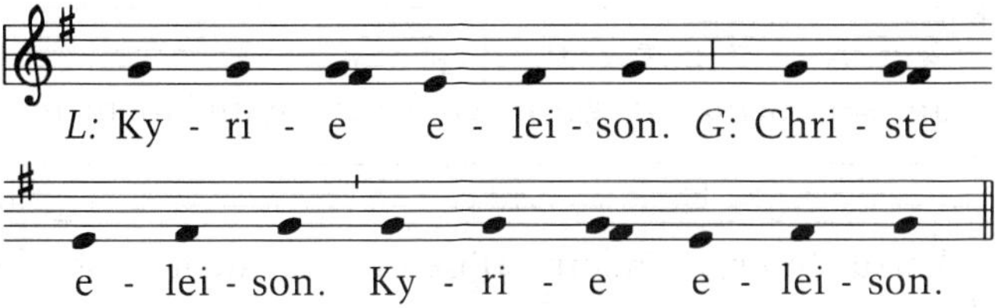

VATER UNSER

Ö 785.8

WECHSELGEBET (PRECES) **785.9**

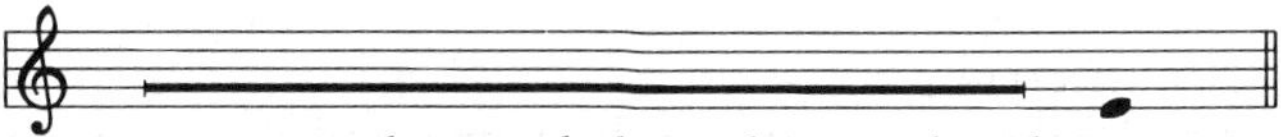

L: Herr, wir bitten dich in dieser Abendstunde für alle deine Kin - der:
G: laß sie Ruhe finden bei dir von allen ihren Wer - ken.

bei betonter Schlußsilbe:

ewi - ges Reich.

Wir bitten dich für alle, die du mit deiner reichen Güte beschenkt hast:
bewahre sie vor Hochmut, daß sie dich allein fürchten und ehren.
Wir bitten dich für alle, die deine Hand gebeugt hat:
richte sie auf mit dem Wort deiner Liebe.
Wir bitten dich für alle Glieder unserer Gemeinde:
geleite sie durch dieses Erdenleben in dein ewiges Reich.
Wir bitten dich für alle, die unserem Herzen lieb und wert sind:
erhalte sie in deinem Schutz und Frieden.
Wir bitten dich für alle, die unserem Herzen fremd und feind sind:
nimm weg, was uns scheidet, und schenke uns Frieden und Eintracht.
Wir bitten dich für alle, die verlassen sind:
kehre ein bei denen, die deiner bedürfen.
Wir bitten dich, Herr, daß bald komme dein Tag:
laß uns dein Licht aufgehen und erwecke uns zu neuem Leben.

GEBETSSTILLE

SCHLUSSGEBET 785.10

SONNTAG

Herr, Dreieiniger Gott, du hast uns und deine ganze Christenheit heute durch dein heiliges Wort und Sakrament erquickt. Wir bitten dich: gib, daß uns diese Gaben in der neuen Woche geleiten und stärken, damit dein Name unter uns verherrlicht, dein Reich gebaut und dein Wille erfüllt werde. Durch Jesus Christus, unsern Herrn.

MONTAG

Herr, unser Gott: schenke uns in deiner großen Güte Vergebung und Frieden, damit unser Leib und unsere Seele zur Ruhe kommen. Durch Jesus Christus, unsern Herrn.

DIENSTAG

Herr Gott, du wohnst im Licht und vertreibst alle Finsternis. Erleuchte die Dunkelheit, die uns umgibt, durch den hellen Schein deiner Gegenwart, und halte von uns fern die Schrecken der Nacht, damit wir Tag und Nacht in deiner Gnade geborgen sind. Durch Jesus Christus, unsern Herrn.

MITTWOCH

Herr Gott, lieber himmlischer Vater, du hast uns heute gnädig bewahrt: sieh nicht an, was wir gefehlt haben, sondern neige dich zu uns mit deinem Erbarmen, damit wir diese Nacht in deinem Schutze ruhen und dich am kommenden Tage von neuem preisen. Durch Jesus Christus, unsern Herrn.

DONNERSTAG

Allmächtiger Gott, du hast uns zum Ende dieses Tages geleitet. Wir bitten dich: bleibe bei uns und beschirme uns in den schweigenden Stunden der Nacht, damit wir, müde von der Unruhe dieser vergänglichen Welt, ruhen in deinem Frieden. Durch Jesus Christus, unsern Herrn.

FREITAG

Herr Jesus Christus, du hast durch dein Leiden und Sterben die Bande unserer Sünden zerrissen. Wir bitten dich: vergib uns, wo wir heute versagt haben, daß wir mit freiem Herzen dich bekennen und preisen. Der du mit dem Vater und dem Heiligen Geist lebst und regierst von Ewigkeit zu Ewigkeit.

SONNABEND

Herr, unser Gott, du hast uns in dieser Woche gnädig beschirmt und in Gutem und Schwerem deine erbarmende Liebe erwiesen. Wir bitten dich: vergib uns alle Schuld der vergangenen Woche um Christi willen und schenke uns deinen Geist, daß wir deine Wege erkennen und am Ende unserer Tage aufgenommen werden in deine Herrlichkeit. Durch Jesus Christus, unsern Herrn.

ALLGEMEIN

Herr Gott, du hast uns heute gnädig beschützt und unser Werk gefördert. Wir bitten dich: vergib, was wir gefehlt haben und schenke uns und allen, die zu dir flehen, den Trost deiner Nähe und den Frieden deiner Vergebung. Durch Jesus Christus, unsern Herrn.

G: Amen.

AUSGANG 785.II

LOBPREIS

K: Laßt uns prei - sen den Herrn!
G: Gott sei e - wig - lich Dank!

SEGEN

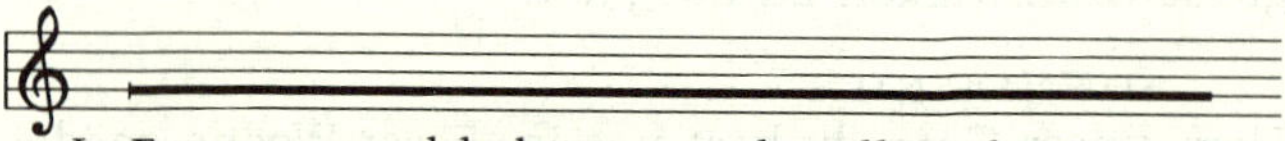

L: Es segne und behüte uns der allmächtige und

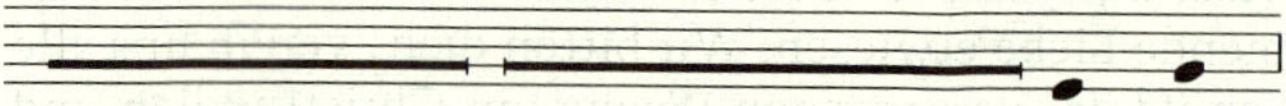

barmherzige Gott, Vater, Sohn und Heili-ger Geist.

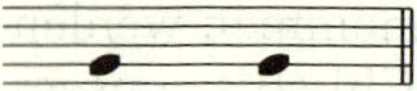

G: A - men.

NACHTGEBET (KOMPLET) 786

BEREITUNG 786.1

L: Unsre Hilfe steht im Namen des Herrn,

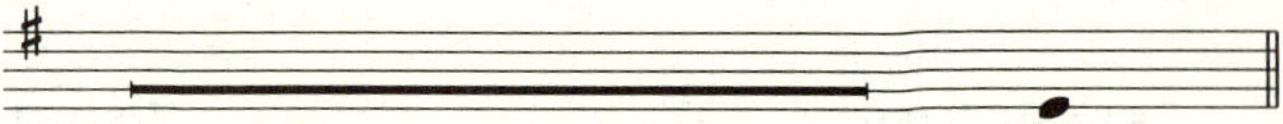

G: der Himmel und Erde gemacht hat.

SÜNDENBEKENNTNIS (CONFITEOR) 786.2

L: Ich bekenne Gott, dem Allmächtigen, und euch, Brüder und Schwestern, daß ich gesündigt habe mit Gedanken, Worten und Werken: meine Schuld, meine Schuld, meine große Schuld. Darum bitte ich euch, betet für mich zu Gott, unserm Herrn.
G: Der allmächtige Gott erbarme sich deiner, er vergebe dir deine Sünde und führe dich zum ewigen Leben.
L: Amen.

G: Wir bekennen Gott, dem Allmächtigen, und dir, Bruder / Schwester, daß wir gesündigt haben mit Gedanken, Worten und Werken: unsre Schuld, unsre Schuld, unsre große Schuld. Darum bitten wir dich, bete für uns zu Gott, unserm Herrn.
L: Der allmächtige Gott erbarme sich euer, er vergebe euch eure Sünde und führe euch zum ewigen Leben.
G: Amen.

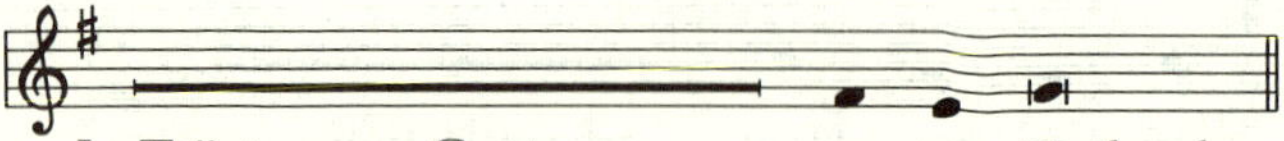

L: Tröste uns, Gott un - ser Heiland,
G: und laß ab von deiner Un - gna - de über uns.

EINGANG (INGRESSUS) 786.3

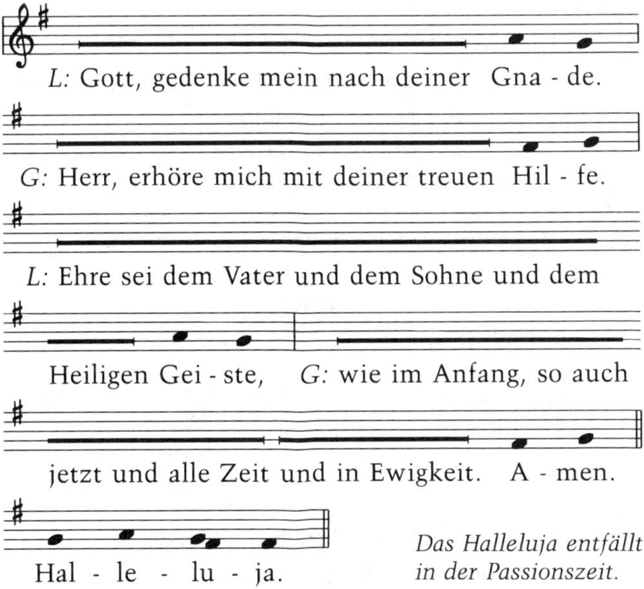

Das Halleluja entfällt in der Passionszeit.

PSALMGEBET 786.4

PSALM 91

Leitvers (Antiphon)

Alle wiederholen den Leitvers

VIII. Psalmton

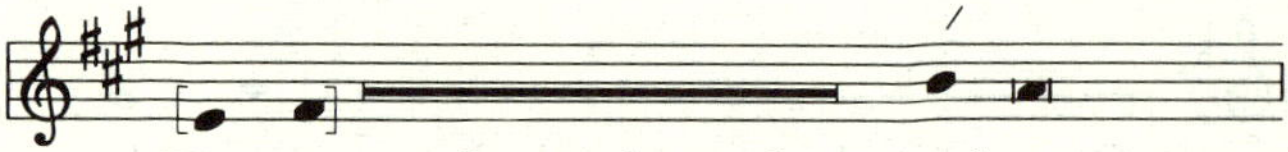

I. Wer un-ter dem Schirm des Höch-sten sitzt*
II. der spricht zu dem
Herrn: meine Zuver-
sicht und meine Burg, < >*

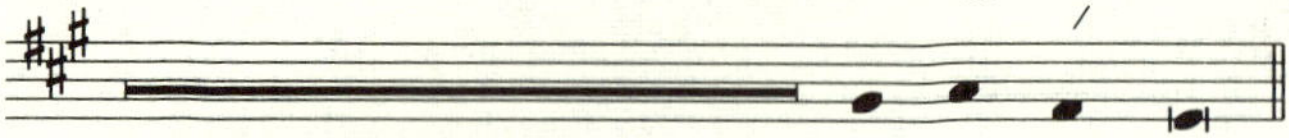

und unter dem Schatten des
Allmäch - ti - gen blei - bet,
mein Gott, auf den ich hof - fe.

bei den dreizeiligen Versen:

... dek - ken,/
... erhö - ren;/

Denn er errettet dich vom Strick des Jägers,*
von der Pest und vom Verderben.
Er wird dich mit seinen Fittichen decken, /
und Zuflucht wirst du haben unter seinen Flügeln.*
Seine Wahrheit ist Schirm und Schild,
daß du nicht erschrecken mußt vor dem Grauen der Nacht, < >*
vor den Pfeilen, die des Tages fliegen,
vor der Pest, die im Finstern schleicht,*
vor der Seuche, die am Mittag Verderben bringt.
Denn der Herr ist deine Zuversicht,*
der Höchste ist deine Zuflucht.
Es wird dir kein Übel begegnen,*
und keine Plage wird sich deinem Hause nahen.

Denn er hat seinen Engeln befohlen,*
daß sie dich behüten auf allen deinen Wegen,
    daß sie dich auf den Händen tragen*
    und du deinen Fuß nicht an einen Stein stößt.
Über Löwen und Ottern wirst du gehen*
und junge Löwen und Drachen niedertreten.
    »Er liebt mich, darum will ich ihn erretten;*
    er kennt meinen Namen, darum will ich ihn schützen.
Er ruft mich an, darum will ich ihn erhören; /
ich bin bei ihm in der Not, < >*
ich will ihn herausreißen und zu Ehren bringen.
    Ich will ihn sättigen mit langem Leben*
    und will ihm zeigen mein Heil.«

(Leitvers)

Ehre sei dem Vater und dem Sohne*
und dem Heiligen Geiste,
    wie im Anfang, so auch jetzt und alle Zeit*
    und in Ewigkeit. Amen.

Leitvers

Anstelle dieses Psalms können auch die Psalmen 4 und 134 (Nr. 703 und 752) gesungen werden.

LOBLIED (HYMNUS) Ö 786.5

1. *K:* Be - vor des Ta - ges Licht ver - geht,

G: o Herr der Welt, hör dies Ge - bet:

Be - hü - te uns in die - ser Nacht

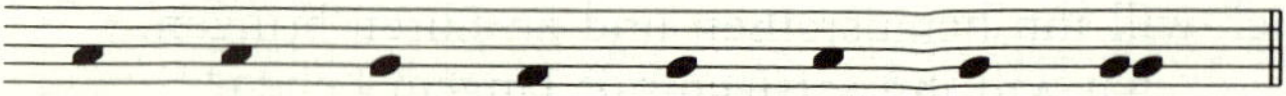

durch dei - ne gro - ße Güt und Macht.

2. Hüllt Schlaf die müden Glieder ein, / laß uns in dir geborgen sein / und mach am Morgen uns bereit / zum Lobe deiner Herrlichkeit.

3. Dank dir, o Vater reich an Macht, / der über uns voll Güte wacht / und mit dem Sohn und Heilgen Geist / des Lebens Fülle uns verheißt.

A - men.

T: FRIEDRICH DÖRR 1969 NACH DEM HYMNUS »TE LUCIS ANTE TERMINUM« 5./6. JH.
M: KEMPTEN UM 1000

LESUNG **786.6**

ANTWORTGESANG
(RESPONSORIUM) **786.7**

und dem Hei-li-gen Gei - ste. G: In dei-ne Hän -
de, Her - re Gott, be-feh - le ich mei-nen Geist.

oder **786.8**

K: Va - ter, in dei - ne Hän - de
G: Va - ter, in dei - ne Hän - de
be - feh - le ich mei - nen Geist.
be - feh - le ich mei - nen Geist.
K: Du hast mich er - löst, Herr, du treu - er Gott.
G: Dir be - feh - le ich mei - nen Geist.
K: Eh - re sei dem Va - ter und dem Soh - ne
und dem Hei - li - gen Gei - ste. G: Va - ter, in
dei - ne Hän - de be - feh - le ich mei-nen Geist.

VERSIKEL 786.9

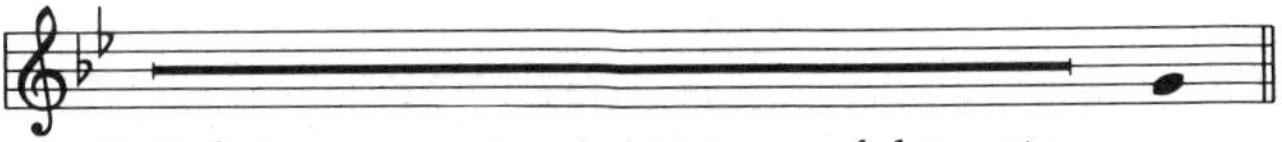

K: Behüte uns wie einen Augapfel im Au - ge.
G: Beschirme uns unter dem Schatten
deiner Flü - gel.

LOBGESANG DES SIMEON (CANTICUM: NUNC DIMITTIS) 786.10

Leitvers (Antiphon)

Alle wiederholen den Leitvers

III. Psalmton

Leitvers

I. Lob und Preis sei Gott dem Vater und
dem Soh - ne und dem Heili - gen Gei - ste,
II. wie im Anfang, so auch jetzt und al -
le Zeit und in Ewig - keit. A - men.

Leitvers

A: Be - wah - re uns, o Herr, wenn wir
wa - chen, be - hü - te uns, wenn wir
schla - fen, auf daß wir wa - chen mit
Chri - stus und ru - hen in Frie - den.

GEBET

KYRIE 786.11

VATER UNSER Ö 786.12

WECHSELGEBET (PRECES) 786.13

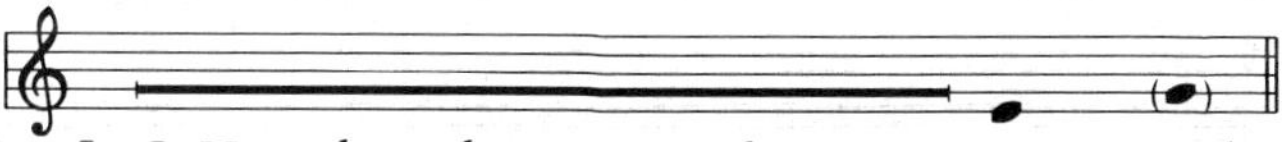

L: O Herr, bewahre uns in die - ser Nacht
G: nach deiner Gnade ohne Sün - de.
L: Sei uns gnä - - - - dig, Herr.
G: Sei uns gnä - - - - dig.
L: Deine Güte, Herr, sei ü - - ber uns,
G: wie wir auf dich hof - - - fen.
L: Herr, höre mein Ge - bet
G: und laß mein Schreien zu dir kom-men.

GEBETSSTILLE

SCHLUSSGEBET

786.14

oder **786.15**

L: Allmächtiger Gott, du hast uns zum Ende
dieses Tages gelei-tet, wir bitten dich: bleibe bei
uns und beschirme uns in den schweigenden Stun-
den der Nacht, damit wir, müde von der Unruhe
dieser vergänglichen Welt, ruhen in deinem Frie -
den. Durch Jesus Christus, un - sern Herrn.
G: A - men.

AUSGANG

LOBPREIS

K: Laßt uns prei - sen den Herrn!
G: Gott sei e - wig - lich Dank!

SEGEN

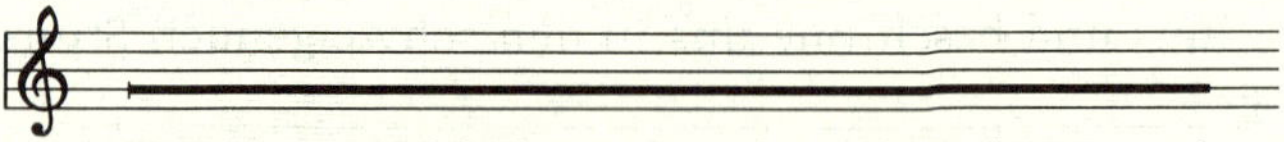

L: Es segne und behüte uns der allmächtige und

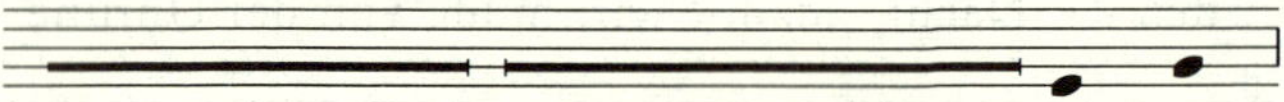

barmherzige Gott, Vater, Sohn und Heili-ger Geist.

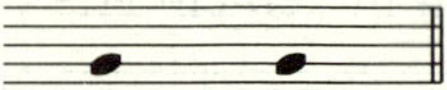

G: A - men.

PSALM 23 787

Leitvers (Antiphon)

K: Der Herr ist mein Hirte, mir wird nichts mangeln.

Alle wiederholen den Leitvers

VI. Psalmton

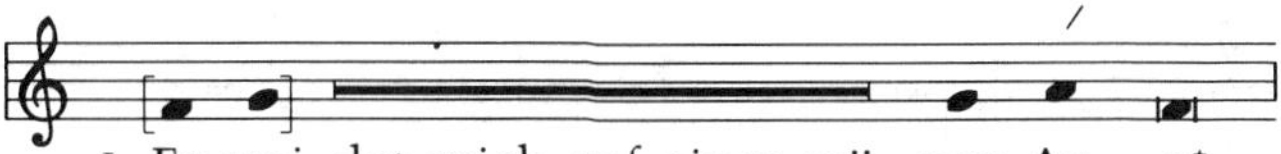

I. Er wei-det mich auf einer grü-nen Au-e*
II. Er erquicket mei-ne See-le.*

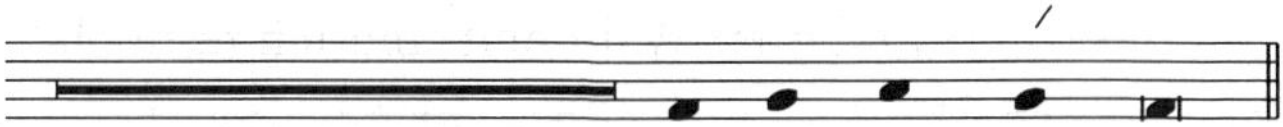

und führet mich zum fri-schen Was-ser.
Er führet mich auf
rechter Straße um sei-nes Na-mens wil-len.

Und ob ich schon wanderte im finstern Tal, fürchte ich kein Unglück:*
denn du bist bei mir, dein Stecken und Stab trösten mich.
Du bereitest vor mir einen Tisch < >*
im Angesicht meiner Feinde.
Du salbest mein Haupt mit Öl < >*
und schenkest mir voll ein.
Gutes und Barmherzigkeit werden mir folgen mein Leben lang,*
und ich werde bleiben im Hause des Herren immerdar.

(Leitvers)

Ehre sei dem Vater und dem Sohne*
und dem Heiligen Geiste,
wie im Anfang, so auch jetzt und alle Zeit*
und in Ewigkeit. Amen.

(Leitvers)

PSALM 25 **788**

Leitvers (Antiphon)

K: Mei-ne Au-gen se-hen stets auf den Herrn.

Alle wiederholen den Leitvers

I. Psalmton

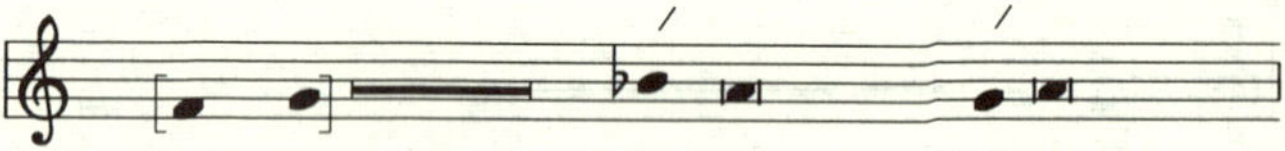

I. Herr, zei-ge mir dei-ne We-ge*
II. Leite mich
in deiner Wahr-heit und leh-re mich!*

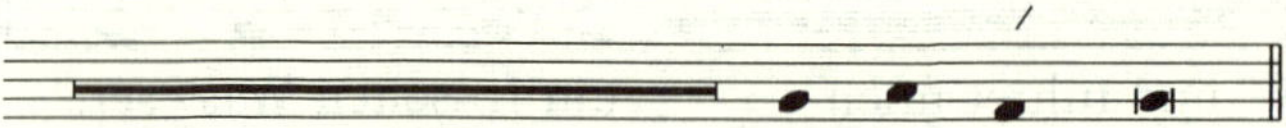

und lehre mich dei-ne Stei-ge!
Denn du bist der Gott,
der mir hilft; täglich har-re ich auf dich.

Gedenke, Herr, an deine Barmherzigkeit und an deine Güte,*
die von Ewigkeit her gewesen sind.
  Gedenke nicht der Sünden meiner Jugend*
  und meiner Übertretungen,
gedenke aber meiner nach deiner Barmherzigkeit,*
Herr, um deiner Güte willen!
  Der Herr ist gut und gerecht;*
  darum weist er Sündern den Weg.
Er leitet die Elenden recht*
und lehrt die Elenden seinen Weg.
  Die Wege des Herrn sind lauter Güte und Treue*
  für alle, die seinen Bund und seine Gebote halten.

(Leitvers)

Ehre sei dem Vater und dem Sohne *
und dem Heiligen Geiste,
wie im Anfang, so auch jetzt und alle Zeit *
und in Ewigkeit. Amen.

Leitvers

A: Mei-ne Au-gen se-hen stets auf den Herrn.

789

GEMEINSAMES GEBET NACH TAIZÉ

GESANG ZUR ERÖFFNUNG 789.1

Der Gesang wird von einzelnen angestimmt und so lange wiederholt, bis alle versammelt und zur Ruhe gekommen sind.

oder

789.2

Blei - bet hier und wa-chet mit mir!
Wa-chet und be-tet, wa-chet und be - tet!

PSALM 789.3

Einer / Eine:
Kommt herzu, laßt uns dem Herrn frohlocken und jauchzen dem Hort unseres Heils!
Laßt uns mit Danken vor sein Angesicht kommen und mit Psalmen ihm jauchzen!

Der Kehrvers wird an den angegebenen Stellen wiederholt.

Im Wechsel:

Herr, deine Güte reicht, so weit der Himmel ist,
und deine Wahrheit, so weit die Wolken gehen.
Deine Gerechtigkeit steht wie die Berge Gottes
und dein Recht wie die große Tiefe.
Herr, du hilfst Menschen und Tieren.

(Kehrvers)

Wie köstlich ist deine Güte, Gott,
daß Menschenkinder unter dem Schatten deiner Flügel Zuflucht haben!
Sie werden satt von den reichen Gütern deines Hauses,
und du tränkst sie mit Wonne wie mit einem Strom.
Denn bei dir ist die Quelle des Lebens,
und in deinem Lichte sehen wir das Licht.

(Kehrvers)

Ps 36,6–10

oder

PSALM 789.4

Einer / Eine:
Kommt herzu, laßt uns dem Herrn frohlocken und jauchzen dem Hort unseres Heils!
Laßt uns mit Danken vor sein Angesicht kommen und mit Psalmen ihm jauchzen!

Das Halleluja wird nach jedem Vers wiederholt.

Ich will den Herrn loben allezeit;
sein Lob soll immerdar in meinem Munde sein.
    Halleluja
    Meine Seele soll sich rühmen des Herrn,
    daß es die Elenden hören und sich freuen.
    Halleluja
Preiset mit mir den Herrn
und laßt uns miteinander seinen Namen erhöhen!
    Halleluja
    Als ich den Herrn suchte, antwortete er mir
    und errettete mich aus aller meiner Furcht.
    Halleluja
Die auf ihn sehen, werden strahlen vor Freude,
und ihr Angesicht soll nicht schamrot werden.
    Halleluja
    Als einer im Elend rief, hörte der Herr
    und half ihm aus allen seinen Nöten.
    Halleluja
Der Engel des Herrn lagert sich um die her,
die ihn fürchten, und hilft ihnen heraus.
    Halleluja
    Schmecket und sehet, wie freundlich der Herr ist.
    Wohl dem, der auf ihn trauet!
    Halleluja

Ps 34,2–9

Weitere Psalmen siehe Nr. 702–758

SCHRIFTLESUNG

Christus spricht: Kommt her zu mir, alle, die ihr mühselig und beladen seid; ich will euch erquicken.
Nehmt auf euch mein Joch und lernt von mir; denn ich bin sanftmütig und von Herzen demütig;
so werdet ihr Ruhe finden für eure Seelen.
Denn mein Joch ist sanft, und meine Last ist leicht.

Mt 11,28–30

oder

Christus spricht: Wer mir nachfolgen will, der verleugne sich selbst und nehme sein Kreuz auf sich und folge mir nach.
Denn wer sein Leben erhalten will, der wird's verlieren; und wer sein Leben verliert um meinetwillen und um des Evangeliums willen, der wird's erhalten.
Denn was hülfe es dem Menschen, wenn er die ganze Welt gewönne und nähme an seiner Seele Schaden?
Denn was kann der Mensch geben, womit er seine Seele auslöse? *Mk 8,34–37*

oder

Ich bin der wahre Weinstock, und mein Vater der Weingärtner. Eine jede Rebe an mir, die keine Frucht bringt, wird er wegnehmen; und eine jede, die Frucht bringt, wird er reinigen, daß sie mehr Frucht bringe. Ihr seid schon rein um des Wortes willen, das ich zu euch geredet habe. Bleibt in mir und ich in euch. Wie die Rebe keine Frucht bringen kann aus sich selbst, wenn sie nicht am Weinstock bleibt, so auch ihr nicht, wenn ihr nicht in mir bleibt. Ich bin der Weinstock, ihr seid die Reben. Wer in mir bleibt und ich in ihm, der bringt viel Frucht; denn ohne mich könnt ihr nichts tun.

Joh 15,1-5

oder eine andere Schriftlesung
(siehe z.B. Nr. 784.4)

GESANG NACH DER SCHRIFTLESUNG

789.5

Der Gesang kann mehrmals wiederholt und auch ohne Text gesummt werden. Dazwischen können Zeiten der Stille vorgesehen werden.

FÜRBITTEN MIT KYRIE ELEISON 789.6

Die einzelnen Bitten werden mit dem gemeinsam gesungenen Bittruf »Kyrie eleison« von allen aufgenommen.

Laß deinen Frieden unter uns erstrahlen
und befreie uns in deiner Liebe,
Herr, wir bitten dich: *Kyrie eleison.*
Für alle Christen auf der ganzen Erde
bitten wir dich: *Kyrie eleison.*
Für alle, die dir in deiner Kirche dienen,
bitten wir dich: *Kyrie eleison.*
Für alle, die im Exil leben müssen oder auf der Flucht sind,
bitten wir dich: *Kyrie eleison.*
Für alle Gefangenen und alle Opfer der Unterdrückung
bitten wir dich: *Kyrie eleison.*
Für alle Leidgeprüften und Bedrückten,
für alle, die Hilfe und Barmherzigkeit brauchen,
bitten wir dich: *Kyrie eleison.*
Für uns alle, die wir hier versammelt sind,
daß wir stets einander beistehen,
bitten wir dich: *Kyrie eleison.*
Daß wir, befreit von aller Schuld,
Menschen des Vertrauens seien,
bitten wir dich: *Kyrie eleison.*
Daß wir Wege finden, die Güter der Erde
besser unter allen Menschen zu teilen,
bitten wir dich: *Kyrie eleison.*
Daß wir in der Gemeinschaft mit allen heiligen Zeugen
Hoffnung und Mut finden,
bitten wir dich: *Kyrie eleison.*

Spontane Fürbitten aus dem Kreis der Versammelten können sich anschließen.

Andere Fürbittengebete:
am Morgen Nr. 783.9, am Abend Nr. 785.9.

GEBET DES HERRN

Das Vaterunser wird gemeinsam gesprochen.

Vater unser im Himmel.
Geheiligt werde dein Name.
Dein Reich komme.
Dein Wille geschehe, wie im Himmel, so auf Erden.
Unser tägliches Brot gib uns heute.
Und vergib uns unsere Schuld,
wie auch wir vergeben unsern Schuldigern.
Und führe uns nicht in Versuchung,
sondern erlöse uns von dem Bösen.
Denn dein ist das Reich und die Kraft
und die Herrlichkeit in Ewigkeit. Amen.

SCHLUSSGEBET

Christus,
unablässig suchst du jeden,
der nach dir sucht und sich fern von dir glaubt.
Mach uns bereit, jederzeit unser Leben in deine Hände zu legen.
Während wir dich noch suchen, hast du uns schon gefunden.
So arm unser Gebet auch sein mag: du hörst uns zu,
weit mehr, als wir es erahnen und glauben können.
Amen.

oder ein anderes Gebet

SEGENSWORT

Einer / Eine:
Gott sei uns gnädig und segne uns,
er lasse uns sein Antlitz leuchten.
Es segne uns Gott, und alle Welt fürchte ihn! *Ps 67,2.8*

GESANG ZUM ABSCHLUSS 789.7

Der Gesang wird mehrmals wiederholt,
bis er in der Stille ausklingt.

Melodien und Sätze Nr. 789.1–7:
Gesänge aus Taizé

LIED

Jesu, deine Passion (Nr. 88)

oder ein anderes Lied

ERÖFFNUNG

Die Gnade unsers Herrn Jesu Christi und die Liebe Gottes und die Gemeinschaft des Heiligen Geistes sei mit euch allen.

Lasset uns aufsehen zu Jesus, dem Anfänger und Vollender des Glaubens, der, obwohl er hätte Freude haben können, das Kreuz erduldete und die Schande gering achtete und sich gesetzt hat zur Rechten des Thrones Gottes. *(Hebr 12,2)*

PSALM

Der Psalm, jeweils ein Abschnitt aus einem der sieben Bußpsalmen (siehe Texttafel), schließt mit dem »Ehre sei dem Vater«, in der Karwoche schweigt dieser Lobpreis.

GEBET

Heiliger, ewiger Gott. Du hast deinen lieben Sohn für uns Sünder leiden und sterben lassen. Gib, daß wir das Gedächtnis seiner Leiden in wahrer Andacht begehen. Durch Jesus Christus, unsern Herrn. Amen.

Oder ein anderes Gebet

ALTTESTAMENTLICHE LESUNG

Lesungstexte siehe anschließende Texttafel

LIED

ERSTE EVANGELIENLESUNG

LIED

ZWEITE EVANGELIENLESUNG

[LIED]

[DRITTE EVANGELIENLESUNG]

AUSLEGUNG

LIED

GEBET

Herr Jesus Christus, du hast um unsertwillen gelitten und für uns Schmach und Kreuz auf dich genommen. Wir danken dir dafür von ganzem Herzen. Laß uns dir nachfolgen und Gehorsam üben, wenn du uns Leiden auferlegst.
Du hast durch dein Sterben dem Tod die Macht genommen und uns befreit. Mach uns dessen gewiß, damit wir ohne Furcht leben in dieser Zeit, den Glauben bewahren und dereinst zum Leben gelangen in der Ewigkeit. Amen.

Oder ein anderes Gebet

Anstelle des Gebetes kann die Litanei (Nr. 192) gesungen werden.

STILLES GEBET

VATERUNSER

LIED

O hilf Christe, Gottes Sohn (Nr. 77,8)
oder ein anderes Lied

SEGEN

TEXTTAFEL

	1. Reihe MATTHÄUS	2. Reihe MARKUS	3. Reihe LUKAS	4. Reihe JOHANNES

1. PASSIONSANDACHT

Woche ab Aschermittwoch

Psalm	Ps. 6 in Auswahl (Nr. 704)			
Atl.Lesung	1. Mose 3			
1. Ev.-Lesung	Mt 26,1–13	Mk 14,1–9	Lk 22,1–2	Joh 12,1–11
2. Ev.-Lesung	Mt 26,14–16	Mk 14,10–11	Lk 22,3–6	Joh 12,12–19

2. PASSIONSANDACHT

Woche nach Invokavit

Psalm	Ps. 32 in Auswahl (Nr. 717)			
Atl.Lesung	2. Mose 12,1.3.7–8.12–14.26–27			
1. Ev.-Lesung	Mt 26,17–25	Mk 14,12–16	Lk 22,7–13	Joh 12,23–33
2. Ev.-Lesung	Mt 26,26–30	Mk 14,17–25	Lk 22,14–23	Joh 13,1–17

3. PASSIONSANDACHT

Woche nach Reminiszere

Psalm	Ps. 38 in Auswahl (Nr. 721)			
Atl.Lesung	1. Mose 11,1–9			
1. Ev.-Lesung	Mt 26,31–35	Mk 14,26–31	Lk 22,24–34	Joh 13,21–30
2. Ev.-Lesung	Mt 26,36–46	Mk 14,32–42	Lk 22,35–38	Joh 18,1–11

4. PASSIONSANDACHT

Woche nach Okuli

Psalm	Ps. 51 in Auswahl (Nr. 727)			
Atl.Lesung	Jes 42,1–9			
1. Ev.-Lesung	Mt 26,47–56	Mk 14,43–52	Lk 22,39–46	Joh 18,12–18
2. Ev.-Lesung	Mt 26,57–68	Mk 14,53–65	Lk 22,47–53	Joh 18,19–27

	1. Reihe MATTHÄUS	2. Reihe MARKUS	3. Reihe LUKAS	4. Reihe JOHANNES

5. PASSIONSANDACHT
Woche nach Lätare

Psalm	Ps. 102 in Auswahl (Nr. 741)			
Atl.Lesung	Jes 49,3–6			
1. Ev.-Lesung	Mt 26,69–75	Mk 14,66–72	Lk 22,54–62	Joh 18,28–32
2. Ev.-Lesung	Mt 27,1–14	Mk 15,1–5	Lk 22,63–71	Joh 18,33–40

6. PASSIONSANDACHT
Woche nach Judika

Psalm	Ps. 130 (Nr. 751)			
Atl.Lesung	Jes 50,4–10			
1. Ev.-Lesung	Mt 27,15–26	Mk 15,6–15	Lk 23,1–12	Joh 16,16b-22
2. Ev.-Lesung	Mt 27,27–30	Mk 15,16–19	Lk 23,13–25	Joh 19,1–5
				Joh 19,6–16a

7. PASSIONSANDACHT
Karwoche

Psalm	Ps. 143 in Auswahl (Nr.755)			
Atl.Lesung	Jer 31,31–34			
1. Ev.-Lesung	Mt 27,31–44	Mk 15,20–32	Lk 23,26–38	Joh 19,16b-22
2. Ev.-Lesung	Mt 27,45–50	Mk 15,33–37	Lk 23,39–46	Joh 19,23–30
3. Ev.-Lesung	Mt 27,51–66	Mk 15,38–47	Lk 23,47–56	Joh 19,31–42

Die angegebenen Evangelienlesungen können ggf. in Abschnitte aufgeteilt werden, zwischen denen weitere Liedstrophen gesungen werden. Finden in der Karwoche mehrere Passionsandachten statt, verteilen sich die Lesungen entsprechend.

Wenn für einen Menschen, insbesondere für ein neugeborenes Kind, Lebensgefahr besteht und ein Pfarrer oder eine Pfarrerin nicht mehr herbeigerufen werden kann, darf jeder Christ taufen. Voraussetzung ist, daß der Täufling oder die für ihn Verantwortlichen einverstanden sind. Wenn möglich, soll die Taufe in Gegenwart christlicher Zeugen vollzogen werden.

Wenn wenig Zeit zur Verfügung steht:

Wer tauft, spricht (und segnet dabei den Täufling mit dem Zeichen des Kreuzes):

> Herr Jesus Christus, nimm N.N. (dieses Kind) an in deiner Barmherzigkeit.

Der/die Taufende gießt mit der Hand dreimal Wasser über die Stirn des Täuflings und spricht:

> (N.N.), ich taufe dich im Namen des Vaters und des Sohnes und des Heiligen Geistes. Amen.
>
> Der Friede des Herrn sei mit dir.
>
> Vater unser im Himmel.
> Geheiligt werde dein Name.
> Dein Reich komme.
> Dein Wille geschehe, wie im Himmel,
> so auf Erden.
> Unser tägliches Brot gib uns heute.
> Und vergib uns unsere Schuld, wie auch wir
> vergeben unsern Schuldigern.

Und führe uns nicht in Versuchung, sondern
erlöse uns von dem Bösen.
Denn dein ist das Reich und die Kraft und die
Herrlichkeit in Ewigkeit. Amen.

Steht mehr Zeit zur Verfügung:

Zu Beginn kann der Taufbefehl Christi gesprochen werden.

Christus spricht: Mir ist gegeben alle Gewalt im Himmel und auf Erden. Darum gehet hin und machet zu Jüngern alle Völker: Taufet sie auf den Namen des Vaters und des Sohnes und des Heiligen Geistes und lehret sie halten alles, was ich euch befohlen habe. Und siehe, ich bin bei euch alle Tage bis an der Welt Ende. *(Mt 28,18–20)*

Es kann das Apostolische Glaubensbekenntnis (Nr. 804) folgen.

Wer die Taufe in Notfällen empfangen hat, ist gültig getauft. Die Taufe muß alsbald dem zuständigen Pfarramt zur Eintragung in das Taufregister gemeldet werden. Es ist üblich, daß im Gottesdienst eine Bestätigung stattfindet, die öffentlich bekundet, daß die Taufe gültig, d.h. mit Wasser und im Namen des dreieinigen Gottes vollzogen worden ist. Bei einem Kind werden die Eltern und Paten zugleich zur christlichen Erziehung des Kindes verpflichtet.

Ist trotz aller Bemühungen die Taufe rechtzeitig nicht mehr möglich, dürfen wir als Angehörige und Freunde einen ungetauft Verstorbenen in Gottes Liebe geborgen wissen.

Gemeinden reformierter Tradition kennen die Taufe in Notfällen nicht.

DIE BEICHTE

EINFÜHRUNG 792

Die christliche Kirche hat von ihrem Herrn den Auftrag, den Menschen, die von der Gewissenslast einer Schuld freiwerden wollen, die Vergebung zuzusprechen und ihnen so zu einem neuen Anfang zu helfen. In der Beichte wird erkannte Schuld ausgesprochen und das Verlangen nach Versöhnung mit Gott und den Menschen bekundet.

Die Beichte wird in einem Gottesdienst (Gemeinsame Beichte) oder unter vier Augen (Einzelbeichte, s. Nr. 793) vollzogen.

In der *Gemeinsamen Beichte*, die oft mit der Feier des Heiligen Abendmahls verbunden ist, bekennen die Beichtenden ihre gemeinsame und persönliche Schuld und bitten Gott um Vergebung. Den Beichtenden wird vom Pfarrer oder der Pfarrerin die Vergebung ihrer Sünden zugesprochen.

Zur *Einzelbeichte* wendet man sich an einen Pfarrer oder eine Pfarrerin, die durch ihre Ordination zur Wahrung des Beichtgeheimnisses verpflichtet sind, oder auch an einen anderen Christen, zu dem man Vertrauen hat. Das Beichtgeheimnis genießt auch gesetzlichen Schutz.

Zur Beichte sollte man nicht ohne *Vorbereitung* gehen. Um das Gewissen vor Gott zu prüfen, ist es hilfreich, die Zehn Gebote (Nr. 796 und 797), das Doppelgebot der Liebe (Nr. 798), den Psalm 139 (Nr. 795) oder die sieben Bußpsalmen (s. Hinweise bei Nr. 701) zu bedenken. Auch ein Beichtgebet (Nr. 794) kann dazu helfen.

Lieder zur Beichte Nr. 230–237.

ANLEITUNG ZUR EINZELBEICHTE 793

Zur Beichte gehören das Eingeständnis der Schuld (Sündenbekenntnis) und die Lossprechung (Absolution). Die Einzelbeichte kann in verschiedener Weise vollzogen werden. Meist schließt sie sich einem vorangegangenen seelsorgerlichen Gespräch an.

SCHULDBEKENNTNIS

Wenn es schwer fällt, für das Eingeständnis der Schuld eigene Worte zu finden, kann eines der folgenden Beichtbekenntnisse (Nr. 799–802) am Anfang oder Abschluß des eigenen Bekennens gebraucht werden.

Nach dem Schuldbekenntnis kann der Pfarrer/die Pfarrerin sagen:

> Du hast vor Gott deine Sünde bekannt. Wir bitten ihn um Vergebung, indem wir gemeinsam das Vaterunser beten.
> oder:
> Wir bitten Gott um Vergebung mit den Worten aus einem Psalm (z.B. Ps 51; Nr. 727)
>
> Herr, erbarme dich; Christus, erbarme dich; Herr, erbarme dich.

LOSSPRECHUNG

Der Pfarrer/die Pfarrerin spricht:

> Du kannst gewiß sein, daß die Vergebung, die dir zugesprochen wird, Gottes Vergebung ist, denn Christus spricht: »Wie mich der Vater gesandt hat, so sende ich euch. Nehmt hin den Heiligen Geist. Welchen ihr die Sünden erlaßt, denen sind

sie erlassen, und welchen ihr sie behaltet, denen sind sie behalten«. *(Joh 20,22b–23)*
Diese Vollmacht hat Christus seiner Kirche gegeben.

(Unter Handauflegung:)
Darum spreche ich dich los: Dir sind deine Sünden vergeben. Im Namen des Vaters und des Sohnes und des Heiligen Geistes. Der allmächtige Gott, der dir alle deine Sünden vergeben hat, gebe dir Kraft, nach seinem Willen zu leben. Geh hin im + Frieden. Amen.

Hier kann ein Dankgebet folgen
(z.B. Ps 103,1–5; Nr. 742).

Eine weitere Form der Einzelbeichte findet sich in Luthers Kleinem Katechismus »Vom Amt der Schlüssel« (Nr. 806.6).

ZUR VORBEREITUNG AUF DIE BEICHTE

794

Ich bedenke mein Leben vor Gott:
Vater im Himmel, was kann ich dir sagen, was du nicht schon weißt?
Ich habe anderen das Leben schwergemacht, und es waren doch oft nur Kleinigkeiten, um die es da ging: Ich wollte Recht behalten, aber ich vergaß die Liebe, die du geboten hast.
Ich bin unfair gewesen, ich bin böse geworden, wo ich hätte Geduld aufbringen müssen.
Ich war so mit mir selbst beschäftigt, daß ich kein Ohr und kein Herz hatte für die, die Verständnis und Hilfe von mir erwarteten.

Ich habe geschwiegen, wo ich hätte reden sollen, ich habe den Dingen ihren Lauf gelassen, weil meine Angst größer war als mein Vertrauen zu dir.
Deinen Geboten habe ich wenig Gewicht gegeben und deine Güte mißachtet. Ich habe dich vergessen, Gott, bei vielem, was ich tat und dachte.
Ich lasse mich gefangennehmen von meinen Wünschen und Ängsten und sehne mich doch danach, frei und geborgen zu sein bei dir.
Herr, ich bin erschrocken, wie schwierig es ist, im Alltag aus dem Glauben an dich zu leben. Ich bekenne dir mein Unvermögen und meine Schuld:
Herr, erbarme dich.

Herr, du erforschest mich und kennest mich. 795
Ich sitze oder stehe auf, so weißt du es;
du verstehst meine Gedanken von ferne.
Ich gehe oder liege, so bist du um mich
und siehst alle meine Wege.
Denn siehe, es ist kein Wort auf meiner Zunge,
das du, Herr, nicht schon wüßtest.

Erforsche mich, Gott, und erkenne mein Herz;
prüfe mich und erkenne, wie ich's meine.
Und sieh, ob ich auf bösem Wege bin,
und leite mich auf ewigem Wege. *(Ps 139,1–4.23.24)*

DIE ZEHN GEBOTE 796

In der lutherischen Tradition folgen Wortlaut und Zählung der Zehn Gebote (2. Mose 20,1–17) der Fassung im Kleinen Katechismus Martin Luthers (Nr. 806.1)

1 Ich bin der Herr, dein Gott.
Du sollst nicht andere Götter haben neben mir.

2 Du sollst den Namen des Herrn, deines Gottes, nicht unnütz gebrauchen; denn der Herr wird den nicht ungestraft lassen, der seinen Namen mißbraucht.

3 Du sollst den Feiertag heiligen.

4 Du sollst deinen Vater und deine Mutter ehren, auf daß dir's wohlgehe und du lange lebest auf Erden.

5 Du sollst nicht töten.

6 Du sollst nicht ehebrechen.

7 Du sollst nicht stehlen.

8 Du sollst nicht falsch Zeugnis reden wider deinen Nächsten.

9 Du sollst nicht begehren deines Nächsten Haus.

10 Du sollst nicht begehren deines Nächsten Weib, Knecht, Magd, Vieh noch alles, was sein ist.

DIE ZEHN GEBOTE

797

In der reformierten Tradition folgen die Zehn Gebote, wie auch im Heidelberger Katechismus (Nr. 807), nach Wortlaut und Zählung unmittelbar dem Text des Alten Testaments (2. Mose 20,1–17).

1 Ich bin der Herr, dein Gott, der ich dich aus Ägyptenland, aus der Knechtschaft, geführt habe. Du sollst keine anderen Götter haben neben mir.

2 Du sollst dir kein Bildnis noch irgendein Gleichnis machen, weder von dem, das oben im Himmel, noch von dem, was unten auf Erden, noch von dem, was im Wasser unter der Erde ist. Bete sie nicht an und diene ihnen nicht! Denn ich, der Herr, dein Gott, bin ein eifernder Gott, der die Missetat der Väter heimsucht bis ins dritte und vierte Glied an den Kindern derer, die mich hassen, aber Barmherzigkeit erweist an vielen Tausenden, die mich lieben und meine Gebote halten.

3 Du sollst den Namen des Herrn, deines Gottes, nicht mißbrauchen; denn der Herr wird den nicht ungestraft lassen, der seinen Namen mißbraucht.

4 Gedenke des Sabbattages, daß du ihn heiligest. Sechs Tage sollst du arbeiten und alle deine Werke tun. Aber am siebenten Tage ist der Sabbat des Herrn, deines Gottes. Da sollst du keine Arbeit tun, auch nicht dein Sohn, deine Tochter, dein Knecht, deine Magd, dein Vieh, auch nicht der Fremdling, der in deiner Stadt lebt. Denn in sechs Tagen hat der Herr Himmel und Erde gemacht und das Meer und alles, was darinnen ist, und ruhte am siebenten Tage. Darum segnete der Herr den Sabbattag und heiligte ihn.

5 Du sollst deinen Vater und deine Mutter ehren, auf daß du lange lebest im Lande, das dir der Herr, dein Gott, geben wird.

6 Du sollst nicht töten.

7 Du sollst nicht ehebrechen.

8 Du sollst nicht stehlen.

9 Du sollst nicht falsch Zeugnis reden wider deinen Nächsten.

10 Du sollst nicht begehren deines Nächsten Haus. Du sollst nicht begehren deines Nächsten Weib, Knecht, Magd, Rind, Esel noch alles, was dein Nächster hat.

DAS DOPPELGEBOT DER LIEBE 798

Jesus spricht: Du sollst den Herrn, deinen Gott, lieben von ganzem Herzen, von ganzer Seele und von ganzem Gemüt. Dies ist das höchste und größte Gebot. Das andere aber ist dem gleich: Du sollst deinen Nächsten lieben wie dich selbst. In diesen beiden Geboten hängt das ganze Gesetz und die Propheten. *(Mt 22,37–40)*

BEICHTBEKENNTNISSE

Allmächtiger Gott, barmherziger Vater! 799
Ich armer, elender, sündiger Mensch
bekenne dir alle meine Sünde und Missetat,
die ich begangen mit Gedanken, Worten und Werken,
womit ich dich erzürnt und deine Strafe
zeitlich und ewiglich verdient habe.

Sie sind mir aber alle herzlich leid
und reuen mich sehr,
und ich bitte dich um deiner grundlosen
Barmherzigkeit
und um des unschuldigen, bitteren Leidens
und Sterbens
deines lieben Sohnes Jesus Christus willen,
du wollest mir armem sündhaftem Menschen
gnädig und barmherzig sein,
mir alle meine Sünden vergeben
und zu meiner Besserung
deines Geistes Kraft verleihen.

Herr, im Lichte deiner Wahrheit erkenne ich, 800
daß ich gesündigt habe in Gedanken, Worten
und Werken.
Dich soll ich über alles lieben, meinen Gott und
Heiland;
aber ich habe mich selber mehr geliebt als dich.
Du hast mich in deinen Dienst gerufen;
aber ich habe die Zeit vertan,
die du mir anvertraut hast.
Du hast mir meinen Nächsten gegeben,
ihn zu lieben wie mich selbst;
aber ich erkenne, wie ich versagt habe
in Selbstsucht und Trägheit des Herzens.
Darum komme ich zu dir und bekenne meine Schuld.
Richte mich, mein Gott, aber verwirf mich nicht.
Ich weiß keine andere Zuflucht
als dein unergründliches Erbarmen.

801

Ich bekenne vor dir, mein Gott:
Ich vergesse dich oft.
Oft glaube ich nicht, daß du mich siehst.
Ich höre nicht, wenn du mich rufst.
Vor deinem Urteil kann ich nicht bestehen.
Darum bitte ich dich: Gott, sei mir Sünder gnädig.

Ich bekenne vor dir, mein Gott:
Ich bin nicht so, wie du mich haben willst.
Ich täusche andere.
Ich denke schlecht von anderen und rede über sie.
Ich übersehe ihre Not und drücke mich,
wo ich helfen sollte.
Darum bitte ich dich: Gott, sei mir Sünder gnädig.

Ich bitte dich, mein Gott:
Laß mein Leben nicht verderben, bringe es zurecht.
Richte mich auf, wenn ich den Mut verliere.
Rette mich, wenn ich verzweifle.
Hilf mir, deiner Gnade zu vertrauen.

802

Vater im Himmel,
du weißt, was mein Gewissen belastet
. . . . .
Es tut mir leid.
Verzeih mir und hilf mir,
Schaden nach Kräften wieder gutzumachen
und mich zu bessern.

BEKENNTNISSE DER KIRCHE

»Seid allezeit bereit zur Verantwortung vor jedermann, der von euch Rechenschaft fordert über die Hoffnung, die in euch ist.«

1. PETR 3,15

Die evangelischen Kirchen bekennen in Gemeinschaft mit anderen Kirchen ihren Glauben mit den Worten des Apostolischen Glaubensbekenntnisses (Nr. 804) und des Glaubensbekenntnisses von Nizäa-Konstantinopel (325/381, Nr. 805).

Wichtige evangelische Bekenntnisse aus der Reformationszeit, zugleich Anleitungen zur Auslegung der Heiligen Schrift und zur Einübung im Glauben, sind der Kleine Katechismus Dr. Martin Luthers (1529, Nr. 806) und der Heidelberger Katechismus der reformierten Kirche (1563, Nr. 807). Das Augsburger Bekenntnis der lutherischen Kirche (1530, Nr. 808) gehört ebenfalls zu den maßgeblichen theologischen Bekenntnisschriften der Reformation.

Die Bekenntnisschriften der Reformation stehen in den einzelnen Kirchen, die dies Gesangbuch haben, in unterschiedlicher Geltung.

Das Augsburger Bekenntnis und der Kleine Katechismus Dr. Martin Luthers sind verbindliche Bekenntnisschriften in den lutherischen Kirchen, das heißt in Bayern, Braunschweig, Hannover, Mecklenburg, der Nordelbischen Kirche, Oldenburg, Pommern, Thüringen, Schaumburg-Lippe, Sachsen, Württemberg und in den Kirchen Augsburgischen Bekenntnisses in Österreich sowie im Elsaß und in Lothringen; das Augsburger Bekenntnis gilt auch in Kurhessen-Waldeck sowie in Hessen und Nassau.

Das Augsburger Bekenntnis und der Kleine Katechismus sind überwiegend in Geltung in den evangelischen Kirchen von Berlin-Brandenburg, der Kirchenprovinz Sachsen und der Schlesischen Oberlausitz. Unbeschadet anderer Bekenntnisschriften haben das Augsburger Bekenntnis und der Kleine Katechismus normative Bedeutung in Baden. Je nach dem Bekenntnisstand der Gemeinde gelten das Augsburger Bekenntnis und der Kleine Katechismus im Rheinland, in Westfalen und in Lippe (lutherische Klasse). In allgemeiner Weise als Zeugnisse der Reformation gelten beide auch in Anhalt.

Der Heidelberger Katechismus ist Bekenntnisschrift in der Evangelisch-reformierten Kirche (Synode evangelisch-reformierter Kirchen in Bayern und Nordwestdeutschland), in der Evangelischen Kirche Helvetischen Bekenntnisses in Österreich und in der Reformierten Kirche im Elsaß und in Lothringen sowie überwiegend in der Lippischen Landeskirche. Er genießt auch normatives Ansehen in Baden. Er gilt im übrigen in den Kirchen, die reformierte Gemeinden umfassen, für diese Gemeinden.

In der Bremischen Evangelischen Kirche stehen die lutherischen und reformierten Bekenntnisschriften gleichberechtigt nebeneinander. Die Evangelische Kirche der Pfalz hält die hier genannten Bekenntnisse in gebührender Achtung.

Neben diesen Bekenntnisschriften sind in den meisten Kirchen weitere reformatorische Bekenntnisschriften in Geltung.

Das Apostolische Glaubensbekenntnis (Nr. 804) *und das Nizänische Glaubensbekenntnis* (Nr. 805) *entsprechen in ihrer Textfassung dem von der ökumenischen Arbeitsgemeinschaft Liturgische Texte (ALT) 1971 vorgelegten und von den beteiligten Kirchen beschlossenen Wortlaut.*
Der Kleine Katechismus Dr. Martin Luthers (Nr. 806) *ist in der gemeinsamen Fassung von 1986 wiedergegeben, die von der Evangelischen Kirche der Union und der Vereinigten Evangelisch-Lutherischen Kirche Deutschlands festgelegt worden ist.*
Der Heidelberger Katechismus (Nr. 807) *folgt dem Wortlaut der Jubiläumsausgabe von 1963 in der Textfassung aus dem Jahre 1984, die die Lippische Landeskirche und die Evangelisch-reformierte Kirche in Nordwestdeutschland herausgegeben haben.*
Das Augsburger Bekenntnis (Nr. 808) *entspricht in seiner Textfassung den Bekenntnisschriften der Evangelisch-Lutherischen Kirche, Ausgabe für die Gemeinde, wie sie im Auftrag der Kirchenleitung der Vereinigten Evangelisch-Lutherischen Kirche Deutschlands 1986 in einer sprachlich behutsam geglätteten Gestalt herausgegeben wurden.*

DAS APOSTOLISCHE GLAUBENSBEKENNTNIS

Ich glaube an Gott,
den Vater, den Allmächtigen,
den Schöpfer des Himmels und der Erde.

Und an Jesus Christus,
seinen eingeborenen Sohn, unsern Herrn,
empfangen durch den Heiligen Geist,
geboren von der Jungfrau Maria,
gelitten unter Pontius Pilatus,
gekreuzigt, gestorben und begraben,
hinabgestiegen in das Reich des Todes,
am dritten Tage auferstanden von den Toten,
aufgefahren in den Himmel;
er sitzt zur Rechten Gottes,
des allmächtigen Vaters;
von dort wird er kommen,
zu richten die Lebenden und die Toten.

Ich glaube an den Heiligen Geist,
die heilige christliche Kirche,
Gemeinschaft der Heiligen,
Vergebung der Sünden,
Auferstehung der Toten
und das ewige Leben.
Amen.

DAS GLAUBENSBEKENNTNIS VON NIZÄA-KONSTANTINOPEL

Wir glauben an den einen Gott,
den Vater, den Allmächtigen,
der alles geschaffen hat,
Himmel und Erde,
die sichtbare und die unsichtbare Welt.

Und an den einen Herrn Jesus Christus,
Gottes eingeborenen Sohn,
aus dem Vater geboren vor aller Zeit:
Gott von Gott, Licht vom Licht,
wahrer Gott vom wahren Gott,
gezeugt, nicht geschaffen,
eines Wesens mit dem Vater;
durch ihn ist alles geschaffen.
Für uns Menschen und zu unserm Heil
ist er vom Himmel gekommen,
hat Fleisch angenommen
durch den Heiligen Geist
von der Jungfrau Maria
und ist Mensch geworden.
Er wurde für uns gekreuzigt unter Pontius Pilatus,
hat gelitten und ist begraben worden,
ist am dritten Tage auferstanden nach der Schrift
und aufgefahren in den Himmel.
Er sitzt zur Rechten des Vaters
und wird wiederkommen in Herrlichkeit,
zu richten die Lebenden und die Toten;
seiner Herrschaft wird kein Ende sein.

Wir glauben an den Heiligen Geist,
der Herr ist und lebendig macht,
der aus dem Vater und dem Sohn hervorgeht,
der mit dem Vater und dem Sohn
angebetet und verherrlicht wird,
der gesprochen hat durch die Propheten,
und die eine, heilige, allgemeine
und apostolische Kirche.
Wir bekennen die eine Taufe zur Vergebung
der Sünden.
Wir erwarten die Auferstehung der Toten
und das Leben der kommenden Welt.
Amen.

806

DER KLEINE KATECHISMUS

Dr. Martin Luthers

806.1

DAS ERSTE HAUPTSTÜCK
DIE ZEHN GEBOTE

DAS ERSTE GEBOT

Ich bin der Herr, dein Gott.
Du sollst nicht andere Götter haben neben mir.

Was ist das?

Wir sollen Gott über alle Dinge
fürchten, lieben und vertrauen.

DAS ZWEITE GEBOT

Du sollst den Namen des Herrn, deines Gottes,
nicht unnütz gebrauchen;
denn der Herr wird den nicht ungestraft lassen,
der seinen Namen mißbraucht.

Was ist das?

Wir sollen Gott fürchten und lieben,
daß wir bei seinem Namen
nicht fluchen, schwören, zaubern, lügen
oder trügen,
sondern ihn in allen Nöten anrufen,
beten, loben und danken.

DAS DRITTE GEBOT

Du sollst den Feiertag heiligen.

Was ist das?

Wir sollen Gott fürchten und lieben,
daß wir die Predigt und sein Wort nicht verachten,
sondern es heilig halten, gerne hören und lernen.

DAS VIERTE GEBOT

Du sollst deinen Vater und deine Mutter ehren,
auf daß dir's wohlgehe
und du lange lebest auf Erden.

Was ist das?

Wir sollen Gott fürchten und lieben,
daß wir unsere Eltern und Herren
nicht verachten noch erzürnen,
sondern sie in Ehren halten, ihnen dienen,
gehorchen, sie lieb und wert haben.

DAS FÜNFTE GEBOT

Du sollst nicht töten.

Was ist das?

Wir sollen Gott fürchten und lieben,
daß wir unserm Nächsten
an seinem Leibe keinen Schaden noch Leid tun,
sondern ihm helfen und beistehen
in allen Nöten.

DAS SECHSTE GEBOT

Du sollst nicht ehebrechen.

Was ist das?

Wir sollen Gott fürchten und lieben,
daß wir keusch und zuchtvoll leben
in Worten und Werken
und in der Ehe einander lieben und ehren.

DAS SIEBENTE GEBOT

Du sollst nicht stehlen.

Was ist das?

Wir sollen Gott fürchten und lieben,
daß wir unsers Nächsten Geld oder Gut
nicht nehmen
noch mit falscher Ware oder Handel an uns bringen,
sondern ihm sein Gut und Nahrung
helfen bessern und behüten.

DAS ACHTE GEBOT

Du sollst nicht falsch Zeugnis reden wider deinen Nächsten.

Was ist das?

Wir sollen Gott fürchten und lieben,
daß wir unsern Nächsten nicht belügen,
verraten, verleumden oder seinen Ruf verderben,
sondern sollen ihn entschuldigen,
Gutes von ihm reden
und alles zum besten kehren.

DAS NEUNTE GEBOT

Du sollst nicht begehren deines Nächsten Haus.

Was ist das?

Wir sollen Gott fürchten und lieben,
daß wir unserm Nächsten
nicht mit List nach seinem Erbe oder
Hause trachten
und mit einem Schein des Rechts an uns bringen,
sondern ihm dasselbe zu behalten
förderlich und dienlich sein.

DAS ZEHNTE GEBOT

Du sollst nicht begehren deines Nächsten Weib,
Knecht, Magd, Vieh noch alles, was sein ist.

Was ist das?

Wir sollen Gott fürchten und lieben,
daß wir unserm Nächsten
nicht seine Frau, Gehilfen oder Vieh ausspannen,
abwerben oder abspenstig machen,
sondern dieselben anhalten,
daß sie bleiben und tun, was sie schuldig sind.

WAS SAGT NUN GOTT ZU DIESEN GEBOTEN ALLEN?

Er sagt so:
Ich der Herr, dein Gott, bin ein eifernder Gott,
der an denen, die mich hassen,
die Sünde der Väter heimsucht
bis zu den Kindern im dritten und vierten Glied;
aber denen, die mich lieben und meine Gebote halten,
tue ich wohl bis in tausend Glied.

Was ist das?

Gott droht zu strafen alle, die diese Gebote übertreten;
darum sollen wir uns fürchten vor seinem Zorn
und nicht gegen seine Gebote handeln.
Er verheißt aber Gnade und alles Gute
allen, die diese Gebote halten;
darum sollen wir ihn auch lieben und vertrauen
und gerne tun nach seinen Geboten.

DAS ZWEITE HAUPTSTÜCK DER GLAUBE 806.2

DER ERSTE ARTIKEL. VON DER SCHÖPFUNG

Ich glaube an Gott, den Vater,
den Allmächtigen,
den Schöpfer des Himmels und der Erde.

Was ist das?

Ich glaube, daß mich Gott geschaffen hat samt allen Kreaturen,
mir Leib und Seele, Augen, Ohren und alle Glieder,
Vernunft und alle Sinne gegeben hat und noch erhält;
dazu Kleider und Schuh, Essen und Trinken,
Haus und Hof, Weib und Kind,
Acker, Vieh und alle Güter;
mit allem, was not tut für Leib und Leben,
mich reichlich und täglich versorgt,
in allen Gefahren beschirmt
und vor allem Übel behütet und bewahrt;

und das alles aus lauter väterlicher, göttlicher
Güte und Barmherzigkeit,
ohn all mein Verdienst und Würdigkeit:
für all das ich ihm zu danken und zu loben
und dafür zu dienen und gehorsam zu sein
schuldig bin.

Das ist gewißlich wahr.

DER ZWEITE ARTIKEL. VON DER ERLÖSUNG

Und an Jesus Christus,
seinen eingeborenen Sohn, unsern Herrn,
empfangen durch den Heiligen Geist,
geboren von der Jungfrau Maria,
gelitten unter Pontius Pilatus,
gekreuzigt, gestorben und begraben,
hinabgestiegen in das Reich des Todes,
am dritten Tage auferstanden von den Toten,
aufgefahren in den Himmel;
er sitzt zur Rechten Gottes,
des allmächtigen Vaters;
von dort wird er kommen,
zu richten die Lebenden und die Toten.

Was ist das?

Ich glaube, daß Jesus Christus,
wahrhaftiger Gott vom Vater in Ewigkeit
geboren
und auch wahrhaftiger Mensch von der
Jungfrau Maria geboren,
sei mein Herr,
der mich verlornen und verdammten Menschen
erlöset hat,
erworben, gewonnen von allen Sünden,

vom Tode und von der Gewalt des Teufels;
nicht mit Gold oder Silber,
sondern mit seinem heiligen, teuren Blut
und mit seinem unschuldigen Leiden und
Sterben;
damit ich sein eigen sei
und in seinem Reich unter ihm lebe und ihm diene
in ewiger Gerechtigkeit, Unschuld und
Seligkeit,
gleichwie er ist auferstanden vom Tode,
lebet und regieret in Ewigkeit.

Das ist gewißlich wahr.

DER DRITTE ARTIKEL. VON DER HEILIGUNG

Ich glaube an den Heiligen Geist,
die heilige christliche Kirche,
Gemeinschaft der Heiligen,
Vergebung der Sünden,
Auferstehung der Toten
und das ewige Leben.
Amen.

Was ist das?

Ich glaube, daß ich nicht aus eigener Vernunft
noch Kraft
an Jesus Christus, meinen Herrn,
glauben oder zu ihm kommen kann;
sondern der Heilige Geist
hat mich durch das Evangelium berufen,
mit seinen Gaben erleuchtet,
im rechten Glauben geheiligt und erhalten;

gleichwie er die ganze Christenheit auf Erden
beruft, sammelt, erleuchtet, heiligt
und bei Jesus Christus erhält im rechten,
einigen Glauben;
in welcher Christenheit er mir und allen
Gläubigen
täglich alle Sünden reichlich vergibt
und am Jüngsten Tage
mich und alle Toten auferwecken wird
und mir samt allen Gläubigen in Christus
ein ewiges Leben geben wird.

Das ist gewißlich wahr.

DAS DRITTE HAUPTSTÜCK 806.3
DAS VATERUNSER

DIE ANREDE

Vater unser im Himmel.

Was ist das?

Gott will uns damit locken, daß wir glauben
sollen,
er sei unser rechter Vater und wir seine rechten
Kinder,
damit wir getrost und mit aller Zuversicht
ihn bitten sollen wie die lieben Kinder
ihren lieben Vater.

DIE ERSTE BITTE

Geheiligt werde dein Name.

Was ist das?

Gottes Name ist zwar an sich selbst heilig;
aber wir bitten in diesem Gebet,
daß er auch bei uns heilig werde.

Wie geschieht das?

Wo das Wort Gottes lauter und rein gelehrt wird
und wir auch heilig, als die Kinder Gottes,
danach leben.
Dazu hilf uns, lieber Vater im Himmel!
Wer aber anders lehrt und lebt,
als das Wort Gottes lehrt,
der entheiligt unter uns den Namen Gottes.
Davor behüte uns, himmlischer Vater!

DIE ZWEITE BITTE

Dein Reich komme.

Was ist das?

Gottes Reich kommt auch ohne unser Gebet
von selbst,
aber wir bitten in diesem Gebet,
daß es auch zu uns komme.

Wie geschieht das?

Wenn der himmlische Vater uns seinen
Heiligen Geist gibt,
daß wir seinem heiligen Wort durch seine
Gnade glauben
und danach leben,
hier zeitlich und dort ewiglich.

DIE DRITTE BITTE

Dein Wille geschehe, wie im Himmel, so auf Erden.

Was ist das?

Gottes guter, gnädiger Wille geschieht
auch ohne unser Gebet;
aber wir bitten in diesem Gebet,
daß er auch bei uns geschehe.

Wie geschieht das?

Wenn Gott allen bösen Rat und Willen
bricht und hindert,
die uns den Namen Gottes nicht heiligen
und sein Reich nicht kommen lassen wollen,
wie der Teufel, die Welt und unsres Fleisches
Wille;
sondern stärkt und behält uns fest
in seinem Wort und Glauben bis an unser Ende.
Das ist sein gnädiger, guter Wille.

DIE VIERTE BITTE

Unser tägliches Brot gib uns heute.

Was ist das?

Gott gibt das tägliche Brot auch ohne unsere Bitte
allen bösen Menschen;
aber wir bitten in diesem Gebet,
daß er's uns erkennen lasse
und wir mit Danksagung empfangen
unser tägliches Brot.

Was heißt denn tägliches Brot?

Alles, was not tut für Leib und Leben,
wie Essen, Trinken, Kleider, Schuh,

Haus, Hof, Acker, Vieh, Geld, Gut,
fromme Eheleute, fromme Kinder, fromme Gehilfen,
fromme und treue Oberherren, gute Regierung,
gut Wetter, Friede, Gesundheit, Zucht, Ehre,
gute Freunde, getreue Nachbarn und desgleichen.

DIE FÜNFTE BITTE

Und vergib uns unsere Schuld,
wie auch wir vergeben unsern Schuldigern.

Was ist das?

Wir bitten in diesem Gebet,
daß der Vater im Himmel nicht ansehen wolle unsere Sünden
und um ihretwillen solche Bitten nicht versagen,
denn wir sind dessen nicht wert, was wir bitten,
haben's auch nicht verdient;
sondern er wolle es uns alles aus Gnaden geben,
obwohl wir täglich viel sündigen
und nichts als Strafe verdienen.
So wollen wir wiederum auch herzlich vergeben
und gerne wohltun denen, die sich an uns versündigen.

DIE SECHSTE BITTE

Und führe uns nicht in Versuchung.

Was ist das?

Gott versucht zwar niemand;
aber wir bitten in diesem Gebet,
daß uns Gott behüte und erhalte,
damit uns der Teufel, die Welt und unser Fleisch

nicht betrüge und verführe in Mißglauben, Verzweiflung und andere große Schande und Laster; und wenn wir damit angefochten würden, daß wir doch endlich gewinnen und den Sieg behalten.

DIE SIEBENTE BITTE

Sondern erlöse uns von dem Bösen.

Was ist das?

Wir bitten in diesem Gebet,
daß uns der Vater im Himmel
vom Bösen und allem Übel
an Leib und Seele, Gut und Ehre erlöse
und zuletzt, wenn unser Stündlein kommt,
ein seliges Ende beschere
und mit Gnaden von diesem Jammertal
zu sich nehme in den Himmel.

DER BESCHLUSS

Denn dein ist das Reich und die Kraft
und die Herrlichkeit in Ewigkeit. Amen.

Was heißt Amen?

Daß ich soll gewiß sein,
solche Bitten sind dem Vater im Himmel
angenehm und werden erhört.
Denn er selbst hat uns geboten, so zu beten,
und verheißen, daß er uns erhören will.
Amen, Amen, das heißt:
Ja, ja, so soll es geschehen.

DAS VIERTE HAUPTSTÜCK DAS SAKRAMENT DER HEILIGEN TAUFE

806.4

ZUM ERSTEN

Was ist die Taufe?

Die Taufe ist nicht allein schlicht Wasser,
sondern sie ist das Wasser
in Gottes Gebot gefaßt
und mit Gottes Wort verbunden.

Welches ist denn dies Wort Gottes?

Unser Herr Christus spricht
bei Matthäus im letzten Kapitel:

Gehet hin in alle Welt
und machet zu Jüngern alle Völker:
Taufet sie
auf den Namen des Vaters und des Sohnes und des Heiligen Geistes.

ZUM ZWEITEN

Was gibt oder nützt die Taufe?

Sie wirkt Vergebung der Sünden,
erlöst vom Tode und Teufel
und gibt die ewige Seligkeit allen, die es glauben,
wie die Worte und Verheißung Gottes lauten.

Welches sind denn solche Worte
und Verheißung Gottes?

Unser Herr Christus spricht
bei Markus im letzten Kapitel:

Wer da glaubt und getauft wird,
der wird selig werden;
wer aber nicht glaubt,
der wird verdammt werden.

ZUM DRITTEN

Wie kann Wasser solch große Dinge tun?

Wasser tut's freilich nicht,
sondern das Wort Gottes,
das mit und bei dem Wasser ist,
und der Glaube,
der solchem Worte Gottes im Wasser traut.
Denn ohne Gottes Wort
ist das Wasser schlicht Wasser und keine Taufe;
aber mit dem Worte Gottes ist's eine Taufe,
das ist ein gnadenreiches Wasser des Lebens
und ein Bad der neuen Geburt im Heiligen Geist;
wie Paulus sagt zu Titus im dritten Kapitel:

Gott macht uns selig
durch das Bad der Wiedergeburt und Erneuerung
im Heiligen Geist,
den er über uns reichlich ausgegossen hat
durch Jesus Christus, unsern Heiland,
damit wir, durch dessen Gnade gerecht geworden,
Erben des ewigen Lebens würden
nach unsrer Hoffnung.
Das ist gewißlich wahr.

ZUM VIERTEN

Was bedeutet denn solch Wassertaufen?

Es bedeutet, daß der alte Adam in uns
durch tägliche Reue und Buße soll ersäuft werden
und sterben mit allen Sünden und bösen Lüsten;

und wiederum täglich herauskommen und
auferstehen ein neuer Mensch,
der in Gerechtigkeit und Reinheit
vor Gott ewiglich lebe.

Wo steht das geschrieben?

Der Apostel Paulus spricht zu den Römern
im sechsten Kapitel:

Wir sind mit Christus begraben durch die Taufe in den Tod,
damit, wie Christus auferweckt ist von den Toten
durch die Herrlichkeit des Vaters,
auch wir in einem neuen Leben wandeln.

DAS FÜNFTE HAUPTSTÜCK DAS SAKRAMENT DES ALTARS ODER DAS HEILIGE ABENDMAHL 806.5

ZUM ERSTEN

Was ist das Sakrament des Altars?

Es ist der wahre Leib und Blut
unsers Herrn Jesus Christus,
unter dem Brot und Wein
uns Christen zu essen und zu trinken
von Christus selbst eingesetzt.

Wo steht das geschrieben?

So schreiben die heiligen Evangelisten
Matthäus, Markus, Lukas
und der Apostel Paulus:

Unser Herr Jesus Christus,
in der Nacht, da er verraten ward,
nahm er das Brot,
dankte und brach's
und gab's seinen Jüngern und sprach:
Nehmet hin und esset:
Das ist mein Leib,
der für euch gegeben wird;
solches tut zu meinem Gedächtnis.

Desgleichen nahm er auch den Kelch
nach dem Abendmahl,
dankte und gab ihnen den und sprach:
Nehmet hin und trinket alle daraus:
Dieser Kelch ist das neue Testament in meinem Blut,
das für euch vergossen wird
zur Vergebung der Sünden;
solches tut, sooft ihr's trinket,
zu meinem Gedächtnis.

ZUM ZWEITEN

Was nützt denn solch Essen und Trinken?

Das zeigen uns diese Worte:
Für euch gegeben und vergossen
zur Vergebung der Sünden;
nämlich, daß uns im Sakrament
Vergebung der Sünden, Leben und Seligkeit
durch solche Worte gegeben wird;
denn wo Vergebung der Sünden ist,
da ist auch Leben und Seligkeit.

ZUM DRITTEN

Wie kann leiblich Essen und Trinken
solch große Dinge tun?

Essen und Trinken tut's freilich nicht,
sondern die Worte, die da stehen:
Für euch gegeben und vergossen
zur Vergebung der Sünden.
Diese Worte sind
neben dem leiblichen Essen und Trinken
das Hauptstück im Sakrament.
Und wer diesen Worten glaubt,
der hat, was sie sagen und wie sie lauten,
nämlich: Vergebung der Sünden.

ZUM VIERTEN

Wer empfängt denn dieses Sakrament würdig?

Fasten und leiblich sich bereiten
ist zwar eine feine äußerliche Zucht;
aber der ist recht würdig und wohl geschickt,
wer den Glauben hat an diese Worte:
Für euch gegeben und vergossen
zur Vergebung der Sünden.
Wer aber diesen Worten nicht glaubt oder zweifelt,
der ist unwürdig und ungeschickt;
denn das Wort *Für euch*
fordert nichts als gläubige Herzen.

VOM AMT DER SCHLÜSSEL UND VON DER BEICHTE* 806.6

Was ist das Amt der Schlüssel?

Es ist die besondere Gewalt,
die Christus seiner Kirche auf Erden gegeben hat,
den bußfertigen Sündern die Sünden zu vergeben,
den unbußfertigen aber die Sünden zu behalten,
solange sie nicht Buße tun.

Wo steht das geschrieben?

Unser Herr Jesus Christus spricht
bei Matthäus im sechzehnten Kapitel zu Petrus:

Ich will dir des Himmelreichs Schlüssel geben:
alles, was du auf Erden binden wirst,
soll auch im Himmel gebunden sein,
und alles, was du auf Erden lösen wirst,
soll auch im Himmel gelöst sein.

Desgleichen spricht er zu seinen Jüngern
bei Johannes im zwanzigsten Kapitel:

Nehmet hin den Heiligen Geist!
Welchen ihr die Sünden erlasset,
denen sind sie erlassen;
und welchen ihr sie behaltet,
denen sind sie behalten.

Was ist die Beichte?

Die Beichte begreift zwei Stücke in sich:
eins, daß man die Sünde bekenne,

* *Das Stück von Beichte und Vergebung findet sich ursprünglich nicht im Kleinen Katechismus, geht aber zum Teil auf Martin Luther zurück.*

das andere, daß man die Absolution oder Vergebung
vom Beichtiger* empfange als von Gott selbst
und ja nicht daran zweifle, sondern fest glaube,
die Sünden seien dadurch vergeben vor Gott im
Himmel.

Welche Sünden soll man denn beichten?

Vor Gott soll man sich aller Sünden schuldig
bekennen,
auch die wir nicht erkennen,
wie wir im Vaterunser tun.
Aber vor dem Beichtiger sollen wir allein die
Sünden bekennen,
die wir wissen und fühlen im Herzen.

Welche sind die?

Da siehe deinen Stand an nach den zehn Geboten,
ob du Vater, Mutter, Sohn, Tochter bist,
in welchem Beruf und Dienst du stehst:
ob du ungehorsam, untreu, unfleißig,
zornig, zuchtlos, streitsüchtig gewesen bist,
ob du jemand Leid getan hast mit Worten oder
Werken,
ob du gestohlen, etwas versäumt oder Schaden
getan hast.

Wie bekennst du deine Sünden vor dem Beichtiger?

So kannst du zum Beichtiger sprechen:

Ich bitte, meine Beichte zu hören
und mir die Vergebung zuzusprechen um Gottes
willen.

* *Person, die die Beichte hört*

Hierauf bekenne dich vor Gott aller Sünden schuldig und sprich vor dem Beichtiger aus, was als besondere Sünde und Schuld auf dir liegt. Deine Beichte kannst du mit den Worten schließen:

Das alles ist mir leid.
Ich bitte um Gnade.
Ich will mich bessern.

Wie geschieht die Lossprechung (Absolution)?

Der Beichtiger spricht:

Gott sei dir gnädig und stärke deinen Glauben. Amen. Glaubst du auch, daß meine Vergebung Gottes Vergebung ist?

Antwort:

Ja, das glaube ich.

Darauf spricht er:

Wie du glaubst, so geschehe dir.
Und ich, auf Befehl unseres Herrn Jesus Christus,
vergebe dir deine Sünden
im Namen des Vaters und des Sohnes und des Heiligen Geistes.
Amen.
Gehe hin in Frieden!

Welche aber im Gewissen sehr beschwert oder betrübt und angefochten sind, die wird ein Beichtvater wohl mit mehr Worten der Heiligen Schrift zu trösten wissen und zum Glauben reizen. Dies soll nur *eine* Weise der Beichte sein.

Weitere Stücke zur Beichte siehe Nr. 792–802

DAS AUGSBURGER BEKENNTNIS

(1. Teil)

ARTIKEL DES GLAUBENS UND DER LEHRE

ARTIKEL 1

VON GOTT

Zuerst wird einträchtig laut Beschluß des Konzils von Nizäa gelehrt und festgehalten, daß ein einziges göttliches Wesen sei, das Gott genannt wird und wahrhaftig Gott ist, und daß doch drei Personen in diesem einen göttlichen Wesen sind, alle drei gleich mächtig, gleich ewig: Gott Vater, Gott Sohn, Gott Heiliger Geist. Alle drei sind *ein* göttliches Wesen, ewig, unteilbar, unendlich, von unermeßlicher Macht, Weisheit und Güte, ein Schöpfer und Erhalter aller sichtbaren und unsichtbaren Dinge. Unter dem Wort »Person« wird nicht ein Teil, nicht eine Eigenschaft an einem anderen Sein verstanden, sondern etwas, was in sich selbst besteht (selbständig ist), so wie die Kirchenväter in dieser Sache dieses Wort gebraucht haben.

Deshalb werden alle Irrlehren verworfen, die diesem Artikel widersprechen.*

* *Hier werden wie an entsprechenden Stellen in den Artikeln 2,5,8,9,12,16,17 und 18 Beispiele von Irrlehren aus der Alten Kirche oder der Reformationszeit genannt, auf die sich die Verwerfungen beziehen. Diese Verurteilungen wollen das Evangelium vor Entstellungen bewahren, richten sich aber nicht gegen den persönlichen Glauben bestimmter Menschen.*

ARTIKEL 2

VON DER ERBSÜNDE

Weiter wird bei uns gelehrt, daß nach Adams Fall alle natürlich geborenen Menschen in Sünde empfangen und geboren werden, das heißt, daß sie alle von Mutterleib an voll böser Lust und Neigung sind und von Natur keine wahre Gottesfurcht, keinen wahren Glauben an Gott haben können, ferner daß auch diese angeborene Seuche und Erbsünde wirklich Sünde ist und daher alle die unter den ewigen Gotteszorn verdammt, die nicht durch die Taufe und den Heiligen Geist wieder neu geboren werden.

Damit werden die verworfen, die die Erbsünde nicht für eine Sünde halten, damit sie die Natur fromm machen durch natürliche Kräfte, in Verachtung des Leidens und Verdienstes Christi.

ARTIKEL 3

VOM SOHN GOTTES

Ebenso wird gelehrt, daß Gott, der Sohn, Mensch geworden ist, geboren aus der reinen Jungfrau Maria, und daß die zwei Naturen, die göttliche und die menschliche, also in *einer* Person untrennbar vereinigt, *ein* Christus sind, der wahrer Gott und wahrer Mensch ist, wahrhaftig geboren, gelitten, gekreuzigt, gestorben und begraben, daß er ein Opfer nicht allein für die Erbsünde, sondern auch für alle anderen Sünden war und Gottes Zorn versöhnte, ebenso daß dieser Christus hinabgestiegen ist zur Hölle (Unterwelt), am dritten Tage wahrhaftig auferstanden ist von den Toten und aufgefahren ist in den Himmel; er sitzt zur Rechten Gottes, daß er ewig über alle Geschöpfe herrsche und regiere; daß er alle, die an ihn glauben, durch den Heiligen Geist heilige, reinige, stärke und tröste, ihnen auch Leben und allerlei Gaben und Güter austeile und sie schütze und beschirme gegen den Teufel und die Sünde; daß dieser Herr Christus am Ende öffentlich kommen wird, zu richten die Lebenden und die Toten usw. laut dem Apostolischen Glaubensbekenntnis.

ARTIKEL 4

VON DER RECHTFERTIGUNG

Weiter wird gelehrt, daß wir Vergebung der Sünde und Gerechtigkeit vor Gott nicht durch unser Verdienst, Werk und Genugtuung erlangen können, sondern daß wir Vergebung der Sünde bekommen und vor Gott gerecht werden aus Gnade um Christi willen durch den Glauben, nämlich wenn wir glauben, daß Christus für uns gelitten hat und daß uns um seinetwillen die Sünde vergeben, Gerechtigkeit und ewiges Leben geschenkt wird. Denn diesen Glauben will Gott als Gerechtigkeit, die vor ihm gilt, ansehen und zurechnen, wie der Hl. Paulus zu den Römern im 3. und 4. Kapitel sagt.

ARTIKEL 5

VOM PREDIGTAMT

Um diesen Glauben zu erlangen, hat Gott das Predigtamt eingesetzt, das Evangelium und die Sakramente gegeben, durch die er als durch Mittel den Heiligen Geist gibt, der den Glauben, wo und wann er will, in denen, die das Evangelium hören, wirkt, das da lehrt, daß wir durch Christi Verdienst, nicht durch unser Verdienst, einen gnädigen Gott haben, wenn wir das glauben.

Und es werden die verdammt, die lehren, daß wir den Heiligen Geist ohne das leibhafte Wort des Evangeliums durch eigene Vorbereitung, Gedanken und Werke erlangen.

ARTIKEL 6

VOM NEUEN GEHORSAM

Auch wird gelehrt, daß dieser Glaube gute Früchte und gute Werke hervorbringen soll und daß man gute Werke tun muß, und zwar alle, die Gott geboten hat, um Gottes willen. Doch darf man nicht auf solche Werke vertrauen, um dadurch Gnade vor Gott zu verdienen. Denn wir empfangen Vergebung der Sünde und Gerechtigkeit durch den Glauben an Christus – wie Christus selbst spricht: »Wenn ihr alles getan habt, sollt ihr sprechen: Wir sind untüchtige Knechte.« So lehren auch die Kirchenväter. Denn Ambrosius sagt: »So ist es bei Gott beschlossen, daß, wer an Christus glaubt, selig ist und nicht durch Werke, sondern allein durch den Glauben ohne Verdienst Vergebung der Sünde hat.«

ARTIKEL 7

VON DER KIRCHE

Es wird auch gelehrt, daß allezeit eine heilige, christliche Kirche sein und bleiben muß, die die Versammlung aller Gläubigen ist, bei denen das Evangelium rein gepredigt und die heiligen Sakramente laut dem Evangelium gereicht werden. Denn das genügt zur wahren Einheit der christlichen Kirche, daß das Evangelium einträchtig im reinen Verständnis gepredigt und die Sakramente dem göttlichen Wort gemäß gereicht werden. Und es ist nicht zur wahren Einheit der christlichen Kirche nötig, daß überall die gleichen, von den Menschen eingesetzten Zeremonien eingehalten werden, wie Paulus sagt: »*Ein* Leib und *ein* Geist, wie ihr berufen seid zu *einer* Hoffnung eurer Berufung; *ein* Herr, *ein* Glaube, *eine* Taufe« (Eph 4,4.5).

ARTIKEL 8

WAS DIE KIRCHE SEI?

Ebenso, obwohl die christliche Kirche eigentlich nichts anderes ist als die Versammlung aller Gläubigen und Heiligen, jedoch in diesem Leben unter den Frommen viele falsche Christen und Heuchler, auch öffentliche Sünder bleiben, sind die Sakramente gleichwohl wirksam, auch wenn die Priester, durch die sie gereicht werden, nicht fromm sind; wie denn Christus selbst sagt: »Auf dem Stuhl des Mose sitzen die Pharisäer« usw. (Mt 23,2).
Deshalb werden alle verdammt, die anders lehren.

ARTIKEL 9

VON DER TAUFE

Von der Taufe wird gelehrt, daß sie heilsnotwendig ist und daß durch sie Gnade angeboten wird; daß man auch die Kinder taufen soll, die durch die Taufe Gott überantwortet und gefällig werden, d.h. in die Gnade Gottes aufgenommen werden.
Deshalb werden die verworfen, die lehren, daß die Kindertaufe nicht richtig sei.

ARTIKEL 10

VOM HEILIGEN ABENDMAHL

Vom Abendmahl des Herrn wird so gelehrt, daß der wahre Leib und das wahre Blut Christi wirklich unter der Gestalt des Brotes und Weines im Abendmahl gegenwärtig ist und dort ausgeteilt und empfangen wird. Deshalb wird auch die Gegenlehre verworfen.

ARTIKEL 11

VON DER BEICHTE

Von der Beichte wird so gelehrt, daß man in der Kirche die private Absolution oder Lossprechung beibehalten und nicht wegfallen lassen soll, obwohl es in der Beichte nicht nötig ist, alle Missetaten und Sünden aufzuzählen, weil das doch nicht möglich ist: »Wer kennt seine Missetat?« (Ps 19,13).

ARTIKEL 12

VON DER BUSSE

Von der Buße wird gelehrt, daß diejenigen, die nach der Taufe gesündigt haben, jederzeit, wenn sie Buße tun, Vergebung der Sünden erlangen und ihnen die Absolution von der Kirche nicht verweigert werden soll. Nun ist wahre, rechte Buße eigentlich nichts anderes als Reue und Leid oder das Erschrecken über die Sünde und doch zugleich der Glaube an das Evangelium und die Absolution, nämlich daß die Sünde vergeben und durch Christus Gnade erworben ist. Dieser Glaube tröstet wiederum das Herz und macht es zufrieden. Danach soll auch die Besserung folgen und daß man von Sünden lasse; denn dies sollen die Früchte der Buße sein – wie Johannes sagt: »Tut rechtschaffene Frucht der Buße« (Mt 3,8).

Hiermit werden die verworfen, die lehren, daß diejenigen, die einmal fromm geworden (zum Glauben gekommen) sind, nicht wieder in Sünden fallen können. Andererseits werden auch die verworfen, die die Absolution denen verweigerten, die nach der Taufe gesündigt hatten. Auch werden die verworfen, die nicht lehren, daß man durch Glauben Vergebung der Sünde erlangt, sondern durch unsere Genugtuung.

ARTIKEL 13

VOM GEBRAUCH DER SAKRAMENTE

Vom Gebrauch der Sakramente wird gelehrt, daß die Sakramente nicht nur als Zeichen eingesetzt sind, an denen man die Christen äußerlich erkennen kann, sondern daß sie Zeichen und Zeugnis sind des göttlichen Willens gegen uns, um dadurch unseren Glauben zu erwecken und zu stärken. Darum fordern sie auch Glauben und werden dann richtig gebraucht, wenn man sie im Glauben empfängt und den Glauben durch sie stärkt.

ARTIKEL 14

VOM KIRCHENREGIMENT

Vom Kirchenregiment (kirchlichen Amt) wird gelehrt, daß niemand in der Kirche öffentlich lehren oder predigen oder die Sakramente reichen soll ohne ordnungsgemäße Berufung.

ARTIKEL 15

VON KIRCHENORDNUNGEN

Von Kirchenordnungen, die von Menschen gemacht sind, lehrt man bei uns, diejenigen einzuhalten, die ohne Sünde eingehalten werden können und die dem Frieden und der guten Ordnung in der Kirche dienen, wie bestimmte Feiertage, Feste und dergleichen. Doch werden dabei die Menschen unterrichtet, daß man die Gewissen nicht damit beschweren soll, als seien solche Dinge notwendig zur Seligkeit. Darüber hinaus wird gelehrt, daß alle Satzungen und Traditionen, die von Menschen zu dem Zweck gemacht worden sind, daß man dadurch Gott versöhne und Gnade verdiene, dem Evangelium und der Lehre vom Glauben an Christus widersprechen. Deshalb sind Klostergelübde und andere Traditionen über Fastenspeisen, Fasttage usw., durch die man Gnade zu verdienen und für die Sünde Genugtuung zu leisten meint, nutzlos und gegen das Evangelium.

ARTIKEL 16

VON DER POLIZEI (STAATSORDNUNG) UND DEM WELTLICHEN REGIMENT

Von der Polizei (Staatsordnung) und dem weltlichen Regiment wird gelehrt, daß alle Obrigkeit in der Welt und geordnetes Regiment und Gesetze gute Ordnung sind, die von Gott geschaffen und eingesetzt sind, und daß Christen ohne Sünde in Obrigkeit, Fürsten- und Richteramt tätig sein können, nach kaiserlichen und anderen geltenden Rechten Urteile und Recht sprechen, Übeltäter mit dem Schwert bestrafen, rechtmäßig Kriege führen, in ihnen mitstreiten, kaufen und verkaufen, auferlegte Eide leisten, Eigentum haben, eine Ehe eingehen können usw.

Hiermit werden die verdammt, die lehren, daß das oben Angezeigte unchristlich sei.

Auch werden diejenigen verdammt, die lehren, daß es christliche Vollkommenheit sei, Haus und Hof, Weib und Kind leiblich zu verlassen und dies alles aufzugeben, wo doch allein das die rechte Vollkommenheit ist: rechte Furcht Gottes und rechter Glaube an Gott. Denn das Evangelium lehrt nicht ein äußerliches, zeitliches, sondern ein innerliches, ewiges Wesen und die Gerechtigkeit des Herzens; und es stößt nicht das weltliche Regiment, die Polizei (Staatsordnung) und den Ehestand um, sondern will, daß man dies alles als wahrhaftige Gottesordnung erhalte und in diesen Ständen christliche Liebe und rechte, gute Werke, jeder in seinem Beruf, erweise. Deshalb sind es die Christen schuldig, der Obrigkeit untertan und ihren Geboten und Gesetzen gehorsam zu sein in allem, was ohne Sünde geschehen kann. Wenn aber der Obrigkeit Gebot ohne Sünde nicht befolgt werden kann, soll man Gott mehr gehorchen als den Menschen.

ARTIKEL 17

VON DER WIEDERKUNFT CHRISTI ZUM GERICHT

Auch wird gelehrt, daß unser Herr Jesus Christus am Jüngsten Tag kommen wird, um zu richten und alle Toten aufzuerwecken, den Gläubigen und Auserwählten ewiges Leben und ewige Freude zu geben, die gottlosen Menschen aber und die Teufel in die Hölle und zur ewigen Strafe verdammen wird.

Deshalb werden die verworfen, die lehren, daß die Teufel und die verdammten Menschen nicht ewige Pein und Qual haben werden.

Ebenso werden hier Lehren verworfen, die sich auch gegenwärtig ausbreiten, nach denen vor der Auferstehung der Toten eitel (reine) Heilige, Fromme ein weltliches Reich aufrichten und alle Gottlosen vertilgen werden.

ARTIKEL 18

VOM FREIEN WILLEN

Vom freien Willen wird so gelehrt, daß der Mensch in gewissem Maße einen freien Willen hat, äußerlich ehrbar zu leben und zu wählen unter den Dingen, die die Vernunft begreift. Aber ohne Gnade, Hilfe und Wirkung des Heiligen Geistes kann der Mensch Gott nicht gefallen, Gott nicht von Herzen fürchten oder an ihn glauben oder nicht die angeborenen, bösen Lüste aus dem Herzen werfen, sondern dies geschieht durch den Heiligen Geist, der durch Gottes Wort gegeben wird. Denn so spricht Paulus: »Der natürliche Mensch vernimmt nichts vom Geist Gottes« (1. Kor 2,14).*

ARTIKEL 19

ÜBER DIE URSACHE DER SÜNDE

Von der Ursache der Sünde wird bei uns gelehrt: wiewohl Gott der Allmächtige die ganze Natur geschaffen hat und erhält, so bewirkt doch der verkehrte Wille in allen Bösen und Verächtern Gottes die Sünde, wie es denn der Wille des Teufels und aller Gottlosen ist, der sich, sobald Gott seine Hand abzog, von Gott weg dem Argen zugewandt hat, wie Christus sagt: »Der Teufel redet Lügen aus seinem Eigenen« (Joh 8,44).

ARTIKEL 20

VOM GLAUBEN UND GUTEN WERKEN

Den Unseren wird in unwahrer Weise nachgesagt, daß sie gute Werke verbieten. Denn ihre Schriften über die Zehn Gebote und andere beweisen, daß sie von rech-

* *Hier ist der Text gekürzt.*

ten christlichen Ständen und Werken einen guten nützlichen Bericht und eine Ermahnung hinterlassen haben, worüber man früher wenig gelehrt hat; sondern man hat in allen Predigten vor allem zu kindischen, unnötigen Werken, wie Rosenkränze, Heiligenverehrung, Mönchwerden, Wallfahrten, Fastenordnungen, Feiertage, Bruderschaften usw. angetrieben. Diese unnötigen Werke rühmen auch unsere Gegner jetzt nicht mehr so sehr wie früher. Außerdem haben sie auch gelernt, nun vom Glauben zu reden, über den sie doch früher gar nicht gepredigt haben. Sie lehren jetzt, daß wir vor Gott nicht allein aus Werken gerecht werden, sondern fügen den Glauben an Christus hinzu und sagen, daß Glaube *und* Werke uns vor Gott gerecht machen, welche Lehre etwas mehr Trost bringen mag, als wenn man allein lehrt, auf Werke zu vertrauen.

Weil nun die Lehre vom Glauben, die das Hauptstück im christlichen Wesen ist, lange Zeit – wie man bekennen muß – nicht betrieben worden ist, sondern überall allein die Lehre von den Werken gepredigt wurde, ist von den Unseren folgende Unterrichtung gegeben worden:

Erstlich, daß unsere Werke uns nicht mit Gott versöhnen und uns nicht Gnade erwerben können, sondern das geschieht allein durch den Glauben – wenn man nämlich glaubt, daß uns um Christi willen die Sünden vergeben werden, der allein der Mittler ist, um den Vater zu versöhnen. Wer nun meint, das durch Werke zu erreichen und dadurch Gnade zu verdienen, der verachtet Christus und sucht einen eigenen Weg zu Gott gegen das Evangelium.

Diese Lehre vom Glauben wird deutlich und klar bei Paulus vielerorts vertreten, besonders hier: »Aus Gnade seid ihr selig geworden durch den Glauben, und das

nicht aus euch, sondern Gottes Gabe ist es, nicht aus Werken, damit sich niemand rühme« (Eph 2,8) usw. Daß hierdurch von uns kein neues Verständnis des Glaubens eingeführt worden ist, kann man aus Augustinus beweisen, der diese Sache ausführlich behandelt und ebenfalls lehrt, daß wir durch den Glauben an Christus Gnade erlangen und vor Gott gerecht werden und nicht durch Werke, wie sein ganzes Buch »Über den Geist und den Buchstaben« beweist.
Obwohl nun diese Lehre von nicht sachkundigen Leuten sehr verachtet wird, so zeigt sich doch, daß sie für schwache und erschrockene Gewissen sehr tröstlich und heilsam ist. Denn das Gewissen kann nicht durch Werke zu Ruhe und Frieden kommen, sondern allein durch den Glauben, wenn es bei sich mit Gewißheit schließt, daß es um Christi willen einen gnädigen Gott hat – wie auch Paulus sagt: »Weil wir durch den Glauben gerecht geworden sind, haben wir Ruhe und Frieden vor Gott« (Röm 5,1).*

Ferner wird gelehrt, daß gute Werke geschehen sollen und müssen, aber nicht, daß man darauf vertraut, durch sie Gnade zu verdienen, sondern um Gottes willen und zu Gottes Lob. Der Glaube ergreift immer nur die Gnade und die Vergebung der Sünde; und weil durch den Glauben der Heilige Geist gegeben wird, darum wird auch das Herz befähigt, gute Werke zu tun. Denn zuvor, weil es ohne den Heiligen Geist ist, ist es zu schwach; dazu befindet es sich in der Gewalt des Teufels, der die arme menschliche Natur zu vielen Sünden antreibt, wie wir's an den Philosophen sehen, die versucht haben, ehrlich und unsträflich zu leben, sie haben es aber dennoch nicht erreicht, sondern sind

* *Hier ist der Text gekürzt.*

in viele große, offenkundige Sünden gefallen. So geht es mit dem Menschen, der ohne den rechten Glauben und ohne den Heiligen Geist lebt und sich allein aus eigener menschlicher Kraft regiert.
Deshalb ist diese Lehre vom Glauben nicht zu schelten, daß sie gute Werke verbiete, sondern vielmehr dafür zu rühmen, daß sie lehrt, gute Werke zu tun, und Hilfe anbietet, wie man zu guten Werken kommen kann. Denn außer dem Glauben und außerhalb von Christus ist menschliche Natur und Vermögen viel zu schwach, gute Werke zu tun, Gott anzurufen, im Leiden Geduld zu haben, den Nächsten zu lieben, befohlene Ämter fleißig auszurichten, gehorsam zu sein, böse Lust zu meiden usw. Solche hohen und rechten Werke können ohne die Hilfe Christi nicht geschehen, wie er selbst sagt: »Ohne mich könnt ihr nichts tun« (Joh 15,5).

ARTIKEL 21

VOM DIENST DER HEILIGEN

Vom Heiligendienst wird von den Unseren so gelehrt, daß man der Heiligen gedenken soll, damit wir unseren Glauben stärken, wenn wir sehen, wie ihnen Gnade widerfahren und auch wie ihnen durch den Glauben geholfen worden ist; außerdem soll man sich an ihren guten Werken ein Beispiel nehmen, ein jeder in seinem Beruf, gleichwie Kaiserliche Majestät seliglich und göttlich dem Beispiel Davids folgen soll, wenn er Krieg gegen die Türken führt; denn beide sind sie im königlichen Amt, das von ihnen Schutz und Schirm für ihre Untertanen fordert. Aus der Hl. Schrift kann man aber nicht beweisen, daß man die Heiligen anrufen oder Hilfe bei ihnen suchen soll. »Denn es ist nur ein einziger Versöhner und Mittler gesetzt zwischen Gott und den Menschen, Jesus Christus« (1.Tim 2,5). Er ist der einzige Heiland, der einzige Hohepriester, Gnadenstuhl und Fürsprecher vor Gott (Röm 8,34). Und er allein hat zugesagt, daß er unser Gebet erhören will. Nach der Hl. Schrift ist das auch der höchste Gottesdienst, daß man diesen Jesus Christus in allen Nöten und Anliegen von Herzen sucht und anruft: »Wenn jemand sündigt, haben wir einen Fürsprecher bei Gott, der gerecht ist, Jesus« (1. Joh 2,1) usw.

ABSCHLUSS DES ERSTEN TEILS

Dies ist beinahe die Zusammenfassung der Lehre, die in unseren Kirchen zum rechten christlichen Unterricht und zum Trost der Gewissen sowie zur Besserung der Gläubigen gepredigt und gelehrt wird. Wie wir ja auch unsere eigene Seele und Gewissen nicht gern vor Gott durch Mißbrauch des göttlichen Namens oder Wortes der höchsten Gefahr aussetzen oder unseren Kindern und Nachkommen eine andere Lehre hinterlassen oder vererben als eine solche, die dem reinen göttlichen Wort und der christlichen Wahrheit gemäß ist. Weil denn diese Lehre in der Heiligen Schrift klar begründet ist und außerdem der allgemeinen christlichen, ja auch der römischen Kirche, soweit das aus den Schriften der Kirchenväter festzustellen ist, nicht zuwider noch entgegen ist, meinen wir auch, daß unsere Gegner in den oben aufgeführten Artikeln mit uns nicht uneinig sind. Deshalb handeln diejenigen ganz unfreundlich, vorschnell und gegen alle christliche Einigkeit und Liebe, die die Unseren als Ketzer abzusondern, zu verwerfen und zu meiden suchen, ohne daß sie dafür einen triftigen Grund in einem göttlichen Gebot oder in der Schrift haben. Denn die Uneinigkeit und den Zank gibt es vor allem wegen einiger Traditionen und Mißbräuche. Wenn denn nun an den Hauptartikeln kein vorfindlicher falscher Grund oder Mangel festzustellen ist und dies unser Bekenntnis göttlich und christlich ist, sollten sich die Bischöfe billigerweise, selbst wenn bei uns wegen der Tradition ein Mangel wäre, wohlwollender erweisen; obwohl wir hoffen, stichhaltige Gründe und Ursachen anführen zu können, warum bei uns einige Traditionen und Mißbräuche abgeändert worden sind.

Der Zweite Teil des Augsburger Bekenntnisses behandelt Regelungen in der Kirche, die die Reformation als Mißbräuche erkannt und dem Evangelium gemäß neu geordnet hat. Die Artikel sind überschrieben:

ARTIKEL 22: Von den beiden Gestalten des Sakraments,

ARTIKEL 23: Vom Ehestand der Priester,

ARTIKEL 24: Von der Messe,

ARTIKEL 25: Von der Beichte,

ARTIKEL 26: Von der Unterscheidung der Speisen,

ARTIKEL 27: Von Klostergelübden,

ARTIKEL 28: Von der Gewalt (Vollmacht) der Bischöfe.

808

DER HEIDELBERGER KATECHISMUS

(Auszug)

FRAGE 1

Was ist dein einziger Trost im Leben und im Sterben?

Daß ich mit Leib und Seele, im Leben und im Sterben nicht mein, sondern meines getreuen Heilands Jesu Christi eigen bin, der mit seinem teuren Blut für alle meine Sünden vollkömmlich bezahlt und mich aus aller Gewalt des Teufels erlöst hat und also bewahrt, daß ohne den Willen meines Vaters im Himmel kein Haar von meinem Haupt kann fallen, ja auch mir alles zu meiner Seligkeit dienen muß. Darum er mich auch durch seinen Heiligen Geist des ewigen Lebens versichert und ihm forthin zu leben von Herzen willig und bereit macht.

FRAGE 2

Wieviel Stücke sind dir nötig zu wissen, daß du in diesem Trost selig leben und sterben kannst?

Drei Stücke:
erstlich, wie groß meine Sünde und Elend ist;
zum andern, wie ich von allen meinen Sünden und Elend erlöst werde;
und zum dritten, wie ich Gott für solche Erlösung soll dankbar sein.

DER ERSTE TEIL
VON DES MENSCHEN ELEND

FRAGE 3

Woher erkennst du dein Elend?

Aus dem Gesetz Gottes.

FRAGE 4

Was fordert denn das göttliche Gesetz von uns?

Dies lehrt uns Christus in einer Summa Matthäus im 22. Kapitel:
Du sollst lieben Gott, deinen Herrn, von ganzem Herzen, von ganzer Seele und von ganzem Gemüt. Dies ist das höchste und größte Gebot.
Das andre aber ist dem gleich: Du sollst deinen Nächsten lieben wie dich selbst.
In diesen beiden Geboten hängt das ganze Gesetz und die Propheten.

FRAGE 5

Kannst du dies alles vollkömmlich halten?

Nein; denn ich bin von Natur geneigt, Gott und meinen Nächsten zu hassen.

FRAGE 8

Sind wir aber dermaßen verderbt, daß wir ganz und gar untüchtig sind zu irgend etwas Gutem und geneigt zu allem Bösem?

Ja; es sei denn, daß wir durch den Geist Gottes wiedergeboren werden.

DER ZWEITE TEIL
VON DES MENSCHEN ERLÖSUNG

FRAGE 15

Was für einen Mittler und Erlöser müssen wir denn suchen?

Einen solchen, der ein wahrer und gerechter Mensch und doch stärker als alle Kreaturen, das ist, zugleich wahrer Gott sei.

FRAGE 18

Wer ist aber der Mittler, der zugleich wahrer Gott und ein wahrer, gerechter Mensch ist?

Unser Herr Jesus Christus, der uns zur vollkommenen Erlösung und Gerechtigkeit geschenkt ist.

FRAGE 19

Woher weißt du das?

Aus dem heiligen Evangelium.

FRAGE 21

Was ist wahrer Glaube?

Es ist nicht allein eine gewisse Erkenntnis, dadurch ich alles für wahr halte, was uns Gott in seinem Wort hat geoffenbart, sondern auch ein herzliches Vertrauen, welches der Heilige Geist durchs Evangelium in mir wirkt, daß nicht allein andern, sondern auch mir Vergebung der Sünden, ewige Gerechtigkeit und Seligkeit von Gott geschenkt ist, aus lauter Gnade, allein um des Verdienstes Christi willen.

VON GOTT DEM VATER

FRAGE 26

Was glaubst du, wenn du sprichst: Ich glaube an Gott Vater, den Allmächtigen, Schöpfer Himmels und der Erden?

Daß der ewige Vater unsers Herrn Jesus Christus, der Himmel und Erde samt allem, was darinnen ist, aus nichts erschaffen, auch dieselben noch durch seinen ewigen Rat und Vorsehung erhält und regiert, um seines Sohnes Christi willen mein Gott und mein Vater ist, auf welchen ich also vertraue, daß ich nicht zweifle, er werde mich mit allem versorgen, was für Leib und Seele nötig ist, auch alles Übel, das er mir in diesem Jammertal zuschickt, mir zu gut wenden, weil er's tun kann als ein allmächtiger Gott und auch tun will als ein getreuer Vater.

FRAGE 28

Was für Nutzen bekommen wir aus der Erkenntnis der Schöpfung und Vorsehung Gottes?

Daß wir in aller Widerwärtigkeit geduldig, in Glückseligkeit dankbar und aufs Zukünftige guter Zuversicht zu unserm getreuen Gott und Vater sein sollen, daß uns keine Kreatur von seiner Liebe scheiden wird, weil alle Kreaturen also in seiner Hand sind, daß sie sich ohne seinen Willen auch nicht regen noch bewegen können.

VON GOTT DEM SOHN

FRAGE 29

Warum wird der Sohn Gottes Jesus, das ist Seligmacher, genannt?

Weil er uns selig macht von unsern Sünden und weil bei keinem andern irgendeine Seligkeit zu suchen noch zu finden ist.

FRAGE 31

Warum wird er Christus, das ist ein Gesalbter, genannt?

Weil er von Gott dem Vater verordnet und mit dem Heiligen Geist gesalbt ist
zu unserm obersten Propheten und Lehrer, der uns den verborgenen Rat und Willen Gottes von unserer Erlösung vollkömmlich offenbart;
und zu unserm einzigen Hohenpriester, der uns mit dem einzigen Opfer seines Leibes erlöst hat und immerdar mit seiner Fürbitte vor dem Vater vertritt;
und zu unserm ewigen König, der uns mit seinem Wort und Geist regiert und bei der erworbenen Erlösung schützt und erhält.

FRAGE 32

Warum wirst aber du ein Christ genannt?

Weil ich durch den Glauben ein Glied Christi und also seiner Salbung teilhaftig bin, auf daß auch ich seinen Namen bekenne, mich ihm zu einem lebendigen Dankopfer darstelle und mit freiem Gewissen in diesem Leben wider die Sünde und den Teufel streite und hernach in Ewigkeit mit ihm über alle Kreaturen herrsche.

FRAGE 37

Was verstehst du unter dem Wörtlein gelitten?

Daß er an Leib und Seele die ganze Zeit seines Lebens auf Erden, sonderlich aber am Ende desselben, den Zorn Gottes wider die Sünde des ganzen menschlichen Geschlechts getragen hat, auf daß er mit seinem Leiden, als mit dem einzigen Sühnopfer, unsern Leib und unsere Seele von der ewigen Verdammnis erlöste und uns Gottes Gnade, Gerechtigkeit und ewiges Leben erwürbe.

FRAGE 45

Was nützt uns die Auferstehung Christi?

Erstlich hat er durch seine Auferstehung den Tod überwunden, daß er uns der Gerechtigkeit, die er uns durch seinen Tod erworben hat, könnte teilhaftig machen.
Zum andern werden auch wir jetzt durch seine Kraft erweckt zu einem neuen Leben.
Zum dritten ist uns die Auferstehung Christi ein gewisses Pfand unserer seligen Auferstehung.

VON GOTT DEM HEILIGEN GEIST

FRAGE 53

Was glaubst du vom Heiligen Geist?

Erstlich, daß er gleich ewiger Gott mit dem Vater und dem Sohn ist.
Zum andern, daß er auch mir gegeben ist, mich durch wahren Glauben Christi und aller seiner Wohltaten teilhaftig macht, mich tröstet und bei mir bleiben wird bis in Ewigkeit.

FRAGE 54

Was glaubst du von der heiligen allgemeinen christlichen Kirche?

Daß der Sohn Gottes aus dem ganzen menschlichen Geschlecht sich eine auserwählte Gemeinde zum ewigen Leben durch seinen Geist und Wort, in Einigkeit des wahren Glaubens von Anbeginn der Welt bis ans Ende versammelt, schützt und erhält und daß ich derselben ein lebendiges Glied bin und ewig bleiben werde.

FRAGE 55

Was verstehst du unter der Gemeinschaft der Heiligen?

Erstlich, daß alle und jede Gläubigen als Glieder an dem Herrn Christus und allen seinen Schätzen und Gaben Gemeinschaft haben.
Zum andern, daß ein jeder seine Gaben zu Nutz und Heil der andern Glieder willig und mit Freuden anzulegen sich schuldig wissen soll.

FRAGE 60

Wie bist du gerecht vor Gott?

Allein durch wahren Glauben an Jesus Christus, also daß, obschon mich mein Gewissen anklagt, daß ich wider alle Gebote Gottes schwer gesündigt und derselben keines je gehalten habe, auch noch immerdar zu allem Bösen geneigt bin, doch Gott, ohne all mein Verdienst, aus lauter Gnade, mir die vollkommene Genugtuung, Gerechtigkeit und Heiligkeit Christi schenkt und zurechnet, als hätte ich nie eine Sünde begangen noch gehabt und selbst all den Gehorsam vollbracht, den Christus für mich hat geleistet, wenn ich allein solche Wohltat mit gläubigem Herzen annehme.

FRAGE 61

Warum sagst du, daß du allein durch den Glauben gerecht bist?

Nicht, daß ich wegen der Würdigkeit meines Glaubens Gott gefalle, sondern weil allein die Genugtuung, Gerechtigkeit und Heiligkeit Christi meine Gerechtigkeit vor Gott ist und ich diese nicht anders als allein durch den Glauben annehmen und mir zueignen kann.

FRAGE 62

Warum können aber unsere guten Werke nicht die Gerechtigkeit vor Gott oder ein Stück derselben sein?

Weil die Gerechtigkeit, die vor Gottes Gericht bestehen soll, durchaus vollkommen und dem göttlichen Gesetz ganz gleichförmig sein muß, aber auch unsere besten Werke in diesem Leben alle unvollkommen und mit Sünden befleckt sind.

VON DEN HEILIGEN SAKRAMENTEN

FRAGE 65

Weil denn allein der Glaube uns Christi und aller seiner Wohltaten teilhaftig macht, woher kommt solcher Glaube?

Der Heilige Geist wirkt denselben in unsern Herzen durch die Predigt des heiligen Evangeliums und bestätigt ihn durch den Gebrauch der heiligen Sakramente.

FRAGE 66

Was sind die Sakramente?

Es sind sichtbare heilige Wahrzeichen und Siegel, von Gott dazu eingesetzt, daß er uns durch den Gebrauch derselben die Verheißung des Evangeliums desto besser zu verstehen gebe und versiegele: nämlich, daß er uns wegen des einzigen Opfers Christi, am Kreuz vollbracht, Vergebung der Sünden und ewiges Leben aus Gnade schenkt.

VON DER HEILIGEN TAUFE

FRAGE 69

Wie wirst du in der heiligen Taufe erinnert und versichert, daß das einzige Opfer Christi am Kreuz dir zugut kommt?

Also, daß Christus dies äußerliche Wasserbad eingesetzt und dabei verheißen hat, daß ich so gewiß mit seinem Blut und Geist von der Unreinigkeit meiner Seele, das ist von allen meinen Sünden, gewaschen sei, so gewiß ich äußerlich mit dem Wasser, welches die Unsauberkeit des Leibes hinwegnimmt, gewaschen bin.

FRAGE 74

Soll man auch die jungen Kinder taufen?

Ja; denn weil sie sowohl als die Alten in den Bund Gottes und seine Gemeinde gehören und ihnen in dem Blut Christi die Erlösung von Sünden und der Heilige Geist, welcher den Glauben wirkt, nicht weniger als den Alten zugesagt wird, so sollen sie auch durch die Taufe, als Zeichen des Bundes, der christlichen Kirche eingeleibt und von den Kindern der Ungläubigen unterschieden werden, wie im Alten Testament durch die Beschneidung geschehen ist, an deren Statt im Neuen Testament die Taufe eingesetzt ist.

VOM HEILIGEN ABENDMAHL JESU CHRISTI

FRAGE 75

Wie wirst du im heiligen Abendmahl erinnert und versichert, daß du an dem einzigen Opfer Christi am Kreuz und allen seinen Gütern Gemeinschaft hast?

Also, daß Christus mir und allen Gläubigen von diesem gebrochenen Brot zu essen und von diesem Kelch zu trinken befohlen hat zu seinem Gedächtnis, und dabei verheißen:
Erstlich, daß sein Leib so gewiß für mich am Kreuz geopfert und gebrochen und sein Blut für mich vergossen ist, so gewiß ich mit Augen sehe, daß das Brot des Herrn mir gebrochen und der Kelch mir mitgeteilt wird;
und zum andern, daß er selbst meine Seele mit seinem gekreuzigten Leib und vergossenen Blut so gewiß zum ewigen Leben speist und tränkt, als ich aus der Hand des Dieners empfange und leiblich genieße das Brot und den Kelch des Herrn, welche mir als gewisse Wahrzeichen des Leibes und Blutes gegeben werden.

FRAGE 81

Welche sollen zu dem Tisch des Herrn kommen?

Die sich selbst um ihrer Sünde willen mißfallen und doch vertrauen, daß dieselbe ihnen verziehen und die übrige Schwachheit mit dem Leiden und Sterben Christi bedeckt sei, begehren auch, je mehr und mehr ihren Glauben zu stärken und ihr Leben zu bessern. Die Unbußfertigen aber und Heuchler essen und trinken sich selbst zum Gericht.

DER DRITTE TEIL
VON DER DANKBARKEIT

FRAGE 86

Weil wir denn aus unserm Elend ohne all unser Verdienst aus Gnade durch Christus erlöst sind, warum sollen wir gute Werke tun?

Weil Christus, nachdem er uns mit seinem Blut erkauft hat, uns auch durch seinen Heiligen Geist erneuert zu seinem Ebenbild, daß wir mit unserm ganzen Leben uns dankbar gegen Gott für seine Wohltat erzeigen und er durch uns gepriesen werde.
Danach auch, daß wir bei uns selbst unsers Glaubens aus seinen Früchten gewiß seien und mit unserem gottseligen Wandel unsere Nächsten auch für Christus gewinnen.

DIE ZEHN GEBOTE

FRAGE 92

Wie lautet das Gesetz des Herrn?
(siehe: Die Zehn Gebote, Nr. 797)

FRAGE 115

Warum läßt uns denn Gott so scharf die Zehn Gebote predigen, wenn sie in diesem Leben niemand halten kann?

Erstlich, damit wir unser ganzes Leben lang unsere sündliche Art je länger je mehr erkennen und desto begieriger Vergebung der Sünden und Gerechtigkeit in Christus suchen.
Danach, daß wir ohne Unterlaß uns befleißigen und Gott bitten um die Gnade des Heiligen Geistes, daß wir je länger je mehr zu dem Ebenbild Gottes erneuert werden, bis wir das Ziel der Vollkommenheit nach diesem Leben erreichen.

VOM GEBET

FRAGE 116

Warum ist den Christen das Gebet nötig?

Weil es das vornehmste Stück der Dankbarkeit ist, welche Gott von uns fordert, und weil Gott seine Gnade und Heiligen Geist allein denen will geben, die ihn mit herzlichem Seufzen ohne Unterlaß darum bitten und ihm dafür danken.

FRAGE 120

Warum hat uns Christus befohlen,
Gott anzureden: Unser Vater?

Daß er gleich im Anfang unsers Gebets in uns erwecke die kindliche Furcht und Zuversicht gegen Gott, welche der Grund unsers Gebets sein soll: nämlich, daß Gott unser Vater durch Christus geworden ist und uns viel weniger versagen will, worum wir ihn im Glauben bitten, als unsere Väter uns irdische Dinge abschlagen.

FRAGE 123

Was ist die zweite Bitte?

Dein Reich komme,
das ist:
Regiere uns also durch dein Wort und Geist, daß wir uns dir je länger je mehr unterwerfen, erhalte und mehre deine Kirche, und zerstöre die Werke des Teufels und alle Gewalt, die sich wider dich erhebt, und alle bösen Ratschläge, die wider dein heiliges Wort erdacht werden, bis die Vollkommenheit deines Reiches herzukommt, darin du wirst alles in allen sein.

FRAGE 125

Was ist die vierte Bitte?

Unser tägliches Brot gib uns heute,
das ist:
Wollest uns mit allem versorgen, was für Leib und Leben nötig ist, auf daß wir dadurch erkennen, daß du der einzige Ursprung alles Guten bist und daß ohne deinen Segen weder unsere Sorgen und Arbeit, noch deine Gaben uns gedeihen und wir deshalb unser Vertrauen von allen Kreaturen abziehen und allein auf dich setzen.

FRAGE 127

Was ist die sechste Bitte?

Und führe uns nicht in Versuchung, sondern erlöse uns von dem Bösen,
das ist:
Weil wir aus uns selbst so schwach sind, daß wir nicht einen Augenblick bestehen können, und dazu unsere abgesagten Feinde, der Teufel, die Welt und unser eigen Fleisch, nicht aufhören, uns anzufechten, so wol-

lest du uns erhalten und stärken durch die Kraft deines Heiligen Geistes, auf daß wir ihnen mögen festen Widerstand tun und in diesem geistlichen Streit nicht unterliegen, bis wir endlich den Sieg vollkömmlich behalten.

FRAGE 129

Was bedeutet das Wörtlein Amen?

Amen heißt: Das soll wahr und gewiß sein; denn mein Gebet ist viel gewisser von Gott erhört, als ich in meinem Herzen fühle, daß ich solches von ihm begehre.

809

LEHRZEUGNISSE DER KIRCHE AUS DEM 20. JAHRHUNDERT

Ausdruck des Bekennens und Zeugnis der Lehre der Evangelischen Kirche des 20. Jahrhunderts sind die Theologische Erklärung der Bekenntnissynode von Barmen (1934) und die Konkordie reformatorischer Kirchen in Europa (Leuenberger Konkordie, 1973).

Alle Kirchen, die dies Gesangbuch haben, sehen in der Barmer Theologischen Erklärung ein wichtiges theologisches Dokument aus der Zeit des Kirchenkampfes. Ganz überwiegend betrachten sie die Barmer Theologische Erklärung als wegweisendes Lehr- und Glaubenszeugnis der Kirche im 20. Jahrhundert. Nicht wenige messen ihr darüber hinaus verpflichtende Bedeutung bei, einige rechnen sie zu ihren Bekenntnisgrundlagen (Evangelisch-reformierte Kirche, Evangelische Kirche der Union).

Mit der Leuenberger Konkordie haben lutherische, reformierte und unierte Kirchen Europas »in der Bindung an die sie verpflichtenden Bekenntnisse oder unter Berücksichtigung ihrer Traditionen« (Leuenberger Konkordie, Teilziffer 30) die theologischen Grundlagen ihrer Kirchengemeinschaft dargelegt und einander Gemeinschaft an Wort und Sakrament gewährt. Dies schließt Kanzel- und Abendmahlsgemeinschaft und die gegenseitige Anerkennung der Ordination ein. Die Leuenberger Konkordie ist als Dokument ökumenischer Gemeinschaft von allen Kirchen, die dies Gesangbuch haben, angenommen worden.

DIE THEOLOGISCHE ERKLÄRUNG DER BEKENNTNISSYNODE VON BARMEN

vom 29. bis 31. Mai 1934

THESEN

1. Jesus Christus spricht: Ich bin der Weg und die Wahrheit und das Leben; niemand kommt zum Vater denn durch mich. *(Joh 14,6)*

   Wahrlich, wahrlich, ich sage euch: Wer nicht zur Tür hineingeht in den Schafstall, sondern steigt anderswo hinein, der ist ein Dieb und Räuber. Ich bin die Tür; wenn jemand durch mich hineingeht, wird er selig werden. *(Joh 10,1.9)*

Jesus Christus, wie er uns in der Heiligen Schrift bezeugt wird, ist das eine Wort Gottes, das wir zu hören, dem wir im Leben und im Sterben zu vertrauen und zu gehorchen haben.

Wir verwerfen die falsche Lehre, als könne und müsse die Kirche als Quelle ihrer Verkündigung außer und neben diesem einen Worte Gottes auch noch andere Ereignisse und Mächte, Gestalten und Wahrheiten als Gottes Offenbarung anerkennen.

2. Durch Gott seid ihr in Christus Jesus, der uns von Gott gemacht ist zur Weisheit und zur Gerechtigkeit und zur Heiligung und zur Erlösung. *(1. Kor 1,30)*

Wie Jesus Christus Gottes Zuspruch der Vergebung aller unserer Sünden ist, so und mit gleichem Ernst ist er auch Gottes kräftiger Anspruch auf unser ganzes Leben; durch ihn widerfährt uns frohe Befreiung aus den gottlosen Bindungen dieser Welt zu freiem, dankbarem Dienst an seinen Geschöpfen.

Wir verwerfen die falsche Lehre, als gebe es Bereiche unseres Lebens, in denen wir nicht Jesus Christus, sondern anderen Herren zu eigen wären, Bereiche, in denen wir nicht der Rechtfertigung und Heiligung durch ihn bedürften.

3. Laßt uns aber wahrhaftig sein in der Liebe und wachsen in allen Stücken zu dem hin, der das Haupt ist, Christus, von dem aus der ganze Leib zusammengefügt ist. *(Eph 4,15.16)*

Die christliche Kirche ist die Gemeinde von Brüdern, in der Jesus Christus in Wort und Sakrament durch den Heiligen Geist als der Herr gegenwärtig handelt. Sie hat mit ihrem Glauben wie mit ihrem Gehorsam, mit ihrer Botschaft wie mit ihrer Ordnung mitten in der Welt der Sünde als die Kirche der begnadigten Sünder zu bezeugen, daß sie allein sein Eigentum ist, allein von seinem Trost und von seiner Weisung in Erwartung seiner Erscheinung lebt und leben möchte.

Wir verwerfen die falsche Lehre, als dürfe die Kirche die Gestalt ihrer Botschaft und ihrer Ordnung ihrem Belieben oder dem Wechsel der jeweils herrschenden weltanschaulichen und politischen Überzeugungen überlassen.

4. Jesus Christus spricht: Ihr wißt, daß die Herrscher ihre Völker niederhalten und die Mächtigen ihnen Gewalt antun. So soll es nicht sein unter euch; sondern wer unter euch groß sein will, der sei euer Diener. *(Mt 20,25.26)*

Die verschiedenen Ämter in der Kirche begründen keine Herrschaft der einen über die anderen, sondern die Ausübung des der ganzen Gemeinde anvertrauten und befohlenen Dienstes.

Wir verwerfen die falsche Lehre, als könne und dürfe sich die Kirche abseits von diesem Dienst besondere, mit Herrschaftsbefugnissen ausgestattete Führer geben und geben lassen.

5. Fürchtet Gott, ehrt den König. *(1. Petr 2,17)*

Die Schrift sagt uns, daß der Staat nach göttlicher Anordnung die Aufgabe hat, in der noch nicht erlösten Welt, in der auch die Kirche steht, nach dem Maß menschlicher Einsicht und menschlichen Vermögens unter Androhung und Ausübung von Gewalt für Recht und Frieden zu sorgen. Die Kirche erkennt in Dank und Ehrfurcht gegen Gott die Wohltat dieser seiner Anordnung an. Sie erinnert an Gottes Reich, an Gottes Gebot und Gerechtigkeit und damit an die Verantwortung der Regierenden und Regierten. Sie vertraut und gehorcht der Kraft des Wortes, durch das Gott alle Dinge trägt.

Wir verwerfen die falsche Lehre, als solle und könne der Staat über seinen besonderen Auftrag hinaus die einzige und totale Ordnung menschlichen Lebens werden und also auch die Bestimmung der Kirche erfüllen. Wir verwerfen die falsche Lehre, als solle und könne sich die Kirche über ihren besonderen Auftrag hinaus staatliche Art, staatliche Aufgaben und staatliche Würde aneignen und damit selbst zu einem Organ des Staates werden.

6. Jesus Christus spricht: Siehe, ich bin bei euch alle Tage bis an der Welt Ende. *(Mt 28,20)*

Gottes Wort ist nicht gebunden. *(2. Tim 2,9)*

Der Auftrag der Kirche, in welchem ihre Freiheit gründet, besteht darin, an Christi Statt und also im Dienst seines eigenen Wortes und Werkes durch Predigt und Sakrament die Botschaft von der freien Gnade Gottes auszurichten an alles Volk.

Wir verwerfen die falsche Lehre, als könne die Kirche in menschlicher Selbstherrlichkeit das Wort und Werk des Herrn in den Dienst irgendwelcher eigenmächtig gewählter Wünsche, Zwecke und Pläne stellen.

KONKORDIE REFORMATORISCHER KIRCHEN IN EUROPA (LEUENBERGER KONKORDIE)

(Auszug)

1
Die dieser Konkordie zustimmenden lutherischen, reformierten und aus ihnen hervorgegangenen unierten Kirchen sowie die ihnen verwandten vorreformatorischen Kirchen der Waldenser und der Böhmischen Brüder stellen aufgrund ihrer Lehrgespräche unter sich das gemeinsame Verständnis des Evangeliums fest, wie es nachstehend ausgeführt wird. Dieses ermöglicht ihnen, Kirchengemeinschaft zu erklären und zu verwirklichen. Dankbar dafür, daß sie näher zueinander geführt worden sind, bekennen sie zugleich, daß das Ringen um Wahrheit und Einheit in der Kirche auch mit Schuld und Leid verbunden war und ist.

2
Die Kirche ist allein auf Jesus Christus gegründet, der sie durch die Zuwendung seines Heils in der Verkündigung und in den Sakramenten sammelt und sendet. Nach reformatorischer Einsicht ist darum zur wahren Einheit der Kirche die Übereinstimmung in der rechten Lehre des Evangeliums und in der rechten Verwaltung der Sakramente notwendig und ausreichend. Von diesen reformatorischen Kriterien leiten die beteiligten Kirchen ihr Verständnis von Kirchengemeinschaft her, das im folgenden dargelegt wird.

DAS GEMEINSAME VERSTÄNDNIS DES EVANGELIUMS

6
Im folgenden beschreiben die beteiligten Kirchen ihr gemeinsames Verständnis des Evangeliums, soweit es für die Begründung ihrer Kirchengemeinschaft erforderlich ist.

1. DIE RECHTFERTIGUNGSBOTSCHAFT ALS DIE BOTSCHAFT VON DER FREIEN GNADE GOTTES

7
Das Evangelium ist die Botschaft von Jesus Christus, dem Heil der Welt, in Erfüllung der an das Volk des Alten Bundes ergangenen Verheißung.

8
Sein rechtes Verständnis haben die reformatorischen Väter in der Lehre von der Rechtfertigung zum Ausdruck gebracht.

9
In dieser Botschaft wird Jesus Christus bezeugt
als der Menschgewordene, in dem Gott sich mit den Menschen verbunden hat;
als der Gekreuzigte und Auferstandene, der das Gericht Gottes auf sich genommen und darin die Liebe Gottes zum Sünder erwiesen hat, und
als der Kommende, der als Richter und Retter die Welt zur Vollendung führt.

10
Gott ruft durch sein Wort im Heiligen Geist alle Menschen zu Umkehr und Glauben und spricht dem Sünder, der glaubt, seine Gerechtigkeit in Jesus Christus zu. Wer dem Evangelium vertraut, ist um Christi willen gerechtfertigt vor Gott und von der Anklage des

Gesetzes befreit. Er lebt in täglicher Umkehr und Erneuerung zusammen mit der Gemeinde im Lobpreis Gottes und im Dienst am anderen, in der Gewißheit, daß Gott seine Herrschaft vollenden wird. So schafft Gott neues Leben und setzt inmitten der Welt den Anfang einer neuen Menschheit.

11
Diese Botschaft macht die Christen frei zu verantwortlichem Dienst in der Welt und bereit, in diesem Dienst auch zu leiden. Sie erkennen, daß Gottes fordernder und gebender Wille die ganze Welt umfaßt. Sie treten ein für irdische Gerechtigkeit und Frieden zwischen den einzelnen Menschen und unter den Völkern. Dies macht es notwendig, daß sie mit anderen Menschen nach vernünftigen, sachgemäßen Kriterien suchen und sich an ihrer Anwendung beteiligen. Sie tun dies im Vertrauen darauf, daß Gott die Welt erhält, und in Verantwortung vor seinem Gericht.

12
Mit diesem Verständnis des Evangeliums stellen wir uns auf den Boden der altkirchlichen Symbole und nehmen die gemeinsame Überzeugung der reformatorischen Bekenntnisse auf, daß die ausschließliche Heilsmittlerschaft Jesu Christi die Mitte der Schrift und die Rechtfertigungsbotschaft als die Botschaft von der freien Gnade Gottes Maßstab aller Verkündigung der Kirche ist.

2. VERKÜNDIGUNG, TAUFE UND ABENDMAHL

13
Das Evangelium wird uns grundlegend bezeugt durch das Wort der Apostel und Propheten in der Heiligen Schrift Alten und Neuen Testaments. Die Kirche hat die Aufgabe, dieses Evangelium weiterzugeben durch das mündliche Wort der Predigt, durch den Zuspruch an den einzelnen und durch Taufe und Abendmahl. In Verkündigung, Taufe und Abendmahl ist Jesus Christus durch den Heiligen Geist gegenwärtig. So wird den Menschen die Rechtfertigung in Christus zuteil, und so sammelt der Herr seine Gemeinde. Er wirkt dabei in vielfältigen Ämtern und Diensten und im Zeugnis aller Glieder seiner Gemeinde.

TAUFE

14
Die Taufe wird im Namen des Vaters, des Sohnes und des Heiligen Geistes mit Wasser vollzogen. In ihr nimmt Jesus Christus den der Sünde und dem Sterben verfallenen Menschen unwiderruflich in seine Heilsgemeinschaft auf, damit er eine neue Kreatur sei. Er beruft ihn in der Kraft des Heiligen Geistes in seine Gemeinde und zu einem Leben aus Glauben, zur täglichen Umkehr und Nachfolge.

ABENDMAHL

15
Im Abendmahl schenkt sich der auferstandene Jesus Christus in seinem für alle dahingegebenen Leib und Blut durch sein verheißendes Wort mit Brot und Wein. Er gewährt uns dadurch Vergebung der Sünden und befreit uns zu einem neuen Leben aus Glauben. Er läßt uns neu erfahren, daß wir Glieder an seinem Leibe sind. Er stärkt uns zum Dienst an den Menschen.

16
Wenn wir das Abendmahl feiern, verkündigen wir den Tod Christi, durch den Gott die Welt mit sich selbst versöhnt hat. Wir bekennen die Gegenwart des auferstandenen Herrn unter uns. In der Freude darüber, daß der Herr zu uns gekommen ist, warten wir auf seine Zukunft in Herrlichkeit.

DIE ÜBEREINSTIMMUNG ANGESICHTS DER LEHRVERURTEILUNGEN DER REFORMATIONSZEIT

17
Die Gegensätze, die von der Reformationszeit an eine Kirchengemeinschaft zwischen den lutherischen und reformierten Kirchen unmöglich gemacht und zu gegenseitigen Verwerfungsurteilen geführt haben, betrafen die Abendmahlslehre, die Christologie und die Lehre von der Prädestination. Wir nehmen die Entscheidungen der Väter ernst, können aber heute folgendes gemeinsam dazu sagen:

I. ABENDMAHL

18
Im Abendmahl schenkt sich der auferstandene Jesus Christus in seinem für alle dahingegebenen Leib und Blut durch sein verheißendes Wort mit Brot und Wein. So gibt er sich selbst vorbehaltlos allen, die Brot und Wein empfangen; der Glaube empfängt das Mahl zum Heil, der Unglaube zum Gericht.

19
Die Gemeinschaft mit Jesus Christus in seinem Leib und Blut können wir nicht vom Akt des Essens und Trinkens trennen. Ein Interesse an der Art der Gegen-

wart Christi im Abendmahl, das von dieser Handlung absieht, läuft Gefahr, den Sinn des Abendmahls zu verdunkeln.

20
Wo solche Übereinstimmung zwischen Kirchen besteht, betreffen die Verwerfungen der reformatorischen Bekenntnisse nicht den Stand der Lehre dieser Kirchen.

2. CHRISTOLOGIE

21
In dem wahren Menschen Jesus Christus hat sich der ewige Sohn und damit Gott selbst zum Heil in die verlorene Menschheit hineingegeben. Im Verheißungswort und Sakrament macht der Heilige Geist und damit Gott selbst uns Jesus als Gekreuzigten und Auferstandenen gegenwärtig.

22
Im Glauben an diese Selbsthingabe Gottes in seinem Sohn sehen wir uns angesichts der geschichtlichen Bedingtheit überkommener Denkformen vor die Aufgabe gestellt, neu zur Geltung zu bringen, was die reformierte Tradition in ihrem besonderen Interesse an der Unversehrtheit von Gottheit und Menschheit Jesu und was die lutherische Tradition in ihrem besonderen Interesse an seiner völligen Personeinheit geleitet hat.

23
Angesichts dieser Sachlage können wir heute die früheren Verwerfungen nicht nachvollziehen.

3. PRÄDESTINATION

24
Im Evangelium wird die bedingungslose Annahme des sündigen Menschen durch Gott verheißen. Wer darauf vertraut, darf des Heils gewiß sein und Gottes Erwählung preisen. Über die Erwählung kann deshalb nur im Blick auf die Berufung zum Heil in Christus gesprochen werden.

25
Der Glaube macht zwar die Erfahrung, daß die Heilsbotschaft nicht von allen angenommen wird, er achtet jedoch das Geheimnis von Gottes Wirken. Er bezeugt zugleich den Ernst menschlicher Entscheidung wie die Realität des universalen Heilswillens Gottes. Das Christuszeugnis der Schrift verwehrt uns, einen ewigen Ratschluß Gottes zur definitiven Verwerfung gewisser Personen oder eines Volkes anzunehmen.

26
Wo solche Übereinstimmung zwischen Kirchen besteht, betreffen die Verwerfungen der reformatorischen Bekenntnisse nicht den Stand der Lehre dieser Kirchen.

4. FOLGERUNGEN

27
Wo diese Feststellungen anerkannt werden, betreffen die Verwerfungen der reformatorischen Bekenntnisse zum Abendmahl, zur Christologie und zur Prädestination den Stand der Lehre nicht. Damit werden die von den Vätern vollzogenen Verwerfungen nicht als unsachgemäß bezeichnet, sie sind jedoch kein Hindernis mehr für die Kirchengemeinschaft.

28
Zwischen unseren Kirchen bestehen beträchtliche Unterschiede in der Gestaltung des Gottesdienstes, in den Ausprägungen der Frömmigkeit und in den kirchlichen Ordnungen. Diese Unterschiede werden in den Gemeinden oft stärker empfunden als die überkommenen Lehrgegensätze. Dennoch vermögen wir nach dem Neuen Testament und den reformatorischen Kriterien der Kirchengemeinschaft in diesen Unterschieden keine kirchentrennenden Faktoren zu erblicken.

ERKLÄRUNG UND VERWIRKLICHUNG DER KIRCHENGEMEINSCHAFT

29
Kirchengemeinschaft im Sinne dieser Konkordie bedeutet, daß Kirchen verschiedenen Bekenntnisstandes aufgrund der gewonnenen Übereinstimmung im Verständnis des Evangeliums einander Gemeinschaft an Wort und Sakrament gewähren und eine möglichst große Gemeinsamkeit in Zeugnis und Dienst an der Welt erstreben.

35
Die Kirchengemeinschaft verwirklicht sich im Leben der Kirchen und Gemeinden. Im Glauben an die einigende Kraft des Heiligen Geistes richten sie ihr Zeugnis und ihren Dienst gemeinsam aus und bemühen sich um die Stärkung und Vertiefung der gewonnenen Gemeinschaft.

GEBETE

Ein Mensch öffnet sich dem anderen Menschen, wenn er mit ihm redet. Ein Mensch öffnet sich Gott, wenn er betet. Das Gebet ist ein Reden des Herzens mit Gott. Wer betet, ehrt Gott, denn Gott will, daß wir zu ihm reden.

Was können wir ihm sagen? Vor allem unsern Dank, unser Lob und unsere Freude, die darin ihren Grund haben, daß Gott da ist, für uns und für alle Welt. Die ersten Sätze des Vaterunsers führen uns zu Anbetung, Lob und Dank: Wir dürfen Gott unsern Vater nennen, unser Leben durch sein Wort bestimmen lassen, das Kommen seines Reiches mit Freuden erwarten und uns seinem Willen anvertrauen. Das ist der Grundton des Gebets der Kirche.

Aber wir dürfen Gott auch bitten: um das tägliche Brot, um Bewahrung und Hilfe, um Vergebung, für uns und für andere Menschen. Wir dürfen ihm unser Leid klagen, vor ihm aussprechen, was uns bewegt. Wer betet, öffnet sich Gott: da darf auch das Persönlichste gesagt werden. Auch andächtiges Schweigen und Nachdenken vor Gott können Weisen des Betens sein oder zu ihm führen.

Viele Menschen erfahren es als großes Geschenk, daß sie beten können. Andern fällt es schwer zu beten, weil sie vom Gebet wenig erwarten. Was kann denn das Gebet bewirken? Eine Antwort auf diese Frage erfährt, wer sich zum Gebet anleiten läßt und sich darin übt. Im Gebet bringen wir unser Leben vor Gott. Dabei erfahren wir, daß der Druck des Alltags und die Last der Sorge von uns abfallen. Unsere Seele schöpft tief Atem.

Im Gebet dürfen wir uns auf Jesus berufen und uns an ihn wenden. Er war dessen gewiß, daß Gott ihn hört. Wenn wir beten, nehmen wir teil am Gottvertrauen Jesu Christi. Mag unser eigener Glaube schwach, unser Gebet verkümmert sein, Gott hört uns dennoch um Christi willen. »Gott erfüllt nicht alle unsere Wünsche, aber alle seine Verheißungen« (Dietrich Bonhoeffer).

Feste Zeiten im Tagesablauf ermöglichen es, zur Ruhe zu kommen und mit dem Beten vertrauter zu werden. Dafür bieten sich Morgen und Abend, aber auch die Mahlzeiten an. Zeiten der Stille, verbunden mit Lesen der Bibel und dem Gebet, helfen zur Ordnung, die unser Leben prägt und trägt. Unser Beten wird reicher, wenn wir auf das gelesene oder gehörte Gotteswort antworten, oder unser Leben unter einem Bibelwort neu überdenken. Wenn dies zusammen mit anderen geschieht, kann eine solche Gebetsgemeinschaft unser Beten ermutigen und vertiefen. Die größte Gebetsgemeinschaft sind die Gottesdienste der weltweiten Kirche. Das Gebet des einzelnen wird umschlossen vom Gebet der ganzen Kirche, das, getragen vom Geist Gottes, durch alle Zeiten und rund um den Erdball geht. Es ist Gottes Geist, der alle Beter verbindet und auch eintritt für die, die nicht beten können.

Wir dürfen mit eigenen Worten beten. Wenn uns aber die Worte fehlen, so kommen uns Gebete zu Hilfe, die schon andere gesprochen haben. Dazu gehören die Psalmen, die auch Jesus gebetet hat. Viele Gesangbuchlieder sind Gebete, in die wir einstimmen können. Eine Hilfe beim Beten ist es, die Hände zu falten, in manchen Fällen auch zu knien. Sich bei den Worten: Im Namen des Vaters und des Sohnes und des Heiligen Geistes mit dem Kreuz zu bezeichnen, ist ein Brauch, den auch evangelische Christen nicht scheuen müssen. Ein stiller Raum, wo man ungestört ist, hilft zur inneren Sammlung.

Das Grundgebet der Christenheit
ist das Vaterunser.
Jesus selbst hat es seine Jünger gelehrt.

Vater unser (Unser Vater) im Himmel. 813
Geheiligt werde dein Name.
Dein Reich komme.
Dein Wille geschehe, wie im Himmel, so auf Erden.
Unser tägliches Brot gib uns heute.
Und vergib uns unsere Schuld,
wie auch wir vergeben unsern Schuldigern.
Und führe uns nicht in Versuchung,
sondern erlöse uns von dem Bösen.
Denn dein ist das Reich und die Kraft
und die Herrlichkeit in Ewigkeit. Amen.

GEBETSRUFE

In Augenblicken innerer Erschütterung
und körperlicher oder seelischer
Schwachheit können wir uns
mit kurzen Gebetsrufen an Gott wenden.
Er hört und versteht uns auch ohne viel Worte.

Herr, erbarme dich!

Herr Jesus Christus, du Sohn des lebendigen Gottes,
erbarme dich meiner!

Erbarme dich meiner, Herr, denn ich bin schwach.

Herr, stärke uns den Glauben! *(Lk 17,5)*

Ich glaube, Herr, hilf meinem Unglauben! *(Mk 9,24)*

Herr, was soll ich tun?

Ach Herr, hast du mich vergessen?

Mein Gott, mein Gott, warum hast du mich
verlassen? *(Ps 22,2)*

Vater, in deine Hände befehle ich meinen Geist!
(Lk 23,46)

Herr, bleibe bei uns. *(Lk 24,29)*

Mein Gott, ich hoffe auf dich. *(Ps 25,2)*

Meine Zeit steht in deinen Händen. *(Ps 31,16)*

Du hast mich bei meinem Namen gerufen,
ich bin dein. *(Jes 43,1)*

Herr, du weißt, daß ich dich liebhabe. *(Joh 21,15)*

Herr, du hast alle Dinge geschaffen,
ich danke dir für deine Güte.

Herr, laß mich dein Lob verkündigen.

O Herr, hilf, o Herr, laß wohlgelingen! *(Ps 118,25)*

AM MORGEN

LUTHERS MORGENSEGEN 815

Des Morgens, wenn du aufstehst, kannst du dich segnen mit dem Zeichen des heiligen Kreuzes und sagen:

Das walte Gott Vater, Sohn und Heiliger Geist! Amen.

Darauf kniend oder stehend das Glaubensbekenntnis und das Vaterunser.
Willst du, so kannst du dies Gebet dazu sprechen:

Ich danke dir, mein himmlischer Vater,
durch Jesus Christus, deinen lieben Sohn,
daß du mich diese Nacht
vor allem Schaden und Gefahr behütet hast,
und bitte dich,
du wollest mich diesen Tag auch behüten
vor Sünden und allem Übel,
daß dir all mein Tun und Leben gefalle.
Denn ich befehle mich, meinen Leib und Seele
und alles in deine Hände.
Dein heiliger Engel sei mit mir,
daß der böse Feind keine Macht an mir finde.

Alsdann mit Freuden an dein Werk gegangen und etwa ein Lied gesungen oder was dir deine Andacht eingibt.

Herr, unser Gott, wir danken dir für die Ruhe der Nacht 816
und für das Licht dieses neuen Tages.
Laß uns bereit sein, dir zu dienen.
Laß uns wach sein für dein Gebot.
Sei mit uns in allen Stunden dieses Tages.

Schöpfer des Lichts, Sonne meines Lebens, 817
ich danke dir für diesen neuen Tag.
Hilf mir, deinen Willen zu erkennen und zu tun.

Gib mir Kraft für die Aufgaben, die mir gestellt sind
. . . . .
Gib mir Mut für die Schritte, die ich tun muß
. . . . .
Gib mir Liebe zu den Menschen, die mir begegnen
. . . . .
Laß mich erfahren, daß du mir nahe bist in allem,
was heute geschieht.

Mit dir, Herr, will ich den neuen Tag beginnen. 818
Du läßt mich gestärkt aufstehen. Ich danke dir.
Begleite mich und schütze meine Lieben.
Ich freue mich auf diesen Tag und will mich
überraschen lassen.
Laß mir gelingen, was ich vorhabe.
Richte meinen Sinn nach deinem Willen aus.
Hilf mir, in jedem Menschen, dem ich begegnen werde,
den Nächsten zu sehen, den du liebst.
Laß mich in deiner Liebe bleiben,
gib mir Aufmerksamkeit, Kraft und Geduld dazu.

819

Herr, Gott Vater, ich preise dich. Du hast die Welt erschaffen, du bist der Herr meines Lebens, du bist der Herr der Zeit. Ich danke dir für die Ruhe der Nacht und das Licht des neuen Tages. Leib und Seele sind dein. Von dir ist alles, was geschieht.

Herr, Jesus Christus, du bist das Licht der Welt, das mich erleuchtet. Du bist die Wahrheit, die mich leitet, du bist das Leben, nach dem ich verlange. Bewahre mich in deiner Liebe. Gib mir Geduld und Gelassenheit.

Herr, Heiliger Geist, wecke meine Sinne und Gedanken, gib mir Phantasie und Klarheit, ein waches Gewissen, das rechte helfende Wort und das sorgsame Tun, daß ich etwas Nützliches schaffe und dieser Tag nicht verloren ist.

Herr, Dreieiniger Gott, was du mir schickst, will ich annehmen, Erfolg und Mißerfolg, Freude und Mühsal. Ich bitte dich für alle, die diesen Tag mit Sorge beginnen, mit Angst oder Schmerzen. Begleite uns, schütze uns, bewahre uns. Ich danke dir für diesen neuen Tag.

Morgengebete für Kinder: Nr. 861–863
Morgenlieder: Nr. 437–456
Psalmen: 30 (Nr. 715), 57 (Nr. 728), 92 (Nr. 737), 143 (Nr. 755)

AM MITTAG

An vielen Orten ist das Mittagsläuten üblich. Es ruft zum Gebet. Viele Christen verbinden damit die Bitte um den Frieden. Die Mittags- und Friedensgebete können mit dem Lied »Verleih uns Frieden gnädiglich« (Nr. 421) oder einem anderen Lied beschlossen werden.

Das walte Gott Vater, Sohn und Heiliger Geist. 820
Amen.
Du Geber aller guten Gaben, dich preisen wir für alle deine Wohltaten und bitten dich: erhalte uns durch deine Güte, daß wir dir allezeit vertrauen und deinen Namen bekennen.

821

Auf der Höhe des Tages halten wir inne.
Lasset uns Herzen und Hände erheben zu Gott,
der unseres Lebens Mitte ist:
Herr, unser Gott, laß uns vor dir stehen
mitten im Tagwerk,
gib uns den Mut und die Kraft,
daß wir das Eine suchen, daß wir tun, was not ist,
laß uns wandeln vor deinen Augen.

822

Gott, gib mir die Gelassenheit,
Dinge hinzunehmen, die ich nicht ändern kann,
den Mut, Dinge zu ändern, die ich ändern kann,
und die Weisheit,
das eine von dem andern zu unterscheiden.

823

Verleihe, Herr, daß Arbeit und Ruhe dieses Tages aus deinem Wort ihr Leben empfangen, daß wir in Christus bleiben und dein Geist uns durchdringe.

824

Mein Herr und mein Gott,
nimm von mir, was mich trennt von dir.
Mein Herr und mein Gott,
gib mir, was mich führt zu dir.
Mein Herr und mein Gott,
nimm mich mir und gib mich ganz zu eigen dir.

FRIEDEN, BEWAHRUNG DER SCHÖPFUNG

825

O Herr,
mach mich zu einem Werkzeug deines Friedens,
daß ich Liebe übe, wo man sich haßt,
daß ich verzeihe, wo man sich beleidigt,
daß ich verbinde, da, wo Streit ist,

daß ich die Wahrheit sage, wo der Irrtum herrscht,
daß ich den Glauben bringe, wo der Zweifel drückt,
daß ich die Hoffnung wecke, wo Verzweiflung quält,
daß ich ein Licht anzünde, wo die Finsternis regiert,
daß ich Freude mache, wo der Kummer wohnt.

Herr, laß du mich trachten:
nicht, daß ich getröstet werde, sondern daß ich tröste;
nicht, daß ich verstanden werde, sondern daß ich verstehe;
nicht, daß ich geliebt werde, sondern daß ich liebe.

Denn wer da hingibt, der empfängt;
wer sich selbst vergißt, der findet;
wer verzeiht, dem wird verziehen;
und wer stirbt, erwacht zum ewigen Leben.

(siehe auch Lied Nr. 416)

826

Herr, unser Gott!
Auch dieser Tag ist belastet mit Unfrieden.
(Hier können Beispiele eingefügt werden.)
Wir tragen selbst dazu bei, daß Angst, Vergeltung
und Gewalt von neuem mächtig werden.
Wir bitten: laß uns mutiger bekennen,
treuer beten,
fröhlicher glauben,
brennender lieben;
Herr, schenke uns einen neuen Anfang
und gib der Welt deinen Frieden.
Ohne dich können wir nichts tun.
Herr, erhöre uns!
Stille
Verleih uns Frieden gnädiglich.
Du bist unser Friede.
Dieser Tag steht in deinen Händen.

827

Wir danken dir, allmächtiger Gott, daß du in Jesus Christus mit uns Frieden geschlossen hast. Wir bitten dich um deine Barmherzigkeit, daß wir untereinander Frieden halten und in unserer Welt der Versöhnung dienen, damit alle Menschen deine Liebe erfahren. Wir bitten dich durch Jesus Christus, unsern Herrn.

828

Wir alle haben gesündigt und mangeln des Ruhmes,
den wir bei Gott haben sollten. Darum laßt uns beten:
    Vater, vergib!
Den Haß, der Rasse von Rasse trennt, Volk von Volk,
Klasse von Klasse:
    Vater, vergib!
Das habsüchtige Streben der Menschen und Völker,
zu besitzen, was nicht ihr eigen ist:
    Vater, vergib!
Die Besitzgier, die die Arbeit der Menschen ausnutzt
und die Erde verwüstet:
    Vater, vergib!
Unseren Neid auf das Wohlergehen und Glück der
anderen:
    Vater, vergib!
Unsere mangelnde Teilnahme an der Not der Heimat-
losen und Flüchtlinge:
    Vater, vergib!
Den Rausch, der Leib und Leben zugrunde richtet:
    Vater, vergib!
Den Hochmut, der uns verleitet, auf uns selbst zu
vertrauen und nicht auf dich:
    Vater, vergib!
Lehre uns, o Herr, zu vergeben und uns vergeben
zu lassen, daß wir miteinander und mit dir
in Frieden leben.
    Darum bitten wir um Christi willen.

829

Herr Jesus Christus! Du hast uns gelehrt, unsere Feinde zu lieben und für unsere Verfolger zu beten. In dieser Welt aber will die Sprache des Hasses und der Drohung nicht verstummen. Hilf uns, wirksam für den Frieden und für die Verständigung unter den Völkern einzutreten.
Bewahre alle, die Waffen tragen, und alle, die über Waffen befehlen, vor den Versuchungen der Macht. Gib, daß sie Frieden halten und dem Frieden dienen.
Laß das Zeugnis derer Gehör finden, die sich aus Gründen des Gewissens weigern, eine Waffe zu tragen: Gib, daß dadurch der Wille zur friedlichen Verständigung in der ganzen Welt wächst.
Lenke unsere Herzen und Sinne, daß wir uns auch in den unterschiedlichen Entscheidungen als deine Brüder und Schwestern erkennen und lieben.
Lehre uns, du Gott des Friedens, Gerechtigkeit zu üben unter uns und unter den Völkern, daß Streit sich nicht ausbreite und Haß nicht die Herzen verdunkle.
Sende dein Licht und deine Wahrheit, daß wir erkennen, was der Welt zum Heil dient.
Richte unsere Füße auf den Weg des Friedens.

830

Herr, allmächtiger Gott, du lenkst die Herzen der Menschen. Allen, die Macht und Verantwortung tragen, öffne die Augen, Ohren und Herzen, daß sie einsehen, was dem Menschen und dem Wohl der Völker dient. Mache sie und uns bereit, Frieden und Versöhnung zu stiften. Das bitten wir durch unsern Herrn Jesus Christus, deinen lieben Sohn.

831

Schöpfer des Alls! Aus deiner Liebe kommt unsere Welt. Wir bestaunen dein Werk und loben dich. Gut, sehr gut ist, was du geschaffen hast.
Mach uns zu treuen und sorgsamen Verwaltern deiner Erde, daß wir aufhören, sie zu schänden und auszubeuten. Erhalte uns die Freude an der Natur und die Ehrfurcht vor dem Leben. Gib, daß wir nichts tun, was deiner Schöpfung schadet. Hilf uns barmherzig zu sein mit allen Kreaturen, die mit uns auf deine Erlösung warten.
Wir sind ja auch von der Erde und danken dir jeden Atemzug. Segne uns, damit auch Kinder und Kindeskinder mit all deinen Geschöpfen diese Erde bewohnen können. Mit dem Hauch deines Geistes willst du die Welt erneuern. Wir preisen dich dafür und hoffen auf dich.

Mittagslieder: Nr. 457–466
Lieder zur Erhaltung der Schöpfung, zu Frieden und Gerechtigkeit: Nr. 421–436

BEI TISCH

BIBLISCHE SPRÜCHE

832.1

Schmecket und sehet, wie freundlich der Herr ist.
Wohl dem, der auf ihn trauet! *(Ps 34,9)*

832.2

Herr, deine Güte reicht, so weit der Himmel ist,
und deine Wahrheit, so weit die Wolken gehen.
(Ps 36,6)

832.3

Lobe den Herrn, meine Seele, und was in mir ist,
seinen heiligen Namen!
Lobe den Herrn, meine Seele, und vergiß nicht,
was er dir Gutes getan hat. *(Ps 103,1–2)*

Nun danket alle Gott, 832.4
der große Dinge tut an allen Enden.
Der uns von Mutterleib an lebendig erhält
und uns alles Gute tut.
Er gebe uns ein fröhliches Herz
und verleihe immerdar Frieden. *(Sirach 50,24–25)*

VOR DEM ESSEN

833.1

Aller Augen warten auf dich, Herr,
und du gibst ihnen ihre Speise zur rechten Zeit,
du tust deine Hand auf
und sättigst alles, was lebt, nach deinem Wohlgefallen.
(Ps 145,15–16)

Vater unser im Himmel …

Herr Gott, himmlischer Vater, 833.2
segne uns und diese deine Gaben,
die wir von deiner milden Güte zu uns nehmen,
durch Jesus Christus, unsern Herrn.

Vater, segne diese Speise, 834
uns zur Kraft und dir zum Preise.

Zwei Dinge, Herr, sind not, 835
die gib nach deiner Huld:
Gib uns das täglich Brot,
vergib uns unsre Schuld.

Komm, Herr Jesus, sei unser Gast, 836
und segne, was du uns bescheret hast.

Von deiner Gnade leben wir, 837
und was wir haben, kommt von dir.
Drum sagen wir dir Dank und Preis,
tritt segnend ein in unsern Kreis.

Herr, segne unser täglich Brot, 838
so sind wir wohl geborgen.
Hilf allen Menschen in der Not
und allen, die sich sorgen.

Herr, wir wollen bei dem Essen 839
nicht die Hungernden vergessen.
Hilf, daß wir auf dieser Erden
Boten deiner Liebe werden.

840

Wir danken dir, himmlischer Vater, daß du uns nährst an Leib und Seele. Gib, daß wir mit all unseren Kräften dir dienen und die Menschen nicht vergessen, die Hunger und Not leiden.

Herr, unser Gott, du gibst der Welt das Leben: 841
Segne diese Mahlzeit.
Gib uns Liebe untereinander und den Geist
der Dankbarkeit.

Gelobt seist du, o Herr, 842
der uns nährt von Jugend auf:
Gib Speise allem, was lebt,
und erfülle unsere Herzen mit Freude und Jubel
durch Christus, unsern Herrn.

Gelobt seist du, Ewiger, unser Gott, 843
König der Welt,
der du die ganze Welt in deiner Güte speisest
mit Gunst, Gnade und Barmherzigkeit,
du gibst Brot allem Fleisch,
denn ewig währet deine Gnade.

Herr, segne uns und deine Gaben, 844
die wir von deiner Güte empfangen.
Mach uns zu Tischgenossen in deinem Reich,
du König der ewigen Herrlichkeit.

Wir wollen danken für unser Brot. 845
Wir wollen helfen in aller Not.
Wir wollen schaffen, die Kraft gibst du.
Wir wollen lieben, Herr, hilf dazu.

NACH DEM ESSEN

Danket dem Herrn, denn er ist freundlich, 846.1
und seine Güte währet ewiglich. *(Ps 107,1)*

Vater unser im Himmel …

846.2

Wir danken dir, Herr Gott Vater, durch Jesus Christus,
unsern Herrn, für alle deine Wohltat,
der du lebst und regierst in Ewigkeit.

Herr, dein Name sei geehret, 847
daß du uns das Brot bescheret,
daß dem Leib du wohlgetan.
Nimm dich unsrer Seele an.
Zeitlich Brot hast du gegeben:
Gib uns auch das ewge Leben.

Dir sei, o Gott, für Speis und Trank, 848
für alles Gute Lob und Dank.
Du gabst, du willst auch künftig geben.
Dich preise unser ganzes Leben.

Wir danken dir, Herr Jesus Christ, 849
daß du unser Gast gewesen bist.
Bleib du bei uns, so hats nicht Not,
du bist das wahre Lebensbrot.

Alle guten Gaben, 850
alles, was wir haben,
kommt, o Gott, von dir.
Dank sei dir dafür. *(Lied Nr. 463)*

Ehre sei dir, Herr, um deiner Güte willen. 851
Hilf uns, mit Nahrung zu versorgen,
die nichts zu essen haben.
Bewahre uns in Frieden
und laß unsere Herzen dir allezeit lobsingen.

Als gesungene Tischgebete eignen sich auch die Lieder: Nr. 336, 458 und 460–466

AM ABEND

LUTHERS ABENDSEGEN 852

Des Abends, wenn du zu Bett gehst,
kannst du dich segnen mit dem Zeichen
des heiligen Kreuzes und sagen:

Das walte Gott Vater, Sohn und Heiliger Geist! Amen.

Darauf kniend oder stehend das Glaubensbekenntnis und das Vaterunser.
Willst du, so kannst du dies Gebet dazu sprechen:

Ich danke dir, mein himmlischer Vater,
durch Jesus Christus, deinen lieben Sohn,
daß du mich diesen Tag gnädiglich behütet hast,
und bitte dich,
du wollest mir vergeben alle meine Sünde,
wo ich Unrecht getan habe,
und mich diese Nacht auch gnädiglich behüten.
Denn ich befehle mich, meinen Leib und Seele
und alles in deine Hände.
Dein heiliger Engel sei mit mir,
daß der böse Feind keine Macht an mir finde.

Alsdann flugs und fröhlich geschlafen.

Unser Abendgebet steige auf zu dir, Herr, 853
und es senke sich auf uns herab dein Erbarmen.
Dein ist der Tag, und dein ist die Nacht.
Laß, wenn des Tages Schein vergeht,
das Licht deiner Wahrheit uns leuchten.
Geleite uns zur Ruhe der Nacht
und vollende dein Werk an uns in Ewigkeit.

854

Bleibe bei uns, Herr, denn es will Abend werden,
und der Tag hat sich geneigt.
Bleibe bei uns und bei deiner ganzen Kirche.
Bleibe bei uns am Abend des Tages,
am Abend des Lebens, am Abend der Welt.
Bleibe bei uns mit deiner Gnade und Güte,
mit deinem heiligen Wort und Sakrament,
mit deinem Trost und Segen.
Bleibe bei uns, wenn über uns kommt die Nacht der Trübsal und Angst, die Nacht des Zweifels und der Anfechtung, die Nacht des bitteren Todes.
Bleibe bei uns und allen deinen Gläubigen in Zeit und Ewigkeit.

855

Herr mein Gott, ich danke dir, daß du diesen Tag zu Ende gebracht hast. Ich danke dir, daß du Leib und Seele zur Ruhe kommen läßt. Deine Hand war über mir und hat mich behütet und bewahrt. Vergib allen Kleinglauben und alles Unrecht dieses Tages und hilf, daß ich denen vergebe, die mir Unrecht getan haben. Laß mich in Frieden unter deinem Schutze schlafen und bewahre mich vor den Anfechtungen der Finsternis. Ich befehle dir die Meinen, ich befehle dir dieses Haus, ich befehle dir meinen Leib und meine Seele. Gott, dein heiliger Name sei gelobt.

856

Herr, mein Tag ist zu Ende.
Ich möchte zur Ruhe kommen und Schlaf finden. So viel ist noch in mir wach und läßt sich nicht beruhigen. So viel ist nicht fertig geworden und muß liegenbleiben. Hilf mir, daß ich loslasse, was mich beschäftigt, daß versinkt, was mich bedrückt, und daß ich Ruhe finde in dir.

857

Herr, lehre mich beten. Laß mich immer wieder anfangen, dich zu suchen und mit dir zu reden. Ich will das Gespräch mit dir nicht abreißen lassen. Ich möchte nicht einsam bleiben. Ich weiß nicht, wie ich mit dir reden soll; doch du verstehst, was ich sagen wollte. Du kennst meine Gedanken. Herr, lehre mich beten.

Vater, ich danke dir für diesen Tag: 858
du hast mein Leben erhalten,
du hast für mich gesorgt
und meine Arbeit gelingen lassen
. . . . .
Ich bitte dich um Vergebung,
wo ich Unrecht getan habe,
wo ich nachlässig war
und Wichtiges versäumt habe
. . . . .
Vergib mir auch,
wo ich an Menschen vorübergegangen bin,
die vielleicht auf mich gewartet haben.
Ich bitte dich für die Menschen,
mit denen ich arbeite und lebe
und für alle, die meine Fürbitte brauchen
. . . . .
Herr, schenke mir eine ruhige Nacht und einen guten Schlaf. Gib mir morgen neue Kraft für alles,
was ich tun soll.

AUS DEM NACHTGEBET DER KIRCHE

Eine ruhige Nacht und ein seliges Ende 859.1
verleihe uns der Herr, der Allmächtige. Amen.
In deine Hände befehle ich meinen Geist.
Du hast mich erlöst, Herr, du treuer Gott.

Liedstrophe:
z.B. Ein Tag, der sagt dem andern, Nr. 481,5

859.2

Bewahre uns, o Herr, wenn wir wachen;
behüte uns, wenn wir schlafen:
auf daß wir wachen mit Christus
und ruhen in Frieden.
Es segne und behüte uns
der allmächtige und barmherzige Gott,
Vater, Sohn und Heiliger Geist.

Abendgebete für Kinder: Nr. 864–867
Abendlieder: Nr. 467–493, 786.5
Psalmen: 4 (Nr. 703), 42 (Nr. 723), 63 (Nr. 729), 91 (Nr. 736), 121 (Nr. 749), 134 (Nr. 752)

MIT KINDERN BETEN

860

Wenn das Kind noch klein ist und auf dem Schoß der Mutter, auf dem Arm des Vaters das Beten erlebt, begreift es den Vorgang nicht. Aber es empfindet die Stille, in der sich die Eltern beim Gebet sammeln, und es spürt das Vertrauen, das sie Gott entgegenbringen. Es faltet die Hände, wie sie es tun, und versucht allmählich, die Gebete mitzusprechen. Gern wiederholt es sie auch allein, wenn es sie gut kennt. So gewinnt das Kind eine Beziehung zum Glauben, in der das Verstehen dem Empfinden folgt. Mit wachsendem Verständnis erschließen sich die vertrauten Gebete und Lieder. Darum ist es wichtig, daß schon die ersten Gebete nur solche Aussagen enthalten, die auch für Heranwachsende wahr sind.

Gebete am Morgen und Abend und das regelmäßige Tischgebet – gesungen oder gesprochen – begleiten den Tagesablauf. Was das Kind so in der Familie erfährt, hilft ihm zum eigenständigen Glauben und später auch zum Leben mit der Gemeinde. Im Singen und Beten wächst das Kind in den Ablauf des Kirchenjahres hinein.

Das Gebet mit eigenen Worten beginnt damit, daß das Kind außer von sich selbst auch von den ihm nahestehenden Menschen zu Gott spricht. Das Gebet erzählt von den schönen Erlebnissen genauso wie von den Kümmernissen. Das kann ein Kind auch mit Bewegungen, Gesten und Singen ausdrükken. Viele Anlässe eignen sich besonders zum Gebet: Geburtstage, Tauftage, Schule, Ferien, Reisen, aber auch Krankheit, Schmerzen und Tod. Das Kind soll erleben, daß es alle Freuden, Sorgen und Ängste vor Gott aussprechen kann.

AM MORGEN

In Gottes Namen steh ich auf. 861
Herr Jesus, leite meinen Lauf.
Behüte mich auf allen Wegen
mit deiner Kraft und deinem Segen.

Wie fröhlich bin ich aufgewacht, 862
wie hab ich geschlafen so sanft die Nacht!
Hab Dank, du Vater im Himmel mein,
daß du hast wollen bei mir sein.
Behüte mich auch diesen Tag,
daß mir kein Leid geschehen mag.

VOR DEM GANG ZUR SCHULE

Führe mich, o Herr, und leite 863
meinen Gang nach deinem Wort;
sei und bleibe du auch heute
mein Beschützer und mein Hort.
Nirgends als von dir allein
kann ich recht bewahret sein. *(Lied Nr. 445,5)*

AM ABEND

Was schön war heute, kam von dir. 864
Was unrecht war, vergib es mir!
Laß mich bei dir geborgen sein.
In deinem Frieden schlaf ich ein.

Die Nacht bricht an über Stadt und Feld. 865
Gott, segne die Erde, behüte die Welt.

Lieber Gott, kannst alles geben, 866
gib auch, was ich bitte nun,
schütze diese Nacht mein Leben,
laß mich sanft und sicher ruhn.
Sieh auch von dem Himmel nieder
auf die lieben Eltern mein,
laß uns alle morgen wieder
fröhlich und dir dankbar sein.

867

Lieber Gott, wir danken dir für diesen Tag.
Wir bitten dich um deinen Schutz in dieser Nacht.
Wir bitten dich für alle Menschen, besonders für
. . . . .

Als Abendgebet für Kinder
eignet sich auch das Lied
»Müde bin ich, geh zur Ruh« (Nr. 484)
und die Strophe
»Breit aus die Flügel beide« (Nr. 477,8).

GEBET EINES KINDES ZUM GEBURTSTAG

Lieber Gott. Heute habe ich Geburtstag. 868
Ich danke dir, daß ich leben darf,
daß ich Augen zum Sehen und Ohren zum Hören habe,
daß ich sprechen kann und nachdenken,
daß ich Hände und Füße habe
und daß ich nicht allein bin.
Du hast mir alles gegeben. Ich danke dir und freue mich.

Lieber Gott, heute hatten wir Streit. 869
Wir waren böse miteinander.
Das Schimpfen und Zanken tut uns allen weh.
Trotzdem fangen wir immer wieder damit an.
Du, Gott, bist gut zu uns,
laß auch uns wieder gut zueinander sein.

Lieber Gott, 870
ich bin krank und liege im Bett.
Gib, daß es nichts Schlimmes ist
und ich bald wieder gesund werde.
Ich danke dir,
daß ich so lieb gepflegt werde.
Wie gut, daß es Medizin gibt, die hilft.
Ich bitte dich,
behüte alle kranken Kinder,
zu Hause und im Krankenhaus.
Hilf ihnen, daß sie gesund werden.

ZU DEN WOCHENTAGEN

Nach kirchlichem Brauch sind den einzelnen Wochentagen besondere Gebetsanliegen zugeordnet. Sie sind den ausgeführten Gebeten zu den Wochentagen vorangestellt. Die genannten Anliegen sollen als Anregung dienen, sie wollen entfaltet und ergänzt werden.

SONNTAG

Besondere Anliegen
für Dank und Fürbitte: 871

die Verkündigung des Evangeliums in aller Welt,
alle, die sich heute als seine Gemeinde versammeln,
alle, die heute für andere arbeiten müssen,
alle, die Erholung und Freude suchen,
die Bewahrung der Schöpfung.

872

Jesus Christus, unser Heil. Du hast dem Tode die Macht genommen und das Leben und ein unvergängliches Wesen an das Licht gebracht. Wir preisen dich, Herr, an deinem Tage, Licht vom ewigen Licht, Sonne dieser und der zukünftigen Welt.
Erleuchte uns und laß deine Kraft in uns mächtig sein. Öffne uns Herz und Lippen, daß wir dein Wort hören und deinen Namen bekennen. Segne uns an diesem Tage durch deine Gegenwart. Sei mit allen, die sich in deinem Namen versammeln, und stärke deine Gemeinde in ihrem Dienst. Dir sei Ehre in Ewigkeit.

Freie Zeit – 873
mein Gott, wie schön!
Ich kann mich entspannen,
Atem holen, zur Besinnung kommen.
Ich kann mich freuen
an Menschen, die mir lieb sind,
am Licht der Sonne,
an Blumen und Bäumen,
am Singen der Vögel,
wer weiß, woran noch?
Ich kann dein Wort hören
und deine Liebe feiern
mit allen, die an dich glauben.
Ich danke dir, Gott.
Ich bitte dich um deinen Segen
für diesen Tag,
den Tag deines Sohnes.
In seinem Licht will ich leben.

Jesus, Sohn Gottes, 874
mein Bruder,
ich freue mich, daß du nahe bist
und zu mir sprichst.
Du bist die Wahrheit, die mich befreit,
das Brot, das meinen Hunger stillt,
der Wein, der mir Freude bringt.
Mein Weg bist du,
mein Licht und mein Leben.
In deiner Liebe
finde ich die Liebe des Vaters
und Kraft, die Menschen zu lieben,
wie ich geliebt bin.
Bei dir weiß ich mich aufgehoben.
Nichts soll mich trennen von dir.

MONTAG

Besondere Anliegen
für Dank und Fürbitte: 875

Gelingen unserer Arbeit,
alle, die mit uns und für uns arbeiten,
die Arbeitslosen,
alle, die an ihrer Arbeit keine Freude haben,
die Überlasteten,
alle, die unterwegs sind.

876

Wir danken dir, Herr, unser Gott, daß du uns deine Barmherzigkeit und Treue zugesagt hast. Wir bitten dich, geleite uns mit deiner Güte durch diesen Tag. Gib, daß wir unser Werk mit Freuden anfangen, und laß uns gelingen, was uns aufgetragen ist. Gib uns Kraft, daß wir uns bewähren als deine Zeugen. Mache uns unbeirrbar in der Liebe und in der Geduld. Laß uns treu sein in den großen wie in den kleinen Dingen unseres Lebens.

Mein Gott, es fällt mir nicht leicht, 877
von neuem an die Arbeit zu gehen.
Es hat mir gut getan,
zu ruhen, zu spielen und zu vergessen.
Nun soll es wieder ernst werden.
Vor mir türmen sich Aufgaben.
Ich werde unruhig und frage:
Wie soll ich durchkommen?
Ich bitte dich, Gott:
Gib mir Gelassenheit.
Hilf mir unterscheiden,
was wichtig, was unwichtig ist,
was eilt und was nicht eilt.
Laß mir Zeit zur Besinnung,

zum Gespräch mit dir und den Menschen,
auch im Gedränge des Alltags.
Bleibe bei mir.

Dir danke ich, mein Gott, 878
für alles, was mir gelungen ist,
für den Segen,
den du auf meine Arbeit gelegt hast.
Dich bitte ich um Vergebung
für alles, was dir an mir nicht gefällt,
für meine Schwächen
und mein Versagen.
Dir vertraue ich mich an
mit allen, die mein Leben teilen
und mit mir zusammenarbeiten.
Du wirst mir Ruhe schenken.

DIENSTAG

Besondere Anliegen
für Dank und Fürbitte: 879

Beistand in den täglichen Versuchungen,
die Angefochtenen, die Gefangenen und Heimatlosen,
die Hungernden und Entrechteten,
alle, die ihnen beistehen,
alle, denen die Kirche fremd und gleichgültig geworden ist,
alle, die auf dem Weg zum Glauben sind.

880

Herr, du sendest uns in den Kampf. Du mutest uns zu, Spannungen und Konflikte auszuhalten. Du kennst uns, du weißt, wie schwach wir sind, wie leicht wir aufgeben, wie oft wir Versuchungen erliegen. Stärke uns, damit wir standhalten. Hilf, daß wir einander geduldig und liebevoll beistehen. Bewahre uns vor falschem Eifer, vor Eigensinn und blindem Zorn. Laß uns deinen Frieden spüren. Sei mit uns in allen Stunden dieses Tages.

Dir kann ich es sagen, mein Gott: 881
Ich habe Angst,
oft, immer wieder:
Fragen – ich weiß keine Antwort,
Probleme – ich sehe keinen Ausweg,
Menschen – ich verstehe sie nicht.
Ich fühle mich überfordert.
Du mußt mir helfen.
Ich bitte dich, Gott:
Nimm mir die Angst.
Gib mir ein ruhiges Herz
und klare Gedanken.
In deiner Kraft
will ich reden und handeln,
schweigen und leiden.
In deinem Frieden
laß mich geborgen sein
mitten im Kampf.

Mein Gott, ich bin bewahrt geblieben 882
in mancher Gefahr.
Du bist bei mir gewesen
und hast mich beschützt.
Vergib mir meine Angst,
meine Sorgen,
meinen Unglauben.
Du bist mein Halt,
der Boden, der mich trägt,
das Dach, unter dem ich wohne,
der Friede, in dem ich einschlafe.
Ich danke dir, Gott.

MITTWOCH

Besondere Anliegen
für Dank und Fürbitte: 883

Frieden und Gerechtigkeit,
die Kraft vergebender Liebe,
alle, die im öffentlichen Leben Verantwortung tragen,
alle, die lehren und erziehen,
Eltern, Ehepartner und Kinder,
Verwandte, Freunde und Nachbarn.

884

Herr Gott, du hast uns gelehrt, daß all unser Tun nichts ist ohne deine Liebe: Sende deinen Heiligen Geist und gieße aus in unsere Herzen die Gabe der Liebe, die das Band des Friedens und der Vollkommenheit ist.

Ich danke dir, Gott, 885
daß ich nicht allein bin
auf dem Weg durch den Tag.
Du hast mir Menschen gegeben,
die mich begleiten,
die mich verstehen,
die mich lieben.
Mein Gott, ich bitte dich
für meine Familie,
für meine Freunde:
Sei du mit ihnen.
Sei du mit uns.
Segne unser Gespräch,
unser gemeinsames Leben.
Hilf uns teilen,
was du uns schenkst
und was du uns aufläds
Gib uns Geduld und Treue.

Mein Gott, wenn ich bedenke, 886
was ich anderen verdanke,
vor allem meiner Familie
und meinen Freunden:
Wie viel bleibe ich ihnen schuldig!
Ich bitte dich: Vergib mir.
Ich will für sie da sein,
wie sie für mich da sind,
immer von neuem.
Du wirst mir helfen
durch deinen Geist,
den Geist der Liebe
und der Geduld.

DONNERSTAG

Besondere Anliegen
für Dank und Fürbitte: 887

die Gemeinde Gottes,
die Boten des Evangeliums in der Welt,
alle, die um des Evangeliums willen verfolgt werden
oder gefangen sind,
die Brüder und Schwestern in anderen Kirchen,
die Einheit der Christenheit.

888

Wir bitten dich, Herr, für deine Kirche. Gib ihr den Mut, sich aus deinem Wort zu erneuern. Hilf ihr, nach dem Weg zu fragen, den du sie führen willst. Bei dir sollen wir geborgen sein. Gib uns Zutrauen zu deiner Gemeinde. Laß uns Menschen begegnen, deren Leben dich bezeugt. Gib deiner Gemeinde Menschen, die ihr gern dienen. Du willst alle Tage mit uns sein.

Nicht ich allein, mein Gott, 889
bin auf dich angewiesen.
Viele sind es, die deine Hilfe brauchen.
Ich bitte dich für die Menschen,
die mir anvertraut sind,
für mich sorgen,
mit mir zusammenarbeiten.
Ich denke an die Menschen,
die besondere Verantwortung tragen
in unserer Gemeinde
und in der ganzen Christenheit,
für unser Land
und für die Gemeinschaft der Völker.
Gott, du bist unsere Hoffnung
auf Freiheit,
auf Gerechtigkeit und Frieden
bei uns und überall in der Welt.

Mein Gott, ich mache mir Sorgen 890
um die Zukunft,
um meine Zukunft
und die Zukunft der Welt.
Ich bitte dich: Nimm mir die Sorgen,
damit ich heute ruhig schlafen
und morgen mutig tun kann,
was du von mir erwartest.
Du bist der Herr.
Du wirst das letzte Wort haben
in meinem Leben
und in der Geschichte der Welt.
Darauf will ich mich verlassen.

FREITAG

Besondere Anliegen
für Dank und Fürbitte: 891

Vergebung der Schuld,
alle, die leiden müssen,
die Gequälten und Verzweifelten,
alle, die sich aufopfern für andere,
die Feinde des Evangeliums.

892

Herr Jesus, du bist am Kreuz für uns gestorben. Wir bitten dich, gib, daß wir uns unter deinem Kreuz als deine Jünger sammeln. Kehre ein bei allen, die dir ihr Herz öffnen. Laß dich finden von denen, die dich suchen. Schweige nicht zu dem Rufen derer, die auf dich warten, und tröste uns alle mit deiner Hilfe. Du, Herr, bist unser Leben; dir gehören wir jetzt und in alle Ewigkeit.

Was auch geschieht, 893
du bist bei mir, mein Gott.
Ich weiß nicht,
was dieser Tag bringen wird,
aber ich fürchte mich nicht.
Mit Jesus, deinem Sohn,
will ich den Weg des Vertrauens gehen,
bis ans Ende.
Ich bitte dich, Gott:
Wenn ich in Bedrängnis gerate,
gib mir Geduld,
wenn Verzweiflung droht,
unbeirrbare Hoffnung.
Deinem Willen überlasse ich
den Lauf meines Lebens
und die Stunde meines Todes.

894

Mein Gott, wie viel Leiden:
Krankheit, Tod, Trauer,
Einsamkeit, enttäuschte Liebe,
Hunger, Unterdrückung,
Krieg und Katastrophen ...
Oft schaue ich weg,
weil ich es nicht ertrage.
Ich danke dir,
daß du mir Hoffnung gibst,
durch den Tod und die Auferstehung
deines Sohnes.
Er ist das Licht,
das die Finsternis vertreibt,
der Friede in allem Streit,
das Leben mitten im Sterben,
auch für mich.

SONNABEND

Besondere Anliegen
für Dank und Fürbitte:

895

die Vollendung des Reiches Gottes,
die Sterbenden und ihr Heil,
die Trauernden und Einsamen,
alle, denen ihr Leben leer und sinnlos erscheint,
alle, die ihnen nahe sind und sie trösten.

896

Herr, unsere Zeit ist voll Unruhe und Streit, in deinem Reich aber ist Friede und Seligkeit. So bitten wir dich am Ende der Woche, sende in unser Leben deinen Frieden. Gib Rat den Ratlosen, gib Kraft den Schwachen und Zuversicht den bangen Herzen. Laß uns glaubensvoll auf deine Zukunft blicken. Mach uns bereit, dir entgegenzugehen. Herr, wir glauben, hilf unserem Unglauben.

897

Mein Gott, die Zeit rennt!
Wieder eine Woche vergangen ...
Wie ist sie gewesen?
Was habe ich geschafft,
was ist liegengeblieben?
Wem habe ich geholfen
und wen enttäuscht? –
Ich bitte dich, Gott:
Gib mir ein waches Gewissen.
Hilf mir die Wahrheit erkennen
und ihr standhalten.
Sei mir gnädig.
Vergib mir meine Schuld.
Laß mich Frieden finden,
Frieden mit den anderen
und mit mir selbst.
Segne mich.

898

Ein Tag geht zu Ende.
Ich bin müde, mein Gott.
Ich freue mich auf die Ruhe,
die nun auf mich wartet.
Gib mir eine gute Nacht.
Auch wenn mein Leben zu Ende geht,
laß mich in Frieden einschlafen.
Du bist die Ruhe,
die auf mich wartet,
jetzt und in Ewigkeit.
Dir vertraue ich mich an.

WOCHENSCHLUSS 899

Ewiger Gott und lieber Vater.
Abermals ist eine Woche vergangen. Die Zeit eilt dahin und mit ihr unser Leben, so bitte ich dich:
Bleibe bei mir und vergib mir alles, womit ich in dieser Woche deine Liebe gekränkt habe. Sei mir gnädig um Jesu Christi willen.
Und da die Werkstatt meines Lebens in der vergangenen Woche in Unordnung geraten ist, so hilf mir jetzt aufräumen und mit deiner Hilfe alles wieder in Ordnung bringen.
Machе mein ganzes Leben zu einer Rüstzeit auf den ewigen Ruhetag bei dir.

Weitere Morgengebete zu den Wochentagen Nr. 783.10
Weitere Abendgebete zu den Wochentagen Nr. 785.10

ZUM LEBENSKREIS

IN ERWARTUNG EINES KINDES 900

Vater im Himmel, ich danke dir für die Gnade, Leben zu empfangen und zu geben. Ich bitte dich: Bewahre das Kind in mir; stehe mir bei in der Stunde der Geburt; schenke mir ein gesundes Kind. Nimm es als dein Kind an.

NACH DER GEBURT EINES KINDES 901

Lieber himmlischer Vater, du Schöpfer des Lebens! Wir danken dir, daß du uns dieses Kind geschenkt hast. In der Stunde der Gefahr hast du uns beigestanden. Du hast uns mit Freude und Glück erfüllt. Wir legen unser Kind in deine Hände; laß es aufwachsen unter deinem Schutz und Segen.

BEI EINEM BEHINDERTEN KIND 902

Lieber Vater im Himmel! Wir haben uns sehr auf unser Kind gefreut. Jetzt wissen wir, daß es behindert ist. Gib uns die Kraft, unser Kind in Liebe anzunehmen. Hilf dazu, daß es seine Gaben entfalten kann. Zeige uns Menschen, die unser Kind fördern können. Begleite es mit deiner Güte und Treue und laß es bei uns Geborgenheit finden.

ZUR TAUFE EINES KINDES 903

Du dreieiniger Gott, auf dein Wort bringen wir unser Kind zur Taufe und bitten dich: Nimm es als dein Kind an. Hilf uns, wenn wir versuchen, unser Kind zum Glauben zu führen, und mach es zu einem lebendigen Glied deiner Gemeinde.

GEBET EINES JUGENDLICHEN ODER ERWACHSENEN ZU SEINER TAUFE / KONFIRMATION 904

Herr Jesus Christus, du hast mich gerufen, und ich habe mich entschieden. Darüber bin ich froh. Du befreist von den Mächten, die zu Irrtum und Lüge verführen. Ich bekenne mich zu dir. Du sollst mein Leben bestimmen. Gib mir Mut und Ausdauer, dir nachzufolgen. Und wenn ich versage, so hilf mir.

GEBET EINES PATEN / EINER PATIN 905

Gott, du bist uns wie Vater und Mutter. Du hast mir dieses Patenkind anvertraut. Behüte es, behüte seine Eltern. Laß es fröhlich und geborgen aufwachsen. Zeige mir, wo ich gebraucht werde, um Vertrauen zu stiften und Halt zu geben.

Ich möchte meinem Patenkind zeigen, was das Leben gut und reich macht: Liebe üben und Frieden halten, verzeihen und vertrauen. Das hat Jesus, dein Sohn, vorgelebt.
Hilf mir dazu, mein Gott.

SCHULANFANG 906

Lieber Gott, jetzt beginnt die Schule für unser Kind.
Mit unseren Hoffnungen und Sorgen kommen wir zu dir und sagen dir, was wir für unser Kind erbitten:
daß es gerne lernt und Neues entdeckt,
daß es sich mit anderen verträgt,
daß es nicht aufgibt, wenn etwas mißlingt,
daß es nicht den Mut verliert,
wenn es bei Mitschülern und Lehrern bestehen muß,
daß es hilfsbereit ist
und nicht gequält wird,
daß es nicht mitmacht,
wenn Böses ausgeheckt wird.
Beschütze unser Kind auf dem Schulweg.
Bei dir ist es geborgen, lieber Gott.
Laß es spüren, daß du es liebhast.

BEIM HERANWACHSEN DER KINDER 907

Vater im Himmel, ich bitte dich für... (mein Kind). Es beginnt, sich von mir zu lösen. Gib mir Mut und Geduld, es loszulassen. Zeige mir, wo ich reden soll und wo ich schweigen muß. Begleite du mein Kind und laß es den Weg zu dir finden. Gib ihm eine Aufgabe, die seinen Gaben entspricht, aufrichtige Freunde, denen es sich anvertrauen kann. Laß es einen Menschen finden, mit dem es durchs Leben gehen kann. Hilf, daß wir einander verstehen und annehmen.

GEBET EINES JUNGEN MENSCHEN 908

Herr, ich möchte vieles sehen und erleben. Manchmal habe ich Angst, daß ich zu kurz komme, daß ich mein Leben nicht so leben kann, wie ich es gerne möchte. Die Älteren verstehen mich oft nicht. Sie nehmen mich nicht ernst. Ich brauche jemanden, dem ich mich anvertrauen kann.
Herr, laß mich nicht allein. Gib mir Freunde, mit denen ich reden kann, Menschen, die zu mir halten. Hilf, daß ich etwas finde, für das es sich zu leben lohnt. Ich weiß, daß ich Fehler mache. Bewahre mich davor, in eine Sackgasse zu geraten. Führe du mich weiter, Herr.

GEBET IN DER KONFIRMANDENZEIT 909

Ich brauche Mut und Kraft zum Leben. Ich brauche auch den Glauben. Wenn ich den nicht habe: welchen Sinn hat dann alles und woran soll ich mich halten?
Ich bitte dich, Gott: Laß mich spüren, daß du bei mir bist. Hilf mir, dir zu vertrauen und auf dich zu hören. Hilf mir zu finden, was für mich gut ist.
Gib mir und den anderen eine Gemeinde, in der wir uns zu Hause fühlen können. Zeige mir den Weg und halte mich fest.

AM GEBURTSTAG 910

Lieber Vater im Himmel! Du hast mir das Leben geschenkt, du schenkst mir auch diesen Tag. Ich danke dir für das vergangene Lebensjahr. Du hast mich reicher gemacht durch Begegnungen und Erfahrungen. In den Zeiten der Angst hast du mir beigestanden.
Ich bitte dich: Begleite mich mit deiner Freundlichkeit im kommenden Lebensjahr. Laß mich Menschen finden, die mich verstehen, und zeige mir Menschen, die mich brauchen. Gib mir Mut und Hoffnung.

911

Freundlicher, guter Gott, heute hat … Geburtstag.
Du hast ihn/sie durch das vergangene Lebensjahr geleitet.
Wir danken dir für deine Güte.
Behüte ihn/sie auch im neuen Lebensjahr.
Erhalte ihn/sie auf deinen Wegen.
Laß uns in Liebe miteinander verbunden bleiben.

IN DER EHE 912

Du Gott der Liebe, wir danken dir für unser gemeinsames Leben. Segne unseren Weg. Gib uns deinen guten Geist und begleite uns mit deinem Frieden. Laß unsere Arbeit gelingen, und gib uns unser tägliches Brot. Hilf uns, daß einer des anderen Last trägt und daß wir miteinander bewältigen, was uns Mühe macht. Schenke uns die Kraft, für Menschen da zu sein, die uns brauchen.

AM GEDENKTAG DER HOCHZEIT 913

Lieber Vater, wir danken dir heute für alles, was du uns Gutes getan hast.
Du hast uns miteinander verbunden und zusammengehalten. In den Jahren unserer Ehe hast du uns deine Freundlichkeit spüren lassen. In guten und schweren Tagen bist du uns treu geblieben, auch wenn wir schuldig geworden sind vor dir und aneinander.
Wir bitten dich: Bleibe du bei uns an jedem neuen Tag.
Erhalte uns unsere Liebe, und gib uns Geduld füreinander.
Segne uns und alle, die zu uns gehören. Und wenn du einen von uns abrufst aus diesem Leben, dann laß uns darauf vertrauen, daß wir beide in deiner Liebe geborgen sind.

IN KRITISCHEN ZEITEN DER EHE 914

Vater im Himmel, du hast uns füreinander bestimmt und uns verbunden für ein ganzes Leben. Hilf uns überwinden, was uns trennen will. Laß uns erkennen, was uns das Zusammenleben schwer macht und wo wir aneinander schuldig werden. Mach uns bereit, miteinander zu reden. Schenke uns Aufrichtigkeit und Vertrauen. Gib uns die Kraft, daß wir einander vergeben, wie du vergibst. Mach uns geduldig, laß unsere Liebe nicht erlöschen. Laß sie reifen und mach sie beständig. Hilf, daß wir wieder zueinander finden und einander treu bleiben.

IN EINSAMKEIT 915

Herr, ich habe keinen Menschen, dem ich mich anvertrauen kann. Es sind so viele um mich her, und doch bin ich allein. Befreie mich aus meiner Einsamkeit und gib mir einen Menschen, mit dem ich reden kann. Laß mich nicht an Menschen vorbeigehen, die auf mich warten und mich brauchen.

ARBEIT UND BERUF 916

Vater im Himmel, ich danke dir, daß ich Beruf und Arbeitsplatz habe, daß ich gesund bin und etwas leisten kann. Gib mir an meiner Arbeit Freude. Behüte mich vor nutzlosem Tun und falschem Ehrgeiz. Laß mich hilfsbereit sein und aufrichtig zu allen, mit denen ich arbeite.

917

O Gott, meine Arbeit wächst mir über den Kopf. Ich bin nervös, weil so vieles auf mich einstürmt. Ich weiß nicht, wie ich das alles bewältigen soll. Gib mir doch Stille, auf dich zu hören. Mach mich gewiß, daß du mir nicht mehr zumutest, als ich leisten kann. Hilf mir erkennen, was unnötig ist. Gib mir Kraft, das Nötige zu tun.

VOR PRÜFUNGEN UND HERAUSFORDERUNGEN

918

Herr, ich stehe vor einer großen Aufgabe. Ich brauche deinen Beistand. Ich bitte dich um innere Ruhe. Laß mich einen klaren Kopf behalten. Gib, daß ich richtige Entscheidungen treffe.

BEI ARBEITSLOSIGKEIT

919

Herr, ich habe keine Arbeit. Täglich bin ich in Sorge um das, was ich (mit meiner Familie) zum Leben brauche. Mit mir warten viele Menschen darauf, daß sie wieder einen Arbeitsplatz bekommen. Oft weiß ich nicht mehr, ob mein Leben noch einen Sinn hat.
Ich vertraue aber darauf, daß du zu mir stehst. Weil du mich liebst, ist mein Leben nicht wertlos. Hilf, daß ich nicht die Achtung vor mir selbst verliere. Zeige mir, wo ich gebraucht werde und wo ich Sinnvolles tun kann.

FÜR EINEN ANGEHÖRIGEN BEI GEFÄHRLICHER ARBEIT

920

Gott, du Helfer in allen Gefahren!
... hat eine Arbeit zu tun, bei der leicht ein Unglück geschehen kann. Laß ihn/sie aufmerksam und umsichtig sein und halte deine schützende Hand über ihn/sie.

URLAUB UND REISE 921

Den Weg des Friedens führe uns der allmächtige und barmherzige Herr.
Sein Engel geleite uns auf dem Weg, daß wir wohlbehalten heimkehren in Frieden und Freude.

REISESEGEN 922

Der Herr sei vor dir,
um dir den rechten Weg zu zeigen.
Der Herr sei neben dir,
um dich in die Arme zu schließen
und dich zu schützen.
Der Herr sei hinter dir,
um dich zu bewahren
vor der Heimtücke böser Menschen.
Der Herr sei unter dir,
um dich aufzufangen, wenn du fällst,
und dich aus der Schlinge zu ziehen.
Der Herr sei in dir,
um dich zu trösten,
wenn du traurig bist.
Der Herr sei um dich herum,
um dich zu verteidigen,
wenn andere über dich herfallen.
Der Herr sei über dir,
um dich zu segnen.
So segne dich der gütige Gott.

ZU BEGINN EINER FAHRT 923

Herr, am Beginn meiner Fahrt bitte ich dich:
Sei mir nahe und umgib mich mit deinem Schutz.
Bewahre mich davor, daß ich andere oder mich selbst in Gefahr bringe.
Schenke mir Umsicht und Geistesgegenwart.
Führe mich sicher ans Ziel.

FÜR ANGEHÖRIGE UNTERWEGS 924

Guter Gott, ... ist unterwegs.
Ich habe Angst, daß ihm/ihr etwas zustoßen könnte.
Du kannst vor Unfall und Schaden bewahren und in allen Gefahren beschützen. Darum bitte ich dich.

Lieder Nr. 254, 361, 368, 498

IM URLAUB 925

Wir danken dir, du freundlicher Gott, daß wir ausspannen dürfen und Zeit füreinander haben. Laß uns Abstand von der Arbeit gewinnen und neue Kraft schöpfen. Du zeigst uns die Wunder der Natur und die Schönheiten der Kunst. Du läßt uns andere Menschen kennenlernen und machst unser Leben reicher. Laß uns gestärkt an Leib und Seele nach Hause zurückkehren.

IN NOT UND KRANKHEIT 926

Gott, zu dir rufe ich am frühen Morgen
hilf mir beten und meine Gedanken sammeln zu dir;
ich kann es nicht allein.
In mir ist es finster, aber bei dir ist das Licht
ich bin einsam, aber du verläßt mich nicht
ich bin kleinmütig, aber bei dir ist die Hilfe
ich bin unruhig, aber bei dir ist Frieden
in mir ist Bitterkeit, aber bei dir ist Geduld
ich verstehe deine Wege nicht, aber du weißt
einen Weg für mich.

Vater im Himmel,
Lob und Dank sei dir für die Ruhe der Nacht
Lob und Dank sei dir für den neuen Tag,
Lob und Dank sei dir für alle deine Güte und Treue in meinem vergangenen Leben.
Du hast mir viel Gutes erwiesen,
laß mich nun auch das Schwere aus deiner Hand hinnehmen.
Du wirst mir nicht mehr auferlegen, als ich tragen kann.
Du läßt deinen Kindern alle Dinge zum besten dienen.

Herr Jesus Christus,
du warst arm und elend, gefangen und verlassen wie ich.
Du kennst alle Not der Menschen,
du bleibst bei mir, wenn kein Mensch mir beisteht,
du vergißt mich nicht und suchst mich,
du willst, daß ich dich erkenne und mich zu dir kehre.
Herr, ich höre deinen Ruf und folge. Hilf mir!

Heiliger Geist,
gib mir den Glauben, der mich vor Verzweiflung und Laster rettet.
Gib mir die Liebe zu Gott und den Menschen, die allen Haß und Bitterkeit vertilgt,
gib mir die Hoffnung, die mich befreit von Furcht und Verzagtheit.

927

Herr Gott, großes Elend ist über mich gekommen. Meine Sorgen wollen mich ersticken, ich weiß nicht ein noch aus. Gott, sei mir gnädig und hilf! Gib mir Kraft zu tragen, was du schickst. Laß die Furcht nicht über mich herrschen. Ich traue deiner Gnade und gebe mein Leben ganz in deine Hand. Mach du mit mir, wie es dir gefällt und wie es gut für mich ist. Ob ich lebe oder sterbe, ich bin bei dir und du bist bei mir, mein Gott.

928

Weiß ich den Weg auch nicht, du weißt ihn wohl,
das macht die Seele still und friedevoll.
Ist's doch umsonst, daß ich mich sorgend müh,
daß ängstlich schlägt mein Herz, sei's spät, sei's früh.

Du weißt den Weg ja doch, du weißt die Zeit;
dein Plan ist fertig schon und liegt bereit.
Ich preise dich für deiner Liebe Macht,
ich rühm die Gnade, die mir Heil gebracht.

Du weißt, woher der Wind so stürmisch weht,
und du gebietest ihm, kommst nie zu spät.
Drum wart ich still, dein Wort ist ohne Trug,
du weißt den Weg für mich – das ist genug!

929

Ja, wärst du nicht mein Gott, wie könnt die Qualen
der armen Schöpfung ich dir je verzeihen!
Ja, wärst du nicht mein Gott, ich wollte speien
und Not mit Haß und Schmerz mit Bosheit zahlen.

Da wir uns deinem Schutze anbefahlen,
gabst du uns preis, und da wir aufwärts schreien,
bleibst du uns taub, und da wir uns kasteien,
verbirgst du dich in ungewissen Strahlen.

Ja, wärst du nicht mein Gott, wärst Herr von Knechten,
wärst Kirchenbild und Spielzeug für die Dummen,
ich wäre mir zu gut, nur dein zu denken.

Du bist mein Gott! Und darum muß ich rechten
und darum zweifeln, spotten und dich kränken –
und darum an dich glauben und verstummen.

930

Vater im Himmel, ich bitte weder um Gesundheit noch um Krankheit, weder um Leben noch um Tod, sondern darum, daß du über meine Gesundheit und meine Krankheit, über mein Leben und meinen Tod verfügst zu deiner Ehre und zu meinem Heil. Du allein weißt, was mir dienlich ist. Du allein bist der Herr, tue, was du willst. Gib mir, nimm mir, aber mache meinen Willen dem deinen gleich.

MORGENS 931

Lieber himmlischer Vater, ein neuer Tag beginnt.
Gib mir neue Kraft und Geduld.
Tröste mich durch dein Wort.
Erquicke mich in meiner Mattigkeit.
Sei du bei mir, wenn Schmerzen kommen und ich mutlos werde.
Laß mich den Tag bestehen und dankbar annehmen, was Menschen mir Gutes erweisen.
Du bist mein Vater, dir vertraue ich mich an.

ABENDS 932

Lieber Vater im Himmel, du hast mir heute geholfen zu tragen, was schwer für mich war.
Ich danke dir dafür.
Bleibe auch in der kommenden Nacht bei mir.
Behüte mich vor Angst und Qual,
lindere meine Schmerzen,
schenke mir Schlaf.
Bewahre mich vor schweren Träumen.
Gib mir gute Gedanken, wenn ich keine Ruhe finde.
Behüte die Meinen, die sich um mich sorgen.
Sei gnädig und gib uns Frieden.

VOR EINER OPERATION

933

Herr, ich habe Angst. So viele Gedanken überfallen mich. Du weißt, wie ausgeliefert ich mir vorkomme. Laß mich nicht allein. Laß mich geborgen sein in dir. Führe du den Ärzten die Hand, wende alles zum Guten. Herr, auf dich hoffe ich. In deine Hände befehle ich mein Leben.

IN SCHWERER KRANKHEIT

934

Herr und Heiland, mich quälen Krankheit und Schmerzen, mein Herz ist voll Unruhe, meine Gedanken verirren sich in meiner großen Angst. Ich sehe keinen Ausweg, mich schreckt der Tod.
Aus der Tiefe schreie ich, Herr, zu dir. Gib meinem Herzen Frieden, gib mir die Bereitschaft, anzunehmen, was du schickst, sei es Leben, sei es Sterben. Halte mich fest in deinen Händen, bei dir bin ich geborgen.

935

Hilf mir in meiner Verzweiflung, Herr, mein Gott.
Ich hänge zwischen Leben und Tod. Meine Krankheit macht mir Schmerzen. Meine Hilflosigkeit quält mich, auch die Ohnmacht derer, die mir helfen wollen. Ich muß damit rechnen, daß mein Leben zu Ende geht.
Ich rufe dich um Hilfe an. Ich möchte am Leben bleiben. Wenn ich aber sterben muß, hilf mir in dieser Stunde. Laß mich deiner Gnade gewiß werden. Gib mir die Zuversicht des ewigen Lebens.

GEBET MIT KINDERN FÜR EIN KRANKES KIND

936

Lieber Gott, ... ist krank.
Wir bitten dich: Laß ... wieder gesund werden, damit er/sie wieder mit den andern Kindern spielen und mit uns fröhlich sein kann. Wenn es noch länger dauert, gib uns Geduld, daß wir warten können. Schenke uns gute Einfälle, wie wir ... eine Freude machen können. Hilf uns und allen Kranken.

BEI DER GENESUNG

937

Gütiger Gott, lieber Vater! Du schenkst mir mein Leben neu, und gibst mir die Freude, wieder mit den Meinen zusammenzusein. Laß mich deine Wohltaten nicht vergessen. Gib mir Mut und Kraft, neu zu beginnen und dich zu preisen mit Wort und Tat. Hilf gnädig allen Kranken. Du, Herr, bist die Quelle des Lebens, du bist der Ursprung aller Freude, du bist der Geber allen Trostes. Dir sei Ehre in Ewigkeit.

938

Mein Gott, ich danke dir, daß du mich aufgerichtet und gestärkt hast. Ich darf gesund werden und kann wieder meinen Weg gehen und meine Arbeit tun. Hilf mir, dafür stets dankbar zu bleiben. Leite mich durch deinen Geist, daß ich dir zur Ehre lebe, daß ich dir diene und dich lobe.

IM ALTER UND BEIM STERBEN

939

O Herr, bitter ist das Brot des Alters und hart. Wie erschien ich mir früher reich – wie arm bin ich nun, arm und einsam, und so hilflos. Wozu tauge ich noch auf Erden? Schmerzen plagen mich Tag und Nacht, träge rinnen die Stunden meiner schlaflosen Nächte dahin, ich bin nur noch ein Schatten dessen, der ich einmal war. Ich falle den anderen zur Last –
Herr, laß es genug sein. Wann wird die Nacht enden und der lichte Tag aufgehen? Hilf mir, geduldig zu sein. Zeig mir dein Antlitz, je mehr mir alles andere entschwindet. Laß mich den Atem der Ewigkeit verspüren, nun, da mir aufhört die Zeit. Auf dich, o Herr, hoffe ich, laß mich nicht zuschanden werden in Ewigkeit.

940

Heute, mein Gott, will ich dir danken, für die bisherige Lebenszeit mit allem, was sie mir gebracht hat. Ich danke dir für die kleinen Freuden des Alltags, für jeden Baum, für jeden Strauch, für den Gesang der Vögel in den Zweigen, für die Menschen, die mir begegnen, und die zu mir gehören
. . . . .
Es ist noch so viel, was mein Leben reich macht. Erhalte mir, Herr, ein waches Bewußtsein für den Reichtum meiner Tage.
Ich will nicht klagen über das, was mich beschwert, freuen will ich mich, daß ich deiner Treue gewiß sein darf und deiner Vergebung.
Hilf mir, Herr, daß ich den Menschen meiner Umgebung mit offenen Augen begegne. Ich weiß nicht, wieviel Zeit du mir noch zumessen wirst. Darum will ich dir danken, Gott, für jeden Tag und jede Stunde, die du mich leben läßt.

STERBENDE BEGLEITEN

941

Wenn ein Kind, ein Erwachsener oder ein alter Mensch in unserer Nähe abgerufen wird, stehen wir als Angehörige oder Freunde vor einer Aufgabe, die uns erschüttert und die über unsere Kräfte zu gehen scheint. Als Christen dürfen und sollen wir dennoch nach bestem Vermögen einem Sterbenden den Dienst tun, auf den er als Kind Gottes Anspruch hat.

Wir suchen es so einzurichten, daß der Sterbende, wenn möglich, bis zuletzt in der ihm vertrauten Umgebung bleiben kann. Wir lassen ihn unsere Nähe spüren. Ein paar Worte, eine Geste der Gemeinschaft, die sich in gemessenen Abständen wiederholen, genügen.

Wir weichen einem Gespräch über den Ernst der Lage nicht aus. Daß es nach menschlichem Ermessen ans Sterben geht, ist nicht eine »Wahrheit«, die dem Sterbenden zu sagen oder zu verschweigen ist, sondern ein Weg des Erkennens und Annehmens, auf dem wir dem Sterbenden im Gespräch beistehen, ohne die Hoffnung zu nehmen.

Oft dauert das Leben länger, als die Ärzte sagen, und der Übergang ist langwieriger, als wir bisher wußten. Ein Sterbender kann uns vielleicht noch hören, ohne daß wir es wahrnehmen.

Wir begleiten den Sterbenden mit dem biblischen Wort, mit Liedstrophen, dem Vaterunser, mit Wachen und Beten, Beichte und Abendmahl. (Worte, die Sterbenden zugesprochen werden können, finden sich unter Nr. 947.)

Wenn sich das Ende naht, erweisen wir dem Sterbenden den letzten Dienst mit dem Sterbesegen (Nr. 949). Dabei legen wir dem Sterbenden die Hand spürbar auf das Haupt und bezeichnen während des letzten Satzes den Heimgehenden mit dem Zeichen des Kreuzes.

Wir befehlen den Heimgegangenen und uns alle der Barmherzigkeit Gottes. Wir falten ihm die Hände über der Brust und drücken ihm die Augen zu. Wir zünden eine Kerze an als Ausdruck der christlichen Hoffnung. Dann befehlen wir den Entschlafenen und uns selbst der Gnade Gottes (z.B. Gebet Nr. 950), in der unsere Toten geborgen und wir als Lebende bewahrt sind.

942

Wenn ich einmal soll scheiden,
so scheide nicht von mir,
wenn ich den Tod soll leiden,
so tritt du dann herfür;
wenn mir am allerbängsten
wird um das Herze sein,
so reiß mich aus den Ängsten
kraft deiner Angst und Pein.

Erscheine mir zum Schilde,
zum Trost in meinem Tod,
und laß mich sehn dein Bilde
in deiner Kreuzesnot.
Da will ich nach dir blicken,
da will ich glaubensvoll
dich fest an mein Herz drücken.
Wer so stirbt, der stirbt wohl. *(Lied Nr. 85,9+10)*

943

Herr, ich weiß, daß du mich liebst. Mein Leben wie mein Sterben liegt in deinen Händen. Ich glaube, daß alles, was kommt, in deine Liebe eingeschlossen ist. Hilf mir, deinen Willen anzunehmen und zu verstehen, hilf mir, täglich bereit zu sein, wenn du mich rufst. Laß mich auch im Sterben in deiner Liebe geborgen bleiben. Ich hoffe auf dich: du wendest alles zum Guten. Herr, dein Wille geschehe.

944

Herr Jesus, ich rufe zu dir in meiner Anfechtung, in meiner großen Angst, im Leiden, das ich allein nicht mehr tragen kann.
Ich lege die Last meiner Schuld in deine Hand und vertraue auf deine Vergebung.
Bleibe du bei mir, mein Heiland. Erbarme dich meiner, sei du mächtig in meiner Schwachheit und führe mich durchs dunkle Tal in dein himmlisches Reich.

945

Jesus, dir leb ich,
Jesus, dir sterb ich,
Jesus, dein bin ich
tot und lebendig.

946

FÜR STERBENDE

Herr, unser Gott, du hast Leben und Tod in deinen Händen. Um deines Sohnes Jesu Christi willen erbarme dich unseres/unserer … . Du kannst Sünde vergeben, Qual verkürzen und aus dem Tod erlösen. Wir bitten dich für unsern/unsere … , nimm ihn/sie auf in die ewige Freude.

STERBENDEN ZUZUSPRECHEN

947.1

Jesus Christus spricht:
In der Welt habt ihr Angst;
aber seid getrost,
ich habe die Welt überwunden. *(Joh 16,33)*

947.2

Leben wir, so leben wir dem Herrn;
sterben wir, so sterben wir dem Herrn.
Darum, wir leben oder sterben,
so sind wir des Herrn. *(Röm 14,8)*

947.3

Also hat Gott die Welt geliebt,
daß er seinen eingeborenen Sohn gab,
damit alle, die an ihn glauben,
nicht verloren werden,
sondern das ewige Leben haben. *(Joh 3,16)*

947.4

In deine Hände, Herr, befehle ich meinen Geist.
Du hast mich erlöst, Herr, du treuer Gott. *(Ps 31,6)*

Der Herr wird mich erlösen von allem Übel 947.5
und mich retten in sein himmlisches Reich.
Ihm sei Ehre von Ewigkeit zu Ewigkeit. *(2.Tim 4,18)*

So spricht der Herr, der dich geschaffen hat: 947.6
Fürchte dich nicht, denn ich habe dich erlöst.
Ich habe dich bei deinem Namen gerufen,
du bist mein. *(Jes 43,1)*

Wir haben einen Gott, der da hilft, 947.7
und den Herrn, der vom Tod errettet. *(Ps 68,21)*

Christus spricht: Ich bin die Auferstehung 947.8
und das Leben.
Wer an mich glaubt, der wird leben,
auch wenn er stirbt;
und wer da lebt und glaubt an mich,
der wird nimmermehr sterben. *(Joh 11,25–26)*

947.9

Das ist mein einziger Trost im Leben und im Sterben, daß ich mit Leib und Seele, im Leben und im Sterben, nicht mein, sondern meines getreuen Heilands Jesu Christi eigen bin.

Der Herr behüte dich vor allem Übel, 948
er behüte deine Seele.
Der Herr behüte deinen Ausgang und Eingang
von nun an bis in Ewigkeit. *(Ps 121,7–8)*

STERBESEGEN 949

(Unter Handauflegung über Sterbenden zu sprechen:)

Es segne dich Gott, der Vater,
der dich nach seinem Bild geschaffen hat.
Es segne dich Gott, der Sohn,
der dich durch sein Leiden und Sterben erlöst hat.
Es segne dich Gott, der Heilige Geist,
der dich zum Leben gerufen und geheiligt hat.
Gott der Vater und der Sohn und der Heilige Geist
geleite dich durch das Dunkel des Todes.
Er sei dir gnädig im Gericht
und gebe dir Frieden und ewiges Leben.

NACH DEM STERBEN 950

Ewiger Gott und Vater,
du allein bist mächtig und gnädig:
Gib unserem/unserer Entschlafenen die ewige Ruhe. Laß ihm/ihr dein Licht leuchten und vereine ihn/sie mit denen, die du vollendet hast. Uns alle laß dereinst dein Angesicht schauen und deine himmlische Herrlichkeit erlangen.

Vater unser im Himmel.
Geheiligt werde dein Name.
Dein Reich komme.
Dein Wille geschehe, wie im Himmel, so auf Erden.
Unser tägliches Brot gib uns heute.
Und vergib uns unsere Schuld,
wie auch wir vergeben unsern Schuldigern.
Und führe uns nicht in Versuchung,
sondern erlöse uns von dem Bösen.
Denn dein ist das Reich und die Kraft
und die Herrlichkeit in Ewigkeit. Amen.

NACH DEM STERBEN EINES KINDES

951

Unbegreiflicher Gott! Wir klagen dir unsere Verzweiflung. Du hast uns unser Kind genommen. Es wird uns schwer, uns in deinen Willen zu fügen. Hilf uns, wir sind mit unserer Kraft am Ende. Stärke uns, daß wir dir vertrauen, auch wenn wir dich nicht verstehen. Laß unser Kind jetzt bei dir sein. Herr, Gott, verlaß uns nicht.

Lieder:
Befiehl du deine Wege (Nr. 361)
Gib dich zufrieden und sei stille (Nr. 371)
In allen meinen Taten (Nr. 368)
Ja, ich will euch tragen (Nr. 380)
So nimm denn meine Hände (Nr. 376)
Warum sollt ich mich denn grämen (Nr. 370)
Was Gott tut, das ist wohlgetan (Nr. 372)

Psalmen:
22 (I) (Nr. 709), 23 (Nr. 711), 39 (Nr. 722), 71 (Nr. 732), 73 (Nr. 733), 121 (Nr. 749), 126 (Nr. 750)

815 *Martin Luther 1529*
822 *Reinhold Niebuhr 1943*
823 *Nach der Regel von Taizé*
824 *Nikolaus von der Flüe 15. Jh.*
825 *Souvenir Normand 1912*
828 *Versöhnungsgebet aus Coventry*
833.2 *Martin Luther 1529*
836 *Graf Nikolaus von Zinzendorf 1753*
842 *Apostolische Konstitutionen (Syrien) 4. Jh.*
843 *Nach dem jüdischen Tischgebet*
846.2 *Martin Luther 1529*
852 *Martin Luther 1529*
854 *Georg Christian Dieffenbach 1853*
855 *Dietrich Bonhoeffer 1943*
884 *Book of Common Prayer 1549*
899 *Nach Johannes Zwick um 1530*
921 *Lateinisches Brevier*
922 *Altirisches Schutzgebet 7. Jh.*
926 *Dietrich Bonhoeffer 1943*
927 *Dietrich Bonhoeffer 1943*
928 *Hedwig von Redern 1901*
929 *Aus dem KZ Buchenwald*
930 *Blaise Pascal 1660*
938 *Rigisches Gebetbuch 1641*
939 *Michelangelo Buonarroti (1475–1564)*
945 *Martin Luther im Kurfürstengebetbuch 1565*
947.9 *Heidelberger Katechismus 1563*
949 *Lateinischer Sterbesegen 8. Jh.*

DAS KIRCHENJAHR

Das Kirchenjahr beginnt mit dem Advent und endet mit dem Ewigkeitssonntag, dem Ausblick auf die Vollendung der Zeit. Durch die Verheißungen, die Gott seinem Volk Israel gab, hat alle Zeit ihr Ziel bekommen. Mit Christus ist die Zeit des Heils angebrochen. Mit seiner Wiederkunft wird sie sich vollenden.

Das Kirchenjahr entfaltet das Christuszeugnis. In seinem Ablauf vergegenwärtigt sich die Gemeinde Leben und Wirken ihres Herrn: Ankündigung und Geburt Christi (Advent und Weihnachten), Erscheinung Gottes in Christus (Epiphaniaszeit), Jesu Leiden und Sterben (Passionszeit), Jesu Auferstehung und Himmelfahrt (Osterzeit) und die Ausgießung des Heiligen Geistes (Pfingsten). Damit beginnt die Zeit der Kirche. Sie bekennt sich zur Dreifaltigkeit Gottes: Vater, Sohn und Heiliger Geist (Trinitatiszeit), und erwartet die Wiederkunft Christi am Jüngsten Tag.

Das Kirchenjahr hat sich in den ersten Jahrhunderten christlicher Zeitrechnung herausgebildet. Sein Höhepunkt ist das Osterfest: die Auferstehung Christi von den Toten ist der Ursprung christlichen Glaubens. Schon in der Zeit der Apostel wurde deshalb die Auferstehung Jesu am ersten Tag der Woche (Sonntag) mit dem Mahl des Herrn gefeiert. Der römische Kaiser Konstantin hat im Jahr 321 den Sonntag als Tag des Herrn zum gesetzlichen Feiertag erhoben. Ostern fällt – ausgehend von der jüdischen Passatradition – auf den Sonntag nach dem ersten Vollmond nach Frühlingsanfang.

Dem Osterfest geht die vierzigtägige Passionszeit voraus (die Werktage ab Aschermittwoch). Sie ist dem Gedächtnis an das Leiden und Sterben Jesu Christi gewidmet. Die letzte Woche der Passionszeit ist die Karwoche mit dem Gründonnerstag, dem Tag der Einsetzung des Abendmahls, und dem Karfreitag, dem Tag der Kreuzigung und des Todes Jesu.

Dem Osterfest folgt am 40. Tag das Fest der Himmelfahrt Christi und am 50. Tag das Pfingstfest, der Tag der Ausgießung des Heiligen Geistes.

Nach dem Osterfestkreis bildete sich seit dem 4. Jahrhundert der Weihnachtsfestkreis heraus. Er beginnt mit den vier Adventssonntagen und hat im Fest der Geburt Jesu am 25. Dezember (Weihnachten, Christtag) seine Mitte. Nach dem 6. Januar, dem Tag der Erscheinung des Herrn (Epiphanias), folgen die Sonntage nach Epiphanias, deren Zahl vom Ostertermin abhängt (mindestens zwei, höchstens sechs).

Die Sonntage nach Pfingsten werden vom Fest der Dreifaltigkeit an (Trinitatis, Sonntag nach Pfingsten) gezählt. Allgemeine Feste dieser Zeit sind: Erntedanktag, Reformationstag (31.10.), Buß- und Bettag (am Mittwoch vor dem Ewigkeitssonntag) und der Ewigkeitssonntag.

Den Zeiten und Festtagen des Kirchenjahres entsprechen die liturgischen Farben (s. Nr. 954):

Weiß	als Symbol des Lichtes	Ostern, Weihnachten, übrige Christusfeste
Violett	als Farbe der Buße und der Bereitung vor den hohen Festen	Passionszeit, Advent, Buß- und Bettag
Rot	als Farbe des Pfingstfeuers und der durch das Blut der Märtyrer ausgebreiteten Kirche	Pfingsten, Gedenktage der Kirche
Grün	als Farbe der aufgehenden Saat	Epiphanias-, Vorfasten- und Trinitatiszeit
Schwarz	als Zeichen der Trauer	Karfreitag

Den Zeiten und Festtagen des Kirchenjahres entsprechend sind in neuerer Zeit jedem Sonntag ein Bibelvers und ein Lied zugeordnet worden (Wochenspruch und Wochenlied).

LITURGISCHER KALENDER

954

Der folgende liturgische Kalender umfaßt die Ordnung der gottesdienstlichen Lesungen (Reihe I: Evangelium, Reihe II: Epistel) und die weiteren Predigttexte (Reihe III bis VI), in denen auch die für die einzelnen Sonntage angebotenen Lesungen aus dem Alten Testament enthalten sind. Sie sind durch einen Stern gekennzeichnet. Das Evangelium (Reihe I) gibt jedem Sonn- und Festtag sein eigentümliches Gepräge, es hat auch die Auswahl weiterer gottesdienstlicher Texte (Wochenspruch, Wochenlied, Wochenpsalm) bestimmt. Jedes Jahr wird eine Textreihe in der Predigt ausgelegt. So sind die zum Gottesdienst versammelten Gemeinden an allen Orten miteinander verbunden, indem sie auf den gleichen biblischen Text hören. Der Sechs-Jahres-Turnus soll dem Predigthörer den Reichtum der biblischen Botschaft erschließen.

Das folgende Verzeichnis nennt für jeden Sonn- und Feiertag: Wochenspruch, Evangelium, Epistel, die übrigen Predigttexte, Wochenlied, Wochenpsalm, Liturgische Farbe.

Wenn der Psalm eines Sonn- und Feiertags in der Psalmenauswahl (Nr. 702–758, teils in abweichender Versauswahl) nicht enthalten ist, wird zusätzlich auf den Psalm eines vorausgegangenen oder des folgenden Sonntags verwiesen, der dort zu finden ist. Die Wochenpsalmen (nach der Ordnung der Predigttexte) sind in der Regel zugleich die Psalmen, aus denen die Verse des gottesdienstlichen Eingangspsalms (Introitus) für den entsprechenden Sonntag entnommen sind.

Liegt der Ostertermin eines Jahres früh, entfallen einer oder mehrere der Sonntage nach Epiphanias, nicht jedoch der erste und der letzte. Liegt der Ostertermin spät, entfallen einer oder mehrere der Sonntage nach Trinitatis, die dem drittletzten Sonntag nach Trinitatis vorausgehen.

1. SONNTAG IM ADVENT — VIOLETT

Siehe, dein König kommt zu dir,
ein Gerechter und ein Helfer. *(Sach 9,9)*

I	Mt 21,1–9 (Ev.)	II	Röm 13,8–12.(13–14) (Ep.)
III	Jer 23,5–8*	IV	Offb 5,1–5.(6–14)
V	Lk 1,67–79	VI	Hebr 10,(19–22).23–25

Nun komm, der Heiden Heiland (Nr. 4)
oder Die Nacht ist vorgedrungen (Nr. 16)
Psalm 24

2. SONNTAG IM ADVENT — VIOLETT

Seht auf und erhebt eure Häupter,
weil sich eure Erlösung naht! *(Lk 21,28)*

I	Lk 21,25–33 (Ev.)	II	Jak 5,7–8 (Ep.)
III	Mt 24,1–14	IV	Jes 63,15–16.(17–19a).19b; 64,1–3*
V	Jes 35,3–10	VI	Offb 3,7–13

Ihr lieben Christen, freut euch nun (Nr. 6)
Psalm 80,2–7; 15–20
oder wie 1. Advent

3. SONNTAG IM ADVENT — VIOLETT

Bereitet dem Herrn den Weg; denn siehe,
der Herr kommt gewaltig. *(Jes 40,3.10)*

I	Mt 11,2–6.(7–10) (Ev.)	II	1. Kor 4,1–5 (Ep.)
III	Lk 3,1–14	IV	Röm 15,(4).5–13
V	Jes 40,1–8.(9–11)*	VI	Offb 3,1–6

Mit Ernst, o Menschenkinder (Nr. 10)
Psalm 85,2–8
oder wie 1. Advent

4. SONNTAG IM ADVENT — VIOLETT

Freuet euch in dem Herrn allewege,
und abermals sage ich:
Freuet euch! Der Herr ist nahe! *(Phil 4,4–5)*

I Lk 1,(39–45).46–55 (56) (Ev.)
II Phil 4,4–7 (Ep.)
III Lk 1,26–33.(34–37).38
IV 2. Kor 1,18–22
V Joh 1,19–23.(24–28)
VI Jes 52,7–10*

Nun jauchzet, all ihr Frommen (Nr. 9)
Psalm 102,17–23

CHRISTVESPER — WEISS

Das Wort ward Fleisch und wohnte unter uns,
und wir sahen seine Herrlichkeit. *(Joh 1,14)*

I Lk 2,1–14.(15–20) (Ev.)
II Tit 2,11–14 (Ep.)
III Joh 3,16–21
IV Jes 9,1–6*
V Joh 7,28–29
VI 1. Tim 3,16

Gelobet seist du, Jesu Christ (Nr. 23)
Psalm 2
oder wie Christfest

CHRISTNACHT — WEISS

Das Wort ward Fleisch und wohnte unter uns,
und wir sahen seine Herrlichkeit. *(Joh 1,14)*

I Mt 1,(1–17).18–21.(22–25) (Ev.)
II Röm 1,1–7 (Ep.)
III 2.Sam 7,4–6.12–14a
IV Jes 7,10–14*
V Hes 37,24–28
VI Kol 2,3–10

Lobt Gott, ihr Christen alle gleich (Nr. 27)
Psalm 2
oder wie Christfest

CHRISTFEST, 1. FEIERTAG — WEISS

Das Wort ward Fleisch und wohnte unter uns,
und wir sahen seine Herrlichkeit. *(Joh 1,14)*

I Lk 2,(1–14).15–20 (Ev.) — II Tit 3,4–7 (Ep.)
III Mi 5,1–4a* — IV 1. Joh 3,1–6
V Joh 3,31–36 — VI Gal 4,4–7

Gelobet seist du, Jesu Christ (Nr. 23)
Psalm 96

CHRISTFEST, 2. FEIERTAG — WEISS

Das Wort ward Fleisch und wohnte unter uns,
und wir sahen seine Herrlichkeit. *(Joh 1,14)*

I Joh 1,1–5.(6–8).9–14 (Ev.) — II Hebr 1,1–3.(4–6) (Ep.)
III Joh 8,12–16 — IV Offb 7,9–12.(13–17)
V Jes 11,1–9* — VI 2. Kor 8,9

Gelobet seist du, Jesu Christ (Nr. 23)
Psalm 96

1. SONNTAG NACH DEM CHRISTFEST — WEISS

Das Wort ward Fleisch und wohnte unter uns,
und wir sahen seine Herrlichkeit. *(Joh 1,14)*

I Lk 2,(22–24).25–38.(39–40) (Ev.) — II 1. Joh 1,1–4 (Ep.)
III Mt 2,13–18.(19–23) — IV 1. Joh 2,21–25
V Joh 12,44–50 — VI Jes 49,13–16*

Vom Himmel kam der Engel Schar (Nr. 25)
oder Freuet euch, ihr Christen alle (Nr. 34)
Psalm 71,14–18

ALTJAHRSABEND — WEISS

Barmherzig und gnädig ist der Herr,
geduldig und von großer Güte. *(Ps 103,8)*

I Lk 12,35–40 (Ev.)	II Röm 8,31b-39 (Ep.)
III Jes 30,(8–14).15–17*	IV 2. Mose 13,20–22
V Joh 8,31–36	VI Hebr 13,8–9b

Das alte Jahr vergangen ist (Nr. 59)
oder Der du die Zeit in Händen hast (Nr. 64)
Psalm 121

NEUJAHRSTAG — WEISS

Alles, was ihr tut mit Worten oder mit Werken,
das tut alles im Namen des Herrn Jesus
und dankt Gott, dem Vater, durch ihn. *(Kol 3,17)*

I Lk 4,16–21.(22–30) (Ev.)	II Jak 4,13–15.(16–17) (Ep.)
III Joh 14,1–6	IV Jos 1,1–9*
V Spr 16,1–9	VI Phil 4,10–13.(14–20)

Der du die Zeit in Händen hast (Nr. 64)
oder Von guten Mächten treu und still umgeben (Nr. 65)
Psalm 8

2. SONNTAG NACH DEM CHRISTFEST — WEISS

Wir sahen seine Herrlichkeit,
eine Herrlichkeit als des eingeborenen Sohnes
vom Vater,
voller Gnade und Wahrheit. *(Joh 1,14)*

I Lk 2,41–52 (Ev.)	II 1. Joh 5,11–13 (Ep.)
III Joh 1,43–51	IV Jes 61,1–3.(4.9).10–11*
V Joh 7,14–18	VI Röm 16,25–27

Also liebt Gott die arge Welt (Nr. 51)
oder O Jesu Christe, wahres Licht (Nr. 72)
Psalm 138,2–5
oder wie Christfest

EPIPHANIAS — WEISS

Die Finsternis vergeht,
und das wahre Licht scheint jetzt. *(1. Joh 2,8)*

I	Mt 2,1–12 (Ev.)	II	Eph 3,2–3a.5–6 (Ep.)
III	Joh 1,15–18	IV	Kol 1,24–27
V	Jes 60,1–6*	VI	2. Kor 4,3–6

Wie schön leuchtet der Morgenstern (Nr. 70)
oder O König aller Ehren (Nr. 71)
Psalm 72,1–3.10–13.19
oder Psalm 100

1. SONNTAG NACH EPIPHANIAS — GRÜN

Welche der Geist Gottes treibt,
die sind Gottes Kinder. *(Röm 8,14)*

I	Mt 3,13–17 (Ev.)	II	Röm 12,1–3.(4–8) (Ep.)
III	Mt 4,12–17	IV	1. Kor 1,26–31
V	Joh 1,29–34	VI	Jes 42,1–4.(5–9)*

O lieber Herre Jesu Christ (Nr. 68)
oder Du höchstes Licht, du ewger Schein (Nr. 441)
Psalm 89,2–6.20–23.27–30
oder Psalm 100

2. SONNTAG NACH EPIPHANIAS — GRÜN

Das Gesetz ist durch Mose gegeben;
die Gnade und Wahrheit ist durch
Jesus Christus geworden. *(Joh 1,17)*

I	Joh 2,1–11 (Ev.)	II	Röm 12,(4–8).9–16 (Ep.)
III	2. Mose 33,17b-23*	IV	1. Kor 2,1–10
V	Mk 2,18–20.(21–22)	VI	Hebr 12,12–18.(19–21).22–25a

Gottes Sohn ist kommen (Nr. 5)
oder In dir ist Freude (Nr. 398)
Psalm 105,1–8
oder Psalm 100

3. SONNTAG NACH EPIPHANIAS — GRÜN

Es werden kommen von Osten und von Westen,
von Norden und von Süden,
die zu Tisch sitzen werden im Reich Gottes. *(Lk 13,29)*

I Mt 8,5–13 (Ev.) — II Röm 1,(14–15).16–17 (Ep.)
III Joh 4,46–54 — IV 2. Kön 5,(1–8).9–15.(16–18).19a*
V Joh 4,5–14 — VI Apg 10,21–35

Lobt Gott den Herrn, ihr Heiden all (Nr. 293)
Psalm 86,1–11.17
oder Psalm 100

4. SONNTAG NACH EPIPHANIAS — GRÜN

Kommt her und sehet an die Werke Gottes,
der so wunderbar ist in seinem Tun
an den Menschenkindern. *(Ps 66,5)*

I Mk 4,35–41 (Ev.) — II 2. Kor 1,8–11 (Ep.)
III Mt 14,22–33 — IV Eph 1,15–20a
V Jes 51,9–16* — VI 1. Mose 8,1–12

Wach auf, wach auf, 's ist hohe Zeit (Nr. 244)
oder Such, wer da will, ein ander Ziel (Nr. 346)
Psalm 107,1–2.23–32
oder Psalm 100

5. SONNTAG NACH EPIPHANIAS — GRÜN

Der Herr wird ans Licht bringen,
was im Finstern verborgen ist,
und wird das Trachten der Herzen offenbar
machen. *(1. Kor 4,5b)*

I Mt 13,24–30 (Ev.) — II 1. Kor 1,(4–5).6–9 (Ep.)
III Jes 40,12–25*

Ach bleib bei uns, Herr Jesu Christ (Nr. 246)
Psalm 37,1–7a

LETZTER SONNTAG NACH EPIPHANIAS — WEISS

Über dir geht auf der Herr, und seine Herrlichkeit erscheint über dir. *(Jes 60,2)*

I Mt 17,1–9 (Ev.)
II 2. Kor 4,6–10 (Ep.)
III 2. Mose 3,1–10.(11–14)*
IV Offb 1,9–18
V Joh 12,34–36.(37–41)
VI 2. Petr 1,16–19.(20–21)

Herr Christ, der einig Gotts Sohn (Nr. 67)
Psalm 97
oder Psalm 100

3. SONNTAG VOR DER PASSIONSZEIT (SEPTUAGESIMÄ) — GRÜN

Wir liegen vor dir mit unserm Gebet
und vertrauen nicht auf unsre Gerechtigkeit,
sondern auf deine große Barmherzigkeit. *(Dan 9,18)*

I Mt 20,1–16a (Ev.)
II 1. Kor 9,24–27 (Ep.)
III Lk 17,7–10
IV Jer 9,22–23*
V Mt 9,9–13
VI Röm 9,14–24

Es ist das Heil uns kommen her (Nr. 342)
oder Gott liebt diese Welt (Nr. 409)
Psalm 31,20–25

2. SONNTAG VOR DER PASSIONSZEIT (SEXAGESIMÄ) — GRÜN

Heute, wenn ihr seine Stimme hören werdet,
so verstockt eure Herzen nicht. *(Hebr 3,15)*

I Lk 8,4–8.(9–15) (Ev.)
II Hebr 4,12–13 (Ep.)
III Mk 4,26–29
IV 2. Kor (11,18.23b–30);12,1–10
V Jes 55,(6–9).10–12a*
VI Apg 16,9–15

Herr, für dein Wort sei hoch gepreist (Nr. 196)
oder Es wolle Gott uns gnädig sein (Nr. 280)
Psalm 119,89–91.105.116

SONNTAG VOR DER PASSIONSZEIT (ESTOMIHI) GRÜN

Seht, wir gehen hinauf nach Jerusalem,
und es wird alles vollendet werden,
was geschrieben ist durch die Propheten
von dem Menschensohn. *(Lk 18,31)*

I Mk 8,31–38 (Ev.)
II 1. Kor 13 (Ep.)
III Lk 10,38–42
IV Am 5,21–24*
V Lk 18,31–43
VI Jes 58,1–9a

Ein wahrer Glaube Gotts Zorn stillt (Nr. 413)
oder Lasset uns mit Jesus ziehen (Nr. 384)
Psalm 31,2–6

1. SONNTAG DER PASSIONSZEIT (INVOKAVIT) VIOLETT

Dazu ist erschienen der Sohn Gottes,
daß er die Werke des Teufels zerstöre. *(1. Joh 3,8b)*

I Mt 4,1–11 (Ev.)
II Hebr 4,14–16 (Ep.)
III 1. Mose 3,1–19.(20–24)*
IV 2. Kor 6,1–10
V Lk 22,31–34
VI Jak 1,12–18

Ein feste Burg ist unser Gott (Nr. 362)
oder Ach bleib mit deiner Gnade (Nr. 347)
Psalm 91,1–4.11–12

2. SONNTAG DER PASSIONSZEIT (REMINISZERE) — VIOLETT

Gott erweist seine Liebe zu uns darin,
daß Christus für uns gestorben ist,
als wir noch Sünder waren. *(Röm 5,8)*

I	Mk 12,1–12 (Ev.)	II	Röm 5,1–5.(6–11) (Ep.)
III	Mt 12,38–42	IV	Jes 5,1–7*
V	Joh 8,(21–26a).26b–30	VI	Hebr 11,8–10

Wenn wir in höchsten Nöten sein (Nr. 366)
Psalm 10,4.11–14.17–18
oder wie 3. Sonntag der Passionszeit

3. SONNTAG DER PASSIONSZEIT (OKULI) — VIOLETT

Wer seine Hand an den Pflug legt und sieht zurück,
der ist nicht geschickt für das Reich Gottes. *(Lk 9,62)*

I	Lk 9,57–62 (Ev.)	II	Eph 5,1–8a (Ep.)
III	Mk 12,41–44	IV	1. Petr 1,(13–17).18–21
V	Jer 20,7–11a.(11b–13)	VI	1. Kön 19,1–8.(9–13a)*

Wenn meine Sünd' mich kränken (Nr. 82)
oder Du schöner Lebensbaum des Paradieses (Nr. 96)
Psalm 34,16–23

4. SONNTAG DER PASSIONSZEIT (LÄTARE) — VIOLETT

Wenn das Weizenkorn nicht in die Erde fällt
und erstirbt, bleibt es allein;
wenn es aber erstirbt, bringt es viel Frucht. *(Joh 12,24)*

I	Joh 12,20–26 (Ev.)	II	2. Kor 1,3–7 (Ep.)
III	Joh 6,55–65	IV	Phil 1,15–21
V	Joh 6,47–51	VI	Jes 54,7–10*

Korn, das in die Erde (Nr. 98)
oder Jesu, meine Freude (Nr. 396)
Psalm 84,6–13

OSTERNACHT — WEISS

Christus spricht: Ich war tot, und siehe,
ich bin lebendig von Ewigkeit zu Ewigkeit
und habe die Schlüssel des Todes
und der Hölle. *(Offb 1,18)*

I	Mt 28,1–10 (Ev.)	II	Kol 3,1–4 (Ep.)
III	Jes 26,13–14.(15–18).19*	IV	1. Thess 4,13–14
V	Joh 5,19–21	VI	2. Tim 2,8a.(8b–13)

Christ ist erstanden (Nr. 99)
Psalm 118,14–24

OSTERSONNTAG — WEISS

Christus spricht: Ich war tot, und siehe,
ich bin lebendig von Ewigkeit zu Ewigkeit
und habe die Schlüssel des Todes
und der Hölle. *(Offb 1,18)*

I	Mk 16,1–8 (Ev.)	II	1. Kor 15,1–11 (Ep.)
III	Mt 28,1–10	IV	1. Sam 2,1–2.6–8a*
V	Joh 20,11–18	VI	1. Kor 15,19–28

Christ lag in Todesbanden (Nr. 101)
oder Erschienen ist der herrlich Tag (Nr. 106)
Psalm 118,14–24

OSTERMONTAG — WEISS

Christus spricht: Ich war tot, und siehe,
ich bin lebendig von Ewigkeit zu Ewigkeit
und habe die Schlüssel des Todes
und der Hölle. *(Offb 1,18)*

I	Lk 24,13–35 (Ev.)	II	1. Kor 15,12–20 (Ep.)
III	Lk 24,36–45	IV	1. Kor 15,50–58
V	Jes 25,8–9*	VI	Apg 10,34a.36–43

Christ lag in Todesbanden (Nr. 101)
oder Erstanden ist der heilig Christ (Nr. 105)
Psalm 118,14–24

1. SONNTAG NACH OSTERN (QUASIMODOGENITI) WEISS

Gelobt sei Gott, der Vater unseres Herrn Jesus Christus, der uns nach seiner großen Barmherzigkeit wiedergeboren hat zu einer lebendigen Hoffnung durch die Auferstehung Jesu Christi von den Toten. *(1. Petr 1,3)*

I	Joh 20,19–29 (Ev.)	II	1. Petr 1,3–9 (Ep.)
III	Joh 21,1–14	IV	Kol 2,12–15
V	Mk 16,9–14.(15–20)	VI	Jes 40,26–31*

Jesus Christus, unser Heiland, der den Tod überwand (Nr. 102)
Psalm 116,1–9

2. SONNTAG NACH OSTERN (MISERIKORDIAS DOMINI) WEISS

Christus spricht: Ich bin der gute Hirte.
Meine Schafe hören meine Stimme,
und ich kenne sie, und sie folgen mir;
und ich gebe ihnen das ewige Leben. *(Joh 10,11.27.28)*

I	Joh 10,11–16.(27–30) (Ev.)	II	1. Petr 2,21b–25 (Ep.)
III	Hes 34,1–2.(3–9).10–16.31*	IV	1. Petr 5,1–4
V	Joh 21,15–19	VI	Hebr 13,20–21

Der Herr ist mein getreuer Hirt (Nr. 274)
Psalm 23

3. SONNTAG NACH OSTERN (JUBILATE) WEISS

Ist jemand in Christus, so ist er eine neue Kreatur;
das Alte ist vergangen, siehe,
Neues ist geworden. *(2. Kor 5,17)*

I Joh 15,1–8 (Ev.)
II 1. Joh 5,1–4 (Ep.)
III Joh 16,16.(17–19).20–23a
IV 2. Kor 4,16–18
V 1. Mose 1,1–4a.26–31; 2,1–4a*
VI Apg 17,22–28a.(28b–34)

Mit Freuden zart zu dieser Fahrt (Nr. 108)
Psalm 66,1–9
oder wie Ostern

4. SONNTAG NACH OSTERN (KANTATE) WEISS

Singet dem Herrn ein neues Lied;
denn er tut Wunder. *(Ps 98,1)*

I Mt 11,25–30 (Ev.)
II Kol 3,12–17 (Ep.)
III Mt 21,14–17.(18–22)
IV Apg 16,23–34
V Jes 12,1–6*
VI Offb 15,2–4

Lob Gott getrost mit Singen (Nr. 243)
oder Nun freut euch, lieben Christen g'mein (Nr. 341)
Psalm 98

5. SONNTAG NACH OSTERN (ROGATE) WEISS

Gelobt sei Gott, der mein Gebet nicht verwirft
noch seine Güte von mir wendet. *(Ps 66,20)*

I Joh 16,23b–28.(29–32).33 (Ev.)
II 1. Tim 2,1–6a (Ep.)
III Lk 11,5–13
IV Kol 4,2–4.(5–6)
V Mt 6,(5–6).7–13.(14–15)
VI 2. Mose 32,7–14*

Zieh ein zu deinen Toren (Nr. 133)
oder Vater unser im Himmelreich (Nr. 344)
Psalm 95,1–7b
oder wie Ostern

CHRISTI HIMMELFAHRT WEISS

Christus spricht: Wenn ich erhöht werde von der Erde,
so will ich alle zu mir ziehen. *(Joh 12,32)*

I Lk 24,(44–49).50–53 (Ev.) II Apg 1,3–4.(5–7).8–11 (Ep.)
III 1. Kön 8,22–24.26–28* IV Offb 1,4–8
V Joh 17,20–26 VI Eph 1,20b–23

Wir danken dir, Herr Jesu Christ,
daß du gen Himmel g'fahren bist (Nr. 121)
Psalm 47,2–10

6. SONNTAG NACH OSTERN (EXAUDI) WEISS

Christus spricht: Wenn ich erhöht werde von der Erde,
so will ich alle zu mir ziehen. *(Joh 12,32)*

I Joh 15,26–16,4 (Ev.) II Eph 3,14–21 (Ep.)
III Joh 7,37–39 IV Jer 31,31–34*
V Joh 14,15–19 VI Röm 8,26–30

Heilger Geist, du Tröster mein (Nr. 128)
Psalm 27,1.7–14

PFINGSTSONNTAG ROT

Es soll nicht durch Heer oder Kraft,
sondern durch meinen Geist geschehen,
spricht der Herr Zebaoth. *(Sach 4,6)*

I Joh 14,23–27 (Ev.) II Apg 2,1–18 (Ep.)
III Joh 16,5–15 IV 1. Kor 2,12–16
V 4. Mose 11,11–12.14–17.24–25* VI Röm 8,1–2.(3–9).10–11

Komm, Heiliger Geist, Herre Gott (Nr. 125)
Psalm 118,24–29

PFINGSTMONTAG — ROT

Es soll nicht durch Heer oder Kraft,
sondern durch meinen Geist geschehen,
spricht der Herr Zebaoth. *(Sach 4,6)*

I Mt 16,13–19 (Ev.)
II 1. Kor 12,4–11 (Ep.)
III 1. Mose 11,1–9*
IV Eph 4,11–15.(16)
V Joh 4,19–26
VI Apg 2,22–23.32–33.36–39

Komm, Heiliger Geist, Herre Gott (Nr. 125)
oder Freut euch, ihr Christen alle (Nr. 129)
Psalm 100

TAG DER HEILIGEN DREIFALTIGKEIT (TRINITATIS) — WEISS

Heilig, heilig, heilig ist der Herr Zebaoth;
alle Lande sind seiner Ehre voll. *(Jes 6,3)*

I Joh 3,1–8.(9–15) (Ev.)
II Röm 11,(32).33–36 (Ep.)
III Jes 6,1–13*
IV Eph 1,3–14
V 4. Mose 6,22–27
VI 2. Kor 13,11.(12).13

Komm, Gott Schöpfer, Heiliger Geist (Nr. 126)
oder Gelobet sei der Herr, mein Gott (Nr. 139)
Psalm 145 in Auswahl

1. SONNTAG NACH TRINITATIS — GRÜN

Christus spricht zu seinen Jüngern:
Wer euch hört, der hört mich;
und wer euch verachtet, der verachtet mich. *(Lk 10,16)*

I Lk 16,19–31 (Ev.)
II 1. Joh 4,16b–21 (Ep.)
III Joh 5,39–47
IV Jer 23,16–29
V Mt 9,35–38;10,1.(2–4).5–7
VI 5. Mose 6,4–9*

Nun bitten wir den Heiligen Geist (Nr. 124)
Psalm 34,2–11

2. SONNTAG NACH TRINITATIS — GRÜN

Christus spricht: Kommt her zu mir,
alle, die ihr mühselig und beladen seid;
ich will euch erquicken. *(Mt 11,28)*

I Lk 14,(15).16–24 (Ev.) — II Eph 2,17–22 (Ep.)
III Mt 22,1–14 — IV 1. Kor 14,1–3.20–25
V Jes 55,1–3b.(3c–5)* — VI 1. Kor 9,16–23

Ich lobe dich von ganzer Seelen (Nr. 250)
oder Kommt her zu mir, spricht Gottes Sohn (Nr. 363)
Psalm 36,6–11

3. SONNTAG NACH TRINITATIS — GRÜN

Der Menschensohn ist gekommen, zu suchen
und selig zu machen, was verloren ist. *(Lk 19,10)*

I Lk 15,1–7.(8–10) (Ev.) — II 1. Tim 1,12–17 (Ep.)
III Lk 15,(1–3).11b–32 — IV 1. Joh 1,5–2,6
V Lk 19,1–10 — VI Hes 18,1–4.21–24.30–32*

Allein zu dir, Herr Jesu Christ (Nr. 232)
oder Jesus nimmt die Sünder an (Nr. 353)
Psalm 103,1–5.8–13

4. SONNTAG NACH TRINITATIS — GRÜN

Einer trage des andern Last, so werdet ihr
das Gesetz Christi erfüllen. *(Gal 6,2)*

I Lk 6,36–42 (Ev.) — II Röm 14,10–13 (Ep.)
III 1. Mose 50,15–21* — IV 1. Petr 3,8–15a.(15b–17)
V Joh 8,3–11 — VI Röm 12,17–21

Komm in unsre stolze Welt (Nr. 428)
oder O Gott, du frommer Gott (Nr. 495)
Psalm 42,2–12

5. SONNTAG NACH TRINITATIS — GRÜN

Aus Gnade seid ihr selig geworden durch den Glauben, und das nicht aus euch: Gottes Gabe ist es. *(Eph 2,8)*

I	Lk 5,1–11 (Ev.)	II	1. Kor 1,18–25 (Ep.)
III	Joh 1,35–42	IV	1. Mose 12,1–4*
V	Lk 14,25–33	VI	2. Thess 3,1–5

Preis, Lob und Dank sei Gott dem Herren (Nr. 245)
oder Wach auf, du Geist der ersten Zeugen (Nr. 241)
Psalm 73,14.23–26.28

6. SONNTAG NACH TRINITATIS — GRÜN

So spricht der Herr, der dich geschaffen hat:
Fürchte dich nicht, denn ich habe dich erlöst;
ich habe dich bei deinem Namen gerufen;
du bist mein. *(Jes 43,1)*

I	Mt 28,16–20 (Ev.)	II	Röm 6,3–8.(9–11) (Ep.)
III	5. Mose 7,6–12	IV	Apg 8,26–39
V	Jes 43,1–7*	VI	1. Petr 2,1–10

Ich bin getauft auf deinen Namen (Nr. 200)
Psalm 139,1–16.23–24

7. SONNTAG NACH TRINITATIS — GRÜN

So seid ihr nun nicht mehr Gäste und Fremdlinge, sondern Mitbürger der Heiligen und Gottes Hausgenossen. *(Eph 2,19)*

I	Joh 6,1–15 (Ev.)	II	Apg 2,41a.42–47 (Ep.)
III	Joh 6,30–35	IV	Phil 2,1–4
V	Lk 9,10–17	VI	2. Mose 16,2–3.11–18*

Das sollt ihr, Jesu Jünger, nie vergessen (Nr. 221)
oder Sei Lob und Ehr dem höchsten Gut (Nr. 326)
Psalm 107,1–9
oder wie 6. Sonntag nach Trinitatis

8. SONNTAG NACH TRINITATIS GRÜN

Lebt als Kinder des Lichts;
die Frucht des Lichts ist lauter Güte
und Gerechtigkeit und Wahrheit. *(Eph 5,8.9)*

I Mt 5,13–16 (Ev.) II Eph 5,8b-14 (Ep.)
III Jes 2,1–5* IV 1. Kor 6,9–14.(18–20)
V Joh 9,1–7 VI Röm 6,19–23

O gläubig Herz, gebenedei (Nr. 318)
Psalm 48,2–3a.9–11
oder wie 6. Sonntag nach Trinitatis

9. SONNTAG NACH TRINITATIS GRÜN

Wem viel gegeben ist, bei dem wird man viel suchen;
und wem viel anvertraut ist,
von dem wird man um so mehr fordern. *(Lk 12,48)*

I Mt 25,14–30 (Ev.) II Phil 3,7–11.(12–14) (Ep.)
III Mt 7,24–27 IV Jer 1,4–10*
V Mt 13,44–46 VI 1. Petr 4,7–11

Ich weiß, mein Gott, daß all mein Tun (Nr. 497)
Psalm 40,9–12
oder wie 6. Sonntag nach Trinitatis

10. SONNTAG NACH TRINITATIS GRÜN

Wohl dem Volk, dessen Gott der Herr ist,
dem Volk, das er zum Erbe erwählt hat. *(Ps 33,12)*

I Lk 19,41–48 (Ev.) II Röm 11,25–32 (Ep.)
III Joh 2,13–22 IV Röm 9,1–5.31–10,1–4
V Jer 7,1–11.(12–15) VI 2. Kön 25,8–12*

Gott der Vater steh uns bei (Nr. 138)
oder Nun danket Gott, erhebt und preiset (Nr. 290)
Psalm 74,1–3.8–11.20–21
oder wie 6. Sonntag nach Trinitatis

11. SONNTAG NACH TRINITATIS GRÜN

Gott widersteht den Hochmütigen,
aber den Demütigen gibt er Gnade. *(1. Petr 5,5)*

I Lk 18,9–14 (Ev.) II Eph 2,4–10 (Ep.)
III Mt 21,28–32 IV Gal 2,16–21
V Lk 7,36–50 VI 2. Sam 12,1–10.13–15a*

Aus tiefer Not schrei ich zu dir (Nr. 299)
Psalm 113,1–8

12. SONNTAG NACH TRINITATIS GRÜN

Das geknickte Rohr wird er nicht zerbrechen,
und den glimmenden Docht wird er nicht auslöschen. *(Jes 42,3)*

I Mk 7,31–37 (Ev.) II Apg 9,1–9.(10–20) (Ep.)
III Jes 29,17–24* IV Apg 3,1–10.(11–12)
V Mk 8,22–26 VI 1. Kor 3,9–15

Nun lob, mein Seel, den Herren (Nr. 289)
Psalm 147,1–3.11–14a
oder wie 11. Sonntag nach Trinitatis

13. SONNTAG NACH TRINITATIS GRÜN

Christus spricht: Was ihr getan habt
einem von diesen meinen geringsten Brüdern,
das habt ihr mir getan. *(Mt 25,40)*

I Lk 10,25–37 (Ev.) II 1. Joh 4,7–12 (Ep.)
III Mk 3,31–35 IV 1. Mose 4,1–16a*
V Mt 6,1–4 VI Apg 6,1–7

Ich ruf zu dir, Herr Jesu Christ (Nr. 343)
Psalm 112,5–9
oder wie 11. Sonntag nach Trinitatis

14. SONNTAG NACH TRINITATIS — GRÜN

Lobe den Herrn, meine Seele, und vergiß nicht,
was er dir Gutes getan hat. *(Ps 103,2)*

I Lk 17,11–19 (Ev.) — II Röm 8,(12–13).14–17 (Ep.)
III Mk 1,40–45 — IV 1. Thess 1,2–10
V 1. Mose 28,10–19a* — VI 1. Thess 5,14–24

Von Gott will ich nicht lassen (Nr. 365)
Psalm 146

15. SONNTAG NACH TRINITATIS — GRÜN

Alle eure Sorge werft auf ihn; denn er sorgt
für euch. *(1. Petr 5,7)*

I Mt 6,25–34 (Ev.) — II 1. Petr 5,5c–11 (Ep.)
III Lk 18,28–30 — IV Gal 5,25–26;6,1–3.7–10
V Lk 17,5–6 — VI 1. Mose 2,4b–9.(10–14).15*

Auf meinen lieben Gott (Nr. 345)
oder Wer nur den lieben Gott läßt walten (Nr. 369)
Psalm 127,1–2
oder wie 14. Sonntag nach Trinitatis

16. SONNTAG NACH TRINITATIS — GRÜN

Jesus Christus hat dem Tode die Macht genommen
und das Leben und ein unvergängliches Wesen
ans Licht gebracht durch das Evangelium. *(1. Tim 1,10)*

I Joh 11,1.(2).3.17–27.41–45 (Ev.) — II 2. Tim 1,7–10 (Ep.)
III Klgl 3,22–26.31–32* — IV Apg 12,1–11
V Lk 7,11–16 — VI Hebr 10,35–36.(37–38).39

O Tod, wo ist dein Stachel nun (Nr. 113)
oder Was mein Gott will, gescheh allzeit (Nr. 364)
Psalm 68,1–7a.20–21
oder wie 14. Sonntag nach Trinitatis

17. SONNTAG NACH TRINITATIS GRÜN

Unser Glaube ist der Sieg, der die Welt überwunden hat. *(1. Joh 5,4)*

I Mt 15,21–28 (Ev.)
II Röm 10,9–17.(18) (Ep.)
III Mk 9,17–27
IV Jes 49,1–6*
V Joh 9,35–41
VI Eph 4,1–6

Such, wer da will, ein ander Ziel (Nr. 346)
Psalm 25,8–15

18. SONNTAG NACH TRINITATIS GRÜN

Das Gebot haben wir von ihm, daß, wer Gott liebt, daß der auch seinen Bruder liebe. *(1. Joh 4,21)*

I Mk 12,28–34 (Ev.)
II Röm 14,17–19 (Ep.)
III Mk 10,17–27
IV Jak 2,1–13
V 2.Mose 20,1–17*
VI Eph 5,15–21

Herzlich lieb hab ich dich, o Herr (Nr. 397)
oder In Gottes Namen fang ich an (Nr. 494)
Psalm 1

ERNTEDANKFEST GRÜN

Aller Augen warten auf dich, Herr, und du gibst ihnen ihre Speise zur rechten Zeit. *(Ps 145,15)*

I Lk 12,(13–14).15–21 (Ev.)
II 2. Kor 9,6–15 (Ep.)
III Jes 58,7–12*
IV 1.Tim 4,4–5
V Mt 6,19–23
VI Hebr 13,15–16

Ich singe dir mit Herz und Mund (Nr. 324)
oder Nun preiset alle Gottes Barmherzigkeit (Nr. 502)
Psalm 104,10–15.27–30

19. SONNTAG NACH TRINITATIS — GRÜN

Heile du mich, Herr, so werde ich heil;
hilf du mir, so ist mir geholfen. *(Jer 17,14)*

I Mk 2,1–12 (Ev.) — II Eph 4,22–32 (Ep.)
III Mk 1,32–39 — IV Jak 5,13–16
V Joh 5,1–16 — VI 2. Mose 34,4–10*

Nun laßt uns Gott dem Herren Dank sagen
und ihn ehren (Nr. 320)
Psalm 32,1–5.10–11

20. SONNTAG NACH TRINITATIS — GRÜN

Es ist dir gesagt, Mensch, was gut ist und
was der Herr von dir fordert,
nämlich Gottes Wort halten und Liebe üben
und demütig sein vor deinem Gott. *(Mi 6,8)*

I Mk 10,2–9.(10–16) (Ev.) — II 1. Thess 4,1–8 (Ep.)
III 1. Mose 8,18–22* — IV 1. Kor 7,29–31
V Mk 2,23–28 — VI 2. Kor 3,2–9

Wohl denen, die da wandeln (Nr. 295)
Psalm 119,101–108

21. SONNTAG NACH TRINITATIS — GRÜN

Laß dich nicht vom Bösen überwinden,
sondern überwinde das Böse mit Gutem. *(Röm 12,21)*

I Mt 5,38–48 (Ev.) — II Eph 6,10–17 (Ep.)
III Mt 10,34–39 — IV Jer 29,1.4–7.10–14*
V Joh 15,9–12.(13–17) — VI 1. Kor 12,12–14.26–27

Ach Gott, vom Himmel sieh darein (Nr. 273)
oder Zieh an die Macht, du Arm des Herrn (Nr. 377)
Psalm 19,10–15

22. SONNTAG NACH TRINITATIS GRÜN

Bei dir ist die Vergebung, daß man dich fürchte.
(Ps 130,4)

I Mt 18,21–35 (Ev.) II Phil 1,3–11 (Ep.)
III Mt 18,15–20 IV Röm 7,14–25a
V Mi 6,6–8* VI 1. Joh 2,(7–11).12–17

Herr Jesu, Gnadensonne (Nr. 404)
Psalm 143,1–10

23. SONNTAG NACH TRINITATIS GRÜN

Dem König aller Könige und Herrn aller Herren,
der allein Unsterblichkeit hat,
dem sei Ehre und ewige Macht. *(1.Tim 6,15.16)*

I Mt 22,15–22 (Ev.) II Phil 3,17.(18–19).20–21 (Ep.)
III Joh 15,18–21 IV Röm 13,1–7
V Mt 5,33–37 VI 1. Mose 18,20–21.22b–33*

In dich hab ich gehoffet, Herr (Nr. 275)
Psalm 33,13–22
oder wie 21. Sonntag nach Trinitatis

REFORMATIONSFEST ROT

Einen andern Grund kann niemand legen als den,
der gelegt ist, welcher ist Jesus Christus. *(1. Kor 3,11)*

I Mt 5,2–10 (Ev.) II Röm 3,21–28.(29–31) (Ep.)
III Mt 10,26b-33 IV Gal 5,1–6
V Jes 62,6–7.10–12* VI Phil 2,12–13

Nun freut euch, lieben Christen g'mein (Nr. 341)
oder Ist Gott für mich, so trete gleich alles wider mich (Nr. 351)
Psalm 46,2–8

24. SONNTAG NACH TRINITATIS — GRÜN

Mit Freuden sagt Dank dem Vater, der euch tüchtig gemacht hat zu dem Erbteil der Heiligen im Licht.
(Kol 1,12)

I Mt 9,18–26 (Ev.) — II Kol 1,(9–12).13–20 (Ep.)
III Pred 3,1–14*

Mitten wir im Leben sind (Nr. 518)
Psalm 39,5–8

DRITTLETZTER SONNTAG DES KIRCHENJAHRES — GRÜN

Siehe, jetzt ist die Zeit der Gnade,
siehe, jetzt ist der Tag des Heils. *(2. Kor 6,2)*

I Lk 17,20–24.(25–30) (Ev.) — II Röm 14,7–9 (Ep.)
III Lk 11,14–23 — IV Hiob 14,1–6*
V Lk 18,1–8 — VI 1. Thess 5,1–6.(7–11)

Wir warten dein, o Gottes Sohn (Nr. 152)
oder Mitten wir im Leben sind (Nr. 518)
Psalm 90,1–14.(15–17)

VORLETZTER SONNTAG DES KIRCHENJAHRES — GRÜN

Wir müssen alle offenbar werden
vor dem Richterstuhl Christi. *(2. Kor 5,10)*

I Mt 25,31–46 (Ev.) — II Röm 8,18–23.(24–25) (Ep.)
III Lk 16,1–8.(9) — IV Offb 2,8–11
V Jer 8,4–7* — VI 2. Kor 5,1–10

Es ist gewißlich an der Zeit (Nr. 149)
Psalm 50,1.4–6.14–15.23
oder wie Letzter Sonntag des Kirchenjahres

BUSS- UND BETTAG — VIOLETT

Gerechtigkeit erhöht ein Volk; aber die Sünde ist der Leute Verderben. *(Spr 14,34)*

I Lk 13,(1–5).6–9 (Ev.)	II Röm 2,1–11 (Ep.)
III Mt 12,(33–35).36–37	IV Offb 3,14–22
V Lk 13,22–27.(28–30)	VI Jes 1,10–17*

Aus tiefer Not laßt uns zu Gott (Nr. 144)
oder Nimm von uns, Herr, du treuer Gott (Nr. 146)
Psalm 51,3–14

LETZTER SONNTAG DES KIRCHENJAHRES (EWIGKEITSSONNTAG) — GRÜN

Laßt eure Lenden umgürtet sein und eure Lichter brennen. *(Lk 12,35)*

I Mt 25,1–13 (Ev.)	II Offb 21,1–7 (Ep.)
III Lk 12,42–48	IV Jes 65,17–19.(20–22).23–25*
V Mk 13,31–37	VI 2. Petr 3,(3–7).8–13

Wachet auf, ruft uns die Stimme (Nr. 147)
Psalm 126

GEDENKTAG DER ENTSCHLAFENEN (TOTENSONNTAG) — GRÜN ODER WEISS

Herr, lehre uns bedenken, daß wir sterben müssen, auf daß wir klug werden. *(Ps 90,12)*

I Joh 5,24–29 (Ev.)	II 1. Kor 15,35–38.42–44a (Ep.)
III Dan 12,1b–3*	IV Phil 1,21–26
V Mt 22,23–33	VI Hebr 4,9–11

Warum sollt ich mich denn grämen (Nr. 370)
Psalm 102 in Auswahl

ALLGEMEIN BEGANGENE TAGE

KONFIRMATION — ROT

I Mt 7,13–16a (Ev.)
II 1. Tim 6,12–16 (Ep.)
III Joh 6,66–69
IV 1. Kor 3,21b–23
V 5. Mose 30,11–20a
VI Spr 3,1–8*

Du hast mich, Herr, zu dir gerufen (Nr. 210)
oder Herr Christ, dein bin ich eigen (Nr. 204)
Psalm 67,2–8

KIRCHWEIHE — ROT

I Lk 19,1–10 (Ev.)
II Offb 21,1–5a (Ep.)
III Mk 4,30–32
IV Jos 24,14–16
V Jes 66,1–2*
VI Hebr 8,1–6

Ich lobe dich von ganzer Seelen (Nr. 250)
oder Die Kirche steht gegründet (Nr. 264)
Psalm 84,2–13

BITTGOTTESDIENST UM DIE EINHEIT DER KIRCHE — ROT

I Joh 17,1a.11b–23 *oder* Mt 13,31.33.(34–35)
II Eph 4,2b–7.11–16 *oder* 1. Kor 1,10–18

Komm, Heiliger Geist, Herre Gott (Nr. 125)
oder Sonne der Gerechtigkeit (Nr. 262)

BITTGOTTESDIENST UM DIE AUSBREITUNG DES EVANGELIUMS — ROT

I Mt 9,35–38	II Jes 42,1–8
oder	*oder*
Joh 4,32–42	Jes 49,8–13
Mt 5,13–16	Röm 11,25–32
Mt 11,25–30	Eph 4,15–16
	1. Joh 4,7–12

Wach auf, du Geist der ersten Zeugen (Nr. 241)

BITTGOTTESDIENST UM FRIEDEN — ROT

I Mt 5,2–10.(11–12)	II 1. Tim 2,1–4
oder	*oder*
Mt 16,1–4	Mi 4,1–4
Joh 14,27–31a	Phil 4,6–9

Es wird sein in den letzten Tagen (Nr. 426)
oder Komm in unsre stolze Welt (Nr. 428)
oder Gib Frieden, Herr, gib Frieden (Nr. 430)

ANDERE GEDENKTAGE

26. DEZEMBER, TAG DES ERZMÄRTYRERS STEPHANUS — ROT

I Mt 10,16–22 (Ev.) II Apg (6,8–15).7,55–60 (Ep.)

Vom Himmel kam der Engel Schar (Nr. 25)
Psalm 119,81–82.84–86

28. DEZEMBER, TAG DER UNSCHULDIGEN KINDER — WEISS

I Mt 2,13–18 (Ev.) II Offb 12,1–6.(13–17) (Ep.)

Vom Himmel kam der Engel Schar (Nr. 25)

1. JANUAR, TAG DER BESCHNEIDUNG UND NAMENSGEBUNG JESU — WEISS

I Lk 2,21 (Ev.) II Gal 3,26–29 (Ep.)

Freut euch, ihr lieben Christen all (Nr. 60)
Psalm 8

2. FEBRUAR, TAG DER DARSTELLUNG DES HERRN (LICHTMESS) — WEISS

I Lk 2,22–24.(25–35) (Ev.) II Hebr 2,14–18 (Ep.)

Im Frieden dein, o Herre mein (Nr. 222)
oder Mit Fried und Freud ich fahr dahin (Nr. 519)
Psalm 48,2–3a.9–11
oder Psalm 8

25. MÄRZ, TAG DER ANKÜNDIGUNG DER GEBURT DES HERRN — WEISS

I Lk 1,26–38 (Ev.) II Gal 4,4–7 (Ep.)

O lieber Herre Jesu Christ (Nr. 68)
Psalm 45,2a–3.(5.7).8.18
oder Psalm 98

24. JUNI, TAG DER GEBURT JOHANNES DES TÄUFERS — WEISS

I Lk 1,57–67.(68–75).76–80 (Ev.) II Apg 19,1–7 (Ep.)

Wir wollen singn ein' Lobgesang (Nr. 141)
Psalm 92,2–11

29. JUNI, TAG DER APOSTEL PETRUS UND PAULUS — ROT

I Mt 16,13–19 (Ev.) II Eph 2,19–22 (Ep.)

Herr, mach uns stark im Mut, der dich bekennt (Nr. 154)
oder Ich lobe dich von ganzer Seelen (Nr. 250)
Psalm 89,6–8.(16–17)
oder Psalm 22 II

2. JULI, TAG DER HEIMSUCHUNG MARIÄ — WEISS

I Lk 1,39–47.(48–55).56 (Ev.) II 1.Tim 3,16 (Ep.)

Mein Seel, o Herr, muß loben dich (Nr. 308)
oder Hoch hebt den Herrn mein Herz (Nr. 309)
Psalm 45,2a.3.(5.7).8.18
oder Psalm 98

29. SEPTEMBER, TAG DES ERZENGELS MICHAEL UND ALLER ENGEL — WEISS

I Lk 10,17–20 (Ev.) II Offb 12,7–12a.(12b) (Ep.)

Heut singt die liebe Christenheit (Nr. 143)
Psalm 103,19–22
oder Psalm 148

1. NOVEMBER, GEDENKTAG DER HEILIGEN — ROT

I Mt 5,2–10.(11–12) (Ev.) II Offb 7,9–12.(13–17) (Ep.)

Ist Gott für mich, so trete gleich alles wider mich (Nr. 351)
Psalm 89,2.6–8.(16–17)
oder Psalm 22 II

BEIGABEN ZUR LIEDERKUNDE

Am Schluß jedes Liedes werden in diesem Gesangbuch die Verfasser von Text und Melodie, gegebenenfalls auch von Satz und Kanon genannt. Beigefügt ist die Jahreszahl der ältesten bekannten Quelle, für das Mittelalter auf Handschriften, in späterer Zeit auf Drucke bezogen. Ist der Zeitpunkt der Entstehung eines Liedes bekannt und liegt er mehr als ein Jahr vor der ersten Veröffentlichung, wird er in Klammern vorangesetzt. Etliche Melodien sind aus dem weltlichen Musizieren übernommen; das Stichwort »geistlich« markiert dann den Übergang in den Kirchengesang. Wird ein Lied auf eine Melodie gesungen, die von einem anderen Lied entlehnt ist, wird auf den Haupttext dieser Melodie verwiesen. Manchmal ist über den Noten des Liedes eine mögliche Ausweichmelodie angegeben. Eine Reihe von Liedern stammt von mehreren Autoren oder aus verschiedenen Zeiten und Orten; die Aufzählung der Daten spiegelt den Weg der Überlieferung, den ein Lied durchlaufen hat, bis es zur heutigen Gestalt fand. Diese muß manchmal noch vereinheitlicht werden: so sind jetzt in einigen Fällen Leittöne an den Zeilenschlüssen anders gesetzt, als sie bisher regional gebräuchlich waren.

Die »Liedgeschichte im Überblick« (Nr. 956) ist zum einen zeitlich gegliedert nach Jahrhunderten mit theologiegeschichtlichen Unterteilungen; mit fließenden Übergängen in Vor- und Nachgeschichte ist zu rechnen. Zum anderen ist sie räumlich gegliedert; die Bezeichnungen sind als geprägte Landschaften und Sprachgebiete zu verstehen, nicht als staatlich-politische Territorien. Die Autoren, die mehreren Gruppierungen angehören könnten, sind nach Ort und Zeit ihres Liedbeitrags aufgenommen. Für das Mittelalter bietet sich eine eher gattungsmäßige Gliederung an. In der kurzen Charakteristik jeder Epoche werden die wesentlichen Merkmale aus Zeit- und Theologiegeschichte, aus Literatur und Musik umschrieben.

Im Verzeichnis der Dichter und Komponisten (Nr. 957) ist hinter dem Namen des jeweiligen Verfassers in Klammern die

Ziffer angegeben, unter der er in der »Liedgeschichte im Überblick« eingeordnet ist. Am Ende jedes Lebenslaufs ist der spezielle Beitrag des Verfassers im Evangelischen Gesangbuch mit Liednummer notiert. Zusätzlich sind in dieses Verzeichnis wichtige Gesangbücher unter dem Stichwort des Ortes ihrer Veröffentlichung sowie einige überblickartige Sammelartikel aufgenommen worden.

ABKÜRZUNGEN

T	Text
M	Melodie
S	Satz
K	Kanon
(T) und (M)	Vorlage für eine spätere Bearbeitung
T* und M*	Bearbeitung einer älteren oder fremdsprachigen Vorlage
?	Verfasserschaft ist fraglich
→	Hinweis auf ein Stichwort im Verzeichnis der Dichter und Komponisten, bei dem Näheres zu ersehen ist.
Jh.	Jahrhundert
Str.	Strophe

LIEDGESCHICHTE IM ÜBERBLICK 956

I. 1. BIS 15. JAHRHUNDERT

(1) SPÄTANTIKE

Die christliche Kirche war von Anfang an eine singende Kirche. Psalmen und andere poetische Texte des Alten Testaments dienten als Gesänge und Gebete in Gottesdienst und häuslicher Andacht. Im Neuen Testament sind Lobgesänge (Cantica) und Christuslieder überliefert (Kol 3,16). Diese griechische Dichtung setzte sich fort in der Kunstprosa der Kirchenväter und in den Liturgien der orthodoxen Kirchen des Orients.

> CANTICA:
> Lobgesang der Maria (Magnificat) Lk 1,46–55;
> Lobgesang des Zacharias (Benedictus) Lk 1,68–79;
> Lobgesang des Simeon (Nunc dimittis) Lk 2,29–32
> CHRISTUSLIEDER:
> Phil 2,6–11; Kol 1,15–20; 1. Tim 3,16; Offb 5,12 u.a.

Auf Bischof → Ambrosius geht der abendländische lateinische Hymnus zurück: in der Form ein vierzeiliges Strophenlied, im Inhalt ein lobpreisendes Bekenntnis zu dem Dreieinigen Gott in den Festzeiten des Kirchenjahrs und in den Gebetszeiten des Tageslaufs. Die Liturgiereform unter Papst → Gregor I. förderte vielgestaltige, oft recht kunstvolle einstimmige Gesänge (»Gregorianischer Choral«): Vertonungen der regelmäßig gebrauchten Gottesdiensttexte (Ordinarium), biblische oder freie Kehrverse zu den Psalmen (Antiphonen). Priester, Solisten und eine Chorgruppe (Schola) führten nun den Gesang aus, nicht mehr die versammelte Gemeinde.

HYMNEN: Ambrosius, Gregor I., Prudentius Clemens; 469, 786.5
ORDINARIUM: Kyrie 178 – Gloria 179, 180 – Sanctus 185 – Agnus Dei 190 (435);
ferner Gloria Patri 177, Vaterunser 186, 187 und das im Rang eines Glaubensbekenntnisses stehende
Te Deum 191 (331); Halleluja 181, Responsorium 201

(2) MITTELALTER

Vor der Jahrtausendwende traten neue lateinische Singmodelle auf, u.a. wurden vorgegebene Melodiebögen mit Texten unterlegt, so beim Kyrie (Tropen) und bei der letzten Silbe des Halleluja (Sequenzen). Die Sequenz entwickelte sich zu einer dreizeiligen Strophenform; der Endreim wurde nun als prägendes Stilmittel auf alle poetischen Gattungen übertragen. Den althochdeutschen Evangelienerzählungen und ersten Hymnenübersetzungen folgten die deutschen Einzelstrophen der Leisen (nach dem abschließenden Kyrieleis benannt), die bei Pilgerreisen und Prozessionen, bei Predigtgottesdiensten und geistlichen Oster- und Weihnachtsspielen vom Volk angestimmt wurden. Die Mehrstimmigkeit entfaltet sich.

HYMNEN: Hrabanus Maurus; 3 (→ Kempten um 1000), 92, 453, 470
ANTIPHONEN: 19, 125, 156, 421, 518
TROPIERTES KYRIE: 178.4
SEQUENZEN: Wipo von Burgund, Langton; 149
LEISEN: 22, 23, 75, 99, 124, 214, 498

Im hohen und späten Mittelalter entstanden gefühlsbewegte Hymnen der Passions- und Abendmahlsfrömmigkeit, Zeugnisse aus geistlicher Minne und Mystik, Übersetzungen aus der lateinischen Liturgie und Übernahmen aus dem weltlichen Musizieren (Kontrafakturen), Lieder aus Volkstum und Brauchtum (Cantiones). Nonnenklöster (→ Medingen) und Bruderschaften (→ Hohenfurt) vermitteln in ihren Handschriften einen Eindruck von Umfang und Vielfalt des geistlichen Singens.

HYMNEN: Arnulf von Löwen, Hus, Johann von Jenstein, Thomas von Aquin. LATEINISCHE LIEDER: 29, 75, 77, 100, 105, 119, 183, 192. LATEINISCH-DEUTSCH: 35. DEUTSCHE LIEDER: von Laufenberg, Mönch von Salzburg; 69, 100, 105, 120, 125, 138, 183, 518. KONTRAFAKTUREN: z.B. 158, 243, 289, 521. BÖHMEN: 78. ITALIEN: Franz von Assisi. FRANKREICH: M 19, M 98

II. 16. JAHRHUNDERT

(1) REFORMATION

Die Glaubensbewegung der Reformation löste eine impulsive Singbewegung aus. »Singen und Sagen« wurden in Dienst genommen, um das neuentdeckte Evangelium von Gottes Gnade in Jesus Christus für den verlorenen Menschen zu verkündigen; auch im Lied sollte das biblische Wort unter dem Volk lebendig sein. Durch den konsequent genutzten Buchdruck bekam das Liedgut rasch eine Breitenwirkung: Flugblätter, kleine Sammlungen (Achtliederbuch → Nürnberg 1523/24; Enchiridien = Handbüchlein → Erfurt 1524), mehrstimmiges Chorbuch (→ Wittenberg 1524), einstimmige Gemeindegesangbücher (wichtig → Wittenberg 1529 und → Leipzig 1545). Neben Wittenberg bildeten sich Liedzentren in Nürnberg und Augsburg, Straßburg und Konstanz. Starke Beachtung fanden die Gesangbücher der → Böhmischen Brüder und der → Genfer Psalter.

Die Dichter und Sänger der Reformation, besonders intensiv → Luther, knüpften in Übersetzung, Umformung und Erweiterung an das Liedgut der alten und mittelalterlichen Kirche an. Von Geist und Gestalt des Volkslieds ausgehend, schufen sie ein Kirchenlied, das alle Themen und Typen umfaßt: aktuelle Zeit- und Bekenntnislieder, exemplarische Psalm- und Bibellieder, christozentrische Festlieder, katechetische Lehrlieder und ausgesprochene Gottesdienstlieder. Der Gemeindegesang trat liturgisch vollberechtigt neben Predigt und Gebet; bis heute ist das geistliche Singen ein unverzichtbares Element des evangelischen Gottesdienstes.

Die Gemeinde sang einstimmig ohne Begleitung (dies meint das Wort »Choral«). Vor allem in den Städten gab es Kantoreien aus Schülern und Bürgern; in den mehrstimmigen Liedsätzen war die Melodie meist als Tenorstimme verarbeitet (z.B. 140). Das Kirchenlied erlangte schließlich einen angesehenen Rang in der Haus-, Schul- und Kunstmusik.

SACHSEN / THÜRINGEN: Agricola, Camerarius, Cruciger, Eber, Jonas, Luther, Melanchthon, Müntzer, Speratus, Walter; lateinisch 146, deutsch 149. HESSEN: Alber. NIEDERDEUTSCHLAND: Bonnus, Decius, Freder, Lossius, Slüter. PREUSSEN: Albrecht von Preußen, Gramann, Kugelmann. LAUSITZ / SCHLESIEN / BÖHMEN: Herman, Leisentrit, Triller. BÖHMISCHE BRÜDER: Herbert, Vetter, Weiße. UNGARN: Sztárai. ÖSTERREICH / ITALIEN / BAYERN: Grünwald, Heyden, Hofhaimer, Isaac, Reißner, Senfl; 274, 521. OBERDEUTSCHLAND / SCHWEIZ: A. Blarer, Th. Blarer, Zwick, Zwingli. ELSASS / STRASSBURG: Dachstein, Englisch, Greiter, Hubert; M 159. FRANKREICH / GENF: Bourgeois, Davantès, Franc, Goudimel, de Sermisy.

(2) SPÄT-REFORMATION UND FRÜH-ORTHODOXIE

In den konfessionellen Kämpfen um die reine Lehre, besonders in der Abwehr der Gegenreformation, trat nun im Lied die Bitte um Erhaltung der Kirche in den Vordergrund. Beharrlich wurde das lutherische Liedgut in einer Reihe von verbindlichen, den jeweiligen Sonntagen zugeordneten, auswendig gesungenen Kernliedern gepflegt. Daneben fand der → Genfer Psalter weite Verbreitung (→ Lobwasser) oder rief neue Psalmbereimungen (→ Becker) hervor.

Krieg, Pest und Hunger ließen die Kreuz- und Trostlieder entstehen, in die die Sehnsucht nach einem seligen Sterben und dem lieben Jüngsten Tag einfloß. Als Gegenbewegung zu einer äußerlichen Rechtgläubigkeit blühte mancherorts eine innerliche, emotionsbetonte Gläubigkeit auf, beeinflußt von der mittelalterlichen Jesusmystik und der Bildersprache des Hohenlieds, vermittelt durch die Andachtsbücher von → Moller und Johann Arnd.

In der Praxis der Kirchenmusik gewann die homophone Liedbearbeitung mit der Melodie im Sopran an Bedeutung (Kantionalsatz; z.B. 30 u.a.). Immer häufiger veröffentlichten namentlich genannte und bekannte Komponisten ihre Liedsammlungen.

> SACHSEN: Becker, Calvisius, Faber, Hartmann, Mühlmann, Selnecker; 158, 304. THÜRINGEN: Bienemann, Helmbold, Keuchenthal, Rutilius, Schneegaß, Spangenberg, Steurlein, Vulpius. NORD-/WESTDEUTSCHLAND: Fischer, Ludecus, Nicolai, Niege, Praetorius, Rumpius, Stolzhagen; 345, 472. PREUSSEN: Eccard, Lobwasser; 473. LAUSITZ / SCHLESIEN: Behm, Ebert, Gesius, Herberger, Moller, Ringwaldt, Sartorius, Teschner; 60. ITALIEN / SÜDDEUTSCHLAND / ELSASS: Gastoldi, Haßler, Regnart, Schalling, Serranus; 30. NIEDERLANDE: M 22. ENGLAND: M 55

III. 17. JAHRHUNDERT

(1) KONFESSIONALISMUS UND BAROCK-KULTUR

Das Lebensgefühl dieser Zeit war geprägt von den Schrecken des Dreißigjährigen Krieges, der als Glaubenskampf begann und sich zu einem Machtkampf der europäischen Staaten ausweitete. Ganz Deutschland lag verwüstet, zwei Drittel der Bevölkerung waren ausgelöscht. In Dichtung, Musik und bildender Kunst drückte sich eine spannungsvolle Polarität aus: Vergänglichkeit, Todesnähe, Weltflucht einerseits, Sinnenfreude, Lebensgenuß, Weltsucht andererseits.

Die persönlichen Anliegen des einzelnen wurden nun verstärkt in das Liedgut einbezogen: Tageszeitenlieder und darin auch ein neues Verhältnis zur Natur, Klage- und Vertrauenslieder und darin trotz schwerem Leid doch Lob und Dank, Festlieder mit dem Blick auf die Passion und mit dem Ausblick auf die himmlische Welt. Die herausragenden Gedichte → Gerhardts im Klanggewand von → Crüger und → Ebeling spiegeln das Ich im Wir der Gemeinde, die eigene Glaubenserfahrung im Horizont der Heilstat Gottes; eine seelsorgerlich tröstende und ermutigende Ausrichtung ist zu spüren. Andere Dichter sind stärker von mystischer Gottesschau oder allegorischer Liebeslyrik geprägt. Erst allmählich fanden diese Lieder der Privatandacht den Weg in die kirchlichen Gesangbücher.

Im gelehrten Kunsthandwerk standen weltliche wie geistliche Autoren auf der Höhe der Zeit. Als stilbildend erwiesen sich die Regeln von → Opitz: natürliche Wortbetonung im Vers und reiner Endreim. In diesem Sinne bearbeitete man auch Lieder der Tradition (→ Hannover 1646). Typisch für Barocklieder sind kunstvolle Vers- und Strophenformen (Alexandriner z.B. 321, 495; sapphische Strophe z.B. 81, 447), blumige Titel und wortgewaltiger Überschwang zu allen Gelegenheiten des Lebens. Dichterbünde und Sprachgesellschaften veredelten die deutsche Sprache und schufen so die Grundlagen für eine Blütezeit des Kirchenlieds.

Die Melodiegestaltung geriet unter den Einfluß der aus Italien übernommenen Oper. Eine Melodie empfand man mehr oder weniger als solistische Oberstimme (Monodie) über einem harmonisch-akkordlichen Gefüge (Generalbaß). Für den Kirchengesang wurde die Orgel das bevorzugte Begleitinstrument. Das Tonartensystem stützte sich nun auf Dur und Moll, nicht mehr auf die alten Kirchentonarten. In rhetorisch-sprechenden und malerisch-abbildenden Motivformeln suchte man eine engere Wort-Ton-Beziehung zu erreichen.

SACHSEN: Demantius, Fleming, Krieger, Liscow, Olearius, Rinckart, Schein, H. Schütz, Ulich, Wilhelm II. von Sachsen-Weimar; 350. THÜRINGEN / HESSEN: J.R. Ahle, J.G. Ahle, Bornschürer, Melchior Franck, Michael Franck, Helder, Homburg, Meyfart, Neumark, Niedling, Schenck, Winer. NIEDERDEUTSCHLAND: Denicke, Gesenius, Rist, Schop, Sonnemann, Spee, Stegmann, Weßnitzer, von Zesen; 113. BRANDENBURG / besonders BERLIN: Crüger, Ebeling, Gerhardt, Hintze, Schirmer, von Schwerin. PREUSSEN / besonders KÖNIGSBERG: Albert, Fabricius, Held, Sohren, Stobäus, Thilo, Weissel, G. Werner. LAUSITZ / SCHLESIEN: Apelles von Löwenstern, Cunrad, J. Franck, Gryphius, Hammerschmidt, Heermann, Jan, Keimann, Opitz, Peter, Scheffler, Scheidt, Thebesius. ÖSTERREICH / BAYERN: von Birken, Clausnitzer, Corner, Österreicher, Wegelin. UNGARN: Pécseli Király. ELSASS: Sudermann. NIEDERLANDE: Camphuysen, Oudaan. ENGLAND: Milton, Reading.

(2) REFORM-ORTHODOXIE UND FRÜH-PIETISMUS

Im allmählichen Wiederaufbau nach dem Dreißigjährigen Krieg machte sich eine neue Frömmigkeit bemerkbar: Geistliche Erfahrung und gelebter Glaube wurden bedeutsamer als dogmatische Korrektheit der Lehre. Immer entschiedener klang der Ruf zu Buße und Bekehrung, Heiligung und persönlicher Heilsgewißheit. Die Erweckten sammelten sich sowohl bei den Reformierten (Theodor Undereyk) wie bei den Lutheranern (Philipp Jakob Spener) zu Hausbibelkreisen und Erbauungsstunden (Collegia pietatis). Vielfach distanzierten sie sich vom gottesdienstlichen Leben der Volkskirche; die Schranken der Konfessionen wurden zunehmend durchlässiger.

Das geistliche Singen, enthusiastisch und impulsiv gepflegt, konzentrierte sich auf individuelle Seelenlieder und erweckliche Gruppenlieder. Die Sprache klingt innerlich-erbaulich, bisweilen missionarisch-kämpferisch, der Inhalt ist Ausdruck einer unmittelbaren Jesus-Beziehung. Die Melodien schlossen sich der Art der Solo-Aria an; insbesondere im Dreierrhythmus der »hüpfenden Weisen« (Daktylus) zeigt sich eine geistliche Aufbruchstimmung.

SACHSEN / THÜRINGEN / ANHALT: Arnold, Crasselius, Drese, Freystein, Gastorius, Gotter, Herzog, Müller, Nachtenhöfer, Rodigast, J.H. Schröder, Schwarzburg-Rudolstadt. NORD- / WESTDEUTSCHLAND: Lorenzen, Neander, Scriver; 89, 403. OSTPREUSSEN: Rostock. SCHLESIEN: Knorr von Rosenroth. SÜDDEUTSCHLAND: Briegel, Löhner, Ruopp, J.J. Schütz, Strattner; 352

IV. 18. JAHRHUNDERT

(1) PIETISMUS UND ORTHODOXIE

Der Geist einer pietistischen Glaubenshaltung und Lebensführung, bisher auf die Erwecktenkreise konzentriert, breitete sich nun auf Fürstenhöfe, Universitäten und Landeskirchen aus, und in verschiedenen Wellen von Erweckungs- und Gemeinschaftsbewegungen lebt der Pietismus bis heute weltweit fort. In gottesdienstlichen Festliedern und allgemeinen Trostliedern wurde das Erbe der Väter weiterhin geachtet und benutzt; doch trat es in den Hintergrund gegenüber den bibeldurchtränkten Gebets- und Betrachtungsliedern, den Jesus- und Jüngerliedern einer entschiedenen Nachfolge. Durch seine Ausdrucksfähigkeit der Seelenregungen bereitete der Pietismus eine neue Epoche der deutschen Lyrik vor.

Es bildeten sich verschiedene Zentren mit starker Ausstrahlungskraft: Halle mit einer pädagogisch-karitativen Wirkung; das entsprechende Liedgut ist umfassend bei → Freylinghausen (→ Halle 1704) gesammelt. Herrnhut mit einem gemeinschaftsbildenden und universalökumenischen Akzent; dem geistlichen Lied wuchsen durch die Singstunde, die Liedliturgien und die Bildung von Posaunenchören neue Wirkungsmöglichkeiten zu. In Württemberg wurde ein nüchterner Biblizismus, in der Erweckungsbewegung am Niederrhein eine weltabgewandte Gottesanbetung gepflegt. Etliche Dichter und Musiker stimmten in Methode und Ziel mit dem Pietismus nicht überein; gleichwohl sind ihre Werke von dessen Gestalt und Gehalt durchdrungen.

Die Melodien paßten sich im ausgeglichenen Rhythmus (Isometrik) zunehmend dem schlichten Duktus des weltlichen Volkslieds an. In → Bachs Orgelwerken, Kantaten und Passionen und → Händels Oratorien erreichte die Kirchenmusik einen glanzvollen Höhepunkt.

SACHSEN / THÜRINGEN / ANHALT / besonders HALLE: Allendorf, Arends, Bach, von Bogatzky, Freylinghausen, Günther, Herrnschmidt, Löscher, Nehring, Neuß, Rambach, Witt; 219. NORDDEUTSCHLAND: Neumeister, Telemann. LAUSITZ / SCHLESIEN / besonders HERRNHUT: David, Mentzer, Reimann, Rothe, Schmolck, Tollmann, von Zinzendorf; 465. SÜDDEUTSCHLAND / besonders WÜRTTEMBERG: Dretzel, F.K. Hiller, Ph. F. Hiller, J.B. König, Stötzel. NIEDERRHEIN: Tersteegen. ENGLAND: Händel; (465).

(2) AUFKLÄRUNG UND BIBELFRÖMMIGKEIT

Die Wurzeln eines aufgeklärten Denkens reichen weit in das westeuropäische Geistesleben zurück; auch die theologische Orthodoxie und der kirchliche Pietismus gehören trotz ihres inneren Gegensatzes zu den Wegbereitern. Neue naturwissenschaftliche Entdeckungen, naturrechtliche Erkenntnisse in bezug auf Obrigkeit und Volk, die kritische Vernunft als oberstes Prinzip und der Fortschritt als leuchtende Hoffnung ließen die biblische Offenbarungsreligion als überholt erscheinen. Die Ideen von Toleranz, Gewissensfreiheit, Weltbürgertum und Lebensglück durch Tugend und Pflicht bestimmten nun den Zeitgeist.

Das Kirchenlied wurde als geeignetes Mittel angesehen, Religion und Humanität zu fördern; in belehrender Sprache diente es als Einstimmung und Echo auf eine moralisierende Predigt. Nur wenige Beispiele haben die Zeiten überdauert: die Reflexionen über Gott den Schöpfer und die ethischen Appelle zur Nächstenliebe (→ Gellert). Andere Dichter kleideten ihre Gedanken in ein hymnisches Pathos (→ Klopstock) oder drückten ihre Kritik am herrschenden Rationalismus in einem schlichten Bibelglauben aus (→ M. Claudius).

Die Aufklärung empfand das alte Liedgut in Form und Inhalt als höchst unzeitgemäß. Es wurde entweder dem herrschenden Geschmack angepaßt und bis zur Unkenntlichkeit umgedichtet oder aber ausgeschieden und durch flache, symbolarme Neudichtungen ersetzt. In den reformierten Kirchen wich der Liedpsalter → Lobwassers der Neubereimung durch → Jorissen, der aber die Genfer Melodien als wesentliches Liedelement beibehielt.

Während die weltliche Musik die Blüte der Klassik erlebte, sank die Kirchenmusik auf ihren Tiefstand. Beim Singen kam man mit wenigen Lehnmelodien aus; neuentstandene Melodien gaben sich nüchtern oder gefühlig ohne rhythmische Vielfalt und ohne melodischen Schwung. Das Tempo des Singens verlangsamte sich immer mehr; es sollte Würde und Feierlichkeit darstellen. Nach jeder Liedzeile fügte der Organist improvisierend Zwischenspiele ein.

> SACHSEN / THÜRINGEN: Gellert, Herder, J.A.Hiller, Zollikofer; 336, 507. NORDDEUTSCHLAND / DÄNEMARK: M. Claudius, Cramer, Klopstock, J.A.P.Schulz; 356. BERLIN: Bürde. LAUSITZ / SCHLESIEN: Franz, Chr. Gregor. SÜDDEUTSCHLAND: Buttstedt, Chr. von Schmid. SCHWEIZ: Geßner, Stapfer. NIEDERRHEIN: Jorissen. FRANKREICH: Borderies; 54. ENGLAND: Wade.

V. 19. JAHRHUNDERT

Die deutsche Klassik in ihren bedeutenden Dichtungen und die Romantik in ihrer Hinwendung zum Volkstümlichen, zum christlich-verklärten Mittelalter und zum religiös-künstlerischen Lebensentwurf bereiteten den Boden für eine neue Wertschätzung des Kirchenlieds. Die nationalen Motive der Freiheitskriege gegen Napoleon und die geistlichen Impulse der Erweckungsbewegungen gaben ihm das prägende Profil. In gefühlvollen Fest- und Glaubensliedern suchten die Dichter das kirchliche Bekenntnis aktuell auszusprechen. Ihr eigenständigster Beitrag ist das Missionslied, das am Pietismus anknüpfte und den Blick für die weltweite Verbreitung des Evangeliums öffnete; Missionsgesellschaften hatten tatkräftig vorgearbeitet. Meist abseits von gottesdienstlichen Gelegenheiten entstand das Geistliche Volkslied in seiner speziellen Stilisierung von Text und Melodie. Der angelsächsische Bereich wird erstmals in diesem Gesangbuch berücksichtigt.

Aus einem neuen Geschichtsbewußtsein von Volkstum und Kirchlichkeit wurde das wertvolle Liedgut früherer Epochen wiederentdeckt (→ Arndt), umfassend gesammelt (→ Knapp, → Layriz; Texte bei Philipp Wackernagel, Albert Fischer / Wilhelm Tümpel, Melodien bei → Zahn) und von der jungen Wissenschaft der Germanistik systematisch nach Herkunft und Verbreitung erforscht. Die landeskirchlichen Gesangbücher übernahmen zunehmend das verschüttete Erbe in ursprünglicher oder maßvoll überarbeiteter Fassung. Erste Schritte zur Vereinheitlichung des geistlichen Singens wurden kirchenamtlich eingeleitet (Eisenacher Entwurf 1854 mit 150 Kernliedern).

Sachsen / Thüringen / Anhalt: Falk, Gebhardi, Harder, Hey, Holzschuher, Krummacher, Riedel, von Weling. Norddeutschland: Franke, Hensel, Kliefoth, Ph. Spitta, von Strauß und Torney. Berlin: Herrosee, Knak. Ostpreussen / Baltikum: Gortzitza, Hausmann. Lausitz / Schlesien: Fickert, Garve, Hoffmann von Fallersleben, von Reuß, K.F. Schulz. Siebenbürgen: 531. Bayern: Layriz, Puchta, Ranke, Rückert, Zahn.

WÜRTTEMBERG: Chr. G. Barth, Blumhardt, Knapp, Silcher. RHEINLAND: Arndt, Brentano, Koch; 207. POLEN: 53. BÖHMEN: 47, 48. ÖSTERREICH: F. X. Gruber, Mohr; 49. SCHWEIZ: Nägeli, Oser, Riggenbach. ELSASS: F. Spitta; 207. ENGLAND / NORDAMERIKA: Brooks, Ellerton, Helmore, How, Lyte, Monk, Neale, Scholefield, Stone, Wesley.

VI. 20. JAHRHUNDERT

(1) SINGBEWEGUNG UND KIRCHENKAMPF

Nach dem Ersten Weltkrieg mit seinen Umbrüchen in Staat, Kirche und Gesellschaft bereiteten Luther-Renaissance und Liturgiebelebung den Boden für einen neuen Zugang zu Gottesdienst und Kirchenjahr. Aus der kritischen Auseinandersetzung mit Neuromantik und Kulturprotestantismus erwuchsen die Jugend-, Sing- und Orgelbewegung, die ihren Niederschlag in zahlreichen Liederbüchern und Chorsammlungen fanden (→ Jöde, Richard Gölz, Gottfried Grote, → Riethmüller und → Stier).

Ein wichtiges Anliegen der Singbewegung war die Vergegenwärtigung der Reformationszeit. Durch romantische Verklärung ritterlicher Ideale und bündischer Lebensformen ergaben sich auch Berührungsflächen mit der nationalsozialistischen Bewegung; Anpassung an den Zeitgeist und geistige Mittäterschaft blieben in der Kirche nicht aus. Selbst im geistlichen Singen war die kirchliche Haltung gespalten: Die regimekonformen »Deutschen Christen« gaben einige von allen alttestamentlichen Spuren gereinigte Gesangbücher heraus. Die »Bekennende Kirche« hielt in Wort und Geist am reformatorischen Liedgut fest und nahm Lieder aus den Erfahrungen des Kirchenkampfs auf; als gesungene Gemeindelieder wurden sie weithin erst nach Kriegsende bekannt. Die Melodien orientierten sich bewußt an den Modellen der Tradition.

Das Streben nach Vereinheitlichung im Kirchengesang führte zu zwei wichtigen Ergebnissen: »Deutsches Evangelisches Gesangbuch« (DEG 1915) als Angebot eines überregionalen Liedbestandes und »Evangelisches Kirchengesangbuch« (EKG 1950) als Ergebnis der theologischen Bekenntnis- und kirchenmusikalischen Singbewegung; nach und nach wurde es von allen deutschen Landeskirchen und der evangelischen Kirche in Österreich als Stammteil eingeführt, ergänzt durch landeskirchliche Regionalteile. Dieses Gesangbuch erwies sich in der Zeit der organisatorischen Trennung der Kirchen in Deutschland-Ost und Deutschland-West als einigendes Band der Gemeinschaft im geistlichen Singen.

SACHSEN / THÜRINGEN: Geilsdorf, Mauersberger, (J. Petzold), Stier, Veigel. NIEDERSACHSEN / SCHLESWIG-HOLSTEIN / HAMBURG: H. Claudius, Mahrenholz, Micheelsen, Pötzsch, Rode. BRANDENBURG / besonders BERLIN: Bonhoeffer, Jöde, Kaestner, Klepper, Lütge, Riethmüller, S. Rothenberg, G. Schwarz, Vogel, F. Werner. OST- UND WESTPREUSSEN: Abramowski, Hesekiel. BAYERN / WÜRTTEMBERG / BADEN / HESSEN: Budde, Fronmüller, Lahusen, Marx, Müller-Osten, Pezold, Reger, Rein, R.A. Schröder, Zöbeley. RHEINLAND / WESTFALEN: von Bodelschwingh, Lörcher, Thate. SCHWEIZ: Enderlin, Vischer. ENGLAND / NORDAMERIKA: Bell, Coffin, Crum, Draper, Farjeon, Vaughan Williams, Woodward.

(2) NEUES LIED UND ÖKUMENE

Nach der Notsituation des Zweiten Weltkriegs und der Nachkriegszeit ereignete sich nach 1960 der Aufbruch eines vielfältigen neuen Singens. Anregungen kamen durch Gottesdienste mit Jazz-Elementen, Spirituals (225, 499) und Biblische Chansons, Antriebe durch Preisausschreiben und Werkstattgespräche, Anforderungen durch Jugendveranstaltungen, »Gottesdienste in anderer Gestalt« und Kirchentage, Angebote durch Liedermacher, Arbeitsgemeinschaften, kirchenmusikalische Verbände von Kirchen und Freikirchen (Christlicher Sängerbund). Feiern und Feste lebendiger Liturgie spiegelten das Bemühen um eine zeitgemäße Auslegung biblischer Texte und christlicher Themen mit dem Ziel, die weltweiten Probleme der Gegenwart aufzunehmen. Arrangements und Stilmittel aus Protestsong und Popularmusik wurden aufgegriffen. Durch Schallplatten, Einzelblätter, Sammlungen und schließlich durch landeskirchliche Beihefte fand das neue Liedgut Eingang in die Kirchengemeinden.

Zugleich wuchs ein stärkeres Bewußtsein von weltweiter und konfessioneller Ökumene. Geistliche Lieder aus anderen Ländern und Kulturen, aus Kirchen und Kommunitäten (→ Taizé), aus Liederbüchern wie »Schalom« 1971 und »Cantate Domino« 1974 fanden in Übertragungen und Bearbeitungen weite Verbreitung. Die »Arbeitsgemeinschaft für ökumenisches Liedgut« (AÖL, seit 1969; Veröffentlichungen u.a. »Gemeinsame Kirchenlieder« 1973 und das Kinderliederbuch »Leuchte, bunter Regenbogen« 1983) stellte gemeinsam verantwortete Gesänge bereit, die in Auswahl in das katholische Einheitsgesangbuch »Gotteslob« 1975, in das Gesangbuch der Alt-Katholiken »Lobt Gott, ihr Christen« 1986 und in das vorliegende Gesangbuch übernommen wurden.

Das »Evangelische Gesangbuch« bietet die Vielfalt der traditionellen und zeitgenössischen Lieder, die Weite der Ökumene und die Breite der Zielgruppen in einer Fülle von anregenden alten und neuen Singformen (Liedsatz, Kanon, Singspruch, liturgischer Gesang, Refrain- und Erzähllied).

SACHSEN / THÜRINGEN / ANHALT: Häußler, Hertzsch, Jentzsch, Kroedel, J. Petzold, L. Petzold. MECKLENBURG / BRANDENBURG / BERLIN (OST): Abel, Bietz, W. Fischer, Henkys, Ochs, Th. Rothenberg, Rutenborn, Schlenker, W. Schulz, Th. Werner. NIEDERSACHSEN / SCHLESWIG-HOLSTEIN / BERLIN (WEST): Arfken, Baltruweit, Barbe, Block, Brodde, Gwinner, Heinecke, Ihlenfeld,

H. König, Kornemann, Lotz, J. Schwarz, Wiese. NORDRHEIN-WESTFALEN: Bücken, Denkhaus, Edelkötter, F. Gottschick, Hechtenberg, Heuser, Janssens, von Lehndorff, Lohmann, Reda, Ruppel, Valentin, Zils. HESSEN / RHEINLAND-PFALZ / SAARLAND: F.K. Barth, Beuerle, Eckert, Fries, A.M. Gottschick, Heurich, Klein, Leonhardt, Neubert, Pröger, Puls, Rohr, O. Schulz, Seuffert, Trautwein, Chr. Weiß, Zenetti. BADEN: Boßler, E. Gruber, Hopfer, Schneider, Schweizer, Simoneit, Stein, Zipp. WÜRTTEMBERG: Bertram, Bornefeld, E. Hofmann, Lüders, Rommel, Stern. BAYERN: Dörr, Hampe, Höppl, F. Hofmann, Köbler, G. Thurmair, M.L. Thurmair, Walz, E. Weiss. POLEN: Kucz. MÄHREN: 18. UNGARN: Gyöngyösi. ÖSTERREICH: Ferschl. SCHWEIZ: Jenny, Marti, Nievergelt, Th. Schmid. FRANKREICH: Berthier, Deiss, Fraysse. NIEDERLANDE / BELGIEN: Barnard, den Besten, ter Burg, Geraedts, Huijbers, Kremer, Lam, de Marez Oyens, Mehrtens, Nooter, Oosterhuis, Schulte Nordholt, de Sutter, Wit. ENGLAND / NORDAMERIKA: Anders, Cartford, Kaan, Leupold, Pratt Green, Utech. SKANDINAVIEN: Ellingsen, Frostenson, Hovland, Kverno, Ruuth, Widestrand. ISRAEL: Ben-Chorin; 433, 434, 489. AFRIKA: Kyamanywa, Maraire. LATEIN- / SÜDAMERIKA: Potter; M 171, M 188.

DIE DICHTER UND KOMPONISTEN

ABEL, Otto (VI,2), geb. 1905 in Berlin, seit 1930 Kantor und Organist in Berlin, zeitweilig Landeskirchenmusikdirektor von Berlin-Brandenburg und Verlagslektor; gest. 1977 in Tettnang (Württemberg). – T* 54, MS 65

ABRAMOWSKI, Richard (VI,1), geb. 1862 in Groß-Plowenz (Westpreußen), Prediger in verschiedenen Gemeinden, 1894 Stadtmissionsinspektor in Berlin, 1904 Pfarrer in Milken bei Lötzen; gest. 1932 in Elbing (Westpreußen). – T* 513

AGRICOLA (Schnitter), Johann (II,1), geb. 1492 oder 1494 in Eisleben, Schüler und Freund → Luthers, 1525 Rektor in Eisleben, 1536 Dozent der Theologie in Wittenberg, wo er sich in der Frage des Gesetzes mit Luther entzweite; 1540 Hofprediger in Berlin, er befürwortete die Rekatholisierungsbemühungen Kaisers Karl V. (Interim); gest. 1566 in Berlin. – T 343 (?)

AHLE, Johann Georg (III,1), geb. 1651 in Mühlhausen (Thüringen), Nachfolger seines Vaters Johann Rudolf → Ahle als Organist in Mühlhausen; dort gest. 1706. – M 444

AHLE, Johann Rudolf (III,1), geb. 1625 in Mühlhausen (Thüringen), Theologiestudent und Kantor in Erfurt, seit 1649 Organist und später Bürgermeister in seiner Heimatstadt, angesehener Komponist; gest. 1673 in Mühlhausen. – (M) 161, M 375, (M) 450

ALBER, Erasmus (II,1), geb. um 1500 in Bruchenbrücken bei Friedberg (Hessen), Schüler → Luthers, vielseitiger und wirkungsvoller Schriftsteller, als Reformator und Pfarrer tätig in Hessen und Brandenburg, immer wieder vertrieben; gest. 1553 als Superintendent in Neubrandenburg (Mecklenburg). – T 6, 308, 442, 458, T*469

ALBERT (Alberti), Heinrich (III,1), geb. 1604 in Lobenstein (Vogtland), Schüler seines Vetters Heinrich → Schütz in

Dresden, 1630 Domorganist in Königsberg (Ostpreußen), Meister des deutschen Sololiedes und Mitglied des Dichterbundes um Simon Dach; dort gest. 1651. – TM 445

ALBRECHT von Preußen, Markgraf von Brandenburg-Ansbach, Herzog von Preußen (II,1), geb. 1490 in Ansbach (Franken), 1511 letzter Hochmeister des Deutschen Ordens; 1525 wandelte er das preußische Ordensland in ein weltliches Herzogtum um, führte mit → Speratus und → Gramann die Reformation ein; durch die Parteinahme für den Theologieprofessor Andreas Osiander in Königsberg geriet er nach 1549 in die nachlutherischen Auseinandersetzungen; gest. 1568 in Tapiau (Ostpreußen). – T 364 (Str. 1–3)

ALLENDORF, Johann Ludwig Konrad (IV,1), geb. 1693 in Josbach (Oberhessen), Student bei August Hermann Francke in Halle, Erzieher in Sorau (Niederlausitz), 1724 lutherischer Hofprediger in Köthen, wo er 1736 die pietistischen »Cöthnischen Lieder« herausgab; seit 1755 Pfarrer in Wernigerode und Halle; dort gest. 1773. – T 66

AMBROSIUS, Aurelius (I,1), geb. wohl 339 in Trier, erzogen in Rom, Statthalter von Oberitalien, seit seiner Taufe 374 Bischof von Mailand, einer der vier abendländischen Kirchenlehrer; nach ostkirchlichem Vorbild führte er den wechselchörigen Psalmengesang im Westen ein und verfaßte Hymnen in lateinischer Sprache, die stilbildend für die Entwicklung des Kirchenlieds wurden; gest. 397 in Mailand. – (T) 4, (T) 485, (T) 784.2

ANDERS, Charles Richard (VI,2), geb. 1929 in Frederick (Maryland/USA), Pfarrer der Lutherischen Kirche an verschiedenen Orten, zuletzt in Tamarac (Florida) und Minneapolis (Minnesota), Komponist und Mitarbeiter am »Lutheran Book of Worship« 1978. – M 269

APELLES von Löwenstern (ursprünglich bürgerlich Apelt), Matthäus (III,1), geb. 1594 in Neustadt (Oberschlesien), Lehrer und Kantor, Hofkapellmeister und herzoglicher Kammerdirektor in Oels-Bernstadt (Schlesien), seit 1639 geadelt und Kaiserlicher Rat in Breslau; als Musiker pflegte er den italienischen konzertanten Stil, als Dichter die antiken Versmaße; gest. 1648 in Breslau. – M 247, TM 502

Arends, Wilhelm Erasmus (IV,1), geb. 1677 in Langenstein (Harz), Student bei August Hermann Francke in Halle, Pfarrer in Krottorf und Halberstadt; dort gest. 1721. – T 164

Arfken, Ernst (VI,2), geb. 1925 in Rotenburg (Wümme), Kirchenmusiker und Theologe, seit 1965 Pfarrer und Lehrbeauftragter in Göttingen. – T* 188

Arndt, Ernst Moritz (V), geb. 1769 in Groß Schoritz auf Rügen, Professor der Geschichte in Greifswald, während der Freiheitskriege patriotischer Schriftsteller; 1818 Professor in Bonn, durch seine Schrift »Von dem Wort und dem Kirchenliede« 1819 Anreger der Gesangbuchreform nach der Aufklärung; seit 1820 wegen seiner demokratischen Gesinnung amtsenthoben, 1840 wieder eingesetzt, 1848 Abgeordneter der Nationalversammlung in Frankfurt; gest. 1860 in Bonn. – T 213, 357

Arnold, Gottfried (III,2), geb. 1666 in Annaberg (Erzgebirge), radikaler, an der Urgemeinde orientierter Pietist, zeitweilig im Gegensatz zur Kirche; 1697 Professor der Geschichte in Gießen, in seiner »Unparteiischen Kirchen- und Ketzer-Historie« 1699 verteidigte er die von der Kirche Verfolgten; seit 1701 Pfarrer an verschiedenen Orten; gest. 1714 als Superintendent in Perleberg. – T 388

Arnulf von Löwen (I,2), geb. um 1200 in Löwen (Belgien), Zisterziensermönch in Villers (Brabant), seit 1240 Abt, Verfasser eines Zyklus lateinischer Passionsgedichte; gest. 1250 in Villers. – (T) 85

Bach, Johann Sebastian (IV,1), geb. 1685 in Eisenach, 1703 Organist in Arnstadt, 1707 in Mühlhausen, 1708 in Weimar, dort 1714 Konzertmeister, 1717 Hofkapellmeister in Köthen, seit 1723 Thomaskantor und Universitätsmusikdirektor in Leipzig; mit der Bestimmung »zu Gottes Ehre und Recreation des Gemüts« verwirklichte er die lutherische Musikauffassung, durch seine freien wie choralgebundenen Orgelwerke, Kantaten, Messen, Oratorien und Passionen wurde er zum bedeutendsten und heute bekanntesten Schöpfer evangelischer Kirchenmusik; gest. 1750 in Leipzig. – M 37, S 70, S 535

BALTRUWEIT, Fritz (VI,2), geb. 1955 in Gifhorn (Niedersachsen), Pfarrer und Liedermacher in Garbsen (Hannover). – M 432

BARBE, Helmut (VI,2), geb. 1927 in Halle, 1952 Kantor in Berlin-Spandau und Lehrer an der Kirchenmusikschule, seit 1972 Landeskirchenmusikdirektor von Berlin (West) und 1975 Professor an der Hochschule der Künste in Berlin, vielseitiger Komponist. – T* 55

BARNARD, Willem (Pseudonym Guillaume van der Graft) (VI,2), geb. 1920 in Rotterdam (Niederlande), Pfarrer in Nijmegen, Amsterdam und bei Rozendaal, Dozent in Brüssel (Belgien), lebt in Utrecht; Anreger einer neuen Bereimung des Psalters und Mitarbeiter am »Liedboek voor de Kerken« 1975. – (T) 97

BARTH, Christian Gottlob (V), geb. 1799 in Stuttgart, Pfarrer in Möttlingen (Württemberg), eifriger Förderer der Mission, seit 1838 freier Jugend- und Volksschriftsteller, Gründer des Calwer Verlags; gest. 1862 in Calw. – T 257, 262/263 (Str. 2.4.5)

BARTH, Friedrich Karl (VI,2), geb. 1938 in Kassel, Pfarrer in Bad Hersfeld, ab 1971 in der Beratungsstelle für die Gestaltung von Gottesdiensten in Frankfurt/Main tätig, seit 1990 Pfarrer in Bad Wildungen. – T 420

BECKER, Cornelius (II,2), geb. 1561 in Leipzig, Pfarrer in Rochlitz (Sachsen), 1592 in Leipzig, später dort auch Professor der Theologie; verfaßte 1602 als lutherisches Gegenstück zum reformierten Liedpsalter von → Lobwasser den »Psalter Davids gesangweise«, den u.a. Heinrich → Schütz 1628/1661 mit Melodien und Liedsätzen versehen hat; gest. 1604 in Leipzig. – T 276 (Str. 1–4), (T) 288, T 295, 296, 474 (Str. 1)

BEHM, Martin (II,2), geb. 1557 in Lauban (Oberlausitz), zunächst Hauslehrer in Wien und Straßburg, dann Lehrer und 1586 Pfarrer in seiner Heimatstadt, Verfasser zahlreicher Lieder und Erbauungsschriften; gest. 1622 in Lauban. – T 71, 500, 501

BELL, George Kennedy Allen (VI,1), geb. 1883 auf Hayling Island (England), Hilfsgeistlicher in Leeds, Dozent in Oxford, Dekan in Canterbury und seit 1929 anglikanischer Bischof in Chichester; er unterstützte die Widerstandsbewegung gegen den Nationalsozialismus in Deutschland und prägte die ökumenische Bewegung nach dem Krieg; gest. 1958 in Canterbury. – (T) 269

BEN-CHORIN, Schalom (ursprünglich Fritz Rosenthal) (VI,2), geb. 1913 in München, 1935 ausgewandert nach Israel, lebt als Schriftsteller und Publizist in Jerusalem, durch Vorträge und Mitarbeit beim Deutschen Evangelischen Kirchentag um christlich-jüdische Zusammenarbeit bemüht. – T 237

BERTHIER, Jacques (VI,2), geb. 1923 in Auxerre (Burgund), Organist in Paris; der 1940 gegründeten ökumenischen »Communauté de Taizé« verbunden, für die er die liturgischen Gesänge komponiert und arrangiert. – MS 178.12, 181.6, 789.1–7

BERTRAM, Hans Georg (VI,2), geb. 1936 in Gießen, dort Kantor und Organist, seit 1978 Professor an der Hochschule für Kirchenmusik in Esslingen/Neckar (Württemberg). – M 533

BESTEN, Adriaan Cornelis (Ad) den (VI,2), geb. 1923 in Utrecht, Lyriker und Essayist, seit 1967 Dozent an der Universität Amsterdam; wie → Barnard dichterisch für ein zeitgemäßes Psalmlied und ein qualitätvolles Kirchengesangbuch tätig. – (T) 313

BEUERLE, Herbert (VI,2), geb. 1911 in Düsseldorf, Kantor in Berlin, 1949 Organist in Dassel (Niedersachsen) und Singwart des freikirchlichen Christlichen Sängerbundes, von 1952 bis 1976 Kantor im Burckhardthaus in Gelnhausen, Verfasser vieler praxisorientierter Liedsätze; lebt in Gelnhausen. – K 178.14, K 180.4, M 277, K 448

BIENEMANN (Melissander), Kaspar (II,2), geb. 1540 in Nürnberg, als streng lutherischer Pfarrer in die theologischen Positionskämpfe der Zeit verwickelt, Generalsuperintendent von Pfalz-Neuburg, Prinzenerzieher in Weimar, 1578 Generalsuperintendent in Altenburg (Thüringen); dort gest. 1591. – T 367

BIETZ, Hartmut (VI,2), geb. 1942 in Cottbus, Kantor und Organist in Berlin-Treptow, seit 1980 Verlagslektor in Berlin. – M 306

BIRKEN (Betulius), Sigmund von (III,1), geb. 1626 in Wildstein bei Eger (Böhmen), 1629 mit seinen Eltern des evangelischen Glaubens wegen vertrieben, Hofmeister und Prinzenerzieher an verschiedenen europäischen Höfen; virtuoser Barockdichter, geadelt und geehrt, er gehörte zum Nürnberger Dichterkreis des »Löblichen Hirten- und Blumenordens an der Pegnitz«; gest. 1681 in Nürnberg. – T 88, 384

BLARER, Ambrosius (II,1), geb. 1492 in Konstanz, Benediktinermönch und Prior im Kloster Alpirsbach (Schwarzwald), das er 1522 seiner evangelischen Gesinnung wegen verließ; mit seinem Bruder Thomas → Blarer und seinem Vetter → Zwick reformierte er seine Vaterstadt, in gleicher Tätigkeit war er in den oberschwäbischen Reichsstädten, im Herzogtum Württemberg und in Augsburg unterwegs; 1548 mußte er wegen der Rekatholisierung von Konstanz fliehen und versah Pfarrdienste in mehreren Gemeinden der Schweiz; einer der sprachgewaltigsten oberdeutschen Liederdichter; gest. 1564 in Winterthur. – T 127, 244

BLARER, Thomas (II,1), geb. 1499 in Konstanz, Bruder von Ambrosius → Blarer, Jurist, Schüler → Luthers und dessen Begleiter zum Reichstag nach Worms, Mitreformator seiner Vaterstadt; seit 1536 Bürgermeister, er mußte 1548 wie sein Bruder die Stadt verlassen; gest. 1567 in Neugiersberg (Thurgau). – T 216

BLOCK, Detlev (VI,2), geb. 1934 in Hannover, Pfarrer in St. Andreasberg (Oberharz) und Hameln, seit 1967 in Bad Pyrmont (Niedersachsen), veröffentlichte mehrere Sammlungen geistlicher Gedichte. – T* 143, T 211, T* 229

BLUMHARDT (der Ältere), Johann Christoph (V), geb. 1805 in Stuttgart, 1830 theologischer Lehrer am Missionshaus in Basel, 1838 als Nachfolger Christian Gottlob → Barths Pfarrer in Möttlingen (Württemberg), wo es durch sein Wirken zu einer Erweckung kam; seit 1852 übte er als Leiter von Bad Boll eine weitreichende Seelsorgetätigkeit aus, die Grundlage für seine Gespräche, Andachten und Lieder war eine lebendige Reich-Gottes-Hoffnung; gest. 1880 in Bad Boll. – T 375

BODELSCHWINGH, Friedrich von (VI,1), geb. 1877 in Bethel bei Bielefeld, Sohn und Nachfolger von »Vater« Bodelschwingh als Leiter der Betheler Anstalten; seine Wahl zum Reichsbischof 1933 wurde vereitelt, mutig trat er der Euthanasie entgegen; gest. 1946 in Bethel. – T 93

BÖHMISCHE Brüder (II,1) – eine auf → Hus zurückgehende christliche Gemeinschaft des 15. Jahrhunderts in Böhmen und Mähren, 1467 als »Brüder-Unität« freikirchlich organisiert; sie zeichnet sich durch urchristliches, bibelgläubiges Gemeindeleben in Einfachheit und Heiligung aus; Lukas von Prag (um 1460–1529) gab als Bischof der Bewegung eine Kirchenordnung, Agende und 1501 das tschechische Gesangbuch mit 88 Liedern, das erste volkssprachige Gesangbuch überhaupt. Durch den Zuzug von Waldensern aus der Mark Brandenburg bildete sich ein kleiner deutscher Zweig der Böhmischen Brüder, der auch Verbindung zur Reformation → Luthers suchte. 1531 ließ → Weiße das erste deutschsprachige Brüdergesangbuch drucken; 1544 erschien in Nürnberg unter Jan Roh als Herausgeber die 2. Auflage und 1566 in Eibenschitz (Mähren) die umfangreichste Ausgabe mit 343 Liedern durch Michael Tham und seine Mitarbeiter → Herbert und → Vetter. In Gegenreformation und Dreißigjährigem Krieg fast ganz ausgerottet, fanden die Nachkommen der Böhmischen Brüder bei → von Zinzendorf in Herrnhut als »Erneuerte Brüderunität« eine neue Heimat für Leben, Glauben und Singen.
1501/1531: M* 5, M* 68, M* 77, M* 78, M* 105
1531: M* 104, M* 344, M* 439
1544: T 5, M* 38, M* 100, T 105, TM* 243, (M) 319, M 441
1566: M* 108, M* 262/263, M* 471
1661: M* 475

BOGATZKY, Karl Heinrich von (IV,1), geb. 1690 in Jantkawe (Niederschlesien), Schüler August Hermann Franckes; als geistlicher Berater adliger Kreise und Erbauungsschriftsteller – besonders weit verbreitet das »Güldene Schatzkästlein der Kinder Gottes« – lebte er zunächst in Schlesien, seit 1746 im Waisenhaus in Halle; dort gest. 1774. – T 241

BONHOEFFER, Dietrich (VI,1), geb. 1906 in Breslau, Vikar in Barcelona, Dozent für systematische Theologie in New York, Studentenpfarrer in Berlin, Auslandspfarrer in London und theologischer Berater des Ökumenischen Rates der Kirchen, 1935 Leiter des illegalen Predigerseminars der Bekennenden Kirche in Finkenwalde, 1943 aufgrund seines Widerstandes gegen das nationalsozialistische Regime verhaftet, 1945 im Konzentrationslager Flossenbürg hingerichtet; einer der großen Anreger der Nachkriegstheologie. – T 65

BONNUS (van Bunnen), Hermann (II,1), geb. 1504 in Quakenbrück bei Osnabrück, Schüler → Luthers und → Melanchthons, Lehrer in Greifswald und am dänischen Hof in Schleswig, seit 1531 erster evangelischer Superintendent in Lübeck, 1543 Reformator von Stadt und Stift Osnabrück, dann wieder in Lübeck; seine Gesangbücher und Lieder sind in niederdeutscher Sprache veröffentlicht; gest. 1548 in Lübeck. – T 75 (Str. 2–3)

BORDERIES, Jean François (IV,2), geb. 1764, katholischer Priester, ging während der Französischen Revolution nach London ins Exil, Seelsorger der dorthin geflohenen königstreuen Franzosen, 1827 Bischof von Versailles; dort gest. 1832. – (T) 45

BORNEFELD, Helmut (VI,2), geb. 1906 in Stuttgart-Untertürkheim, von 1937 bis 1971 Kantor und Organist in Heidenheim (Württemberg); vielgestaltig sein am Kirchenlied orientiertes »Choralwerk«, eigenwillig seine Orgelentwürfe; gest. 1990 in Heidenheim. – K 173

BORNSCHÜRER, Johann (III,1), geb. 1625 in Schmalkalden, seit 1650 Pfarrer in verschiedenen Gemeinden des Thüringer Waldes, 1670 Dekan in Tann (Rhön); dort gest. 1677. – T 205

BOSSLER, Kurt (VI,2), geb. 1911 in Duisburg-Ruhrort, Organist und Musiklehrer in seiner Heimatstadt, 1943 Dozent für Komposition in Freiburg/Breisgau, 1963 Dozent am Evangelischen Kirchenmusikalischen Institut in Heidelberg; dort gest. 1976. – M 237

BOURGEOIS, Loys (II,1), geb. um 1510 in Paris, 1545 Nachfolger von → Franc als Kantor an St. Pierre in Genf, schuf als Mitarbeiter Calvins die Melodien zu den 1551 neu erschienenen → Genfer Psalmen, seit 1552 in Lyon; gest. nach 1561 in Paris. – M* 271, M* 294, M 300, 524

BRENTANO, Clemens (V), geb. 1778 in Ehrenbreitstein, Studium in Halle, Jena, Göttingen und Marburg; er schloß sich den führenden Romantikern an und gab mit Achim von Arnim 1805 bis 1808 in Heidelberg die Volksliedsammlung »Des Knaben Wunderhorn« heraus; 1817 kehrte er unter dem Einfluß von Luise → Hensel in Berlin zur katholischen Kirche zurück, lebte in Dülmen (Westfalen) und seit 1824 unstet in vielen Städten, ein bedeutender Lyriker von hoher Musikalität; gest. 1842 in Aschaffenburg. – T 509

BRIEGEL, Wolfgang Carl (III,2), geb. 1626 in Königsberg (Unterfranken), 1645 Organist in Schweinfurt, Hofkapellmeister in Gotha, seit 1671 in Darmstadt als Organisator der Hofkapelle und Bearbeiter des »Großen Cantionals« 1687; gest. 1712 in Darmstadt. – M* 33, 59, 161

BRODDE, Otto (VI,2), geb. 1910 in Gilgenburg bei Osterode (Ostpreußen), 1941 Kirchenmusiker in Hamburg, Professor an den Musikhochschulen in Hamburg und Lübeck; maßgeblich beteiligt am Evangelischen Kirchengesangbuch 1950 und an der nachfolgenden Gesangbucharbeit; gest. 1982 in Hamburg. – T* 356 (Str. 2)

BROOKS, Phillips (V), geb. 1835 in Boston (Massachusetts/USA), bekannt als Prediger, 1891 Bischof von Massachusetts; gest. 1893 in Boston. – (T) 55

BUDDE, Karl (VI,1), geb. 1850 in Bensberg bei Köln, Professor für Altes Testament in Bonn, Straßburg und seit 1900 in Marburg; dort gest. 1935. – T* 514

BÜCKEN, Eckart (VI,2), geb. 1943 in Berlin, Jugendreferent der Rheinischen Kirche in Düsseldorf, seit 1984 auch Vorsitzender der Arbeitsgemeinschaft Musik in der evangelischen Jugend. – T 228, 432

BÜRDE, Samuel Gottlieb (IV,2), geb. 1753 in Breslau, Jurist, Hofrat und Kanzleidirektor in Berlin, literarisch mit Dramen, Übersetzungen und Gedichten hervorgetreten; gest. 1831 in Berlin. – T 298

BURG, Willem (Wim) ter (VI,2), geb. 1914 in Utrecht (Niederlande), Kirchenmusiker, Chordirigent und Musikpädagoge, zuletzt in Amsterdam und Nijmegen. – M 311

BUTTSTEDT, Franz Vollrath (IV,2), geb. 1738 in Erfurt, Organist in Weikersheim und 1772 Musikdirektor in Rothenburg/Tauber; dort gest. 1814. – (M) 530

CALVISIUS (Kallwitz), Seth (II,2), geb. 1556 in Gorsleben bei Heldrungen/Unstrut (Thüringen), Kantor an der evangelischen Fürstenschule zu Pforta, seit 1594 Thomaskantor in Leipzig; vielseitiger Sprachwissenschaftler, Musiktheoretiker und Komponist; gest. 1615 in Leipzig. – M* 469, M* 473

CAMERARIUS (Kammermeister), Joachim (II,1), geb. 1500 in Bamberg, Lehrer in Nürnberg, 1535 Professor für die alten klassischen Sprachen in Tübingen, 1541 in Leipzig, Freund und Biograph → Melanchthons, bedeutender evangelischer Humanist und Pädagoge; gest. 1574 in Leipzig. – (T) 366

CAMPHUYSEN, Dirk Raphaelszoon (III,1), geb. 1586 in Gorinchem (Niederlande); Sprachlehrer in Utrecht, 1617 Prediger in Vleuten, Buchhändler und Gesangbuchherausgeber, Dichter geistlicher Lieder und Psalmen; gest. 1627 in Dokkum. – M 117

CARTFORD, Gerhard M. (VI,2), geb. 1923 in Fort Dauphin (Madagaskar), Kirchenmusiker in USA, seit 1977 Beauftragter für liturgische Erneuerung und Kirchenmusik in Lateinamerika und Mitarbeiter am »Lutheran Book of Worship« 1978. – M 431

CLAUDIUS, Hermann (VI,1), geb. 1878 in Langenfelde (Holstein), Urenkel von Matthias → Claudius; zunächst Lehrer, dann freier Schriftsteller in Grönwohld bei Hamburg; dort gest. 1980. – T 52

CLAUDIUS, Matthias (IV,2), geb. 1740 in Reinfeld bei Lübeck, Studium der Theologie, Rechts- und Staatswissenschaft, Sekretär in Kopenhagen, Redakteur in Hamburg, seit 1771 Herausgeber des »Wandsbecker Boten«: Gedichte, Gespräche, Briefe, Abhandlungen; mit → Klopstock und → Herder befreundet, fand er als Dichter einen eigenen innigen Ton ehrfürchtiger Herzensfrömmigkeit; gest. 1815 in Hamburg. – T 482, 508

Clausnitzer, Tobias (III,1), geb. 1618 in Thum bei Annaberg (Erzgebirge), 1644 Feldprediger in schwedischen Diensten, nach 1649 Pfarrer und Kirchenrat in Weiden (Oberpfalz), Verfasser zahlreicher Erbauungsschriften; gest. 1684 in Weiden. – (T) 89, T 161

Coffin, Henry Sloane (VI,1), geb. 1877 in New York (USA), Pfarrer der Presbyterianischen Kirche, 1904 Professor und 1926 Präsident des Union Theological Seminary in New York; gest. 1954 in Lakeville (Connecticut). – (T) 19 (Str. 3)

Corner, David Gregor (III,1), geb. 1585 in Hirschberg (Schlesien), katholischer Pfarrer in Retz und Mautern bei Krems (Niederösterreich), 1625 Benediktinermönch und später Abt im Stift Göttweig, 1638 Rektor der Universität Wien, Herausgeber der Sammlung »Groß Catholisch Gesangbuch« ab 1625; gest. 1648 in Wien. – T 7 (Str. 7)

Cramer, Johann Andreas (IV,2), geb. 1723 in Jöhstadt bei Annaberg (Erzgebirge), Freund und Biograph → Gellerts, 1750 Konsistorialrat in Quedlinburg, durch Vermittlung → Klopstocks 1754 Hofprediger in Kopenhagen, 1774 Professor der Theologie in Kiel, gefeierter Kanzelredner und Dichter; sein Gesangbuch für Schleswig-Holstein 1780 enthält viele rationalistische Umarbeitungen älterer Lieder; gest. 1788 in Kiel. – T 221

Crasselius (Krasselt), Bartholomäus (III,2), geb. 1667 in Wernsdorf (Sachsen), Student bei August Hermann Francke, 1701 Pfarrer in Nidda (Hessen), 1708 lutherischer Pfarrer in Düsseldorf, als entschiedener Vertreter des Pietismus heftig angefeindet; dort gest. 1724. – T 328

Cruciger (Kreuziger), Elisabeth, geb. von Meseritz (II,1), geb. 1505 auf dem Adelssitz Meseritz (Ostpommern), Nonne in Treptow/Rega, durch Johannes Bugenhagen mit der Reformation bekannt gemacht, 1524 Ehefrau des Magdeburger Predigers und späteren Professors Caspar Cruciger, des Kollegen → Luthers an der Universität Wittenberg, die erste Liederdichterin der evangelischen Kirche; gest. 1535 in Wittenberg. – T 67

Crüger, Johann (III,1), geb. 1598 in Groß-Breesen bei Guben (Niederlausitz), Theologiestudent in Wittenberg, seit 1622 Kantor an St. Nikolai und Lehrer am Grauen Kloster in

Berlin, befreundet mit → Gerhardt, der seit 1657 an derselben Kirche Pfarrer war; einer der bedeutendsten Melodienschöpfer, sein Hauptwerk »Praxis pietatis melica« wurde mit 44 Auflagen das führende Gesangbuch des 17. Jahrhunderts; gest. 1662 in Berlin. – M 9, 11, 36, M* 81, M 112, 133, 218, S 320, M* 321, M* 322, S 324, M* 326, M 396, 415, MS 447, M 459, 460, M* 528

CRUM, John Macleod Campbell (VI,1), geb. 1872 in Mere Old Hall (England), anglikanischer Pfarrer, 1928 Domherr von Canterbury; gest. 1958 in Farnham (Surrey/England). – (T) 98

CUNRAD, Christiana, geb. Tilesius (III,1), geb. 1591 in Brieg (Schlesien), verheiratet mit dem Arzt und Poeten Caspar Cunrad, der → Heermann zum Dichter gekrönt hat; gest. 1625 in Breslau. – T 204

DACHSTEIN, Wolfgang (II,1), geb. um 1487 in Offenburg (Baden), 1503 Student in Erfurt gleichzeitig mit → Luther, Dominikanermönch, 1520 Organist am Münster in Straßburg, 1524 an der Thomaskirche, Mitverfasser der Straßburger Gottesdienstordnung von 1524; 1550 während des Interims wieder im Dienst der katholischen Kirche; gest. 1553 in Straßburg. – M 83, 222, (M II) 299

DAVANTÈS (Antesignanus), Pierre (II,1), geb. um 1525 in Rabastenne bei Tarbes, seit 1559 in Genf, Erfinder einer Buchstaben-Notenschrift für den → Genfer Psalter und wahrscheinlich der Verfasser der in der vollständigen und endgültigen Ausgabe von 1562 neu erschienenen Melodien; gest. 1561 in Genf. – M 282, 290, 301, (M) 322

DAVID, Christian (IV,1), geb. 1691 in Senftleben (Mähren), arbeitete als Zimmermann, nach seiner Berührung mit dem Pietismus in Görlitz und seinem Übertritt zur evangelischen Kirche seit 1717 Erweckungsprediger in seiner Heimat; 1722 brachte er die ersten Exulanten der Böhmisch-Mährischen Brüder nach Sachsen, Mitbegründer der Siedlung Herrnhut und wohl der originellste unter den frühen Mitarbeitern → von Zinzendorfs; später Missionar der Brüdergemeine in Livland, Schweiz, Holland, Grönland und Nordamerika; gest. 1751 in Herrnhut. – T 262/263 (Str. 1.6)

DECIUS (Deeg oder Tech), Nikolaus (II,1), geb. um 1485 in Hof (Oberfranken), Mönch, 1519 Propst am Frauenstift Steterburg bei Wolfenbüttel; nach seiner Hinwendung zur Reformation 1522 Lehrer in Braunschweig, wo er die ältesten Gemeindegesänge in niederdeutscher Sprache schuf; 1523 Theologiestudent in Wittenberg, 1524 Mitreformator von Stettin, seit 1530 Pfarrer und Kantor in mehreren ost- und westpreußischen Gemeinden, 1540 Hofprediger und als Nachfolger von → Kugelmann Leiter der Hofkantorei in Königsberg, später wieder Pfarrer in Mühlhausen bei Elbing (Westpreußen); dort gest. nach 1546. – M*T 179 (Str. 1–3), M*T 190.1

DEISS, Lucien (VI,2), geb. 1921 in Elsaß-Lothringen, katholischer Theologe und Bibelwissenschaftler, Liturgieberater beim 2. Vatikanischen Konzil, lebt in Vaucresson bei Paris. – M 429

DEMANTIUS, Christoph (III,1), geb. 1567 in Reichenberg (Böhmen), Kantor in Zittau und seit 1604 in Freiberg (Sachsen), bedeutender Vokalkomponist; gest. 1643 in Freiberg. – (T) 524

DENICKE, David (III,1), geb. 1603 in Zittau (Oberlausitz), Privatdozent der Rechtswissenschaften in Jena und Königsberg, 1629 Hofmeister bei Herzog Georg von Braunschweig-Lüneburg, 1642 Konsistorialrat in Hannover, Titularabt von Bursfelde; 1646 gab er zusammen mit → Gesenius in Hannover das »Neu ordentlich Gesang-Buch« heraus, in dem erstmals ältere Lieder sprachlich umgestaltet wurden; gest. 1680 in Hannover. – T 160, 196, T* 288 (Str. 1–6)

DENKHAUS, Lotte (VI,2), geb. 1905 in Orsoy (Niederrhein), Pfarrfrau in Velbert, Bremen und Bonn, Schriftstellerin; gest. 1986 in Bonn. – T 315

DÖRR, Friedrich (VI,2), geb. 1908 in Wolframs-Eschenbach (Mittelfranken), 1933 Priesterweihe, 1935 – 1945 als Seelsorger tätig, 1945 – 1976 Professor für Systematische Theologie in Eichstätt; Mitarbeit am katholischen Einheitsgesangbuch »Gotteslob« 1975; lebt in Eichstätt. – T 784.2 (Str. 3), 786.5

DRAPER, William Henry (VI,1), geb. 1855 in Kenilworth (England), Student in Oxford, Pfarrer in Shrewsbury, Yorkshire und Axbridge, Verfasser und Herausgeber von Hymnenübersetzungen; gest. 1933 in Clifton bei Bristol. – (T) 514

DRESE, Adam (III,2), geb. 1620 in Weimar, Hofkapellmeister in Weimar, Jena und Arnstadt, Komponist und von Philipp Jakob Spener beeinflußter Erbauungsschriftsteller, befreundet mit Heinrich → Schütz und der Familie → Bach; gest. 1701 in Arnstadt. – M 391

DRETZEL, Cornelius Heinrich (IV,1), geb. 1698 in Nürnberg, dort seit 1712 Organist, Herausgeber eines Choralbuchs; gest. 1775 in Nürnberg. – M* 230

EBELING, Johann Georg (III,1), geb. 1637 in Lüneburg, Theologe und Musiker, 1662 Kantor an St. Nikolai in Berlin als Nachfolger von → Crüger; er gab 1666/67 120 Lieder von → Gerhardt in neuen Vertonungen heraus, 1668 Gymnasiallehrer und Kantor in Stettin; dort gest. 1676. – M 302, 370, 449

EBER, Paul (II,1), geb. 1511 in Kitzingen (Unterfranken), Schüler und Anhänger → Melanchthons, in Wittenberg Professor für alte Sprachen, dann für Naturwissenschaften, zuletzt Stadtpfarrer und Generalsuperintendent in Wittenberg; dort gest. 1569. – T* 366

EBERT, Jakob (II,2), geb. 1549 in Sprottau (Schlesien), Rektor in Soldin, Schwiebus und Grünberg, später Professor der Theologie in Frankfurt/Oder; dort gest. 1614. – T 422

ECCARD, Johannes (II,2), geb. 1553 in Mühlhausen (Thüringen), Schüler bei → Helmbold und Joachim a Burck, Sänger in München unter Orlando di Lasso, 1578 Organist in Augsburg, dann Kapellmeister in Königsberg und Berlin, ein Meister des mehrstimmigen Liedsatzes; gest. 1611 in Berlin. – (M) 203, T* 473

ECKERT, Eugen (VI,2), geb. 1954 in Frankfurt/Main, Sozialarbeiter, seit 1976 Texter und Instrumentalist in einer Musikgruppe, Pfarrer in Offenbach. – T* 171

EDELKÖTTER, Ludger (VI,2), geb. 1940, Musikpädagoge und freischaffender Komponist in Drensteinfurt (Münsterland). – K 436

ELLERTON, John F. (V), geb. 1826 in London, Pfarrer in Mittelengland und bei London, Herausgeber englischer Reformgesangbücher; gest. 1893 in Torquay (Südwest-England). – (T) 266, (T) 490

ELLINGSEN, Svein (VI,2), geb. 1929 in Kongsberg (Norwegen), lebt als Dichter und Maler in Saltrød (Norwegen). – (T) 212, (T) 383

ENDERLIN, Fritz (VI,1), geb. 1883 in Arbon, Germanist und Schriftsteller, Deutschlehrer in Bellinzona und Zürich, Mitarbeiter am »Gesangbuch der evangelisch-reformierten Kirchen der deutschsprachigen Schweiz« 1952; gest. 1971 in Zürich. – T 294 (Str. 2–3), 309

ENGLISCH (Endlich), Johann (II,1), geb. 1502 in Buchsweiler (Elsaß), dort als gräflicher Schreiber wegen seiner evangelischen Überzeugung entlassen, 1527 Lehrer in Straßburg, später Vikar am Münster; als Anhänger Martin Bucers geriet er in Konflikt mit dem strengen Luthertum und wurde seit 1562 nur als freier Prediger zugelassen; gest. 1577 in Straßburg. – (T) 222

ERFURT 1524 (II,1) – »Ein Enchiridion oder Handbüchlein« mit 25 Liedern und 15 Melodien, nach dem Achtliederbuch → Nürnberg 1523/24 das älteste evangelische Gesangbuch. – M* 67, M* 125, M* 126, M* 215, M* 498

FABER, Zachäus (II,2), geb. 1554 in Beucha bei Grimma, Rektor in Torgau, Pfarrer an verschiedenen Orten in Sachsen, seit 1607 in Hohenleina bei Eilenburg; dort gest. 1628. – T 159

FABRICIUS (Schmied), Jakob (III,1), geb. 1593 in Köslin (Pommern), zuerst Lehrer, dann Pfarrer in seiner Heimatstadt, 1631 Hof- und Feldprediger im Heer Gustav Adolfs von Schweden, 1634 Generalsuperintendent von Hinterpommern, seit 1642 zugleich Pfarrer und Professor in Stettin; dort gest. 1654. – T 249

FALK, Johannes Daniel (V), geb. 1768 in Danzig, Theologiestudent in Halle, dann freier satirischer Schriftsteller in Weimar, mit Goethe, → Herder und Wieland befreundet; seit 1798 Legationsrat in Weimar, gründete 1813 zur Zeit der napoleonischen Kriege die »Gesellschaft der Freunde in der Not« und baute den »Lutherhof« zum ersten großen Rettungshaus für verwahrloste Kinder aus; gest. 1826 in Weimar. – T 44 (Str. 1)

FARJEON, Eleonor (VI,1), geb. 1881 in London, Schriftstellerin und Kinderbuchautorin, gest. 1965 in Hampstead (London). – (T) 455

FERSCHL, Maria (VI,2), geb. 1895 in Melk/Donau (Österreich), Lehrerin in Wien und Schriftstellerin; gest. 1982 in Saulgau (Württemberg). – T 17

FICKERT, Georg Friedrich (V), geb. 1758 in Barzdorf (Schlesien), Hauslehrer, dann Pfarrer in Reichau und Groß-Wilkau, Herausgeber des »Christlichen Wochenblattes« zur Erweckung und Mission; gest. 1815 in Groß-Wilkau. – T 255

FISCHER, Christoph (II,2), geb. 1518 in Joachimsthal (Böhmen), Schüler von → Herman, Reformator der Grafschaft Henneberg in Schmalkalden, Pfarrer in mehreren mitteldeutschen Gemeinden, zuletzt Hofprediger und Generalsuperintendent in Celle (Niedersachsen); dort gest. 1597. – T 79

FISCHER, Wolfgang (VI,2), geb. 1932 in Dresden, Domkantor in Brandenburg/Havel, Landeskirchenmusikdirektor, seit 1974 Referent für Kirchenmusik und Kantor in Berlin. – K 419

FLEMING, Paul (III,1), geb. 1609 in Hartenstein (Erzgebirge), Schüler bei → Schein in Leipzig, Verehrer von → Opitz; schon als Student der Medizin mit dem Dichterlorbeer gekrönt, ein bedeutender Barocklyriker; er begleitete seit 1633 eine holsteinische Gesandtschaft zuerst nach Rußland, dann nach Persien; gest. 1640 an den Folgen der Reise als Arzt in Hamburg. – T 368

FRANC, Guillaume (II,1), geb. um 1515 in Rouen/Seine, zuerst Musiker in Paris, seit 1541 in Genf als Musiklehrer und reformierter Kantor an St. Pierre; auf Veranlassung Calvins der musikalische Bearbeiter der beiden ersten Ausgaben des → Genfer Psalters 1542 und 1543, seit 1545 Kantor in Lausanne; dort gest. 1570. – (M) 81, (M) 108, M 255, (M) 271, (M) 294, M* 379

FRANCK, Johann (III,1), geb. 1618 in Guben (Niederlausitz), Student der Rechtswissenschaft in Königsberg, bekannt mit Simon Dach, dann Rechtsanwalt, später Ratsherr und Bürgermeister in seiner Heimatstadt, ein hochgeachteter Dichter seiner Zeit, für dessen geistliche Gedichte → Crüger die Melodien komponierte; gest. 1677 in Guben. – T 218, 396

FRANCK, Melchior (III,1), geb. 1580 in Zittau (Oberlausitz), Schüler von → Haßler, Musiker in Augsburg und Nürnberg, 1603 Hofkapellmeister in Coburg; bedeutender Komponist des deutschen Frühbarock; gest. 1639 in Coburg. – M 119, 150

FRANCK, Michael (III,1), geb. 1609 in Schleusingen (Thüringen), wegen des frühen Todes seines Vaters wurde er trotz musischer Begabung Bäcker in seiner Heimatstadt, nach der Flucht in den Kriegswirren 1640 Lehrer an der Stadtschule in Coburg, gleichermaßen anerkannt als gekrönter Dichter und als Musiker; gest. 1667 in Coburg. – TM 528

FRANKE, August Hermann (V), geb. 1853 in Sudern bei Gütersloh, Professor der Theologie in Halle und Kiel; gest. 1891 in Montreux (Schweiz). – T 394

FRANZ, Ignaz (IV,2), geb. 1719 in Protzau (Schlesien), katholischer Priester in Glogau und Schlawa, 1766 Rektor des Priesterseminars in Breslau; er gab Katechismen und Gesangbücher im Geist der Aufklärung heraus; gest. 1790 in Breslau. – T* 331

FRANZ (Franziskus) VON ASSISI (Giovanni Bernardone) (I,2), geb. 1182 in Assisi, Sohn eines reichen Tuchhändlers, seit 1208 übernahm er das urchristliche Armutsideal mit Verzicht auf Besitz, strenger Askese, Krankenhilfe und Wanderpredigt, der engere Freundeskreis wuchs schnell zu einer mächtigen Bewegung; 1219 führte er im Kreuzfahrerlager in Damiette Gespräche mit dem ägyptischen Sultan, die ausführliche Regel für den Franziskanerorden wurde 1223 päpstlich approbiert; mit seiner kindlich freudigen, schöpfungs- wie evangeliumsgemäßen Frömmigkeit als »Troubadour Gottes« hat er über Jahrhunderte die Geistesgeschichte, Dichtung und Malerei beeinflußt; gest. 1226 als Einsiedler bei Assisi. – (T) 514, (T) 515; früher wurde ihm das Friedensgebet (T) 416 zugeschrieben.

FRAYSSE, Claude (VI,2), geb. 1941, Musiklehrer und Posaunist in Romans (Frankreich), Sänger bei Jugendveranstaltungen und Evangelisationen. – M 272

FREDER, Johannes (II,1), geb. 1510 in Köslin (Pommern), 1524 → Luthers Hausgenosse in Wittenberg, Lehrer und Pfarrer in Hamburg, wegen seines Verzichts auf die Ordination immer wieder in Streitigkeiten verwickelt; 1547 Superintendent in Stralsund, dann Professor in Greifswald und Superintendent über Rügen, 1556 Superintendent in Wismar (Mecklenburg), er dichtete in niederdeutscher Sprache; gest. 1562 in Wismar. – T 203

FREYLINGHAUSEN, Johann Anastasius (IV,1), geb. 1670 in Gandersheim (Harz), Mitarbeiter und Schwiegersohn August Hermann Franckes und dessen Nachfolger in der Leitung des Waisenhauses in Halle; Herausgeber der weitverbreiteten pietistischen Liedersammlung »Geistreiches Gesang-Buch« → Halle 1704 in mehreren Ausgaben; gest. 1739 in Halle. – 356 (Str. 1)

FREYSTEIN, Johann Burchard (III,2), geb. 1671 in Weißenfels, Rechtsanwalt, seit 1709 Hofrat in Dresden, dem Pietismus nahestehend; gest. 1718 in Dresden. – T 387

FRIES, Margareta, geb. Pabst (VI,2), geb. 1906 in Halle, Designerin, verheiratet mit Pfarrer Wilhelm Fries, tätig in Treptow/Rega (Westpreußen) und Frankfurt/Main; dort gest. 1983. – T 424

FRONMÜLLER, Frieda (VI,1), geb. 1901 in Lindau/Bodensee, 1923 bis 1964 Organistin und Kantorin in Fürth; gest. 1992 in Nürnberg. – M 510

FROSTENSON, Anders (VI,2), geb. 1906 in Südschweden, Journalist, dann Pfarrer in Lovö bei Stockholm, Schloßprediger in Drottningholm, Dichter und Übersetzer zahlreicher Lieder für das schwedische Gesangbuch 1986. – (T) 268

GARVE, Karl Bernhard (V), geb. 1763 in Jeinsen bei Hannover, 1784 Lehrer am Herrnhuter Brüderseminar in Niesky; seit 1799 Prediger der Brüdergemeine in Amsterdam, Ebersdorf, Norden, Berlin und Neusalz/Oder; weitverbreitet seine »Christlichen Gesänge« 1825; gest. 1841 in Herrnhut. – T 415

GASTOLDI, Giovanni Giacomo (II,2), geb. um 1556 in Caravaggio (Lombardei), seit 1581 Sänger und Kapellmeister in Mantua, dann am Dom in Mailand; beliebt waren seine Madrigale und Balletti; gest. 1622. – MS 398

GASTORIUS (Bauchspieß), Severus (III,2), geb. 1646 in Öttern bei Weimar, um 1675 Kantor in Jena, befreundet mit → Rodigast; gest. 1682 in Jena. – M 372

GEBHARDI, Ernst Ludwig (V), geb. 1787 in Nottleben bei Erfurt, Organist, Musiklehrer und Komponist in Erfurt; dort gest. 1862. – K 26

GEILSDORF, Paul (VI,1), geb. 1890 in Plauen (Vogtland), Kantor und Organist in Chemnitz; dort gest. 1976. – M 378

GELLERT, Christian Fürchtegott (IV,2), geb. 1715 in Hainichen bei Freiberg (Erzgebirge), Theologe, Professor für Dichtkunst, Beredsamkeit und Moral in Leipzig; berühmter und beliebter Dichter von Fabeln und bürgerlichen Lustspielen, der aufgeklärte Vernunft mit empfindsamer Herzensbildung und bibelgläubiger Frömmigkeit verbindet; seine »Geistlichen Oden und Lieder« 1757 haben bis heute starke Beachtung gefunden; gest. 1769 in Leipzig. – T 42, 91, 115, 412, 451, 506

GENFER Psalter (II,1) (auch französischer Reim- oder Hugenotten-Psalter) – die Gesangbuchfamilie der in Strophenform nachgedichteten biblischen Psalmen. Der Reformator Johannes Calvin lernte die Gattung des Psalmlieds in Straßburg kennen und gab dort 1539 eine kleine Sammlung französischer Psalmlieder von Clément Marot (1495–1544) und aus eigener Produktion heraus (zu M 76 dichtete er seinen Psalm 36). In Genf nahm Calvin weitere Psalmlieder Marots in liturgischen Gebrauch, der Genfer Kantor Guillaume → Franc übernahm die musikalische Gestaltung der Ausgaben 1542 und 1543 mit 50 Psalmen. Seit 1548 arbeitete Théodore de Bèze (Beza, 1519–1605) an der Vervollständigung des Reimpsalters, → Bourgeois betreute musikalisch die Ausgabe 1551 mit 83 Psalmen. Die vollständige und endgültige Sammlung aller Reimpsalmen erschien 1562, der musikalische Bearbeiter war wohl → Davantès. Der Genfer Psalter zeichnet sich durch Treue zum biblischen Text und durch großen Melodienreichtum aus; weiteste Verbreitung in Kirche, Schule und Haus fand er durch die schlichten, aber klangschönen Tonsätze von → Goudimel. In den deutschsprachig reformierten Kirchen setzte sich die Übersetzung von → Lobwasser 1573 durch, die später durch die von → Jorissen 1798 ersetzt wurde.

GERAEDTS, Jacobus Franciscus Maria (Jaap) (VI,2), geb. 1924 in 's-Gravenhage, Komponist und Musikjournalist, Mitarbeiter am niederländischen »Liedboek voor de Kerken« 1973. – M 312

GERHARDT, Paul (III,1), geb. 1607 in Gräfenhainichen (Sachsen), nach dem Studium der Theologie in Wittenberg Hauslehrer in Berlin, 1651 Propst in Mittenwalde (Mark Brandenburg), 1657 Pfarrer an St. Nikolai in Berlin; 1667 seines Amtes enthoben, weil er aus Gewissensgründen als überzeugter Lutheraner dem Toleranzedikt des reformierten Großen Kurfürsten nicht zustimmen konnte, 1669 Archidiakonus in Lübben (Spreewald); dort gest. 1676. Gerhardts rund 130 Lieder zeichnen sich durch sprachliche Schönheit und Natürlichkeit aus; auf dem Hintergrund des Dreißigjährigen Krieges spiegeln sie persönliches Gottvertrauen und christliche Heilserfahrung; → Crüger und → Ebeling vertonten und veröffentlichten seine Gedichte; Gerhardt gilt als der bedeutendste und bekannteste Kirchenlieddichter nach Luther. T 11, 36, 37, 39, 58, 83, 84, T* 85, T 112, 133, 283, 302, 322, 324, 325, 351, 361, 370, 371, 446, 447, 449, 477, 497, 503, 529

GESENIUS, Justus (III,1), geb. 1601 in Esbeck bei Elze (Hannover), 1629 Pfarrer in Braunschweig, 1636 Schloßprediger in Hildesheim, 1642 Oberhofprediger und Generalsuperintendent des Fürstentums Calenberg-Göttingen in Hannover; er verfaßte einen vielgebrauchten Katechismus und gab mit seinem Freund → Denicke 1646 das »Neu ordentlich Gesang-Buch« heraus; gest. 1673 in Hannover. – T 82

GESIUS (Göß), Bartholomäus (II,2), geb. um 1560 in Müncheberg bei Frankfurt/Oder, studierte Theologie, als Musiker im Dienst des Freiherrn Hans Georg Schönaich bei Glogau (Schlesien), 1593 Kantor an St. Marien und Lehrer an der Ratsschule in Frankfurt/Oder; dort gest. 1613. In den Ausgaben seines Kantionals ab 1601 finden sich mehrstimmige Bearbeitungen von M 60, M* 109, T* 119, M* 141, M* 158, (M) 308, (M) 361, M* 422, S 477, (M) 525

GESSNER, Georg (IV,2), geb. 1765 in Dübendorf bei Zürich, Pfarrer am Waisenhaus, später am Großmünster in Zürich, zugleich Professor der Theologie; gest. 1843 in Zürich. – T 332

GORTZITZA, Wilhelm (V), geb. 1811 in Neidenburg (Ostpreußen), seit 1837 Lehrer am Gymnasium in Lyck, an dem auch → Rostock unterrichtet hatte; Übersetzer aus fremden Sprachen; gest. 1889 in Lyck. – T* 513

GOTTER, Ludwig Andreas (III,2), geb. 1661 in Gotha, 1719 Geheimer Sekretär, später Hofrat in seiner Heimatstadt; in seinen Liedern ist er durch den Halleschen Pietismus beeinflußt; gest. 1735 in Gotha. – T 404

GOTTSCHICK, Anna Martina (VI,2), geb. 1914 in Dresden, seit 1934 Zeitungsredakteurin in Aue (Erzgebirge), 1947 bis 1976 Verlagsmitarbeiterin in Kassel. – T 154 (Str. 1–5)

GOTTSCHICK, Friedemann (VI,2), geb. 1928 in Breslau, 1953 Kantor in Düsseldorf, Dozent und 1967 Leiter der Kirchenmusikschule der Evangelischen Kirche im Rheinland, 1975 Professor an der Musikhochschule in Düsseldorf, bis 1991 Kantor in Bethel, lebt in Lüneburg. – MK 176, TM 381

GOUDIMEL, Claude (II,1), geb. um 1514 in Besançon (Frankreich), um 1550 Notendrucker, zeitweilig in Metz; seit 1551 gab er Liedbearbeitungen in Motettenform und seit 1562 die vierstimmigen Liedsätze zum → Genfer Psalter heraus; gest. 1572 bei der Hugenottenverfolgung in Lyon. – S 140

GRAMANN (Poliander), Johann (II,1), geb. 1487 in Neustadt/Aisch (Unterfranken), Rektor der Thomasschule in Leipzig, 1519 Ecks Schreiber bei der Disputation mit Luther, dann Anhänger Luthers, der ihn 1525 als Pfarrer der Altstädter Kirche in Königsberg (Ostpreußen) empfahl; mit → Speratus Reformator des Ordenslandes Preußen und Organisator des Schulwesens; gest. 1541 in Königsberg. – T 289 (Str. 1–4)

GREGOR I., der Große (I,1), geb. um 540 in Rom, zuerst Staatsbeamter und Stadtpräfekt, dann Benediktinermönch, 590 Papst, der vierte der großen abendländischen Kirchenlehrer; neben seinen kirchenpolitischen und missionarischen Bestrebungen Liturgiereformer und Förderer des römischen Kirchengesangs, seine textlichen und musikalischen Anteile am sog. Gregorianischen Choral sind ungewiß; gest. 604 in Rom. Auch die Verfasserschaft von (T) 470 ist unwahrscheinlich.

Gregor, Christian (IV,2), geb. 1723 in Bad Dirsdorf (Schlesien), seit 1743 Mitglied der Herrnhuter Brüdergemeine als Organist, dann als Diakon, seit 1787 Bischof und später an der Spitze der Unität; er gab 1778 das Gesangbuch und 1784 das zugehörige Choralbuch der Brüdergemeine heraus und überarbeitete darin insbesondere die Lieder → von Zinzendorfs theologisch und sprachlich für den Gemeindegebrauch; gest. 1801 in Berthelsdorf. – T* 198 (Str. 2), 251, 350, 391

Greiter, Matthäus (II,1), geb. um 1490 in Aichach bei Augsburg, Dominikanermönch und Kantor am Münster in Straßburg, verließ 1524 unter dem Einfluß der Reformation mit seinem Freund → Dachstein das Kloster, wurde 1528 evangelischer Hilfsprediger an St. Stephan und St. Martin; musikalischer Mitarbeiter der Straßburger Reformatoren und Musiklehrer am Gymnasium, Melodienschöpfer von Kirchenliedern und liturgischen Gesängen, im Interim zur katholischen Kirche übergetreten; gest. 1550 in Straßburg an der Pest. – M 76, M* 280?, wahrscheinlich auch das Straßburger Kyrie und Gloria von 1524: M 178.2 und 180.1

Gruber, Erich (VI,2), geb. 1910 in Sulzbach, Chemiker, Musiklehrer in Danzig, 1946 Landesjugend- und Posaunenwart in Baden, ab 1956 Sing- und Posaunenwart des CVJM in Kassel; gest. 1971. – M*S 167

Gruber, Franz Xaver (V), geb. 1787 in Hochburg/Inn (Oberösterreich), um 1818 Lehrer und Organist in Arnsdorf bei Salzburg, seit 1835 Chorleiter in Hallein; dort gest. 1863. – M 46

Grünwald, Georg (II,1), geb. um 1490 in Kitzbühel (Tirol), Schuhmacher, 1526 Vorsteher der Täufergemeinde; 1530 als Wiedertäufer in Kufstein (Tirol) verbrannt. – T 363

Gryphius (von Greif), Andreas (III,1), geb. 1616 in Glogau (Schlesien), nach schwerer Jugend in den Wirren des Dreißigjährigen Krieges Studien in Danzig und Leiden (Niederlande), Reisen in Frankreich und Italien, 1650 Syndikus der

Landstände des Fürstentums Glogau; sprachmächtiger und gedankentiefer Dichter des deutschen Barock, der die Erfahrung der Vergänglichkeit mit christlicher Hoffnung verbindet; bedeutender Dramatiker mit Trauer- und Lustspielen, Lyriker mit Sammlungen meisterhafter Sonette; gest. 1664 in Glogau. – T 527

GÜNTHER, Cyriakus (IV,1), geb. 1650 in Goldbach bei Gotha, Lehrer in Eisfeld (Thüringen), später Gymnasiallehrer in Gotha; dort gest. 1704. – T 405

GWINNER, Volker (VI,2), geb. 1912 in Bremen, Kantor und Organist in Bremen und Dresden, 1957 bis 1977 Kirchenmusikdirektor in Lüneburg, 1968 bis 1980 Professor an der Hochschule für Musik in Hannover; lebt in Bremen. – M 50

GYÖNGYÖSI, Vilmos (Wilhelm Güttler) (VI,2), geb. 1915 in Miskolc (Ungarn), Pfarrer der deutschen evangelischen Gemeinde in Budapest, danach in ungarischen Orten, seit 1958 in Frankfurt/Main. – T* 96

HÄNDEL, Georg Friedrich (IV,1), geb. 1685 in Halle, als Student der Rechtswissenschaft Organist am reformierten Dom in Halle, Studien in Hamburg und Italien, seit 1711 Kapellmeister und Komponist in London; Schöpfer zahlreicher Opern und Instrumentalwerke; seine Anthems sind englische Psalmkantaten, seine bedeutenden Oratorien verarbeiten stofflich meist alttestamentliche Gestalten und Geschichten; gest. 1759 in London. – MS 13

HÄUSSLER, Gerhard (VI,2), geb. 1920 in Görmin bei Greifswald, 1947 Klavierdozent in Erfurt, seit 1950 dort Kantor. – M 418

HALLE 1704 ff (IV,1) – »Geistreiches Gesang-Buch«, die einflußreichste Liedersammlung des deutschen Pietismus, herausgegeben von → Freylinghausen, die musikalischen Mitarbeiter sind unbekannt. – M 1, M* 12, M* 328, M* 329, M* 386, M 388, (M) 479. – Halle 1708: M* 450. – Halle 1714: M* 303

HAMMERSCHMIDT, Andreas (III,1), geb. 1612 in Brüx (Böhmen), Organist in Wesenstein und Freiberg (Sachsen), seit 1639 Kantor an der Johanniskirche in Zittau (Oberlausitz), fruchtbarer Komponist von Liedsätzen und Kantaten; gest. 1675 in Zittau. – M 34

HAMPE, Johann Christoph (VI,2), geb. 1913 in Breslau, Pfarrer, theologischer Publizist und freier Schriftsteller; gest. 1991 in Hohenschäftlarn bei München. T 454 (Str. 1.2.6)

HANNOVER 1646 (III,1) – »Neu ordentlich Gesang-Buch«, herausgegeben von → Gesenius und → Denicke. – T* 35, M* 288. – Auflage Lüneburg 1652: – T 288 (Str. 7). – Auflage Lüneburg 1657: – T 10 (Str. 4), T* 113

HARDER, August (V), geb. 1775 in Schönerstedt bei Leisnig (Sachsen), Student der Theologie, dann Sänger, Pianist, Gitarrist, Komponist und Schriftsteller in Leipzig; dort gest. 1813. – M 503

HARTMANN, Thomas (II,2), geb. 1548 in Lützen bei Merseburg, Lehrer in Lobenich und Liebenmühl (Ostpreußen), Pfarrer in Wismar und Eisleben; dort gest. 1609. – T 107 (Str. 2)

HASSLER, Hans Leo (II,2), geb. 1564 in Nürnberg, studierte Musik in Venedig bei Andrea Gabrieli, Organist der Fugger in Augsburg, dann in Prag, Nürnberg, Ulm und und seit 1608 in Dresden; vielseitiger Komponist von weltlichen und geistlichen Liedbearbeitungen; gest. 1612 in Frankfurt/Main. – (M) 85

HAUSMANN, Julie (V), geb. 1826 in Riga, Erzieherin an verschiedenen Orten im Baltikum, ab 1870 Musiklehrerin in Petersburg; gest. 1901 in Wösso (Estland). – T 376

HECHTENBERG, Dieter (VI,2), geb. 1936 in Neufechingen (Saar), 1960 Kantor und Katechet in Düsseldorf, 1969 Kantor und Musiklehrer in Oppenheim, seit 1981 in Bremen. – TM 305, (T) 306

HEERMANN, Johann (III,1), geb. 1585 in Raudten (Schlesien), als Schüler Hausgenosse von → Herberger in Fraustadt, gekrönter Dichter, von 1611 bis etwa 1637 Pfarrer in Köben/Oder, heimgesucht von Schrecken des Krieges und Bedrängnissen der Gegenreformation, von familiärem Leid und körperlichen Leiden; durch Sammlungen von gedruckten Predigten erreichte er einen weiten Leserkreis, mit seinen Liedersammlungen »Haus- und Herzmusik« 1630 und »Sonn- und Festtagsevangelia« 1636 ist er der bedeutendste Liederdichter zwischen → Luther und → Gerhardt; gest. 1647 in Lissa (Polen). – T 72, 81, 111, 217, 234, 247, 248, 495, 496

HEINECKE, Walter (VI,2), geb. 1909 in Seyda, als Mitglied der Bekennenden Kirche zeitweise inhaftiert, Pfarrer in Tornow bei Landsberg, in Bierbergen und zuletzt in Hannover; gest. 1992 in Hildesheim. – T 240

HELD, Heinrich (III,1), geb. 1620 in Guhrau (Schlesien), Rechtsanwalt in Fraustadt, später Kämmerer und Ratsherr in Altdamm bei Stettin, begabter Poet der schlesischen Dichterschule; gest. 1659 in Stettin. – T 12, 134

HELDER, Bartholomäus (III,1), geb. 1585 in Gotha, 1607 Lehrer in Friemar bei Gotha, dann Pfarrer in Remstedt bei Gotha; dort gest. 1635. – TM 349

HELMBOLD, Ludwig (II,2), geb. 1532 in Mühlhausen (Thüringen), 1554 Konrektor und Professor der Philosophie in Erfurt, 1570 in den Auseinandersetzungen der Gegenreformation zur Abdankung gezwungen, 1571 Pfarrer, später Superintendent in Mühlhausen; gekrönter Dichter, → Eccard und Joachim a Burck vertonten viele seiner Lieder; gest. 1598 in Mühlhausen. – T 320, 365

HELMORE, Thomas (V), geb. 1811 in Kidderminster (England), Chormeister der königlichen Kapelle in London; dort gest. 1890. – M* 19

HENKYS, Jürgen (VI,2), geb. 1929 in Heiligenkreutz (Ostpreußen), Pfarrer, 1965 Dozent am Sprachenkonvikt in Berlin (Ost), 1991 Professor für Praktische Theologie an der Humboldt-Universität Berlin; er veröffentlichte vor allem Übertragungen aus anderen Sprachen. – T* 20, 97, 98, 117, 154 (Str. 6), 212, 312, 313, 383, 430, 431, 455

HENSEL, Luise (V), geb. 1798 in Linum bei Fehrbellin (Mark Brandenburg), Erzieherin, 1818 zur katholischen Kirche übergetreten, befreundet mit → Brentano; gest. 1876 in Paderborn. – T 484

HERBERGER, Valerius (II,2), geb. 1562 in Fraustadt (Schlesien, damals zu Polen gehörig), Student bei → Selnecker in Leipzig, 1584 Lehrer, dann 1590 Pfarrer in Fraustadt; als er 1604 das Kirchengebäude an die katholische Kirche abgeben mußte, baute er aus zwei Häusern die Notkirche »Kripplein Christi«; von dem bedeutenden Prediger und Erbauungsschriftsteller ist nur ein Lied überliefert, das 1613 während einer Pestepidemie entstand; gest. 1627 in Fraustadt. – T 523

HERBERT, Petrus (II,1), geb. um 1530 in Fulnek (Mähren), Student der Theologie in Königsberg und Wittenberg, Gesandter der → Böhmischen Brüder in Genf und Württemberg, 1562 Pfarrer in Fulnek; Dichter und Übersetzer aus dem Tschechischen, Mitherausgeber des umfangreichen deutschsprachigen Brüdergesangbuchs von 1566; gest. 1571 in Eibenschitz bei Brünn (Mähren). – T* 78, T 245, T 471

HERDER, Johann Gottfried (IV,2), geb. 1744 in Mohrungen (Ostpreußen), Lehrer und Prediger in Riga, seit der Begegnung 1770 in Straßburg lebenslang mit Goethe befreundet, 1771 Oberpfarrer in Bückeburg, 1776 durch Vermittlung Goethes Generalsuperintendent und Konsistorialrat in Weimar; vielseitiger Anreger und Pädagoge, Literatur- und Sprachforscher, Sammler von Volksliedern und Kirchengesängen; gest. 1803 in Weimar. – M* 44, T 74

HERMAN, Nikolaus (II,1), geb. 1500 in Altdorf bei Nürnberg, seit 1518 Lehrer und Kantor in Joachimsthal (Böhmen), in guter Zusammenarbeit mit seinem Pfarrer Johannes Mathesius, dem ersten Luther-Biographen; bedeutender Dichter und Melodienschöpfer von Kinder- und Erzählliedern, vor allem durch seine Sammlung »Die Sonntagsevangelia über das Jahr in Gesänge verfasset für die Kinder und christlichen Hausväter« 1560; gest. 1561 in Joachimsthal. – TM 27, T* 29, M 79, TM 106, T 107 (Str. 1), T* 141, (T) 143, (T) 234 (Str. 1), T 413, T 437, M* 442, T 467, T* 498, T 522 (Str. 1–4)

HERRNSCHMIDT, Johann Daniel (IV,1), geb. 1675 in Bopfingen (Württemberg), Schüler August Hermann Franckes, Vikar seines Vaters in Bopfingen, Hofprediger und Superintendent in Idstein (Nassau), 1715 Professor der Theologie und Mitdirektor der Franckeschen Stiftungen in Halle; dort gest. 1723. – T 303

HERROSEE, Karl Friedrich Wilhelm (V), geb. 1754 in Berlin, 1788 Hofprediger am reformierten Dom in Berlin, später Superintendent in Züllichau/Oder; dort gest. 1821. – T 333

HERTZSCH, Klaus Peter (VI,2), geb. 1930 in Eisenach, Studium der Theologie in Jena und Zürich, 1957 Pfarrer, Konviktsinspektor und Studentenpfarrer in Jena, seit 1969 Dozent, dann Professor für Praktische Theologie in Jena. – T 395

Herzog, Johann Friedrich (III,2), geb. 1647 in Dresden, Rechtsanwalt; gest. 1699 in Leipzig. – T 478 (Str. 2–7.9)

Hesekiel, Martin (VI,1), geb. 1912 in Posen, Pfarrer in Neuenburg und Danzig, seit 1946 in Lübeck. – TK 492

Heurich, Winfried (VI,2), geb. 1940 in Neuhof bei Fulda; seit 1962 Kirchenmusiker in Frankfurt/Main, seit 1986 Dozent an der dortigen Musikhochschule. – M 153

Heuser, Christine (VI,2), geb. 1930 in Braunschweig, Pfarrfrau in Witten/Ruhr und Düsseldorf, dann Gemeindemissionarin und seit 1977 Leiterin der Gottesdienst-Werkstatt in Wuppertal. – T 489 (Str. 2)

Hey, Wilhelm (V), geb. 1789 in Leina bei Gotha, Hauslehrer in den Niederlanden, Lehrer in Gotha, 1818 Pfarrer in Töttelstedt, 1827 Hofprediger in Gotha, 1832 Superintendent in Ichtershausen bei Arnstadt, beliebter Fabel- und Kinderliederdichter; gest. 1854 in Gotha. – T 511

Heyden, Sebald (II,1), geb. 1499 in Bruck bei Erlangen, 1519 Kantor und später Rektor der Spitalschule in Nürnberg, 1525 erster lutherischer Rektor der Sebaldusschule, Lehrer von → Selnecker, befreundet mit Albrecht Dürer und Hans Sachs; gest. 1561 in Nürnberg. – T 76

Hiller, Friedrich Konrad (IV,1), geb. 1651 in Unteröwisheim bei Bruchsal, seit 1695 Kanzleiadvokat und Regierungsrat in Stuttgart, Onkel von Philipp Friedrich → Hiller; gest. 1726 in Stuttgart. – T 250

Hiller, Johann Adam (IV,2), geb. 1728 in Wendisch-Ossig bei Görlitz, Singknabe im Kreuzchor in Dresden, Hauslehrer und Dirigent der Gewandhauskonzerte in Leipzig, ab 1789 Thomaskantor; Verfasser von Singspielen und Choralmelodien; gest. 1804 in Leipzig. – M* 352

Hiller, Philipp Friedrich (IV,1), geb. 1699 in Mühlhausen bei Vaihingen/Enz (Württemberg), Schüler von Johann Albrecht Bengel in Denkendorf, Pfarrer in mehreren württembergischen Gemeinden, seit 1748 in Steinheim bei Heidenheim/Brenz; nach dem Verlust seiner Stimme verstärkt literarisch tätig, mit seinen Bibelauslegungen und den beiden

»Geistlichen Liederkästlein« 1762 und 1767 der bedeutendste Dichter des schwäbischen Pietismus; gest. 1769 in Steinheim. – T 123, 152, 253, 355

HINTZE, Jakob (III,1), geb. 1622 in Bernau bei Berlin, Stadtmusiker in Stettin, seit 1659 in Berlin, nach → Crügers Tod von 1666 an Herausgeber des Gesangbuchs »Praxis pietatis melica«; gest. 1702 in Berlin. – M 371

HÖPPL, Karl Albrecht (VI,2), geb. 1908 in Augsburg, Pfarrer, lebt in Neusäss bei Augsburg. – T* 490

HOFFMANN VON FALLERSLEBEN, Heinrich August (V), geb. 1798 in Fallersleben (Niedersachsen), Bibliothekar, Dichter und Sprachforscher, 1830 Professor in Breslau; mit seiner »Geschichte des deutschen Kirchenliedes bis auf Luthers Zeit« Wegbereiter einer evangelischen Hymnologie; wegen seiner demokratisch-politischen Gesinnung 1842 amtsenthoben, schließlich Bibliothekar in Corvey bei Höxter (Westfalen); dort gest. 1874. – T 403 (Str. 2)

HOFHAIMER, Paul (II,1), geb. 1459 in Radstadt (Tauern), als Organist in Graz und Innsbruck, München und Passau, seit 1507 in Augsburg und 1519 in Salzburg; berühmtester Orgelspieler und -lehrer seiner Zeit; gest. 1537 in Salzburg. – (M) 232

HOFMANN, Ernst (VI,2), geb. 1904 in Ulm/Donau, seit seiner Priesterweihe 1928 bis 1970 Gemeindeseelsorger, zuletzt in Stuttgart; Mitbegründer der Religiösen Bildungsarbeit und Mitarbeiter am katholischen Einheitsgesangbuch »Gotteslob« 1975; lebt in Stuttgart. – T 142

HOFMANN, Friedrich (VI,2), geb. 1910 in Sondheim, Pfarrer und Kirchenrat, 1960 Dekan in Neumarkt, seit 1953 Beauftragter der Bayerischen Landeskirche für kirchliches Singen; lebt in Roth bei Nürnberg. – M 239

HOHENFURT 1410/1450 (I,2) – Handschriften aus der Zisterzienser-Abtei Hohenfurt (Böhmen). – (M) 5, 29, 100, 105, 215

HOLZSCHUHER, Heinrich (V), geb. 1798 in Wunsiedel (Bayern), Gehilfe bei → Falk in Weimar, Fürsorger in Gefängnissen und Erziehungsanstalten, Erzieher im Kinderrettungswerk in Erfurt, zuletzt Patrimonialrichter auf Schloß Burg bei Hof (Franken); dort gest. 1847. – T 44 (Str. 2–3)

HOMBURG, Ernst Christoph (III,1), geb. 1605 in Mihla bei Eisenach, Rechtsanwalt in Naumburg/Saale, gefeierter weltlicher Dichter, durch schwere Krankheit zur geistlichen Dichtung geführt; gest. 1681 in Naumburg. – T 86

HOPFER, Gerhard (VI,2), geb. 1926 in Burg bei Magdeburg, nach einer Kriegsverwundung Studium der Theologie, seit 1962 Pfarrer in Freiburg. – T 182 (Str. 7–9)

HOVLAND, Egil (VI,2), geb. 1924 in Mysen (Eidsberg in Norwegen), 1949 Organist und Chorleiter in Fredrikstad und seit 1975 Mitglied der norwegischen Liturgie-Kommission; vielseitiger Komponist. – M 212

HOW, William Walsham (V), geb. 1823 in Shrewsbury (England), Geistlicher, Rektor und Dekan in der Grafschaft Shropshire, 1865 Pfarrer der Englischen Kirche in Rom, 1879 Bischof in East London und später in Wakefield; gest. 1897 in Leenane (Irland). – (T) 154 (Str. 6)

HRABANUS MAURUS (I,2), geb. um 780 in Mainz, Benediktinermönch, Lehrer an der Klosterschule in Fulda, 822 Abt in Fulda, 847 Erzbischof von Mainz; einflußreicher und anregender Theologe der Karolingerzeit, später der »Lehrer Deutschlands« genannt; gest. 856 in Winkel bei Rüdesheim. – (T) 126

HUBERT, Konrad (II,1), geb. 1507 in Bergzabern (Pfalz), 1526 Student und Helfer bei dem Basler Reformator Johannes Ökolampad, Vikar und 1545 Pfarrer an St. Thomas in Straßburg, Mitarbeiter Martin Bucers, nach dessen Weggang 1548 heftig angefeindet, Herausgeber der Straßburger Gesangbücher von 1560 und 1572; gest. 1577 in Straßburg. – T 194, 232 (Str. 1–3)

HUIJBERS, Bernard Maria (VI,2), geb. 1922 in Rotterdam, Komponist und Dirigent, Jesuit, Dozent für Liturgik am Konservatorium in Amsterdam und an der katholischen Kirchenmusikschule in Utrecht; lebt in Frankreich. – M 382

HUS, Jan (I,2), geb. um 1369 in Husinek (Böhmen), Priester und Prediger, Professor und Rektor der Universität in Prag, unter John Wiclifs Einfluß Wegbereiter reformatorischer Strömungen in Böhmen; 1410 mit dem Kirchenbann belegt, 1415 beim Konstanzer Konzil verurteilt und verbrannt. – (T) 68

IHLENFELD, Kurt (VI,2), geb. 1901 in Colmar (Elsaß), bis 1933 Pfarrer in Schlesien und Sachsen, dann Leiter des Eckart-Verlags, um den er eine Gruppe junger christlicher Autoren sammelte, der auch → Klepper angehörte; bis 1949 Pfarrer, zuletzt in Dresden, seit 1950 Kritiker und Verlagsdirektor in Berlin, freier Schriftsteller; gest. 1972 in Berlin. – T 94

ISAAC, Heinrich (II,1), geb. um 1450 in Flandern, 1480 Domorganist in Florenz, kaiserlicher Hofkapellmeister in Innsbruck, 1494 Hofkomponist in Augsburg und Torgau, zuletzt wieder in Florenz; einer der urwüchsigen Komponisten der Renaissance; gest. 1517 in Florenz. – (M) 521

JAN (Jähne), Martin (III,1), geb. um 1620 in Merseburg, 1644 Musiker und Student der Theologie in Königsberg (Ostpreußen), um 1650 Kantor in Sorau (Niederlausitz), 1653 Rektor der evangelischen Schule in Sagan, um 1662 Pfarrer in Ekkersdorf, durch die Gegenreformation vertrieben, schließlich Kantor in Ohlau; dort gest. um 1682. – M 87

JANSSENS, Peter (Piet) (VI,2), geb. 1934 in Telgte bei Münster (Westfalen), Musiker, Komponist und Musikverleger in Telgte; die stattliche Zahl seiner Lieder, Songs und Musicals wurde vor allem durch Konzertreisen, bei katholischen Jugendtreffen und den Kirchentagen bekannt. – M 178.II, 420

JENNY, Markus (VI,2), geb. 1924 in Stein (St. Gallen), Theologe und Hymnologe, Pfarrer in Saas (Graubünden), Weinfelden und Zürich, seit 1973 in Ligerz (Bern), Professor an der Universität in Zürich, hymnologischer Fachberater und Mitarbeiter in zahlreichen Gesangbuchgremien und Herausgeber ökumenischer Liederbücher. – T*199, T 419 (Str. 3)

JENTZSCH, Martin (VI,2), geb. 1879 in Seyda bei Wittenberg, Pfarrer in Delitzsch, 1909 Leiter der Flußschiffermission in Berlin, 1919 Pfarrer und später Kirchenrat in Erfurt; dort gest. 1967. – T 418

JÖDE, Fritz (VI,1), geb. 1887 in Hamburg, Musikpädagoge, 1923 Professor für Chorleitung in Berlin und Leiter des Seminars für Volks- und Jugendmusik, 1939 am Mozarteum in Salzburg, 1947 an der Musikhochschule in Hamburg, 1952 Leiter des Instituts für Jugend- und Volksmusik in Trossingen; eine der maßgeblichen Persönlichkeiten der Jugend- und Singbewegung zwischen den beiden Weltkriegen; gest. 1970 in Hamburg. – T* 31

JOHANN VON JENSTEIN (I,2), geb. 1350 auf Burg Jenstein (Böhmen), Bischof von Meißen, 1379 Erzbischof von Prag und Kanzler in Böhmen; gest. 1400 in Rom. – (T) 215

JONAS, Justus (Jobst Koch) (II,1), geb. 1493 in Nordhausen (Harz), Priester und Lehrer des Kirchenrechts in Erfurt, dann Propst und Professor in Wittenberg, wo er sich der Reformation und der Theologie zuwandte. Visitator, Kirchenorganisator und 1542 Reformator der Stadt Halle, Superintendent und Pastor an der Liebfrauenkirche; einer der treuesten Freunde Luthers, Übersetzer zahlreicher lateinischer Schriften der Reformatoren und sprachkundiger Mitarbeiter bei der Bibelübersetzung; durch den Schmalkaldischen Krieg vertrieben, starb er 1555 als Superintendent in Eisfeld (Thüringen). – T 297 (Str. 1.2.5.6)

JORISSEN, Matthias (IV,2), geb. 1739 in Wesel (Niederrhein), mit → Tersteegen verwandt, seit 1769 reformierter Pfarrer in niederländischen Gemeinden, 1782 bis 1819 Prediger der deutschen Gemeinde in Den Haag (Niederlande); seine »Neue Bereimung der Psalmen«, um 1793 entstanden und 1798 erschienen, verdrängte die Psalmlieder von → Lobwasser im Kirchengesang der reformierten Gemeinden; gest. 1823 in Den Haag. – T 279, 281, 282, 286, 290 (Str. 2.5.7), 300

KAAN, Frederik Herman (Fred) (VI,2), geb. 1929 in Haarlem (Niederlande), seit 1955 Pfarrer in verschiedenen reformierten Gemeinden in England, Mitarbeiter u.a. am ökumenischen Gesangbuch »Cantate Domino« 1974. – (T) 229

KAESTNER, Paul (VI,1), geb. 1876 in Altona, 1904 bis 1931 Jurist und Ministerialdirektor für Volksbildung im Preußischen Kultusministerium in Berlin; gest. 1936 in Höchenschwand (Schwarzwald). – T 417 (Str. 1)

KEIMANN, Christian (III,1), geb. 1607 in Deutsch-Pankraz bei Pilsen (Böhmen), Student in Wittenberg, 1634 Konrektor und 1639 Rektor des Gymnasiums in Zittau (Oberlausitz), gekrönter Dichter und bedeutender Pädagoge; gest. 1662 in Zittau. – T 34, 402

KEMPTEN um 1000 (I,2) – das älteste lateinische Hymnenbuch im deutschen Sprachraum, in dem Melodien aufgezeichnet sind; aus dem Benediktinerkloster Kempten, jetzt in Zürich. – M 3, (M) 126

KEUCHENTHAL, Johannes (II,2), geb. um 1522 in Ellrich (Harz), seit 1552 Pfarrer in St. Andreasberg; dort gest. 1583. Seine Sammlung »Kirchen Gesänge Lateinisch und Deutsch« Wittenberg 1573 ist ein getreuer Spiegel des gemeindlichen Singens in nachreformatorischer Zeit. – (T) 29

KLEIN, Richard Rudolf (VI,2), geb. 1921 in Nußdorf (Pfalz), Komponist, Dozent an der Musikhochschule in Stuttgart, dann in Detmold und seit 1960 in Frankfurt/Main. – M 509

KLEPPER, Jochen (VI,1), geb. 1903 in Beuthen/Oder (Schlesien), nach dem Theologiestudium in Breslau Mitarbeiter bei Presse und Rundfunk, seit 1931 Schriftsteller in Berlin, bekannt durch seinen protestantisch-preußischen Roman »Der Vater«; vom nationalsozialistischen Regime in seiner Arbeit behindert und wegen seiner jüdischen Frau verfolgt, ging er 1942 in den Tod. Seine geistlichen Lieder in der Sammlung »Kyrie« seit 1938 wurden bald vertont und von der Gemeinde als richtungweisende Glaubenszeugnisse in schwerer Zeit aufgenommen. – T 16, 50, 64, 208, 239, 379, 380, 452, T* 453 = 783.5, T 457, 486, 532

KLIEFOTH, Theodor (V), geb. 1810 in Körchow bei Wittenburg, führender Vertreter des mecklenburgischen Neuluthertums, Prinzenerzieher und Pfarrer in Ludwigslust, 1844 Superintendent und 1849 Oberkirchenrat in Schwerin; geschätzt als Liturgiker und Organisator seiner Landeskirche; gest. 1895 in Schwerin. – T* 92

KLOPSTOCK, Friedrich Gottlieb (IV,2), geb. 1724 in Quedlinburg, studierte Theologie in Jena und Leipzig; berühmt geworden durch die ersten Gesänge seines religiösen Epos »Der Messias«; 1751 ermöglichte ihm der dänische König die Existenz eines freien Schriftstellers, 1770 Legationsrat in Hamburg; dort gest. 1803. Mit seinem Sendungsbewußtsein als Dichter, seinen freirhythmischen reimlosen Oden und Elegien und seiner schwungvollen Sprachschöpfung beginnt eine neue Epoche der deutschen Literatur. In seinen »Geistlichen Liedern« 1758 bot er religiöse Empfindsamkeit, weihevolle Anbetung und Möglichkeiten zum Wechselgesang zwischen Chor und Gemeinde; ältere Choräle dichtete er im Zeitgeschmack um. – (T) 220

KNAK, Gustav (V), geb. 1806 in Berlin, Lehrer in Königs Wusterhausen, dann Pfarrer in Wusterwitz (Pommern), seit 1850 an der Bethlehemskirche in Berlin; führender Erwekkungsprediger, vielgesuchter Seelsorger und Förderer der Volks- und Chinamission; gest. 1878 in Dünnow (Pommern). – T 258

KNAPP, Albert (V), geb. 1798 in Tübingen, Pfarrer in Sulz/Neckar, Kirchheim/Teck und seit 1836 in Stuttgart; geschätzt als Dichter von Erweckungs- und Missionsliedern, bedeutsam als Hymnologe und Herausgeber des »Evangelischen Liederschatzes« 1837, mit 3590 Liedern die umfangreichste erbauliche Sammlung; seine Textänderungen haben die Gesangbücher des 19. Jahrhunderts stark beeinflußt; gest. 1864 in Stuttgart. – T* 220, T* 241 (Str. 8), T* 251, T 256, T 462

KNORR VON ROSENROTH, Christian (III,2), geb. 1636 in Alt-Raudten (Schlesien), Hofrat des katholisch gewordenen Pfalzgrafen Christian August zu Sulzbach (Oberpfalz), vom Kaiser geadelt, vielseitiger Forscher, Alchimist, Dichter und Tonsetzer; mit der Herausgabe der »Kabbala denudata« machte er erstmals die mittelalterliche jüdische Mystik bekannt; gest. 1689 in Groß-Albersdorf (Oberpfalz). – T 450

KOCH, Minna, geb. Schapper (V), geb. 1845 in Waldböckelheim/Nahe, verheiratet mit dem Superintendenten Karl August Koch in Elberfeld, schrieb volkstümliche Melodien; gest. 1924 in Wernigerode. – M 407

KÖBLER, Hanns (VI,2), geb. 1930 in Hof, Vikar in Augsburg, seit 1960 Religionslehrer und Kantor in Freising bei München, Autor von Texten und Musik für Gottesdienste in neuer Gestalt; gest. 1987 in Freising. – TM 209

KÖNIG, Helmut (VI,2), geb. 1930 in Bremen, Lektor an der Universität in Kalkutta (Indien), Gymnasiallehrer, seit 1990 Leiter eines Schallplattenverlags, Herausgeber von Liedersammlungen; lebt in Wedemark bei Hannover. – M*T* 489 (Str. 1)

KÖNIG, Johann Balthasar (IV,1), geb. 1691 in Waltershausen (Thüringen), Mitglied der Stadtkapelle in Frankfurt/Main unter → Telemann, später Musikdirektor und Kapellmeister; gest. 1758 in Frankfurt/Main. Sein »Harmonischer Liederschatz« 1738 ist das reichhaltigste Choralbuch des 18. Jahrhunderts, dem M* 330, 400 entnommen sind.

KORNEMANN, Helmut (VI,2), geb. 1935 in Lippstadt (Westfalen), Pfarrer in Höxter, Dozent für Liturgik und Hymnologie an der Kirchenmusikschule in Herford, 1975 Pfarrer in Berlin, 1986 Leiter der Gemeinsamen Arbeitsstelle für gottesdienstliche Fragen der Evangelischen Kirche in Deutschland in Hannover, 1991 Pfarrer in Berlin. – T 454 (Str. 3–5)

KREMER, Gerhardus Marinus (Gerard) (VI,2), geb. 1919 in Amsterdam, Kantor, Organist, Dozent und Komponist zuerst in Amsterdam, dann in Bloemendaal und Aerdenhout; dort gest. 1970. – M 199

KRIEGER, Adam (III,1), geb. 1634 in Driesen (Neumark), ausgebildet bei → Scheidt in Halle, beeinflußt von Heinrich → Schütz; 1655 Organist an St. Nikolai in Leipzig, später Hoforganist in Dresden; berühmt waren seine Solo-Lieder und »Arien« mit Instrumentalzwischenspielen; gest. 1666 in Dresden. – (M) 386, MT 478 (Str. 1)

KROEDEL, Rolf (VI,2), geb. 1934 in Eisenach, 1956 Musiklehrer in Lobenstein (Thüringen), seit 1968 auch Landessingewart der Evangelisch-Lutherischen Kirche in Thüringen; 1976 Lehrer und Chorleiter in Hilchenbach (Westfalen). – M 534

KRUMMACHER, Cornelius Friedrich Adolf (V), geb. 1824 in Ruhrort, 1853 Domprediger in Halberstadt, 1872 Oberpfarrer in Barby/Elbe; gest. 1884 in Wernigerode. – T 407

KUCZ, Gustav (VI,2) – T 53 (Str. 1–2)

KUGELMANN, Hans (II,1), geb. um 1495 in Augsburg, 1519 kaiserlicher Hoftrompeter in Innsbruck, danach im Dienst der Fugger in Augsburg, seit 1524 am Hofe → Albrechts von Preußen in Königsberg, zunächst als Instrumentalist und Komponist, später als Hofkapellmeister; gest. 1542 in Königsberg. – M* 289

KVERNO, Trond (VI,2), geb. 1945, Organist und Musikpädagoge in Oslo; mit zahlreichen Melodien im norwegischen Gesangbuch 1985 vertreten. – M 383

KYAMANYWA, Bernhard (VI,2), geb. 1938 in Tansania, Lehrer, seit 1968 Pfarrer der Evangelisch-Lutherischen Kirche in Tansania. – (T) 116

LAHUSEN, Christian (VI,1), geb. 1886 in Buenos Aires (Argentinien), Kapellmeister in München, Berlin, Hamburg und Frankfurt/Main, seit 1931 Musiklehrer und Chorleiter in Überlingen/Bodensee, wichtiger Vertreter der Singbewegung; gest. 1975 in Überlingen. – M 52, 184, 359, 408, K 493

LAM, Hanna (VI,2), geb. 1928 in Utrecht (Niederlande); mit → ter Burg als Komponist veröffentlichte sie »Bibellieder für die Jugend«, aber auch biblische Frauenlieder; gest. 1988 in Bunnik (Niederlande). – (T) 311

LANGTON, Stephan (I,2), geb. um 1150 in Nordengland, Professor der Theologie in Paris, von seinem ehemaligen Studiengenossen Papst Innozenz III. zum Kardinal ernannt, seit 1207 Erzbischof von Canterbury; von ihm stammt die Einteilung der lateinischen Bibel in Kapitel, während seine Verfasserschaft der Pfingstsequenz nur wahrscheinlich ist; gest. 1228 in Slindon (England). – (T) 128

LAUFENBERG, Heinrich von (I,2), geb. um 1390 in Groß-Laufenburg (Schweiz), Priester in Zofingen (Aargau), Domdechant in Freiburg; 1445 zog er sich in das Johanniterhaus in Straßburg zurück; mit seinen Nachdichtungen lateinischer Hymnen, Umdichtungen weltlicher Volkslieder und eigenen geistlichen Dichtungen ist er einer der fruchtbarsten Poeten im Spätmittelalter; gest. 1460 in Straßburg. – T 468, 517

LAYRIZ, Fridrich (V), geb. 1808 in Nemmersdorf (Oberfranken), Pfarrer in Merkendorf, Bayreuth und 1846 in Unterschwaningen, gest. 1859 in Schwandorf. Mit seinem Freund → Zahn setzte er sich für die Wiederbelebung des älteren reformatorischen Liedguts ein. – T* 30 (Str. 3–4)

LEHNDORFF, Hans Graf von (VI,2), geb. 1910 in Graditz bei Torgau, Arzt in Berlin und Insterburg; nach Krieg und Gefangenschaft wieder Arzt in Ostpreußen, Göttingen, Bonn und Bad Godesberg, 1972 Krankenhausseelsorger in Bonn; dort gest. 1987. – T 428

LEIPZIG 1545 (II,1) – »Geistliche Lieder«, das letzte unter → Luthers Mitwirkung mit seiner 3. Vorrede gedruckte Gesangbuch bei Valentin Babst. – (T) 35 (Str. 3), M 82, M* 102, T* 120, M* 232

LEISENTRIT, Johann (II,1), geb. 1527 in Olmütz (Mähren), katholischer Priester, seit 1559 Domdekan und dann Generalvikar in Bautzen (Niederlausitz), Herausgeber des bedeutenden katholischen Gesangbuchs »Geistliche Lieder und Psalmen« 1567; gest. 1586 in Bautzen. – T* 3

LEONHARDT, Sabine (VI,2), geb. 1919 in Magdeburg, Dolmetscherin in Frankfurt/Main. – T* 410

LEUPOLD, Ulrich S. (VI,2), geb. 1909 in Berlin, 1938 nach Ohio (USA) emigriert, Pfarrer, seit 1945 Professor für Neues Testament und Kirchenmusik und Direktor am lutherischen Seminar in Waterloo (Ontario); dort gest. 1970. – T* 116

LISCOW, Salomo (III,1), geb. 1640 in Niemitzsch (Niederlausitz), Schüler des Kreuzchors in Dresden, schon als Student gekrönter Dichter, 1664 Pfarrer in Otterwisch bei Grimma, später in Wurzen (Sachsen); ein vielgelesener Erbauungsschriftsteller und Liederdichter; gest. 1689 in Wurzen. – T 494

LOBWASSER, Ambrosius (II,2), geb. 1515 in Schneeberg (Sachsen), Professor der Rechte in Königsberg; selber Lutheraner, gab er 1573 die erste vollständige deutsche Übersetzung des französischen → Genfer Psalters heraus, die über 200 Jahre das maßgebende Gesangbuch der deutschsprachigen reformierten Gemeinden blieb; gest. 1585 in Königsberg. – T 294 (Str. 1.4), 459

LÖHNER, Johann (III,2), geb. 1645 in Nürnberg, 1670 Sänger in Bayreuth, Stadtmusikus und seit 1682 Organist in Nürnberg; dort gest. 1705. – (M) 352

LÖRCHER, Richard (VI,1), geb. 1907 in Cleebronn (Württemberg), Bläserausbildung bei Johannes Kuhlo, 1932 Diakon in Steinhagen (Westfalen), 1946 Posaunenwart im CVJM-Westbund; gest. 1970 in Spangenberg/Rhön. – M 93

LÖSCHER, Valentin Ernst (IV,1), geb. 1673 in Sondershausen, Superintendent in Jüterbog und Delitzsch, dann Professor in Wittenberg, seit 1709 Oberkonsistorialrat und Superintendent in Dresden; als orthodox lutherischer Theologe bekämpfte er Aufklärung und Pietismus, von dem er aber in seinen Liedern beeinflußt ist; gest. 1749 in Dresden. – T 90

LOHMANN, Gustav (VI,2), geb. 1876 in Witten/Ruhr, Pfarrer in Remscheid-Lüttringhausen und Stolberg bei Aachen; dort gest. 1967. – T 419 (ohne Str. 3)

LORENZEN, Lorenz (Laurentius Laurenti) (III,2), geb. 1660 in Husum (Schleswig), seit 1684 Musikdirektor am Dom in Bremen; mit seiner Sammlung »Evangelia melodica« 1700, einer Bereimung der sonntäglichen Predigtperikopen, ein fruchtbarer pietistischer Liederdichter; gest. 1722 in Bremen. – T 114, 151

LOSSIUS, Lucas (II,1), geb. 1508 in Vaake (Hessen), Mitarbeiter von Urbanus Rhegius bei der Reformation in Lüneburg, Konrektor am dortigen Gymnasium Johanneum; für seine Schule und weit darüber hinaus hat er die »Psalmodia« seit 1553 herausgegeben, eine Sammlung mit meist einstimmigen, lateinisch-liturgischen Gesängen; gest. 1582 in Lüneburg. – M* 75, M* 470

LOTZ, Hans-Georg (VI,2), geb. 1934 in Gießen, seit 1974 Dozent an der Hochschule für Musik in Hamburg, Chorleiter der evangelisch-freikirchlichen Gemeinde in Hamburg-Altona. – TM 235

LUDECUS (Lüdecke), Matthäus (II,2), geb. um 1540 in Wilsnack (Mark Brandenburg), Domdekan in Havelberg; dort gest. 1606. Mit großem Fleiß sammelte er die wertvollen Gesänge der mittelalterlichen Liturgie zur Förderung des evangelischen Gottesdienstes. – T* 29

LÜDERS, Rüdeger (VI,2), geb. 1936 in Stuttgart, Liedermacher für die »Kino-Gottesdienste« in Stuttgart-Bad Cannstatt, heute als Ingenieur tätig. – MT 425 (Str. 1)

LÜTGE, Karl (VI,1), geb. 1875 in Ahstedt bei Hildesheim, Lehrer in Bremervörde, von 1908 bis 1945 Organist der Zwölfapostelkirche in Berlin; gest. 1967 in Korbach. – M* 319

LUTHER, Martin (II,1), geb. 1483 in Eisleben, Jura-, dann Theologiestudent als Augustinereremit und Priester in Erfurt, seit 1508 Lektor für Philosophie an der Universität Wittenberg, seit 1517 Professor für Bibelauslegung; die Vorlesungen über den Psalter und den Römerbrief 1513 bis 1516 führten zu neuen theologischen Einsichten, 1517 Thesenanschlag gegen den Ablaß, dann folgten verschiedene Disputationen und programmatische Reformationsschriften, seit 1521 in Kirchenbann und Reichsacht; Wartburgaufenthalt mit der Übersetzung des Neuen Testaments, 1525 Heirat mit Katharina von Bora, Festigung einer evangelischen Kirche durch Visitationen, Katechismen 1529 und die vollständige Bibelübersetzung 1534, die die neuhochdeutsche Schriftsprache und Literatur in einzigartiger Weise prägte; gest. 1546 in Eisleben. – Luthers geistliche Dichtung begann 1523 mit dem Lied auf die beiden evangelischen Märtyrer in Brüssel und mit der Ballade vom Ratschluß Gottes (TM 341); danach schuf er Psalmlieder (TM 273 [Str. 1–5], T 280, T 297 [Str. 3–4 »Wär Gott nicht mit uns diese Zeit«], TM I 299), übersetzte lateinische Hymnen (TM* 4, TM* 126), erweiterte mittelalterliche deutsche Leisen und Antiphon-Strophen (T 23, 124, 125, 214, 518) und stellte Fest- und Katechismuslieder bereit (TM* 101, T [M] 102, T* 138, T* 183, T* 215, T 231, TM 519). Bis 1529 kamen vor allem liturgische Gesänge hinzu (M 149, M 178.3, M 190.2, TM* 191, TM* 192, TM 362, TM* 421 = 784.10); die weiteren Lieder erschienen bald nach ihrer Entstehung in den jeweiligen Neuauflagen der Gesangbücher (TM 24, T 25, TM 193, TM 202, T 319, TM* 344, T* 470 = 785.5, T 520 [Str. 7]). Die wichtigsten reformatorischen Gesangbücher → Nürnberg 1523/1524, → Erfurt 1524, → Wittenberg 1524, → Wittenberg 1529, → Leipzig 1545.

LYTE, Henry Francis (V), geb. 1793 in Ednam (Schottland), (Pfarrer in Irland, Schottland und 1823 in Lower Brixham (Devonshire); gest. 1847 in Nizza (Frankreich). – (T) 488

MAHRENHOLZ, Christhard (VI,1), geb. 1900 in Adelebsen bei Göttingen, Musikwissenschaftler, dann Pfarrer in Göttingen und Großlengden, seit 1930 im Landeskirchenamt Hannover und später Honorarprofessor an der Universität Göttingen; einer der Anreger der liturgischen Erneuerung und der Orgelbewegung, maßgeblich beteiligt an der Entstehung des Evangelischen Kirchengesangbuchs 1950; gest. 1980 in Hannover. – T 276 (Str. 5)

MARAIRE, Abraham D. (VI,2), geb. 1939, aus der Methodistischen Kirche Zimbabwes, Musiker und Lehrbeauftragter für afrikanische Musik in Seattle, USA. – MS 181.5

MAREZ OYENS, Tera de (VI,2), geb. 1932 in Velsen (Niederlande), Chor- und Orchesterdirigentin in Hilversum, bis 1988 Dozentin für Komposition und moderne Musik am Konservatorium in Zwolle. – M 427

MARTI, Kurt (VI,2), geb. 1921 in Bern (Schweiz), Pfarrer in Leimiswil, Niederlenz (Aargau) und 1961 in Bern, seit 1983 freier Schriftsteller; in seinen Predigten und Aufsätzen, Gedichten und Aphorismen ein engagierter und kritischer Literat. – T 153

MARX, Karl (VI,1), geb. 1897 in München, Komponist und Professor für Komposition in München, Graz und ab 1946 in Stuttgart; dort gest. 1985. – K 118

MAUERSBERGER, Rudolf (VI,1), geb. 1889 in Mauersberg (Erzgebirge), Organist in Lyck und Aachen, 1925 Kantor in Eisenach und Landeskirchenmusikwart in Thüringen, 1930 Kreuzkantor in Dresden; dort gest. 1971. – M 41

MEDINGEN um 1320/1350/1380/1460 (I,2). – Handschriftliche liturgische Stundenbücher mit einzelnen deutschen geistlichen Liedern aus dem Zisterzienserinnenkloster Medingen bei Lüneburg. – (M)T 23 (Str. 1), T 100 (Str. 1), T 214 (Str. 1)

MEHRTENS, Frederik August (Frits) (VI,2), geb. 1922 in Hoorn (Niederlande), 1956 Organist in Amsterdam, Dozent für Kirchenmusik in Driebergen, Mitarbeiter am »Liedboek voor de Kerken« 1973; gest. 1975 in Amsterdam. – M 20, 313

MELANCHTHON (Schwarzerdt), Philipp (II,1), geb. 1497 in Bretten (Baden), seit 1518 Professor für Griechisch in Wittenberg, Pädagoge und Universitätsreformer, theologischer Schriftsteller von hohem Rang und → Luthers enger Mitarbeiter, Verfasser der Augsburgischen Konfession 1530, nach Luthers Tod ein auf Ausgleich bedachter Kirchenpolitiker; in der humanistischen Tradition dichtete er nur lateinische Lieder; gest. 1560 in Wittenberg. – (T) 141, (T) 143, (T) 246 (Str. 1)

MENTZER, Johann (IV,1), geb. 1658 in Jahmen (Oberlausitz), Pfarrer in Merzdorf, Hauswalde und 1696 in Kemnitz bei Herrnhut, dem pietistischen Dichterkreis um → von Zinzendorf nahestehend; gest. 1734 in Kemnitz. – T 330

MEYFART, Johann Matthäus (III,1), geb. 1590 in Jena, Lehrer, dann Rektor des Gymnasiums in Coburg, 1634 Professor der Theologie und später auch Pfarrer in Erfurt; in seinen aufrüttelnden Schriften kämpfte er gegen Hexenverfolgung und Sittenverfall in Kirche und Schule; gest. 1642 in Erfurt. – T 150

MICHEELSEN, Hans Friedrich (VI,1), geb. 1902 in Henstedt (Dithmarschen), Kirchenmusiker in Berlin, seit 1938 in Hamburg, zuerst als Leiter der Kirchenmusikschule, ab 1954 als Professor an der Musikhochschule; gest. 1973 in Henstedt. – M 15

MILTON, John (III,1), geb. 1608 in London, bedeutender englischer Dichter, der mit politischen und theologischen Streitschriften in die Zeitereignisse eingriff; 1649 Sekretär in Cromwells Staatsrat; seit 1652 erblindet, diktierte er seine biblischen Epen »Das verlorene Paradies« 1667 und »Das wiedergewonnene Paradies« 1671, die auf → Klopstock anregend gewirkt haben; gest. 1674 in London. – (T) 454

MÖNCH VON SALZBURG (wahrscheinlich Pseudonym für Erzbischof Pilgrim II. von Salzburg) (I,2), geb. wohl im Waldviertel (Österreich), Priester an der Papstresidenz in Avignon, seit 1365 Erzbischof von Salzburg; dort gest. 1396. An seinem geistlichen Fürstenhof entstanden singbare deutsche Übersetzungen lateinischer Hymnen und Sequenzen, bedeutende Minne- und Marienlieder in Text, Melodie und z.T. polyphonen Liedsätzen. – (M) 344

MOHR, Joseph (V), geb. 1792 in Salzburg, katholischer Priester in Ramsau, 1817 in Oberndorf bei Salzburg, später in Hintersee und Wagrain; dort gest. 1848. – T 46

MOLLER, Martin (II,2), geb. 1547 in Kropstädt bei Wittenberg, zuerst Kantor, dann Pfarrer in Löwenberg (Niederschlesien) und 1575 in Sprottau, 1600 Oberpfarrer in Görlitz; Verfasser vielgelesener Andachtsbücher, darunter »Meditationen der heiligen Väter« 1584 mit mittelalterlichen Texten, die die künftige Erbauungsliteratur und Liederdichtung stark beeinflußten; gest. 1606 in Görlitz. – T* 128, T* 146

MONK, William Henry (V), geb. 1823 in Brompton bei London, Organist, 1847 Chormeister und später Professor am King's College in London, musikalischer Herausgeber des wichtigen englischen Gesangbuchs »Hymns Ancient and Modern« 1861; gest. 1889 in Stoke Newington bei London. – M 488

MÜHLMANN, Johann (II,2), geb. 1573 in Wiederau bei Pegau (Sachsen), Pfarrer in Naumburg und Laucha, seit 1605 Hauptpfarrer an St. Nikolai in Leipzig, später auch Professor der Theologie; gest. 1613 in Leipzig. – T 399

MÜLLER, Michael (III,2), geb. 1673 in Blankenburg (Harz), Student bei August Hermann Francke in Halle, Hauslehrer in Schloß Schaubeck bei Ludwigsburg (Württemberg); dort gest. 1704. – T 73

MÜLLER-OSTEN, Kurt (VI,1), geb. 1905 in Breslau, seit 1933 Pfarrer in kurhessischen Gemeinden, 1948 Prälat der Evangelischen Landeskirche von Kurhessen-Waldeck in Kassel, 1952 Propst in Bad Hersfeld, 1962 in Marburg/Lahn; dort gest. 1980. Seine Lieder leben aus dem Geist der Bekennenden Kirche. – T 51, 359

MÜNTZER, Thomas (II,1), geb. um 1490 in Stolberg (Harz), Mönch und hochgebildeter Theologe, auf Empfehlung → Luthers 1520 evangelischer Prediger in Zwickau, wo er schwärmerische Gruppen kennenlernte; 1523 Pfarrer in Allstedt (Thüringen), wo er mit seiner »Deutschen evangelischen Messe« und seinem »Deutschen Kirchenamt« vor Luther reformatorische Gottesdienstliturgien einführte; im Bestreben, eine Gemeinde der Auserwählten zu sammeln, stellte er sich gegen Fürsten und Kirchen, nahm Verbindung mit den Bauernführern in Oberdeutschland auf und schloß sich dem thüringischen Bauernheer an, das 1525 bei Frankenhausen vernichtend geschlagen wurde; er selbst wurde vor Mühlhausen hingerichtet. – T* 3

NACHTENHÖFER, Kaspar Friedrich (III,2), geb. 1624 in Halle, Pfarrer in Meeder bei Coburg, dann in Coburg; er galt als »trefflicher Musikus und geschickter Poet«; gest. 1685 in Coburg. – T 40

NÄGELI, Hans Georg (V), geb. 1773 in Wetzikon bei Zürich, Musikpädagoge, Komponist und Verleger; durch die Gründung des Zürcherischen Singinstituts und des ersten Männerchors 1810 förderte er den Schul- und Kirchengesang in der Schweiz und weit darüber hinaus; gest. 1836 in Zürich. – M 332

NEALE, John Mason (V), geb. 1818 in London, Pfarrer der anglikanischen Kirche, seit 1846 Vorsteher eines College in East Grinstead, Kenner der alten Liturgiegeschichte und Übersetzer von griechischen und lateinischen Hymnen ins Englische; gest. 1866 in Grinstead (England). – (T) 19 (Str. 1–2)

NEANDER (Neumann), Joachim (III,2), geb. 1650 in Bremen, durch Theodor Undereyk erweckt, in Frankfurt/Main mit Johann Jakob → Schütz und Philipp Jakob Spener bekannt, 1674 Rektor an der Lateinschule der reformierten Gemeinde in Düsseldorf; in dem nach ihm benannten Tal sind viele Lieder entstanden und gebraucht worden; wegen separatistischer Erbauungsversammlungen verwarnt, 1679 Frühprediger in Bremen; dort gest. 1680. Seine »Bundes-Lieder und Dank-Psalmen« 1680, zu denen er selbst solistische Melodien schrieb, waren bahnbrechend für die pietistischen Gesangbücher in der reformierten und lutherischen Kirche. – (M) 166, (T) 198 (Str. 2), (T) 316/317, TM 327, M* 386, T 504

NEHRING, Johann Christian (IV,1), geb. 1671 in Goldbach bei Gotha, Rektor in Essen, Inspektor am Waisenhaus in Halle, 1706 Pfarrer zu Nauendorf und seit 1716 in Morl bei Halle, befreundet mit August Hermann Francke und → Freylinghausen; gest. 1736 in Morl. – T 262/263 (Str. 3.7)

NEUBERT, Gottfried (VI,2), geb. 1926 in Zwönitz bei Aue (Erzgebirge), seit 1952 Organist und später auch Kantor in Frankfurt/Main; dort gest. 1983. – TM 314

NEUMARK, Georg (III,1), geb. 1621 in Langensalza (Thüringen), als Student der Rechtswissenschaften in Königsberg (Ostpreußen) im Künstlerkreis um Simon Dach, nach vielen Reisen 1652 Bibliothekar in Weimar, später auch gefeierter Hofdichter und tüchtiger Gambenspieler; gest. 1681 in Weimar. – TM 369

NEUMEISTER, Erdmann (IV,1), geb. 1671 in Uichteritz bei Weißenfels, Pfarrer in Eckartsberga, Hofprediger in Weißenfels, Superintendent in Sorau (Niederlausitz), seit 1715 Hauptpastor an St. Jakobi in Hamburg; Gegner des Pietismus, einflußreicher Literaturkritiker und fruchtbarer Kirchenliederdichter, dessen Kantatentexte zum Teil von → Bach und → Telemann vertont wurden; gest. 1756 in Hamburg. – T 353

NEUSS, Heinrich Georg (IV,1), geb. 1654 in Elbingerode (Harz), Rektor in Blankenburg, Pfarrer in Wolfenbüttel, aufgrund des Pietistenediktes von 1692 wegen privater Erbauungsstunden entlassen; seit 1696 Superintendent und Konsistorialrat der Grafschaft Stolberg-Wernigerode; gest. 1716 in Wernigerode. – T 389

NICOLAI, Philipp (II,2), geb. 1556 in Mengeringhausen (Waldeck), Schüler bei → Helmbold in Mühlhausen, Pfarrer in Herdecke/Ruhr, von spanischen Söldnern vertrieben, Prediger der lutherischen Untergrundsgemeinde in Köln, 1588 Hofprediger in Wildungen und Erzieher des Grafen Wilhelm Ernst von Waldeck, 1596 Pfarrer in Unna (Westfalen), 1601 Hauptpastor an St. Katharinen in Hamburg; dort gest. 1608. Ein unerbittlicher Verteidiger des Luthertums gegen die päpstliche und calvinistische Kirche, zugleich aber Vermittler einer innerlichen mystischen Frömmigkeit, die in dem nach der Pest in Unna geschriebenen »Freudenspiegel des ewigen Lebens« 1599 Gestalt gewann; darin auch TM der Lieder 70 und 147.

NIEDLING, Johannes (III,1), geb. 1602 in Sangerhausen, seit 1626 Lehrer am Gymnasium in Altenburg, geschätzter Erbauungsschriftsteller; gest. 1678 in Altenburg. – T 131?

NIEGE, Georg (II,2), geb. 1525 in Allendorf/Werra (Hessen), humanistisch und musikalisch ausgebildet, 1546 als Landsknecht im Schmalkaldischen Krieg, in Schottland und den Niederlanden, der »fromme Hauptmann« genannt, dann in Verwaltungsämtern in Buxtehude, Stade, Minden, Lage und Herford; gest. 1588 in Rinteln/Weser. – T 443

NIEVERGELT, Edwin (VI,2), geb. 1917 in Winterthur (Schweiz), Organist und Kantor, 1957 Dozent für Kirchenmusik an der Universität Zürich, 1962 Leiter des Instituts für Kirchenmusik der evangelisch-reformierten Kirche im Kanton Zürich; lebt in Winterthur. – T 464

NOOTER, Jan (VI,2), geb. 1922 in Amsterdam, mennonitischer Pfarrer in Akkrum, 's Gravenhage und Utrecht; lebt in Aalsmeer (Niederlande). – (T) 430

NÜRNBERG 1523/1524 (II,1) – »Etlich christlich Lieder, Lobgesang und Psalm«, das sog. Achtliederbuch als erste Sammlung einzelner Liederblätter, gedruckt bei Jobst Gutknecht. – M* 342

OCHS, Volker (VI,2), geb. 1929 in Düsseldorf, 1951 Dozent für Kirchenmusik in Dahme (Mark Brandenburg), seit 1956 Landessingwart der Evangelischen Kirche in Berlin-Brandenburg. – M 21, 28, 278, 348, 417

ÖSTERREICHER, Georg (III,1), geb. 1563 in Wiebelsheim bei Windsheim (Mittelfranken), Lehrer und 1608 Kantor in Windsheim, dort gest. 1621. – (M) 530

OLEARIUS, Johann (III,1), geb. 1611 in Halle, Dozent in Wittenberg, Superintendent in Querfurt, 1643 Hofprediger und später Generalsuperintendent in Halle, dann in Weißenfels, Verfasser zahlreicher Gesänge für den Gottesdienst; gest. 1684 in Weißenfels. – T 38, 139, 162, 197 (Str. 1–2)

OOSTERHUIS, Hubertus Gerardus Josephus Henricus (Huub) (VI,2), geb. 1933 in Amsterdam, katholischer Geistlicher und Jesuit, Studentenpfarrer in Amsterdam; sein umfangreiches dichterisches Werk und seine Beiträge zur Erneuerung von Liturgie und Gemeindegesang fanden seit 1967 auch in deutschen Übersetzungen weite Verbreitung. – (T) 312, 382, 427

OPITZ, Martin (von Boberfeld) (III,1), geb. 1597 in Bunzlau (Schlesien), nach vielen Reisen Gymnasiallehrer in Weißenburg (Siebenbürgen), 1626 vom Kaiser zum Dichter gekrönt, geadelt, Sekretär in Breslau und Brieg; gest. 1639 in Danzig an der Pest. Mit seinem »Buch von der deutschen Poeterei« 1624, in dem er natürliche Wortbetonung, reinen Endreim und kunstvolle barocke Strophenformen forderte, wurde er zum Erneuerer der Dichtkunst in deutscher Sprache. – (T) 450

OSER, Friedrich (V), geb. 1820 in Basel, Pfarrer in Waldenburg (Baselland), Strafanstaltsprediger in Basel, zuletzt Pfarrer in Benken bei Basel; seine volksnahen »Kreuz- und Trostlieder« 1856/1865 wurden oft vertont; gest. 1891 in Benken. – T 377

OUDAAN, Joachim Frants (III,1), geb. 1629, Ziegelbrenner und Liederdichter in Rotterdam, Förderer des Kirchengesangs bei den niederländischen Mennoniten; gest. 1692. – (T) 117

PÉCSELI KIRÁLY, Imre (Emerich) (III,1), geb. um 1585 in Pécsely (Ungarn), vielseitiger Literat und Theologe, Pfarrer in Komárom und seit 1622 in Érsekujvár; gest. um 1641. – (T) 96

PETER, Christoph (III,1), geb. 1626 in Weida (Sachsen), Lehrer und Kantor in Großenhain, dann in Guben (Niederlausitz), Herausgeber der »Andachts-Zymbeln« 1655; gest. 1669 in Guben. – M* 233

PETZOLD, Johannes (VI,1 und 2), geb. 1912 in Plauen (Vogtland), Lehrer, Kirchenmusiker in Bad Berka bei Weimar, 1961 Dozent an der Kirchenmusikschule in Eisenach, Schöpfer zahlreicher Liedmelodien und Chorsätze; gest. 1985 in Eisenach. – M 16, 208, 236, TM 270, M 292, K 340, K 411

PETZOLD, Lothar (VI,2), geb. 1938 in Leipzig, Handelskaufmann, nach dem Theologiestudium in Halle als Pfarrer, Redakteur und in der Diakonenausbildung tätig. – T 534

PEZOLD, Gustav (VI,1), geb. 1850 in Stetten/Heuchelberg (Württemberg), Pfarrer in Niedernhall und Friedrichshafen, seit 1894 Dekan in Brackenheim und Kirchheim/Teck, Förderer des Evangelischen Kirchengesangvereins; gest. 1931 in Kirchheim/Teck. – M II 254

PÖTZSCH, Arno (VI,1), geb. 1900 in Leipzig, Erzieher und Fürsorger in den Brüdergemeinen Kleinwelka und Herrnhut, nach dem Theologiestudium 1935 Pfarrer in Wiederau bei Rochlitz (Sachsen), Marinepfarrer in Cuxhaven und Helgoland, 1948 Pfarrer in Cuxhaven; dort gest. 1956. Seine geistlichen Gedichte aus der Kriegs- und Nachkriegszeit wurden in viele Andachts- und Gesangbücher aufgenommen. – T 224, 408, 533

POTTER, Doreen (VI,2), geb. 1925 in Jamaica, Liedkomponistin und Mitarbeiterin am ökumenischen Gesangbuch »Cantate Domino« 1974; gest. 1980 in Genf. – M* 229

PRAETORIUS, Michael (II,2), geb. 1571 in Creuzburg/Werra (Thüringen), Theologiestudent und Organist in Frankfurt/Oder, 1592 Organist und später Hofkapellmeister in Wolfenbüttel, seit 1613 in Dresden und auf Reisen als musikalischer Berater und Organisator; fruchtbarer Komponist und bedeutender Musikgelehrter; in seinem 1244 Liedbearbeitungen umfassenden Sammelwerk »Musae Sioniae« seit 1605 gab er das musikalische Erbe der Reformation an seine Zeit weiter; gest. 1621 in Wolfenbüttel. – S 29, S 30, S 69, T* 121, K 181.7, M* 308, M* 318, M* 451

PRATT GREEN, Frederick (VI,2), geb. 1903 in Liverpool (England), seit 1924 Pfarrer in verschiedenen methodistischen Gemeinden in Yorkshire und London, zeitweilig methodistischer Bischof von York und Hull, Lyriker und einer der Bahnbrecher des neuen englischen Kirchenlieds; lebt in Norwich. – (T) 410

PRÖGER, Johannes (VI,2), geb. 1917 in Gotha, Pfarrer in Gauersheim und Religionslehrer in Kirchheimbolanden (Pfalz). – T 47 (Str. 3–4)

PRUDENTIUS CLEMENS, Aurelius (I,1), geb. 348 in Spanien, Rechtsgelehrter und Statthalter, zuletzt in Rom; mit seinen beiden Hymnensammlungen zum Stundengebet und zum Märtyrergedenken neben → Ambrosius der sprachmächtigste altchristliche Liederdichter; gest. nach 405. – (T) 499 (Str. 1–2)

PUCHTA, Heinrich (V), geb. 1808 in Cadolzburg (Mittelfranken), als Student in Erlangen durch → Rückert zum Dichten angeregt, Professor am Lyzeum in Speyer, dann Pfarrer in Eyb bei Ansbach und in Augsburg; dort gest. 1858. – T 512

PULS, Hans (VI,2), geb. 1914 in Straßburg, Dozent für Französisch am Lehrerseminar in Ottweiler (Saarland), wo er durch die Jugendgottesdienste zum Kirchenlied fand; dann Dozent in Saarbrücken; lebt in Neukirchen (Saar). – M 419

RAMBACH, Johann Jakob (IV,1), geb. 1693 in Halle, Schüler und Nachfolger August Hermann Franckes als Professor der

Theologie in Halle, 1731 Professor und Superintendent in Gießen; bedeutender Gelehrter und Erbauungsschriftsteller, Herausgeber eines Kirchen- und eines Hausgesangbuchs; gest. 1735 in Gießen. – T 200

RANKE, Friedrich Heinrich (V), geb. 1798 in Wiehe (Thüringen), Bruder des bekannten Historikers Leopold von Ranke, Pfarrer in Rückersdorf bei Nürnberg, Dekan in Thurnau, seit 1840 Professor in Erlangen, Konsistorialrat in Bayreuth und Ansbach, Oberkonsistorialrat in München; dort gest. 1876. – T 13, T* 45

READING, John (III,1), Organist und Kirchenkomponist in London; dort gest. 1692. – M 45?

REDA, Siegfried (VI,2), geb. 1916 in Bochum, Organist in Bochum, Berlin und Mülheim/Ruhr, Leiter der Kirchenmusikabteilung an der Folkwangschule Essen, Komponist bedeutender Chor- und Orgelmusik; gest. 1968 in Mülheim/Ruhr. – M 64

REGER, Max (VI,1), geb. 1873 in Brand (Fichtelgebirge), studierte in Weiden (Oberpfalz), Sondershausen und Wiesbaden, seit 1901 in München tätig, 1907 Universitätsmusikdirektor in Leipzig, 1911 Hofkapellmeister in Meiningen, zuletzt in Jena; gest. 1916 in Leipzig. Vielseitiger spätromantischer Komponist, mit seinem umfangreichen Orgelwerk, mit Motetten und Kantaten wichtig für die musikalische Auslegung des evangelischen Kirchenlieds. – S 482

REGNART, Jakob (II,2), geb. um 1540 vermutlich in Douai (Flandern), Chorknabe der Hofkapelle in Prag, 1582 Vizekapellmeister in Innsbruck und später wieder in Prag; musikgeschichtlich wirksam durch seine italienischen Villanellen und deutschen Lieder; gest. 1599 in Prag. – (M) 345

REIMANN, Johann Balthasar (IV,1), geb. 1702 in Breslau, Organist in seiner Heimatstadt, dann in Hirschberg (Schlesien); dort gest. 1749. – M* 40

REIN, Walter (VI,1), geb. 1893 in Stotternheim (Thüringen), 1930 Musikdozent an der Pädagogischen Hochschule in Kassel, Frankfurt/Main und Weilburg/Lahn, 1935 Professor an der Hochschule für Musikerziehung in Berlin, tätig im Sinne der Jugend- und Singbewegung; gest. 1955 in Berlin. – K 22

Reissner (Reusner), Adam (II,1), geb. um 1500 in Mindelheim bei Augsburg, Schüler Reuchlins in Wittenberg, Geheimschreiber des Feldhauptmanns Georg von Frundsberg, später Privatgelehrter in Straßburg und Frankfurt/Main, Anhänger der spiritualistischen Richtung des Kaspar von Schwenckfeld, historischer Schriftsteller und Liederdichter; gest. 1582 (?) in Mindelheim. – T 275

Reuss, Eleonore Fürstin von, geb. Gräfin zu Stolberg-Wernigerode (V), geb. 1835 in Gedern (Hessen), lebte seit ihrer Heirat 1855 meist in Jänkendorf (Oberlausitz), später auf Schloß Ilsenburg (Harz); dort gest. 1903. – T 63

Riedel, Karl (V), geb. 1827 in Cronenberg bei Elberfeld (Rheinland), Kapellmeister in Leipzig, Gründer und Leiter des Riedelvereins zur Pflege alter und neuer Kirchenmusik; gest. 1888 in Leipzig. – T* 48

Riethmüller, Otto (VI,1), geb. 1889 in Stuttgart-Bad Cannstatt, 1919 Pfarrer in Esslingen/Neckar, seit 1928 Leiter des evangelischen Reichsverbandes weiblicher Jugend im Burckhardthaus in Berlin-Dahlem, Vorsitzender der Jugendkammer der Bekennenden Kirche; gest. 1938 in Berlin. Wegweisend wurde er als einfühlsamer Übersetzer lateinischer Hymnen und Bearbeiter der Lieder der → Böhmischen Brüder, vor allem als Herausgeber der Jugendgesangbücher »Ein neues Lied« und »Der helle Ton« seit 1932. –
T* 69, T* 104, T* 223, M* 243, T* 262/263, MT* 485

Riggenbach, Christoph Johannes (V), geb. 1818 in Basel, Pfarrer in Bennwil (Baselland), dann Theologieprofessor und Präsident der Missionsgesellschaft in Basel; dort gest. 1890. – (T) 301

Rinckart, Martin (III,1), geb. 1586 in Eilenburg bei Leipzig, Schüler des Thomaskantors → Calvisius in Leipzig, 1610 erst Kantor, dann Pfarrer in Eisleben, später Archidiakonus in seiner Vaterstadt während des Dreißigjährigen Krieges; gest. 1649 in Eilenburg. – TM 321 ist 1630 als Tischlied entstanden, bevor es 1648 zum großen Dank-Choral für den Friedensschluß wurde.

Ringwaldt, Bartholomäus (II,2), geb. 1530 in Frankfurt/Oder, Lehrer und Prediger, seit 1566 Pfarrer in Langenfeld (Neumark), Verfasser von Lehrgedichten und geistlichen

Schauspielen, Bußprediger und Eiferer für reine Lehre und strenge Zucht; gest. 1599 in Langenfeld. – T* 149, T 460

RIST, Johann (III,1), geb. 1607 in Ottensen bei Hamburg, Schüler von → Stegmann in Rinteln, Hauslehrer in Heide (Dithmarschen), 1635 Pfarrer in Wedel bei Hamburg; einer der fruchtbarsten und angesehensten Dichter der Zeit: gekrönter Poet, vom Kaiser geadelt, Gründer des Dichterbundes »Elbschwanorden«, in Verbindung mit den Musikern → Schop, Thomas Selle und Heinrich → Schütz; gest. 1667 in Wedel. – T 33, 61, 80 (Str. 2–5), 323, 475

RODE, Waldemar (VI,1), geb. 1903 in Hamburg, ab 1929 Pfarrer in Hamburg-Uhlenhorst; dort gest. 1960. – T 15

RODIGAST, Samuel (III,2), geb. 1649 in Gröben bei Jena, Magister an der Universität Jena, 1680 Konrektor, später Rektor des Gymnasiums zum Grauen Kloster in Berlin; gest. 1708 in Berlin. – T 372

ROHR, Heinrich (VI,2), geb. 1902 in Abtsteinach (Odenwald), Lehrer in Mainz, nach dem Musikstudium seit 1947 Diözesan-Kirchenmusikdirektor in Mainz und Leiter des Bischöflichen Instituts für katholische Kirchenmusik; lebt in Mainz. – M 17, 178.5–8

ROMMEL, Kurt (VI,2), geb. 1926 in Kirchheim/Teck, Pfarrer in Friedrichshafen/Bodensee, Jugendpfarrer in Stuttgart-Bad Cannstatt, wo viele Lieder für Gottesdienste in neuer Gestalt entstanden sind; Pfarrer in Schwenningen, bis 1992 Redakteur in Stuttgart; lebt in Weil der Stadt (Württemberg). – TM 57, TM 168, T 425 (Str. 2–3), T* 491

ROSTOCK (Rostkowski), Bernhard (III,2), geb. 1690 in Dreimühlen (Masuren), Lehrer in Lyck, Pfarrer in Dreimühlen; Übersetzer deutscher Kirchenlieder ins Masurische; gest. 1759 in Dreimühlen. – (T) 513

ROTHE, Johann Andreas (IV,1), geb. 1688 in Lissa bei Görlitz, Hauslehrer, 1722 durch → von Zinzendorf als Pfarrer nach Berthelsdorf berufen, wo er bei den Anfängen der Brüdergemeine in Herrnhut mitwirkte; 1737 Pfarrer in Hermsdorf bei Görlitz, später in Thommendorf bei Bunzlau; dort gest. 1758. – T 354

ROTHENBERG, Samuel (VI,1), geb. 1910 in Solingen-Gräfrath, 1939 Singpfarrer der Bekennenden Kirche in Brandenburg,

1946 Verlagsleiter im Evangelischen Jungmännerwerk, 1951 Pfarrer in Korbach/Waldeck; weitverbreitet sein Liederbuch »Das junge Lied«. – MS 380, MS 487

ROTHENBERG, Theophil (VI,2), geb. 1912 in Solingen-Gräfrath, seit 1936 Kantor in Berlin, Dozent an der Predigerschule Paulinum und Landessingwart. – S 54

RÜCKERT, Friedrich (V), geb. 1788 in Schweinfurt, Privatdozent in Jena, Redakteur in Stuttgart, 1826 Professor für orientalische Sprachen in Erlangen, später in Berlin; sprachgewandter Übersetzer und virtuoser Lyriker; gest. 1866 in Neuseß bei Coburg. – T 14

RUMPIUS, Daniel (II,2), geb. 1549, 1570 Pfarrer in Kreien (Mecklenburg), später in Marienfließ bei Pritzwalk; gest. um 1600. – (MT) 69 (Str. 2–4)

RUOPP, Johann Friedrich (III,2), geb. 1672 in Straßburg, Pfarrer in elsässischen Gemeinden, wegen seiner pietistischen Haltung 1705 ausgewiesen, dann Inspektor am Waisenhaus und Adjunkt an der theologischen Fakultät in Halle; dort gest. 1708. – T 390

RUPPEL, Paul Ernst (VI,2), geb. 1913 in Esslingen/Neckar, seit 1936 Kantor der reformierten Gemeinde Rheurdt und Singwart des freikirchlichen Christlichen Sängerbundes, Schriftleiter, Lektor und Komponist; lebt bei Neukirchen-Vluyn. – K 2, MK 132, T 236, M 260, M 291, K 310, K 338, K 339, K 456, MS 463, K 466, (MT) 499 (Str. 1–2)

RUTENBORN, Günter (VI,2), geb. 1912 in Dortmund, 1941 Pfarrer in Senzke (Westhavelland), dann in Potsdam und am französischen Dom in Berlin; gest. 1976 in Berlin. – T 284

RUTILIUS (Rüdel), Martin (II,2), geb. 1551 in Bad Salzelmen bei Schönebeck (Sachsen-Anhalt), Pfarrer in Teutleben, seit 1586 in Weimar; dort gest. 1618. – T 233

RUUTH, Anders (VI,2), geb. 1926 in Stockholm, Pfarrer in Argentinien, 1966 Professor für Praktische Theologie an der lutherischen Fakultät in Isedet bei Buenos Aires, 1970 Propst in Schweden, dann zweiter Direktor der schwedischen Lutherhilfe. – (T) M 171

SARTORIUS (Schneider), Joachim (II,2), geb. 1548 in Reibnitz bei Hirschberg (Schlesien), 1572 Kantor und Lehrer in

Schweidnitz (Schlesien), Verfasser eines deutschen Reimpsalters auf gebräuchliche Kirchenmelodien; gest. um 1600 in Schweidnitz. – T 293

SCHALLING, Martin (II,2), geb. 1532 in Straßburg, Schüler und Anhänger → Melanchthons, von → Jonas ordiniert, Pfarrer in Regensburg, Amberg und Vilseck, 1576 Hofprediger in Amberg und Generalsuperintendent der lutherischen Oberpfalz, 1585 Pfarrer in Nürnberg; dort gest. 1608. – T 397

SCHEFFLER, Johann (Johannes Angelus Silesius) (III,1), geb. 1624 in Breslau, nach medizinischen Studien in Straßburg, Leiden und Padua Leibarzt des Herzogs von Oels (Schlesien), trat 1653 zur römisch-katholischen Kirche über, wurde als Priester und Hofmarschall beim Fürstbischof von Breslau einer der Führer der Gegenreformation in Schlesien; durch seine Lyrik (»Heilige Seelen-Lust oder Geistliche Hirten-Lieder«) und Spruchdichtung (»Cherubinischer Wandersmann«) der bedeutendste Vertreter einer christlichen Mystik im 17. Jahrhundert, von prägendem Einfluß auf → Arnold, → Tersteegen und → von Zinzendorf; gest. 1677 in Breslau. – T 385 (ohne Str. 3), 400, 401 (ohne Str. 4), 411

SCHEIDT, Samuel (III,1), geb. 1587 in Halle, Hoforganist in seiner Heimatstadt; mit Heinrich → Schütz und → Schein gehört er zu den gefeiertsten Kirchenmusikern des 17. Jahrhunderts, stilbildend durch die »Tabulatura nova« ab 1624 mit Orgelvariationen zu Chorälen und durch das »Görlitzer Tabulaturbuch« 1650 als erstem Orgelbegleitbuch zum Gemeindegesang; gest. 1654 in Halle. – M* 131

SCHEIN, Johann Hermann (III,1), geb. 1586 in Grünhain bei Aue (Erzgebirge), nach dem Studium der Rechtswissenschaften Hauslehrer in Weißenfels, Hofkapellmeister in Weimar, 1616 Thomaskantor in Leipzig, Lehrer von → Albert, → Fleming und → Schirmer; ein herausragender Komponist der frühbarocken evangelischen Kirchenmusik, sein »Cantional« 1627 wurde Vorbild für viele lutherische Gesangbücher; gest. 1630 in Leipzig. – M* 92, M* 345, TM* 525

SCHENCK, Hartmann (III,1), geb. 1634 in Ruhla bei Eisenach, 1662 Pfarrer in Bibra bei Meiningen, später in Ostheim vor der Rhön; dort gest. 1681. – T 163

SCHIRMER, Michael (III,1), geb. 1606 in Leipzig, nach kurzer Tätigkeit als Pfarrer in Striegnitz 1636 Konrektor des Gymnasiums zum Grauen Kloster in Berlin; Freund → Gerhardts, gekrönter Dichter, wegen seiner schweren Krankheit »der deutsche Hiob« genannt; gest. 1673 in Berlin. – T 9, 130

SCHLENKER, Manfred (VI,2), geb. 1926 in Berlin, 1956 Domkantor in Stendal, 1975 Landeskirchenmusikdirektor und Leiter der Kirchenmusikschule in Greifswald; lebt in Stolpe bei Berlin. – M 94, M I 254, M I 360, M 426, 428

SCHMID, Christoph von (IV,2), geb. 1768 in Dinkelsbühl, katholischer Priester, Schulinspektor in Tannhausen, Pfarrer in Oberstadion bei Ulm, 1827 Domkapitular in Augsburg, bekannter religiöser Jugendschriftsteller; gest. 1854 in Augsburg. – T 43

SCHMID, Theo (VI,2), geb. 1892 in Hallau (Schweiz), Lehrer in Beringen bei Schaffhausen, dann in Zürich; Jugendsekretär des Blauen Kreuzes, 1943 Gemeindehelfer und Katechet in Zürich-Wiedikon, wirkte bei der Herausgabe von Kinder- und Jugendliederbüchern mit; gest. 1978 in Zürich. – T* 167

SCHMOLCK, Benjamin (IV,1), geb. 1672 in Brauchitschdorf (Schlesien), als Student gekrönter Dichter, seit 1702 Pfarrer an der Friedenskirche in Schweidnitz, einer der drei im Westfälischen Frieden den evangelischen Schlesiern zugestandenen Gottesdienststätten, in die Auseinandersetzungen der Gegenreformation verwickelt, zuletzt gelähmt und erblindet; bekannt als Erbauungsschriftsteller und fruchtbarer Liederdichter; gest. 1737 in Schweidnitz. – T 62, 135, 166, 206, 423

SCHNEEGASS, Cyriakus (II,2), geb. 1546 in Bufleben bei Gotha, Student in Jena bei → Selnecker, 1573 Pfarrer in Tambach und Friedrichroda (Thüringen); dort gest. 1597. – T 398

SCHNEIDER, Martin Gotthard (VI,2), geb. 1930 in Konstanz/Bodensee, Theologe und Kirchenmusiker, 1960 Religionslehrer und zugleich Bezirkskantor in Freiburg, bekannt durch seine prämierten Lieder bei den Preisausschreiben der Evangelischen Akademie Tutzing und durch verschiedene Liederbücher; seit 1975 Landeskantor für Südbaden, Dozent und Chorleiter in Freiburg. – TM 169, 334

SCHOLEFIELD, Clement Cotterill (V), geb. 1839 in Edgbaston bei Birmingham (England), Pfarrer in South Kensington, Seelsorger am Eton College, zuletzt in Knightsbridge; gest. 1904 in Godalming. – MS 266

SCHOP, Johann (III,1), geb. um 1590 in Niedersachsen, Mitglied der Hofkapelle in Kopenhagen, 1621 Leiter der Ratsmusik in Hamburg, berühmter Geigenvirtuose, befreundet mit Heinrich → Schütz, Thomas Selle und → Rist, dessen Gedichte er in großer Zahl vertonte; gest. 1667 in Hamburg. – (M) 33, M 61, 325, 475

SCHRÖDER, Johann Heinrich (III,2), geb. 1666 in Springe/Deister bei Hannover, Schüler August Hermann Franckes, ein leidenschaftlicher Prediger und Dichter des frühen Halleschen Pietismus, 1696 Pfarrer in Meseberg bei Magdeburg; dort gest. 1699. – T 373, 386

SCHRÖDER, Rudolf Alexander (VI,1), geb. 1878 in Bremen, Innenarchitekt und Maler, Lyriker und meisterlicher Übersetzer aus alten und neuen Sprachen; vor 1930 wandte er sich der geistlichen Dichtung zu, beschrieb wichtige Liederdichter des Barock und predigte in der Kriegszeit als Lektor in seinem Wohnort Bergen bei Traunstein (Oberbayern); gest. 1962 in Bad Wiessee. – T 184, 378, 487

SCHÜTZ (Sagittarius), Heinrich (III,1), geb. 1585 in Köstritz bei Gera, studierte Jura und ließ sich bei Giovanni Gabrieli in Venedig zum Musiker ausbilden, 1613 Hoforganist in Kassel, seit 1617 Hofkapellmeister in Dresden; mit doppelchörigen Psalmen, Motetten und geistlichen Konzerten, Historien und Passionen der größte Kirchenkomponist vor → Bach, für das Gesangbuch wichtig durch die Vertonung des Liedpsalters von → Becker; gest. 1672 in Dresden. – M 259, MS 276, MS 295, M 356, M 357, MS 461

SCHÜTZ, Johann Jakob (III,2), geb. 1640 in Frankfurt/Main, Rechtsanwalt und Reichsrat; 1670 veranlaßte er Spener zur Einrichtung der Erbauungsstunden (Collegia pietatis), trennte sich später von der lutherischen Kirche und unterstützte separatistische pietistische Gruppen wie den Quäker William Penn und sein Siedlungswerk in Nordamerika; gest. 1690 in Frankfurt/Main. – T 326

SCHULTE NORDHOLT, Jan Willem (VI,2), geb. 1920 in Zwolle, 1963 Lektor, 1966 Professor für amerikanische Geschichte und Kultur an der Universität Leiden, Lyriker und Essayist, Übersetzer altkirchlicher und mittelalterlicher Hymnen, wichtiger Vertreter des niederländischen neuen Bibelliedes. – (T) 20

SCHULZ, Johann Abraham Peter (IV,2), geb. 1747 in Lüneburg, Musiklehrer in Polen und in Berlin, Kapellmeister in Rheinsberg und in Kopenhagen, bekannt durch seine »Lieder im Volkston« seit 1782; gest. 1800 in Schwedt/Oder. – M 43, 482

SCHULZ, Karl Friedrich (V), geb. 1784 in Wittmannsdorf (Niederlausitz), Musiklehrer in Züllichau/Oder, dann Konrektor in Fürstenwalde; dort gest. 1850. – MS 333

SCHULZ, Otmar (VI,2), geb. 1938 in Brandenburg, Pfarrer der Evangelischen Kirche in Kurhessen-Waldeck, 1970 Studienleiter an der Evangelischen Akademie Arnoldshain, seit 1979 Direktor des Evangelischen Informationszentrums Kurhessen-Waldeck in Kassel. –
T* 19, TM 210, 267, T* 410

SCHULZ, Walter (VI,2), geb. 1925 in Burg Stargard (Mecklenburg), 1956 Landesjugendpastor für Mecklenburg in Schwerin, 1965 Pastor in Rerik, 1970 Rektor des Kirchlichen Oberseminars in Potsdam-Hermannswerder, 1975 Oberkirchenrat in Schwerin; lebt in Schwerin. – T* 269, TM 409, T 426, T* 431

SCHWARZ, Gerhard (VI,1), geb. 1902 in Reußendorf (Schlesien), Leiter der Kirchenmusikschule in Berlin-Spandau, nach 1945 in Schlesien, Berlin und Leipzig tätig, 1949 Leiter der Kirchenmusikschule in Düsseldorf, lebt in Herberhausen bei Göttingen. – M 51

SCHWARZ, Joachim (VI,2), geb. 1930 in Stolp (Pommern), Kantor und Organist, Dozent an der Fachschule Brüderhaus Rickling, seit 1978 bei der Arbeitsstelle für Gottesdienst und Kirchenmusik der Evangelisch-lutherischen Landeskirche Hannovers. – TK 175, M 228

SCHWARZBURG-RUDOLSTADT, Ämilie Juliane Gräfin zu, geb. Gräfin von Barby (III,2), geb. 1637 als Flüchtlingskind auf der Heidecksburg bei Rudolstadt, wo sie später als Fürstin gewirkt hat, die liederreichste unter den deutschen geistlichen Dichterinnen; gest. 1706 in Rudolstadt. – T 329, 530

SCHWEIZER, Rolf (VI,2), geb. 1936 in Emmendingen (Baden), Kantor in Mannheim, 1966 Bezirkskantor in Pforzheim und seit 1975 Landeskantor für den Bezirk Mittelbaden. – K 190.4, M 226, 285, 287, 416, 491

SCHWERIN, Otto von (III,1), geb. 1616 in Wietstock bei Ueckermünde, Jurastudent in Greifswald und Königsberg, Hofmeister der Kurfürstin Louise-Henriette von Brandenburg und Prinzenerzieher, 1637 nach seinem Übertritt zur reformierten Kirche Berater des Kurfürsten Friedrich Wilhelm in Berlin, holte 1666 die ersten Hugenotten nach Brandenburg; gest. 1679 in Berlin. – T 476?, 526

SCRIVER, Christian (III,2), geb. 1629 in Rendsburg (Holstein), Hauslehrer, Pfarrer in Stendal und Magdeburg, 1690 Oberhofprediger in Quedlinburg, berühmter Erbauungsschriftsteller und Wegbereiter des Pietismus; gest. 1693 in Quedlinburg. – T 479

SELNECKER, Nikolaus (II,2), geb. 1530 in Hersbruck bei Nürnberg, als Schüler Organist in Nürnberg, als Student bei → Melanchthon in Wittenberg, 1557 Hofprediger in Dresden; in den theologischen Parteikämpfen nach Melanchthons Tod wiederholt aus dem Amt gedrängt, wirkte er an einflußreichen Stellen – als Professor in Jena und Leipzig, als Generalsuperintendent von Braunschweig in Wolfenbüttel, als Superintendent in Leipzig und Hildesheim – für den Zusammenschluß der Lutheraner; er hat die Konkordienformel mitverfaßt und das geistliche Singen in Texten und Melodien gefördert; gest. 1592 in Leipzig. – T 157, 246 (Str. 2–7), M* 320

SENFL, Ludwig (II,1), geb. vor 1490 in Zürich, Schüler von → Isaac, Sänger und später Kammerorganist der kaiserlichen Hofkapelle in Augsburg, seit 1523 Leiter der Hofkantorei in München; er korrespondierte mit → Albrecht von Preußen und → Luther, berühmter Tonmeister seiner Zeit für kunstvolle Kirchen- und Schulmusik; gest. 1543 in München. – (M) 280

SERMISY, Claudin de (II,1), geb. um 1495 in Frankreich, Sängerknabe an der Sainte Chapelle in Paris, die er später als Geistlicher und Kapellmeister leitete, ein vielseitiger Komponist der Renaissance; gest. 1562 in Paris. – (M) 364

SERRANUS (Seeger), Johann Baptista (II,2), geb. 1540 in Lehrberg bei Ansbach (Franken), Student bei → Eber in Wittenberg, Kantor in Ansbach, später Pfarrer in Vincenzenbronn bei Fürth; dort gest. 1600. – M* 366

SEUFFERT, Josef (VI,2), geb. 1926 in Steinheim/Main, katholischer Theologe, 1967 Sekretär der Kommission für das katholische Einheitsgesangbuch »Gotteslob« 1975, danach Leiter des Seelsorgeamtes der Diözese Mainz. – MS 178.10

SIEMONEIT, Hans Rudolf (VI,2), geb. 1927 in Wesel (Niederrhein), Kantor in Langenfeld (Rheinland), 1956 Landesjugendsingwart der Evangelischen Landeskirche in Baden, Redakteur und Musikdozent, seit 1969 Kantor in Bünde (Westfalen) und Landessingwart in Westfalen; er pflegte improvisatorische und modern-rhythmische Formen des Singens. – M II 360

SILCHER, Friedrich (V), geb. 1789 in Schnait/Remstal (Württemberg), Schulgehilfe, Musiklehrer in Ludwigsburg, seit 1817 Universitätsmusikdirektor in Tübingen; als Musikerzieher der Theologiestudenten, als Leiter von Oratorienchor und Liedertafel, als Volksliedsammler und -komponist weithin geschätzt; gest. 1860 in Tübingen. – M 376

SLÜTER, Joachim (II,1), geb. um 1490 in Dömitz/Elbe (Mecklenburg), Kaplan und dann Reformator von Rostock; Herausgeber des ersten niederdeutschen Gesangbuchs von 1525; gest. 1532 in Rostock. – T 179 (Str. 4)

SOHREN, Peter (III,1), geb. um 1630 in Elbing bei Danzig, Kantor und später Lehrer am Gymnasium in Elbing, dann in Dirschau (Westpreußen) und wieder in Elbing; Herausgeber von Gesangbüchern, u. a. von → Crügers »Praxis pietatis melica« 1668; gest. um 1692 in Elbing. – M 329

SONNEMANN, Ernst (III,1), geb. 1630 in Ahlden bei Lüneburg, Konrektor in Celle und Bearbeiter des Lüneburger Gesangbuchs von 1661, im gleichen Jahr Pfarrer in Einbeck; dort gest. 1670. – T* 122

SPANGENBERG, Cyriakus (II,2), geb. 1528 in Nordhausen (Harz), als Student Hausgenosse → Luthers in Wittenberg, Pfarrer in Eisleben, 1559 Generaldekan der Grafschaft Mansfeld; in den dogmatischen Auseinandersetzungen 1575 als radikaler Lutheraner vertrieben und verfolgt, zeitweilig Pfarrer in Schlitz (Oberhessen) und Vacha/Werra; gest. 1604 in Straßburg. Aus seiner umfangreichen Schriftstellerei sind sein »Christlichs Gesangbüchlein« 1568 und erstmals eine große Zahl von Liedpredigten »Cithara Lutheri« 1569/70 bemerkenswert. – T 100 (Str. 2–5), M* 469

SPEE, Friedrich (von Langenfeld) (III,1), geb. 1591 in Kaiserswerth bei Düsseldorf, Jesuit, Seelsorger und Prediger, seit 1623 Professor für katholische Moraltheologie in Paderborn, Köln und Trier; mutig bekämpfte er das Unwesen der Hexenprozesse, seine geistlichen Lieder haben die Barockliteratur nachhaltig beeinflußt; gest. 1635 in Trier. – T 7 (Str. 1–6), 32, 80 (Str. 1), 110

SPERATUS, Paul (II,1), geb. 1484 in Rötlen bei Ellwangen, Priester in Dinkelsbühl und Würzburg, als Anhänger → Luthers Prediger in Österreich und Ungarn, 1522 Pfarrer in Iglau (Mähren), in Olmütz als Ketzer zum Feuertod verurteilt, aber begnadigt; über Wittenberg, wo er sich an den ersten reformatorischen Liedsammlungen beteiligte, 1524 als Reformator und Hofprediger von → Albrecht von Preußen nach Königsberg berufen, 1530 erster lutherischer Bischof von Pomesanien in Marienwerder (Westpreußen); dort gest. 1551. – T 342

SPITTA, Friedrich (Adolf Wilhelm) (V), geb. 1852 in Wittingen (Niedersachsen), Sohn von Philipp → Spitta, Konviktsinspektor in Halle, Pfarrer in Oberkassel und Privatdozent in Bonn, 1887 Professor der Theologie in Straßburg und 1919 in Göttingen, bedeutender Liturgiker und Hymnologe, Bearbeiter des bahnbrechenden elsässischen Gesangbuchs von 1899; gest. 1924 in Göttingen. – T* 222, 242, T 259

SPITTA, (Karl Johann) Philipp (V), geb. 1801 in Hannover, aus einer Hugenottenfamilie stammend, zunächst Uhrmacher, dann Theologe, Hauslehrer in Lüne bei Lüneburg, Pfarrer in niedersächsischen Gemeinden, dann Superintendent in Wittingen bei Uelzen, in Peine und zuletzt in Burgdorf; dort gest. 1859. Seine doppelte Liedersammlung »Psalter und Harfe« 1833 und 1843 ist der lutherischen Erweckungsbewegung verpflichtet. – T 136, 137, 358, 374, 406, 510

STAPFER, Johannes (IV,2), geb. 1719 in Münsingen (Bernerland), Pfarrer in Aarburg, seit 1756 Professor in Bern, Textbearbeiter des Berner Psalmliederbuchs von 1775; gest. 1801 in Bern. – T 290 (Str. 1.3.4.6)

STEGMANN, Josua (III,1), geb. 1588 in Sülzfeld bei Meiningen, Superintendent der Grafschaft Schaumburg und Lehrer am Gymnasium in Stadthagen, 1621 Professor der Theologie in Rinteln/Weser, durch die Gegenreformation schwer bedrängt; gest. 1632 in Rinteln. – T 347

STEIN, Paulus (VI,2), geb. 1931 in Dresden, 1960 Jugendpfarrer in Mannheim, danach Dekan in Karlsruhe. – T 287 (Str. 2–4), 499 (Str. 3)

STERN, Hermann (VI,2), geb. 1912 in Abetifi (Ghana/Afrika), Lehrer, Kirchenmusiker in Ebingen (Württemberg), seit 1939 zuerst Landesjugendsingwart, dann Obmann des Verbandes evangelischer Kirchenchöre in Württemberg; Herausgeber praxisorientierter Bläser-, Chor- und Singbücher; gest. 1978 in Hohengehren bei Esslingen/Neckar. – K 174

STEURLEIN, Johann (II,2), geb. 1546 in Schmalkalden, Stadtschreiber in Wasungen/Werra, später Kanzleisekretär und schließlich Bürgermeister in Meiningen, gekrönter Dichter und komponierender Organist; gest. 1613 in Meiningen. – MT? 59 (Str. 3–6), M 501

STIER, Alfred (VI,1), geb. 1880 in Greiz (Thüringen), 1904 Kantor in Limbach (Sachsen) und 1911 in Dresden, 1933 Landeskirchenmusikdirektor von Sachsen, 1947 Landessingwart von Sachsen-Anhalt in Ilsenburg (Harz), trug durch die Singwochenarbeit, durch Schriften und Liedsätze wesentlich zur Erneuerung der Kirchenmusik bei; gest. 1967 in Ilsenburg. – K 261

STOBÄUS, Johann (III,1), geb. 1580 in Graudenz (Westpreußen), Schüler von → Eccard, Sänger, 1603 Domkantor und 1626 Hofkapellmeister in Königsberg (Ostpreußen); dort gest. 1646. – M 346

STOLZHAGEN, Kaspar (II,2), geb. 1550 in Bernau bei Berlin, 1574 Rektor am Gymnasium in Stendal, dann dort Pfarrer, 1587 Superintendent der deutschen Gemeinde in Iglau (Mähren), Gründer einer Druckerei zur Verbreitung des evangelischen Schrifttums; gest. 1594 in Iglau. – T 109

STONE, Samuel John (V), geb. 1839 in Whitmore (England), anglikanischer Theologe, Hilfsgeistlicher in Windsor, 1874 Pfarrer in Haggerston und 1890 Rektor in London; mit einem Liederzyklus legte er das Apostolische Glaubensbekenntnis aus; gest. 1900 in London. – (T) 264

STÖTZEL, Johann Georg (IV,1), geb. 1711 in Mihla bei Eisenach, 1736 Lehrer und später Hofkantor in Stuttgart, gab 1744 eine Neuauflage des Choralbuchs von Johann Georg Christian Störl heraus; gest. zwischen 1793 und 1799. – M* 12

STRATTNER, Georg Christoph (III,2), geb. um 1645 in Gols am Neusiedler See (Ungarn), Kapellmeister in Durlach (Baden), 1682 zur Zeit Philipp Jakob Speners Kirchenmusiker in Frankfurt/Main, 1694 Sänger und Vizekapellmeister in Weimar, gab den Liedern → Neanders neue Melodien; gest. 1704 in Weimar. – M 504

STRAUSS UND TORNEY, Viktor Friedrich von (V), geb. 1809 in Bückeburg, Jurist, Schriftsteller und vielseitiger Gelehrter, 1848 Abgeordneter der Nationalversammlung in Frankfurt, lebte seit 1872 als Religionswissenschaftler und Sprachforscher in Dresden; dort gest. 1899. – T 238

SUDERMANN, Daniel (III,1), geb. 1550 in Lüttich, Hofmeister in verschiedenen Adelshäusern, seit 1585 Erzieher der im »Brüderhof« zu Straßburg wohnenden Studenten, Anhänger Kaspar von Schwenckfelds und Verehrer der alten Mystiker, deren Schriften er bearbeitet herausgab; gest. nach 1631 in Straßburg. – T* 8

SUTTER, Ignace (August Hendrik) de (VI,2), geb. 1911 in Gent (Ostflandern), römisch-katholischer Priester, seit 1969 Dozent an der Kirchenmusikschule in Löwen, Förderer des Kirchenlieds im volkssprachig flämischen Gottesdienst; gest. 1988 in Belsele (Flandern). – M 97

SZTÁRAI, Mihály (II,1), ursprünglich Franziskanermönch und Student in Padua; für die Reformation gewonnen, gründete er viele evangelische Gemeinden im südlichen Ungarn, verfaßte zahlreiche Liedtexte und wahrscheinlich auch die Melodien; gest. um 1575. – (T) 284

TAIZÉ → Berthier

TELEMANN, Georg Philipp (IV,1), geb. 1681 in Magdeburg, Organist in Leipzig, Kapellmeister in Sorau und Eisenach, 1712 städtischer Musikdirektor in Frankfurt/Main, 1721 Musikdirektor an den fünf Hauptkirchen Hamburgs; mit Opern und Festmusiken, Passionen und Kantatenjahrgängen ein überaus schöpferischer Komponist, zu seinen Lebzeiten berühmter als → Bach und → Händel; gest. 1767 in Hamburg. – K 335, M* 361, M* 479

TERSTEEGEN, Gerhard (IV,1), geb. 1697 in Moers (Niederrhein), erst Kaufmann in Mülheim/Ruhr, dann Bandwirker, um abgeschieden leben zu können; seit 1727 hielt er Erweckungsversammlungen und häusliche Erbauungsstunden, ein Seelsorger in Gesprächen, Briefen und Schriften, ein hochgebildeter Laientheologe und tiefgründiger Mystiker des reformierten Pietismus; seine Lieder in »Geistliches Blumengärtlein inniger Seelen« ab 1729 besingen die pilgernde Gemeinschaft der Gläubigen und die kindlich vertrauende Anbetung Gottes; gest. 1769 in Mülheim/Ruhr. – T 41, 140, 165, 252, 392, 393, TM* 480, T 481

TESCHNER, Melchior (II,2), geb. 1584 in Fraustadt (Schlesien, damals zu Polen gehörig), Schüler von → Gesius in Frankfurt/Oder, 1609 Kantor in Fraustadt an der Kirche von → Herberger, seit 1614 Pfarrer im benachbarten Oberpritschen; dort gest. 1635. – M 523

THATE, Albert (VI,1), geb. 1903 in Düren (Rheinland), 1932 Kirchenmusiker in Düsseldorf und seit 1949 Dozent an der Kirchenmusikschule der Evangelischen Kirche im Rheinland in Düsseldorf; dort gest. 1982. – K 483

THEBESIUS, Adam (III,1), geb. 1596 in Seifersdorf bei Liegnitz (Schlesien), gekrönter Dichter und Pfarrer in den schlesischen Gemeinden Mondschütz, Wohlau und 1639 in Liegnitz; dort gest. 1652. – T 87

THILO (Thiel), Valentin (III,1), geb. 1607 in Königsberg, dort ab 1634 Professor der Beredsamkeit und Mitglied des Dichterkreises um Simon Dach; gest. 1662 in Königsberg. – T 10 (Str. 1–3)

THOMAS von Aquin (I,2), geb. um 1225 in Roccasecca bei Aquino (Unteritalien), im Benediktinerkloster Monte Cassino erzogen, 1244 Dominikanermönch, studierte und lehrte in Paris, Köln, Rom und Neapel; der überragende Philosoph und Theologe des Hochmittelalters, zu den vier »Lehrern der Kirche« gerechnet; er hat die poetischen Teile zur Liturgie des 1264 eingeführten Fronleichnamfestes verfaßt; gest. 1274 in Fossanuova auf dem Weg zum Konzil von Lyon. – (T) 223

THURMAIR, Georg (VI,2), geb. 1909 in München, Redakteur verschiedener katholischer Zeitungen und Schriftsteller, Mitherausgeber geistlicher Liederbücher; gest. 1984 in München. – T 265

THURMAIR (-Mumelter), Maria Luise (VI,2), geb. 1912 in Bozen (Südtirol), mit Georg → Thurmair verheiratet; Verfasserin von Erzählungen, Laienspielen und vielen Kirchenliedern, die in das katholische Gesangbuch »Gotteslob« 1975 aufgenommen wurden; lebt in München. – T 178.6–8, 227

TOLLMANN, Gottfried (IV,1), geb. 1680 in Lauban (Schlesien), seit 1711 Pfarrer in Leuba bei Görlitz, wo er 1720 ein von ihm zusammengestelltes Gesangbuch einführte; gest. 1766 in Leuba. – T 505

TRAUTWEIN, Dieter (VI,2), geb. 1928 in Holzhausen (Hessen), Pfarrer in verschiedenen hessischen Gemeinden, 1963 Stadtjugendpfarrer und 1970 bis 1988 Propst in Frankfurt/Main; um neuzeitliche Aussage und weltweit ökumenischen Austausch in Liedern und Gottesdienstformen bemüht. – TM 56, T* 96, TM 170, T* 268, T 278, M 315, T 417 (Str. 2), T* 427

TRILLER, Valentin (II,1), geb. um 1493 in Guhrau (Schlesien), Pfarrer in Oberpantenau bei Nimptsch (Schlesien); dort gest. 1573. In sein »Schlesisch Singebüchlein« Breslau 1555 nahm er neben eigenen Texten auch mittelalterliches Liedgut auf. – (M) 29, TM* 167 (Str. 1)

ULICH, Johann (III,1), geb. 1634 in Leipzig, Thomasschüler, Organist in Torgau, seit 1660 Kantor der Stadtkirche in Wittenberg; dort gest. 1712. – M 402

UTECH, George (VI,2), geb. 1931 in Le Mars (Iowa/USA), 1961 Pfarrer am Texas Lutheran College, lebt in Pittsford (New York), Mitarbeiter am »Lutheran Book of Worship« 1978. – (T) 431

VALENTIN, Gerhard (VI,2), geb. 1919 in Berlin; Lehrer und Schauspieler in Berlin, 1967 Referent für musisch-kulturelle Bildungsarbeit im Landesjugendpfarramt der Evangelischen Kirche im Rheinland in Düsseldorf, 1975 in Westfalen; gest. 1975 in Hemer-Deilinghofen. – T* 266, T 277 (Str. 2–5)

VAUGHAN WILLIAMS, Ralph (VI,1), geb. 1872 in Down Ampney (England), Musikstudium in Cambridge, Organist in London, Dozent für Komposition in Oxford und seit 1919 in London, Sammler und Herausgeber englischer Volkslieder und Kirchenlieder, etwa in »The English Hymnal« 1906; gest. 1958 in London. – M* 55, M 154

VEIGEL, Gotthold (VI,1), geb. 1913 in Heilbronn (Württemberg), Pfarrer in Halle, in Floh bei Schmalkalden und 1955 in Speele bei Hannoversch-Münden; lebt in Marburg. – M 224

VETTER, Georg (II,1), geb. 1536 in Hohenstadt (Mähren), Schulleiter und Prediger in Jungbunzlau, später in Mährisch Weißkirchen; für die reformierten Gemeinden übersetzte er den → Genfer Psalter ins Tschechische; 1591 Konsenior der Böhmisch-Mährischen Brüder-Unität in Selowitz; dort gest. 1599. – T 108

VISCHER, Wilhelm (VI,1), geb. 1895 in Basel, reformierter Pfarrer in Tenniken (Baselland), Dozent an der Kirchlichen Hochschule in Bethel, Pfarrer in Lugano, Privatdozent in Basel, zuletzt Professor für Altes Testament in Montpellier (Südfrankreich); dort gest. 1988. – T 271

VOGEL, Heinrich (VI,1), geb. 1902 in Pröttlin (Westpriegnitz), Pfarrer, 1935 Dozent an der Hochschule der Bekennenden Kirche in Berlin, im Kirchenkampf mehrfach in Haft, 1946 Professor für systematische Theologie in Berlin; Verfasser zahlreicher Kirchen- und Psalmlieder; dort gest. 1989. – T 292

VULPIUS (Fuchs), Melchior (II,2), geb. um 1570 in Wasungen (Thüringen), Lehrer und Kantor in Schleusingen, 1596 Stadtkantor in Weimar; dort gest. 1615. Verbreitet sind seine Vertonungen der sonntäglichen Evangeliensprüche und eine Reihe qualitätsvoller, musikantischer Melodien und Chorsätze aus »Kirchen-Gesäng und geistliche Lieder« 1604/1609. – K 31, M* 59, M 88, MS 103, M 293, MS 437, M 438, MS 467, T*M 516

WADE, John Francis (IV,2), geb. 1711, Lateinlehrer am englischen katholischen College in Douai (Frankreich), Musikkopist, lebte zuletzt in Lancashire (England); dort gest. 1786. – (T) 45

WALTER, Johann (II,1), geb. 1496 in Großpürschütz bei Kahla (Thüringen), Sänger und dann Leiter der kursächsischen Hofkapelle, seit 1526 Stadtkantor in Torgau, 1548 Hofkapellmeister in Dresden, dann wieder in Torgau; dort gest. 1570. Das »Geistliche Gesang-Buchlein« mit seinen kunstvollen Liedsätzen, von 1524 an immer wieder aufgelegt, wurde das erste evangelische Chorgesangbuch; seit 1525 hat er → Luther bei der musikalischen Gestaltung der »Deutschen Messe« beraten; durch Komposition wie durch Organisation der Kantoreien der »Urkantor« der lutherischen Kirche. – TM 145, T 148 (Str. 1–8), T 195, M 196, 274, 440, M* 518

WALZ, Friedrich (VI,2), geb. 1932 in Schillingsfürst (Mittelfranken), 1963 Pfarrer und Mitarbeiter des Jugendgottesdienst-Teams in Nürnberg, 1973 Studentenpfarrer in Erlangen, zuletzt kirchlicher Beauftragter für Hörfunk und Fernsehen; gest. 1984 in Schillingsfürst. – TM 18, T 95, 225

WEGELIN, Josua (III,1), geb. 1604 in Augsburg, Pfarrer in Budweiler und 1627 in Augsburg, durch Krieg und Gegenreformation mehrmals vertrieben, 1635 Pfarrer und Schulinspektor in Preßburg (damals Ungarn); dort gest. 1640. – (T) 122

WEISS, Christa, geb. Werner (VI,2), geb. 1925 in Essen-Werden, Lehrerin und Verlagsmitarbeiterin, 1962 Dozentin für Literatur und Pädagogik an der Evangelischen Landjugendakademie in Altenkirchen (Westerwald), seit 1971 Schriftstellerin und Verlagsmitarbeiterin in Gelnhausen und Wuppertal. – T 360, 491

WEISS, Ewald (VI,2), geb. 1906 in Wolhynien, 1948 Dozent an der Evangelischen Kirchenmusikschule Erlangen/Bayreuth, seit 1972 in Nürnberg. – M 178.13, 190.3

WEISSE, Michael (II,1), geb. um 1488 in Neiße (Schlesien), Student in Krakau, Franziskanermönch in Breslau, schloß sich 1518 den Böhmischen Brüdern an, 1522 Vorsteher der Brüdergemeine in Landskron (Böhmen) und Fulnek (Mähren), für die er fünfmal zu → Luther reiste; 1531 Pfarrer der deutschen Brüdergemeine in Landskron und Fulnek; gest. 1534 in Landskron. 1531 gab er das erste deutsche Gesangbuch der → Böhmischen Brüder heraus, mit 157 Liedern das umfangreichste der Reformation; es enthält teils Übertragungen aus dem Tschechischen und Lateinischen, teils originale Dichtungen Weißes und den mittelalterlichen Melodienreichtum in Hymnen, Wechselgesängen und geistlichen Volksliedern. – T* 68, 77, T 103, 104, 144, 318, 438, 439, (T) 520

WEISSEL, Georg (III,1), geb. 1590 in Domnau (Ostpreußen), Rektor in Friedland (Ostpreußen), seit 1623 Pfarrer in Königsberg und Mitglied des Dichterkreises um Simon Dach; dort gest. 1635. – T 1, (T) 113, T 346

WELING, Anna Thekla von (V), geb. 1837 in Neuwied/Rhein, seit 1886 in Blankenburg (Thüringen) evangelistisch tätig, Gründerin und Leiterin des Evangelischen Allianzhauses in Blankenburg; dort gest. 1900. – T* 264

WERNER, Fritz (VI,1), geb. 1898 in Berlin, 1924 Kirchenmusiker in Babelsberg und Potsdam, 1946 Chorleiter und 1954 Professor in Heilbronn/Neckar (Württemberg); dort gest. 1977. – M 457, 486

WERNER, Georg (III,1), geb. 1589 in Preußisch-Holland (Ostpreußen), Lehrer, dann Rektor, seit 1621 Pfarrer in Königsberg und dem Dichterkreis um Simon Dach verbunden; gest. 1643 in Königsberg. – T 129

WERNER, Theodor (VI,2), geb. 1892 in Homberg bei Kassel, Pfarrer in Hermannsburg und Schwerin (Mecklenburg), 1946 Landessuperintendent in Schwerin, 1953 Pfarrer in Moringen (Niedersachsen), Mitarbeiter am Evangelischen Kirchengesangbuch 1950; gest. 1973 in Celle. – T* 488

WESLEY, Samuel Sebastian (V), Enkel des großen methodistischen Liederdichters Charles Wesley (1707–1788), geb. 1810 in London, Chorknabe der Chapel Royal, ab 1826 Organist an verschiedenen Kirchen, zuletzt 1865 in Gloucester; dort gest. 1876. – M 264

WESSNITZER, Wolfgang (III,1), geb. 1629, Organist in Hamburg und seit 1658 in Celle, musikalischer Bearbeiter der Celle-Lüneburgischen Gesangbücher zwischen 1661 und 1696; gest. 1697 in Celle. – M 86

WIDESTRAND, Olle (VI,2), geb. 1932, Kirchenmusiker, Pädagoge und Tonsetzer in Jönköping (Schweden). – M 268

WIESE, Götz (VI,2), geb. 1928 in Celle (Niedersachsen), Kantor in Hermannsburg und Loccum, 1959 Kantor in Northeim und Landeskirchenmusikwart der Evangelisch-lutherischen Landeskirche Hannovers, 1969 bis 1991 Landeskirchenmusikdirektor, lebt in Celle. – M 95, 177.3

WILHELM II., Herzog von Sachsen-Weimar (III,1), geb. 1598 in Altenburg, im Dreißigjährigen Krieg schwedischer Statthalter in Thüringen und seit 1625 Regent; 1651 Oberhaupt des Dichterbundes »Fruchtbringende Gesellschaft«, → Neumark wurde sein Bibliothekar; gest. 1662 in Weimar. – T 155? (Str. 1–3)

WINER, Johann Georg (III,1), geb. 1583 in Walldorf bei Meiningen, seit 1607 Pfarrer in mehreren Gemeinden Thüringens, 1639 in Heinrichs bei Suhl; dort gest. 1651. – M 230

WIPO (Wigbert) von Burgund (I,2), geb. um 995 wahrscheinlich in Solothurn, Hofkaplan der Kaiser Konrad II. und Heinrich III., Einsiedler im Böhmerwald, Geschichtsschreiber und Dichter; gest. nach 1048. – (T) 101

WIT, Jan (VI,2), geb. 1914 in Nijmegen (Niederlande), 1948 Pfarrer in Nijmegen, 1971 Dozent für Hymnologie an der Universität Groningen, Mitarbeiter am »Liedboek voor de Kerken« 1973; gest. 1980 in Groningen. – (T) 199

WITT, Christian Friedrich (IV,1), geb. um 1660 in Altenburg, ausgebildet in Nürnberg, Salzburg und Wien, um 1685 Organist und zuletzt Hofkapellmeister in Gotha; dort gest. 1716. – M 135

WITTENBERG 1524 (II,1) – Das »Geistliche Gesang-Buchlein« von → Walter, ein in Stimmbüchern gedrucktes Chorgesangbuch mit → Luthers erster Vorrede, der früheste unter den Wittenberger Lieddrucken und für einige Melodien in dieser Form die älteste Quelle. – M* 23, 124, 138, 183, 214

WITTENBERG 1529 (II,1) – »Geistliche Lieder aufs neu gebessert zu Wittenberg«, das grundlegende und epochemachende erste Gemeindegesangbuch → Luthers, für das er seine zweite Vorrede schrieb, gedruckt bei Joseph Klug. – M* 35, 99, M 297, M* 343

WOODWARD, George Ratcliffe (VI,1), geb. 1848 in Birkenhead (England), anglikanischer Geistlicher in Pimlico, Lower Walsingham und London; Übersetzer und Herausgeber zahlreicher Sammlungen mit Liedern aus dem Griechischen, Lateinischen und Deutschen; gest. 1934 in Highgate. – (T) 117

ZAHN, Johannes (V), geb. 1817 in Eschenbach/Pegnitz bei Nürnberg, Hauslehrer, seit 1847 Lehrer und Rektor des Lehrerseminars in Altdorf; er setzte sich für die Wiedergewinnung der reformatorischen Melodien ein und gab von 1889 an das historische Sammelwerk von 8806 Melodien des deutschen evangelischen Kirchengesangs heraus; gest. 1895 in Neuendettelsau. – M 14

ZENETTI, Lothar (VI,2), geb. 1926 in Frankfurt/Main, nach der Priesterweihe 1952 Kaplan an mehreren Orten, 1962 Stadtjugendpfarrer in Frankfurt, dann Gemeindepfarrer und Dekan, seit 1982 katholischer Beauftragter für den Hörfunk beim Hessischen Rundfunk; Autor zahlreicher Bücher und Liedtexte. – T 226, T* 382

ZESEN, Philipp von (III,1), geb. 1619 in Prirau bei Dessau, lebte seit 1641 als freier Schriftsteller meist in Holland und Hamburg, wo er 1643 die »Deutschgesinnte Genossenschaft« als Sprachgesellschaft gründete; 1653 geadelt, ein namhafter Barockdichter in allen Gattungen; gest. 1689 in Hamburg. – T 444

Zils, Diethard (VI,2), geb. 1935 in Bottrop (Westfalen), Dominikanermönch und Priester, seit 1965 Referent für Liturgie und Jugendseelsorge in Düsseldorf, Redakteur und Herausgeber von Werkbüchern. – T* 311, T 429

Zinzendorf, Nikolaus Ludwig Graf von (IV,1), geb. 1700 in Dresden, Schüler des Franckeschen Pädagogiums in Halle, 1721 Hof- und Justizrat in Dresden; er nahm die um ihres Glaubens willen vertriebenen Mährischen Brüder in seinem Gut Berthelsdorf auf und gründete 1727 die Herrnhuter Brüdergemeine, trat in den geistlichen Stand und wurde ab 1737 ihr erster Bischof; 1736 aus Sachsen verwiesen, verlegte er seine Gemeindearbeit in die Wetterau mit der Ronneburg, Schloß Marienborn und Herrenhaag; nachdem er im Baltikum, in Westindien und Nordamerika missionarisch unter Heiden und ökumenisch unter Christen tätig war, lebte er in London und seit 1756 wieder in Herrnhut; dort gest. 1760. Mit seinen »Singstunden«, den Liturgien und Litaneien, mit seinen überquellenden Gesangbuchausgaben und den 2000 oft improvisierten und sprachlich bizarren Liedern hat er das geistliche Singen als emotionale und gemeinschaftbildende Glaubensäußerung verstanden; Christian → Gregor hat die Lieder zum Gebrauch im Gottesdienst zusammengestellt und bearbeitet. – T 198 (Str. 1), (T) 251, 254, 350, 391

Zipp, Friedrich (VI,2), geb. 1914 in Frankfurt/Main, dort Kirchenmusiker, 1947 Dozent für Tonsatz an der Musikhochschule, seit 1977 in Freiburg, Komponist und Musikschriftsteller. – M 424

Zöbeley, Rudolf (VI,1), geb. 1901 in Mannheim-Rheinau, seit 1934 Pfarrer in Baiertal bei Heidelberg und Eppingen (Baden), 1958 Religionslehrer in Mannheim; gest. 1991 in München. – M 452

Zollikofer, Georg Joachim (IV,2), geb. 1730 in St. Gallen (Schweiz), Pfarrer in Murten (Kanton Fribourg) und seit 1758 an der reformierten Gemeinde in Leipzig; er gab 1766 sein rationalistisch geprägtes Gesangbuch mit veränderten alten Kernliedern und eigenen aufklärerischen Dichtungen heraus; gest. 1788 in Leipzig. – T 414

ZWICK, Johannes (II,1), geb. um 1496 in Konstanz, nach dem Jurastudium Rechtsgelehrter in Basel, 1522 Pfarrer in Riedlingen/Donau, wegen seiner evangelischen Gesinnung vertrieben; 1525 Pfarrer in Konstanz, wo er zusammen mit den Brüdern → Blarer die Reformation durchführte und für den Jugendunterricht Glaubensauslegungen, Lieder und Gebete verfaßte; durch das erste Konstanzer Gesangbuch 1533/34, vor allem durch das »Neu Gsangbüchle« Zürich 1540 mit seiner Vorrede wurde er ein Bahnbrecher des Kirchengesangs im oberdeutsch-schweizerischen Raum; gest. 1542 in Bischofszell (Thurgau) an der Pest. – T 440, 441

ZWINGLI, Huldrych (Ulrich) (II,1), geb. 1484 in Wildhaus (Kanton St. Gallen), Pfarrer in Glarus und Feldprediger der Eidgenossen in Italien, Leutpriester in Einsiedeln, seit 1519 am Großmünster in Zürich, wo er die Reformation durchführte; obwohl er den evangelischen Gemeindegesang nicht förderte, hinterließ er einige bedeutende geistliche Dichtungen und Kompositionen; gefallen 1531 in der Schlacht bei Kappel. – TM 242

Dies Verzeichnis enthält alle Lieder und Gesänge dieses Gesangbuchs, die von der Arbeitsgemeinschaft für Ökumenisches Liedgut (AÖL) bearbeitet worden sind (sog. ö-Lieder).
Die in der Liste mit ö gekennzeichneten Lieder stimmen in Text- und Melodiegestalt mit der von der AÖL erarbeiteten Fassung völlig überein.
Ein eingeklammertes ö weist darauf hin, daß (meist geringfügige) Abweichungen von dieser Fassung bestehen, z.B. in der Auswahl der Strophen.
Wenn in einem Lied nur einzelne ö-Strophen enthalten sind, werden diese in Spalte 1 genannt, außerdem wird darauf hingewiesen, ob die Melodie (M) abweicht.
Ist bei einem Lied eine GL-Nummer vermerkt (Spalte 2), so findet sich dieses Lied auch im katholischen Gebet- und Gesangbuch »Gotteslob« (GL).
Betrifft dies nur einzelne Strophen, so werden diese in Spalte 3 genannt. Auf abweichende Strophenzählung wird hingewiesen (EG=GL).

			1	2	3
	EG			GL	
ö	311	Abraham, Abraham, verlaß dein Land			
(ö)	347	Ach bleib mit deiner Gnade	1–4,6		
ö	528	Ach wie flüchtig, ach wie nichtig		657	
ö	440	All Morgen ist ganz frisch und neu		666	
(ö)	179	Allein Gott in der Höh sei Ehr	1–3	457	1–3
(ö)	345	Auf meinen lieben Gott	1		
ö	443	Aus meines Herzens Grunde		669	1,2,6=3
(ö)	299	Aus tiefer Not schrei ich zu dir	2,5		
ö	175	Ausgang und Eingang (Kanon)			
ö	361	Befiehl du deine Wege			

			1	2	3
ö	786.5	Bevor des Tages Licht vergeht		696	
	491	Bevor die Sonne sinkt	and.M.	702	
ö	329	Bis hierher hat mich Gott gebracht			
ö	418	Brich dem Hungrigen dein Brot		618	
ö	140	Brunn alles Heils			
(ö)	120	Christ fuhr gen Himmel	2	228	2
(ö)	99	Christ ist erstanden	1	213	1
(ö)	190.2	Christe, du Lamm Gottes	M.Abw.	482	
ö	516	Christus, der ist mein Leben		662	
	77	Christus, der uns selig macht	8, M. Abw.	181	
ö	227	Dank sei dir, Vater, für das ewge Leben		634	
ö	336	Danket, danket dem Herrn (Kanon)		283	
ö	301	Danket Gott, denn er ist gut		227	
(ö)	285	Das ist ein köstlich Ding	1–2	271	1–2
	94	Das Kreuz ist aufgerichtet	and.M.		
ö	178.7	Der am Kreuze starb			
ö	64	Der du die Zeit in Händen hast		157	
ö	49	Der Heiland ist geboren			
ö	482	Der Mond ist aufgegangen			
ö	457	Der Tag ist seiner Höhe nah			
ö	110	Die ganze Welt, Herr Jesu Christ		219	
ö	444	Die güldene Sonne bringt Leben und Wonne			
ö	449	Die güldne Sonne voll Freud und Wonne			
(ö)	437	Die helle Sonn leucht' jetzt herfür	3		
ö	16	Die Nacht ist vorgedrungen		111	
ö	435	Dona nobis pacem (Kanon)			
ö	168	Du hast uns, Herr, gerufen		505,514	
ö	441	Du höchstes Licht, du ewger Schein		557	1–3, 7–8 = 4–5
	50	Du Kind, zu dieser heilgen Zeit	and.M.		
(ö)	302	Du meine Seele, singe	1,2,4,8		

			1	2	3
	75	Ehre sei dir, Christe	M.Abw.		
ö	26	Ehre sei Gott in der Höhe (Kanon)			
ö	2	Er ist die rechte Freudensonn (Kanon)			
(ö)	452	Er weckt mich alle Morgen	1–3,5		
(ö)	499	Erd und Himmel sollen singen	1–2		
(ö)	281	Erhebet er sich, unser Gott	3		
ö	106	Erschienen ist der herrlich Tag		225	
ö	105	Erstanden ist der heilig Christ			
(ö)	30	Es ist ein Ros entsprungen	1,3	132	1,3
ö	8	Es kommt ein Schiff, geladen		114	1–6
(ö)	47	Freu dich, Erd und Sternenzelt	1		
ö	510	Freuet euch der schönen Erde			
ö	239	Freuet euch im Herren allewege			
(ö)	36	Fröhlich soll mein Herze springen	1–12		
(ö)	503	Geh aus, mein Herz, und suche Freud	1–5,7–10, 13–15		
ö	489	Gehe ein in deinen Frieden			
ö	189	Geheimnis des Glaubens: Deinen Tod, o Herr, verkünden wir		360,5	
ö	201	Gehet hin in alle Welt			
ö	23	Gelobet seist du, Jesu Christ		130	
ö	103	Gelobt sei Gott im höchsten Thron		218	
ö	119	Gen Himmel aufgefahren ist		230	
ö	425	Gib uns Frieden jeden Tag			
ö	260	Gleichwie mich mein Vater gesandt hat		641	
(ö)	142	Gott, aller Schöpfung heilger Herr		605	1–5,7

			1	2	3
(ö)	445	Gott des Himmels und der Erden	1,2,5–7		
ö	199	Gott hat das erste Wort			
ö	3	Gott, heilger Schöpfer aller Stern		116	1,3–6
ö	180.2	Gott in der Höh sei Preis und Ehr		464	
ö	165	Gott ist gegenwärtig			
ö	409	Gott liebt diese Welt		297	
ö	381	Gott, mein Gott, warum hast du mich verlassen?		308	
(ö)	214	Gott sei gelobet und gebenedeiet	1	494	1
ö	379	Gott wohnt in einem Lichte		290	
ö	331	Großer Gott, wir loben dich		257	
ö	181.2	Halleluja (8. Psalmton)		531,5	
ö	181.3	Halleluja (9. Psalmton)		531,6	
ö	181.8	Halleluja, Amen (Kanon)			
ö	483	Herr, bleibe bei uns (Kanon)		18,8	
ö	277	Herr, deine Güte reicht, so weit der Himmel ist		301	
ö	178.5	Herr, erbarme dich		463	
ö	178.10	Herr, erbarme dich		358,3	
ö	155	Herr Jesu Christ, dich zu uns wend		516	1–2,4=3
(ö)	238	Herr, vor dein Antlitz treten zwei	1–2		
ö	397	Herzlich lieb hab ich dich, o Herr			
(ö)	81	Herzliebster Jesu, was hast du verbrochen	1–4	180	1–4
ö	419	Hilf, Herr meines Lebens		622	
(ö)	504	Himmel, Erde, Luft und Meer	2,3,5		
ö	507	Himmels Au, licht und blau			
ö	467	Hinunter ist der Sonne Schein		705	
ö	54	Hört, der Engel helle Lieder			

			1	2	3
(ö)	529	Ich bin ein Gast auf Erden	1,7,8		
ö	486	Ich liege, Herr, in deiner Hut			
(ö)	324	Ich singe dir mit Herz und Mund	1–8,12–13, 17–18		
(ö)	37	Ich steh an deiner Krippen hier	1–4	141	1–4
ö	382	Ich steh vor dir mit leeren Händen, Herr		621	
ö	400	Ich will dich lieben, meine Stärke		558	
ö	291	Ich will dir danken, Herr		278	
(ö)	517	Ich wollt, daß ich daheime wär	1–9,12		
(ö)	43	Ihr Kinderlein, kommet	1–6		
ö	132	Ihr werdet die Kraft des Heiligen Geistes empfangen			
ö	222	Im Frieden dein, o Herre mein		473	
ö	398	In dir ist Freude			
(ö)	41	Jauchzet, ihr Himmel	1–4	144	1–4
(ö)	150	Jerusalem, du hochgebaute Stadt	1,4–7		
ö	391	Jesu, geh voran			
ö	396	Jesu, meine Freude			
(ö)	115	Jesus lebt, mit ihm auch ich	1,2,5,6		
(ö)	526	Jesus, meine Zuversicht	1,2,6,7		
ö	314	Jesus zieht in Jerusalem ein			
ö	509	Kein Tierlein ist auf Erden			
(ö)	125	Komm, Heiliger Geist, Herre Gott	1	247	1
(ö)	225	Komm, sag es allen weiter	1–3		
ö	48	Kommet, ihr Hirten			
ö	161	Liebster Jesu, wir sind hier, dich und dein Wort		520	
	243	Lob Gott getrost mit Singen	T. Abw.		

			1	2	3
ö	316	Lobe den Herren, den mächtigen König der Ehren		258	1–3,5 = 4
(ö)	447	Lobet den Herren alle, die ihn ehren	1–3,6–10	671	1–3, 6–8 = 4–6, 10 = 7
ö	460	Lobet den Herrn und dankt ihm seine Gaben			
ö	337	Lobet und preiset, ihr Völker, den Herrn (Kanon)		282	
ö	332	Lobt froh den Herrn, ihr jugendlichen Chöre			
ö	27	Lobt Gott, ihr Christen alle gleich		134	1–3,6 = 4
	500	Lobt Gott in allen Landen	and.M.		
(ö)	429	Lobt und preist die herrlichen Taten des Herrn	Kehrvers		
ö	1	Macht hoch die Tür		107	
ö	473	Mein schönste Zier		559	
ö	408	Meinem Gott gehört die Welt			
(ö)	385	Mir nach, spricht Christus, unser Held	1,2,4–6	616	1–2, 4–6 = 3–5
(ö)	10	Mit Ernst, o Menschenkinder	1,3,4	113	1,4 = 3
ö	474	Mit meinem Gott geh ich zur Ruh			
(ö)	518	Mitten wir im Leben sind	1	654	1
ö	450	Morgenglanz der Ewigkeit		668	1
	484	Müde bin ich, geh zur Ruh	and.M.		
	124	Nun bitten wir den Heiligen Geist	M.Abw.	248	1
ö	322	Nun danket all und bringet Ehr		267	1–2, 5–6 = 3–4, 8–9 = 5–6
ö	321	Nun danket alle Gott		266	
ö	290	Nun danket Gott, erhebt und preiset			
(ö)	288	Nun jauchzt dem Herren, alle Welt	1,2,5,6	474	1,2,5,6
ö	520	Nun legen wir den Leib ins Grab			

			1	2	3
(ö)	289	Nun lob, mein Seel, den Herren	2–5		
ö	477	Nun ruhen alle Wälder			
ö	294	Nun saget Dank und lobt den Herren		269	
ö	207	Nun schreib ins Buch des Lebens			
ö	22	Nun sei uns willkommen (Kanon)			
ö	532	Nun sich das Herz von allem löste			
(ö)	481	Nun sich der Tag geendet, mein Herz	1,3–5		
ö	265	Nun singe Lob, du Christenheit		638	1,2,4,5
(ö)	35	Nun singet und seid froh	1–3		
ö	44	O du fröhliche			
(ö)	85	O Haupt voll Blut und Wunden	6,8,9,10	179	8–10 = 5–7
(ö)	7	O Heiland, reiß die Himmel auf	1–6	105	1–6
(ö)	130	O Heilger Geist, kehr bei uns ein	1–3		
ö	235	O Herr, nimm unsre Schuld		168	
(ö)	72	O Jesu Christe, wahres Licht	1	643	
(ö)	136	O komm, du Geist der Wahrheit	1–4,6–7		
(ö)	190.1	O Lamm Gottes, unschuldig	1,3	470	1,3 = 2
	76	O Mensch, bewein dein Sünde groß	T.Abw.	166	
ö	521	O Welt, ich muß dich lassen		659	
(ö)	84	O Welt, sieh hier dein Leben	1–6,8,10		
ö	236	Ohren gabst du mir			
ö	492	Ruhet von des Tages Müh (Kanon)			
(ö)	403	Schönster Herr Jesu	1,3,4	551	1,3,4
ö	466	Segne, Herr, was deine Hand (Kanon)			

			1	2	3
(ö)	326	Sei Lob und Ehr dem höchsten Gut	1–5,7,8		
ö	178.8	Send uns deinen Geist			
ö	172	Sende dein Licht und deine Wahrheit (Kanon)			
ö	190.4	Siehe, das ist Gottes Lamm (Kanon)			
ö	287	Singet dem Herrn ein neues Lied		273	
ö	305	Singt das Lied der Freude über Gott		272	
ö	306	Singt das Lied der Freude, der Freude			
ö	376	So nimm denn meine Hände			
ö	427	Solang es Menschen gibt auf Erden		300	
ö	262	Sonne der Gerechtigkeit		644	
ö	442	Steht auf, ihr lieben Kinderlein			
ö	46	Stille Nacht, heilige Nacht		145	T.Abw.
ö	178.6	Tau aus Himmelshöhn			
ö	57	Uns wird erzählt von Jesus Christ			
ö	163	Unsern Ausgang segne Gott			
ö	186	Vater unser im Himmel (mittelalterlich)		362	
ö	783.8	Vater unser im Himmel (auch 784.8; 785.8; 786.12)		691	
ö	421	Verleih uns Frieden gnädiglich		310	
ö	456	Vom Aufgang der Sonne (Kanon)			
(ö)	24	Vom Himmel hoch, da komm ich her	1–6,15	138	1–6=2–7, 15=8
(ö)	365	Von Gott will ich nicht lassen	1,3,5–7		
ö	244	Wach auf, wach auf, 's ist hohe Zeit			
ö	147	Wachet auf, ruft uns die Stimme		110	
(ö)	372	Was Gott tut, das ist wohlgetan	1–2, 4,6	294	1–2, 4=3, 6=4

			1	2	3
ö	511	Weißt du, wieviel Sternlein stehen			
(ö)	522	Wenn mein Stündlein vorhanden ist	1,3,4	658	1,3=2, 4=3
ö	366	Wenn wir in höchsten Nöten sein			
ö	369	Wer nur den lieben Gott läßt walten	1,2,7	296	1,2,7=3
(ö)	530	Wer weiß, wie nahe mir mein Ende	1,2		
ö	271	Wie herrlich gibst du, Herr, dich zu erkennen			
(ö)	282	Wie lieblich schön, Herr Zebaoth	1,3,4,6		
(ö)	70	Wie schön leuchtet der Morgenstern	4	554	4
ö	11	Wie soll ich dich empfangen			
(ö)	79	Wir danken dir, Herr Jesu Christ, daß du für uns gestorben bist	1,3,4	178	1,3,4
	462	Wir danken dir, Herr Jesu Christ, daß du unser Gast gewesen bist	and.M.		
(ö)	458	Wir danken Gott für seine Gaben			
ö	184	Wir glauben Gott im höchsten Thron		276	
ö	17	Wir sagen euch an den lieben Advent		115	
ö	100	Wir wollen alle fröhlich sein		223	
(ö)	167	Wir wollen fröhlich singen	1–4		
(ö)	295	Wohl denen, die da wandeln	3,4	614	4=3
ö	38	Wunderbarer Gnadenthron			
(ö)	377	Zieh an die Macht, du Arm des Herrn	1,2	304	
(ö)	32	Zu Bethlehem geboren	1–4	140	1–4

LIEDER AUS ANDEREN LÄNDERN UND SPRACHEN 959

Die Christenheit ist eine weltweite Gemeinschaft. Das wird auch an den Liedern deutlich, die sie über Länder- und Sprachgrenzen hinweg miteinander teilt.
In den folgenden Aufstellungen werden Gesänge, die in den alten Sprachen (Hebräisch, Griechisch, Lateinisch) wurzeln und die ein gemeinsames Erbe bilden, nicht aufgeführt. Für Lieder, die auf dem Weg durch verschiedene Sprachräume zu uns gekommen sind, wird die für das Lied typische Herkunft genannt. Nicht wenige Melodien, die vor langer Zeit übernommen wurden, haben sich so eingebürgert, daß sie hier ebenfalls nicht aufgeführt werden.

Aus England

19 O komm, o komm, du Morgenstern
45 Herbei, o ihr Gläub'gen
55 O Bethlehem, du kleine Stadt
98 Korn, das in die Erde (Text)
154 Herr, mach uns stark (Text Str. 6, Melodie)
229 Kommt mit Gaben und Lobgesang (Text)
264 Die Kirche steht gegründet
266 Der Tag, mein Gott, ist nun vergangen
269 Christus ist König, jubelt laut
410 Christus, das Licht der Welt (Text)
454 Auf und macht die Herzen weit (Text)
455 Morgenlicht leuchtet
488 Bleib bei mir, Herr
490 Der Tag ist um, die Nacht kehrt wieder
514 Gottes Geschöpfe, kommt zuhauf

Aus den Niederlanden

20 Das Volk, das noch im Finstern wandelt
97 Holz auf Jesu Schulter (Text)
117 Der schöne Ostertag
199 Gott hat das erste Wort
311 Abraham, Abraham, verlaß dein Land
312 Kam einst zum Ufer
313 Jesus, der zu den Fischern lief
382 Ich steh vor dir mit leeren Händen, Herr
427 Solang es Menschen gibt auf Erden
430 Gib Frieden, Herr, gib Frieden

Aus Frankreich

54 Hört, der Engel helle Lieder
98 Korn, das in die Erde (Melodie)
178.12 Kyrie (Taizé)
181.6 Laudate omnes gentes / Lobsingt, ihr Völker alle (Taizé)
272 Ich lobe meinen Gott
410 Christus, das Licht der Welt (Melodie)
416 O Herr, mach mich zu einem Werkzeug deines Friedens (Text)
429 Lobt und preist die herrlichen Taten des Herrn (Melodie)
789 Gemeinsames Gebet (Taizé)
Die Lieder des Genfer Psalters (vgl. Nr. 957)

Aus der Schweiz

153 Der Himmel, der ist (Text)
242 Herr, nun selbst den Wagen halt
271 Wie herrlich gibst du, Herr, dich zu erkennen
301 Danket Gott, denn er ist gut (Text)
309 Hoch hebt den Herrn mein Herz
332 Lobt froh den Herrn
464 Herr, gib uns unser täglich Brot

Aus den USA

182 Halleluja. Suchet zuerst Gottes Reich (Melodie)
225 Komm, sag es allen weiter (Melodie)
431 Gott, unser Ursprung
499 Erd und Himmel sollen singen (Melodie)

Aus Israel

433 Wir wünschen Frieden euch allen (Hevenu schalom alejchem)
434 Der Friede des Herrn (Kanon) (Schalom chaverim)
489 Gehe ein in deinen Frieden

Aus Lateinamerika

171 Bewahre uns, Gott
188 Vater unser, Vater im Himmel (Melodie)
229 Kommt mit Gaben und Lobgesang (Melodie)

Aus Österreich

17 Wir sagen euch an den lieben Advent (Text)
46 Stille Nacht
50 Der Heiland ist geboren

Aus Rußland, aus der Ukraine

178.9 Kyrie eleison (orthodoxe Liturgie)
181.4 Halleluja (orthodoxe Liturgie aus Kiew)
307 Gedenk an uns, o Herr / Selig sind, die da geistlich arm sind (Melodie)

Aus Böhmen, aus Mähren (Tschechische Republik)

18 Seht, die gute Zeit ist nah
47 Freu dich, Erd und Sternenzelt
48 Kommet, ihr Hirten
Die Lieder der Böhmischen Brüder (vgl. Nr. 957)

Aus Ungarn, aus Siebenbürgen

96 Du schöner Lebensbaum des Paradieses
284 Das ist köstlich
531 Noch kann ich es nicht fassen

Aus Italien

44 O du fröhliche (Melodie)
515 Laudato si

Aus Norwegen

212 Voller Freude über dieses Wunder
383 Herr, du hast mich angerührt

Aus Schweden

180.3 Ehre sei Gott in der Höhe
268 Strahlen brechen viele aus einem Licht

Aus Belgien

97 Holz auf Jesu Schulter (Melodie)

Aus China

454 Auf und macht die Herzen weit (Melodie)

Aus Griechenland

185.4 Heiliger Herre Gott (Agios o Theos)

Aus Polen

53 Als die Welt verloren

Aus Tansania

116 Er ist erstanden, Halleluja

Aus Zimbabwe

181.5 Halleluja

FREMDSPRACHIGE LIEDER

45 Herbei, o ihr Gläub'gen *Englisch Str. 1*

53 Als die Welt verloren *Polnisch Str. 1–2*

96 Du schöner Lebensbaum *Ungarisch Str. 1–4*

116 Er ist entstanden, Halleluja *Kisuaheli Str. 1 mit Kehrvers*

185.4 Heiliger Herre Gott / Agios o Theos *Neugriechisch*

199 Gott hat das erste Wort *Holländisch Str. 1–4*

229 Kommt mit Gaben und Lobgesang *Englisch Str. 1–3*

264 Die Kirche steht gegründet *Englisch Str. 1–3*

266 Der Tag, mein Gott, ist nun vergangen *Englisch Str. 1–5*

268 Strahlen brechen viele aus einem Licht *Schwedisch Str. 1–5*

272 Ich lobe meinen Gott *Französisch*

279 Jauchzt, alle Lande, Gott zu Ehren *Französisch Str. 1–4:* Roger Chaptal 1970 nach Theodor de Bèze 1562 und Valentin Conrart 1679

316 Lobe den Herren, den mächtigen König der Ehren
Englisch: Catherine Winkworth 1858
Französisch: Ch. Pfender 1908, Rév. 1977
Polnisch: aus Spiewnik 1976
Schwedisch: Z. Topelius 1869
Tschechisch: Vsetin 1909 / 1915 / 1970 *je Str. 1*

321 Nun danket alle Gott
Englisch: Catherine Winkworth 1858
Französisch: Cantique spirituel 1758, Rév. 1977 *je Str. 1–3*

336 Danket, danket dem Herrn *Französisch*

433 Wir wünschen Frieden euch allen / Hevenu schalom alejchem *Neuhebräisch*

434 Der Friede des Herrn geleite euch / Schalom chaverim *Neuhebräisch*

456 Vom Aufgang der Sonne *Französisch*

515 Laudato si *Italienisch-deutsch*

VERZEICHNIS
DER URHEBERRECHTLICH
GESCHÜTZTEN STÜCKE UND
IHRER RECHTSINHABER:

430 T (26); 431 T (26); 431 M (54); 432 T (53); 432 M (51); 436 K (11); 448 K (26); 452 T (17); 452 M (19); 453 T (17); 454 T, 1-2 + 6 (5); 454 T, 3-5 (10); 455 T (26); 456 K (18); 457 (17); 463 M (18); 464 T (29); 466 K (18); 483 K (4); 485 (26); 486 (17); 487 M (4); 487 T (27); 488 T (16); 489 T (35); 490 T (26); 491 (5); 492 K (17); 493 K (4); 499 (24); 509 M (9); 510 M (24); 532 T (17); 533 T (68); 533 M (26); 534 (26); 767 T (110); 774 T (111); 783.8 M (30); 784.2 T, 3 (55); 784.8 M (30); 785.8 M (30); 786.5 T (55); 786.12 M (30); 789.2 M S (8); 789.3 M S (8); 789.4 M S (8); 789.5 M S (8); 789.7 M S (8); 806 T (112); 807 T (107); 808 T (102); 819 T (105); 855 T (103); 864 T (104); 869 T (106); 870 T (104); 873 T (108); 874 T (108); 877 T (108); 878 T (108); 881 T (108); 882 T (108); 885 T (108); 886 T (108); 889 T (108); 890 T (108); 893 T (108); 894 T (108); 897 T (108); 898 T (108); 926 T (103); 927 T (103); 934 T (109); 935 T (109); 943 T (101).

VERLAGE:

(1) Verlag Haus Altenberg, Düsseldorf
(2) Apostolaat voor Kerkelijke Leven, Westerlo/Belgien
(3) Augsburg Publishing House, Minneapolis
(4) Bärenreiter-Verlag, Kassel
(5) Gustav Bosse Verlag, Regensburg
(6) Breitkopf und Härtel, Wiesbaden
(7) Verlag G.F. Callenbach, Nijkerk
(8) Christophorus-Verlag, Freiburg
(9) Fidula-Verlag, Boppard
(10) Hänssler-Verlag, Neuhausen
(11) impulse-Musikverlag, Drensteinfurt
(12) Interkerkelijke Stichting voor het Kerklied, Leidschendam
(13) Peter Janssens Musik Verlag, Telgte
(14) Chr. Kaiser Verlag, München
(15) Verlag E. Kaufmann, Lahr
(16) Lutherischer Weltbund, Genf
(17) Merseburger Verlag, Kassel
(18) Verlag Möseler, Wolfenbüttel
(19) mundorgel Verlag GmbH, Köln
(20) Norsk Musikforlag, Oslo
(21) Oxford University Press, Oxford

RECHTSINHABER

(22) Quell Verlag, Stuttgart
(23) Mechthild Schwarz-Verlag, Fassberg
(24) Verlag Singende Gemeinde, Wuppertal
(25) Stainer & Bell, London
(26) Strube Verlag, München
(27) Suhrkamp Verlag, Frankfurt/Main
(28) United Methodist Church, Cashel, Zimbabwe
(29) Theologischer Verlag Zürich
(30) Verband der Diözesen Deutschlands, Bonn
(31) Verbum Förlag AB, Stockholm
(32) Verlag der Ev.-luth. Mission, Erlangen
(33) Verlag Vandenhoeck und Ruprecht, Göttingen
(34) Verein zur Herausgabe des Gesangbuchs der ev.-ref. Kirchen der deutschspr. Schweiz, Zürich
(35) Voggenreiter-Verlag, Bonn-Bad Godesberg

AUTOREN:

(51) Baltruweit, Fritz, Garbsen
(52) Boßler, Kurt, – Rechtsnachfolge
(53) Bücken, Eckart, Düsseldorf
(54) Cartford, Gerhard, St. Paul MN
(55) Dörr, Friedrich, Eichstätt
(56) Eckert, Eugen, Offenbach
(57) Fischer, Wolfgang, Berlin
(58) Gottschick, Friedemann, Lüneburg
(59) Heinecke, Walter, – Rechtsnachfolge
(60) Hertzsch, Klaus Peter, Jena
(61) Heurich, Winfried, Frankfurt/Main
(62) Hofmann, Ernst, Stuttgart
(63) Kaestner, Paul, – Rechtsnachfolge
(64) Lütge, Karl, – Rechtsnachfolge
(65) Mahrenholz, Christhard, – Rechtsnachfolge
(66) Marti, Kurt, Bern
(67) Petzold, Johannes, – Rechtsnachfolge
(68) Pötzsch, Arno, – Rechtsnachfolge
(69) Rutenborn, Günter, – Rechtsnachfolge
(70) Ruuth, Anders, Uppsala
(71) Schweizer, Rolf, Pforzheim
(72) Siemoneit, Hans Rudolf, Bünde
(73) Stein, Paulus, Karlsruhe

(74) Stern, Hermann, – Rechtsnachfolge
(75) Vischer, Wilhelm, – Rechtsnachfolge
(76) Widestrand, Olle, Jönköping
(77) Wiese, Götz, Celle

TEXTE:

(101) Erzbischöfliches Ordinariat Bamberg
(102) Gütersloher Verlagshaus, Gerd Mohn, Gütersloh
(103) Christian Kaiser Verlag, München
(104) Verlag E. Kaufmann, Lahr
(105) Kreuz Verlag, Stuttgart
(106) Lissner, Monheim-Baumberg
(107) Lippische Landeskirche, Detmold, und Ev.-ref. Kirche
(108) Luth. Verlagshaus, Edition Stauda, Hannover
(109) Neukirchener Verlag, Neukirchen-Vluyn
(110) Theologischer Verlag Zürich
(111) Vandenhoeck & Ruprecht, Göttingen
(112) Vereinigte Evangelisch-Lutherische Kirche Deutschlands, Hannover, gemeinsam mit Evangelische Kirche der Union

ALPHABETISCHES VERZEICHNIS DER LIEDER UND GESÄNGE

Bei Liedern, deren Melodie auch für andere Lieder verwendet wird, ist mit M und Liednummer(n) auf diese Lieder hingewiesen.

Bei Liedern, die ihre Melodie von einem anderen Lied entlehnt haben, wird dieses mit kursiver *Liednummer* angegeben.

In *Kursivschrift* sind solche Lieder aufgeführt, von denen sich im Gesangbuch nur die Melodie, nicht jedoch der Text vorfindet.